法律硕士精品系列教材

刑法重点问题案例实务教程

XINGFA ZHONGDIAN WENTI ANLI SHIWU JIAOCHENG

主　编　石经海　张　波
副主编　陈　伟　贾　健　蔡　英
撰稿人　（以姓氏笔画为序）
丁胜明　万志鹏　石经海　卢有学　刘湘廉　李永升
肖　敏　肖　洪　吴　雯　汪礼滔　张　波　张武举
陈　伟　陈　娥　陈小彪　陈佳佳　欧明艳　郑　旭
胡　江　姚万勤　贺志伟　骆　多　贾　健　徐文转
黄应生　梅传强　盛宏文　蒋　林　谢佳君　蔡　英

中国人民大学出版社
· 北京 ·

法律硕士精品系列教材编审委员会

郑旭（法学博士，重庆理工大学讲师，硕士生导师）：撰写案 77、78、79、104、105、106、107；

姚万勤（法学博士，西南政法大学副教授，硕士生导师）：撰写案 80、81、82、124、125、126、127；

胡江（法学博士，西南政法大学副教授，硕士生导师）：撰写案 84、85、86、87、121、122、123；

刘湘廉（西南政法大学副教授，硕士生导师）：撰写案 88、89、90、91、92、93、94、95、97、98、99；

徐文转（法学博士，重庆市高级人民法院刑二庭法官，硕士生导师）：撰写案 100、101、102、103、149、150、151、152；

蒋林（法学学士，重庆市第一中级人民法院刑二庭庭长，硕士生导师）：撰写案 119；

陈娥（法学硕士，重庆市第一中级人民法院刑一庭副庭长，硕士生导师）：撰写案 120；

梅传强（法学博士，西南政法大学教授，博士生导师）：撰写案 130；

陈佳佳（法学博士，重庆市高级人民法院刑一庭法官，硕士生导师）：撰写案 131、132、133、138、139、140、141；

贺志伟（法学硕士，重庆市第一中级人民法院审监庭副庭长，硕士生导师）：撰写案 135；

西南政法大学硕士研究生王安聪、赵化层、李婷红等为本教程的编写做了大量的辅助工作。

编著者

2024 年 5 月

目录

第一章　刑法基础的重点问题

案 1. 罪刑法定之“法”是基于个案事实的刑法所有相关规定

——肖某国故意伤害方某民、方某昌案

要点提示

基于刑法总则和分则的内在关系原理及《刑法》第 3 条、《宪法》第 5 条的规定，罪刑法定的“法”并不是刑法的某个规定，而是基于个案事实的刑法所有相关规定以至前置法等法律体系的规定。由此决定了，定罪量刑的合法与否并非孤立地取决于刑法分则关于某个罪名的罪状和法定刑规定，而是取决于刑法总则和刑法分则等所有相关规定。具体分别就定罪和量刑形成个案个罪的犯罪成立（定罪）法律评价体系和个案个罪的刑事责任大小及其实现方式裁量（量刑）法律评价体系。

案情摘要

被告人肖某国，男，54 岁，武汉某医院泌尿外科主任；被告人戴某湘，男，45 岁，无业；被告人许某春，男，32 岁，农民；被告人龙某兴，男，31 岁，农民；被告人康某军，男，42 岁，农民。被告人肖某国因对被害人方某民、方某昌等人在互联网和其他媒体上质疑其学术成果不满，遂接受远房亲戚戴某湘找人殴打方某民和方某昌的提议。随后，在北京做生意的戴某湘找到社会闲散人员许某春，并将肖某国提供的两名被害人的照片、住址等信息及部分资金交给许某春。2010 年 5 月，许某春纠集被告人龙某兴等来京，伺机对被害人方某昌、方某民实施了殴打。公安机关以故意伤害罪立案侦查，并于 2010 年 9 月 21 日将肖某国等 4 名嫌疑人抓获，缴获羊角锤、钢管等作案工具。在侦查中，法医鉴定机构对被害人方某昌、方某民的伤情进行了鉴定，鉴定结果为，一个构成轻微伤，一个不构成轻微伤。检察机关以寻衅滋事罪对五名被告人提起公诉，审判机关以寻衅滋事罪判处肖某国和戴某湘拘役五个半月，许某春拘役四个月，龙某兴拘役三个月，康某军拘役一个半月。

分歧意见

对本案应如何定性，在处理过程中形成了如下三种不同意见：

一是不构成犯罪。理由是：以报复为目的实施的伤害行为，不符合寻衅滋事罪的构成要件，是故意伤害性质。因为从两名被害人的伤情鉴定结论来看，一个构成轻微伤，一个不构成轻微伤，按照法律规定，应该由公安机关按照《治安管理处罚法》给予行政处罚。

二是构成寻衅滋事罪。理由是：各被告人的行为是随意殴打他人，情节恶劣，构成寻衅滋事罪。

三是构成故意伤害罪。理由是：本案是经过组织策划实施的以报复为目的的故意伤害行为，应以故意伤害罪定性处罚。

问题研讨

以上争议表明，理论上和实践中对故意伤害需致“轻伤”才以故意伤害罪定性的“共识”是片面的。究其缘由，主要是在理论上和实践中没有真正厘清罪刑法定之“法”，没有真正理解刑法分则罪名条文规定的规范实质和刑法总分则的内在关系，继而产生个案的法律适用不完整和对罪刑法定原则的违反问题。

（一）刑法分则的规范实质及其与刑法总则的内在关系

从立法来看，刑法分则关于罪名条文的规定并不是一个完整的刑法规范。从其构成内容来看，它只是关于具体犯罪定性处罚的部分犯罪构成要件规定和部分刑罚处罚配置，并没有对具体犯罪成立的全部构成要件和需适用的全部处罚方法（刑罚处罚、非刑罚处罚、不处任何刑罚）作出规定。具体表现在，我国刑法分则关于罪名条文的规定，一般包括罪状与法定刑两部分内容。其中，罪状是关于该抽象个罪成立的部分要件规定，法定刑是针对该抽象个罪（含基本犯、加重犯、减轻犯等）所应承担的基本刑事责任所作的部分刑罚配置。这里的“部分定罪要件”和“部分刑罚配置”意味着刑法分则关于罪名条文的规定，并不是对该犯罪定性处罚、法律适用的完整刑法规范。对于决定抽象个罪成立与否的全部构成要件及所应承担的全部刑事责任的刑罚配置，即能评价一个行为是什么和如何处罚的完整刑法规范，需要在刑法总则“指导”下的刑法总则、分则的所有相关规定体系化地实现。其中，刑法分则规定不符合刑法总则规定时，需要刑法总则规定予以补充、限制甚至修正。否则，就会因法律适用不完整而导致犯罪定性处罚既不合理也不合法。其中，“补充”如《刑法》第232条关于故意杀人罪的规定，即“故意杀人的，处死刑、无期徒刑或者十年以上有期徒刑；情节较轻的，处三年以上十年以下有期徒刑”，只规定了部分定罪要件和刑罚配置，需要刑法总则规定对其犯罪主体、死刑执行制度、剥夺政治权利、没收财产、有期徒刑的上限、拘役等定罪要件和刑罚配置予以补充；“限制”如《刑法》第170条关于伪造货币罪的规定，“伪造货币的，处三年以上十年以下有期徒刑……”，仅按照该规定，行为人伪造1元货币也应构成伪造货币罪，但在司法上这个数额被限制为至少伪造 2 000 元或 200 张（枚）；“修正”如共同犯罪形态、故意犯罪过程中的未完成形态和罪数形态的修正，以及《刑法》第 37 条关于“免予刑事处罚”、第 63 条关于“减轻处罚”的修正。

（二）刑法总分则关系下个案的合法性评价与完整法律适用释读

前述关于刑法分则罪名条文规定的规范实质及刑法总则与刑法分则的关系表明，罪刑法定的“法”并不是刑法的某个规定，而是基于个案个罪情况的所有相关刑法规定。由此决定了，定罪量刑的合法与否并非孤立地取决于刑法分则关于罪状和法定刑的某个规定，而是取决于刑法总分则关系下个案的完整法律适用，即应综合地取决于刑法总则和刑法分则的所有相关规定。具体表现为基于个案定罪量刑所需要的相关法律规定形成的个案法律评价体系（系统），包括个案个罪成立（定罪）法律评价体系和个案个罪刑事责任大小裁量（量刑）法律评价体系。在司法上，罪刑法定的“法”是基于《刑法》第 13 条关于犯罪成立的基本条件规定以及对应的刑法总分则中所涉个案个罪成立评价的所有相关规定，如刑法分则关于抽象个罪的特别规定和刑法总则对刑法分则进行指导适用的原则性、补充性、限制性和修正性规定。罪刑法定的“处罚法”需基于个案形成个案个罪的刑事责任大小裁量（量刑）法律评价体系，具体是基于《刑法》第 61 条关于量刑事实根据和法律根据的基本规定以及对应的刑法总分则中所涉个案犯罪人刑事责任大小评价的所有相关规定，如刑法分则针对抽象个罪所配置的法定刑规定（针对抽象个罪所负基本刑事责任的特别刑罚配置）和刑法总则对刑法分则进行指导适用的原则性、补充性、限制性和修正性规定。

刑法总分则关系下的个案合法性评价与完整法律适用表明，刑法分则意义上的所谓行为犯、数额犯、结果犯等犯罪类型，实际上只是刑法分则条文就抽象个罪犯罪成立的客观方面要件的规定，其在司法上的定性评价功能需要结合刑法总则中含“限制”“修正”规定在内的相关规定才能实现。理论上和实践中认为行为犯、数额犯、结果犯只要有刑法分则规定的相应行为、数额、结果就可以成立犯罪的观点，是对刑法总分则关系和罪刑法定原则的常识性忽视。同时，理论上关于“在已然考虑到了刑法总则对犯罪概念所要求的严重社会危害性的基础上，我们就没有必要多此一举地认为仍需再受《刑法》第 13 条‘但书’的限制”的观点，是不符合刑法总分则关系的系统化理解与完整法律适用原则的。其势必会产生对具体个案定性处罚的法律适用不完整问题，导致个案定罪量刑既不合理也不合法，违反罪刑法定原则。被称为所谓“世纪奇案”的许霆盗窃金融机构案之所以陷入合理量刑困境，以及“醉驾”入刑后之所以出现要不要一律定罪的争议，其实都是忽视刑法总分则关系所致。

具体就故意伤害罪基本犯的定性而言，《刑法》第 234 条第 1 款关于“伤害”的规定，仅是为本罪基本犯定性提供了一个个别性的客观方面要件，并不是本罪成立的全部要件，更不是刑法总分则关系下的全部相关法律规定。此规定在本罪定性中的功能定位和作用发挥，需交由刑法总则关于个案犯罪成立的各相关规定进行指导性评价，包括视情况分别接受《刑法》第 13 条关于是否属于“情节显著轻微危害不大”的“限制”评价、第 17 条关于是否符合犯罪主体要求（刑事责任年龄）的“补充”评价、第 22 条至

第 29 条关于是否是故意犯罪的未完成形态和共同犯罪形态的“修正”评价。前述方某民等被报复伤害案之所以出现定性尴尬，在很大程度上就是由于把《刑法》第 234 条独立于刑法总分则关系之外，机械、片面、孤立地理解和适用理论和实践中关于以“轻伤”为故意伤害罪基本犯的“共识”定性标准。

（三）刑法总分则关系下故意伤害“轻伤与否”之具体定性分析

前述研究表明，故意伤害致“轻伤”和“轻微伤”是否以故意伤害罪定性，不能一概而论，需基于刑法总分则关系的系统化理解，并考虑由此决定的刑法分则规定为不完整刑法规定的规范特点，具体考察案情的定性法律评价是否符合个案犯罪成立的完整刑法规定。其中，对故意伤害致“轻微伤”并非都不以故意伤害罪定性，对故意伤害致“轻伤”并非都认定成立犯罪。

1. 故意伤害致“轻微伤”并非都不以故意伤害罪定性

基于《刑法》第 13 条关于犯罪成立的基本条件及“情节显著轻微危害不大的，不认为是犯罪”的规定，故意伤害罪的“伤害”在通常情况下确实需造成“轻伤”以上后果。故意伤害致“轻微伤”在通常情况下，确实是属于那种案情被评价为“情节显著轻微危害不大的，不认为是犯罪”，而作为民事侵权或治安案件处理更有利于社会和谐稳定的情形。但这个“不认为是犯罪”的“通常情形”，其前提是轻微伤案的案情被评价为“情节显著轻微危害不大”。若故意伤害致“轻微伤”的案情不能被评价为“情节显著轻微危害不大”，就可能需以故意伤害罪定性。在司法实践中，故意致“轻微伤”案需以故意伤害罪定性的通常情形是，在客观上需造成一定程度（如接近轻伤）的轻微伤害，且是在一定主观恶性支配下实施所致，如有雇凶，使用了致死伤性武器、器具、物品，打击了致命性部位，多人预谋实施等。具体就方某民等被报复伤害致“轻微伤”案而言，综观全案，肖某国等对方某民等的报复伤害并致“轻微伤”的行为，其情节是十分恶劣的。诸如雇用多人蓄意准备多种致伤工具进行打击报复等恶劣情节，决定了本案案情不可能被评价为“情节显著轻微危害不大”，本案完全符合以故意伤害罪定罪处刑的立法规定、司法标准和法理根据。

2. 故意伤害致“轻伤”并非都成立犯罪

基于《刑法》第 13 条关于犯罪成立的基本条件及“情节显著轻微危害不大的，不认为是犯罪”的规定，故意伤害致“轻伤”在通常情况下确实需以故意伤害罪定性。但这只是“在通常情况下”，即在故意伤害致“轻伤”的案情不被评价为“情节显著轻微危害不大”的情形时。也就是，在故意伤害致“轻伤”的案情被评价为“情节显著轻微危害不大”时，同样不能以故意伤害罪定罪处罚。在司法上，“轻伤”被界定为“使人肢体或者容貌损害，听觉、视觉或者其他器官功能部分障碍或者其他对于人身健康有中度伤害的损伤”。“轻伤”本是令人受到较为严重的伤害，但在案件定性的法律评价中，它只是案件定性中的客观方面的一个要件，还需结合支配故意伤害行为实施的主观故意的恶性程度等要件，才能判定行为人应否受刑罚处罚，以及是否成立故意伤害罪。

理论上有观点认为，刑法分则关于入罪门槛的规定在立法时已经考虑了《刑法》第 13 条关于犯罪概念（犯罪成立条件）的规定，并排除了“情节显著轻微危害不大”这个但书规定情形，所以司法上在适用刑法分则规定时，就不再考虑和适用《刑法》第13条关于犯罪概念及“情节显著轻微危害不大”的规定。这种观点不仅缺乏对刑法总分则关系的正确认识，而且也是对“情节显著轻微危害不大”中“情节”的误解：这里的“情节”不只是刑法分则规定的数额、结果、行为方式等，而是整个“案情”。刑法分则关于某个特别“情节要素”规定的评价（如“轻伤”）不能替代整个“案情”的“情节”评价。

在司法实践中，故意伤害致轻伤案件不以故意伤害罪定性的情形，通常是基于被害人过错、被害人承诺、被告人积极赔偿、被害人谅解等因素，或者当事人之间达成刑事和解协议，或者经过村委会、居委会或公安机关等组织的调解达成协议，从而达到减小社会危害性和人身危险性效果，进而可以评价为“情节显著轻微危害不大”而不是“应受刑罚处罚性”情形。

故意伤害致“轻伤”并非都成立犯罪的情形还有《刑法》第7条规定的中华人民共和国公民在中华人民共和国领域外犯我国刑法规定的三年以下轻罪、第12条规定的因刑法溯及力而不追究、第87条规定的因过了追诉时效而不追诉等。对于故意伤害案情不能被评价为“情节显著轻微危害不大”情形，但属于以上排除性规定情形的，不认定为犯罪或按刑法以外部门法处理。

另外，在立法上，对于故意伤害的“伤害”行为，在《刑法》《治安管理处罚法》《民法典》等中都有相应规定。对这些立法规定如何界分，在理论上有很多探究。但从司法实践中的困境来看，这些探究似乎并未形成解决实践问题的共识。其实，鉴于刑法的保障法、补充法和谦抑法性质，其立法规定必然与其他部门法规定之间有对接性、交叉性、竞合性。但这并不意味着，它们之间就没有明确的界分标准。综合前文所述，这个标准，就是案情是否符合《刑法》第13条关于犯罪成立基本条件的规定（含“情节显著轻微危害不大”的但书规定）。符合条件的，按犯罪处理，否则就按其他部门法规定处理。具体就故意伤害致“轻微伤”案而言，通过评价，在案件符合《刑法》第13条关于犯罪成立基本条件及个案所对应的刑法有相关规定的系统化评价时，就依法以故意伤害罪定性处理；否则就按《治安管理处罚法》《民法典》等关于治安案件的行政处罚或民事侵权案件的民事责任承担方式等非犯罪方式处理。因此，《刑法》第13条关于犯罪概念（犯罪成立条件）的规定，实际上也是界分刑事犯罪与行政处罚、民事侵权等定性的基本标准。

基于以上分析，本案肖某国等五名被告人，经策划对特定对象组织实施以报复为目的并对结果有所控制的殴打行为，是典型的在伤害故意支配下实施的故意伤害行为，完全符合《刑法》第234条及其他总分则关于故意伤害罪的规定。在这里，虽然被害人方某民、方某昌的伤情鉴定结论是只有1人达到“轻微伤”程度，但因本案为多人策划和组织实施的行为，情节恶劣，显然不能评价为《刑法》第13条规定的“情节显著轻微危害不大的，不认为是犯罪”，应以故意伤害罪定罪处罚。同时，既然是经策划对特定对象组织实施以报复为目的的行为，那么就不可能是“流氓团伙”在“随意”殴打他人，不符合寻衅滋事罪的构成要件，不应当按寻衅滋事罪定罪处罚。

实务训练

请根据本案的事实、既有证据及争议焦点，写一份法律意见书。要求格式规范、条理清晰、层次分明、有理有据、入情入理。

延伸阅读

石经海. 故意伤害“轻伤与否”定性共识的刑法质疑：以刑法总分则关系下的完整法律适用为视角. 现代法学，2017，39（3）：112－121.

案 2. 罪刑法定原则在司法和立法上有不同体现和要求

——安徽朱某破坏村委会选举案

要点提示

随着 1998 年我国《村民委员会组织法》的实施，各种破坏村委会选举的行为也相继出现并日趋猖獗，致使基层选举秩序及这一具有重要政治意义的民主制度遭到不同程度破坏，具有“严重的社会危害性”和“应受刑罚惩罚性”。然而，我国现行刑法未将破坏村委会选举行为入刑，导致其不具有“刑事违法性”，司法上不能对其刑事追诉和以犯罪论处。但从该行为所具有的“严重的社会危害性”和“应受刑罚惩罚性”来看，立法机关应在刑事立法中，将其入刑，列入“破坏选举罪”或增设“破坏选举罪”新罪名，赋予其“刑事违法性”。这体现了罪刑法定原则在立法上的要求。

案情摘要

犯罪嫌疑人朱某，男，38 岁，农民，初中文化。1999 年 7 月 10 日上午，安徽某村在村小学举行村民委员会换届选举大会。村民朱某没有经选委会同意，非法接受他人委托，代为投票和填写选票。当朱某持 32 张选票到秘密写票室写票时，被选举委员会成员发现并予以制止，朱某与之发生争吵，选票被收回。朱某走出写票室时大喊“大家都走，不选了”，并朝校外走去，许多不明真相的村民在他的带领下离开了选举会场，致使选举无法继续进行。同年 7 月 15 日，公安机关以涉嫌破坏集会罪对朱某立案侦查，并于 7 月 30 日执行逮捕，于 8 月 19 日移送公诉机关审查起诉。公诉机关于同年 11 月 19 日决定相对不起诉并于同年 11 月 30 日释放朱某。朱某不服，向公诉机关提起申诉，公诉机关经复查后维持了原决定。朱某仍不服，申诉到上一级检察机关。

分歧意见

对本案应如何定性，在处理过程中形成了如下三种不同意见：

一是构成破坏选举罪。理由是：(1) 村民委员会换届选举是依法举行的选举活动，朱某的行为在客观上实施了破坏选举的行为，符合《刑法》第 256 条规定的破坏选举罪的客观特征；(2) 村委会选举虽不同于人大代表和国家机关领导人员选举，但从该选举的重要性和破坏该选举的社会危害性来说，应纳入刑法关于“选举”的保护范围，以有效打击破坏选举行为，维护村委会选举秩序和保障选举活动的顺利进行。本案中朱某故意实施了破坏村委会选举的行为，应按破坏选举罪定罪处罚。

二是构成破坏集会罪。理由是：村委会换届选举是依法举行的一种集会。朱某破坏村委会选举的行为是否构成破坏集会罪，关键在于该行为在情节上是否符合《刑法》第 13 条规定的“情节显著轻微危害不大”。本案中因朱某实施的行为，造成了选举无法继续进行的严重后果，因此，应按《刑法》第 298 条规定的破坏集会、游行、示威罪中的破坏集会罪定罪处罚。

三是不应以犯罪论处。理由是：(1) 按照现行刑法的规定，破坏选举罪的成立需以“选举人大代表和国家机关领导人员”这两种特定场合为前提，而朱某的破坏“村委会换届选举”行为因不符合这个前提而不能构成破坏选举罪；(2) 从现行刑法对破坏集会罪的规定以及《集会游行示威法》关于“集会”的规定来看，构成破坏集会罪的前提是破坏了“依法举行的集会”。本案中的“集会”显然不符合破坏集会罪规定的“集会”，因此，朱某的行为不具备破坏集会罪的前提而不构成破坏集会罪。

问题研讨

本案问题的解决，关键取决于对罪刑法定原则与《刑法》第 13 条关于犯罪概念关系在立法、司法上的正确理解和适用。

罪刑法定原则是刑法的基本原则。刑法的基本原则是贯穿于整个刑法规范，并指导和制约全部刑法立法和刑事司法活动的带有全局性和根本性的最基本准则。刑法的基本原则与刑法的一般原则或具体原则同属“刑法原则”，不同的是，刑法的基本原则还指导和制约刑法立法；刑法的一般或具体原则只适用于定罪（如“存疑有利于被告”“情节显著轻微危害不大的，不认为是犯罪”）或量刑（如“已满十四周岁不满十八周岁的人犯罪，应当从轻或者减轻处罚”“利用、教唆未成年人走私、贩卖、运输、制造毒品，或者向未成年人出售毒品的，从重处罚”）等某个环节或方面。

罪刑法定原则作为以保障人权为基本机能的基本原则，其基本要求和经典表述为“法无明文规定不为罪，法无明文规定不处罚”。该原则在我国刑法中（第 3 条）规定为：“法律明文规定为犯罪行为的，依照法律定罪处刑；法律没有明文规定为犯罪行为的，不得定罪处刑。”这意味着，对什么是犯罪，有哪些犯罪，各种犯罪的构成条件是什么，有哪些刑种，各个刑种如何适用，以及各种具体犯罪的具体量刑幅度等，均由刑法加以规定；对于刑法没有明文规定为犯罪的行为，不得定罪处罚。该原则的发展历程，虽然经历了由早期绝对规则主义向现代相对规则主义的变化，但其在刑法中的灵魂地位始终没有动摇。该原则已明确地写入我国刑法，但在当前刑事司法实务中，因有诸多不准确的理解而导致“有意无意曲解法律、忽视法律乃至无视法律的错误观念及做法，以至有法不依、执法不严、违法不究、究不依法的现象”[①]。上述案例，公安机关在“破坏村委会选举”行为未予入刑的情况下，先后试以破坏选举罪和破坏集会罪予以刑事追诉，就是违背罪刑法定原则的错误表现。

罪刑法定原则如何在定罪或刑事追诉中准确理解和适用，一方面要看刑法立法是否将该行为入刑（通过立法程序赋予该行为刑事违法性），另一方面要看个案事实及其情节是否符合刑法关于某罪的全部成立要件，涵盖了刑法罪名成立的四大构成要件和关于“严重的社会危害性”“刑事违法性”和“应受刑罚惩罚性”的基本要求。

综观本案，朱某的破坏村委会选举行为具有严重的社会危害性。所谓严重的社会危害性，通常理解为“行为对刑法所保护的社会关系造成或可能造成这样或那样损害的特性”[②]。事实上，社会危害性并非犯罪所专有，任何违反法律、道德和其他规则而给社会带来各种危害的行为，都具有社会危害性。但犯罪的社会危害性具有“刑事违法性”和“应受刑罚惩罚性”，需要达到“严重”的程度。本案朱某的行为，从微观上看，已严重破坏村委会选举秩序，致使村委会选举难以甚至无法正常进行；从宏观上看，这种破坏村委会选举行为，不仅在实践中已很是多见，而且有愈演愈烈之势，严重阻碍着《村民委员会组织法》的有效实施，具有严重的社会危害性。

然而，要成立犯罪或要进行刑事追诉，除了具有“严重的社会危害性”还需同时符合“刑事违法性”和“应受刑罚惩罚性”的要求。其中，所谓“刑事违法性”，是指某个行为构成犯罪，须有法律的明确规定，即“已经入刑”，包括刑法总则规范、分则规范、单行刑法规范和附属刑法规范对其构成要件和量刑做了明确规定。所谓“应受刑罚惩罚性”，是指具有“严重的社会危害性”和“刑事违法性”的行为，不具有正当行为、但书出罪、管辖和溯及力等排除犯罪的情形。综观我国现行刑法规定，本案中朱某破坏村委会选举的行为，既不具有“刑事违法性”也不具有“应受刑罚惩罚性”。

破坏选举罪和破坏集会罪，均不包括破坏村委会选举行为。就破坏选举罪而言，现行《刑法》第256条的规定已明确将1979年刑法规定的“违反选举法的规定”[③]修改为“在选举各级人民代表大会代表和国家机关领导人员时”，从而明确破坏选举罪的行为不包含破坏村委会选举行为。就破坏集会罪而言，从其立法背景来看，现行《刑法》第298条关于该罪的规定，是以1989年10月31日通过的《集会游行示威法》为基础，也即该罪中的“集会”，是指《集会游行示威法》第2条第2款规定的，须向其主管公安机关申请和得到许可后按许可的目的、方式、时间、地点等方可进行的“聚集于露天公共场所，发表意见、表达意愿的活动”。按1998年11月4日通过的《村民委员会组织法》规定，村委会选举是产生“村民委员会”农村村民自治组织的无须公安机关批准的活动，活动

① 高铭暄．刑法专论：上编．北京：高等教育出版社，2002：99-100.

② 高铭暄，马克昌．刑法学．北京：北京大学出版社，2007：51.

③ 根据我国现行立法体系，“选举各级人民代表大会代表和国家机关领导人员”所依据的选举法是指《全国人民代表大会和地方各级人民代表大会选举法》《关于县级以下人大代表直接选举的若干规定》《全国人民代表大会组织法》《地方各级人民代表大会和地方各级人民政府组织法》。

地点并非一定是“露天公共场所”，所依据的法律是《村民委员会组织法》，而不是《集会游行示威法》，与《集会游行示威法》中的“集会”是性质完全不同的法律行为。

从单行刑法和附属刑法来看，我国未制定关于破坏村委会选举的相关规定。就单行刑法而言，全国人大常委会尚未制定关于破坏村委会选举的专门法律。就附属刑法而言，虽然我国目前唯一规定破坏村委会选举的《村民委员会组织法》，在其“法律责任”部分制定了破坏村委会选举行为应“依法处理”的规定①，但“依法处理”只是由行政机关作出的行政处理，不能作为追究行为人刑事责任的法律根据。据此，我国没有关于规范破坏村委会选举的附属刑法规定。

既然我国刑法、单行刑法和附属刑法中没有关于破坏村委会选举行为的罪刑规定，本案朱某的破坏村委会选举行为，因不具有“刑事违法性”而无从谈起“应受刑罚惩罚性”的问题。我国当前关于破坏村委会选举的立法现状是，纵然破坏村委会选举的行为具有“严重的社会危害性”，也因不具有“刑事违法性”和“应受刑罚惩罚性”而不能认定为犯罪。本案处理的三种争议观点中，第一种观点和第二种观点是对犯罪概念所要求的刑事违法性和应受刑罚处罚性特征及其体现的罪刑法定原则的不准确理解，都不可取；第三种观点是正确的。对于本案，最终的处理结果是，接受申诉的上一级检察机关举行听证会听取有关专家的意见后，将朱某的行为不以犯罪论处，并作出了撤销该案件的复查决定。

不过，以上只是罪刑法定原则在刑事司法层面上的要求和体现，在刑法立法层面上，既然该行为已经具有严重的社会危害性，并在现实中已很多见并愈演愈烈，严重影响《村民委员会组织法》的有效实施，建议立法机关应启动立法程序，将破坏村委会选举的行为入刑，列入“破坏选举罪”或增设“破坏选举罪”新罪名，以赋予其“刑事违法性”。这既是《刑法》第13条关于犯罪概念规定与罪刑法定原则关系的体现和要求，也是罪刑法定原则在立法上的体现和要求。

实务训练

请根据本案的事实、既有证据及争议焦点，写一份法律意见书。要求格式规范、条理清晰、层次分明、有理有据、入情入理。

延伸阅读

1. 石经海．完善村委会选举立法的建议．法学杂志，2003（4）：54－55.
2. 沈海平．罪刑法定不是机械的．人民检察，2007（9）：58－59.

① 该法于1987年11月24日试行，于1998年11月4日正式施行，先后于2010年10月28日和2018年12月29日修改。其中，1998年通过的该法第15条规定：“以威胁、贿赂、伪造选票等不正当手段，妨害村民行使选举权、被选举权，破坏村民委员会选举的，村民有权向乡……部门举报，有关机关应当负责调查并依法处理。”2010年修订后的第17条第2款规定：“对以暴力、威胁、欺骗、贿赂、伪造选票、虚报选举票数等不正当手段，妨害村民行使选举权、被选举权，破坏村民委员会选举的行为，村民有权向乡……部门举报，由乡级或者县级人民政府负责调查并依法处理。”

3. 刘艳红. 走向实质解释的刑法学：刑法方法论的发端、发展与发达. 中国法学，2006（5）：170－179.

4. 李洁. 论罪刑法定的实现. 北京：清华大学出版社，2007.

案 3. “罪刑法定”以“行为时”和“审判时”为考察基点

——李某拦路强奸抢劫妻子案

要点提示

“行为时”和“审判时”是罪刑法定原则的两个重要“基点”。离开“行为时”和“审判时”，“罪刑法定”就无从说起。所以罪刑法定原则派生的溯及力原则需以“行为时”和“审判时”为考察基点，定罪时考察主观方面一定是“行为时”的，其所反映的犯罪嫌疑人的社会危害性和人身危险性大小直接影响量刑。当然，量刑的“审判时”要做扩大解释，包括行为前、行为中、行为后至裁判作出前的全过程的表现。由此，男子在强奸、抢劫其不知晓的“妻子”及“共有财产”时，完全符合刑法关于强奸罪、抢劫罪既遂的规定，应以二罪既遂定性处罚，但客观上因存在“妻子”“共有财产”的情形可以酌定从宽处罚。

案情摘要

甲男于 1998 年犯抢劫罪，被判处有期徒刑 4 年，于 2002 年刑满释放。2004 年 6 月 7 日晚，甲男趁其妻上夜班之机，乔装打扮后外出作案。当甲男来到一昏暗僻静之处时，见前面有一妇女，便尾随其后将其击倒而实施奸淫，奸毕又强抢其挎包（内有现金 230 余元），然后逃离现场。被害妇女随即到公安机关报案，可当其回到家时，惊奇地发现自己的挎包已在家中桌上，才知强奸、抢劫者是自己的丈夫。甲男因此认为没事，并于第二天同妻子一起前往公安机关说明情况和主动交待强奸、抢劫其妻的全部事实。

分歧意见

对于本案应如何定性，在处理过程中形成了如下几种不同意见：

（1）不构成犯罪。主要理由是，甲男虽然实施了强奸、抢劫行为，但其强奸的对象是自己的妻子，抢劫的对象是自家财物，并没有社会危害性，不应以犯罪论处。

（2）成立犯罪未遂。主要理由是，甲男的强奸行为针对的是不能构成强奸罪犯罪对象的妻子，其抢劫行为针对的是不能构成抢劫罪犯罪对象的夫妻共有财产。因此，甲男的强奸和抢劫行为都属于对象不能犯的犯罪未遂。

（3）成立犯罪既遂。主要理由是，甲男虽然对其强奸和抢劫行为存在犯罪对象认识错误，但该错误既不排除强奸和抢劫犯罪的成立，也不排除强奸和抢劫犯罪既遂的成立，对甲男的强奸和抢劫行为，应以强奸罪、抢劫罪既遂论处。

问题研讨

基于罪刑法定原则关于“行为时”的规定和适用，对犯罪的构成要件及犯罪成立与否的考察，均需以“行为时”为基点，离开“行为时”的行为性质认定，无法准确理解和适用罪刑法定原则，最终产生片面甚至错误的结论。丈夫在强奸、抢劫妻子时，双方互不知道对方是谁，在此种情况下的强奸和抢劫行为，分别成立强奸罪和抢劫罪的既遂。

行为时，又称犯罪时，是罪刑法定原则的核心概念。它既限定了罪刑法定的“罪”“刑”范围，也为从旧兼从轻的界定提供了“基点”，即某个行为是否构成犯罪以及如何处罚，均以行为时（犯罪时）的法律规定为标准，犯罪之后的立法规定原则上不具有溯及力，但如果犯罪之后的立法规定对犯罪时的行为不认为是犯罪或处以较轻的刑罚时，则适用犯罪后新的立法规定。据此，从罪刑法定原则来看，对“罪”和“刑”适用法律的时间点，法律有没有明确规定时，当然指的是“行为时”的法律。犯罪构成要件及犯罪的成立也均以“行为时”为考察基点。简而言之，只有“行为时”的行为和事实才能用以评价犯罪成立与否的构成要件。

理解和适用罪刑法定原则时，如果不以“行为时”为基点，不仅使罪刑法定原则变得不完整，更会使立法和司法变得更具任意性[①]。1979年刑法虽然没有规定罪刑法定原则，但是当时的刑法理论通说认为罪刑法定原则应该是我国刑法的基本原则，只是法律上没有明文规定。在当时的情势下，这种理论上确定的罪刑法定原则，在司法实践中得不到有效实施。在20世纪80年代“严打”期间，全国人大常委会通过了20多个刑事方面的决定和补充规定。这些决定或补充规定，绝大部分或者规定了新的犯罪，或者对原有犯罪加重了处罚力度，这期间出现了大量的死刑条款。这些加重行为人罪与刑的法律规范出台以后，对于之前发生的尚未审判的犯罪行为或危害行为，就要适用新颁布的法律来审判，而不再适用1979年刑法[②]。例如，1983年全国人大常委会《关于严惩严重危害社会治安的犯罪分子的决定》（已失效），规定对几种严重危害社会治安的犯罪提高了法定刑量刑幅度，并增设了传授犯罪方法罪这一新罪名。同时还规定“本决定公布后审判上述犯罪案件，适用本决定”（第3条）。又如，1982年全国人大常委会《关于严惩严重破坏经济的罪犯的决定》（已失效）中也有类似的规定[③]。如果用我国现行刑

① 陈泽宪．刑事法前沿：第3卷．北京：中国人民公安大学出版社，2006：3.

② 陈泽宪．刑事法治之求索．北京：法律出版社，2003：5.

③ 该《决定》第2条规定：“本决定自一九八二年四月一日起施行”；“凡在本决定施行之日以前犯罪，而在一九八二年五月一日以前投案自首，或者已被逮捕而如实地坦白承认全部罪行，并如实地检举其他犯罪人员的犯罪事实的，一律按本决定施行以前的有关法律规定处理。凡在一九八二年五月一日以前对所犯的罪行继续隐瞒拒不投案自首，或者拒不坦白承认本人的全部罪行，亦不检举其他犯罪人员的犯罪事实的，作为继续犯罪，一律按本决定处理”。

法中关于罪刑法定原则的表述来衡量上述决定或补充规定，不能说违背了罪刑法定原则。因为，“行为后”出台的新法律规定是犯罪行为的，依照新法律定罪处罚，完全符合我国现行刑法中“法律明文规定为犯罪行为的，依照法律定罪处刑；法律没有明文规定为犯罪行为的，不得定罪处刑”的规定。然而，依照行为后的法律定罪处罚，在不利于被告的情况下，从根本上违背了罪刑法定原则最基本的法治精神。因此，我国现行《刑法》第 3 条关于罪刑法定原则的表述中，虽没有“行为时”一词，但在理解和适用时一定要以“行为时”为考察基点。

同时，有人认为我国刑法在立法上已经确立了从旧兼从轻原则，故在罪刑法定原则的表述中无须再明确“行为时”。事实上，我国刑法关于溯及力的问题并没有规定具有普遍性的从旧兼从轻原则。我国现行《刑法》第 12 条规定：“中华人民共和国成立以后本法施行以前的行为，如果当时的法律不认为是犯罪的，适用当时的法律；如果当时的法律认为是犯罪的，依照本法总则第四章第八节的规定应当追诉的，按照当时的法律追究刑事责任，但是如果本法不认为是犯罪或者处刑较轻的，适用本法。”“本法施行以前，依照当时的法律已经作出的生效判决，继续有效。”可以看出这仅是溯及力问题的特别规定，适用于中华人民共和国成立以后本法实施以前的行为，也就是 1949 年以后 1997 年修订的刑法生效之前的行为。对于这个时间阶段以外的溯及力问题，就只能靠罪刑法定原则所派生出来的从旧兼从轻原则来解决。具体来说，1997 年刑法实施后的溯及力问题，并不能完全以《刑法》第 12 条的规定来解决。例如，行为人虽然没有非法占有之目的，但以欺骗手段取得银行或其他金融机构贷款，后因经营不善等原因无法归还贷款，给银行或其他经营机构造成重大损失，这种行为在 2006 年 6 月 29 日之前因为不具备“贷款诈骗罪”的构成要件，通常不认为是犯罪。2006 年 6 月 29 日公布的《刑法修正案（六）》第 10 条增设了“骗取贷款罪”。那么，对之前发生的此类行为在刑法修正案出台之后能不能予以追诉并定罪处罚呢？仅依《刑法》第 12 条的规定是不能解决的，须按罪刑法定原则所派生的从旧兼从轻原则来解决[①]。

就本案而言，之所以出现以上分歧意见，在很大程度上是因为忽视了把罪刑法定原则作为考察行为时的基点。易言之，甲男的行为是否需追究刑事责任，或是否成立强奸罪、抢劫罪的既遂，取决于行为时该行为是否具有社会危害性、刑事违法性和应受刑罚处罚性，是否具备和符合刑法关于强奸罪和抢劫罪的犯罪构成要件。显然，甲男在行为时，并不知道被害人是其“妻”（其妻在遭受抢劫和性侵时也不知道行为人是其夫），且通过暴力（击倒）实施了奸淫和抢劫行为，完全具备和符合刑法关于强奸罪和抢劫罪的犯罪构成要件，分别构成强奸罪和抢劫罪的既遂。第一种和第二种意见认为甲男的行为不负刑事责任与成立强奸罪和抢劫罪未遂的观点，忽视了罪刑法定原则的“行为时”要件与犯罪构成要件之间的内在关系。甲男实施强奸和抢劫行为时，在主观和客观方面不是基于夫妻的性义务关系和共有财产关系，而是基于对刑法所保护的一般妇女的性的不可侵犯的权利和一般他人的人身财产权利的侵害。易言之，甲妻在受到强奸和抢劫时，其性的不可侵犯的权利和人身财产权利受到了与一般被害人相同的侵犯，应受到刑法的

---

① 陈泽宪. 刑事法前沿：第 3 卷. 北京：中国人民公安大学出版社，2006：3.

相同保护。再基于犯罪停止形态理论展开分析，甲男在实施强奸和抢劫行为时，并不因为被害人是事实上的妻子和侵犯财产事实上的共有财产而犯罪“未得逞”。相反，因其行为在犯罪客体上侵犯了刑法所保护的妇女的性的不可侵犯的权利和他人的人身财产权利，在客观方面实施了刑法规定的强奸罪和抢劫罪的全部行为，其身份符合强奸罪和抢劫罪的主体要求，在主观方面存在强奸和抢劫的故意，从而完全具备刑法关于强奸罪和抢劫罪的全部犯罪构成要件，分别构成强奸罪和抢劫罪的既遂。

诚然，甲男在实施强奸行为和抢劫行为时存在犯罪对象的认识错误，要强调的是犯罪对象的认识错误与犯罪客体的认识错误性质不同，犯罪对象的认识错误不足以阻却犯罪既遂的成立。根据相关理论，犯罪客体的认识错误必然包含犯罪对象的认识错误，但犯罪对象的认识错误并不以犯罪客体发生认识错误为前提。相反，所谓犯罪对象的认识错误，是对犯罪客体没有发生认识错误前提下的犯罪对象认识错误。例如，对于误把妻子当成其他妇女予以强奸的情形，仅是犯罪对象的认识错误，不是犯罪客体的认识错误，并不在犯罪成立的基本要件上影响强奸罪既遂的成立；对于误把乙男当成某妇女予以强奸的情形，不仅是犯罪对象的认识错误，还是犯罪客体的认识错误（乙男无“刑法保护的妇女性的不可侵犯的权利”这个法益），这时的认识错误，因是行为人意志以外的原因而使强奸行为未得逞，只能成立强奸罪的犯罪未遂。由此，甲男在强奸、抢劫双方互不知晓的“妻子”及其“共有财产”时，完全符合刑法关于强奸罪、抢劫罪既遂的规定，应以二罪既遂定性处罚，只是客观上因是“妻子”“共有财产”而在量刑上酌定从宽。

罪刑法定原则的重要“基点”除了“行为时”，还有“审判时”。这不仅是因为作为罪刑法定原则派生的溯及力原则既需要以“行为时”和“审判时”为考察基点，而且因为在量刑中犯罪人在审判时反映的社会危害性和人身危险性大小影响着量刑。当然，量刑的“审判时”要做扩大解释，包括行为前、行为中、行为后至裁判作出前的审判过程中的表现。基于罪刑法定原则的量刑以“审判时”为基点，是因为量刑的对象是犯罪人而非行为，量刑是对犯罪人实施犯罪行为的报应，同时是对其再犯罪等的预防。这不仅要考察其行为的社会危害性，而且还要考察人身危险性，包括犯罪前的表现、犯罪中的主观恶性大小、犯罪后的悔改表现等。

实务训练

请从实务案件中找一个行为时不知对方是幼女而奸淫的真实案例，并根据案件事实、证据及争议焦点，写一份辩护词。要求格式规范、条理清晰、层次分明、有理有据、入情入理。

延伸阅读

1. 王作富. 刑法分则实务研究. 5版. 北京：中国方正出版社，2013.
2. 张明楷. 刑法学. 6版. 北京：法律出版社，2021.

案 4. 罪刑法定原则的理解和适用不能离开其他基本原则

——许某盗窃案

要点提示

对于罪刑法定原则的理解和适用，应结合罪刑相适应原则和刑法面前人人平等原则；离开罪刑相适应原则和刑法面前人人平等原则的罪刑法定原则的理解和适用、定罪量刑，无法实现既合法又合理；只符合刑法分则的规定或依刑法分则的某个规定定罪量刑，并非就符合罪刑法定原则。

案情摘要

被告人许某，男，34 岁，汉族，山西省临汾市人，农民。

2006 年 4 月 21 日晚 10 时许，许某到广州市天河区黄埔大道西平云路上一家商业银行的 ATM 上取款，在取款过程中发现取款机系统出现故障，他本想取款 100 元，但结果 ATM 出钞 1 000 元，而银行卡账户里却只被扣掉存款 1 元。于是，许某连续用自己的借记卡取款 54 000 元。当晚许某的同伴郭某（另案处理）得知后，两人结伙频繁提款，等郭某回住所拿了自己的借记卡后，许某再次用银行卡取款 16 000 元，随后两人离开现场。4 月 22 日零时许，两人第三次返回作案地点，许某取款 10 万余元。2007 年 5 月 22 日，携款潜逃 1 年后，许某在陕西省宝鸡市落网。2007 年 11 月 20 日，广州市中级人民法院以盗窃罪判处许某无期徒刑，剥夺政治权利终身，并处没收个人全部财产。该案经广东省高级人民法院裁定，于 2008 年 1 月 9 日，发回广州市中级人民法院重新审理。2008 年 3 月 31 日，本案重审后以盗窃罪判处许某有期徒刑 5 年，并处罚金 2 万元；同时追缴许某的犯罪所得 173 826 元，返还受害单位。

分歧意见

本案的原一审量刑（无期徒刑），在社会上引起了强烈反响，被普遍认为量刑过重，是一个不合理的量刑。而在刑法理论界和实务界，很多人既赞同如此量刑的“不合理”，同时也肯定其“合法”。理由为，按照当代普适的刑罚理念，各种罪名的量刑幅度是由法律规定的，法官必须援引其规定定罪处罚，在刑种、刑期等方面都严格依据规定；既然我国《刑法》第 3 条对罪刑法定原则有明确规定，则量刑幅度纵是权力机关也不能随便改动。为使本案量刑能够“合法又合理”，八名律师联合向全国人大常委会和最高人民法院提交建议书，请求修改刑法相关规定及相关司法解释。

问题研讨

罪刑法定原则的遵守和适用，必须同时结合适用罪刑相适应原则和刑法面前人人平等原则，否则，所作出的定罪量刑结论“既不合理也不合法”。针对本案一审量刑（无期徒刑），重审程序以相同罪名，通过依法提取和适用酌定量刑情节而作出了相对“合法又合理”的判决（5年有期徒刑）。不难看出有两个值得探讨的问题：一是本案事实客观存在酌定减轻处罚情节，法院一审程序为什么不依罪刑相适应原则以及《刑法》第63条第2款的规定适用？二是法院没有依法适用酌定减轻处罚情节予以量刑，刑法理论和实务界为什么还普遍言称其“合法”？基于以上疑问，可进一步推导出，该适用的法律没有适用，原一审量刑并非“合法”。

以上问题的存在，表明理论上和实践中对罪刑法定原则与其他刑法基本原则之间的内在关系以及由此决定的刑法分则与刑法总则的内在关系的理解和适用，还存在很大问题。关键在于，当不符合罪责刑相适应和刑法面前人人平等原则时罪刑法定原则能否被准确理解和适用？

从字面上看，遵守和适用罪刑法定原则就是定罪量刑结论符合法律的规定。可刑法的什么或哪些规定，才算是遵守和适用了罪刑法定原则？显然，不是仅遵守和适用刑法条文的规定，而是要综合适用刑法分则和刑法总则的所有相关规定。这意味着，罪刑法定原则的正确遵守和适用，有赖于刑法分则与刑法总则的关系原理。

刑法分则与刑法总则的关系原理，传统刑法理论一般阐述为：刑法分则是关于具体犯罪和具体法定刑的规范体系；在刑法分则中，列举了各种具体犯罪的罪状和相应的法定刑，它们是解决具体定罪量刑问题的标准；它与刑法总则相互为用、相互依存、密不可分，是特殊与一般、具体与抽象的关系，没有总则的原则规定，分则所规定的罪状和法定刑就难以理解和适用；人民法院在处理每个刑事案件的时候，不仅直接涉及分则的有关条文，而且必须遵守总则所规定的各项原则①。“总则以分则为依托，同时又指导、补充分则。例如，对具体犯罪的构成要件以及法定刑的理解与确定，应以总则规定为指导；当分则条文没有完整地规定构成要件的全部要素时，应以总则规定予以补充”②。以上阐述，较为深入地揭示了刑法分则与刑法总则的内在关系。这个关系决定了，“对犯罪人量刑时仅仅根据刑法分则规定的法定刑是不够的，必须在此基础上，考虑刑法总则的有关规定。只有这样，对犯罪人确定的刑罚才真正具有合法性”③。但如此阐述，还缺乏对刑法分则在立法和司法上的规范性质的准确定位。特别是，关于“人民法院确定对犯罪人适用的刑罚之前，都有一个根据犯罪的社会危害性大小和犯罪人的人身危险性大小进行选择的过程，但无论怎样选择，都必须在刑法条文规定的法定刑的幅度内，不能超越”④ 的合法性理解，并不符合立法和司法实际。事实上，从立法和司法来看，刑法分则的规定不是一个完整的刑法规范。它只是关于具体犯罪的特别犯罪构成要件和

---

① 高铭暄，刑法学. 北京：法律出版社，1984：45-46.

② 张明楷. 刑法学. 3版. 北京：法律出版社，2007：492.

③ 高铭暄. 刑法学原理：第3卷. 北京：中国人民大学出版社，1994：243.

④ 同③242.

一般刑罚处罚的规定，并没有对具体犯罪构成的全部要件和可能适用的全部处罚方法（刑罚处罚、非刑罚处罚、不给任何刑罚或非刑罚处罚）作出规定。在司法上，这些不完整的规定，需结合刑法总则才能准确地适用。仅就量刑而言，刑法分则关于抽象个罪的法定刑规定（立法），只是为具体犯罪的量刑（司法）提供起始标准即量刑基准[①]，至于具体如何量刑和量什么刑，还需刑法总则的相关规定[②]予以验证、补充、修正[③]，并表现为给予刑罚处罚、给予非刑罚处罚或单纯宣告有罪的处罚等三种情形。尤其后两种情形，只能由总则的规定予以补充。这个“补充”，实际上是对刑法分则关于法定刑规定的修正。同时，即使是给予刑罚处罚（第一种情形），也应遵照罪刑相适应原则并依总则规定的法定或酌定减轻处罚的规定，对刑法分则关于法定刑的规定予以补充、修正。

因此，基于刑法分则与刑法总则的关系原理及刑法分则的规范性质，定罪量刑的合法与否，并非孤立地取决于刑法分则关于罪状和法定刑的规定，而应综合刑法总则和刑法分则的所有相关规定。本案一审量刑之所以“不合法”，是在适用刑法分则关于“盗窃金融机构，数额特别巨大”的法定刑规定（处无期徒刑、死刑）时，在罪责刑不相适应的情况下，没有同时适用刑法总则的相关规定[④]。同时，本案重审基于“许某的盗窃犯意和取款行为与有预谋、有准备的盗窃犯罪相比，主观恶性相对较小”和“许某利用自动柜员机出现异常窃取款项，与采取破坏性手段盗取钱财相比，犯罪情节相对较轻”两方面的事实[⑤]，依照《刑法》（总则）第 63 条第 2 款酌定减轻处罚的规定，作出了相对“合法又合理”的量刑（有期徒刑 5 年）。由此，基于刑法总则与分则的关系原理及刑法分则的规范性质，本案在量刑上并不具有特别性，更不是“当下中国司法界的一道难题”[⑥]，而只是一个极其普通且极其常规的量刑。

实务训练

围绕本主题从实务案件中找一个真实案例，并根据该案的事实、证据及争议焦点，写一篇案例分析型学术短文。要求把与本主题相关的问题，特别是刑法三大基本原则的内在关系分析透彻，做到格式规范、条理清晰、层次分明、有理有据、入情入理。

---

① 本文所称量刑基准，与众多学者和实务部门所界定的量刑基准不同，是基于刑法分则的司法实质及刑法分则与刑法总则的关系等所作出的界定，即所谓量刑基准是指在定罪活动中确定的，由定罪情节（而不是量刑情节）所决定的法定刑幅度。

② 就定罪基准而言，这意味着刑法分则关于抽象个罪罪状的规定（立法），是为具体犯罪的定罪（司法）提供起始标准，至于具体如何定罪和定什么罪，还需由定罪情节和刑法总则的相关规定决定。

③ 石经海．刑法分则的司法本质与量刑基准的界定//郎胜，等．2008 年度中国刑法学年会论文集：刑法实践热点问题探索：下卷．北京：中国人民公安大学出版社，2008：123－133.

④ 根据本案犯罪的社会危害性和犯罪人的人身危险性，应依罪责刑相适应等刑法基本原则，以及宽严相济的刑事政策和刑法时代精神，适用刑法总则关于免刑及非刑罚处罚措施（第 37 条）、酌定减轻处罚（第 63 条第 2 款）等规定。

⑤ 参见中国网广州中院对本案的判后释法答疑。

⑥ 刘品新．许霆“恶意”取款案：法定量刑过严可否自由裁量．检察日报，2008－01－16.

延伸阅读

1. 石经海. 论量刑合法. 现代法学，2010，32（2）：70－78.
2. 石经海. 量刑的个别化原理. 北京：法律出版社，2021.

案 5. 罪刑相适应原则的适用需以刑事政策为指导

——李某强奸、故意杀害女友及其幼弟案

要点提示

“少杀”“慎杀”等刑事政策的适用是否可以违背罪刑相适应等刑法基本原则？按照罪刑相适应等刑法基本原则，犯罪人具有自首、认罪、悔罪态度好、积极赔偿受害人家属经济损失等法定或酌定量刑情节，是否一定要从宽处罚？

案情摘要

被告人李某，男，汉族，生于 1982 年 6 月 17 日，云南省巧家县人，小学文化，农民。

被告人李某曾到王姐（女，被害人，殁年 19 岁）家提亲遭到拒绝。2009 年 5 月 14 日，李某之兄李昌某与王姐之母陈某又因琐事发生纠纷，李某得知后从四川省西昌市赶回云南省昭通市巧家县。同月 16 日 13 时许，李某在途经王姐的伯父王某家门口时遇见王姐、王弟（被害人，殁年 3 岁）二人，并与王姐发生争吵扭打。李某将王姐掐晕后实施强奸，在王姐醒后跑开时，又用锄头打击王姐头部致王倒地。随后，李某提起王弟的手脚将其头部猛撞门方，并用绳子勒住二被害人颈部后逃离现场。经法医鉴定，王姐、王弟均系颅脑损伤伴机械性窒息死亡。同月 20 日，李某到四川省普格县城关派出所投案。

分歧意见

2010 年 7 月 15 日，云南省昭通市中级人民法院以强奸罪、故意杀人罪，数罪并罚判处李某死刑，剥夺政治权利终身；2011 年 3 月 4 日，云南省高级人民法院以强奸罪、故意杀人罪，数罪并罚判处李某死刑，缓期二年执行；2011 年 8 月 22 日，云南省高级人民法院对该案依照审判监督程序进行再审，并当庭宣判撤销二审死缓判决，改判李某死刑，剥夺政治权利终身。

问题研讨

废除死刑和严格限制死刑是世界刑法立法和司法的基本趋势。新中国对于死刑的基本政策是，严格限制死刑直至最后废除死刑。然而，“少杀”“慎杀”等严格限制死刑的刑事政策的适用，是否可违背罪刑相适应等刑法基本原则？同时，按照罪刑相适应等刑法基本原则，犯罪人具有自首、认罪、悔罪、赔偿受害人家属经济损失等法定或酌定量刑情节，是否一定要从宽处罚？回答是否定的。在司法上，死刑政策等刑事政策的理解和适用，须置于罪刑法定原则、罪刑相适应原则和刑法面前人人平等原则等刑法原则的框架下。在我国立法和司法还保留死刑的情况下，基于罪刑相适应和刑法面前人人平等等刑法原则，对于极少数罪行极其严重的犯罪分子应当适用死刑，这也是罪刑法定原则对刑事司法的要求。虽然在司法上尽可能遵循宽严相济刑事政策和罪刑相适应、刑法面前人人平等原则等，能够不适用死刑（立即执行）尽量不适用，但并不能由此忽视量刑均衡的基本要求而做出有违罪刑相适应原则的判决。

（一）刑事政策适用与罪刑相适应等刑法基本原则的关系

刑事政策是我们党和国家长期与犯罪进行有效斗争的经验总结，是正确立法和司法的重要指针。但作为政策，也有受法律约束的一面。在刑事政策与罪刑法定、罪刑相适应等刑法基本原则的关系上，我们一方面坚持“刑事政策是刑法的灵魂”，无论是刑事立法还是司法，也无论是刑事立法的理解还是刑事司法的适用，都需刑事政策的正确指导，没有刑事政策指导的立法和司法，是盲目和机械的立法和司法；另一方面，坚持“刑事政策只能在刑法的框架内发挥作用”，刑事政策一旦由国家作出，只能在法律框架下发挥指导作用。刑事政策与刑法的关系，在本质上是一种相互约束、有机结合、相互补充的依存关系。这一点，已被有关机关认识和坚持。如 2006 年 12 月 28 日通过的《最高人民检察院关于在检察工作中贯彻宽严相济刑事司法政策的若干意见》强调，“贯彻宽严相济的刑事司法政策，必须坚持罪刑法定、罪刑相适应、法律面前人人平等原则，实现政策指导与严格执法的有机统一，宽要有节，严要有度，宽和严都必须严格依照法律，在法律范围内进行，做到宽严合法，于法有据。”正是因为刑事政策与刑事立法及司法有如此关系，世界各国在推进法治现代化中，越来越重视刑事政策的作用。

基于以上可以看出，在刑事司法中，刑事政策必须在刑法的框架下适用和发挥作用。一方面，主张刑事政策是刑法（不仅仅是刑法，还有其他刑事法）的灵魂，并不意味着刑事政策可以在刑法之外发挥作用，即使依刑事政策减轻甚至免除刑事处罚，也必须在罪刑法定原则指导下实现。这一点，即使是倡导目的刑和主张社会防卫论的李斯特先生也不否认，并指出“刑法是刑事政策不可逾越的藩篱”[①]。另一方面，“法律不可能告诉政法部门在特定时期犯罪的态势及其打击重点以及具体的行动方案，政法部门如何有效地使用其有限的人力、财力、物力等资源打击犯罪、预防犯罪、控制犯罪”[②]，政

① 庄子邦雄，甘雨沛．刑罚制度的基础理论：刑法近代化和刑罚理论的困惑．国外法学，1979（4）：1-8.
② 曲新久，张国鑫．如何科学认识刑事政策．人民法院报，2003-06-01.

法机关工作人员要创造性地“用足”、“用活”法律，就必须通过国家基本刑事政策或特定时期的具体刑事政策去理解、把握和适用。换言之，“在司法实践中，司法人员应当充分认识到刑事政策与刑事法律之间的互补、互动关系，充分利用刑事政策来理解法律。”①

（二）法定或酌定量刑情节的理解和适用与罪责刑相适应等刑法基本原则的关系

我国《刑法》第 61 条规定：“对于犯罪分子决定刑罚的时候，应当根据犯罪的事实、犯罪的性质、情节和对于社会的危害程度，依照本法的有关规定判处。”这既是对法定或酌定量刑情节理解和适用的要求，也是对法定或酌定量刑情节理解和适用与罪刑相适应等刑法基本原则关系的规定。根据规定，比如自首、认罪、悔罪态度好、积极赔偿受害人家属经济损失等法定或酌定量刑情节如何理解和适用，或者说，犯罪人存在法定或酌定量刑情节，是否一定从宽处罚，取决于罪刑相适应、刑法面前人人平等及罪刑法定等刑法基本原则的要求。

就自首而言，根据我国《刑法》第 67 条的规定，对于自首的犯罪分子，可以从轻或者减轻处罚。这是法定的从宽处罚量刑情节，是罪刑法定原则对量刑情节内容及功能的具体要求。从规定的“可以”而不是“应当”可知，自首情节是否影响本案的从宽处罚，还需综合考虑自首情节在本案所有量刑情节体系中的地位。

所谓量刑情节体系，是各种量刑情节所构成的有机联系整体。量刑情节有法定量刑情节与酌定量刑情节、“应当型”量刑情节与“可以型”量刑情节之分。法定量刑情节，是指法律就其具体内容和功能作出明确规定，在量刑时应当或可以考虑影响行为社会危害性及行为人人身危险性程度的事实，包括刑法总则规定的对各种犯罪共同适用的情节和刑法分则对特定犯罪适用的情节两类。我国刑法对法定情节的规定往往直接使用“从重处罚”“从轻处罚”“减轻处罚”“免除处罚”等表述，是法律对犯罪行为的社会危害性和犯罪人的人身危险性大小的评价结果。据统计，截止到《刑法修正案（十一）》发布，在我国现行刑法中，有近 58 个法定量刑情节。其中，具有从重处罚功能的有 34 个，具有从轻、减轻或免除处罚的单功能或多功能的有 24 个。

所谓酌定量刑情节，是法律未就其具体内容和功能作出明确规定，但予以原则认可，司法实践中亦予以体现的影响行为社会危害性及行为人人身危险性程度的事实。这种量刑情节虽然不以“从重处罚”、“从轻处罚”、“减轻处罚”或“免除处罚”等直接表述，但在适用中也是体现这些功能的。酌定量刑情节的存在，既是实现罪刑相适应的需要（量刑仅依法定量刑情节往往难以实现罪刑相适应原则），也是量刑情节复杂性的要求。如犯罪人犯罪时、犯罪后、受审时的很多心理状态在立法时事先无法预设为法定量刑情节，但它们又确实影响量刑。在这个意义上说，凡是刑法没有明确规定，但能反映犯罪的社会危害程度或犯罪人的人身危险程度且不是加重对犯罪人处罚的事实，都应当作为酌定量刑情节而影响量刑。

所谓“应当型”量刑情节，是指对量刑结果产生必然性影响的量刑情节。在我国现

① 黄伟明. 刑事政策与刑事立法关系的动态分析. 法学论坛，2003（3）：37－41.

行刑法规定的法定量刑情节中，大部分是“应当型”量刑情节。据统计，有 49 个“应当型”量刑情节，包括具有从重处罚功能的法定量刑情节和部分从宽处罚的法定刑量刑情节，如已满 14 周岁不满 18 周岁的人犯罪，应当从轻或者减轻处罚；已满 75 周岁的人过失犯罪的，应当从轻或者减轻处罚；对于从犯，应当从轻、减轻处罚或者免除处罚；犯罪后自首又有重大立功表现的，应当减轻或者免除处罚；正当防卫明显超过必要限度造成重大损害的，应当负刑事责任，但是应当减轻或者免除处罚；紧急避险超过必要限度造成不应有的损害的，应当负刑事责任，但是应当减轻或者免除处罚；对于中止犯，造成损害的，应当减轻处罚；对于中止犯，没有造成损害的，应当免除处罚。

所谓“可以型”量刑情节，是指对量刑结果产生或然性影响的量刑情节。在我国刑法规定的法定量刑情节中，据统计，“可以型”量刑情节有 17 个。例如，已满 75 周岁的人故意犯罪的，可以从轻或者减轻处罚；尚未完全丧失辨认或者控制自己行为能力的精神病人犯罪的，应当负刑事责任，但是可以从轻或者减轻处罚；又聋又哑的人或者盲人犯罪，可以从轻、减轻或者免除处罚；如果被教唆的人没有犯被教唆的罪，对于教唆犯，可以从轻或者减轻处罚；对于自首的犯罪分子，可以从轻或者减轻处罚；对于自首的犯罪分子，犯罪较轻的，可以免除处罚；对于不具有自首情节，但是如实供述自己罪行的，可以从轻处罚；对于不具有自首情节，但是如实供述自己罪行，避免特别严重后果发生的，可以减轻处罚；犯罪分子有揭发他人犯罪行为，查证属实的，或者提供重要线索，从而得以侦破其他案件等立功表现的，可以从轻或者减轻处罚；有重大立功表现的，可以减轻或者免除处罚；行贿人在被追诉前主动交待行贿行为的，可以减轻处罚或者免除处罚；非法种植罂粟或者其他毒品原植物，在收获前自动铲除的，可以免除处罚；凡在中华人民共和国领域外犯罪，依照刑法应当负刑事责任的，虽然经过外国审判，仍然可以依照刑法追究，但是在外国已经受过刑罚处罚的，可以免除或者减轻处罚；等等。

“应当型”量刑情节与“可以型”量刑情节，是就情节本身的作用力大小而言的，前者对量刑结果必然产生影响，后者对量刑结果是否产生影响或产生多大的影响，取决于其所体现的社会危害性或人身危险性。如自首、坦白、立功、赔偿被害人经济损失等，在一般情况下是“可以型”量刑情节。这些量刑情节，在实践中一般都要被提取并影响量刑；但在少数情况下，因犯罪的社会危害性极大、后果特别严重、犯罪手段极为残忍、犯罪人缺乏真实悔罪表现等，故虽也被提取为量刑情节，但对量刑的影响不大。

自首、坦白、立功、赔偿被害人经济损失等“可以型”量刑情节是否影响或如何影响量刑，需对整个量刑情节体系进行全面审度和综合平衡。所谓量刑的全面审度与综合平衡，是指在量刑时应考虑对个案量刑产生影响的所有量刑情节，要作通盘考虑，慎重处理各种情节之间的矛盾冲突。具体而言，既要全面审度，又要有所取舍；既不能漏掉某个情节，也不能重复评价情节；各情节既不能孤立适用，又不能不分轻重主次；既要找出其中的决定性情节，又要分清其中的一般性情节。这意味着，对于既有法定情节又有酌定情节、既有从重处罚情节又有从轻处罚情节的案件，既不能等量齐观而一对一抵消，又不能绝对地认为法定情节重于酌定情节；既不能只重视多数情节而忽视少数决定性量刑情节的作用，又不能只重视个别关键性量刑情节而轻视多数情节的作用。以下关于王某某犯故意杀人罪的死刑适用理由，在很大程度上体现了量刑情节的全面审度与综合平衡的适用原则：对于王某某的行为，综合全案量刑情节，仍需判处死刑。被害人吴某在打工时曾打骂过王某某，被害人苏某在案发当晚的争吵中先动手打了王某某一记耳光，被害人在案件起因上有一定过错。对于事出有因，被害人有过错的案件，一般情况下，对被告人可以从轻处罚，但并非不论情节、后果一律从轻处罚。王某某犯罪以后能自动投案，如实供述自己的罪行，其行为构成自首。依照我国刑法规定，对于自首的犯罪分子可以从轻或者减轻处罚，但并非不论罪行轻重，均应无条件从轻或者减轻处罚。王某某无视他人的生命权利，不听其弟劝阻，持刀连续捅刺 5 人，杀害无辜；特别残忍的是，王某某追杀吴某某未果返回现场后，对已倒在血泊中的被害人连续补刺，前后共刺被害人 48 刀，置被害人于死地，造成 4 人当场死亡，1 人重伤。王某某的行为，系杀人手段极其残忍，情节特别恶劣，犯罪后果极其严重，虽具有可以从轻处罚的情节，但不足以从轻处罚。

量刑情节的全面审度与综合平衡，实际上是用罪刑相适应、刑法面前人人平等等刑法的基本原则和宽严相济的刑事政策，对各量刑情节的作用力进行深度考量。也就是说，无论是自首、立功等法定量刑情节还是认罪、积极赔偿被害人经济损失等酌定量刑情节，均不能仅根据罪刑法定原则直接影响量刑，还应根据现行《刑法》第 5 条和第 4 条规定，即“刑罚的轻重，应当与犯罪分子所犯罪行和承担的刑事责任相适应”和“对任何人犯罪，在适用法律上一律平等。不允许任何人有超越法律的特权”，以及根据《最高人民法院关于贯彻宽严相济刑事政策的若干意见》，切实做到该宽则宽，当严则严，宽严相济，罚当其罪，量刑均衡，确保裁判的法律效果和社会效果的高度统一。

就本案而言，犯罪人虽然有自首、认罪、悔罪态度、赔偿受害人家属经济损失等法定或酌定量刑情节，但根据罪刑相适应、刑法面前人人平等等刑法的基本原则和宽严相济的刑事政策，它们均不足以影响案件的死刑（立即执行）判决。因为其自首（作案后逃离现场，四天之后才自首，其投案不主动，也不够及时）、认罪、悔罪态度、积极赔偿受害人家属经济损失（仅当地政府强行将李某家的部分财产变卖得来的 2 万多元）等法定或酌定量刑情节，既没有真正减小其行为的社会危害性（包括安抚被害人家属），也没有表明其较小的人身危险性，不足以影响其行为达到“罪行极其严重”的死刑（立即执行）标准评价。

因此，本案一审和再审判决结果符合罪刑相适应以及相应的刑法面前人人平等和罪刑法定原则，和宽严相济刑事政策等要求，二审判决因违背现行法的上述原则、政策而不恰当。

实务训练

请找一个关于刑法面前人人平等的真实案例，根据该案的事实、证据及争议焦点，写一篇关于该原则的理解和适用的案例分析论文。要求格式规范、条理清晰、层次分明、有理有据、入情入理。

延伸阅读

1. 石经海. 量刑的个别化原理. 北京：法律出版社，2021.
2. 石经海. 中国刑法学总论. 北京：中国人民大学出版社，2023.

案6. 现代刑法上不存在绝对的形式解释或实质解释

——朱某林、周某胜、谢某军伪造产品小合格证案

要点提示

在探求刑法条文用语含义时，是否一定秉持绝对的形式解释或绝对实质解释的方法，形式解释与实质解释之间是否为水火不容的对立关系，值得讨论。在对以“伪劣产品”为代表的刑法立法用语含义的理解过程中，脱离刑法条文用语的字面含义，或者脱离文义背后的实质意义，会导致无法正确理解和运用刑法。

案情摘要

被告人朱某林，男，1978年1月3日出生。

被告人周某胜，男，1958年8月5日出生。

被告人谢某军，男，1964年2月16日出生。

被告人朱某林任法定代表人的豪门公司于2006年6月成立，经营范围为摩托车、电瓶车、助力车及其零部件销售。2008年初，豪门公司未经行政主管部门批准，与拥有摩托车生产资质的凯通公司签订协议，约定豪门公司为凯通公司第三生产车间，豪门公司独立核算、独立经营、自负盈亏，自行采购、销售，协议有效期为2008年1月1日至2009年1月1日，朱某林向凯通公司支付管理费15万元。协议到期后，朱某林继续以凯通公司第三生产车间的名义生产摩托车，并向凯通公司缴纳了2009年的管理费。2009年年底，豪门公司与广益公司签订协议，约定合作生产“新阳光”牌摩托车，合作期限自2009年12月1日至2013年11月30日。豪门公司在销售生产的摩托车时，伪造了排气量为48cc的“新阳光”牌燃油助力车小合格证，但在销售时对涉案车辆的排量等真实情况作了说明，并向消费者承诺如需上牌，补交150元即可换取广益公司的大合格证（摩托车正规合格证），凭大合格证可到交管部门上牌。经鉴定，豪门公司生产、销售的车辆在属性上为摩托车，符合国家关于摩托车技术规范和安全标准的规定。

分歧意见

对“伪劣产品”的解读既应考虑到其文义范围又要考量涉及“伪劣产品”行为的实质危害性。本案的涉案车辆是否属于《刑法》第140条规定的“伪劣产品”，存在两种

不同意见。

第一种意见认为，本案的涉案车辆属于《刑法》第 140 条规定的“伪劣产品”。理由在于：三名被告人的行为是用“需取得驾驶执照才能上路行驶的摩托车”冒充“不需要取得驾驶执照就可以上路行驶的助力车”，违反了《产品质量法》第 26 条第 2 款第 3 项“符合在产品或者其包装上注明采用的产品标准，符合以产品说明、实物样品等方式表明的质量状况”的规定，属于《刑法》第 140 条规定的“以不合格产品冒充合格产品”、“以假充真”的情形。

第二种意见认为，本案的涉案车辆不属于《刑法》第 140 条规定的“伪劣产品”。理由在于：首先，认定某一产品是否属于伪劣产品的关键在于该产品的质量是否存在问题，即应该首先确认产品本身的属性，然后才能依据其固有属性进行合格与否的鉴定。本案中，被告人朱某林等人生产、销售的产品属于摩托车，就其“摩托车”而言，并不属于“不合格产品”。只有侦查机关以燃油助力车的参数为依据对涉案车辆进行鉴定，才被不当评定为伪劣产品；其次，产品质量主要是由生产过程决定的，单纯的销售方式无法影响产品质量。涉案车辆之所以形成道路安全隐患，是因为被告人朱某林等人将其以燃油助力车的名义销售，导致车辆脱离了应有的监管，而非产品质量问题导致涉案车辆存在安全隐患；再次，生产、销售伪劣产品罪的行为人对消费者往往具有欺骗行为，侵犯了消费者的知情权，但本案被告人在销售时不仅对涉案车辆的排量等真实情况作了说明，而且还以“大排小标”这一特征作为吸引消费者的噱头加以宣传，消费者对车辆的真实属性有明确认识，其知情权并未受到侵犯。生产、销售伪劣产品罪所侵犯的法益主要是消费者的财产权，而不是抽象的市场经济秩序，甚至不包括消费者的人身权。

问题研讨

关于本案的涉案车辆是否属于《刑法》第 140 条规定的“伪劣产品”，涉及“伪劣产品”这一立法用语的解读。解读过程的核心问题是如何对待其文义范围，是否考量生产、销售“伪劣产品”行为的实质危害性。

类似的情况在刑法适用中可以说是无所不在。因为，其一，刑法是普遍性的法律规范，只能以抽象标准的形式出现；其二，刑法的表述形式是语言，“书不尽言，言不尽意”——任何以语言为表述形式的意思表示必然会呈现出“意思模糊”“词义不清”的特征；其三，由于社会生活的复杂性和变动性，不论立法者多么睿智和富有预见，都会出现立法者没有想到或立法者根本就不可能想到的情况。所以，在探求和解释刑法条文用语的恰当含义时，就必须面对刑法条文用语的字面含义与实质含义的“不一致”或冲突。由于刑法的内容涉及直接保护或剥夺公民的生命、人身自由、财产等最基本的权利，相对于其他法律的解释而言，刑法的解释不能不具有一定的特殊性，主要表现为解释刑法比解释其他法律有更严格的限制。刑法应该严格解释，已是世界各国刑法学界的共识。但是，什么叫刑法的严格解释，或者说刑法的解释应该严格到什么程度，对刑法的解释应该作哪些限制，各国刑法理论并无统一的认识。

有的认为刑法的解释绝对不能脱离刑法规范的字面含义，有的则认为刑法的解释必须探究法条用语背后的实质意义。由此出现了形式解释和实质解释之分野。

但总的来说，认为刑法解释“系被条文文字所拘束之拘束的解释，而非自由法论。此系刑法解释之根本要求，亦系刑法解释之特殊性”的观点，目前是大陆法系国家刑法理论界的主流。

毫无疑问，在探求《刑法》第140条规定的“伪劣产品”的含义时，脱离《产品质量法》和相关技术标准等，是无法获得“伪劣产品”的刑法意义的。正因如此，《最高人民法院、最高人民检察院关于办理生产、销售伪劣商品刑事案件具体应用法律若干问题的解释》第1条第4款规定，《刑法》第140条规定的“不合格产品”是指不符合《产品质量法》第26条第2款规定的质量要求的产品。

然而，在探求《刑法》第140条规定的“伪劣产品”的含义时，如果采用绝对的形式解释的立场和方法，只依照《产品质量法》的相关规定，是无法做出涉案车辆是否属于“伪劣产品”的判断的。因为，助力车与摩托车有不同的技术标准，二者属于不同的产品。在判断本案车辆的真实排量、技术参数是否与车辆合格证标注不符时，必须先确立参照的是摩托车的合格标准，还是助力车的合格标准，进而确定本案行为人是以大排量燃油助力车冒充小排量燃油助力车，还是以大排量的摩托车冒充小排量的摩托车，抑或是以大排量的摩托车冒充助力车。这就必然要考量《刑法》第140条规定的“伪劣产品”的实质意义是什么。也就是说，脱离对《刑法》第140条规定的“伪劣产品”的实质意义的探究，就无法探求到“伪劣产品”的刑法含义。

实务训练

请在刑法中找出一条存在理解争议的条文用语，试着写出对条文用语含义的理解，然后分析自己的理解是否仅是字面含义，是否能够脱离字面含义。要求格式规范、条理清晰、层次分明、有理有据、入情入理。

延伸阅读

1. 张志铭. 法律解释操作分析. 北京：中国政法大学出版社，1999.
2. 梁根林. 罪刑法定视域中的刑法适用解释. 中国法学，2004（3）：120－131.
3. 林雅. 法律解释的真谛：波斯纳法律解释理论梳理. 法律适用，2004（4）：72－73.

案7. 现代刑法不存在绝对的主观主义解释或客观主义解释

——童某、温某、张某私分国有资产案

要点提示

主观主义解释、客观主义解释是依据解释立场的不同而进行的分类。对同一刑法条文的解释秉持主观主义解释或客观主义解释的不同立场，可能导致解释结论不同。但无论是完全脱离现实需要、单纯强调立法原意的绝对主观主义解释论，还是完全不顾立法原意、仅仅满足现实需要的绝对的客观主义解释论，都难以对刑法条文做出恰当的解释。

案情摘要

被告单位中国工商银行股份有限公司神木支行（以下简称神木支行）。被告人童某，男，1962 年生，神木支行原行长。被告人温某，男，1968 年生，神木支行原副行长。被告人张某，男，1974 年生，神木支行原办公室主任兼报账员。2010 年 11 月，被告人童某担任神木支行行长后，为解决经费不足和职工福利问题，授意该支行办公室主任被告人张某采取虚构项目的方式，向上级银行榆林分行套取经营性费用。2010 年，张某以虚构的维修费、燃料费、绿化费等名目套取资金 22 笔，合计 65.026 1 万元。后经行长办公会决定，将其中 22 万元以春节过节费的名义发放给该支行全体职工。2011 年 2 月，被告人温某出任神木支行副行长，分管财务和市场营销工作。童某、温某继续指使张某套取资金。2011 年，张某以上述方式向榆林分行套取费用 73 笔，合计 303.953 8 万元。经行长办公会决定，将其中 38.6 万元（现金 21.7 万元、购物卡 16.9 万元）以春节福利的名义发放给全体职工；以第三、四季度奖励和专项奖励的名义发放给职工 62.69 万元。

分歧意见

关于童某、温某、张某等人利用职务之便，套取上级分行（中国工商银行股份有限公司榆林分行）资金，并在神木支行内部私分的行为，是否属于私分国有资产罪，存在两种意见。

第一种意见认为，私分国有资产罪中的“国有公司、企业”仅指国有独资公司、企业，神木支行工作人员童某、温某、张某等人利用职务之便，将资金在公司内部私分，不属于私分国有资产罪，可以按照国有公司、企业人员滥用职权罪处理。理由是，将私分国有资产罪中的“国有公司、企业”作限制解释更符合立法原意即《刑法》将私分国有资产罪设置在第八章“贪污贿赂罪”中，且仅与单位受贿罪的犯罪主体和对单位行贿罪的犯罪对象一样，都是国家机关、国有公司、企业、事业单位、人民团体，故对私分国有资产罪中的“国有公司、企业”参照单位受贿罪中的犯罪主体、对单位行贿罪的犯罪对象进行解释具有立法依据，即应当限制解释为“国有独资公司、企业”；从法益保护角度分析，将私分国有资产罪中的“国有公司、企业”作限制解释则不会影响对国有资产的保护。

第二种意见认为，神木支行系国有控股公司，属于私分国有资产罪中的“国有公司、企业”。童某、温某、张某等人利用担任神木支行领导职务之便，套取上级银行的资金在公司内部私分，属于私分国有资产罪。从保护国有资产角度出发，随着市场经济的发展和政企分开政策的推进，大多数国有公司、企业都改制为国有控股、参股公司、企业，国有独资公司、企业越来越少。若将“国有控股公司”排除在国有公司、企业之外，那么《刑法》第396条规定的私分国有资产罪的适用范围会被不当缩减，国有资产将会因得不到刑法的保护而大量流失。

问题研讨

在对刑法条文进行解释时，无法也不应将立法机关制定相关规定的主观目的与相关规定所涉及的客观需要割裂开来。在本案中，对“国有公司、企业”、“国有资产”概念的解释同样如此。扩大解释、限缩解释都是纯粹的解释技术或方法。本案中，国有控股、参股公司、企业是否属于私分国有资产罪中的“国有公司、企业”，解释的立场尤为重要。

刑法解释的主观主义，是一种根据立法者原意来探求刑法内容的刑法解释论，为多数刑事古典学派学者所拥护。持这种观点的人认为，刑法的本质是主权者的命令，刑法规范纯粹是立法者立法时意志的产物，其内容完全取决于立法者立法时赋予它的含义。这种以传统的解释《圣经》的方法为基础发展起来的刑法解释论认为，刑法规范是一个完全独立于解释者的客观的认识对象，其含义不仅与解释者的价值观念、政治主张等知识结构无关，同时也不应随社会的变迁而有所不同。因此，刑法的解释是一种单纯的认识性活动，其主要目的是通过重现立法者的思维过程来阐明立法者赋予法律条文的原意。这种解释的立场是国家权力分权制衡学说与国家专制主义相结合的产物，是强调实在法绝对权威的法律实证主义在刑法解释论中的体现。刑法解释论中的主观主义者认为：法律的解释必须符合立法者的原意，否则就有越权之嫌。从国家专制主义和法律实证主义的理论出发，主观主义的刑法解释论强调法律是国家意志的体现，是主权者的命令；强调法律规范内容的确定性和刑法的保障机能，不管恶法善法，法官只有绝对服从的义务，而没有探讨刑法规范合理性和对刑法规范的内容进行价值判断的权力。主观主义解释的立场往往强调历史解释方法，即注重根据法律起草过程中的文件、法律条文字词的含义、条文的历史演变过程以及运用语法规则分析、形式逻辑推理等方法来说明具体刑法规定的内涵。本案处理中的第一种意见，是依据罪名设置分析，并根据立法原意将私分国有资产罪中的“国有公司、企业”作限制解释。

刑法解释中的客观主义，是一种主张根据社会需要来理解刑法规范含义的刑法解释论。持这种观点的人认为，刑法是社会需要的产物，无论是刑法的制定，还是刑法的解释都应服从社会需要这一根本目的。同其他任何法律规范一样，刑法规范只要一经颁布，其内容便应脱离立法者原有的意志，而以社会的需要为自己的内容。因此，人们在解释刑法规范时，不应局限于立法者的认识水平和认识能力，而必须根据社会的变化而不断地赋予刑法规范新的内容。为此，刑法的解释就不应该只是一种单纯的揭示立法者意志过程的认识活动，而应该是一种不断地促使刑法规范与社会同步发展的创造性活动。本案处理中的第二种意见，是从保护国有资产的现实需要出发，基于“随着市场经济的发展和政企分开政策的推进，大多数国有公司、企业都改制为国有控股、参股公司、企业”“国有独资公司、企业越来越少”的社会情势，主张将“国有控股公司”解释为《刑法》第396条规定的私分国有资产罪中的“国有公司、企业”。

实务训练

围绕本主题找一个立法草案的说明或刑法司法解释文件，试分析其中哪些属于主观主义解释、哪些属于客观主义解释。要求格式规范、条理清晰、层次分明、有理有据、入情入理。

延伸阅读

1. 张武举. 刑法伦理解释论. 现代法学，2006（1）：52－59.
2. 邱兴隆. 有利被告论探究：以实体刑法为视角. 中国法学，2004（6）：146－154.
3. 陈弘毅. 当代西方法律解释学初探. 中国法学，1997（3）：106－114.

案8. 刑法教义学是与刑法立法学相对应的规范体系解释

——赵某华非法持有枪支案的教义学分析

要点提示

刑法教义学的立场、观点、方法是什么？与主观主义刑法解释论、客观主义刑法解释论等有何不同？其具体主张和优越性何在？值得探讨。刑事案件中的“枪形物”是否属于“枪支”，往往依赖于行政管理部门的认定。问题是，行政认定的主要目的是服务于行政处罚，行政认定标准本身不具有司法性。若将行政认定标准用于刑事处罚显然不合理。这种行政处罚与刑事处罚的二元性所带来的认定标准上的问题，需要刑法学做出回应；在适用刑法过程中，能否在“行为符合构成要件”之后，进行“违法性”“有责性”层面的实质判断，进而根据“不具违法性”“不具有责性”等实质判断结论对行为作出罪处理？如果允许，应该如何操作？

案情摘要

2016年8月至10月12日间，被告人赵某华在某市河北区李公祠大街亲水平台附近，摆设射击摊位进行营利活动。2016年10月12日22时许，公安机关在巡查过程中发现赵某华的上述行为将其抓捕归案，当场查获涉案枪形物9支及相关枪支配件、塑料弹。经市公安局物证鉴定中心鉴定，涉案9支枪形物中的6支为“能正常发射，以压缩气体为动力的枪支”。一审法院以非法持有枪支罪判处赵某华3年6个月有期徒刑，舆论哗然。二审改判缓刑以后，舆论仍然没有平息。本案引起争议的核心问题是：涉案的枪形物是否属于刑法意义上的“枪支”？在射击摊位使用的、发射塑料弹的枪形物是否就是刑法意义上的枪支?

分歧意见

《刑法》第128条第1款规定:“违反枪支管理规定,非法持有、私藏枪支、弹药的,处三年以下有期徒刑、拘役或者管制;情节严重的,处三年以上七年以下有期徒刑。”那么,该规定中的“枪支”应该具备什么特征?枪支的认定标准是什么?对此,有两种意见:第一种认为,《刑法》第128条第1款规定的“枪支”,须严格遵循行政管理部门的鉴定,即认定其为枪支;第二种认为,《刑法》第128条第1款规定的“枪支”,须在行政管理部门认定的基础上,并从刑法学的立场出发,做进一步的“实质审查”认定,即以不具备“足以致人伤亡或者丧失知觉”的性能而认定其不属于枪支。

问题研讨

在刑事司法实践中,非法持有枪支的案件因具有严重的社会危害性而受刑罚处罚,社会公众均能认同。但是,司法部门对涉枪类犯罪对象的认定标准,却是公安部制定的行政标准,将入罪标准大幅度降低,不具有杀伤力且不存在社会危害性的枪形物认定为枪支会导致刑法适用过于严苛;司法部门在判定行为人持枪行为是否符合非法持有枪支主观构罪要素时,仅仅根据行为人对枪支存在明知的认识即认定其具有犯罪故意,忽视了行为人是否存在禁止错误而排除故意的可能性。为解决这一问题,刑法教义学在解决类似难题时,展示了自身独特的说理优势。

所谓刑法教义学,是一种面向刑事司法实务部门,为具体案件提供解决方案的司法学问。刑法教义学对于司法实践的意义,是遵循“有限的法和无穷的行为”的矛盾规律,对于有限的法采用解释的方法或者逻辑推理的方法导出各种教义规则,以便能够将现行法律适用于更多的案件事实,弥补法律不足。诚如国内学者冯军教授指出,“只要刑法是有效的,就应当服从刑法的权威,这是现代民主法治国家的当然要求。任何以刑法条文的内容不符合自然法、不符合正义或者脱离社会实际为由而否定刑法效力的做法,在现代的民主法治国家里,都不会具有正当性。”基于此,刑法教义学主张以现行刑法规范为出发点进行逻辑推理,引申出教义规则。刑法教义学倡导自发形成一个内在合理的体系来解释刑法,在不断批判中维护法的规范性,服务于刑事司法实践中疑难问题的解决。刑法教义学倡导“开放的体系”,主张吸纳新的概念和观念,使各种专业术语通过价值判断,服务于实现法规范的保护目的,以更加适应社会的发展。刑法教义学包含对刑法概念的创建、阐释,对刑法原理的推进,以及对刑法知识体系的调整、填充等工作,注重体系性地看待刑法条文用语的含义和法条之间的关系。

在解决具体案件中,刑法教义学与刑法解释学有何不同呢?本案中的枪形物是否属于刑法中的“枪支”、赵某华的行为是否属于刑法意义上的非法持有枪支等争议,为我们提供了一个验证刑法教义学和刑法解释学之不同的机会。

（1）枪支，这个似乎众所周知的词语，在日常生活中不会引起争议，但当适用于我国刑法中规定的非法持有枪支罪、走私武器罪等罪名的时候，涉案的“枪形物”是否属于枪支，就成为相关案件定罪的关键。然而，刑法对何谓枪支并未做出明确规定。按照刑法解释的一般方法，刑法中的用语，如果其他法律有规定的，应当按照其他法律规定进行理解，除非刑法有专门规定。由于刑法没有对枪支进行专门的规定，因此，对于刑法中的枪支如何理解，须参照枪支管理法规。《中华人民共和国枪支管理法》（以下简称《枪支管理法》）第46条对枪支作了定义式的规定：“本法所称枪支，是指以火药或者压缩气体等为动力，利用管状器具发射金属弹丸或者其他物质，足以致人伤亡或者丧失知觉的各种枪支。”《枪支管理法》第47条还规定：“单位和个人为开展游艺活动，可以配置口径不超过4.5毫米的气步枪。具体管理办法由国务院公安部门制定。”现在我国没有公安部门制定的关于游艺活动中使用的气步枪的管理办法。因此，除了4.5毫米口径的限制以外，法律未对游艺活动中使用的气步枪做任何规定。在我国司法实践中，对于游艺活动中使用的气步枪是按照《枪支管理法》的规定进行认定的。根据《枪支管理法》第46条的定义，枪支具有以下四个特征：第一，动力特征，以火药或者压缩气体等为动力；第二，发射工具特征，即利用管状器具作为发射工具；第三，发射物特征，即发射物质是金属弹丸或者其他物质；第四，性能特征，即足以致人伤亡或者丧失知觉。根据上述解释，赵某华案中的枪形物是非法持有枪支罪中的“枪支”。

然而，依照公安部相关机构制定的枪支杀伤力鉴定标准，有些不能致人死亡或者丧失知觉的枪形物也可能被行政认定为枪支。由此，囿于我国枪支鉴定方面的局限性，如果在刑事诉讼中，不加区分的径行采用行政机关的认定结论或者认定标准，会导致案件处理不公。

公安部2001年发布的《公安机关涉案枪支弹药性能鉴定工作规定》第3条规定，对于不能发射制式（含军用、民用）枪支子弹的非制式枪支，按下列标准鉴定：将枪口置于距厚度为25.4mm的干燥松木板1米处射击，弹头穿透该松木板时，即可认为足以致人死亡；弹头或弹片卡在松木板上的，即可认为足以致人伤害。具有以上两种情形之一的，即可认定为枪支。根据刑事科学技术专业人员进行实验得出的数据，认定具有致伤力而鉴定为枪支的临界点是16焦耳/平方厘米。

2010年12月7日，公安部发布修正后的《公安机关涉案枪支弹药性能鉴定工作规定》明确采用了枪口比动能检测法标准。枪口比动能检测法标准参照2008年公安部颁布《枪支致伤力的法庭科学鉴定判据》，放弃了之前的鉴定枪支杀伤力的方法，改而采用枪口比动能检测法，规定制式枪支、适配制式子弹的非制式枪支、曾经发射非制式子弹致人伤亡的非制式枪支直接认定为具有致伤力，未造成人员伤亡的非制式枪支致伤力判据为枪口比动能大于等于1.8焦耳/平方厘米。这里所谓枪口比动能，是指弹头出枪口后在检测点（以火药为动力发射的，以距枪口50厘米处为检测点，以气体为动力发射的，以距枪口30厘米处为检测点）所具有的动能与弹头的最大横截面积之比值。枪口比动能由弹头质量和出膛速度所决定，与之成正比。应该说，射击干燥松木板检测法具有实验性，而枪口比动能检测法则更具有科学性。当然，这两种方法是可以换算的，即根据射击干燥松木板法认定具有致伤力而鉴定为枪支的临界点是16焦耳/平方厘米，这一标准相当于枪口比动能检测标准的十分之一。换言之，鉴定方法改变以后，枪支认定标准大为降低，不能致人死亡、也不能对人体的其他部位造成伤害的枪形物也可能被认定为刑法中的枪支。也就是说，枪支的范围存在不当“扩大”之嫌。赵某华案面临的问题，也恰恰根源于此。

对此，根据刑法教义学的立场，实务部门应当区分刑法上的枪支和行政法上的枪支，并制定各自不同的鉴定标准，即在维持现有行政法上的鉴定标准不变的情况下，对《枪支管理法》的相关规定做更为严格的限制解释，制定独立的刑法上的枪支的认定标准，这既能维持现有严格的枪支行政管制制度，又能避免刑事打击面的过度扩大。遗憾的是，现行刑法立法和司法解释均缺乏这样的规定。

（2）在采用目的性限缩解释无法将涉案枪形物排除于“枪支”之外，不能实现出罪的情况下，须根据构成要件的实质判断而出罪，在四要件的犯罪构成理论体系下，判断“赵某华的行为是否具有社会危害性”。然而，社会危害性标准十分抽象，对于赵某华的行为，难以通过社会危害性的判断予以出罪。因此，可根据三阶层的犯罪论，采用刑法教义学的立场和方法，在具备构成要件形式的基础上，进行法益侵害的实质性审查，即分析判断赵某华的行为是否侵害了非法持有枪支罪的保护法益。由于非法持有枪支罪所保护的法益是公共安全（不特定多数人的人身或者财产安全）。非法持有枪支罪的违法性在于威胁公共安全的危险。非法持有枪支固然都有非法性，但非法性是犯罪和行政违法的共性特征。单纯违反枪支管理法规的非法持有枪支行为和出于违法犯罪目的非法持有枪支行为，两者不法性质与程度不同，将两者混为一谈不合理。采用目的性限缩解释，将主观上不具有违法犯罪目的的非法持有枪支的情形排除在犯罪之外，将违法犯罪目的确定为非法持有枪支罪的主观违法要素，从而使非法持有枪支罪成为非法定的目的犯。就赵某华案而言，持有枪支虽然非法，但是否构成非法持有枪支罪，则取决于赵某华非法持有枪支是否具有从事违法犯罪活动的目的。

（3）在采用目的性限缩解释，违法性的判断依然无法实现出罪目的的情况下，能否根据违法性认识错误、期待可能性等法律没有规定的出罪事由而出罪呢？对此，刑法教义学持肯定立场。非法持有枪支罪的构成要件并不是“持有枪支”而是“非法持有枪支”，在非法持有枪支（尤其是非法持有不具备枪支性能的仿真枪）案中，行为人对非制式枪支往往存在对“非法”这一规范的构成要件要素的认识错误，即持有枪支是非法的，但行为人却误认为不是非法而持有枪支。如果具备这种对于持有枪支行为的非法性认识错误，则可以阻却故意的成立。如果依据违法性认识错误还不能出罪，那么依照刑法教义学的主张，仍可进一步通过责任排除事由（如期待可能性）作出罪处理，因为“期待可能性正是想对在强有力的国家法规范面前喘息不已的国民的脆弱人性倾注刑法的同情之泪的理论。”

实务训练

请选取一个刑法适用有争议的案例，根据刑法教义学主张的立场、方法，分析案例。要求格式规范、条理清晰、层次分明、有理有据。

延伸阅读

1. 冯军. 刑法教义学的立场和方法. 中外法学，2014，26（1）：172-197.

2. 张明楷. 也论刑法教义学的立场 与冯军教授商榷. 中外法学，2014，26（2）：357-375.

3. 白斌. 论法教义学：源流、特征及其功能. 环球法律评论，2010，32（3）：5-17.

4. 陈兴良. 赵某华非法持有枪支案的教义学分析. 华东政法大学学报，2017，20（6）：6-15.

案 9. 国家刑事管辖权的享有主体是主权国家

——张某强等人绑架、走私武器、弹药、非法买卖爆炸物案

要点提示

国家刑事管辖权的享有主体与行使主体均为国家内地法院。1998 年审理香港居民张某强等刑事案，其管辖依据是什么？张某强一案的主要争议，应该是实体法上的刑事管辖权问题，还是程序法上的诉讼管辖问题？张某强等人绑架李某钜的行为，发生在香港回归之前，适用我国刑法的依据是什么？

案情摘要

被告人张某强，祖籍广西玉林市，1955 年 4 月 7 日出生，四岁时随家人到香港定居并获得香港居民身份。1995 年底至 1996 年初，被告人张某强、陈某浩和柯某庭、朱某成、李某运、叶某欢、郭某华等人先后在深圳名都酒店、日新宾馆等地，多次密谋绑架勒索香港富豪李某诚的长子李某钜，为此又纠合被告人梁某和罗某平、张某群等 3 人共同作案。张某强出资港币 140 万元用于购买枪支弹药、车辆等作案工具及租赁关押人质的房屋；陈某浩、朱某成负责购买车辆、假车牌及对讲机，朱某成还负责租下关押人质的一农场房屋；柯某庭负责观察李某钜的行踪。叶某欢为此从内地购得 AK47 自动枪二支、微型冲锋枪 1 支、手枪 5 支、炸药 9 包及子弹一批，在张某强、陈某浩等人的安排和接应下，于 1996 年 5 月 12 日与被告人梁某等人将上述枪支弹药偷运到香港。5 月 23 日下午 6 时许，张某强接到柯某庭的电话后得知李某钜的行踪，即与陈某浩等人携带枪支、铁锤等作案工具，在香港深水湾道 80 号附近绑架了被害人李某钜及其司机林某某。张某强、陈某浩到李家收取勒索的赎金港币 10.38 亿元后，释放被害人。张某强分得赃款港币 3.62 亿元，陈某浩分得赃款港币 2.95 亿元。

1997 年初，被告人张某强图谋绑架香港人郭某湘，指使张某烽观察郭某湘的行踪。张某烽又将绑架图谋转告胡某舒、陈某汉等人。此后，张某强与上述同案人先后在广州市胜利宾馆、东莞市华侨酒店、深圳市广东银行大厦的喷泉酒楼等地密谋并作具体分

工。其间，张某强、胡某舒分别出资港币200余万元，20万元为实施犯罪作准备，胡某舒还纠合甘某强、邓某显等人参与绑架。同时9月29日下午6时许，张某强接张某烽电话后得知郭某湘的行踪，即与甘某强、邓某显等人在香港海滩道公路桥底附近，将郭某湘绑架至香港马鞍岗200号。张某强向郭家收取了勒索的赎金港币6亿元后，释放被害人。作案后，张某强分得赃款港币3亿元。

1997年10月间，被告人张某强向被告人钱某寿提出购买炸药，并指派刘某勋与钱某寿联系具体事宜，还通过刘某勋向钱某寿先后支付了购买炸药款港币15万元。同年11月，钱某寿回原籍广东省汕尾市非法购买炸药818.483公斤、雷管2 000支、导火索750米，分装在40个泡沫箱内伪装成海鲜，并于1998年1月7日指使他人运到香港交给刘某勋。次日晨，张某强、刘某勋伙同他人一起将爆炸物搬运到大窝村95号。中午，又转移至马草垄村94号。同月17日，该批爆炸物被查获。

分歧意见

广州市中级人民法院1998年对“世纪悍匪”张某强的审理引起了理论界和司法实务部门的广泛讨论。香港理论界教授、律师和内地学者均就管辖问题著文讨论。主要分歧是，内地司法机关是否享有对张某强所涉犯罪行为的刑事司法管辖权（刑事管辖权）。

一种意见认为，张某强伙同部分内地及香港居民，在多地密谋策划绑架两位香港富豪，在内地非法买卖爆炸物并走私到香港，根据《刑法》第6条的规定，可以适用我国刑法，内地司法机关享有对该案的刑事管辖权。同时，根据实际控制原则和最初受理原则，广州市中级人民法院审理张某强案符合法律规定。根据《刑法》第6条第3款的规定，不能将本案视为“把《刑法》引入香港”而与《中华人民共和国香港特别行政区基本法》第18条抵触，本案的司法管辖权没有损害香港的司法独立权。

另一种意见则认为，根据《中华人民共和国香港特别行政区基本法》的规定，香港地区高度自治，享有独立的司法权，以香港居民张某强为首的主要共同犯罪人、主要犯罪行为实行地均在香港地区，因此本案应当交由香港法院审理，内地法院审理此案会干扰和破坏香港的独立司法权，造成香港司法权“从属”于内地司法权的现象。

问题研讨

国家刑事管辖权的享有主体、行使主体均为国家。张某强案件包含两个部分：第一，其在香港回归前所实施的犯罪行为，中华人民共和国依据《刑法》第6条属地管辖原则而享有刑事管辖权；第二，其在香港回归后所实施的犯罪行为，享有刑事管辖权的唯一主体是中华人民共和国，内地法院和香港法院都有管辖权，内地法院依据实际控制原则和最初受理原则进行的审理是合法的。

（一）国家刑事管辖权的享有主体与行使主体

从保护利益的范围看，刑法可以分为保护各个国家利益的刑法和保护国际社会利益的刑法。前者为各个主权国家内部的刑法，可以称为国家刑法，后者为国际社会适用的刑法即国际刑法。刑事管辖权因此可以区分为国家刑事管辖权与国际刑事管辖权。

国家刑事管辖权是一国主权的重要内容，可以由各个国家在不侵犯其他国家主权的前提下予以规定。其实质是，依据本国的法律追究犯罪人的刑事责任。因此，国家刑事管辖权的享有主体和行使主体是主权国家。

对于单一制并且只有一个法域的国家来说，刑事管辖权的享有与行使没有任何疑问，均由该国家依据其本身的刑法、刑事诉讼法予以审理。

联邦制国家，是由多个“国家”依据条约或者协定而组成的一种国家形式，其拥有多个法域，每个联邦成员国拥有独立的法律体系，享有独立于联邦共和国的刑事管辖权。联邦制国家内部的联邦成员国之间的刑事管辖权问题，同国家之间的刑事管辖权一样存在冲突。联邦制国家相对于其他国家而言，其作为一个整体，享有独立的刑事管辖权，联邦法律与各成员国的法律共同组成联邦国家的法律体系，作为认定犯罪追究刑事责任的依据。因此，在联邦制国家，既存在以联邦国家为享有主体、行使主体的刑事管辖权，也存在以联邦成员国为享有主体、行使主体的刑事管辖权。

我国是单一制国家，实行“一国两制”，香港和澳门地区分别依据《中华人民共和国香港特别行政区基本法》和《中华人民共和国澳门特别行政区基本法》，拥有独立的司法权，有各自的刑事法律。那么，这种独立的司法权是否包括刑事实体法意义上的刑事管辖权呢?

我们认为，答案是否定的，即香港地区既不享有、也不行使刑法意义上的独立的刑事管辖权。中华人民共和国作为一个主权国家，享有、行使包括发生在域内以及域外相关犯罪的刑事管辖权。中华人民共和国享有依据刑事法律追究相关犯罪刑事责任的刑事管辖权（当然，我们认为，《刑法》所规定的“本法”并不包括香港、澳门、台湾地区的相关刑事法律)。

(二) 张某强案争议问题的实质主要是诉讼管辖问题

学者、司法工作者对张某强案的研究，绝大多数聚焦于刑事实体法上的刑事管辖权，进而探讨《刑法》第 6 条第 3 款的法律适用问题。我们认为这是不准确的。张某强案主要有三起犯罪事实，后两个犯罪行为，由于其发生于香港回归祖国之后，其实质不是刑事管辖权问题，而是在承认中华人民共和国享有并且行使对该案刑事管辖权的前提下，具体应当由哪一个地区的法院审理的诉讼管辖问题。

诉讼管辖，通常由《刑事诉讼法》进行规定。例如 1996 年修订的《刑事诉讼法》第 24 条规定：“刑事案件由犯罪地的人民法院管辖。如果由被告人居住地的人民法院审判更为适宜的，可以由被告人居住地的人民法院管辖。”很明显，该条的规定与《刑法》第 6 条所规定的“凡在中华人民共和国领域内犯罪的”“犯罪的行为或者结果有一项发生在中华人民共和国领域内的，就认为是在中华人民共和国领域内犯罪”不同。表面上看，两个法条都有“属地”和“管辖”两个要素，但后者从宏观角度以中华人民共和国领域这个“属地”作为享有刑事管辖权的依据。而前者从具体犯罪行为地这个“属地”作为诉讼管辖的依据。诉讼管辖是一个国家具体行使其所享有的实体法意义上的刑事管辖权时所确立的一整套程序性规则，实质上是国家具体分配司法权运行的规则。

《刑事诉讼法》并没有就类似张某强案的诉讼管辖问题作出特别规定，该法第 24 条所规定的“犯罪地的人民法院”和“被告人居住地的人民法院”显然并不包括香港的法院。那么，中华人民共和国是否存在着分配内地法院和香港法院诉讼管辖的法律呢？答案是肯定的，《中华人民共和国香港特别行政区基本法》第 19 条第 2 款明确规定“香港特别行政区法院除继续保持香港原有法律制度和原则对法院审判权所作的限制外，对香港特别行政区所有的案件均有审判权。”该款作为保障香港独立司法权的重要规定，虽然只是对香港原先管辖案件范围的承认和重申，但在实质上是分配内地法院与香港法院诉讼管辖权的规定。如果没有该款规定，就无法确定香港法院审理什么案件，也无法区分内地和香港法院的管辖范围。

我们认为，张某强案件，由于犯罪地同时发生在内地和香港，依据《刑事诉讼法》和《中华人民共和国香港特别行政区基本法》两地法院都有权审理，但基于实际控制原则和最初受理原则，没有必要将其交给香港法院审理。

(三) 适用我国刑法审理香港回归前张某强犯罪行为的依据

就香港回归前张某强所实施的绑架李某钜的犯罪行为而言，存在实体法上的刑事管辖权问题，而非程序法上的诉讼管辖问题。因此，单纯就被告人张某强等人的行为而言，必须引用《刑法》第 6 条的规定才能确立我国的刑事管辖权。

《刑法》第 6 条第 3 款确立了“遍在地主义”，即只要犯罪的行为或者结果有一项发生在中华人民共和国领域内，就认为是在中华人民共和国领域内的犯罪。本案中张某强绑架李某钜，是在深圳等地策划、密谋，绑架的实行行为发生在香港地区，那么中华人民共和国能否据此享有刑事管辖权呢？对此，必须强调的是，各国在规定刑事管辖权时，都会尽量扩大本国的刑事管辖权范围，只要有足够的理由，就会将案件纳入本国的刑事管辖权范围。对于像绑架罪这样的重罪，其预备行为在各国刑法规定里都是可罚的。因此，没有理由将绑架罪的预备行为排除于《刑法》第 6 条第 3 款所规定的“犯罪的行为”之外。

在中华人民共和国享有对张某强在香港回归前绑架李某钜这一犯罪行为的刑事管辖权的基础上，需要适用《刑事诉讼法》确定其诉讼管辖法院。广州既非张某强密谋、策划绑架行为的预备地，也非被告人居住地。案件由广东省公安厅立案侦查，广东省人民检察院指定广州市人民检察院起诉，由广州市中级人民法院进行一审，这属于指定管辖的情形，有明确的法律依据。

实务训练

请根据本案的事实、证据及争议焦点，写一份法律意见书。要求格式规范、条理清晰、层次分明、有理有据、入情入理。

延伸阅读

赵秉志. 世纪大劫案：张某强案件及其法律思考. 北京：中国方正出版社，2000.

案 10. 国际刑事管辖权的享有与行使

——艾希曼种族灭绝罪、战争罪案

要点提示

如何理解普遍管辖原则？国际刑事管辖权的享有主体与行使主体是谁？本案例是否属于依据事后法审理被告人先前的行为？以色列耶路撒冷地方法院审理艾希曼在第二次世界大战期间实施的严重国际犯罪，其法理依据是什么？是否违背法的效力不溯及既往原则？

案情摘要

阿道夫·艾希曼（Adolf Eichmann，1906—1962）曾经是德国纳粹党卫军的陆军中校，是二战期间"纳粹秘密警察""犹太人事务办公室"的首领。他从 1938 年 8 月起在德国"犹太人移民局"担任负责人，后来负责执行旨在完全"消灭"欧洲犹太人的"最后解决政策"，该政策导致奥地利、波兰等国大量犹太人被杀害。战后艾希曼逃到阿根廷，被以色列特工发现并带回以色列，在耶路撒冷地方法院接受公开审判，最终被判处死刑。

分歧意见

该案在当年审理时引起了广泛的关注，庭审中控辩双方围绕着以色列是否有刑事管辖权进行了激烈的争论。

被告人认为，以色列二战后才建国，而被告人的行为发生于以色列建国之前，以色列不能根据其建国后的事后法审判被告人；同时，艾希曼负责执行的"最后解决政策"只是导致奥地利、波兰等欧洲犹太人死亡，并没有直接针对以色列犹太人，所以以色列缺乏管辖依据。

控方和法院认为，虽然被告人艾希曼"实施的罪行并不都带有国际性质，但其残忍的后果是如此广泛，以至于这类罪行已经动摇了国际社会赖以存在的基础。因此，根据普遍管辖原则，以色列作为国际法的捍卫者及执行代理人，有权审理"被告人。

问题研讨

国际刑事管辖权的享有主体与行使主体是分离的，享有国际刑事管辖权的是国际社会整体，具体由各个国家或者国际刑庭代表国际社会行使国际刑事管辖权；依据习惯国际法审理罪犯，通常不存在事后法的问题，因为习惯国际法规则已经被人类社会所普遍认可；普遍管辖原则是确立国际刑事管辖权的基本原则，国际社会对国际犯罪享有的刑事管辖权无需任何规则来确定；我国《刑法》第 9 条有限地承认了普遍管辖权。

数十年来，艾希曼案作为国际刑法的一个经典案例被广泛研究和讨论。但我们认为，这些讨论未能触及国际刑事管辖权的实质问题，同时存在对普遍管辖原则的误解。

（一）国际刑事管辖权的享有主体与行使主体

国际犯罪侵害的是国际社会的整体利益，对国际犯罪的管辖权就是国际刑事管辖权，进一步说，国际社会只有作为整体才享有对国际犯罪的刑事管辖权。与国家刑事管辖权的享有主体与行使主体都是主权国家不同，国际社会虽然享有国际刑事管辖权，但它缺乏像国家那样的机构，没有确定的立法机关，也不存在国际社会法院，更没有执行司法判决的强制力机构，只能由代表国际社会的主体代行国际刑事管辖权。因此，国际刑事管辖权具有享有主体与行使主体相分离的特点。

代表国际社会行使国际刑事管辖权的主体，通常是主权国家或者具有国际性质的各类国际刑事法庭。后者例如，在二战后为了审判德国、日本战犯而成立的纽伦堡国际军事法庭、远东国际军事法庭，它们以缔结协议的形式成立，既代表战胜国也代表国际社会审理严重侵犯人权的国际罪行；20 世纪 90 年代，联合国安理会通过决议成立了前南斯拉夫国际刑事法庭和卢旺达国际刑事法庭，分别审理发生在前南斯拉夫武装冲突期间和卢旺达种族大屠杀中的严重国际犯罪；此后，联合国与相关主权国家共同建立了一些混合型国际刑事法庭，如塞拉利昂特别法庭、柬埔寨特别法庭等，分别审理发生在塞拉利昂武装冲突期间和柬埔寨红色高棉政权时期的大规模犯罪行为。2002 年，以条约作为基础的国际刑事法院正式成立，它是人类历史上第一个常设性的国际刑事法庭。除了各类国际刑事法庭代表国际社会审判包括战争罪、种族灭绝罪、危害人类罪、侵略罪等国际核心罪行之外，各个国家制定相关法律，通过国内法院审理上述国际犯罪和毒品罪、恐怖主义犯罪等一般国际犯罪。因此，虽然以某个法院的名义进行审判，依据的是各国国内刑法，但只要审理的是国际犯罪，本质上都是在代表国际社会追究国际犯罪的刑事责任。

所以，对艾希曼的审判是以色列代表国际社会追究其刑事责任，并非代表以色列这个国家。

（二）依据习惯国际法审理被告人不存在违反法的效力不溯及既往的原则

在国际刑事法院正式成立前，所有的国际刑事法庭都是针对已经发生的大规模严重侵犯人权的国际罪行而事后成立的，在性质上属于“临时的”“特设的”机构。这些法庭的宪章或者规约，都是相关犯罪发生之后制定出来的，并作为对被告人定罪量刑的依据。因而，它们都被质疑为事后法，进而法庭审理的合法性也受到了质疑。

耶路撒冷地方法院和以色列最高法院对于被告人艾希曼及其辩护人的这一质疑并未进行有效的回应。这一疑问直到该案审理结束 30 多年后，在前南斯拉夫国际刑事法庭审理的案件中才得到解决。前南斯拉夫国际刑事法庭的法官合理地利用“习惯国际法”理论解答了被告人塔蒂奇（Tadic）及其辩护人所提出的类似质疑，圆满地证明了法庭的合法性。

“习惯国际法”是经过长期实践，被文明国家所普遍认可和接受的国际惯例。例如，人类社会很早对武装冲突中不得杀害平民等达成了共识。因此，它已经作为习惯国际法规则，甚至是强行法规则，对武装冲突各方发挥着约束作用。罪行一旦发生，为了惩治罪犯，必然事后制定规约或者宪章来审判罪犯。但是，事后制定的规约或者宪章并未创造新的行为准则或者罪刑规范，只是对早已存在的习惯国际法规则进行编纂、承认、重申、确认为其所接受的法律。因此，它们不是真正意义的事后法，而是在罪犯实施相关犯罪行为时早已经存在的习惯国际法。以色列虽然是依据其国内刑法审理被告人艾希曼，但法院对被告人以战争罪、种族灭绝罪等定罪处罚所依据的法律规范是规定于国内刑法的习惯国际法规则。至于以色列二战之后才建国这一事实，更不足以成为否定其审理的理由，它只是代表国际社会追究已经实施严重国际罪行者的刑事责任而已，这和事后成立国际刑事法庭审理其成立前的罪行是一个道理。

（三）普遍管辖原则并非确立国际刑事管辖权的依据

以色列最高法院在艾希曼案上诉判决中明确指出“根据普遍管辖原则，以色列作为国际法的捍卫者及其执行代理人，有权审理上诉人”。艾希曼案也作为关于普遍管辖原则具体适用的典型案例被国内外学者广泛接受。但是，这一认识实际上是站不住脚的。

普遍管辖原则作为确立刑事管辖权的一项规则，其实质含义为管辖与其自身没有任何连接因素的罪行。由于国际犯罪是侵害国际社会整体利益的罪行，它与国际社会存在着全部的连接因素：发生在国际社会领域内、由国际社会的成员实施、侵害的对象是国际社会的具体的人；而作为国际社会成员的国家，也很难说与侵害国际社会整体利益的国际犯罪没有关联。因此，国际社会天然地享有对国际犯罪的刑事管辖权，无需任何规则来确定。

普遍管辖原则，实际上是作为属地管辖原则、属人管辖原则、保护管辖原则的补充，来确定某个国家是否享有对某个具体的刑事案件的刑事管辖权，它是确立国家刑事管辖权的一项原则。

我国刑法理论界多数学者认为，我国《刑法》第 9 条规定了普遍管辖原则；极少数学者认为，该条规定的不是普遍管辖原则而是“条约义务原则”[①]。

关于《刑法》第 9 条的性质，我们认为，应当注意以下几点：

首先，我国《刑法》第 9 条不是就我国是否享有刑事管辖权，而是就行使管辖权予以规定，既包含了对国内犯的管辖，也包含了对国外犯的管辖。根据该条规定，我国缔结或者参加的国际条约所规定的罪行，无论发生在中华人民共和国领域之内还是领域之外，我国在所承担条约义务的范围内行使刑事管辖权，一律适用《刑法》而不适用国际条约。

① 齐文远，刘代华. 完善我国刑法空间效力立法的思考. 法商研究，2005（1）：109－117；高秀东. 论普遍管辖原则. 法学研究，2008（3）：126－139.

其次，我国《刑法》第9条不是针对普遍管辖原则的专门规定。普遍管辖原则是对国外犯的管辖，其实质和核心是一国管辖与本国没有任何连接因素的犯罪的权力。而《刑法》第9条未对这个问题进行规定，只是强调中华人民共和国在承担条约义务范围内行使对条约规定犯罪的管辖权时，将会适用中国《刑法》而非国际条约。因此，从这个意义上说，该条规定的并非普遍管辖原则。

最后，我国《刑法》第9条规定附带地包含了普遍管辖的内容。以《联合国反腐败公约》为例，我国于2005年10月27日通过了《全国人民代表大会常务委员会关于批准〈联合国反腐败公约〉的决定》。而《联合国反腐败公约》规定了贿赂本国公职人员、贿赂外国公职人员或者国际公共组织官员、公职人员贪污、挪用或者以其他类似方式侵犯财产、影响力交易、滥用职权、资产非法增加、私营部门内的贿赂、私营部门内的侵吞财产、对犯罪所得的洗钱行为、窝赃、妨害司法等犯罪，我国立法机关通过国内立法及修订，将这些犯罪行为规定于我国刑法之中，履行了条约规定的立法义务。根据《刑法》第6条至第8条的规定，我国只能对发生在我国领域之内的上述犯罪、我国公民在我国领域之外实施的上述犯罪、外国人针对我国国家或者公民实施的上述犯罪享有刑事管辖权，不能对外国人在中华人民共和国领域之外针对外国实施的这些犯罪享有刑事管辖权。但是，《联合国反腐败公约》第42条第4款规定："各缔约国还可以采取必要的措施，在被指控罪犯在其领域内而其不引渡该人时确立本国对根据本公约确立的犯罪的管辖权"，而该条前3款依据犯罪行为与缔约国的连接因素，确立了各国的属地、属人、保护管辖权，作为对前3款的补充，第4款确立了与本国没有任何连接因素犯罪的普遍管辖原则。我国《刑法》第9条与《联合国反腐败公约》第42条第4款规定一致，正是履行了公约所规定的关于普遍管辖原则国内立法的义务。因此，根据我国《刑法》第9条规定，当我国拒绝引渡请求，或者相关国家不接受引渡时，我国可以依据中国刑法审理《联合国反腐败公约》规定的发生在任何缔约国范围之内的相关犯罪，而不需要这些犯罪与我国有任何连接因素。

实务训练

请根据本案的事实、证据及争议焦点，写一份法律意见书。要求格式规范、条理清晰、层次分明、有理有据、入情入理。

延伸阅读

1. 齐文远，刘代华. 完善我国刑法空间效力立法的思考. 法商研究，2005（1）：109－117.

2. 高秀东. 论普遍管辖原则. 法学研究，2008（3）：126－139.

3. 卢有学. 论国际刑事管辖权. 河北法学，2013，31（6）：43－50.

4. 卢有学. 普遍管辖原则辨误. 云南大学学报（法学版），2007（1）:39－41.

案 11. 刑事管辖权竞合时通常以实际控制作为行使根据

——糯康等人故意杀人、运输毒品、绑架、劫持船只案

要点提示

当两个以上的国家对同一个刑事案件都享有刑事管辖权时，如何确定由哪个国家行使管辖权？是否存在管辖权的优先顺序？

案情摘要

糯康，男，1969 年 11 月 8 日出生，缅甸联邦共和国国籍，掸族人，曾居住于缅甸掸邦（北部）孟耶镇（市）。

糯康犯罪集团长期盘踞在湄公河流域“散布岛”一带实施犯罪活动。2011 年 9 月底 10 月初，为报复中国船只被缅甸军队征用清剿该集团，糯康先后与桑康·乍萨、依莱及翁蔑、弄罗预谋策划劫持中国船只、杀害中国船员，并在船上放置毒品栽赃陷害。按照糯康安排，依莱在湄公河沿岸布置眼线、选定停船杀人地点，并和弄罗与泰国不法军人具体策划栽赃查船等事宜。

2011 年 10 月 5 日晨，根据糯康授意，在桑康·乍萨指挥下，翁蔑带领多人，携带枪支驾乘快艇，在湄公河“梭崩”与“散布岛”之间的“弄要”附近劫持中国船只“玉兴 8 号”“华平号”，捆绑控制船员，并将事先准备的毒品（甲基苯丙胺，净重 84.5 千克）分别放置在两艘船上。扎西卡与扎波、扎拖波接到翁蔑等人通知后赶到“弄要”参与武装劫船。两船被劫至泰国清莱府清盛县央区清盛-湄赛路 1 组湄公河岸边停靠，翁蔑、扎西卡、扎波等人在船上向中国船员开枪射击后驾乘快艇逃离。按照与依莱、弄罗约定，在岸边等候的泰国不法军人随即向两艘中国船只开枪射击，而后登船继续射击，将 13 名中国船员尸体抛入湄公河。

糯康犯罪集团长期在湄公河流域非法拦截、检查来往船只、强取财物。2011 年 4 月 2 日，桑康·乍萨与翁蔑、扎西卡、扎波等人在湄公河“挡石栏”滩头将中国货船“渝西 3 号”船长冉某甲和老挝金木棉公司客船“金木棉 3 号”船长罗某甲劫为人质。次日，又在“孟巴里奥”附近水域将中国货船“正鑫 1 号”“中油 1 号”“渝西 3 号”劫持至“三颗石”附近，并将 15 名中国船员扣押为人质。之后，“正鑫 1 号”船长钟某甲被强行带走并与罗某甲、冉某甲一同关押。罗某甲、冉某甲在被关押期间遭到捆绑、殴打，被迫与老挝金木棉公司和“正鑫 1 号”出资人于某某联系交钱赎人。经于某某与糯康派出的代表弄罗谈判，4 月 6 日下午，弄罗将收到的2 500 万泰铢赎金交付给被告人依莱后，罗某甲、冉某甲、钟某甲获释。三艘中国货船及船员被缅甸政府解救。

问题研讨

多个国家对同一个刑事案件享有刑事管辖权时，即为刑事管辖权的竞合；确立国家刑事管辖权的四项原则以及四种类型的刑事管辖权，并不存在优先顺序，在效力上是同等的；当发生刑事管辖权竞合时，实际控制原则、协商原则是决定实际行使刑事管辖权的主要依据。震惊中外的“湄公河惨案”是糯康犯罪集团在十多年中实施的多起犯罪行为中的一起典型犯罪，中国、泰国、缅甸都可以根据各自国内刑法的规定对糯康犯罪集团犯罪行为行使刑事管辖权。

（一）管辖权竞合

理论界通常将多个国家对同一宗案件都具有刑事管辖权的现象称为“管辖权冲突”。实际上，“管辖权冲突”这个概念并不严谨，不能准确说明该现象。我们提倡使用“管辖权竞合”这一概念。

世界上的国家，虽有大小贫富差异，但法律上的主权地位是平等的。作为国家主权内容的国家刑事管辖权，自然也是平等的，不存在一个国家的刑事管辖权高于其他国家刑事管辖权的情形。

就糯康犯罪集团杀害 13 名中国船员的“湄公河惨案”而言，多个国家享有刑事管辖权：泰国依据属地管辖原则、缅甸依据属人管辖原则、中国依据保护管辖原则都享有刑事管辖权。由于糯康犯罪集团还实施了很多其他犯罪，老挝也依据属地管辖原则或者保护管辖原则也享有对该犯罪集团的刑事管辖权。

中、老、泰、缅四国对糯康犯罪集团享有的刑事管辖权是同时存在的，权利的内容与属性一样，即都可以依据本国刑事法律追究其刑事责任，而且四个国家的管辖权力并不相互排斥，即泰国并未依据属地管辖原则享有刑事管辖权而排斥缅甸依据属人管辖原则享有的刑事管辖权，也不能排斥中国依据保护管辖原则而享有的刑事管辖权。所以，各国所享有的刑事管辖权之间不存在冲突关系。

但是，享有刑事管辖权并不意味着能够实际行使刑事管辖权。例如糯康被中国执行死刑后，必然导致泰国、缅甸、老挝无法实际行使刑事管辖权，除非它们通过缺席审判对已经被执行死刑的糯康再次审判。但事实上，泰国、缅甸、老挝的法律都不允许这么做。当然，一国行使刑事管辖权后，其他国家也保留着再次行使刑事管辖权的可能性。我国《刑法》第 10 条规定：“凡在中华人民共和国领域外犯罪，依照本法应当负刑事责任的，虽然经过外国审判，仍然可以依照本法追究，但是在外国已经受过刑罚处罚的，可以免除或者减轻处罚。”我国对外国刑事判决采取消极承认的态度，是为了更大程度地行使我国的刑事管辖权。例如中国公民陈某峰在日本杀害中国公民江某一案，日本已经根据属地管辖原则行使了对该案的刑事管辖权，但由于被告人只被判处有期徒刑 20 年，其最终可能因服刑期满或者提前释放而被遣返回国，依照法律规定，中国依然可以依据属人管辖原则行使对该案的刑事管辖权。各国的法律虽然在具体规定上存在差别，但目的都是打击犯罪、为被害人伸张正义并最终达到预防犯罪。只要法律规定是科学合理的，审判是公正的，由谁实际行使刑事管辖权都可以达到追究刑事责任的目的。不过，各国刑罚种类的差异，必然导致不同国家审理同一被告人但结局不同的情形，同时，各国为了彰显对本国公民的保护力度，维持其国际形象，都会尽力采取措施以确保本国实际行使刑事管辖权。

（二）管辖权竞合时的实际行使

首先，国家刑事管辖权的四种依据不存在优先顺序。虽然四项原则中，属地管辖原则是基础，其他三项原则是属地管辖原则的补充，但并不意味着管辖权竞合时，属地管辖权优先于其他管辖权。同样，保护管辖权、属人管辖权、普遍管辖权都不具有优先于其他管辖权的效力，这四种权力的效力是同等的。例如，就糯康案而言，泰国显然不能以其享有属地管辖权而要求中国将糯康引渡移交给泰国审判；就陈世峰案而言，中国通常也不能以属人管辖权而要求日本将陈世峰引渡移交给中国审判。有的案件，犯罪人在外国实施犯罪后潜逃回国，犯罪地国通常也不能以属地管辖权优先为由要求其国籍国将其引渡移交给犯罪地国受审。

其次，在管辖权竞合情况下，实际行使刑事管辖权通常依据“实际控制原则”。即享有刑事管辖权的国家已经实际控制罪犯，通常依据本国法律追究其刑事责任，维护法律权威、保障其国家主权。此时，如果其他享有刑事管辖权的国家提出引渡请求，通常会被拒绝。因此，享有刑事管辖权的国家往往会制造条件实际控制罪犯，达到实际行使刑事管辖权的目的。例如对于糯康犯罪集团首犯糯康，泰国发布了通缉令，缅甸政府也进行了追捕、清剿，而中国政府更是派出警力与老挝政府合作，成功在老挝抓获糯康，然后由老挝政府将其移交给中国，由中国实际控制，并最终在云南昆明审判。同样，在管辖权竞合时，如果罪犯犯罪之后逃至没有刑事管辖权的国家时，具有刑事管辖权的国家往往会通过政治、经济、外交、法律等手段，通过引渡方式实际控制罪犯。此时，不仅仅是打击犯罪、维护主权、维护法律权威的问题，更可以展现一国的综合实力、国际形象与外交关系。

最后，在刑事管辖权竞合情况下，可以通过协商等方式确定刑事管辖权的实际行使。就糯康犯罪集团而言，老挝也享有刑事管辖权并且实际控制住了糯康。但鉴于杀害中国船员的“湄公河惨案”对国际社会造成了巨大的震撼，中国保护海外利益的急迫需求以及中老两国的友好关系，由中国实际行使刑事管辖权更能有效震慑类似犯罪，经两国协商最终由中国审判糯康。

实务训练

请根据本案的事实、证据及争议焦点，写一份法律意见书。要求格式规范、条理清晰、层次分明、有理有据、入情入理。

延伸阅读

陈忠林. 刑法的界限：刑法第 1～12 条的理解、适用与立法完善. 北京：法律出版社，2015.

案 12. 适用从旧兼从轻时应当坚持整体适用法条的原则

——李某辉受贿案

要点提示

当刑法某个条文修订后，人民法院在适用从旧兼从轻原则时，刑罚轻重如何衡量？能否对新旧刑法条文中法定刑进行主刑与附加刑分拆而分别适用新旧法条？适用从旧兼从轻原则时，当存在多个司法解释时，应当如何选择适用？

案情摘要

李某辉，男，1955 年 10 月 9 日出生，原系湖北省武汉市经济技术开发区城市建设服务中心主任。

2003 年 11 月，武汉经济技术开发区管理委员会召开专门会议研究部署 318 国道南段绿化带征地拆迁工作并形成专题会议纪要。被告人李某辉时任武汉经济技术开发区城市建设服务中心（土地整理储备供应中心）主任，归规划土地建设局管理，主要承担征地拆迁、房地产交易等方面的工作，具体负责审核征地拆迁的评估等工作。2004 年至 2006 年，被告人李某辉利用职务上的便利，为他人谋取利益，三次收受他人财物共计人民币 13 万元。

武汉市人民检察院 2014 年 10 月 8 日向武汉市中级人民法院提起公诉，武汉市中级人民法院于 2015 年 4 月 20 日作出一审判决，认定被告人李某辉构成受贿罪，判处有期徒刑 10 年，并处没收个人财产人民币 1 万元，同时没收涉案赃款 13 万元。

本案在二审期间，《刑法修正案（九）》和相关司法解释生效。湖北省高级人民法院于 2016 年 7 月 22 日作出二审刑事判决书，认定李某辉犯受贿罪，改判其有期徒刑 2 年 6 个月，并处罚金人民币 10 万元。

分歧意见

对于本案被告人的行为构成受贿罪，以及二审适用从旧兼从轻原则对被告人改判有期徒刑 2 年 6 个月，并无争议。但 2015 年《刑法修正案（九）》第 44 条修正前，《刑法》第 383 条只在前两档主刑较重的法定刑中规定了附加刑没收财产，而在后两档主刑较轻的法定刑中并没有规定财产刑。《刑法修正案（九）》生效之后，贪污罪、受贿罪的三档法定刑均包含了财产刑，而 2016 年 4 月 18 日起施行的《最高人民法院、最高人民检察院关于办理贪污贿赂刑事案件适用法律若干问题的解释》第 19 条明确规定，对于因贪污罪、受贿罪被判处 3 年以下有期徒刑或者拘役的，应当并处 10 万元以上 50 万元以下的罚金。因此，对于本案能否将一审判决中的没收财产人民币 1 万元，改判为罚金人民币 10 万元，是存在争议的。

一种意见认为，二审不得加重被告人的财产刑，应当维持一审判决“没收个人财产人民币 1 万元”的部分。其理由是，从实体法角度分析，根据从旧兼从轻原则，对被告人应当适用处刑更轻的刑罚规定。而比较新旧法和司法解释的规定，在附加刑方面，显然新法罚金刑重于旧法的没收财产。而从程序法角度分析，根据上诉不加刑原则，不得加重被告人的附加刑。

另一种意见认为，附加刑在处罚上新法重于旧法，但考虑到新法规定的主刑明显轻于旧法，应当整体适用法条，不能将新旧法条所规定的法定刑拆分适用。因此，既然新法主刑更轻，就应当整体适用新法条文，可以对被告人判处罚金人民币 10 万元。

第三种意见认为，本案的附加刑可以适用修正后的刑法，但是对于罚金的幅度不必适用 2016 年 4 月 18 日起施行的《最高人民法院、最高人民检察院关于办理贪污贿赂刑事案件适用法律若干问题的解释》，根据 2000 年 12 月 19 日施行的《最高人民法院关于适用财产刑若干问题的规定》“罚金的最低数额不能少于一千元”的规定，二审应当对被告人李某辉判处罚金 1 万元。

问题研讨

在适用刑法从旧兼从轻原则比较新旧法的轻重时，应当坚持整体判断原则，将法条所规定的主刑与附加刑看成一个整体进行比较，而不能拆分后分别予以比较；如果存在多个司法解释就同一问题规定时，应当坚持特别法优于一般法的原理。

（一）坚持从旧兼从轻应当整体适用法条

首先，对于同一个被告人的不同犯罪事实或者不同的量刑情节，在比较适用新法、旧法条时，可以交叉引用新法、旧法的不同条文予以认定。《最高人民法院关于〈中华人民共和国刑法修正案（八）〉时间效力问题的解释》，规定了对于一般累犯要适用修正前刑法第 65 条的规定，而对于坦白则要适用修正后刑法第 67 条的规定，因此，如果某被告人同时具备这两种量刑情节时，人民法院在判决书中必须分别引用修正前、修正后的刑法条文。

其次，对于被告人的某一特定犯罪事实或者量刑情节，在比较新旧法法定刑的轻重时，应当坚持整体判断的原则，不能将法条规定的主刑与附加刑拆分之后分别予以比较。因为刑事判决既有主刑又有附加刑时，附加刑是对主刑的附加，只有当附加刑与主刑结合之后共同执行，才能作为刑罚的法律后果。每一档法定刑都具有整体性，不能再拆分，拆分之后就无法体现罪刑相适应原则。就本案而言，如果根据修改后的法条对被告人判处主刑 3 年以下有期徒刑，同时根据修正前的条文，当主刑是 3 年以下有期徒刑时，没有附加财产刑，若不对被告人判处财产刑的话，则实行了“双重从轻处罚”，明显不能体现罪刑相适应，影响刑罚效果。就被告受贿 13 万元而言，依据修正前的刑法条文，应当判处“十年以上有期徒刑或者无期徒刑，可以并处没收财产；情节特别严重的，处死刑，并处没收财产”，而根据修正后的刑法条文和司法解释，应当判处 3 年以下有期徒刑或者拘役，并处 10 万元以上 50 万元以下罚金。毫无疑问，根据常理，虽然修正后的刑法附加刑确实重于修正前的刑法附加刑，但由于主刑轻重悬殊，从整体考量，修正后的条文处刑更轻，对被告人更有利。

(二) 司法解释的时间效力问题

2001 年 12 月 17 日起施行的《最高人民法院、最高人民检察院关于适用刑事司法解释时间效力问题的规定》对于司法解释的时间效力问题作了明确的规定，包括四点：一是司法解释自发布或者规定之日起施行，其效力适用于法律的施行期间；二是对于司法解释实施前发生的行为，行为时没有相关司法解释，司法解释施行后尚未处理或者正在处理的案件，依照司法解释的规定办理；三是对于新的司法解释实施前发生的行为，行为时已有相关司法解释，依照行为时的司法解释办理，但适用新的司法解释对犯罪嫌疑人、被告人有利的，适用新的司法解释；四是对于在司法解释施行前已办结的案件，按照当时的法律和司法解释，认定事实和适用法律没有错误的，不再变动。因此，司法解释的时间效力不同于刑法规定的时间效力。

根据此司法解释第三条的规定，对于新的司法解释实施前发生的行为，行为时已有相关司法解释，依照行为时的司法解释办理，但适用新的司法解释对犯罪嫌疑人、被告人有利的，适用新的司法解释。本案被告人李某辉的行为发生在 2004 年至 2006 年之间，2000 年 12 月 19 日施行的《最高人民法院关于适用财产刑若干问题的规定》已经发生效力，而本案二审期间发生效力的《最高人民法院、最高人民检察院关于办理贪污贿赂刑事案件适用法律若干问题的解释》中关于罚金的规定，明显对被告人不利，那么，能否依据前述司法解释第三条的规定，依照行为时的司法解释判定对被告人的罚金数额呢？对此，我们认为，答案是否定的。

首先，司法解释主要是对法律条文用语的含义进行说明，或者对法律规定的构罪条件规定标准，司法解释以法律条文为前提。但是，《刑法修正案（九）》修正前的刑法第 383 条，并无罚金刑的规定，因此，2000 年 12 月 19 日施行的《最高人民法院关于适用财产刑若干问题的规定》中关于罚金刑的规定，并不适用于修正前的刑法第 383 条。

其次，本案二审期间，2000 年《最高人民法院关于适用财产刑若干问题的规定》依然有法律效力，依据相关规定可以适用于修改后的刑法条文。但是，2016 年《最高人民法院、最高人民检察院关于办理贪污贿赂刑事案件适用法律若干问题的解释》专门针对贪污贿赂刑事案件的财产刑作了新的规定，是就《刑法修正案（九）》修改的相关条文进行解释，属于特别规定。因此，当存在一般性司法解释和特别性司法解释冲突时，应当根据“特别法优于一般法”的一般原理，适用新的、专门性的司法解释。

实务训练

请根据本案的事实、证据及争议焦点，写一份法律意见书。要求格式规范、条理清晰、层次分明、有理有据、入情入理。

延伸阅读

最高人民法院刑事审判第一、二、三、四、五庭. 刑事审判参考：总第 106 集. 北京：法律出版社，2017.

第二章　犯罪成立基本评价体系的重点问题

案 13. 犯罪客体是我国刑法规定的犯罪构成要件

——徐某盗窃案

要点提示

在我国刑法理论上，对犯罪客体是否为犯罪构成体系的要件之一，最具争议。否定者认为，犯罪客体是“巨大而空洞的价值符号”，不具客观事实之属性，纯属主体对客观事实的价值感受，与其余三要件均为可见、可触、可证明的事实性条件存在根本性不同，于是主张全盘照搬德日尤其是日本的三阶层犯罪成立理论。此观点是否成立，值得商讨。

案情摘要

被告人徐某，男，25 岁，初中文化，个体工商户。某年 3 月 26 日 10 时许，被告人徐某驾驶其所有的松花江牌面包车（车牌号为京 HB5×××）在海淀区苏州桥下发生追尾事故。执法民警认定其负事故全部责任，并将其面包车扣留于苏州桥违章事故停车场，同时通知其持该车的保险单到相关部门得到确认并开具放车单后，方可持放车单将车取回。当日 14 时许，在未取得放车单的情况下，被告人徐某持备用钥匙赶至苏州桥违章事故停车场，趁停车场管理人员不备，将自己的被扣押的价值人民币 17 608 元车辆开走。同年 3 月 28 日，公安机关将徐某抓获。

分歧意见

对于本案，检察机关以涉嫌盗窃罪向法院提起公诉，法院以非法处置被扣押的财产罪判处徐某有期徒刑 10 个月。

问题研讨

中国的犯罪构成四要件理论，虽然像其他任何犯罪成立理论一样，也存在这样或那样的问题，在认定犯罪事实及与其他犯罪成立理论相比较时表明，其备受抨击的犯罪客体要件，在犯罪构成中具有决定性意义。综观各种抨击，实际上是对犯罪客体要件在犯罪立法体系中的地位及其与其他要件的关系缺乏深入考察的表现。

对于本案，我们认为，法院更换罪名的判决是正确的。徐某的行为之所以不构成盗窃罪，其关键原因是该行为并没有侵犯盗窃罪的犯罪客体即刑法保护而为盗窃行为所侵害的公私财产所有权关系；之所以以非法处置被扣押的财产罪对徐某定罪处刑，其关键原因是徐某非法取回其被公安机关合法扣押的财产的行为，严重妨害了公安机关对扣押财产的正常管理秩序，符合非法处置被扣押的财产罪犯罪客体要件，在其他要件也符合该罪构成的情况下，应当认定为该罪。

对于本案，若按三阶层犯罪成立理论来分析，则徐某的行为到底是认定为盗窃罪还是非法处置被扣押的财产罪，就有些困难，甚至，徐某的行为完全可认定为盗窃罪。首先，徐某的行为是秘密开走由公安机关合法管理的车辆的行为，符合盗窃罪的客观构成要件，具有该当性；其次，被公安机关合法扣押的车辆，在未取得放车单的情况下，持该车的备用钥匙趁停车场管理人员不备，将车开走，且没有违法性阻却事由，具有违法性；最后，被告人徐某的行为在主观方面为故意，具有有责性。以上情况表明，一方面三阶层犯罪成立理论也并非十全十美，另一方面犯罪客体要件的存在具有区分此罪与彼罪的重大意义。

基于以上理由，我们认为，否定犯罪客体的存在及其在犯罪构成中的决定性意义，是对中国犯罪构成体系[①]及其犯罪客体要件的“吹毛求疵”，是“拿自己的缺点比别人的优点”。从立法上看，四要件犯罪构成理论及其犯罪客体要件已融入我国刑法总则和分则的方方面面，并成为选定危害行为入罪、设置刑法分则罪名体系、配置刑事责任实现方式等的基本依据。从司法上看，虽然四要件犯罪构成理论有时难以准确界定一些疑难案件（三阶层犯罪论体系也存在这种情况），但几十年的司法实践表明，它对定罪和量刑的司法意义无可替代，而且它已为几代刑法实务者所深入掌握和熟练运用，并已经成为新中国刑法人思考和解决刑事司法问题的有效沟通平台。虽然在理论上，常常把犯罪客体并列于其他三个事实要件予以阐述，但在立法和司法适用上，常常是基于“血”与“肉”的关系，把犯罪客体与其他三要件融为一体。理论研究者们常常忽视这一点，抨击四要件理论的不足、否定犯罪客体要件存在的必要性和重要性。三阶层理论虽不承认犯罪客体要件的存在，但事实上还是把犯罪客体要件的实质内容掺入所谓三层次的考察之中。如作为第一层次“该当性”的“故意杀人行为”，若没有掺入犯罪客体的实质内容，如何认定是“故意杀人行为”而不是“故意伤害致死”等其他行为呢？基于

---

① 我国四要件犯罪构成理论虽然传承于苏联，但是经过我国几代刑法学人的发展，与原来苏联的犯罪构成理论相比在内容上有了许多变化。它不仅与我国的刑事立法融为一体，而且作为我国刑法理论的基石，培养了一代又一代刑法理论和实务者。在这个意义上说，四要件犯罪构成理论是融现代中国立法、司法乃至刑法理论和实务为一体的中国式犯罪构成理论。

“血”与“肉”的关系，作为价值判断的犯罪客体要件与作为事实判断的其他要件，在实践中是不能分离的。在当前的立法和司法框架下，犯罪客体要件的存在是必要而又重要的。

其一，它有助于认识犯罪的本质特征，提高人们与犯罪作斗争的积极性。例如，对于非法传销行为，之所以立法要把它规定为犯罪，主要是因为该行为严重影响了市场经济的正常运行，扰乱了经济社会秩序，侵犯了国家对市场的管理制度和公私财物的所有权等刑法保护的众多法益；而相反，若仅从主客观事实要件而不从犯罪客体要件考察本案，不仅难以深入认识其社会危害性，也因其为法定犯而对传销行为是否构成犯罪产生质疑。因此，在司法实践中，犯罪客体要件已与其他要件融为一体，但对它的特别考察，有利于帮助人们认识犯罪的本质及其严重的社会危害性。

其二，它有助于准确定罪，分清罪与非罪、此罪与彼罪的界限。在司法实践中须借助犯罪客体要件界分此罪与彼罪。如，盗窃库房中电话线、盗窃普通公用电话线、盗窃铁路上专用电话线等行为，之所以分别认定为盗窃罪、破坏公用电信设施罪、破坏交通设施罪，是因为这些盗窃行为侵犯的犯罪客体不同，分别是公私财物的所有权关系、公共通讯的公共安全、交通运输的公共安全。又如，危害公共安全与否的故意杀人行为和故意毁坏财物行为，之所以需分别认定为危害公共安全的犯罪与侵犯公民人身权利的犯罪或侵犯财产的犯罪，是因为它们所侵犯的犯罪客体不同。

其三，有助于客观地评估犯罪的社会危害程度，正确裁量刑罚。因侵犯的犯罪客体不同，而带来处刑轻重上的差别，是刑事立法的突出特征。如上述盗窃库房中的电话线、盗窃普通公用电话线、盗窃铁路专用电话线等盗窃行为，因侵犯客体不同，处刑也轻重有别。在盗窃的电话线价值 1 000 元以上不满 1 万元的情况下，盗窃库房中的电话线是侵犯公私财物的所有权关系而构成盗窃罪，属于盗窃“数额较大”，其应适用的法定刑是 3 年以下有期徒刑、拘役或者管制，并处或者单处罚金；盗窃普通公用电话线是侵犯公共通讯的公共安全而构成破坏公用电信设施罪，在尚未造成严重后果的情况下，其应适用的法定刑是 3 年以上 7 年以下有期徒刑，造成严重后果的，应适用的法定刑是 7 年以上有期徒刑；盗窃铁路专用电话线是侵犯交通运输的公共安全而构成破坏交通设施罪，在尚未造成严重后果的情况下，其应适用的法定刑是 3 年以上 10 年以下有期徒刑，在造成严重后果的情况下，应适用的法定刑是 10 年以上有期徒刑、无期徒刑或者死刑。这表明，侵犯犯罪客体的社会危害程度不同，应适用的法定刑轻重也会有别。对犯罪客体要件与法定刑的立法关系的认识，有利于把握好罪刑相适应原则从而正确裁量刑罚。

实务训练

围绕本主题从实务中找一个真实案例，根据该案的事实、证据及争议焦点，写一篇案例分析型学术短文。要把与本主题相关的问题分析透彻，格式规范、条理清晰、层次分明、有理有据、入情入理。

延伸阅读

1. 石经海．中国刑法学总论．北京：中国人民大学出版社，2023.
2. 陈忠林．刑法散得集．北京：法律出版社，2003.
3. 高铭暄．论四要件犯罪构成理论的合理性暨对中国刑法学体系的坚持．中国法学，2009（2）：5－11.

案 14. 所有犯罪同时侵犯了三类法定犯罪客体

——胡某飙车肇事案

要点提示

犯罪客体作为犯罪构成的一个要件颇具争议，可从一些有争议案件的处理情况来看，有些情况下犯罪客体作为一个要件具有明显的区分此罪与彼罪的功能，并在我国刑法立法和司法上有规定或体现。

案情摘要

被告人胡某，男，某大学学生。

2009 年 5 月 7 日晚，被告人胡某驾驶非法改装的三菱轿车，与同伴驾驶的车辆从杭州市江干区机场路出发，前往西湖区文二西路西城广场。途经文晖路、文三路、古翠路、文二西路等路段时，被告人胡某与同伴严重超速行驶并时有互相追赶的情形。当晚 8 时 08 分，被告人胡某驾驶车辆至文二西路德加公寓西区大门口人行横道时，未注意观察路面行人动态，致使车头右前端撞上正在人行横道上由南向北行走的男青年谭某。谭某被撞弹起，落下时头部先撞上该轿车前挡风玻璃，再跌至地面。事发后，胡某立即拨打 120 急救电话和 122 交通事故报警电话。谭某经医院抢救无效，于当晚 8 时 55 分因颅脑损伤而死亡。事发路段标明限速为每小时 50 公里。经鉴定，胡某当时的行车速度在每小时 84.1 至 101.2 公里之间，对事故负全部责任。案发后胡某亲属已赔偿并自愿补偿被害人亲属经济损失共计人民币 113.01 万元。综合考虑各方面情况，一审法院以交通肇事罪判处被告人胡某有期徒刑 3 年。

分歧意见

对于本案以交通肇事罪定性，公诉机关、被害人的诉讼代理人、被告人的辩护人与法院的意见是统一的，但社会舆论认为应定性为以危险方法危害公共安全罪或者过失以危险方法危害公共安全罪。

问题研讨

犯罪（直接）客体要件的存在，对正确定罪具有决定性意义，并直接影响案件的罪责刑相适应的法律效果。本案此罪与彼罪问题的解决，关键取决于犯罪客体要件的功能。

从犯罪构成的犯罪主观方面来分析，以危险方法危害公共安全罪是故意犯罪，过失以危险方法危害公共安全罪和交通肇事罪是过失犯罪。本案中，胡某在主观方面显然是过失，表现在胡某平时喜欢开快车，但其认为凭自己的驾驶技术能够避免事故的发生。案发当晚，胡某在超速驾车过程中未违反交通信号灯指令，遇红灯时能够停车，肇事时没有注意观察前方路面情况而撞上在人行横道上行走的男青年谭某，撞人后立即踩刹车并下车查看谭某的伤势情况，随即拨打了120急救电话以及122交通事故报警电话，并留在现场等候处理。这一系列行为反映了胡某肇事时主观上既不希望事故发生，也不放任事故的发生，对被害人谭某的死亡其内心持否定和排斥态度，是一种过失的主观心态。因而，胡某不构成以危险方法危害公共安全罪。

那么，胡某的行为到底是构成过失以危险方法危害公共安全罪还是交通肇事罪呢?从犯罪客体分类视角看，主要取决于罪名在犯罪客体分类上的内在关系。基于此，胡某的行为应当认定为过失以危险方法危害公共安全罪。

从理论上看，犯罪客体有三种类型，即一般客体、同类客体和直接客体，它们是纵向的包含与被包含的层次关系。其中，一般客体的范围最大，是所有犯罪共同侵犯的犯罪客体，也是同类客体的上位概念；同类客体的范围次之，是某类犯罪共同侵犯的犯罪客体，是一般客体的下位概念和直接客体的上位概念；直接客体的范围最小，是某个具体犯罪直接侵犯的犯罪客体，是同类客体的下位概念。基于各类犯罪客体的以上内在关系，所有具体犯罪都应同时侵犯了以上三类犯罪客体。

就本案例而言，胡某违反道路交通安全法规，驾驶机动车辆在城市道路上严重超速行驶，造成1人死亡并负事故全部责任，其行为侵犯了刑法保护的整体社会关系，构成犯罪；胡某的“飙车”行为危害了不特定多数人的人身安全，构成危害公共安全这个同类客体方面的犯罪；胡某在道路交通安全法规定的“道路”上飙车，危害了交通运输的公共安全，并造成1人死亡的恶性后果，构成交通肇事方面的犯罪。

然而，在直接客体上，飙车行为不仅危害了交通运输的公共安全，而且还危害了一般公共安全。在经济和科学技术高度发达的今天，社会在急速发展的同时，公共危险也在与日俱增。飙车行为纵然是发生在“道路”上，其危害的也不仅仅是交通运输的公共安全，而是类似于失火、过失决水、过失爆炸、过失投放危险物质等以危险方法飙车危害不特定多数人的人身和重大公私财产的安全。因此，从直接客体上看，将胡某的飙车行为定性为交通肇事罪并不准确。

从立法上看，虽然过失以危险方法危害公共安全罪与交通肇事罪侵犯的同类客体都是公共安全，但它们的直接客体是不同的，并由此发生法条竞合关系。这个竞合关系表现在，交通肇事罪侵犯的直接客体被包含于过失以危险方法危害公共安全罪的直接客体之中，即类似于失火、过失决水、过失爆炸、过失投放危险物质等危险方法的飙车方法危害的不特定多数人的人身和重大公私财产的安全，包括交通运输的公共安全。这样，基于前者成立的犯罪，是普通罪；基于后者成立的犯罪，是特别罪。按理论上的一般观点，犯罪竞合原则上应按特别罪优于普通罪的规则处理。然而，就飙车肇事案件来说，因交通肇事罪的直接客体不能包容飙车行为所侵害的危害公共安全直接客体内容，而并不能成立这里的犯罪竞合关系，只能以能够包容其全部直接客体内容的过失以危险方法危害公共安全罪定罪处罚。

同时，因过失以危险方法危害公共安全罪，在犯罪直接客体的外延和内涵上，均超越交通肇事罪，因而犯前罪的社会危险性通常要大于犯后罪的社会危险性。立法也因此针对二者设置了轻重不同的法定刑，以践行罪刑相适应原则。据现行刑法及其司法解释的规定，就“致 1 人死亡”的情形，若成立交通肇事罪，则其应适用的法定刑是“三年以下有期徒刑或者拘役”；若成立过失以危险方法危害公共安全罪，则其应适用的法定刑是“三年以上七年以下有期徒刑”。既然飙车行为所危害的不是一般的交通安全，而是带有更大公共危险性的公共安全，在造成过失犯罪所要求的危害后果时，应以过失以危险方法危害公共安全罪定罪处罚，以符合罪刑相适应原则。对于以上案例，据判决书的认定，胡某无视交通法规，案发时驾驶非法改装的车辆在城市主要道路上严重超速行驶，沿途时而与同伴相互追赶，在住宅密集区域的人行横道上肇事并致人死亡，造成恶劣的社会影响，犯罪情节严重。据此，胡某所危害的公共安全，不是一般的交通安全，而是带有更大公共危险性的公共安全。这一犯罪直接客体，决定了胡某的行为应成立以过失以危险方法危害公共安全罪定性，并应适用“三年以上七年以下有期徒刑”的法定刑予以处罚。

以上表明，犯罪（直接）客体要件的存在，对正确定罪具有决定性意义，并直接影响罪刑相适应原则的实现。从法理上看，正确定罪是准确量刑的基础和前提，只有正确定罪和准确量刑才能真正做到罪刑相适应。而相反，若定罪不正确就必然会导致量刑不准确，并导致案件处理上的罪刑不相适应，甚至会诱导曲解法律，使案件走向“一错再错”。杭州胡某飙车肇事案的处理之所以引起广泛质疑，特别是其之所以曲解刑法关于自首的规定，就是因为错误地把胡某的飙车实害行为认定为交通肇事罪而导致“一错再错”。

据判决书及后续的法官释法，胡某虽肇事后及时报警并在现场等候，但不构成自首，胡某亲属积极赔偿被害人巨额经济损失但不足以减轻其罪责，最终以交通肇事罪及其相应法定刑的最高刑，判处胡某有期徒刑 3 年。显然，如此拒绝认定两个重要的量刑情节的做法是错误的。凡是符合立法设置的自首条件者，根据刑法规定，均应在法律上得到认可；法院不能（也无权）以任何借口或牵强附会的解释，否定该制度的适用和剥夺当事者的相关权利。而且，立法把交通肇事罪的基本犯的法定刑（3 年以下有期徒刑或者拘役）设置得低于一般过失犯罪（过失以危险方法危害公共安全罪和过失致人死亡罪），不是因为肇事者肇事后需履行及时报警并在现场等候的义务，而是因为交通运输的正当行为目的、肇事所侵害的直接客体及其社会危害性要小于一般过失犯罪。因此，一些法院认为，把“肇事后及时报警并在现场等候的行为”认定为自首，是在法律上进行了重复评价。显然这是对自首立法的曲解，这一点，已有学者作了评判[①]，并被新近出台的司法解释所否定。就积极赔偿被害人经济损失而言，据 2000 年最高人民法院《关于刑事附带民事诉讼范围问题的规定》第 4 条规定，被告人已经赔偿被害人物质损失的，人民法院可以作为量刑情节予以考虑。在当前的量刑规范化改革中，更是把对于被告人出于真诚悔过，积极赔偿被害人经济损失，并取得被害人及其亲属谅解的情况，作为积极赔偿被害人经济损失的酌定量刑情节，从而必然影响量刑[②]。而本案中，法院以胡某有酌定从重处罚情节为由而否定了该重要酌定量刑情节的作用，显然是错误的。

探究以上错误的原因，主要在于法院在没有完全充分地考察本案行为所符合的犯罪构成要件的情况下，片面地依“特别法优于普通法”原则，把本案错误地认定为交通肇事罪，进而导致刑罚适用上的“一错再错”。也就是，基于本案的犯罪行为及其结果（致 1 人死亡），其被定性为交通肇事罪后，适用的法定刑只能是“三年以下有期徒刑或者拘役”。如此较轻的法定刑（即使顶格适用）本就难以与恶劣的“飙车”行为及其情节相适应，为避免罪刑不相适应及由此带来的不良社会效果，法院在强大的舆论压力下，只得想当然地曲解立法本意和司法的适用规则，回避两个重要量刑情节的适用。

事实上，若把本案定性为过失以危险方法危害公共安全罪，就不仅做到了定性准确和罪刑相适应，而且也能妥善处理各量刑情节。具体而言，依现行《刑法》第 115 条第 2 款的规定，过失以危险方法危害公共安全，致人重伤、死亡或者使公私财产遭受重大损失的，处 3 年以上 7 年以下有期徒刑；情节较轻的，处 3 年以下有期徒刑或者拘役。据此，在过失以危险方法危害公共安全致 1 人死亡的情况下，其行为定性为过失以危险方法危害公共安全罪所应适用的法定刑是 3 年以上 7 年以下有期徒刑，比定性为交通肇事罪所应适用的法定刑 3 年以下有期徒刑或者拘役，要高一个档次。参照当前量刑规范化的相关规则，认可并适用自首和积极赔偿被害人经济损失的法定和酌定量刑情节，能够恰当地作出罪刑相适应的量刑结果。

实务训练

请找一个爆炸或投毒杀人的真实案例，分析犯罪客体要件在案件定性中的作用。要求格式规范、条理清晰、层次分明、有理有据、入情入理。

延伸阅读

1. 石经海．论“飙车”的刑法适用//朱孝清，刘宪权，莫洪宪．2011 年全国刑法学术年会论文集．北京：中国人民公安大学出版社，2011.

2. 薛瑞麟．犯罪客体论．北京：中国政法大学出版社，2011.

---

① 王玉珏．交通肇事后报警并保护现场应属“自动投案”．法学，2009（10）：22－29.

② 除了某些极端案件外，酌定量刑情节被提取后必然影响量刑。参见 2009 年 4 月修订的《人民法院量刑指导意见（试行）》关于“常见量刑情节的适用”第 13 条；2010 年 10 月 1 日起适用的新《人民法院量刑指导意见（试行）》关于“常见量刑情节的适用”第 9 条、第 10 条。

案 15. 网络言论也可成为刑法中的危害行为

——蔡某某微博求“人肉搜索”致人自杀案

要点提示

言论具有两重属性，当其表达对于一定事物的认识、情感、态度时，言论属于思想领域，不属于刑法干预的对象；当行为人通过言论、借助言论意欲对客观世界产生一定的影响或改变时，言论属于行为受法律调整。自由皆有限度，网络也非法外之地，网络言论须以不损害国家利益、社会公共利益或他人合法权利为限。在现实中，微博发帖者希望借助广大网友力量“人肉搜索”可疑小偷，属于网络侮辱而非诽谤，人肉搜索导致他人隐私暴露、名誉严重受损、因不堪受辱自杀身亡的，属于侮辱他人情节严重，应以侮辱罪定罪处罚。

案情摘要

2013 年 12 月 2 日，被告人蔡某某因怀疑徐某在陆丰市东海镇金碣路 32 号某服装店试衣服时偷了一件衣服，于 18 时许将徐某在该店的视频截图配上“穿花花绿绿衣服的是小偷，求人肉，经常带只博美小狗逛街，麻烦帮忙转发”的字幕后，上传到其新浪微博上。微博发出仅一个多小时，迅即展开的人肉搜索就将徐某的个人信息，包括姓名、所在学校、家庭住址和个人照片全部曝光，并且这些信息也被服装店主蔡某某用微博发出。一时间，在网络上对徐某的各种批评甚至辱骂开始蔓延，也引起了很多徐某同校同学和社会上很多人对她的非议。两日后，徐某在陆丰市东海镇茫洋河跳河自杀。同日 12 时许，徐某的父亲向公安机关报案，称其女儿徐某因被他人在微博上诽谤是小偷，造成恶劣影响而自杀。南堤派出所民警到陆丰市东海镇金碣路服装店对蔡某某进行盘问，并将其抓获归案。

分歧意见

该案在处理过程中存在较多分歧意见，既有蔡某某行为性质的罪与非罪之争，又有处理程序上的自诉与公诉之争，还有其行为是侮辱还是诽谤的此罪与彼罪之争。鉴于讨论主题所需，本文重点对该案罪与非罪、此罪与彼罪之争展开说明与分析。

（1）认为蔡某某的行为不构成犯罪。理由是：1）微博发帖求“人肉搜索”属于正常的网络寻人，不是刑法中的危害行为；2）没有足够证据证明其行为与徐某的自杀行为之间存在因果关系。

（2）认为蔡某某的行为构成侮辱罪。理由是：1）仅因怀疑徐某偷衣服，蔡某某就在微博发帖求“人肉搜索”，这种行为属于在网络空间对他人人格、名誉进行侮辱；2）蔡某某微博发帖求“人肉搜索”行为与徐某的自杀后果之间存在刑法上的因果关系；3）蔡某某网络实施的侮辱行为属于“情节严重”。

(3) 认为蔡某某的行为构成诽谤罪。徐某的父亲认为蔡某某发微博进行“人肉搜索”，并指责其女儿是偷衣服的小偷属于无中生有，造成女儿自杀，应构成诽谤罪。

问题研讨

本案争议问题的解决取决于对以下几个问题的把握：第一，言论是思想还是行为？第二，微博发帖求“人肉搜索”，是网络言论自由的表达，还是属于刑法中的危害行为？第三，诽谤罪与侮辱罪如何区分？

(一) 言论的两重性

“任何人不因思想受处罚”，这一罗马法格言的基本含义是，思想是自由的，国家不能将任何人的思想作为刑罚处罚对象；反过来说，只有行为才能构成犯罪，才是刑罚处罚的对象。”[①] “无行为即无犯罪”，是各国现代刑法的一项基本原理，危害行为是犯罪成立的必备要件。

在通常情况下，行为与思想的区分不成问题。例如，对于放火爆炸、持枪抢劫，人们很自然地认为是犯罪行为，因为它们是犯罪故意表现在外的客观活动而停留在人们头脑中的观念，没有表现出外部的客观活动，因而是思想。思想总是要通过一定的言行表现出来，而犯罪行为又总是在一定思想支配之下的行为。因此，如何区分表达思想的言行与实现（犯罪）思想的危害言行，是正确适用刑法，保障公民思想自由、言论自由的重大课题。

1. 作为思想的言论

思想是人们头脑当中关于外部世界认识、情感、记忆、态度等的反映，没有表现出来的思想，他人无从了解，不得而知，无法也不能认为是行为。因为单纯的思维活动不可能改变客观事物的面貌和性质。“思维是人脑对客观事物的反映，属于人的主观认识过程。人们头脑里的各种想法，无论是善良的愿望还是邪恶的意图，在其尚未支配行为付诸实施以前，仅仅是一种观念，绝不会变为现实。客观存在的事物，自有其发展变化的规律，绝不会因为人们对它产生了错误的观念而改变本来的状况。”[②] 一个人产生了某种犯罪思想，如果他没付诸行动，主观意图尚未见之于客观外在活动，刑法所保护的社会关系就不会遭受现实的威胁和实际的损害，因而“犯罪思想”就不能被认为是犯罪而给予刑罚处罚。

思想要表现出来，须要借助一定的方式，比如通过文字、语言或者行动表现出来。文字、语言、行动是思想表达的载体和方式，思想是文字、语言、行动的实际内容。通过文字、语言表达思想，比如书写日记、发表公开演讲等，实际上已经超出思想的范畴而成为一般意义上的行为。但是是否属于刑法意义上的行为，则需要进一步研究。单纯地表达思想的言行，是将对客观世界的认识、态度、情感通过书面、口头或者动作与表

① 张明楷．刑法格言的展开．北京：法律出版社，2003：121．

② 马克昌．犯罪通论．3版．武汉：武汉大学出版社，1999：158．

情等形式表现出来。“一个人表达自己的思想，哪怕是错误的甚至是反动的，也属于思想领域的问题，对于社会没有直接的、现实的侵害和威胁”[①]，它不属于刑法所禁止的范围，只有那些（意欲）实现思想的行为才能成为刑法惩罚的对象。

言论是思想的外在表现，不论是谈话，演讲，录制发布音频、视频，还是在网络上表达观点，都是主观见之于客观的行为。如果人们仅仅是通过语言、文字、图画、音频、视频等将自己的思想记载下来或者单纯地流露出来，并不是为了影响他人实现自己的意图，也没有为此而采取任何具体行动，这种言论虽然也是思想的外在表现，但因不具有对客观世界发生某种作用和影响的性质，不能改变客观事物的面貌和性质，显然是毫无社会意义的，因而不能认为是刑法意义上的行为。

2. 作为行为的言论

发表言论当然是一种行为，但要成为刑法意义上的行为，必须超出了意志决定阶段而进入了意志实现阶段。因为刑法上的行为是侵害一定社会关系的行为，如果只是单纯将自己的思想内容展露于外，例如甲告诉好友乙，其非常痛恨抢走女友的丙，准备找人好好收拾丙一顿，最好把丙打残，但甲一直权衡利弊，始终没有采取行动将自己所说所想付诸实施，那么甲说要打残丙的述说行为，就没有任何刑法评价的意义，因为“没有危害就没有犯罪”。只有将思想内容通过具体的行为转化为外部客观现实，作用于客观世界，对之产生一定的影响或者改变，才可能成为刑法意义上的行为。

“实现自己的思想，是指在对客观世界认识的基础上，按照自己的意志改变世界。”[②]行为人基于侵害国家、社会、他人利益的思想，去改变世界，就表现为危害社会的行为，对社会有直接、现实的侵害或者威胁，具有社会危害性，应当为刑法所禁止。

发表言论这种行为形式，在一定场合下，既可以成为犯罪的预备行为，也可以成为犯罪的实行行为，比如蛊惑、刺激他人实施犯罪，邀约同伙，恫吓威胁被害人，指挥犯罪等行为，往往以语言文字的方式实施。刑法分则涉及以言论为基本或主要行为方式的专门犯罪主要有煽动分裂国家罪、煽动颠覆国家政权罪、诬告陷害罪、侮辱罪、诽谤罪、传授犯罪方法罪、煽动暴力抗拒法律实施罪、引诱未成年人聚众淫乱罪、引诱、教唆、欺骗他人吸毒罪、煽动军人逃离部队罪、战时造谣扰乱军心罪等等。言论进入刑法评价范围，一定要符合刑法规定的危害行为的特点，即行为人在某种心理态度支配下实施了积极的身体举动，意欲或者已经对客观世界产生一定的影响或者改变，并对社会具有现实威胁或损害。

结合本案，微博发帖既可能是表达思想的方式，也可能属于刑法意义上的行为。如果发帖内容仅仅表达博主对客观世界的认知、情感和态度，哪怕是非主流的观点认知，也只是停留在思想领域，没有刑法评价的意义。如果是通过微博发帖意欲对客观世界产生一定的影响或者改变，要以具体的行为实现其认识的内容，并且对社会产生一定的危害，则属于刑法意义上的危害行为。

---

①② 陈兴良，曲新久．案例刑法教程：上卷．北京：中国政法大学出版社，1994：76.

(二) 微博发起“人肉搜索”的定性分析

在高度信息化社会，网络上的只言片语瞬间就会“裂变”——一个 BBS 就是一张报纸，一个论坛就是一个讲堂，一个微博就是一个广播、电视台，互联网让“人人都有麦克风”。所谓“人肉搜索”，是一种以互联网为媒介，用人工或者数据的方式搜集特定人或事的信息，以期查找人物或者事件真相的行为。“人肉搜索”是一种基于人际关系的关系型网络社区活动，通俗点说，就是发动天下所有会上网的高手，让他们免费来帮助解决问题，往往是“一人提问，八方回应”，一场声势浩大的“人肉搜索”，往往会有成千上万的网民参与，可能使相关人员受到全国乃至整个世界的关注。“人肉搜索”轻则让当事人不堪其扰，重则可能变成“杀人不见血”的子弹或暗箭。互联网中，任何一个论坛，都可以产生“人肉搜索”的性质和功能。在微博上发帖求“人肉搜索”的情况是复杂多样的，行为性质也各不相同。

1. 求“人肉搜索”的复杂样态

从发帖求助“人肉搜索”的动机、目的看，可谓五花八门，不一而足。常见求“人肉搜索”的动机，有的是为寻亲、追债，验证信息真假，有的是为谴责第三者、寻找小偷、保护被虐动物，有的是为消费被宰维权，还有的是为抵制虚荣炫富、代际辱骂或者是谴责地震等自然灾害中的冷漠自私行为，等等。

从微博发帖求助“人肉搜索”的内容看，虚实真假鱼龙混杂。有的帖子内容客观真实，有的帖子内容虚假或者夸大事实，有的帖子内容真假未定。从微博求助“人肉搜索”发帖的表现形式看，有的帖子仅有文字，有的则图文并茂，还有的有图有音频视频有文字。从发帖内容的功能看，有的属于事实描绘型，有的属于主观评价型，特别是为追债、找小偷、谴责第三者、消费维权、抵制不良或不道德行为等目的的帖子，多见主观评价，内容常含有攻击性、丑化性、贬低评价性、侮辱性言辞，游走在违法边缘。

2. 微博求“人肉搜索”的定性分析

微博求“人肉搜索”发帖行为，因求“人肉搜索”的动机目的不同，帖子内容真实与否不同，是否含有攻击性、贬低评价性、侮辱性言辞等不同，其行为性质也有所不同。

(1) 合法行为。

微博发起“人肉搜索”，可以是正当合法行为。首先，是基于正当目的而实施，例如为了寻亲、寻找失散儿童、追债、维权、谴责不道德行为、打击违法犯罪行为等；其次，发帖内容要客观真实，例如确实存在消费欺诈、欠债不还、财物被盗等事实；再次，发帖内容要客观描述事实，而不是对涉及人员进行人身攻击、谩骂或者侮辱、诽谤，更不是毫无根据的网上“定罪”；最后，发帖内容不牵连无关人员，更不应该暴露与求助“人肉搜索”内容无关的个人信息。

(2) 违法行为。

即使基于正当目的，求助“人肉搜索”的微博发帖也可能不符合客观事实，而且存在不适当披露他人信息、夹杂人身攻击等内容，从而跨入违法行为之列。

《民法典》第 1035 条对处理个人信息应当遵循的原则和条件做出了明确规定：“处

理个人信息的，应当遵循合法、正当、必要原则，不得过度处理，并符合下列条件：（一）征得该自然人或者其监护人同意，但是法律、行政法规另有规定的除外；（二）公开处理信息的规则；（三）明示处理信息的目的、方式和范围；（四）不违反法律、行政法规的规定和双方的约定。个人信息的处理包括个人信息的收集、存储、使用、加工、传输、提供、公开等。”微博发帖求“人肉搜索”，涉及他人信息的，应遵循以上原则和条件，否则构成民事侵权行为，如侵犯他人隐私权、名誉权等，应承担民事责任。

求助“人肉搜索”的微博发帖可能属于行政法调整的违法行为。《治安管理处罚法》第42条规定，偷窥、偷拍、窃听、散布他人隐私的，处5日以下拘留或者500元以下罚款；情节较重的处5日以上10日以下拘留，可以并处500元以下罚款。

（3）犯罪行为。

如果求助“人肉搜索”的微博帖子内容系捏造事实，无中生有，所捏造的事实较为具体，内容明显引人反感，指向对象比较明确，一经发布容易使人误信，有损他人的社会评价，足以败坏他人名誉，甚至造成他人精神失常或者不堪舆论压力而自杀等严重后果，则可能构成诽谤罪。若发帖内容肆意诋毁、谩骂、丑化他人形象，一经微博发布即面向开放的网络社会，造成他人精神失常或者不堪网络及现实舆论而自杀，或者多次发帖刻意丑化他人，可能构成侮辱罪。若发帖人捏造虚假事实，损害他人商业信誉、商品声誉，给他人造成重大损失或者具有其他严重情节的，可能构成损害商业信誉、商品声誉罪。

本案中，店主蔡某某微博发帖求“人肉搜索”的初始动因，是服装店里丢了一件衣服，怀疑被当时进店的徐某偷走，发帖目的是想借助广大网友的力量搜索所谓的“小偷”徐某。按照网络上“人肉搜索”的一般做法和大众的通常理解，求“人肉搜索”的直接目的是希望网友在网络上曝光“小偷”徐某的个人详尽信息，借助网络舆论对“偷”衣服的徐某进行谴责，即使不能挽回财产损失，至少也可使其遭受社会舆论谴责和承受精神压力。帖子的表现形式是图片加文字，图片的内容是当时徐某在店内看衣服的视频截图，文字内容则为“穿花花绿绿衣服的是小偷，求人肉，经常带只博美小狗逛街，麻烦帮忙转发”。

从蔡某某微博发帖内容看，其直接将徐某称为“小偷”。但事实上，视频中进店选看衣服的人是否就是徐某，徐某是否偷走衣服，只是蔡某某的主观判断，并没有其他证据加以证明，尚属无法确定的事实。在证据不足的情况下，直接武断认为徐某就是小偷，并在其店内实施了偷衣服的行为，最终将这种判断当作客观事实发布在微博上，显然极有可能会使阅读其微博的人对徐某就是“小偷”的事实深信不疑。毫无疑问，“小偷”就是一个社会标签，是老百姓人人喊打的过街老鼠，是违法犯罪者，令人憎恶。一个人一旦背上“小偷”之名，其社会评价必定被贬低，名誉必然一落千丈。

从蔡某某微博发帖引发“人肉搜索”的后果看，微博发出仅一个多小时，“人肉搜索”就迅即展开，徐某的个人信息包括姓名、所在学校、家庭住址和个人照片全部曝光，并且这些信息也被服装店主蔡某某用微博发出。一时间，网络上对徐某的各种批评甚至辱骂开始蔓延，也引起了包括徐某同学在内的很多人对徐某的非议。两日后，徐某跳河自杀。可见，蔡某某微博发帖的行为，一方面使徐某的个人信息在网上被全面曝光，使其隐私权受到严重侵害；另一方面，网络舆论铺天盖地皆为负面评价，影响恶劣，徐某的名誉权也受到严重侵害。徐某不堪巨大压力而自杀，显然与蔡某某微博发起"人肉搜索"具有直接的因果关系。

综上，蔡某某仅因怀疑徐某偷了其店内一件衣服，就将怀疑当成客观事实公然宣称徐某为"小偷"，希望网友曝光其个人信息，借助网络舆论力量对徐某进行道德审判，显然是对徐某个人名誉的公然诋毁和攻击。客观上蔡某某求"人肉搜索"的行为引发了网友反应迅速且规模很大的搜索行动，导致徐某个人隐私信息在网络上一览无遗，网络舆论在客观上使徐某个人名誉扫地，并引发徐某不堪受辱而自杀的严重后果，确属侮辱他人情节严重之行为，构成侮辱罪。

(三) 侮辱罪与诽谤罪的区分

两罪同为侵犯他人人格名誉权的犯罪，有较多相似之处。为了更准确认定两罪，要了解它们的主要区别。

（1）犯罪方法不同。诽谤只能是口头的或文字的、图画的、视频的、音频的等，不可能是暴力的、动作的。侮辱既可以是口头的、文字的、图画的、视频的、音频的，也可以是暴力的、动作的。

（2）散布事实的真实性和内容不同。诽谤罪必须捏造并且散布有损他人名誉的虚假事实，而侮辱罪既可以不散布具体事实，也可以散布真实事实损害他人名誉。

本案中，蔡某某微博图文发帖宣称徐某是"小偷"，并非其有意捏造虚假事实，而是蔡某某以为徐某是偷衣服的"小偷"，且徐某究竟是不是偷了蔡某某店内的衣服，当时视频中的人是不是徐某，因徐某已经自杀而无法通过调查获知真相。因此，无法认定蔡某某图文发帖行为属于"捏造虚假事实"，不应认定为诽谤罪。蔡某某图文微博发帖求"人肉搜索"徐某，在证据不足情况下客观上引发大规模搜索行动，造成徐某隐私暴露、名誉严重受损、徐某不堪巨大压力自杀的严重后果，属于以图文方式公然侮辱他人，情节严重，应以侮辱罪定罪处罚。

实务训练

请根据本案的事实、证据及争议焦点，写一份判决书。要求格式规范、条理清晰、层次分明、说理透彻。

延伸阅读

1. 陈兴良，曲新久. 案例刑法教程：上卷. 北京：中国政法大学出版社，1994.
2. 马克昌. 犯罪通论. 3 版. 武汉：武汉大学出版社，1999.
3. 张明楷. 刑法格言的展开. 北京：法律出版社，2003.
4. 张明楷. 刑法学. 3 版. 北京：法律出版社，2007.
5. 黄薇. 中华人民共和国民法典释义：下. 北京：法律出版社，2020.

案 16. 夫妻之间有相互救助的法定作为义务

——宋某某明知妻子上吊却离家致其死亡案

要点提示

法律明文规定的义务是不作为犯罪构成的首要作为义务根据，该义务不限于刑法（包括单行刑法和附属刑法）规定的义务，还包括民法、经济法、婚姻法、诉讼法、行政法规等明文规定并经由刑法认可或要求的作为义务。法律“明文”规定，不仅仅是文字表述明确，更是法律规定中蕴含的道理明确。婚姻法规定夫妻之间有相互扶养的义务，并无明确规定有救助义务，但是，根据刑法基本解释原理，夫妻之间生活上关心照料、经济上扶助义务的履行，要以配偶一方的生命存续为前提，且履行这些义务是为了配偶能够更好地存活；如果经济上的帮助扶持和生活上的关心照料尚且属于婚姻法所确认的义务，那么在配偶生命即将灭失的重大时刻，救助义务显然比生活照顾和经济帮助义务更重要、更迫切，夫妻一方理应履行救助配偶生命的义务。

案情摘要

宋某某，男，河南南阳市人。1994 年 6 月 30 日，宋某某酒后回到家中，因琐事与妻子李某发生争吵厮打。李某说：“三天两头吵，活着不如死了。”宋某某说：“那你就死去。”后李某在寻找自缢用的凳子时，宋某某喊来邻居叶某某对李某进行规劝。叶某某走后，二人又发生吵骂及厮打。在李某寻找自缢用的绳索时，宋某某采取放任态度，不管不问不加劝阻。宋某某听到凳子响后出门到半公里以外的父母家告诉其父母，待其父母赶到时，李某已经死亡。经南阳市卧龙公安分局刑事技术鉴定，李某系机械性窒息死亡（自缢）①。

分歧意见

本案在处理过程中形成了如下两种意见：

（1）宋某某的行为不构成以不作为方式实施的故意杀人罪。理由在于：1）夫妻之间没有法律明文规定的救助义务。《民法典》第 1059 条关于“夫妻有相互扶养的义务”的规定，以经济上相互供养、生活上相互扶助为内容，不包括性命攸关时刻的生命救助义务。2）法律明文规定的义务应作严格解释，即只能是现行法律、法规明确规定的义务，不包括依“法律精神”推导出来的义务，否则“极易误导，使人误以为基于伦理、道德、宗教或社会等理由所形成之防止义务，或就公序良俗之评价标准，而认定之防止

---

① 中国高级法官培训中心，中国人民大学法学院．中国审判案例要览（1996 年刑事审判卷）．北京：中国人民大学出版社，1997：34－37．

义务，均属于法律基本精神观察，而具有之法律防止义务……与刑法罪刑法定原则有违。”[①] 3）基于罪刑法定原则，刑法解释的限度应以法律规定的文义为限，不能突破文字含义，行类推解释之实。4）李某作为成年人，应该对自己的情绪与行为后果负责，法律不能纵容人们以夫妻名义道德绑架、情感绑架配偶负法律责任。5）如果认为夫妻之间基于法律规定负有相互救助义务从而作出有罪判决，则会助长人们在婚内以自杀方式解决问题的不理智态度。

（2）宋某某的行为构成以不作为方式实施的故意杀人罪。其作为义务的根据有两种观点：1）法律明文规定的义务。依据“入罪举轻以明重”的刑法解释基本原理，夫妻之间应该负有救助义务，这一解释结论并不违背罪刑法定原则；2）先行行为引发的义务。该观点认为，夫妻之间没有法律明文规定的救助义务。但本案中，宋某某酒后与妻子争吵厮打，激惹妻子产生自杀念头并两次实施自缢行为，宋某某的不当行为引起了妻子生命即将灭失的危险状态，且危险近在眼前，宋某某有能力有条件排除危险保护妻子生命安全，但其离家外出，导致妻子自缢身亡后果发生，应承担以不作为方式实施的故意杀人罪的罪责。

问题研讨

夫妻之间究竟有无救助义务的问题，存在较大争议，类似案件的判决结果与理由差异也很大[②]。本案问题的解决，关键取决于对“夫妻有相互扶养的义务”的规定如何理解，同时，也取决于对不作为犯罪中先行行为的理解。事实上，夫妻之间的争吵厮打一般不属于刑法意义上的先行行为，将民法典关于夫妻之间的扶养义务解释为包括救助义务，并不违反罪刑法定原则，本案应以不作为的故意杀人罪追究丈夫宋某某的刑事责任。

（一）夫妻之间的争吵厮打是否属于刑法意义上的先行行为

刑法理论与实务界对此主要有两种观点：一是肯定说，认为夫妻之间的争吵厮打可以认定为刑法中的先行行为，特别是在一方已经明显或清楚流露出轻生念头的情况下，配偶一方仍然继续与之争吵厮打，已经现实地引起了危险状态。在家庭这样的密闭空间内，配偶一方负有消除这种危险状态的义务；二是否定说，认为夫妻之间的争吵厮打，不宜认定为刑法中的先行行为。我们同意第二种意见，主要理由如下：

其一，在夫妻生活中，不可能不发生冲突，几乎每个家庭都避免不了夫妻之间冲突的存在。虽然冲突的原因、方式、内容因人而异，但是冲突难以避免并普遍存在，却是不争的事实。

其二，如果把夫妻之间的争吵厮打界定为刑法中的先行行为，就意味着夫妻相处中

---

① 林山田. 刑法通论. 台北：三民书局，1989：297－298.

② 2002年重庆万州区李某键故意杀人案，丈夫李某键听闻路人喊其老婆跳水了却置之不理，其妻被众人救上岸后送医无效死亡。该案中，两审法院都认为夫妻之间没有法定救助义务，最终维持无罪判决。但笔者认为，本案不追究丈夫李某键故意杀人罪的罪责，另有理由，与本案有别。

有矛盾冲突决不能争吵斯打，不然会引起配偶自杀。这对所有夫妻关系中的人施加了不合理的注意义务。

其三，类似的问题还存在于成年人约酒行为之中。甲主动邀约乙聚会喝酒，俩人都有醉意。甲要求乙送他回家，乙称自己也醉了。在分头回家的路上，甲因醉酒瘫睡路边，岂料当晚突降大雪，甲被冻死。如果认为乙明知甲喝醉了就应担负积极的作为义务，送甲回家，否则就要对甲被冻死承担不作为犯罪的罪责的话，无异于告诉人们，今后亲朋好友之间不能聚会饮酒。然而人们需要社交，社交中难免饮酒。成年人应对自己饮酒可能产生的后果有较为明确的预见，在自愿饮酒甚或主动邀约他人共饮的情况下，应对自己饮酒后可能产生的后果自行负责。参与饮酒之人，即使承担法律责任，也只可能是民事法律责任，而不应该是刑事责任。

（二）夫妻之间有无法定救助义务

夫妻之间有无法定救助义务在刑法理论与实务界可谓众说纷纭。我们认为，法律明文规定的义务，不限于刑法（包括单行刑法和附属刑法）的明文规定，应当包括民法、经济法、婚姻法、诉讼法、行政法规等法律的明文规定。《民法典》第1059条规定："夫妻有互相扶养的义务。"根据该条及相关解释，扶养，是指夫妻间相互供养和互助的法定义务，既包括经济上的供养，又包括生活上的照料和精神上的抚慰。夫妻之间的互相扶养既是权利又是义务，这种权利义务是平等的。法律虽然没有明确规定夫妻之间的救助义务，但基于以下理由，应将救助义务作为夫妻之间的法定义务：

（1）经济上的相互供养、生活上的帮助照顾与精神上的抚慰，以夫妻一方的生命存续为前提。

（2）经济上的相互供养、生活上的帮助照顾与精神上的抚慰，其目的在于维系婚姻共同体，使婚姻当事人更好地存活，实现各种婚姻利益。

（3）将"扶养"义务解释为包含救助义务并不违反罪刑法定原则。既然经济上的相互供养、生活上的帮助照顾与精神上的抚慰都是夫妻之间的法定义务，按照"入罪举轻以明重"的基本原理和解释原理，作为程度上加深和递进的生命救助义务，更应该是不言自明的法定义务。罪刑法定原则对明确性的要求，只能是相对的，而不可能达到绝对明确的状态。如果仅以文字的常见字面含义作为解释界限，而不去探究法律规定当中意欲表达的、包含的道理，那么就可能出现两种极端后果：一种是机械执法，把不是犯罪的行为视为犯罪，如陆某案中没有取得进口批文的境外药品，按照当时《药品管理法》的规定即属于"假药"；涉枪涉爆犯罪中，按照最高人民法院2001年《关于审理非法制造、买卖、运输枪支、弹药、爆炸物等刑事案件具体应用法律若干问题的解释》规定，非法制造、买卖一千克炸药就构成犯罪。另一种是放纵犯罪，把本属犯罪的行为降格为违法或不道德行为，如刑法关于走私贵重金属罪、走私文物罪的规定，都是禁止走私出口，如果行为人走私黄金入境，仅依据法条文字含义，恐怕就要得出法无明文规定不为罪的结论了。但实际上，走私进口贵重金属或文物，同样违反海关监管制度，根据体系解释，应以走私普通货物、物品罪论处。法律是用来解决人与人之间的社会冲突的，刑法是解决社会冲突的最后一道防线。对法律规定的理解，不是字典学的解释，也不是通常含义的解释，而是基于罪刑法定原则的约束，在整体含义范围内作出符合社会上一般人认知的解释结论，不能违情悖理，更不能人为造成法律规定与公众普遍认知相脱节。

（4）法律之所以没有明确规定救助义务，实因夫妻之间危难时刻相互救助、休戚与共既是人们缔结婚姻的誓言和承诺，也是婚姻关系与其他人际关系的本质区别所在，法律无须多费笔墨画蛇添足。

（5）自我负责与配偶救助并不矛盾。婚姻关系中的成年人固然应理智冷静处理婚姻家庭矛盾，应为自己的情绪和行为负责，但这并不成为配偶一方见死不救的正当理由。我们既要倡导夫妻之间以冷静理智方式正确处理冲突，反对情感绑架，动辄以死相威胁，也要倡导在夫妻矛盾确实难以调和的情况下，选择离婚等方式平和解决问题，反对见死不救。

（6）肯定夫妻间有法定救助义务，不会造成“法律对自杀的鼓励”。有人担心，如果肯定了夫妻间“自杀救助”的法定义务，那么，可能造成夫妻间任何一方要报复对方，都可以采取自杀的方式，将另一方送入大牢。然而这种看法是杞人忧天。一方面，作为婚姻关系中的成年人，应懂得权衡利弊，一般不会通过这种极端的方式解决问题；另一方面，事实上，因夫妻矛盾而不惜自杀以报复对方的事件非常罕见。

（7）否认夫妻之间互负救助义务会在法律上严重撕裂夫妻关系。中国俗语称“夫妻本是同林鸟，大难来时各自飞”。这既是对夫妻不能同心的世事嘲讽，更是面对复杂人性的无奈。夫妻关系本是人与人之间最亲密的关系，如果法院以判决的方式确认夫妻之间没有相互救助的法定义务，无疑是在鼓励冷漠和无情，在生死存亡的时刻，人们可以理直气壮地漠视、放弃配偶的生命。试问，面对这种婚姻关系的残酷“真相”，人们还有必要缔结婚姻吗？

（8）法院判决应该承载和传递社会的主流价值观念。判决虽然是针对个案，但是它却面向社会，具有普遍意义。一个合法的判决，同时应该是一个讲理的判决，这里的“理”，既是法律中蕴含的道理，也是社会普遍认可的“常理”。当法院判决与社会的“常理”相悖的时候，就会产生合法但不合理的冲突，直接造成社会大众对判决的不认同，对司法、法律的怀疑甚至蔑视。只有对法律的理解与社会“常理”一致的时候，人们才能从内心真正尊重法律、信仰法律。2018 年，《最高人民法院关于在司法解释中全面贯彻社会主义核心价值观的工作规划（2018—2023）》发布，实际上是对过去司法实践中“讲法可以不讲理”、“法律可以和情理对立”的纠偏。在婚姻家庭中，人们普遍追求平等、互助、和谐的婚姻家庭关系，确认夫妻之间有相互救助的义务，既是社会主流价值观念的体现，也有助于建设更为紧密和谐的夫妻关系。

综观本案，宋某某酒后与妻子争吵厮打，致使妻子从有自杀念头发展到将自杀付诸实施。当妻子第二次自缢时，宋某某“听到凳子响声”，主观上已经认识到妻子正在自缢，危险近在眼前，如果坐视不理，几分钟就可能发生窒息死亡后果。由于自缢行为发生在自家屋内，环境封闭，无法获得外界救援，妻子的性命安危完全系于丈夫之手，救助只需一己之力，不会危及自身安全。宋某某眼见妻子自缢，竟离家外出，放任妻子死亡结果的发生，符合以不作为方式实施的故意杀人罪的构成要件。

需要补充说明的是，在李某键故意杀人案中，有观点提出夫妻二人身处何种环境会影响到救助义务的有无和大小。这种看法的问题在于：第一，有无救助义务不依赖于环境。身处自家屋内还是身处开放外部环境，都不影响夫妻之间具有救助义务。第二，如果环境封闭或开放能决定夫妻之间是否存在救助义务，就会产生救助义务随着环境变化而不断变化的尴尬。事实上，在李某键故意杀人案中，真正使李某键脱罪的，并非其不负作为义务，而是即使其积极履行作为义务，也无法阻止、避免妻子死亡结果的发生。妻子跳水之前，李某键已经走开较远一段距离，众人发现其妻落水后呼救，近旁的村民马上下水救人，但抢救无效。这说明丈夫的不救助行为和妻子的死亡结果之间不存在刑法意义上的因果关系，结果不可归咎于李某键。

实务训练

请根据本案的事实、证据及争议焦点，写一份判决书。要求格式规范、条理清晰、层次分明、有理有据、入情入理。

延伸阅读

1. 赵秉志. 犯罪总论问题探索. 北京：法律出版社，2003.
2. 陈忠林. 刑法散得集. 北京：法律出版社，2003.
3. 张明楷. 罪刑法定与刑法解释. 北京：北京大学出版社，2009.
4. 王凯石. 刑法适用解释. 北京：检察出版社，2008.

案17. 特定情形见死不救可构成不作为犯罪

——颜某某等人追打小偷致其跳水溺死案

要点提示

在一般情况下，“见死不救”只受道德谴责，不属于刑法评价的范畴，但在特殊情况下，“见死不救”也会成为刑法评价的对象，“见死不救”者亦要承担刑事责任。特殊情况指的是，当“见死”者实施的行为客观上造成他人处于生命危险境地时，“见死”者负有法律上防止他人死亡的义务。当“见死”者有能力防止他人死亡结果的发生，却不采取措施防止死亡结果的发生，以至于造成他人死亡的，其本质属于刑法意义上的不作为犯罪，应当承担刑事责任。

案情摘要

2007年5月25日11时许，被告人颜某某、廖某某、韩某某与何某某（另案处理），在湖州市南浔区南浔镇某村发现周某某有盗窃自行车的嫌疑，遂尾随追赶周某某至南浔镇的安达码头。廖某某与何某某对周某某用拳头打，颜某某、韩某某分别手持石块、扳手击打周某某的头部等，致使周某某头皮裂创流血。周某某挣脱后，颜某某、廖某某、韩某某分头继续追赶周某某。周某某逃至一货船上，廖某某随颜某某紧跟周某某追到货船，两人将周某某围堵在货船船尾，周某某被迫跳入河中。韩某某听到廖某某喊“小偷跳河了”，随即也赶到货船上。颜某某、廖某某、韩某某在船上看着周某某向前游了数米后又往回游，但因体力不支而逐渐沉入水中。颜某某、廖某某、韩某某均未对周某某实施任何救助行为，看着周某某在河中挣扎后沉下水去，直到看不见周某某的身影，三被告人才下船离开。后接警的公安人员将周某某打捞上来时，周某某已溺水死亡。

分歧意见

三被告人“见死不救”是否构成不作为犯罪？本案在处理过程中形成了如下两种意见：

（1）颜某某等人没有法律上的救助义务，“见死不救”仅属道德谴责范畴。理由有三：1）三被告人因发现被害人周某某偷窃自行车而殴打、追赶周某某的行为，属“见义勇为”，值得提倡；2）周某某系自己跳入水中，并非颜某某等人推入水中、打落入水，或以言语等威胁其跳入水中，颜某某等人没有实施积极的加害行为，对周某某跳水溺死并无过错；3）颜某某等人没有在法律上必须救助周某某的义务，“见死不救”属于道德谴责范畴，其行为不构成犯罪。

（2）颜某某等人负有法律上的救助义务，“见死不救”构成不作为故意杀人罪。理由在于：1）虽然周某某偷窃自行车有过错，但颜某某等人对周某某实施的殴打、追赶行为不属正当、合法行为；2）颜某某等人的殴打、追赶行为使周某某奔逃躲避以致无路可逃被迫跳入河中，现实地引起了一种危及生命安全的危险，具有因先行行为而产生的积极作为义务；3）颜某某等人目睹周某某在水中挣扎并沉没，却不实施任何救助行为，其对周某某的死亡具有放任的故意，构成不作为的故意杀人罪。

问题研讨

本案包含“见义勇为”“见死不救”等若干社会热点词语，容易引起社会公众高度关注。本案关键取决于对三个问题的把握：第一，见义勇为有没有正当合法性范围？其与正当防卫是什么关系？第二，见义勇为在实施过程中有无可能成为刑法中的先行行为？第三，见死不救仅受道德调整，还是可能构成刑法中的不作为犯罪？

（一）见义勇为的合法性范围

1. 见义勇为的含义

何谓“见义勇为”？《论语·为政》中有“见义不为，无勇也”，意指看到合乎正义的事就勇敢地去做。历史发展到现在，见义勇为不仅是一个生活用词，还上升到了法律的高度。在很多省、市关于鼓励和保护见义勇为的条例中，见义勇为都被界定为个人不顾自身安危通过同违法犯罪行为作斗争或者抢险、救灾、救人等方式保护国家、集体的利益和他人的人身、财产安全的一种行为。如 2006 年《山西省见义勇为人员保护和奖励条例》第 2 条规定："本条例所称见义勇为人员，是指非因法定职责，为保护国家利益、公共利益或者他人的人身、财产安全，挺身而出同违法犯罪行为作斗争和抢险、救灾、救人，事迹突出的人员。"2009 年《湖南省见义勇为人员奖励和保护条例》第 5 条规定："不负有法定职责、法定义务或者约定义务的人员，为了保护国家利益、公共利益或者他人人身、财产安全，依法实施的下列行为，应当确认为见义勇为：（一）制止正在实施违法犯罪的行为；（二）抓获或者协助有关机关追捕逃犯或者犯罪嫌疑人的行为；（三）抢险、救灾、救人的行为；（四）应当确认为见义勇为的其他行为。"2018 年《江苏省奖励和保护见义勇为人员条例》第 2 条第 3 款规定："本条例所称见义勇为人员，是指在法定职责、法定义务或者约定义务之外，为保护国家利益、集体利益、社会公共利益或者他人的人身、财产安全，挺身而出，同违法犯罪行为作斗争或者抢险、救灾、救人等见义勇为中表现突出的行为人。"

2. 见义勇为与正当防卫的关系

从多省关于见义勇为的界定看，见义勇为与正当防卫存在一定的交叉重合关系，但见义勇为涵摄的范围更广。不具有特定义务的人，制止他人正在进行的违法犯罪活动，既是大众意义上的见义勇为，也可能属于正当防卫。只要符合正当防卫的成立条件，在现实的不法侵害正在进行的过程中，针对不法侵害人实施法定限度内的防卫行为，即使造成不法侵害人的损害，也不负刑事责任。因此，制止他人违法犯罪的见义勇为，只有在符合正当防卫成立条件时，才具有合法性。

针对他人正在进行的违法犯罪行为实施见义勇为，虽然主观动机是正当的，但在双方对抗博弈的过程中，会出现很多种情况影响对见义勇为是否属于正当防卫的判断。首先，如果客观上并不存在违法犯罪行为，只是怀疑他人有违法犯罪行为，或者误以为存在违法犯罪行为，或者客观上虽然有违法犯罪行为发生，但并非他人所为，行为人误把不相干人员当作实施违法犯罪的人员，这种情况缺少正当防卫的前提条件，故不能成立正当防卫。其次，客观上虽然存在违法犯罪行为，但被人发现、喝止、追赶、抓捕等导致不法侵害已经主动放弃或者被迫结束，此时见义勇为者已经丧失正当防卫的时间条件，继续追打等属于事后防卫。最后，见义勇为具备正当防卫的前提条件、时间条件、对象条件、目的条件，但抗击、制止不法侵害超过必要限度，则可能成立防卫过当。

本案中，颜某某等人在南浔镇某村发现周某某有盗窃自行车的嫌疑，遂尾随追赶周某某至南浔镇的安达码头，想抓捕周某某，具有见义勇为的初始动机。如果周某某确实实施了偷盗自行车的行为但未得手且被人发现，应该说不法侵害已经结束，不再具备正当防卫的前提条件。若周某某偷车得手，刚一离开盗窃现场即被发现，则为了及时保护他人财产权利，理论上一般认为不法侵害尚未结束，具有正当防卫的前提和时机条件。从本案双方对抗的情况看，如果周某某已经被颜某某等四人抓获，不法侵害已然结束，根本没必要实施接下来的殴打行为。需要注意的是，不法侵害结束和已经成功制服、控制不法侵害人，并非同一个概念。不法侵害人自感继续实施违法犯罪行为无望而奔逃，也是常见不法侵害结束的表现。本案中，年仅 17 岁的被害人周某某因廖某某等人的行为，不仅客观上不可能再继续实施任何违法犯罪活动，心理上也难免产生巨大恐惧，特别是用硬物击打其头部流血，很容易使其产生如果不反抗挣脱可能会丧命的恐惧和担忧。

颜某某、廖某某、韩某某分头继续追赶周某某，实属得理不饶人，殴打周某某已经达到教训目的，再行追赶既无现实必要，也无防卫的目的正当性可言。颜某某与廖某某、韩某某基于正当目的而实施的追赶、殴打小偷周某某的行为，已经完全丧失了正当防卫的时间条件和目的条件。

（二）见义勇为有可能成为刑法中的先行行为

1. 刑法中的先行行为

先行行为产生的义务，是由于行为人先前实施的行为导致法律所保护的某种权利处于危险状态而产生的防止危害后果发生的义务。一般认为，先行行为可以是合法行为、违法行为，也可以是犯罪行为。需要注意的是，若刑法对某种犯罪行为规定了结果加重犯或转化犯，则不对其单独评价，如交通肇事罪中因逃逸致人死亡、非法拘禁罪中使用暴力致人伤残、死亡，刑讯逼供罪中致人伤残、死亡等情形。

2. 见义勇为可能成为刑法中的先行行为

制止他人违法犯罪的见义勇为，在起始点上属于正当、合法行为，尽管从逻辑上说，也可能属于引起作为义务的先行行为，但更具有现实可能性的是，在实施的过程当中受各种因素影响，导致他人生命安全处在危险中。如果脱离刑法、民法关于见义勇为行为正当性、合法性的条件设定，仅从行为初始动机就笼统认定其属于正当合法行为，任何情况下都不需要对自己行为引发的人身伤亡后果负责，无疑是“动机决定论”。在追赶不法侵害人的过程中，如果介入不法侵害人跳水、跳桥、跳楼等行为因素，最终又发生了不法侵害人伤亡的后果，则应考察见义勇为是否在合法限度内实施，考察主客观条件、环境条件能否使行为人认识到自己的行为可能会引发不法侵害人自伤、自杀等行为，以及这种行为的可能性。

本案中，颜某某等人追到安达码头附近抓获周某某，实际上不法侵害已经被迫结束，抓小偷行为本应就此结束，颜某某等人不论是选择报警处理还是严词斥责、要求其赔礼道歉等，都在合法合情合理范围内。但为了让小偷吃点苦头，颜某某等人继续殴打致使周某某头皮裂创流血。周某某出于自保本能挣脱后，颜某某等人分头继续追赶周某某。由于追打地点在码头，客观环境条件决定了周某某可躲避或逃跑的地方非常有限且非常危险，周某某在头面部受伤的情况下，逃到货船上，廖某某、颜某某紧追不舍将周某某围堵在货船船尾，实际上已经造成周某某躲无可躲的局面。不论是周某某本人，还是颜某某等人都已经清楚意识到，此时周某某要么束手就擒，要么跳下水去。跳下水去有可能发生不测，也有可能躲过再一次殴打并安全逃生。最终周某某跳水，使抽象危险瞬间转化为现实危险。颜某某等人的持续追打行为不仅在客观上制造这种危险，而且当看到周某某在水中向前游了数米后又往回游，后因体力不支而逐渐沉入水中时，主观上也能够认识到这种危险迫在眉睫。周某某在惊慌失措之下跳河，虽然是自己主动选择，但确实也属迫不得已的无奈之举，与颜某某等人的持续追打行为之间具有因果关系。可见，即使是出于见义勇为的初始动机，但在行为实施过程中偏离合法轨道，也可能由合法行为演变为违法行为，进而产生刑法中的作为义务。

(三) 见死不救能否构成不作为犯罪

1. 一般情况下的见死不救不构成不作为犯罪

一般情况下，与他人危险毫无关系的人见死不救仅属于道德调整范畴。见死不救是道德问题，而不是罪与非罪的问题，因为道德和法律虽有相通之处，但各有其区域，任何越界只会适得其反。在 2011 年佛山小悦悦事件中，2 岁的小悦悦在阴雨天黑夜独自跑出家门百米外，先后被两辆汽车撞伤倒地，最初路过的 18 名行人都未及时施救。事件披露后，虽然铺天盖地的网络舆论都在谩骂这 18 名行人的麻木冷漠，但大众也清醒地认识到，法律与道德各有管辖领域，何况法不强人所难，不能通过法律手段强行改变道德标准。因此，一般情况下，道德义务不应该成为不作为犯罪的作为义务来源，这是基本共识。

2. 特殊情况下的见死不救可构成不作为犯罪

何谓特殊情况？行为人因自己的行为引起他人处在危险状态，生命安全面临巨大紧迫威胁，行为人即负有采取积极措施避免他人死亡结果发生的义务。行为人有能力防止他人死亡结果的发生，却不采取措施，以至于造成他人死亡的，可构成不作为犯罪。本案中，颜某某等人在码头、货船上持续追打周某某并造成其跳河溺死，应成立不作为故意杀人罪。理由为：

第一，颜某某等人因持续追打的先行行为产生积极作为义务。如前所述，本案中颜某某等人持续追打周某某的客观地理环境具有高度的危险性，伴随着周某某的跳水，以及在水中挣扎后因体力不支而逐渐沉入水中，周某某可能被溺死的危险越发具有现实性和紧迫性，颜某某等人负有采取积极措施排除周某某死亡危险的法律义务。

第二，颜某某等人有能力避免周某某死亡结果的发生。周某某在水中挣扎时，货船上的颜某某等人完全有能力采取措施避免周某某溺死。颜某某等三人正值青壮年，体力充沛，完全可以协力将周某某从水中救起。

第三，颜某某等人的不作为行为与周某某的死亡结果之间有因果关系。虽然周某某死亡的直接原因是溺水死亡，但该死亡结果属于一果多因，没有颜某某等人的持续追打，周某某不会跳水。跳水即有危险，何况周某某被四人围殴后又惊慌失措持续奔跑，体力消耗巨大，情绪十分紧张，实际上已经体力不支。跳水后，如果颜某某等人采取了积极救助行为，周某某就不会溺水死亡。也就是说，在周某某跳水之后至溺水死亡之前，颜某某等人的不实施救助行为导致周某某由跳水向溺水死亡的方向发展，是引起周某某溺水死亡结果的客观原因之一，殴打→追赶→跳水→不救助→溺水→死亡，是周某某死亡的因果链。

第四，颜某某等人在主观上对周某某死亡持放任态度。颜某某等人在船上看着周某某向前游了数米后又往回游，但因体力不支而逐渐沉入水中。此时颜某某等人主观上已经清晰地认识到如果再不救助，周某某可能就会溺亡，但仍视若无睹，没有采取任何措施避免死亡结果的发生，属于典型的放任结果发生的故意，构成以不作为方式实施的间接故意杀人罪。

实务训练

请根据本案的事实、证据及争议焦点，写一份辩护词。要求格式规范、条理清晰、层次分明、有理有据、入情入理。

延伸阅读

1. 田宏杰. 刑法中的正当化行为. 北京：中国检察出版社，2004.

2. 叶慧娟. 见危不助犯罪化的边缘性审视. 北京：中国人民公安大学出版社，2008.

3. 孙春雨. 我国刑法中不作为犯罪理论与实务. 北京：中国人民公安大学出版社，2012.

案 18. 因果关系是在事实层面的客观归因

——都某轻微暴力致特异体质人死亡案

要点提示

我国刑法传统因果关系理论存在诸多缺陷，不能有效指导实践中对因果关系的认定。刑法中的因果关系具有客观性，它不以人的意志为转移。这种危害行为与危害结果之间的引起与被引起的关系，只是在事实层面的客观归因，而不能加入主观罪过或者主观经验判断，否则会将刑法上的因果关系与刑事责任混为一谈。把刑法上的因果关系看成属于行为人意识与意志支配下的客观产物，实际上是对刑法因果关系客观性的否定。在禁止溯及理论的前提下，只要行为与危害结果之间存在着没有前者就没有后者的条件关系，前者就是后者的原因，行为和危害结果之间就存在着刑法上的因果关系。

案情摘要

2011 年 9 月 30 日 19 时许，被告人都某及其子都某乙在某市一高校宿舍区亲属家中吃过晚饭后，都某准备驾驶轿车回家。其间，适逢住在该宿舍区的陈某（被害人，殁年 48 岁）驾车回家取物。陈某将其驾驶的车辆停在宿舍区两幢楼房前方路口，堵住了车辆行进通道，致都某所驾车辆无法驶出。双方遂发生口角，继而打斗在一起。在打斗过程中，都某拳击、脚踹陈某头部、腹部，致其鼻腔出血，后陈某报警。在此过程中，都某乙与陈某的妻子邵某发生拉扯，并将邵某推倒在地。民警赶到现场后将都某父子带上警车，由陈某驾车与其妻跟随警车一起到派出所接受处理。双方在派出所大厅等候处理期间，陈某突然倒地，经送医院抢救无效于当日死亡。经鉴定，陈某有高血压并冠状动脉粥样硬化性心脏病，因纠纷后情绪激动、头面部（鼻根部）受外力作用等导致机体应激反应，促发病变心脏骤停而死亡。

分歧意见

针对被告人都某行为的定性，主要存在以下三种意见：

（1）本案属于意外事件，被告人都某的行为不构成犯罪，不应当负刑事责任。理由是：1）被告人的行为与被害人的死亡结果之间不存在刑法上的因果关系，被害人死亡的直接原因是有高血压并冠状动脉粥样硬化性心脏病；2）被告人不可能预见被害人的特异体质进而预见到危害结果的发生，因此主观上不存在犯罪过失。

（2）本案应以故意伤害罪定性，并适用故意伤害致人死亡的法定量刑幅度。理由是：1）被告人的故意伤害行为与被害人的死亡结果之间存在刑法上的因果关系；2）被告人主观上存在伤害他人身体健康的故意；3）被告人的行为符合故意伤害罪的结果加重构成要件。

（3）本案应以过失致人死亡罪定罪。理由是：1）被告人的殴打行为与被害人的死亡结果之间存在刑法上的因果关系；2）被告人主观上具有疏忽大意的过失。被告人作为一名成年人，应当能够预见拳击他人头部可能导致他人死亡的危害后果，但因为疏忽大意而没有预见，导致发生了被害人死亡的危害后果，符合疏忽大意过失的特征。

问题研讨

本案问题的解决，关键取决于对三个问题的把握：第一，刑法中的因果关系应该怎样认识和判断？因果关系的客观性应怎样理解和运用？第二，一般殴打行为与故意伤害行为如何区分？第三，如何判断行为人主观上对危害结果的发生应当预见？鉴于讨论主题的需要，下文主要围绕因果关系的认定问题展开讨论分析。

（一）我国刑法因果关系传统理论在判断因果关系上的缺陷

刑法因果关系是哲学因果关系的具体运用。我国刑法因果关系理论引入了哲学上的必然性与偶然性两个范畴，形成因果关系必然说、必然性和偶然性统一说等理论。但是这些传统刑法因果关系理论在解决因果关系有无的问题上存在诸多不足，不能有效地指导实践。

1. 必然因果关系说及其不足

必然因果关系说认为，当危害行为包含着危害结果产生的根据，并合乎规律地产生了危害结果时，危害行为与危害结果之间就具有必然因果关系，这种因果关系，才是刑法上的因果关系。这种因果关系具有以下特点：（1）作为某种原因的行为必须具有引起危害结果发生的现实可能性，即该行为中存在着危害结果发生的客观根据，如果没有这种内在的客观根据，则该行为不是结果发生的原因，只是结果发生的条件。（2）行为已经合乎规律地引起了某一结果的发生，如果结果是由其他行为合乎规律引起的，那么前一行为与危害结果之间就缺乏因果关系。(3) 应当联系行为当时的具体条件判断是否存在因果关系。

必然因果关系在理论表述和实践运用中，常常与直接因果关系互为替代。赞成必然因果关系说，意味着只有行为与结果之间存在着必然的、内在的、合乎规律的引起与被引起的联系，才能令行为人对其引起的结果负责，而偶然的、间接的因果关系，则不能成为刑法意义上的因果关系，不能要求行为人对危害结果承担罪责。在很多轻微暴力致人死亡的案件中，辩护人关于无罪辩护的若干理由，首要是轻微暴力行为与死亡结果之间缺乏刑法意义上的因果关系。比如在"刘某被控过失致人死亡案"① 中，辩护人提出被告人殴打"是引发被害人心脏病的诱因，被害人很可能是由于受到殴打而产生情绪激动从而引发心脏病造成死亡结果的发生，即行为人的行为与被害人的死亡结果之间还存在着被害人情绪激动、心脏病发作等一系列中间环节，而从一般的社会常识来分析，这些中间环节并不是行为人的行为所必然引发的结果，因此，二者之间不存在直接的必然的因果联系。"②

必然因果关系说的缺陷在于：(1) 这种学说提出的认定因果关系的标准缺乏可操作性，无法有效指导实践。因为人们很难判断某一行为是不是内在地包含着结果发生的根据；而且关于是否合乎规律也难以判断，因为许多规律还未被人们认识和掌握。(2) 这种学说会不当缩小处罚范围③。特别是在多因一果的情况下，可能会放纵有害社会的行为发生。而且在科技高度发达的今天，行为人可能会通过制造条件实施犯罪，必然因果关系说会将这种行为排除在必然因果关系之外。

2. 必然偶然因果关系说及其不足

必然偶然因果关系说认为，当危害行为本身并不包含产生危害结果的根据，但在其发展过程中，偶然介入其他因素，由介入因素合乎规律地导致危害结果发生时，危害行为与危害结果之间就是偶然因果关系，介入因素与危害结果之间是必然因果关系，必然因果关系与偶然因果关系都是刑法上的因果关系。该说的根据在于：(1) 必然性与偶然性是辩证统一的，一切事物的必然性都不能脱离偶然性而存在，必然性和偶然性既相互依赖和相互渗透，在一定条件下，又相互过渡和相互转化，必然性与偶然性之间的区别和作用不是固定不变的。(2) 原因和结果、必然性和偶然性是两对相互联系、相互渗透的范畴。必然性和偶然性都包括因果性，如果把因果关系视为内在的、本质的、必然的联系的话，实际上是把因果性同必然性混为一谈。(3) 刑法中既存在必然因果关系，也

---

① 2004 年 4 月 29 日 11 时许，被告人刘某驾驶白色捷达牌轿车行驶至北京市宣武门路口由东向南左转弯时，适遇张某某（殁年 69 岁）骑车由东向西横过马路，二人因让车问题发生争吵。被告人刘某驾车前行至宣武门西南角中国图片社门前后靠边停车，与随后骑自行车同方向而来的张某某继续争吵后，被告人刘某动手推了张某某的肩部并踢了张某某腿部。张某某报警后双方被民警带至广内派出所。在派出所解决纠纷时，被害人张某某感到胸闷不适，于 13 时到首都医科大学宣武医院就诊，15 时许经抢救无效死亡。经法医鉴定：张某某因患冠状动脉粥样硬化性心脏病，致急性心力衰竭死亡。

② 最高人民法院中国应用法学研究所. 人民法院案例选. 北京：人民法院出版社，2007.

③ 张明楷. 刑法学. 3 版. 北京：法律出版社，2007：166.

存在偶然因果关系，这是不以人的意志为转移的客观事实。

偶然因果关系有利于克服必然因果关系说的第二个缺陷。但是问题在于：(1) 必然偶然因果关系说仍然没有跳出哲学概念逻辑演绎的窠臼，内因与外因、根据（或称原因）与条件也并非完全对立、一成不变；(2) 事物的发展趋势是必然性与偶然性的统一，也是内因（根据）与外因（条件）的统一。这表明，必然偶然因果关系说就是条件与结果（内在与外在）之间的关系，与大陆法系刑法理论中的条件说没有本质不同。(3) 该说仍然没有清楚回应刑法中研究因果关系的目的，以及根据什么因素具体判断因果关系的有无。研究刑法上因果关系的任务，在于确认危害结果是由人的危害行为引起的，从而为判定刑事责任提供客观依据，至于因果关系的表现形式是必然性还是偶然性，不是因果关系是否存在的决定因素。考察刑法上的因果关系，应当注重因果联系的内容和性质，并在此前提下进一步考察因果联系在刑法中的表现形式，使其紧紧地围绕着解决刑事责任的任务，不偏离这一既定的宗旨①。

就本案而言，都某轻微殴打陈某致其死亡，如果根据必然因果关系说，陈某死亡的内在根据是心脏病变，轻微殴打本身难以合乎规律地引起死亡结果的发生，因此都某的殴打行为与陈某的死亡结果之间不存在刑法上的因果关系；根据必然偶然因果关系说，都某的殴打、陈某在发生纠纷后的情绪激动是外因、条件，属于偶然因果关系，陈某心脏病变是内因、根据，属于必然因果关系，这些都是刑法中的因果关系，至此，必然偶然因果关系说与条件说已经没有任何区别。

（二）刑法中的因果关系是在事实层面的客观归因

1. 刑法中因果关系的客观性原理

刑法中因果关系的客观性源自哲学上因果关系的客观性原理。它意味着，行为与危害结果之间的因果关系是客观存在的，不依行为人主观上能否预见为转移，也不依司法人员的主观判断为转移。特别是在有些案件中，单靠经验分析是不够的，还需要借助科学鉴定来判断因果关系的有无。

尽管没有人反对刑法中的因果关系应该具有客观性，但“为什么有的人在理论上承认因果关系的客观性特征，然而在实践中很难贯彻到底？为什么有的人在抽象的角度上承认因果关系，然而在具体的应用上又否认因果关系的客观性呢？”② 比如有观点认为：“窃贼慌忙逃窜，违章横穿马路被司机撞死，如果司机主观上无罪过，便不存在刑法上的因果关系。”③ 类似的案件还有很多。这种观点的问题在于：以主观罪过的有无决定因果关系的有无，因果关系的客观性被彻底否定，因果关系与刑事责任也因此混同。正确理解和运用刑法中因果关系的客观性，意味着必须将行为人的主观心理状态暂且搁置一旁，将因果关系看成客观世界的一种客观联系。完成这一客观事实的认定后，再结合

---

① 马克昌．犯罪通论．3版．武汉：武汉大学出版社，1999：221-222.

② 苏惠渔．犯罪与刑罚理论专题研究．北京：法律出版社，2004：144.

③ 龚明礼．论犯罪的因果关系．法学研究，1981（5）：13-17；苏惠渔．犯罪与刑罚理论专题研究．北京：法律出版社，2004：145.

行为人的主观心理罪过确定相应的刑事责任[①]。

2. 刑法中因果关系的认定应采用条件说

在刑法中因果关系有无的判断问题上，如果陷入必然、偶然因果关系纷争，必将遗忘研究刑法因果关系的目的，如果忽略刑法中因果关系客观性的最基本原理，难以避免陷入理论与实践相脱离的怪圈。要想避免上述问题的发生，我们认为应借助条件说对刑法中的因果关系展开研究。

条件说是大陆法系刑法理论关于因果关系的学说。该学说主张，当实行行为与现实结果之间存在着“没有前者就没有后者”的引起与被引起的关系时，前者就是后者产生的原因。条件说受到了诸多批判，最主要的理由有两个：（1）采用条件说，会导致处罚范围的扩大。批判者常举的例子是，甲打伤乙后，乙在去医院的途中被车轧死，甲的行为与乙的死亡之间具有条件关系，故甲应当对乙的死亡结果负责。再如，甲打伤乙，乙住院治疗期间，医院突然失火导致乙被烧死，或者甲开车不慎撞伤乙，乙被送医抢救，在抢救的过程中，因医生丙错误用药，导致乙死亡，等等。（2）即使主张由故意与过失限定处罚范围，在发生了结果时，也会扩大处罚范围。例如，甲意欲致乙死亡，便劝乙雨天也要坚持跑步，期待乙在雨天跑步时被雷电击中致死，后来乙果真死于跑步时的雷击。按照条件说，甲的劝说行为与乙的死亡之间存在条件关系，但让甲对乙的死亡结果负责明显不合理。

对上述两个批判理由稍作分析，即可发现：（1）所谓条件说会扩大处罚范围的问题，实际是由于没有遵循因果关系客观性的基本原理，将因果关系等同于刑事责任而引起的。上述案例中，的确甲的行为与乙的死亡之间存在条件关系，但是，这只是说明甲的行为与乙的死亡之间存在着客观上的联系，具备了承担刑事责任的客观基础，不能因此推导出甲在主观上具有特定认识因素与意志因素的故意伤害致人死亡或者过失致人死亡的罪过。如果根据案件具体情况，行为人主观上缺乏相应罪过，即使存在刑法上的因果关系，也绝不可能客观归罪。因此所谓扩大处罚范围的问题，根本不是条件说导致的。此外，在上述案件中，实际上都存在介入因素，比如他人的行为，某种自然事实等，这些介入因素直接地引起了危害结果的发生，两者之间具有最为直接的引起与被引起的条件关系，则前行为与危害结果之间的客观联系非常微弱，根本不足以成为追究前行为人刑事责任的理由。（2）甲虽然具有借助某个不可预知、不可控制的偶发自然事件杀害乙的故意，但在该故意支配下所实施的劝说乙雨天坚持跑步的行为，却不是故意杀人罪构成要件中的客观实行行为，不具有任何现实危害性，因此不可能成为条件关系中的条件，当然不可能成立犯罪。

本案中，如果没有都某的殴打，陈某的头面部（鼻根部）不会受到外力作用，陈某不会在产生纠纷后情绪激动，不会产生身体的应激反应，不会诱发高血压并冠状动脉粥样硬化性心脏病，不可能死亡。因此，根据条件说，严格遵循因果关系客观性原理，都某的殴打行为与陈某的死亡结果之间存在着刑法上的因果关系。这意味着，在刑法上已经具备了要求都某承担罪责的客观基础，但都某的行为是否构成犯罪，构成何种故意或

① 苏惠渔. 犯罪与刑罚理论专题研究. 北京：法律出版社，2004：146.

者过失犯罪，还要取决于都某主观上对自己的轻微殴打行为可能会导致陈某死亡结果的发生是否有认识，在意志因素上是认可、接受其死亡结果的发生，还是反对、排斥其死亡结果的发生。如果是后者，表明都某主观上缺乏伤害致人死亡的故意，可能构成过失犯罪或者意外事件。如果都某根本不应该预见、客观上也确实无法预见自己的轻微殴打行为会导致陈某死亡的结果，那么陈某的死亡纯属意外事件，不应该要求其承担刑事责任。

(三)“事实因果关系与法律因果关系说”的主张及批判

1. “事实因果关系与法律因果关系说”的提出

正是因为我国刑法因果关系的传统理论存在诸多不足，有学者提出“在因果关系认定中引入价值判断”，认为“因果关系的价值评判是必要的。这种价值评判是指在纯行为事实的基础上，确认因果关系在刑法上的意义”①。此后，有学者在借鉴大陆法系刑法因果关系理论的基础上，提出刑法因果关系应该区分事实因果关系与法律因果关系，并且应该是这两种因果关系的统一。“刑法因果关系首先是事实关系，但是，作为追究刑事责任客观根据的刑法因果关系仅仅限于有事实关系还不行，这种关系还得具有刑法上的价值，也就是说，还需要对之进行刑法上的价值判断，才能作为法律因果关系产生法律后果。不经价值判断的事实因果关系不可能直接对刑事责任产生作用。这种从法律上对因果关系的作用所作的限制性评价，就使刑法因果关系表现出法律性特征。这一特征表明，刑法因果关系并非简单的事实关系，而在本质上是一种为法律所规定或要求的法律上的关系。因此，刑法因果关系是事实关系与法律关系的统一。”② 那么法律因果关系具体怎么判断呢？有学者认为，“相当因果关系说从预见可能性切入提供了某种判断标准”，并认为“相当因果关系说是在条件说所确认的事实因果关系的基础上引入主观要素，因此根本就不存在违反因果关系客观性原理的问题”。“相当因果关系之相当性，主要是基于经验法则”，“根据经验法则，其结果并非罕见的、异常的，就应当认为存在因果关系”③。

2. “事实因果关系与法律因果关系说”存在的问题

在赵某明故意伤害案中，有学者区分并运用了事实因果关系与法律因果关系理论，对赵某明等人持刀追砍致使被害人从河堤跳下溺死案进行了详细分析。不过在我们看来，“事实因果关系与法律因果关系说”存在明显缺陷：

一是刑法中的因果关系，只是对一种现象与另一种现象之间引起与被引起的客观联系的描述，而不是一种主观价值判断。

二是法律因果关系的判断是价值判断，经验法则是主观要素，是人的主观价值判断，解决的是行为人对危害结果的发生有无预见可能性的问题。而刑法中的因果关系具有哲学上因果关系客观性的基本属性，解决的是行为人承担刑事责任的客观基础有无的

① 陈兴良. 刑法哲学. 3版. 北京：中国政法大学出版社，2004：98.

② 张绍谦. 刑法因果关系研究. 北京：中国检察出版社，1998：120.

③ 陈兴良. 判例刑法学：教学版. 北京：中国人民大学出版社，2012：48－50.

问题。借助相当因果关系理论判断法律因果关系，必定会否定因果关系的客观性。

三是法律因果关系的价值判断不在因果关系客观属性的范围内完成，而在因果关系之外的主观认识与意志因素范围内完成。相当因果关系是否“相当”实质上是对行为人主观认识内容的考察，两者不应混同。

四是法律因果关系的判断缺少必要性。事实因果关系说即是条件说，只要符合条件关系，就确认了行为人承担刑事责任的客观基础。法律因果关系的判断，不在因果关系的范畴之内，提出法律因果关系的判断确无必要。

五是法律因果关系判断会造成刑民法律冲突。以轻微殴打引发磕碰或疾病致人死亡这一类案件为例，如果根据所谓社会相当性标准认定其不具有刑法上的因果关系，但在依据民法判断责任承担的时候又承认存在因果关系，会造成刑民法律冲突。

本案中，从因果关系客观性基本原理出发，根据条件说，都某的轻微殴打行为与陈某的死亡结果之间存在事实因果关系，这为都某承担刑事责任提供了客观基础。

从案发当时的具体情况看，都某的行为属于一般殴打行为，并不属于意图造成他人身体损伤的故意伤害行为。因此，不宜认定都某存在造成他人身体损伤的主观故意。原因在于：(1) 从都某打击的部位、强度及造成的后果看，都某在与陈某发生争执后互相殴打，都某拳击、脚踹陈某头部、腹部，其中用拳头殴打陈某鼻根部的行为导致陈某鼻根部及右眼下方软组织出血，都某的行为并未直接造成陈某轻伤以上的后果。上述身体损伤只是一般的损伤，后果并不严重，根据鉴定结果，都某的行为并未造成严重的伤害后果。(2) 都某打击有节制。打斗结束后，陈某抓住都某衣领不放，不让都某离开，都某也并未继续实施殴打行为。可见，根据具体案件事实只能认定都某有殴打他人的故意，但不能认定都某存在意图造成陈某身体损伤的刑法上的伤害故意，故不能认定都某的行为构成故意伤害罪。

都某虽然不存在刑法上的伤害故意，其轻微殴打行为也称不上是刑法中的故意伤害行为，但是在实施殴打的过程中，却存在应当预见自己的行为可能会导致陈某死亡结果的主客观条件，都某因疏忽大意没有预见，属于疏忽大意的过失致人死亡罪。(1) 都某打击的方式和部位存在较大危险性。都某不仅拳击，而且脚踹陈某头部、腹部，致其鼻腔出血。人的头部是敏感且较为脆弱的区域，拳击特别是脚踹头部，可能会造成大脑损害。(2) 都某作为精神健全、身体健硕的成年人，应当预见到击打他人头部可能造成他人受伤或者死亡的风险。

实务训练

1. 请根据本案的事实、证据及争议焦点，写一份辩护词。要求格式规范、条理清晰、层次分明、有理有据、入情入理。

2. 请根据本案的事实、证据及争议焦点，写一份判决书。要求格式规范、条理清晰、层次分明、说理透彻。

延伸阅读

1. 张绍谦. 刑法因果关系研究. 北京：中国检察出版社，1998.
2. 苏惠渔. 犯罪与刑罚理论专题研究. 北京：法律出版社，2004.
3. 陈兴良. 判例刑法学：教学版. 北京：中国人民大学出版社，2012.
4. 侯国云. 刑法因果关系新论. 南宁：广西人民出版社，2000.
5. 吴玉梅. 德国刑法中的客观归责研究. 北京：中国人民公安大学出版社，2007.

案 19. 不作为犯罪认定应基于所有成立条件

——李某交通肇事后遗弃被害人案

要点提示

不作为犯罪理论存在的诸多分歧，使人们在认识不作为犯罪和个案分析时意见往往不同。为了澄清争议性问题，在不作为犯罪的司法认定时，须围绕不作为犯罪的所有成立要件进行探讨，尤其是对理论上存在分歧的关键点进行仔细研判。对作为与不作为的界限区分，应该以刑法规范作为评判根据；对不作为的义务来源，须按照学界与实务界共同认定的义务种类与归责原理予以界定；对不作为的因果关系，需要结合不作为的犯罪特征进行仔细鉴别。

案情摘要

被告人李某，男，个体运输人员。2010 年 10 月，被告人李某在驾车开往县城的过程中，因行驶速度过快，视线受阻，将一名男性行人撞倒。李某立马报警并将该男子送到了县医院进行抢救。后来，李某见被害人的伤情比较严重，在未经值班医生同意和办理转院手续的情形下，擅自于次日凌晨将伤者带至当地的镇卫生院。镇卫生医院在初步检查后确定该被害男子伤情严重，需要抬至本院的住院部进行检查。然而，李某却安排其兄将伤者抬出卫生院，并遗弃在某村落附近的山中，导致被害人死亡。经司法鉴定，被害人是因交通肇事致严重颅脑损伤，颅内出血并脑干损伤而死亡。

分歧意见

关于本案的定性，存在如下几种意见：

（1）被告人李某的行为是普通的交通肇事罪，应按照交通肇事罪论处。

（2）被告人李某的行为构成不作为的故意杀人罪，应据此进行定罪量刑。

（3）被告人李某的行为构成了交通肇事罪与故意杀人罪，应数罪并罚。

问题研讨

以不作为方式实施的犯罪是客观危害行为的种类之一，其有与作为犯罪不同的构造与成立条件。二者的差异性是认定犯罪能否成立的关键，必须紧密围绕不作为犯罪的构成条件进行仔细分析，在结合现实案件的基础上，作出客观判断。在具体的分析研断过程中，作为与不作为的区别、不作为的义务来源、不作为的因果关系等存在较大争议。对此，我们必须在厘清理论分歧的基础上，对实践中的问题给出明确的回答。

（一）如何区分作为与不作为

"无行为则无犯罪"是当今中外刑法理论共同认可的基本理念。就作为的行为性质来看，存在的争议相对较少，认定起来相对比较容易，但不作为就相对复杂。从现有的理论来看，界定不作为的行为性质的理论主要有因果行为论、目的行为论、社会行为论、人格行为论等。各种肯定不作为行为性质的理论，都是基于行为的过滤机能、统一机能与结合机能而展开的，各种理论各有优劣，但是回到刑法学的立场上，我们在认定行为时应该以刑法规范作为考察标准，通过罪刑规范来区分作为与不作为，并据此理解不作为的行为性质。

我们认为，刑法规范是由国家制定和认可并由国家强制力保证实施的，禁止人们实施犯罪行为、要求人们履行义务以免犯罪、指示司法人员如何认定犯罪和追究刑事责任的法律规范。刑法规范是一种行为规范，要求人们做或不做一定的行为。基于刑法规范的立场，作为与不作为的区分就是违反规范种类的差异性体现，即作为违反了刑法的禁止性规范，不作为违反了刑法的命令性规范。单纯凭借行为人身体"动"或"静"来判断是作为还是不作为并不科学，因为在行为性质的规范评价上，"动"或"静"的直观评判既不是理性标准，也难以为司法实践提供界分依据。

（二）不作为的义务来源包括哪些内容

刑法学界的通说认为，关于不作为的义务来源主要有如下四类：其一，法律明文规定的作为义务。此种义务由刑法以外的法律所明确规定，且经刑法所要求或认可，如果仅有其他法律规定而无刑法的要求或认可，则不能成为刑法上的作为义务。其二，职务上或业务上所要求的义务。该项义务是指，从事某项工作的人因其职务或业务上的要求，从而负有某种作为的义务。其三，法律行为引起的义务。学界普遍认为，此种义务主要是指因合同行为引起的义务。当在特定情形下，行为人不履行合同义务而给刑法所保护的社会关系造成严重危害时，行为人就具有刑法上的作为义务。其四，先行行为引起的义务。由于行为人自身的先前行为使刑法所保护的社会关系处于危险状态，此时行为人就有采取有效措施排除这种危险状态或防止危害结果发生的特定义务。如果行为人不履行该作为义务，导致危害结果发生，则行为人就成立不作为形式的犯罪。

对道德义务能否作为不作为的义务来源，中外学者有不同的认识。所谓道德义务，是指维护一定道德所要求的行为人必须为或不为一定行为的义务。刑法学界的通说认为，只有法律性质的义务才能作为不作为的义务来源，单纯的道德义务不能成为不作为的义务来源。究其原因，主要有：其一，道德义务不具有法律性质，刑法上的作为义务与道德义务分属不同的调整领域，二者应该划清界限。其二，违反道德义务不应该以刑罚的方式进行惩罚。道德义务并不以国家强制为约束力，违反该义务只能以道德、伦理等社会舆论的力量进行谴责，而不是使用刑罚进行惩处。其三，道德自身具有不确定性。在不同的区域、文化背景、风土人情等条件下，道德都是不同的，在此前提下，以道德义务来进行刑事追责，必然会在操作上困难重重。其四，道德义务刑法化会导致司法操作上的困难。道德义务纳入不作为的义务来源，针对的主要是见危不救的行为，但是司法实践中见危不救往往发生在公共场合，因此如何界定主体范围并不是一件易事。基于上述原因，我国并没有把道德义务纳入不作为犯罪的义务来源之中。

对行为人先前实施的犯罪行为可否作为不作为的义务来源，需要在具体分析的基础上进行司法认定。详言之，在刑法就某种犯罪行为规定了结果加重犯或因发生严重结果而成立重罪时，由于可以将加重结果评价在相应的结果加重犯或另一重罪之中，先前的犯罪行为并不导致行为人具有防止严重结果发生的义务；在刑法没有就某种犯罪行为规定结果加重犯，也没有规定发生某种严重结果而成立其他严重犯罪的情况下，若先前的犯罪行为导致另一法益处于危险状态，则宜认定行为人具有防止另一法益侵害的义务。

(三) 不作为的因果关系如何认定

在司法实践中，因果关系是对已然之罪的回溯性研究，其目的是查明并判定危害社会的结果是由哪个具体行为造成的，并据此为行为人承担刑事责任提供客观依据。由于不作为犯罪因果关系的复杂性，在判定不作为犯罪的刑事责任时，应当根据因果关系表现形式的不同而有不同的体现。作为结果的客观归咎论所要回答的问题是，哪些具有因果关系的行为与结果具有刑法联系并应当如何加以认定与解决。在一定意义上可以说，通过与构成要件判断的结合，客观归咎论在一定程度上超越了过于抽象的社会经验法则标准，相当性因果关系也能在构成要件层面上得到有效运用。

不作为的因果关系可以根据“可能条件下的作为义务违反说”予以界定，即把“作为义务违反说”与“防止可能说”相结合来评判不作为是否具有犯罪行为的原因力。只要行为人具有履行该行为的义务，且能够防止结果的发生而未采取任何措施，则应当认为该行为与结果的发生之间具有因果关系。反之，虽然行为人有防止危害结果发生的义务，而就当时的客观情况，已无防止结果发生的可能，但是因为有其他的条件或因素的介入，使因果关系的链条出现了阻滞，则此时的不作为与结果之间就不具有因果关系。

对于起因结果性的因果关系的不作为犯罪，应根据具体案情判断行为人所应承担的刑事责任，不能因为因果关系的特殊性而对其从轻或减轻处罚。如母亲不给婴儿哺乳致死案，无论母亲主观上是故意或过失，因果关系作为一种客观表现都不是其从轻或减轻的法定情节。因为在这类案件中，危害结果的本质包含在不作为中，不作为对结果的发生起了决定性的作用。对于防止结果破坏性的因果关系的不作为犯罪，应把因果关系的特殊性作为对行为人从轻处罚的因素加以考虑。例如，值班医生不抢救病人致其死亡，无论行为人构成什么性质的犯罪，均是对医生给予从轻处罚的一个情节。因为在此类因果关系中，原因可能是多个，或者说有一个起重要作用的条件发挥了影响，如除了医生的不作为外还有疾病本身的作用。但若医生有意利用这一条件时（这时已对行为人的主观罪过进行了评价），就不能因为病症的因素而从轻处罚。

在共同犯罪中，行为人的不作为与他人行为混合在一起，应将犯罪的不作为因果关系作为对其从重处罚的情节考虑。如财务保管员与小偷勾结，在其不锁保险柜的当天由小偷去盗窃巨款。在本案中对保管员应从重处罚，原因在于其不仅利用了职务上的便利，而且其不作为起了主要的作用，没有该不作为，危害结果便不可能发生。

实务训练

请围绕本主题中的某个疑难问题找一个真实的案例，并根据案件事实、证据及争议焦点，写一份辩护词或判决书。要求格式规范、条理清晰、层次分明、有理有据、入情入理。

延伸阅读

1. 黎宏. 不作为犯研究. 武汉：武汉大学出版社，1999.

2. 陈荣飞. 不纯正不作为犯的基本问题研究. 北京：法律出版社，2010.

3. 李金明. 不真正不作为犯研究. 北京：中国人民公安大学出版社，2008.

4. 何荣功. 不真正不作为犯的构造与等价值的判断. 法学评论，2010，28（1）：105－113.

5. 陈伟. 不作为犯的因果关系理论重塑. 河南司法警官职业学院学报，2008，6（4）：35－38.

案 20. 限制刑事责任能力精神病人的从宽处罚限制

——阿某敦故意杀人案

要点提示

对精神病的判断存在两个层次，第一层次是以精神病鉴定专家为主体，主要证明行为人是否具有精神病以及精神病种类与程度轻重，第二层次是以第一层次为基础，以司法工作人员为判断主体，判断行为人的精神病与其实施的不法行为是否具有关联性。在法律规定从轻或者减轻处罚时，法官享有自由裁量权，但这种自由裁量权必须受到限制。

案情摘要

被告人阿某敦，男，1981 年 7 月 13 日出生，学生。因涉嫌犯故意杀人罪，于 1999

年 11 月 12 日被逮捕。1999 年 10 月 29 日下午 4 时 20 分许，被告人阿某敦在家中见被害人冯某红到其对面邻居乌某娜家敲门，因无人开门返身下楼。阿某敦遂乘乌某娜家无人之机，用事先配制的钥匙打开乌某娜家房门，进入室内翻找现金。阿某敦行窃时在乌某娜家阳台上看到冯某红骑摩托车返回，便虚开房门持擀面杖藏在门后。当冯某红进入乌某娜家时，阿某敦持擀面杖朝冯某红头部猛击两下，因冯戴头盔未被打倒，阿某敦便逃回自己家中。后阿某敦准备外出时，在楼道内听到冯某红正在乌某娜家打电话，误认为冯已认出自己，即返回家拿了一把杀牛单刃弯刀进入乌某娜家，持刀将冯某红逼到卧室，朝冯某红腰、腹、头部连捅数刀，将冯刺倒在地，随后又朝冯颈部连捅数刀，致冯某红气管、双侧颈动脉被割断，因失血性休克而死亡。后经鉴定，认定阿某敦犯罪时患有分裂型人格障碍，属限制责任能力人。

分歧意见

锡林郭勒盟中级人民法院（一审法院）认为，被告人阿某敦私自配制他人家门钥匙行窃，并杀害他人，其行为已构成故意杀人罪。鉴于阿某敦系在校学生，认罪态度较好，有悔罪表现，其亲属能积极赔偿被害人经济损失，予以从轻处罚。依照《刑法》第 232 条、第 48 条第 1 款、第 57 条第 1 款的规定，判决被告人阿某敦犯故意杀人罪，判处死刑，缓期二年执行，剥夺政治权利终身。

内蒙古自治区高级人民法院（二审法院）经审理认为，原审被告人阿某敦私自配制他人家门钥匙行窃并持械对他人行凶，为掩盖罪行，又持刀杀害他人，其行为已构成故意杀人罪。其犯罪情节恶劣，手段残忍，罪行极其严重。被告人阿某敦虽具有认罪态度较好和其亲属积极赔偿被害人经济损失等情节，但不足以从轻处罚，应依法从重惩处。依照 1996 年《刑事诉讼法》第 189 条第 2 项、《刑法》第 232 条、第 57 条第 1 款的规定，判决被告人阿某敦犯故意杀人罪，判处死刑，剥夺政治权利终身。

最高人民法院经复核认为：被告人阿某敦持刀杀死被害人冯某红的行为，已构成故意杀人罪，犯罪情节恶劣，后果严重，应依法惩处。鉴于被告人阿某敦患有分裂型人格障碍，系限制责任能力人，依法可从轻处罚。依照 1996 年《刑事诉讼法》第 199 条和《最高人民法院关于执行〈中华人民共和国刑事诉讼法〉若干问题的解释》（已失效）第 285 条第 3 项、《刑法》第 232 条、第 18 条第 3 款、第 57 条第 1 款的规定，判决被告人阿某敦犯故意杀人罪，判处无期徒刑，剥夺政治权利终身。

问题研讨

医学上的精神病和法学上的精神病在刑法中是什么关系呢？是否只要经法定程序鉴定确认犯罪嫌疑人患有精神病，便意味着其对实施的符合犯罪构成要件的行为不承担责任？我国《刑法》第 18 条第 1 款规定："精神病人在不能辨认或者不能控制自己行为的时候造成危害结果，经法定程序鉴定确认的，不负刑事责任……"据此，我们认为对精神病的判断存在两个层次，第一层次是以精神病鉴定专家为主体的判断，主要证明行为人是否具有精神病以及精神病种类与程度轻重；第二层次的判断是在第一层次基础上，以司法工作人员为判断主体，判断行为人的精神病与其实施的不法行为是否具有关联性[1]。换言之，只有经过不同层次的判断，才能最终确定行为人在实行不法行为时是否具有辨认能力和控制能力。在本案中，最高院在裁判理由中对这种两个层次的判断方式表示了认同，但存在不同意见。最高院认为“司法人员应当依据刑事诉讼法的有关规定，对司法精神病学专家做出的鉴定结论进行认真的审查判断，以确定其真实性、正确性”。诚然，司法工作人员应当审查鉴定结论的真实性或正确性，根据鉴定结论若能得出行为人不患有医学上的精神病，则司法工作人员当然可以得出行为人不具有精神病的结论。但是在确保鉴定结论真实性和正确性的基础上，还应判断行为人患有的精神病是否影响其实施不法行为。在得出肯定的结论后，进一步判断其患有的精神病对其在实施犯罪行为时的辨认能力和控制能力影响的程度。

根据上述观点，判断行为人是否患有精神病，及精神病对行为人实施不法行为时辨认控制能力的影响，属于量刑问题。根据《刑法》第 18 条第 3 款规定：“尚未完全丧失辨认或者控制自己行为能力的精神病人犯罪的，应当负刑事责任，但是可以从轻或者减轻处罚。”这里需要讨论的是，什么时候对行为人从轻处罚，什么时候对行为人减轻处罚。或者说，是否从轻或者减轻处罚完全处于法官的自由裁量的范围之内，实践中有无采取实质的限制的必要？在讨论这个问题之前，先谈一下对“可以”二字的理解。最高院在裁判理由中指出“值得注意的是，虽然该款规定的是‘可以’而不是‘应当’从轻或者减轻，但应当理解为在一般情况下都应该予以从轻或者减轻处罚。”我们对这种观点持赞同态度，因为精神病人在病发时实施的不法行为，其辨认能力或者控制能力有所下降，应当对其从轻或减轻处罚，这有利于实现罪刑相适应原则。那么，在什么时候从轻处罚，又在什么时候减轻处罚呢？对此，张明楷教授认为“在被告人具有法定的‘从轻或者减轻处罚’情节时，也应尽可能减轻处罚。因为我国的法定刑较重，重刑又有诸多的弊端，减轻处罚可以减少重刑的弊端。”[2] 同时，还有学者认为，应当以从宽幅度大的情节吸收从宽幅度小的情节，根据案件的罪责和行为人的恶性来决定处罚[3]。我们认为，从轻处罚是相对于既没有从轻处罚也没有从重处罚情节的一般情况下所应判处的刑罚而言的，而减轻处罚根据《刑法》第 63 条第 1 款，指的是“犯罪分子具有本法规定的减轻处罚情节的，应当在法定刑以下判处刑罚；本法规定有数个量刑幅度的，应当在法定量刑幅度的下一个量刑幅度内判处刑罚”。由此可知，减轻处罚的从宽幅度是大于从轻处罚的，若采取从宽幅度大的情节吸收从宽幅度小的情节的观点，则意味着从轻处罚失去了其独立性的规范地位，这种观点不可取。我们认为，在法律规定从轻或者减轻处罚时，法官享有自由裁量权，但这种自由裁量权必须受到限制。我国《刑法》第 61 条其实对法官的自由裁量权作了整体意义上的限制，即法官在决定对犯罪分子适用刑罚时，必须考虑犯罪的事实、犯罪的性质和情节以及对社会的危害程度等相关因素。

---

① 张明楷. 刑法学. 5 版. 北京：法律出版社，2016：305.
② 张明楷. 责任刑与预防刑. 北京：北京大学出版社，2015：416.
③ 林维. 论量刑情节的适用和基准刑的确定. 法学家，2010 (2)：44.

有观点认为，在法官决定可以从轻或减轻处罚时，应当按照“犯法定最高刑为无期徒刑或者死刑的，一般选择适用从轻处罚；凡法定刑存在减刑空间的，一般选择适用减轻处罚；凡法定刑不存在减刑空间的，应该将减轻处罚转化为从轻处罚，否则本类情节将丧失从宽处罚的意义。”① 应该说，这一观点符合罪刑法定原则。就此而言，上述最高人民法院从轻处罚的判决结论是正确的。

实务训练

请根据本案的事实、既有证据及争议焦点，写一份法律意见书。要求格式规范、条理清晰、层次分明、有理有据、入情入理。

延伸阅读

1. 张明楷. 责任刑与预防刑. 北京：北京大学出版社，2015.
2. 郭磊. 量刑情节适用研究. 长春：吉林大学，2011.
3. 张明楷. 刑法学. 6 版. 北京：法律出版社，2021.
4. 林维. 论量刑情节的适用和基准刑的确定. 法学家，2010 (2)：44.
5. 詹兆园，吴敏. 对限制刑事责任能力人犯罪的量刑. 人民司法（案例），2017 (2)：40-42.

案 21. 抑郁症患者的刑事责任能力不能一概而论

——何某某故意杀人案

要点提示

抑郁症患者是否属于我国刑法规定的“精神病人”范围。长期患有抑郁症的人，杀人时处于发病状况，是否可以免除或者减轻其刑事责任。

案情摘要

被告人何某某，女，30 岁，无业，家住湖南省长沙市某小区。被告人何某某于 2002 年 8 月通过婚姻介绍所与司马某某相识并结婚。2003 年 11 月，何某某生下一对双胞胎儿子，产后身体虚弱、精神忧郁，且在家中经常因琐事与其夫发生矛盾和争吵。由于生活习惯、性格等方面的差异，何认为其夫得到儿子后对自己不好，且还经常遭其打骂，遂产生将双胞胎儿子勒死，然后自杀的念头。何曾于 2004 年 11 月的一天买了安眠

① 郭磊. 量刑情节适用研究. 长春：吉林大学，2011：108-109.

药在家自杀，被保姆发现后抢救脱险。2005 年 5 月 3 日下午2 时许，何某某趁保姆外出购物家中无人之机，在与孩子玩耍过程中，先用领带勒住大儿子颈部，而后用被子捂住其头部将其杀死。接着，以同样方法将小儿子杀死。随后，何某某拿出事前准备好的 150 粒安眠药服药自杀，经送医院抢救脱离危险。经法医鉴定，何某某的两个儿子均系机械性窒息死亡。案发后，公安人员从何某某身上发现了她写给丈夫的一张字条，上面写有："你的我不要，我的我要带走"等等字迹。案发后，长沙市开福区公安分局委托中南大学湘雅二医院对被告人何某某进行了司法精神病鉴定，结论为：何某某患抑郁症，作案时处于疾病发作期，作案时有限制责任能力，且当前无受审能力。法院审理认为，被告人何某某因精神病症导致其将两个亲生儿子杀死，其行为已触犯刑法，构成故意杀人罪，且手段残忍，犯罪情节恶劣，犯罪后果特别严重。因其杀人行为系疾病发作期而为，作案时系限制责任能力人，故依法对其从轻或减轻处罚，判处被告人何某某无期徒刑，剥夺政治权利终身。

分歧意见

一种意见认为，抑郁症患者不属于我国刑法规定的"精神病人"范围，不能适用《刑法》第 18 条关于精神病人的刑事责任的规定。被告人何某某系有预谋地杀害其两个幼子，且手段残忍，应依法严惩。

另一种意见认为，我国刑法规定的"精神病人"应作广义理解，现在精神医学通常将抑郁症列为精神障碍之一。被告人何某某系严重抑郁症患者，作案时只具有有限的刑事责任能力，应对其减轻处罚。

问题研讨

《刑法》第 18 条第 1 款规定，"精神病人在不能辨认或者不能控制自己行为的时候造成危害结果，经法定程序鉴定确认的，不负刑事责任"，第 2 款规定，"间歇性的精神病人在精神正常的时候犯罪，应当负刑事责任"，第 3 款规定，"尚未完全丧失辨认或者控制自己行为能力的精神病人犯罪的，应当负刑事责任，但是可以从轻或者减轻处罚"。这是我国刑法关于精神障碍者刑事责任的全部规定。然而，现实生活中存在着一定程度的精神障碍者实施了刑法所禁止的危害行为的情况，究竟能否将行为人作为"精神病人"来认定，不无疑问。譬如抑郁症患者的危害行为，如何处理，值得研究。

此案争议焦点在于抑郁症患者在发病期作案能否影响其刑事责任。我国刑法没有明确规定抑郁症患者的刑事责任能力问题。但是，现代精神医学通常将抑郁症列为精神障碍的种类之一。在具体案件中，既要重视司法精神病鉴定的结论，也要重视案件本身情况和行为人日常言行与精神状况，特别要注意抑郁症患者在案中的危害行为与抑郁症之间有无直接联系，如果没有，就不能认为是丧失了或者削弱了刑事责任能力。如果可以认定为无刑事责任能力人或者限制刑事责任能力人，应当比照刑法关于精神病人的刑事责任有关规定处理。

（一）什么是抑郁症

抑郁症（depression）是一种常见的精神疾病。抑郁症患者一般表现为情绪低落、兴趣减弱、思维迟缓、悲观等，自感全身多处不适，严重者出现自杀倾向和行为。据研究，抑郁症是各类精神疾病中自杀率最高的，其引起的患者及其家属的痛苦远大于人们的想象。而目前我国社会正处在抑郁症高发期，由于种种原因，只有不到 2%的抑郁症患者得到有效的治疗，大量抑郁症患者得不到理解、关爱和医疗，从而引发社会问题，甚至严重威胁到社会安全。抑郁症发病机制比较复杂，通常认为家族遗传、脑内生化物质紊乱、身体躯干疾病、个体性格以及外界环境影响等都可以成为致病因素。根据我国 2001 年修订的《中国精神障碍分类与诊断标准》第 3 版（简称 CCMD-3），抑郁症属于一种情感性精神障碍（心境障碍）。抑郁症患者的典型症状是情绪低落、思维迟缓和运动抑制，但很多患者只具备其中的一种或两种表现，并且严重程度因人而异。严重的抑郁症患者的自杀率比一般人群高 20 倍。除了心情压抑、沮丧、绝望等普遍的精神异常外，有的抑郁症患者在发作时还会出现幻觉、人格解体、强迫和恐怖症状，并可能伤害他人。从种类上说，常见的抑郁症有产后抑郁症、儿童抑郁症、老年抑郁症、脑器质性/躯体疾病抑郁症、脑卒中后抑郁症、血管性抑郁症、药源性抑郁症等。各种抑郁症的成因不尽相同，但其病理原因至今尚不确切，治疗方法目前一般以抗抑郁药物治疗、物理治疗和心理治疗为主。总之，抑郁症绝非一般的情绪不好或心情不好，而是一种需要治疗的精神障碍。

（二）抑郁症患者是否有刑事责任能力

犯罪主体的核心问题是刑事责任能力问题。什么是刑事责任能力？刑法学说上历来有争论。按照刑事古典学派的立场，刑事责任能力是指在自由意志支配下的行为人对自己的危害行为所承担道义责任的能力。或者说，刑事责任能力的本质是犯罪能力，这是基于自由意志论和道义责任论所阐述的当然结论。按照刑事近代学派的观点，人的意志是受客观世界支配的，无自由可言，刑法惩罚犯罪人是出于防卫社会的需要，因而刑事责任能力的本质不是道义责任，而是行为人所负的社会责任。所谓刑事责任能力是通过刑罚来达到防卫社会效果的能力，即刑罚适应能力。按照前者观点，不能辨认或者控制自己行为的精神病人就是无责任能力人；而按照后者观点，即使精神病人在行为时缺乏辨认控制能力，但只要在受罚时恢复了这种能力，也是有刑事责任能力的。

我国刑法学界通常以相对的自由意志论为基础，将两派观点有机统一起来，认为刑事责任能力的本质，是以行为人实施危害社会行为时具有的相对的自由意志为基础的，是行为人的犯罪能力与刑罚适应能力的有机统一。具体地说，刑事责任能力是指行为人构成犯罪和承担刑事责任所必需的具备刑法意义上的辨认和控制自己行为的能力。其中，辨认能力是对行为的刑法性质、意义的理解认识能力；控制能力是对自己实施或不实施刑法所禁止行为的制约能力。辨认能力是前提，控制能力是关键，二者缺一不可，共同构成刑事责任能力[①]。

---

① 赵秉志．犯罪主体论．北京：中国人民大学出版社，1989：26－29；高铭暄，马克昌．刑法学．3 版．北京：北京大学出版社，2007：95－96.

按照我国刑法的规定，精神病人在不能辨认或者控制自己行为时造成危害结果是不负刑事责任的，在辨认控制能力减低的情况下是限制刑事责任能力人，应依法从轻或者减轻处罚。然而，刑法本身既没有对“精神病”作出任何定义或者解释，也没有采用列举的方式指明其范围，这就为理论争议留下了很大余地，也造成了实践中的很多困惑。应该说，在这一问题上，我国刑法学界与司法精神病学界的看法是有所不同的，这主要反映为“精神病”的狭义说和广义说之争。在精神医学界，通常认为狭义的精神病（Psychosis）专指重性精神障碍，而广义的精神病则泛指所有的精神疾病（Mental Disease）或者精神障碍（Mental Disorder）①。我国刑法教科书基本采用的是“狭义说”。如高铭暄、马克昌教授主编的《刑法学》教材认为，对《刑法》第 18 条的“精神病”应从两个方面理解：一方面，此“精神病”应作广义理解，包括多种多样的慢性和急性的严重精神障碍；另一方面，此“精神病”又不同于非精神病性精神障碍，如神经官能症、人格障碍、性变态等②。这一观点影响了诸多刑法学者，乃至成为许多刑法教材的通说③。然而，司法精神病学界对此持有不同意见。根据 CCMD-3，我国将精神疾病分为 10 个大类，分别是：（1）器质性精神障碍；（2）精神活性物质所致精神障碍或非成瘾物质所致精神障碍；（3）精神分裂症和其他精神病性障碍；（4）心境障碍；（5）癔症、应激相关障碍、神经症；（6）心理因素相关生理障碍；（7）人格障碍、习惯与冲动控制障碍、性心理障碍；（8）精神发育迟滞与童年和少年期心理发育障碍；（9）童年和少年期的多动障碍、品行障碍和情绪障碍；（10）其他精神障碍和心理卫生情况。司法精神病学界普遍认为，《刑法》第 18 条中的精神病是指广义的精神障碍，即所有类型的精神疾病，既包括重性精神病，也包括癔症、神经质、人格障碍、性心理障碍等一切精神障碍④。由此可见，刑法学界对“精神病”作所谓的“广义理解”，其实仅仅包括各类重性精神障碍，如器质性精神障碍、精神分裂症等，实质上仍然是作狭义理解；而司法精神病学界对《刑法》第 18 条规定的精神病才是真正的广义理解。应该指出的是，随着精神医学的发展，“精神病”的称谓因为含义模糊而越来越不被人们所使用，“精神障碍”才是精神医学中的标准术语。1989 年最高人民法院等五部委发布的《关于精神疾病司法鉴定暂行规定》也使用的是“精神疾病”的提法。有学者认为，这一方面表明实务界认为刑法中的“精神病”是广义的，相当于医学上的“精神疾病”概念，另一方面又暗示了刑法中使用“精神病”一词的不恰当性⑤。事实上，刑法学界已经认识到了这一问题，越来越多的刑法学者认为将来立法上应将“精神病”修改为“精神障碍”，

---

① 有学者也指出，从严格的医学角度看，精神疾病与精神障碍还是有区别的。因为有一些精神障碍者如人格障碍，并不完全符合医学上“疾病”的定义，不完全具备构成“疾病”的要件。参见：刘白驹．精神障碍与犯罪．北京：社会科学文献出版社，2000：3.

② 高铭暄，马克昌．刑法学．3 版．北京：北京大学出版社，2007：103.

③ 赵秉志．当代刑法学．北京：中国政法大学出版社，2009：112；李希慧．刑法总论．武汉：武汉大学出版社，2008：197；刘宪权．刑法学．上海：上海人民出版社，2005：134.

④ 曾绪承．司法精神病学新编．北京：北京大学出版社，2009；马世民．精神疾病的司法鉴定．上海：上海医科大学出版社，1998：27.

⑤ 张爱艳．精神障碍者刑事责任能力的判定．北京：中国人民公安大学出版社，2011：170.

并对此采用广义理解①。

至于抑郁症，CCMD-3 将其作为心境障碍的类型之一，而我国司法精神病学一般将其划入神经官能症之列。总之，按照刑法学界的通说是不能将抑郁症列入《刑法》第 18 条精神病人范围的。然而，依照刑法理论，行为人是否具有刑事责任能力，应视其在行为当时的辨认、控制能力而决定。因此，如果抑郁症患者在实施危害行为时能够分辨出自己行为的意义、性质、后果等，并且具有控制自己实施或不实施这类行为的能力，则可以判断其具有刑事责任能力。否则，如果抑郁症患者由于病症的影响对自己的行为性质根本无所认识（如产生幻觉以为自己是在正当防卫），或者即使有认识但无法控制行为（如因强迫症而控制不住自己的手脚），都可以说是丧失了刑事责任能力。应当说，随着医学研究的深入，医学界已经认识到完全丧失辨认或者控制行为能力的严重抑郁症患者的情况是存在的，应引起刑事司法实践的注意。当然，判断患者的具体责任能力除了医学标准，还应当依照法学标准，最终由法官来进行判断。除了完全丧失刑事责任能力的情况外，抑郁症患者中还存在一种限定刑事责任能力的中间状态，即未完全丧失辨认或者控制自己行为的能力。我国刑法规定的限制责任能力人有五种情况：（1）已满 14 周岁不满 18 周岁的未成年人；（2）已满 75 周岁的老年人；（3）尚未完全丧失辨认或者控制能力的精神病人；（4）又聋又哑的人；（5）盲人。刑法对每一种限制责任能力人所规定的刑事责任不尽相同，有的是"应当从轻或者减轻处罚"，有的是"可以从轻或者减轻处罚"，有的是"可以从轻、减轻或者免除处罚"。至于尚未完全丧失辨认或者控制能力的抑郁症患者，由于属于精神障碍的一种，比照尚未完全丧失辨认或者控制能力的精神病人的规定处理是最为合理的，即"可以从轻或者减轻处罚"。

（三）本案被告人是否应负刑事责任

在本案中，被告人何某某应属于比较典型的产后抑郁症。经司法精神病鉴定，何某某作案时正处于抑郁症的发病期间，只具有限制责任能力。也就是说，何某某在实施杀害两名幼子的时候不具有完全的辨认或者控制自己行为的能力。依据刑法学界的通说，何某某虽不属于《刑法》第 18 条规定的精神病人范围，但根据犯罪构成以及刑事责任能力的基本原理，不完全具备辨认或者控制行为能力的人属于限制刑事责任能力人，其行为虽然能够认定为构成犯罪，但在承担的刑事责任程度上应当与完全刑事责任能力人有所区别。在本案中，何某某长期患有抑郁症，并一度出现自杀的倾向和行为，可见其抑郁症状是相当严重的。但从何某某杀人的过程来看，从事先买药、准备遗嘱、支走保姆到趁孩子不备用领带勒、用被子捂等手法，又明显表现出精心策划的痕迹。因此，何某某并非完全丧失辨认控制能力的精神障碍者，何某某应当为自己的行为承担刑事责任。结合司法精神病鉴定的结论，应认为何某某在行为时处于限制责任能力状况，应当负故意杀人罪的刑事责任，但可以从轻或者减轻处罚。

---

① 莫洪宪，刘维新．医事刑法视域中的精神障碍．中国刑事法杂志，2011（5）：10－15；张爱艳．精神障碍者刑事责任能力的判定．北京：中国人民公安大学出版社，2011：171－175.

实务训练

请从实务中找一个关于强迫症的真实刑事案例，并根据案件事实、既有证据及争议焦点，写一份辩护词或判决书。要求格式规范、条理清晰、层次分明、有理有据、入情入理。

延伸阅读

1. 张爱艳. 精神障碍者刑事责任能力的判定. 北京：中国人民公安大学出版社，2011.

2. 黄丽勤. 精神障碍者刑事责任能力研究. 北京：中国人民公安大学出版社，2009.

3. 曾绪承. 司法精神病学新编. 北京：北京大学出版社，2009.

4. 刘白驹. 精神障碍与犯罪. 北京：社会科学文献出版社，2000.

5. 最高人民法院、最高人民检察院、公安部、司法部、卫生部《关于精神疾病司法鉴定暂行规定》。

案 22. 吸毒致精神障碍时犯罪不能从宽处罚

——叶某丹以危险方法危害公共安全案

要点提示

我国刑法中只规定了“醉酒的人犯罪，应当负刑事责任”，并没有对因吸毒所导致的犯罪行为作出规定。如此，在吸毒所产生的精神障碍状态下犯罪，究竟如何评价行为人的刑事责任能力？这一问题一直困扰我国司法实务部门。其实，行为人明知吸毒会导致自己丧失控制能力，在完全有能力控制自己不因吸食毒品而陷入精神恍惚状态的情况下仍然吸毒，最终导致危害后果，并不能减轻其刑事责任。

案情摘要

被告人叶某丹，男，1974 年生，个体经营者。2020 年 12 月 28 日 20 时许，叶某丹在武汉市蔡甸区蔡甸街某旅社内吸食毒品甲基苯丙胺片剂（俗称“麻果”）后，独自驾驶无牌照奔驰汽车离开。叶某丹在驾车途中产生幻觉，怀疑有车跟踪并意图谋害自己，遂将汽车停放在该区文正街与蔡张二路的交叉路口，不让过往车辆通行。民警接警后赶到现场处理，叶某丹拒不听从民警的劝阻和指挥，突然发动车辆，驾车至蔡甸村村委会附近，在道路上先后冲撞 11 辆机动车、1 辆非机动车，造成公私财产损失约合 38 367 元。经查明，叶某丹从 2014 年开始吸食毒品，以“麻果”为主，2015 年开始逐渐出现精神异常，时而胡言乱语，称家中有鬼，时而无目的地驾车出行，且脾气愈发暴躁、冲动，曾两次在家中纵火，持刀在家中乱砍家具，无端怀疑家人并殴打其妻，还曾裸体外出。曾多次被送往劳教所强制戒毒。2020 年 1 月，叶某丹离开劳教所后，不愿在家住，经常住在宾馆，且经常将宾馆用品损坏，并两次出现随意抛撒巨额现金的异常行为。同年 3 月至 7 月，叶某丹家人将其送往蔡甸区柏林精神病院住院治疗，出院后其病情有所缓解，但又复吸“麻果”，案发前十天及案发当日均有吸食“麻果”行为，只是剂量较小。

分歧意见

第一种意见认为，参照《刑法》第 18 条第 4 款关于“醉酒的人犯罪，应当负刑事责任”的规定，吸毒的人犯罪也应负刑事责任，但叶某丹并非一般吸毒人员，而是因吸食毒品长期处于精神障碍状态，多次被送往精神病院治疗的精神病人。案发时，叶某丹因无法自控再次吸毒，陷入精神障碍，辨认能力受损，应当认定其为无刑事责任能力，不负刑事责任。

第二种意见认为，叶某丹作案时处于精神障碍状态，辨认能力受损，但吸毒行为属于自陷行为，故相关精神病鉴定意见认定其具有完全刑事责任能力的结论是科学的，应予采纳。虽然叶某丹对自己吸毒后陷于精神障碍的状态是故意的，但并无犯罪意图，也不希望或者放任危害社会的结果发生，其对吸毒后驾驶车辆与多车发生碰撞的交通事故后果不负故意的罪责，仅负过失责任。叶某丹交通肇事行为仅造成财产损失 3 万余元，且已全额赔偿，根据《最高人民法院关于审理交通肇事刑事案件具体应用法律若干问题的解释》规定，造成公共财产或者他人财产直接损失，负事故全部或者主要责任，且无能力赔偿数额在 30 万元以上的才构成交通肇事罪。故叶某丹的行为仅是违反道路交通安全法的行政违法行为，不构成犯罪。

第三种意见认为，叶某丹因吸毒出现精神障碍，多次被强制戒毒并送往精神病院治疗，但其对毒品已产生强烈的依赖性，难以戒断，导致病情时好时坏。案发前数月，叶某丹在精神病院住院治疗，出院后病情已有所好转，具有辨认和控制能力，但因案发前十日及案发当日难以自控又吸毒，导致自己陷入精神障碍，辨认能力受损，宜认定为限定责任能力，应当负刑事责任。叶某丹明知自己吸毒后会陷于精神障碍，可能实施危害社会的行为，仍不顾可能发生的危险吸毒驾车出行，造成多车相撞的交通事故，其对该危害结果持间接故意心态。本案虽未造成严重后果，但叶某丹的行为已对公共安全造成危险，其行为构成以危险方法危害公共安全罪。

问题研讨

在我国精神医学上，精神障碍可概括为三类：一是精神病，二是精神素质之偏畸（如智力不足、人格异常等），三是异常精神（体验）反应（心因反应或精神官能症）。其中，精神病又包括四种：（1）内因（素质）性精神病；（2）器质性精神病；（3）症状性精神病（内科疾病引起的精神异常）；（4）中毒性精神病。所谓中毒性精神病，即物质滥用所致精神障碍。由此，本案中行为人因吸毒产生的精神障碍，属于精神病的一种即中毒性精神病。但问题在于，我国刑法中只规定了“醉酒的人犯罪，应当负刑事责任”，并没有对因吸毒所导致的犯罪行为作出规定。这一问题困扰着司法实践，在（2005）穗中法刑一初字第8号案件中，广州市精神疾病司法鉴定组、广东省精神疾病司法鉴定委员会、广东省精神卫生研究所、司法部司法鉴定中心先后三次进行了鉴定，而鉴定结论及其理由均不同，广州市中级人民法院作出的一审判决和广东省高级人民法院作出的二审判决所认定的结论也都不同。而《精神障碍者刑事责任能力评定指南（2016年版）》则明确指出对于自愿吸毒导致的精神障碍，“不宜评定其刑事责任能力”[①]。我们认为，对于在吸毒后导致精神障碍情况下实施的犯罪虽存在立法上的盲区，但可以用原因自由行为理论解释，所谓原因自由行为，是指行为人由于自身罪过致使自己陷于意识不清或者行为失控的状态，并且在此无刑事责任能力或者限制责任能力的状态下实施了犯罪构成要件之行为。原因自由行为理论认为，只要原因行为作出时行为人具有故意或过失，那么，处罚结果行为就不违反责任主义原则。另外，需要指出的是，如果在原因行为作出时，行为人已经处于限制责任能力状态，那么，从责任主义原则角度考虑，就其犯罪行为作出时的精神状态就应当认定为限制责任能力，也就是说，不但要确认原因行为作出时有没有责任能力，更要进一步确定是何种责任能力。在本案中，虽然同年3月至7月，叶某丹家人将其送往蔡甸区柏林精神病院住院治疗，其出院后病情有所缓解。但考虑到叶某丹有长达5年的精神病史，经多次强制戒毒和治疗均无效，因此，在7月至案发时的一段时间，从常理角度判断，其辨认和控制能力也较正常人有所削弱。换言之，其在最后一次吸食毒品之时，其辨认能力和控制能力就异于正常人，即处于限制能力状态。因此，我们赞同第三种意见，宜认定叶某丹行为时为限制责任能力人。

那么，叶某丹吸毒后陷于精神障碍状态中驾驶机动车致使发生交通事故，其究竟是出于故意还是过失？就本案而言，行为人叶某丹实施原因行为（吸毒行为）出于故意，在故意的支配下，实施的吸毒行为属于非构成要件的行为，所以不能简单认为行为人对结果行为（实施驾驶机动车危害公共安全的行为）也是出于故意。在本案中，行为人不是第一次吸毒，而是有多年的吸毒史，吸毒过后常常会出现幻觉，导致做出一些过激行为。所以行为人能够预见自己的行为会发生危害社会的结果，此时行为人的意志因素是放任还是反对危害结果的发生呢？从本质上来说，间接故意所反映的是对法益的蔑视态度，过于自信的过失所反映的是对法益的消极不保护的态度。同时，客观上是否采取防止结果发生的措施，是判断间接故意还是过于自信的过失的重要依据。一般来说，若采取了防止措施，则宜认定为过于自信的过失，若无，则可能是间接故意，也可能是过于自信的过失。有一种观点认为：直接故意的意志因素是希望，它的对立面就是不希望，

---

① 其第5.2.5条规定：“对毒品所致精神障碍者，如为非自愿摄入者按5.1条款评定其刑事责任能力；对自愿摄入者，如果精神症状影响其辨认或控制能力时，不宜评定其刑事责任能力，可进行医学诊断并说明其作案时精神状态。”

疏忽大意的过失和过于自信的过失都符合不希望的特征，而在希望和不希望之间是放任、听任等摇摆不定的意志因素。间接故意的“放任”并不完全等同于听任，而是在认真估算之后的听任。如果没有进行认真估算就贸然行动，即使表面上看像“听任”结果发生，也不能评价为放任[①]。这种观点存在疑问，从逻辑上来看，A的对立面是非A，二者形成一个完整的、圆满的外延，不存在除二者之外的第三要素。至于以认真估算要素作为判断放任的条件之一，则有缩小间接故意范围之嫌。在对结果的态度上，直接故意是赞成，过失是反对，间接故意则是弃权，弃权则体现行为人对结果的漠不关心或者内心决定追随多数人的结果，所以不宜将认真估算作为判断放任的条件。本案中，被告人叶某丹多次接受精神病治疗，其对自己吸食“麻果”会陷入精神障碍的状态是有充分认识的，对自己在精神障碍状态下行为失控，可能实施放火、持刀乱砍、打人等危害行为亦有一定认识，但因毒瘾难以戒断而多次复吸，而全然不顾可能出现的危害后果。因此，叶某丹对其自愿吸食毒品陷入精神障碍状态下实施的行为应当负故意的责任，且不能从宽处罚。

实务训练

请在中国裁判文书网检索与本案相类似的案例，运用统计学原理分析案件的判决理由和结果，从中探寻原因自由行为理论在我国司法实践中的真实境遇。

延伸阅读

1. 张明楷. 刑法学. 6版. 北京：法律出版社，2021.
2. 王竹青. 因吸毒产生精神障碍导致犯罪如何适用刑罚. 人民司法，2010（6）：63-66.
3. 周光权. 论放任. 政法论坛，2005（5）：76-83.

案23. 一人公司犯罪应按单位犯罪论处

——上海××派信息技术有限公司与王某虚开增值税专用发票案

要点提示

从本案来看，被告单位××派公司系按照我国公司法一人公司的规定依法注册登记成立，具有独立的法人人格、独立的财产和法人治理结构，客观上从事了一定的合法经营活动，实施犯罪行为时则是以单位名义，故其实施的犯罪应当按照单位犯罪而不是个人犯罪处理。

---

① 周光权. 论放任. 政法论坛，2005（5）：76-83.

案情摘要

2018 年 1 月 8 日，被告人王某注册成立以其一人为股东的上海××派信息技术有限公司（以下简称××派公司），王某系法定代表人。2018 年 9 月 23 日、10 月 28 日，王某以支付开票费的方式，通过他人让英×（中国）投资有限公司（以下简称英×公司）先后为××派公司虚开增值税专用发票各一份，价税合计分别为人民币 221 000 元、350 000 元，其中税款分别为 32 111.11 元、50 854.70 元，并分别于开票当月向税务局申报抵扣，骗取税款共计 82 965.81 元。

人民法院认为，被告单位××派公司让他人为自己虚开增值税专用发票，致使国家税款被骗 82 000 余元，被告人王某系直接负责的主管人员，其与单位均构成虚开增值税专用发票罪，应予处罚，公诉机关指控的罪名成立。鉴于××派公司、王某自愿认罪，并已退回了全部税款，可以酌情从轻处罚。根据本案的事实、性质、情节、社会危害性及被告单位、被告人的认罪态度等，依照《刑法》第 205 条，第 72 条第 1 款，第 73 条第 2 款、第 3 款，第 64 条之规定，判决被告××派公司犯虚开增值税专用发票罪，判处罚金 3 万元；被告人王某犯虚开增值税专用发票罪，判处有期徒刑 1 年，缓刑 1 年。

分歧意见

就依法成立的一人公司能否成为单位犯罪的主体，存在以下三种不同意见：

第一种意见认为一人公司不能成为单位犯罪的主体。

第二种意见认为，股东是法人的，一人公司可以成为单位犯罪的主体，股东是自然人的，一人公司不能成为单位犯罪的主体。

第三种意见认为，依法成立的一人公司包括股东是法人的一人公司和股东是自然人的一人公司均可以成为单位犯罪的主体。

问题研讨

2005 年《公司法》规定了一人有限责任公司的特殊性表现为：第一，一人公司只有一名股东，该股东持有公司的全部出资；第二，一人公司是有限责任公司，具有法人资格，因而该股东承担有限责任，这与个人独资企业存在本质区别，后者的出资人承担无限责任；第三，一人公司由于只有一位出资人，出资人与公司之间极易产生关联交易而导致人格混同。根据该规定，就如何处理一人有限公司的犯罪问题，在刑事审判实践中产生了较大的分歧。特别是自 2013 年《公司法》将一人公司最低注册资本制取消后，关于是否承认又该如何识别一人公司的刑法主体地位的问题，尤为凸显。本案中问题的解决关键即在于此。

首先，根据《刑法》第 30 条规定，公司、企业、事业单位、机关、团体可以成为单位犯罪的主体。1999 年 6 月由最高人民法院发布的《关于审理单位犯罪案件具体应用法律有关问题的解释》第1条进一步解释了《刑法》第30条中的“公司、企业、事业单位”，即包括国有、集体所有的，也包括依法设立的合资经营、合作经营和具有法人资格的独资、私营等公司、企业、事业单位。换言之，其已经将具有法人资格的独资公司纳入单位犯罪主体范围之中，但当时我国公司法并未承认自然人主体的一人公司，直到2005年修订通过《公司法》之后，一人有限责任公司的单位主体地位才在公司法和刑法中正式予以确立。

其次，2001年1月21日施行的《全国法院审理金融犯罪案件工作座谈会纪要》中规定：“以单位名义实施犯罪，违法所得归单位所有的，是单位犯罪。”可见，要想认定刑法中的单位构成单位犯罪，必须满足两个条件：其一，我国刑法中的单位犯罪体现的是单位集体意志，单位集体意志的形成过程大致可以分为以下三种：(1) 单位领导成员集体研究决定；(2) 单位负责人根据其权限范围自行作出决定；(3) 单位的非决策机构在其职权范围内作出的决定，或者虽不在其职权范围但得到决策机构授权所作出的决定，或者虽不符合前二者条件但作出的决定得到决策机构追认的。其二，单位犯罪表现为单位谋取非法利益或者以单位名义为单位全体成员或多数成员谋取非法利益。

据此，上述第一、二种观点与我国相关法律及司法解释的规定不符①。但一人公司要想成为单位犯罪的主体，还需要同时具备组织性、独立性和合法性的特征。即一人公司要具备公司法所要求的企业组织结构形式；具有独立支配的资产或资金，具备行为能力与责任能力；依法成立并经工商行政管理部门批准。其中，独立性是认定一人公司的犯罪主体资格的关键。

一方面，一人公司财产独立，只有以一人公司名义作出、其目的是追求公司利益或履行公司职责，才能与其他主体的行为区别，在合法存续期间，一人公司的财产必须具有独立性。该财产作为一人公司承担法律责任的物质基础，在法律地位上与单一股东或单位成员的财产有着根本区别。现行《公司法》第23条规定，一人公司中的单一股东逃避债务，严重损害债权人利益的，或者其无法证明个人财产与公司财产各自独立的，应当对一人公司的债务承担连带责任。因为公司法人的本质特征在于股东的有限责任，所以，如果法律要求一人公司的股东对外承担连带责任，就意味着否定了公司人格。因此股东与公司财产有效分离，是一人公司人格独立的前提，否则一人公司既不可能具有公司法独立人格，也不可能具有单位人格。

另一方面，一人公司具有独立意志。我国单位犯罪理论是以犯罪意志的整体性和利

---

① 有学者从功能主义的角度证立一人公司犯罪主体地位的正当性，“处罚单位可形成犯罪的抑制与预防功能，以及刑法不得忽视法人实在论的公共政策命题。基于此，应当承认一人公司可以成为犯罪主体”。参见：魏远文. 论单位犯罪的“单位”与单位人格否认. 北方法学，2019，13（4）：99. 还有学者基于公司法的设立目的与刑法保护目的之协调的价值论的立场指出：“侵犯市场经济秩序领域，承认一人公司犯罪的单位主体地位，更符合公司法的设立一人公司的立法目的，从社会整体的法益保护层面来看，更能够实现刑法法益保护目的的最优化。而针对侵犯其他类型法益的一人公司犯罪而言，由于已偏离了公司法设立一人公司的目标，这时从刑事政策的角度来说，宜‘刺破一人公司的面纱’，将其认定为是一人公司的自然人股东的犯罪，以最大限度地发挥刑罚的震慑力，实现刑法保护法益目的的最优化。”参见：贾健. 从目的解释视角确定一人公司刑法主体地位. 检察日报，2020-10-26（3）.

益归属的团体性作为单位犯罪的判断标准的，即是以公司社团性理论为基础的。按照传统公司法理论，公司是人合与资合的组织体，社团性是公司的本质特征。公司的社团性决定公司的股东必须为多数，一人公司的出现，完全改变了股东多元化的状况，根据《公司法》第 60 条的明确规定，“只有一个股东的有限责任公司不设股东会。”，这样，单一股东使得传统公司法关于内部组织机构的规定难以得到真正有效的实施。公司的权力机构职能完全由股东一人行使。股东会的召集程序、各项议事的资本多数决定规则，都将因一人股东而失去其实质意义，公司的意志也不再是多数人的共同意志，而是单一股东的意思表示。一人公司不再具有单位犯罪的单位意志或整体意志属性。以公司股东人数的多少为标准来认定公司犯罪意志的整体性进而认定是否构成单位犯罪，并不具有科学性。公司犯罪意志的整体性不一定要体现管理者和作出决策者人数的多少，并不是只有经过管理层集体研究作出的决策才能视为单位的整体意志，而一人作出的决策就不是公司的整体意志。如公司的总经理或者董事长一个人在其职权范围内为了公司的利益而作出实施犯罪的决策，犯罪的利益亦归属于公司。在这种情况下，决策者一人的意志也应当视为公司的整体意志，犯罪行为应当视为公司行为而不是自然人个人行为。

因此，判断一人公司的整体意志可以从以下两个方面着手。一人公司意志独立在形式上通常表现为以单位名义作出决定。区分是公司意志还是股东个人意志在形式上首先表现为以谁的名义作出决定，如果以一人公司名义作出的决定，形式上就属于公司整体意志的表现。程序上，鉴于一人公司股东单一性的特点，容易出现单位人格和股东人格混同的情况，直接导致公司意志与股东个人意志混淆的结果。对此，《公司法》对公司决定的作出规定了相应的程序性要求，其第 60 条规定：“股东作出前条第一款所列事项的决定时，应当采用书面形式，并由股东签名后置备于公司。”也就是说，一人公司在作出、变更以及执行公司意志时必须遵循上述程序的规定。

综上所述，一人公司单位犯罪意志的整体性主要体现为决策权限的法定性、程序性和决策者身份的独立性。如果这种决策是在法律及公司章程等文件规定的职权范围内依照一定程序作出的，且作出这种决策是为了公司的利益，则这种决策就应当视为独立于决策者自然人身份的公司管理者的决策，即应视为公司的决策而不是自然人个人的决策。

实务训练

请在中国裁判文书网检索一人公司作为主体的犯罪案件，并运用统计学原理分析案件的判决理由和结果，从中探寻不同法院在面对一人公司犯罪主体认定问题时的分歧及其产生的原因与解决对策。

延伸阅读

1. 毛玲玲．新公司法背景下一人公司的刑法地位探析．法学，2006（7）：68－76.

2. 赵秉志，侯帅．当代中国公司犯罪争议问题研讨．现代法学，2014，36（4）：3－14.

3. 贾健. 从目的解释视角确定一人公司刑法主体地位. 检察日报，2020-10-26 (3).
4. 魏远文. 论单位犯罪的“单位”与单位人格否认. 北方法学，2019，13 (4)：99-113.

案 24. 单位犯罪“直接负责的主管人员”的认定

——北京匡某达制药厂、王某林偷税案

要点提示

单位犯罪中，单位的法定代表人、单位的主要负责人以及单位的部门负责人等并非在任何情况下都要对单位犯罪承担刑事责任，只有在单位犯罪中起着组织、指挥、决策作用，所实施的行为与单位犯罪行为难以分离，成为单位犯罪的一部分等情况下，上述人员才能被认定为单位犯罪直接负责的主管人员，对单位犯罪承担刑事责任。“直接负责的主管人员”不仅在客观上具有单位的主管资格，更要求其对犯罪具有主导或重要作用。

案情摘要

被告单位北京匡某达制药厂。被告人王某林，男，北京匡某达制药厂法定代表人。匡某达制药厂于 1997 年 9 月 12 日注册成立，主要生产“健骨生丸”，系股份合作制企业，法定代表人王某林，总经理王某彦。1997 年 11 月，王某林之兄王某彦将企业注册资料中除王某林之外的 8 个自然人股东股份（均为王某林亲戚，占总股份 50%）全部偷改到了他个人名下，之后王某林得知这一情况。1999 年 10 月 21 日在未通知王某林到会的情况下，制药厂召开职工代表大会，罢免王某林法定代表人职务，并将《企业法人营业执照》和《税务登记证》“法定代表人”变更为王某彦。随后，王某林对此提起诉讼。2001 年 4 月 16 日，经北京市第一中级人民法院终审判决，王某林恢复了制药厂的法定代表人身份。2001 年 9 月 28 日，王某林被拘留，随后被逮捕。理由是其在 1998 年 1 月至 1999 年 1 月任匡某达制药厂法定代表人及北京针灸骨伤学院坏死性骨病医疗中心主任期间，从匡某达制药厂取走本厂生产的药品“健骨生丸”5 100 余盒，销售至坏死性骨病医疗中心，销售后的金额为人民币 4 508 240 元，既没有在匡某达制药厂登记入账，亦未向国税局申报纳税，致匡某达制药厂偷逃增值税税款人民币 655 043.42 元，占同期应纳税额的 53%，王某林对此负直接责任。事后查明，匡某达制药厂于 1998 年 2 月 6 日至 12 月 23 日，共生产健骨生丸 566 600 盒。总经理王某彦指令保管员将其中 358 313 盒登记在药厂正式账上，其余 208 287 盒采用不登记入库的方法，另做记录，药厂销售科人员可以打白条形式将药品领走。

一审延庆县（现延庆区）人民法院认定匡某达制药厂及其直接责任人王某林均构成偷税罪，对单位判处罚金，对直接责任人王某林判处有期徒刑 3 年，缓刑三年。后王某

林不服，提起上诉。2002 年 9 月 29 日，经北京市第一中级人民法院裁定，王某林偷税事实不清，撤销原判，发回重审。2003 年 2 月 12 日，延庆县人民法院再次开庭审理了王某林偷税案，判决王某林犯偷税罪，判处有期徒刑 3 年缓刑 3 年，并判处罚金人民币 70 万元。王某林再次上诉。二审法院认定，王某林系匡某达制药厂偷税犯罪直接负责的主管人员并因此被追究偷税罪的证据不足，改判其无罪。

分歧意见

（1）被告人王某林系单位的法定代表人，应认定为是直接负责的主管人员，追究其单位犯罪的刑事责任。

（2）被告人王某林未参与策划、组织、实施单位犯罪行为，不能仅因其单位法定代表人的身份就追究其单位犯罪的刑事责任。

问题研讨

（一）单位犯罪中自然人负刑事责任的依据

我国《刑法》第 31 条明确规定："单位犯罪的，对单位判处罚金，并对其直接负责的主管人员和其他直接责任人员判处刑罚。本法分则和其他法律另有规定的，依照规定。"表面上看，处罚单位的同时也要对相关的自然人判处刑罚，这似乎违背了罪责自负的原则，那么单位犯罪中的负有直接责任的自然人负刑事责任的根据是什么呢？我们认为，单位中的特定自然人虽然不是单位犯罪的主体，但作为单位的构成要素，应当承担刑事责任，原因主要有两点：第一，单位并非自然人，而是法律中的拟制人，其本身既无思想也无行为。所谓的单位意志实质是单位中直接负责的主管人员或者其他责任人的集体意志，而单位的犯罪行为也是要通过自然人的具体行为来实施的。在单位犯罪中，单位与单位中的相关责任人员这两种主体要素呈现出一体化的形态。单位不能离开相关责任人员而存在，相关责任人员也不能离开单位而存在。在单位犯罪中，个人与单位在意志、行为上都无法分割，具有一体性。既然自然人组织、策划或者决定，并且实施了犯罪行为，那么他们就应当对自己决定的以单位名义的实施的犯罪活动承担刑事责任。第二，单位作为法律拟制的主体，不能像自然人那样感知到刑罚，也即刑罚的惩罚和预防功能对单位来说实际并不能发挥作用，因此只能通过对犯罪单位的自然人进行处罚来达到刑罚的目的，以保证刑罚的惩罚和预防功能。

（二）"直接负责的主管人员"的认定

本案中被告单位匡某达制药厂将生产的部分产品隐匿，销售收入不入账，偷逃增值税税款的行为构成偷税罪没有疑义，但能否以此追究其法定代表人王某林的刑事责任，关键在于能否认定被告人王某林属于该单位犯罪行为的"直接负责的主管人员"。这就涉及"直接负责的主管人员"的认定问题。

首先，对“直接负责的主管人员”的范围界定，应从以下两个方面来加以把握：一是直接负责的主管人员是在单位中实际行使管理职权的负责人员；二是对单位具体犯罪行为负有主管责任。这两个条件缺一不可，如非单位的管理人员，就谈不上主管人员；如与单位犯罪无直接关系，就不能说对单位犯罪负有直接责任。司法实践中，主管人员主要包括单位法定代表人、单位的主要负责人、单位的部门负责人等。但这些单位的管理人员并不是在任何情况下都要对单位犯罪承担刑事责任，只有当其在单位犯罪中起着组织、指挥、决策作用，所实施的行为与单位犯罪行为融为一体，成为单位犯罪行为组成部分之时，上述人员才能成为单位犯罪的处罚主体，对单位犯罪承担刑事责任。

其次，对于单位的主管人员，因为对工作不负责，未严守单位或行业的规章制度，对单位部门监管不严，放任自流，致使单位有关部门或人员公然进行单位犯罪的情况，是否应当追究其刑事责任？对于该问题，学界尚有争议。一种意见认为，此时的主管人员未在单位犯罪中组织、策划或指使，与单位犯罪没有直接联系，与单位犯罪的发生没有刑法上的因果关系，因此不应当对单位犯罪负责，可依玩忽职守的情节严重程度认定为玩忽职守罪①。另一种意见认为，单位主管人员因为放任，致使下属人员进行单位犯罪的，应当视为对单位犯罪负有直接责任，应追究主管人员的刑事责任②。

我们认为，单位犯罪中的“直接负责的主管人员”至少需要参与单位犯罪的事前组织、策划、决策或者作了事后的认同，因此由于主管人员监管不力，致使下属部门或人员以单位名义为单位利益实施的单位犯罪，一般不应当追究主管人员的刑事责任。在单位犯罪“直接负责的主管人员”的具体认定时，需要强调的是，单位的法定代表人作为单位的最主要的领导成员，在单位里对重要问题的决定起着至为重要的作用，在单位实施犯罪的情况下，是否均需对单位犯罪负责？对此，同样不能一概而论。法定代表人应否承担刑事责任，仍需视其是否具体介入了单位犯罪行为，在单位犯罪过程中是否起到了组织、指挥、决策作用而定。如在主持单位领导层集体研究、决定或者依职权个人决定实施单位犯罪的情况下，当属“直接负责的主管人员”；反之，在由单位其他领导决定、指挥、组织实施单位犯罪、不在其本人职权分工范围之内、本人并不知情等情况下，则不应以单位犯罪“直接负责的主管人员”追究其刑事责任。当然，单位的法定代表人因失职行为，依法构成其他犯罪的，另当别论。

具体到本案，被告人王某林虽然是被告单位匡某达制药厂的法定代表人，但经法庭质证确认的证据不能证明王某林具有决定、批准、授意、指挥、组织企业人员采用“打白条”的形式，在账簿上不列或少列收入，以偷逃税款的行为，且相关证据证明偷逃税款系匡某达制药厂总经理王某彦授意所为，所以一审法院判决认定王某林系匡某达制药厂偷税犯罪直接负责的主管人员应追究偷税罪的刑事责任证据不足，二审法院依法予以改判王某林无罪的判决是正确的，契合了刑法中的责任主义和罪责自负原则。

---

① 黎宏．论单位犯罪中“直接负责的主管人员和其他直接责任人员”．法学评论，2000（4）：63－69.

② 娄云生．法人犯罪．北京：中国政法大学出版社，1996：80.

实务训练

请根据本案的事实、证据及争议焦点，写一份法律意见书。要求格式规范、条理清晰、层次分明、有理有据、入情入理。

延伸阅读

1. 陈忠林，席若. 单位犯罪的“嵌套责任论”. 现代法学，2017，39（2）：110－122.

2. 刘志. 论单位犯罪中单位成员的刑事责任. 河北法学，2009，27（10）：108－111＋116.

3. 宋会谱. 单位犯罪中直接责任人的认定与处罚. 人民司法，2008（14）：50－52.

4. 万志尧. 单位犯罪宜更审慎认定：从“单位意志”与“责任人”入手. 法律适用（司法案例），2019（4）：56－64.

5. 耿佳宁. 单位固有刑事责任的提倡及其教义学形塑. 中外法学，2020，32（6）：1489－1508.

6. 王飞跃. 单位犯罪责任人员之认定. 政治与法律，2020（6）：41－52.

案 25. 认定罪过应坚持主客观相一致原则

——胡某故意伤害案

要点提示

罪过作为支配行为人犯罪的心理态度，既存在于行为人的内心，具有主观的一面，又总是表现为犯罪行为及后果，具有客观的一面。在司法实践中，认定行为人的主观罪过，要坚持主客观相统一的原则，重视但不轻信行为人的供述和辩解，应当特别注重从行为人的行为和危害后果中去把握其行为时的主观态度，要通过对证据和事实的分析判断、补强或者否定行为人自身的供述和辩解，从而透过现象发现本质，精准把握行为人罪过的性质及内容。

案情摘要

被告人胡某，男，37岁，无业。2008年8月13日10时许，胡某与妻子张某因感情纠葛发生争执。同日13时许，胡某骑摩托车送张某回娘家，途中双方发生争吵，因受过激言语刺激，胡某将摩托车停在重庆市万盛区（现万盛经济技术开发区）万东镇新田村一机耕道偏僻处，在附近找了一个牛奶袋，将摩托车油箱汽油装入袋中并泼到张某的头部及身上，口里叫嚣：“老子烧死你”，欲点火焚烧，因未找到打火机未果，被赶到现场的公安民警抓获。事后，张某向公安机关表示谅解胡某的行为，请求公安机关对胡某不予追究。

2009年1月，胡某与张某离婚，但之后二人仍共同生活。同年4月10日8时许，胡某借口为张某的父亲过生日，骑摩托车搭乘张某回娘家，行至万盛区丛林镇白龙湖村袁家沟社泰山寺时，胡某将摩托车停下，用事先准备好的菜刀追砍张某十余刀后逃离现场。其间，胡某因他人路过而两次暂时停手，行人离开后继续砍打张某。后因有人路过现场报警，张某得救。经鉴定，张某的损伤属重伤。检察机关以胡某犯故意杀人罪（未遂）提起公诉，人民法院经审理后，以故意伤害罪对胡某判处了刑罚。

分歧意见

（1）胡某将汽油泼洒在被害人身上欲点燃的行为以及持刀砍击被害人的行为均具有杀害被害人的故意，构成故意杀人罪（未遂）。

（2）胡某将汽油泼洒在被害人身上欲点燃的行为，是夫妻之间家庭矛盾中的过激行为，不能认定其有杀害或者伤害被害人的故意，对该行为不宜追究刑事责任。

（3）胡某将汽油泼洒在被害人身上欲点燃的行为以及持刀砍击被害人的行为均具有故意伤害被害人的故意，构成故意伤害罪。

问题研讨

（一）认定行为人的主观罪过必须坚持主客观相统一的原则

罪过是支配行为人实施犯罪行为的心理态度，这种态度只有行为人自己最为清楚。意图杀害被害人还是意图伤害被害人？意图强奸还是意图猥亵？意图贪污还是意图挪用？意图盗窃还是意图抢劫？罪过内容直接来源于行为人本人。因此，罪过是一种心理现象，它有深藏于行为人内心，难以感知、难以捉摸、难以把握的特点。但是，罪过又总是要表现出来，表现在行为人实施的犯罪行为及其危害后果当中，具有一定客观性和可感知性。例如，从使用暴力手段违背妇女意志强行性交的行为，可以看出行为人强奸的故意；从持刀威胁当场劫走被害人3 000元钱的行为，可以看出行为人抢劫的故意；从持枪向被害人连续射击的行为，可以看出犯罪人杀人的故意。既然罪过总是表现为犯罪行为，一般而言，通过对犯罪行为及其后果的分析可以对行为人罪过的性质和程度作出判断。

综上，审查判断行为人的主观罪过，应当坚持主客观相统一原则，要既重视又不能轻信被告人口供，因为被告人自己陈述的内容既可能非常准确，又可能特别虚假，而且容易发生变化，具有不稳定的特点。由于犯罪行为是行为人主观罪过的外在表现形式，是难以完全掩饰的主观映像，因此，对于被告人在发案过程中的语言表达以及归案后之后的供述和辩解，都要特别重视通过客观事实和证据加以综合判断，对被告人的口供予以补强或者否定。

（二）被告人胡某实施的两起行为都具有伤害被害人的主观故意，其行为构成故意伤害罪

1. 被告人胡某在被害人身上浇上汽油后欲点燃以及持刀砍击被害人的主观态度如何认定

一种意见认为，被告人胡某没有罪过，不构成犯罪。理由在于：被告人与被害人当时系夫妻关系，双方争执、赌气过程中，被告人泼汽油只是想吓唬被害人，并无烧死被害人的主观故意，被告人多次借火抽烟，完全可以用烟头点燃汽油而没有这样做，且泼在被害人身上的汽油量少，未造成任何后果，不应认定为刑事犯罪，只能以一般的治安违法行为处理。

第二种意见认为，被告人胡某具有杀害被害人的主观故意，其行为构成故意杀人罪（未遂）。理由在于：案发时被告人多次扬言烧死被害人，且实施了泼汽油的行为，并企图控制一打火机，被公安抓获时仍叫嚣要烧死被害人，主观具有剥夺他人生命的故意，客观上实施了旨在剥夺他人生命的行为，由于意志以外的原因未能得逞，系犯罪未遂。因此，该行为系因夫妻矛盾引发的一起恶性刑事案件而非治安案件。

第三种意见认为，被告人胡某具有伤害被害人的主观故意，其行为构成故意伤害罪（未遂）。

我们同意第三种意见。理由在于：

首先，从被告人与被害人的关系来看，二人系夫妻，虽因感情纠葛发生矛盾进而争吵抓扯，但夫妻感情并未完全破裂，且案发当天被告人还骑摩托车送被害人回娘家，二人共同生活的基本夫妻格局尚未打破。双方的夫妻关系并没有恶化到被告人要置被害人于死地的程度。被告人叫嚣烧死被害人，完全可能是一种情绪宣泄，一种虚张声势，不能简单根据其叫嚣“烧死你”就直接认定被告人具有杀害被害人的故意。

其次，从整个案发过程分析，可以认定被告人胡某具有故意伤害被害人的故意，并着手实施了故意伤害行为，构成故意伤害罪（未遂）。每一个有正常心智的人都清楚，将汽油泼洒在人身上点火，会造成人员的死亡或者身体伤害。本案被告人将一小袋汽油泼洒在被害人身上欲点燃，在理论上可能具有杀害或者伤害被害人的故意，着手实施的是杀害或者伤害行为。但根据二人的关系，难以认定被告人具有杀害被害人的主观故意，从其客观行为看，即使将一小袋汽油泼洒在被害人身上点燃，也难以致被害人死亡，更大的可能是造成被害人身体伤害。

最后，从案发后的情况看，被害人在事后对被告人表示了原谅，其向公安机关提交了撤案申请书，称被告人只是想威胁，并无伤害之意。被告人被取保后，二人继续生活在一起，进一步印证了不能简单认定被告人具有杀害被害人的主观故意的观点。但是，据此否认被告人具有伤害故意，则明显有违本案的客观事实。因为将汽油泼洒在被害人身上，本身就是一种具有高度危险性的行为，被告人将一小袋汽油泼洒在被害人身上，叫嚣着要烧死被害人，到处找打火机欲点火，其实施的就是故意伤害未遂的行为。第一种意见认为“烧死你”是过激言语，不能仅以这一言语认定被告人主观上有杀害或者伤害被害人的故意，对夫妻矛盾过激的“家务事”进行刑法评判，给以刑罚处罚，是强人

所难、不近人情。这种观点看似有理，但是结合被告人在本案中实施的第二起行为，就不攻自破了：第二起行为同样因为感情矛盾，被告人持刀连砍被害人十余刀，致被害人重伤，恰恰证实了被告人性情暴烈，具有很强攻击性，仅因感情矛盾，就可以随意对被害人实施伤害行为。因此，认为被告人泼洒汽油在被害人身上属于夫妻之间的过激行为，不应认定为犯罪的观点，不符合本案的基本事实。

2. 被告人持刀砍击被害人致被害人重伤的行为如何定性

一种意见认为被告人的行为构成故意杀人罪（未遂）。理由在于：被告人以为被害人父亲做寿为由与被害人一同回去，出门时将菜刀放在身上，途中选择一个较为偏僻的地方砍杀被害人，其间虽因路人经过而两次短暂停顿，但后又继续砍杀，被告人明知其砍杀被害人的行为可能导致被害人死亡的后果，却多次继续实施，积极追求被害人死亡的后果发生，其行为的性质属于故意杀人，后因被害人求救而停止砍杀，被害人经路人送医院抢救才避免了死亡的结果发生。

另一种意见认为被告人的行为构成故意伤害罪。理由在于：综合考察被告人与被害人的关系、作案时间地点、打击部位、行为方式、后果、被告人案发后的态度，不能认定被告人具有剥夺被害人生命的主观故意，只能认定被告人具有伤害被害人的故意，实施了伤害被害人的行为并致被害人重伤，应当以故意伤害罪追究被告人刑事责任。

我们同意后一种意见。理由在于：第一，被告人胡某犯罪的主观故意是区分故意杀人罪和故意伤害罪的关键。第二，被告人胡某持刀砍击被害人十余刀，具有伤害被害人的主观故意，其行为构成故意伤害罪。

首先，从被告人与被害人双方关系考察。二人原系夫妻关系，被告人因怀疑被害人不忠，加之夫妻生活矛盾，经常与被害人发生争执。在本案第一次纠纷后，2009 年 1 月二人离婚，但直至案发一直共同生活。被告人心里始终不愿意放弃被害人，一心想维系夫妻关系，并无一定要置被害人于死地的现实动因。

其次，从被告人作案时间和地点考察。被告人没有选择人烟稀少的时间节点和隐蔽的地理环境作案，在被告人实施犯罪行为的短暂过程中，有路人经过。

再次，从被告人砍击被害人的部位及行为方式考察。被害人的病历及伤情鉴定显示，伤口多位于四肢。在行为过程中，被害人被砍伤在地无任何反抗、逃跑能力时，被告人完全有能力、有条件砍击被害人要害部位以剥夺被害人生命，却没有对要害部位实施砍打，具有一定的克制性，难以认定被告人有追求或者放任被害人死亡的主观故意。因此，可根据其连续追砍被害人十余刀，并有追砍被害人的行为，认定其构成故意伤害罪。

最后，从被告人案发后的态度考察。被告人砍伤被害人后外逃期间，还给被害人发短信威胁，说要把被害人眼睛弄瞎，进一步印证了被告人对被害人实施的加害行为系出于伤害的故意，只能认定为故意伤害罪。

实务训练

1. 请根据本案的事实、既有证据及争议焦点，写一份公诉书，指控被告人胡某犯故意伤害罪。要求格式规范、条理清晰、层次分明、有理有据、入情入理。

2. 请根据本案的事实、既有证据及争议焦点，写一份以故意伤害罪对被告人胡某定罪量刑的判决书。要求格式规范、条理清晰、层次分明、说理透彻。

延伸阅读

1. 邓子滨. 刑事法中的推定. 北京：中国人民公安大学出版社，2003.

2. 李富成. 刑事推定研究. 北京：中国人民公安大学出版社，2008.

案 26. 间接故意与过于自信的过失的界分

——被害人同意案件中行为人的主观心态

要点提示

随着网络信息技术的发展，一些不良信息在网络上传播，导致有些人开始模仿实施如勒颈、上吊等“危险游戏”来追求快感。由于这种“危险游戏”一般是参与者自愿参加，若在“危险游戏”中发生危害结果，则此类案件属于基于被害人同意的案件，对行为人主观心态的认定会存在一定的困难，很难分清主观上是间接故意还是过于自信的过失。对此我们应当厘清被害人同意对于行为人主观心态的影响，同时在判断行为人主观心态上，应当坚持认识因素与意志因素相结合、主客观相统一的方法。

案情摘要

被告人张某静与被害人张某敏均在浙江省慈溪市务工，二人共同租住于慈溪市周巷镇城中村傅家兴二弄某室。2012 年 8 月 13 日 1 时许，张某静用手机上网时发现一条“用绳子勒脖子会让人产生快感”的信息，决定与张某敏尝试一下，并准备了裙带作为勒颈工具。随后，张某静与张某敏面对面躺在床上，张某静将裙带缠系在张某敏的颈部，用双手牵拉裙带的两端勒颈。其间，张某敏挣扎、呼救。两人的亲友、邻居等人闻声而至，在外敲窗询问，张某静答称张某敏在说梦话。后张某静发现张某敏已窒息死亡，遂割腕自杀，未果。当日 8 时许，张某静苏醒后报警求救，经民警询问，其交待了自己的犯罪事实。法院认为，被告人张某静与被害人张某敏相约做“用绳子勒脖子产生快感”的游戏，张某静用裙带勒张某敏颈部，且在张某敏呼救时依然勒颈，放任张某敏死亡结果的发生，其行为构成故意杀人罪。公诉机关指控的罪名成立。张某静作为成年人，理应对勒颈可以致人死亡的常识有所认识，且当被害人被勒颈产生激烈反应，伴有脚踢床板，喊叫救命等行为时，张某静更应明知其行为可能会产生致人死亡的结果，但仍放任被害人死亡结果的发生，其行为符合故意杀人罪的特征。宁波市中级人民法院以被告人张某静犯故意杀人罪，判处有期徒刑 7 年。

分歧意见

对本案应如何定性，在处理过程中形成了如下两种不同意见：

（1）按过失致人死亡罪定性。理由是：1）从犯罪的动机和目的分析，可以完全排除杀人的直接故意。张某静的行为动机是为了帮助被害人追求快感，该行为本身不具有违法性，对死亡的结果没有追求。2）张某静也没有杀人的间接故意。张某静在被害人挣扎、呼救时以为被害人得到了快感，为了让被害人体验快感的时间更久些，而没有及时停止游戏，并且其在发现被害人死亡后一直处于恐惧、后悔中，甚至选择自杀。由此可见，被害人的死亡是违背张某静的主观意愿的。3）张某静的行为符合过失致人死亡罪的特征。张某静在进行危险游戏时，应当预见自己的行为可能会造成被害人受伤或者发生其他结果，但其主观上轻信能够避免，对于被害人死亡的结果是过于自信的过失。

（2）按故意杀人罪定性。张某静作为成年人，根据常识应当知道勒颈可致人死亡，且案中被害人被勒颈时伴有挣扎、呼救等剧烈反应，其应明知自己的行为可能会导致被害人死亡，但仍继续勒颈，放任张某敏死亡结果的发生，主观上为间接故意，应以故意杀人罪定罪处罚。

问题研讨

本案中，对于被告人张某静行为的定性是故意杀人罪还是过失致人死亡罪，关键取决于对其主观心态的认定，我们需要厘清间接故意与过于自信过失的区别，以及被害人同意情况下对于行为人主观心态认定的影响。

我国《刑法》第 14 条和第 15 条第 1 款分别对以上两种心态作出了规定。间接故意是指行为人明知自己的行为会发生危害社会的结果，并且放任这种危害结果发生；而过于自信的过失是指行为人预见到了危害结果发生的可能性，但是轻信能够避免。两者在认识因素与意志因素上均存在不同之处。在认识因素上，过于自信的过失是预见，而间接故意是明知会发生。“预见”仅限于可能性认识，即行为人预见到自己的行为可能发生危害社会的结果，而不是预见到必然会发生，对危害结果的产生是模糊的、不确定的认识，并认为危害结果发生的可能性不会转化为现实；而“明知”则既包括预见到可能发生危害社会的结果，也包括预见到必然发生危害社会的结果，对危害结果的发生有比较清晰的认识，认识到了危害结果发生的现实性。同时，在认识内容上，过于自信的过失的认识内容没有间接故意全面。过于自信的过失中要么高估了某些客观条件（如道路平坦、湿度良好、风向稳定等），要么遗漏了对某些客观条件的认识，再加上对阻碍结果发生条件（如技术娴熟、有过类似经历、体力充沛等）的过于自信的认识，才会高估自己避免结果发生的能力，最终致使结果发生①。在意志因素上，过于自信的过失往往排斥、反对危害结果的发生，而间接故意并不反对危害结果的发生。在过于自信的过失中，行为人对被害客体持的是保全的态度，之所以最后仍导致危害结果的发生，只是因

① 满涛. 界分间接故意与过于自信过失的合理方案. 中国检察官，2016（8）：11－13.

为行为人轻信可以避免而已；而在间接故意中，行为人对客体所持的并非保全态度，而是听之任之，发生或不发生危害结果都在其意志因素之内。

在厘清了间接故意与过于自信的过失的区别后，我们再来分析被害人同意对于行为人主观心态认定的影响。被害人同意又称“被害人承诺”，是指经有权处分某种权益的人的请求或者同意，损害其合法权益的行为。一般认为，被害人承诺在特定条件下能够排除行为人之行为的社会危害性，具有阻却犯罪成立的效力[①]。基于权利人承诺或自愿的损害行为属于刑法中的正当行为[②]。如有学者所言，当权利人通过有效的承诺允许行为人对相应的法益客体进行损害时，行为人的行为就只是权利人对于自身法益进行支配和使用的外在表现，其并不违反权利人的自主意志，从而欠缺法益侵害性[③]。但是，并非所有得到被害人承诺的行为都不成立犯罪，被害人承诺仍需要满足一定的条件，主要包括以下几个方面：一是承诺者对于被侵害的法益具有处分权限；二是承诺者对所承诺事项的意义、范围和效果具有充分的理解能力；三是承诺必须出于权利人的真实意志；四是必须存在现实的承诺，且最迟存在于结果发生时；五是经承诺实施的行为不得超出承诺的范围。本案中，张某静用裙带勒住被害人颈部，是经过被害人同意的行为，但是并不意味着被害人承诺放弃了自己的生命权利。被害人只是为了获得勒颈过程中带来的快感而允许张某静实施勒颈行为，并且在张某静勒颈过程中，被害人的挣扎与呼救行为也表明其并未有放弃自己生命的想法。因此，张某静勒颈致被害人死亡的行为并未得到被害人的有效承诺。况且在我国个人对自己的生命权益不能随意处分，即使张某静承诺放弃生命，也超出了其承诺的范围，故而不属于被害人承诺。

本案中被害人虽未承诺放弃自己的生命权益，但是张某静实施的勒颈行为本身确实是经得被害人同意的，因此被害人在一定程度上作出了将自己的身体权交由张某静处分的承诺，但被害人的承诺不得超出一定范围，故该承诺仅限于轻伤范围内。被害人作出将自己的身体权交由张某静处分这一承诺，势必会对张某静行为时的主观心态产生影响。如前文所述，犯罪故意和过失的认定要从认识因素和意志因素两个方面入手。首先，犯罪故意的认识因素即行为人明知自己的行为会发生危害社会的结果，其中认识的内容包括对行为本身、行为结果、与危害行为和危害结果相联系的其他犯罪构成要件事实的认识。在被害人同意的情况下，行为人可能会因为被害人作出的承诺，而认为自己对被害人的客观加害行为仅是帮助行为，经得被害人同意后则不违法。但是，对于行为违法性的错误认识并不会影响行为人主观心态的认定，因为在犯罪故意认识因素中，对行为性质的认识仅指对行为的社会危害性的认识，而不包括对违法性的认识，即便行为人误认为自己的行为合法，也不会影响对于其主观罪过是故意的判断。其次，犯罪故意的意志因素即行为人对自己的行为将要引起的危害结果所持的希望或放任的心理态度。“希望”是指行为人积极追求危害结果的发生，而“放任”是对结果的一种听之任之的态度，即行为人为了追求某种目的而实施一定行为时，明知该行为可能发生某种结果，

① 马克昌．犯罪通论．3版．武汉：武汉大学出版社，1999：827.
② 高铭暄，马克昌．刑法学．8版．北京：北京大学出版社，2017：128.
③ 王钢．被害人承诺的体系定位．比较法研究，2019（4）：29-46.

行为人既不是希望结果发生，也不是希望结果不发生，但仍然实施该行为，也不采取措施防止结果发生，而是听任结果发生，结果发生与否，都不与行为人的意志相冲突[①]。被害人同意仅仅是被害人将自己的部分权益交由行为人处分，这只可能影响其对自己行为的违法性的认识，在对行为人主观意志因素是希望还是放任的判断上，应依据具体案件的大量客观事实进行综合分析。本案中，张某静作为心智成熟的成年人，理应对勒颈可致人死亡的常识有所认识，并且在行为实施过程中，根据被害人挣扎、呼救等激烈反应，更应认识到其行为可能导致被害人死亡的结果。即使是经过被害人同意，也不影响张某静对勒颈行为可能导致被害人死亡结果的认识，张某静主观上对于这一危害结果是明知的。同时，从张某静与被害人平日关系很好、张某静手机中的“勒颈使人产生快感”的文字信息以及被害人死后张某静的自杀行为等客观事实进行综合分析，张某静对被害人实施勒颈行为的主观目的是帮助被害人获得勒颈的快感，并非杀死被害人，因此主观上不是直接故意。但是在勒颈过程中，被害人已出现激烈反应时，张某静仍然继续勒颈行为，直至被害人死亡，表明张某静对于被害人死亡的结果持放任的心理态度，主观上符合间接故意犯罪的特征。

综上可知，本案被告人首先在认识因素上，应当认识到勒颈会致人死亡，且案件中不存在影响其认识的客观条件，其对于被害人死亡的结果的认识是明确的。因此，张某静在认识因素上，应当是“明知”而非“预见”。其次，在意志因素上，张某静在明知勒颈极有可能致被害人死亡，且被害人已出现呼救、挣扎等激烈反应的情况下，仍然继续对被害人实施相应的具有危害可能性的行为。同时，客观上也并不存在任何可以令张某静相信其勒颈行为不会致被害人死亡的依据，张某静在实施危害行为前后也并未采取任何措施避免被害人死亡结果的发生。其对危害结果的出现持放任的心理态度。因此，本案被告人的主观心态应为间接故意，其行为成立（间接）故意杀人罪。

实务训练

请根据本案的事实、既有证据及争议焦点，写一份法律意见书。要求格式规范、条理清晰、层次分明、有理有据、入情入理。

延伸阅读

1. 满涛. 界分间接故意与过于自信过失的合理方案. 中国检察官，2016（8）：11－13.
2. 彭越林. 过于自信的过失和间接故意的界限. 人民司法，2011（7）：58－59.
3. 方军. 被害人同意：根据、定位与界限. 当代法学，2015，29（5）：41－53.
4. 王钢. 被害人承诺的体系定位. 比较法研究，2019（4）：29－46.

---

① 张明楷. 刑法学. 5版. 北京：法律出版社，2016：263.

案 27. 事实认识错误与法律认识错误的界分

——赵某华非法持有枪支案

要点提示

我们在日常生活中常见到认识错误，即人的主观认识与客观实际不相符合。刑法学中也存在认识错误的问题。刑法学中的认识错误是犯罪构成主观方面的组成部分，是指行为人对自己行为的法律性质、法律后果和有关事实情况产生了不正确的认识。刑法学中的认识错误不仅可能影响到罪过的有无与罪过形式，即涉及罪与非罪、此罪与彼罪的问题，还可能会影响到犯罪的既遂与未遂，从而影响行为人的刑事责任大小，即涉及罪责刑的轻重等问题。

案情摘要

2016 年 10 月 12 日晚，摆射击摊的赵某华被抓获，警方现场查获涉案枪形物 9 支及相关枪支配件、塑料弹，经鉴定其中 6 支为枪支。2016 年 12 月 27 日，一审法院以非法持有枪支罪，判处其有期徒刑 3 年 6 个月。宣判后，赵某华提出上诉。二审法院认为，赵某华明知其用于摆摊经营的枪形物具有一定致伤力和危险性，无法通过正常途径购买获得而擅自持有，具有主观故意。赵某华非法持有以压缩气体为动力的非军用枪支 6 支，属情节严重，应判处 3 年以上 7 年以下有期徒刑。基于赵某华所持枪支均刚达到枪支认定标准，认罪态度良好，摆摊为经营游艺项目，主观恶意小，社会危害程度较低，对其酌情应从宽处理，并适用缓刑。综上，二审法院认为，一审判决认定赵某华犯非法持有枪支罪的事实清楚，证据确实、充分，定罪准确，审判程序合法。综合考虑赵某华的各种情节，对其量刑依法予以改判。二审法院以非法持有枪支罪判处其有期徒刑 3 年，缓刑 3 年。

分歧意见

对于本案如何定性，在处理过程中形成了两种不同意见：

（1）构成非法持有枪支罪。理由是赵某华所持有的枪支达到了枪支认定标准，且法律认识错误并不能阻却行为的违法性，因此仍构成非法持有枪支罪。

（2）不构成犯罪。理由是赵某华没有持有枪支的故意，且其目的是经营游艺项目，没有达到犯罪所具备的社会危害性，不应以犯罪论处。

问题研讨

本案主要涉及以下两个方面：一是当事人所持有的枪形物是否属于刑法意义上的枪支；二是本案中当事人是事实认识错误还是法律认识错误。对于本案来说，当事人对于自己所持有的枪形物是否为枪支的判断是事实认识错误，对自己持有枪支的行为是否为违法行为的判断则为法律认识错误。因此，厘清和分析本案的认识错误问题，才能更好地贯彻罪刑相适应这一基本原则。

我国刑法理论通常把刑法上的认识错误分为法律上的认识错误和事实上的认识错误。法律上的认识错误，是指行为人对自己的行为在法律上是否构成犯罪、构成何种犯罪或者应当受到什么样的刑事处罚的理解与刑法的规定不一致。法律认识错误主要包括以下三种情形：(1) 行为人误认为自己实施的是刑法所禁止的犯罪行为，其实该行为并非刑法禁止的犯罪行为；(2) 行为人误认为自己实施的行为不是刑法规定的犯罪行为，其实该行为是刑法规定的犯罪行为；(3) 行为人对自己实施的犯罪行为在罪名、罪数、量刑等方面有不正确的理解。在司法实践中，不能以“不知法律”或者“存在法律认识错误”为由而否认犯罪的成立，即法律认识错误只是行为人对其行为的法律评价有不正确的理解，法律认识错误对该行为的性质及法律后果并没有影响，其行为是否构成犯罪、构成何种罪、如何追究刑事责任，均只能严格按照法律的规定加以认定和处理。

事实上的认识错误是指，行为人对自己行为的事实情况的主观认识与客观实际不一致。事实上的认识错误是否影响行为人的定罪量刑，取决于该事实情况是否属于犯罪构成要件，若属于对犯罪构成要件的事实情况的认识错误，则影响行为人的刑事责任，若属于对犯罪构成要件以外的事实认识错误，则不影响行为人的刑事责任。在刑法理论上，构成要件要素可以分为记述的构成要件要素和规范的构成要件要素。按照学界通说观点，记述的构成要件要素是指只需要进行事实判断，根据人们共通的认识和理性即可认定的要素，而规范的构成要件要素则需要经过社会规范或法律规范的评价，最终在规范的框架下确定含义。对于记述的构成要件要素，行为人如果对记述性的客观事实本身欠缺必要的认识就可以阻却故意的成立，但对于规范的构成要件要素，行为人必须同时欠缺对记述性客观事实的社会意义认识才能成立构成要件错误，从而排除犯罪故意。

就本案而言，从事实认识错误的角度出发，应当考虑所涉及的枪形物是否属于刑法意义上的枪支，即本案当事人摆射击摊位所使用的枪形物是否属于枪支。公诉机关认为当事人射击摊位所使用的 9 支枪形物经过鉴定，有 6 支是以压缩气体为动力且能够正常发射，具有一定的危险性。我国《枪支管理法》第 46 条规定：“本法所称枪支，是指以火药或压缩气体等为动力，利用管状器具发射金属弹丸或者其他物质，足以致人伤亡或者丧失知觉的各种枪支。”从这条规定可以看出枪支具有“足以致人伤亡或者丧失知觉”这一性能特征，这也是与玩具枪的区别所在。但是由于《枪支管理法》第 46 条的规定在实务中缺乏可操作性，因此在实践中公安机关与司法机关在处理有关枪支的犯罪中普遍适用《枪支致伤力的法庭科学鉴定判据》和《公安机关涉案枪支弹药性能鉴定工作规定》，其中规定了对于制式枪支和曾经发射非制式子弹致人伤亡的非制式枪支可直接认定为具有致伤力，对于未曾造成人员伤亡的非制式枪支，经鉴定枪口比动能达到 1.8 焦耳/平方厘米时，即认定该枪支具有致伤力；不能发射制式弹药的非制式枪支，当所发射弹丸的枪口比动能大于等于 1.8 焦耳/平方厘米时，一律认定其为枪支。但在实践中也存在由于 1.8 焦耳/平方厘米的认定标准过低，大量枪口比动能略微高于 1.8 焦耳/平方厘米的玩具枪和仿真枪也被认定为枪支，而致使枪支类犯罪的案件数量增加。从司法认定的角度来看，公安机关以及司法机关在认定枪支时忽略了刑法意义上的枪支的性能特征，因此在认定非法持有枪支犯罪的案件中，应当认定涉案枪支是否具备实质的性能特征，是否会对公共安全造成现实或者潜在的危险。本案当事人持有的枪支与制式枪支具有高度的一致性，以压缩气体为动力、能正常发射、具有一定致伤力和危险性，且不能通过正常途径购买获得，赵某华对此明知且在此情况下擅自持有，即具备犯罪故意。至于枪形物致伤力的具体程度，不影响主观故意的成立。而对于枪支的认定标准是否合理的问题则是立法层面上的考量，根据现行的枪支认定标准，即使赵某华持有枪支的主要目的是谋生，但客观上已经具有了刑事违法性。

对枪支的事实认识错误中，还存在规范的构成要件要素的认识错误。例如，非法持有枪支罪中的非法，就属于规范的构成要件要素。也就是说，该罪的构成要件并不是持有枪支而是非法持有枪支。因此，这里的非法是对持有枪支行为的规范评价要素，属于规范的构成要件要素。在现实生活中，在正确认定枪支的条件下，可能会发生对持有枪支是否非法的认识错误，即持有枪支是非法的，但行为人却误认为不是非法而持有枪支。如果具备这种对于持有枪支行为的非法性的认识错误，则可以阻却故意。应该说，这种规范的认识错误与违法性的认识错误是不同的，两者不能混淆。赵某华案的二审判决指出，赵某华明知其用于摆摊经营的枪形物无法通过正常途径购买获得而擅自持有，具有主观故意[①]。因此，本案行为人也不具有事实认识错误方面的规范的认识错误。

根据本案的二审法院认定的事实可知，赵某华明知其用于摆摊经营的枪形物无法通过正常途径购买获得而擅自持有，表明其具有违法性认识，因此其具有主观故意。根据上述分析可知，当事人不知道其射击摊位上的枪形物属于我国相关法律规定的枪支，属于行为人误认为自己实施的行为不是刑法规定的犯罪行为的情形，因此本案中行为人对于自己的行为存在法律上的认识错误。对于法律认识错误，为了保障刑法的实施是不影响定罪量刑的，同时需要注意的是，对于本案，是考虑到当事人的主观心态和社会危害性才予以改判，而不是完全作出无罪化处理[②]。

实务训练

请根据本案的事实、既有证据及争议焦点，为被告人写一份辩护意见。要求格式规范、条理清晰、层次分明、有理有据、入情入理。

延伸阅读

1. 陈志军. 枪支认定标准剧变的刑法分析. 国家检察官学院学报，2013，21（5）：105-116.

---

① 陈兴良. 赵某华非法持有枪支案的教义学分析. 华东政法大学学报，2017，20（6）：6-15.

② 本案引起了学界及司法实务界的激烈讨论。有学者分别从刑法的明确性原则、目的性限缩解释、行为人不具有违法性认识的角度出发，主张本案被告人无罪。

2. 王钢. 非法持有枪支罪的司法认定. 中国法学，2017（4）：69－87.

3. 邹兵建. 非法持有枪支罪的司法偏差与立法缺陷：以赵某华案及 22 个类似案件为样本的分析. 政治与法律，2017（8）：115－129.

4. 车浩. 非法持有枪支罪的构成要件. 华东政法大学学报，2017，20（6）：35－48.

5. 江溯. 规范性构成要件要素的故意及错误：以赵某华非法持有枪支案为例. 华东政法大学学报，2017，20（6）：49－56.

6. 陈兴良. 赵某华非法持有枪支案的教义学分析. 华东政法大学学报，2017，20（6）：6－15.

第三章　犯罪成立排除情形的重点问题

案 28. 对无刑事责任能力精神病人的侵害可进行正当防卫

——范某秀故意伤害案

要点提示

不能辨认和控制自己行为的无刑事责任能力精神病人所实施的侵害行为既具有社会危害性也具有刑事违法性，属不法侵害，可对其采取防卫行为。但防卫行为仍必须兼顾行为限度与结果限度，否则可能成立防卫过当，防卫人对之需承担相应刑事责任。

案情摘要

犯罪嫌疑人范某秀，男，1962 年 3 月 22 日出生，汉族，小学文化，农民。

犯罪嫌疑人范某秀与被害人范某雨系同胞兄弟。范某雨患精神病近 10 年，因不能辨认和控制自己的行为，经常无故殴打他人。2003 年 9 月 5 日上午 8 时许，范某雨先追打其侄女范某莹，后又手持木棒、砖头在公路上追撵其兄范某秀。范某秀在跑了几圈之后，因无力跑动，便停了下来，转身抓住范某雨的头发将其按倒在地，并夺下木棒朝持砖欲起身的范某雨头部打了两棒，致范某雨当即倒在地上。后范某秀把木棒、砖头捡回家。约 1 个小时后，范某秀见范某雨未回家，即到打架现场用板车将范某雨拉到范某雨的住处。范某雨于上午 11 时许死亡。下午 3 时许，犯罪嫌疑人范某秀向村治保主任唐某富投案。

分歧意见

关于本案犯罪嫌疑人范某秀的行为如何定性，主要存在三种不同观点：第一种观点认为无刑事责任能力精神病人的侵害行为并非“不法侵害”，范某秀不能对之进行正当防卫；第二种观点认为范某秀的行为属防卫过当；第三种观点认为范某秀的行为属紧急避险过当。

问题研讨

结合前述“争议问题”，关于本案中犯罪嫌疑人范某秀行为的定性，主要涉及以下两个问题：第一，范某秀的行为是否属于紧急避险，如果属于紧急避险，是否避险过当；第二，范某秀的行为是否具有防卫性，如果属于防卫行为，是否防卫过当。

（一）范某秀的行为不属于紧急避险

根据现行《刑法》第 20 条第 1 款的规定，正当防卫是指“为了使国家、公共利益、本人或者他人的人身、财产和其他权利免受正在进行的不法侵害，而采取的制止不法侵害的行为，……”另根据现行《刑法》第 21 条的规定，紧急避险是指为了使国家、公共利益、本人或者他人的人身、财产和其他权利避免正在发生的危险，不得已而采取的损害另一个较小的合法权益的行为。由此可见，正当防卫和紧急避险的目的均是保护国家、公共利益、本人或者他人的人身、财产和其他权利。但是，两者在对象和行为方式上仍存在重大区别。在对象上，正当防卫的对象是正在进行的不法侵害行为，而紧急避险的对象则是正在发生的危险；在行为方式上，正当防卫是采取了对不法侵害者本人造成损害的行为，而紧急避险则是不得已而采取了损害另一个较小的合法权益的行为。本案中，范某雨先追打其侄女范某莹，又手持木棒、砖头在公路上追撵其兄范某秀。范某秀面临着正在发生的针对其人身权利的不法侵害，其在无力跑动后，为了保护自己的人身权利，转身按倒范某雨并夺下木棒击打持砖欲起身的范某雨头部，即范某秀采取了对不法侵害者本人造成损害的行为以制止侵害，并非不得已而采取了损害另一个较小的合法权益的行为，故范某秀的行为不属于紧急避险。

（二）范某秀的行为属于防卫行为，但防卫过当

1. 对无刑事责任能力精神病人实施的侵害行为可采取防卫行为

现行《刑法》第 20 条第 1 款在规定正当防卫的对象时，未使用“犯罪行为”之表述，而是采用了“不法侵害”，那么根据文义解释，此处的“不法侵害”既包括犯罪行为，也包括违法行为。最高法、最高检和公安部于 2020 年 8 月 28 日联合出台的《关于依法适用正当防卫制度的指导意见》亦明确规定：“不法侵害既包括侵犯生命、健康权利的行为，也包括侵犯人身自由、公私财产等权利的行为；既包括犯罪行为，也包括违法行为。”那么，就现行《刑法》第 20 条第 1 款的一般正当防卫而言，当国家、公共利益、本人或者他人的人身、财产和其他权利面临正在发生的犯罪行为或违法行为的侵害时，防卫人均可采取防卫行为予以制止。

通说认为，犯罪具有三个基本特征：一是社会危害性，即某种行为所具有的危害社会的特性，也就是指行为人的行为对社会秩序和社会关系所造成的各种损害的事实特征。二是刑事违法性，即某种行为违反刑事法律的规定，具体来说，是指行为人违背刑法规范的要求，实施了为刑法所禁止的行为，或者拒不实施刑法命令实施的行为而严重违反了刑事法律义务。三是应受刑罚处罚性。犯罪是适用刑罚的前提和基础，刑罚则是

犯罪行为所应承担的法律后果[①]。客观而言，不能辨认和控制自己行为的无刑事责任能力精神病人，其所实施的侵害行为仍然具有社会危害性，能够对社会秩序和社会关系造成损害。但是，这类精神病人的侵害行为没有应受刑罚处罚性，因为精神病人无刑事责任能力，不具备行为主体承担刑事责任的根据。综上而言，不能辨认和控制自己行为的无刑事责任能力精神病人所实施的侵害行为既具有社会危害性也具有刑事违法性，尽管因欠缺应受刑罚处罚性，但仍然是违法行为，属于不法侵害。故，针对无刑事责任能力精神病人实施的侵害行为，防卫人可以采取防卫行为予以制止。具体到本案，范某秀采取对不法侵害者本人造成损害的行为以制止不法侵害，具有防卫性质，属于防卫行为。

2. 针对无刑事责任能力精神病人实施的侵害行为而采取的防卫行为需符合限度条件

尽管范某秀的行为属于防卫行为，但是否防卫过当需要进一步探讨。根据现行《刑法》第 20 条第 1 款和第 2 款的规定，我国的一般正当防卫有必要限度的要求，明显超过了必要限度造成重大损害的客观危害结果，成立防卫过当，需承担相应刑事责任。目前理论界和实务界对于何为“造成重大损害”已并无太多争议[②]，只是对“必要限度”的理解尚未达成统一，故欲明确范某秀的防卫行为是否属防卫过当，对“必要限度”的理解就是一个无法回避的问题。归纳起来，关于“必要限度”的含义，主要存在以下几种观点。

“足以制止说”认为，关于必要限度的认定，应以足以制止侵害行为的继续进行为标准，不能简单地拿正当防卫造成的损害与不法侵害人造成的损害进行比较。例如在强奸案中，被害妇女杀死强奸者，其剥夺的是强奸者的生命权，而强奸者侵犯的是其性权利，不能简单地将生命权与性权利进行比较，认为生命权重于性权利，从而认为被害妇女的行为成立防卫过当[③]。

“相适应说”认为，正当防卫必要限度就是对不法侵害进行防卫的限度、范围，是以制止或免除正在进行的不法侵害为限度的。判断正当防卫必要限度，需要把握其互为条件、互相制约的三个基本条件，即制止不法侵害的目的性、行为强度的相适应性、防卫行为的合法性，只有同时具备这三个特征的防卫行为，才是未超出必要限度的正当防卫。其中行为强度的相适应性是指防卫强度必须与不法侵害强度相适应，主要表现为防卫行为的被迫性、防卫强度的约束性和防卫行为的随时随地的彻底终止性[④]。

“折中说”认为，必要限度是指防卫行为应是为制止不法侵害、保护法益所必需的行为。关于“必需”的认定，应综合全案来看：一方面，要分析双方的手段、强度、人员多少与强弱、在现场所处的客观环境与形势；另一方面，要权衡防卫行为所保护的法

---

① 李永升. 刑法总论. 2 版. 北京：法律出版社，2016：72－78.

② 2020 年 8 月 28 日最高法、最高检和公安部联合出台的《关于依法适用正当防卫制度的指导意见》第 13 条明确规定：“‘造成重大损害’是指造成不法侵害人重伤、死亡。造成轻伤及以下损害的，不属于重大损害。”在此之前，理论界也一般认为，“造成重大损害”是指防卫行为造成不法侵害者重伤或死亡的后果。

③ 刘宪权. 刑法学名师讲演录：总论. 2 版. 上海：上海人民出版社，2016：221－222.

④ 金凯. 试论正当防卫与防卫过当的界限. 法学研究，1981（1）：15－19.

益性质与防卫行为所造成的损害后果①。

我们认为，对于一般正当防卫“必要限度”的把握，必须紧密结合我国现行刑法关于正当防卫的条款进行，不能脱离正当防卫条款所可能具有的文义范围。根据现行《刑法》第 20 条第 1 款，公民进行正当防卫是“为了使国家、公共利益、本人或者他人的人身、财产和其他权利免受正在进行的不法侵害”。而公民在面对“正在进行的不法侵害”时，往往因为情势的紧急性而无法及时向司法机关请求保护。于是，为了鼓励公民积极同违法犯罪作斗争，国家赋予公民在面临正在进行的不法侵害的情况下以私力捍卫法益的权利。既然国家设置正当防卫的初衷是为了鼓励公民同违法犯罪作斗争，相应地，公民在进行正当防卫时也就具有采取防卫手段的权利。由于防卫手段是“为了使国家、公共利益、本人或者他人的人身、财产和其他权利免受正在进行的不法侵害”，那么其强度就必须能够足以制止不法侵害，否则对法益的保护便无法实现。故而，防卫行为必须为制止不法侵害所必需。同时，“刑法既是善良人的大宪章，也是犯罪人的大宪章”，尽管行为人正在进行不法侵害，但行为人的合法权益仍受刑法保护，故而对其权益的侵害只能以足以制止不法侵害为限。如果在一般正当防卫中，允许防卫人对行为人的权益进行无限制的侵害，造成本不应该产生的防卫结果，这便相当于完全置行为人合法权益于不顾，有损刑事法律权威与实质公平。基于此，现行《刑法》第 20 条第 2 款又规定“正当防卫明显超过必要限度造成重大损害的，应当负刑事责任”，以防止一般正当防卫权被滥用。

综上所述，我们赞成“折中说”。“折中说”兼顾了行为限度与结果限度，与对现行《刑法》第 20 条的解读相符。防卫行为必须同时超过行为限度与结果限度才是“明显超过必要限度”，即只超过行为限度而未超过结果限度，或者未超过行为限度而只超过结果限度，或者行为限度与结果限度均未超过，皆不属于防卫过当。并且，判断“必要限度”时应坚持“折中说”实际上也已经为最高法、最高检和公安部于 2020 年 8 月 28 日联合出台的《关于依法适用正当防卫制度的指导意见》所佐证，该指导意见明确规定“防卫行为虽然明显超过必要限度但没有造成重大损害的，不应认定为防卫过当”②。此外，如果防卫人明知防卫对象是无刑事责任能力人或者限制刑事责任能力人，更应严格注意防卫行为之方式与强度的适度性，防止不符合限度条件而致防卫人自身需承担相应刑事责任。对此，上述指导意见规定，“明知侵害人是无刑事责任能力人或者限制刑事责任能力人的，应当尽量使用其他方式避免或者制止侵害；没有其他方式可以避免、制止不法侵害，或者不法侵害严重危及人身安全的，可以进行反击”。

具体到本案，无刑事责任能力精神病人范某雨先追打其侄女范某莹，又手持木棒、砖头在公路上追撵其兄范某秀。范某秀面临着正在发生的针对其人身安全法益的不法侵害，其在无力跑动后，为了保护自己的人身安全，转身按倒范某雨并夺下木棒。尽管范

---

① 黎宏. 刑法学总论. 2 版. 北京：法律出版社，2016：140.

② 尽管该指导意见也有对“明显超过必要限度”之判断标准的细致规定，但从其“通过综合考量，对于防卫行为与不法侵害相差悬殊、明显过激的，应当认定防卫明显超过必要限度”之表述来看，实际上该指导意见对“明显超过必要限度”的判断只是对“折中说”中行为限度的判断。我们则基于对现行《刑法》第 20 条的解读，采纳“折中说”，将一般正当防卫“必要限度”的判断分解为对行为限度和结果限度的判断。

某雨仍持砖欲起身，但此时范某秀所面临的不法侵害危险性已较大程度地减弱。范某秀明知范某雨系无刑事责任能力精神病人，且对于被按倒后仍持砖欲起身的范某雨可采取将其持续按在地上使其不得起身、击打非要害部位等方式予以制止，但范某秀以木棒击打范某雨要害部位头部两棒，从此处防卫手段的强度可判断范某秀的防卫行为实际上已经超过行为限度。加之，范某秀在保护自身人身安全法益时，造成了剥夺范某雨生命法益的严重后果，其防卫行为也超过了结果限度。范某秀的行为尽管具有防卫性质，是制止正在发生的不法侵害的防卫行为，但是防卫过当，依法构成故意伤害罪，应当减轻或者免除处罚。

实务训练

从实务中找一个关于对无刑事责任能力精神病人侵害的真实案例，分析案件中的行为是或不是正当防卫。要求格式规范、条理清晰、层次分明、有理有据、入情入理。

延伸阅读

1. 最高人民法院、最高人民检察院、公安部《关于依法适用正当防卫制度的指导意见》。

2. 正当防卫不捕不诉典型案例. 最高人民检察院网站，2020－11－27.

3. 涉正当防卫典型案例. 最高人民法院网站，2020－11－20.

4. 徐成. 防卫限度判断中的利益衡量. 法学研究，2019，41（3）：148－166.

5. 周光权. 论持续侵害与正当防卫的关系. 法学，2017（4）：3－11.

案 29. 加害人倒地后继续砍杀不属于正当防卫

——河北涞源反杀案

要点提示

不法侵害结束是指不法侵害行为已经停止而不再继续进行的状况，具体包括“侵害结束”“自动结束”“被迫结束”三种情况。在判断不法侵害是否结束时，需判断加害人某个时点的行为是否符合三种情况之一，如果都不符合，则说明不法侵害于该时点仍未结束，对其的反击行为仍具有防卫性质。对于不法侵害虽然暂时中断或者被暂时制止，但不法侵害人仍有继续实施侵害的现实可能性的情形，应当认定为不法侵害仍在进行。另外，特殊正当防卫中的“严重危及人身安全”是指不法侵害对公民人身安全构成严重威胁，达到需采取造成不法侵害人伤亡的措施才能加以排除的程度。使用致命性凶器，严重危及他人人身安全的不法侵害，应当认定为“行凶”。

案情摘要

犯罪嫌疑人王某元，男，农民；赵某芝，女，工人。二人系夫妇。

2018 年 1 月王某某到其母亲赵某芝打工的餐厅当服务员，与同在打工的王某磊相识。王某磊多次联系王某某请求交往均被拒。同年 5—6 月，王某磊采取携带甩棍、刀具上门滋扰，以自杀相威胁等方式，先后六次到王某某家中、学校等地对王某某及其家人骚扰、威胁。同年 7 月 11 日 17 时许，王某磊到达涞源县城，购买两把水果刀和霹雳手套，于 23 时许持刀与甩棍翻墙进入王某某家院中。王某元见王某磊持凶器进入，让王某某报警，并拿铁锹与王某磊打斗，被王某磊用水果刀（刀身长 11cm、宽 2.4cm）划伤手臂。赵某芝持菜刀加入打斗，被王某磊用甩棍（金属材质、全长 51.4cm）击打头部、手部。此时王某某也拿菜刀跑到院中，王某磊见到后冲向并追赶王某某。王、赵夫妇为保护王某某追打王某磊，三人扭打在一起。王某某上前拉拽，被王某磊划伤腹部。王某磊用右臂勒住王某某脖子，赵某芝上前拉拽王某磊，王某元用铁锹从后面猛击王某磊。王某磊勒着王某某脖子躲闪并将王某某拉倒在地，王某某挣脱起身后回屋拿菜刀向王某磊砍去。王、赵夫妇继续持木棍、菜刀与王某磊对打，王某磊倒地后两次欲起身。王、赵夫妇担心其起身实施侵害，连续先后用菜刀砍杀、木棍击打王某磊，直至其不再动弹。后经鉴定，王某磊符合颅脑损伤合并失血性休克死亡。

分歧意见

关于本案中王、赵夫妇行为的定性，主要存在两种观点：第一种观点认为二人行为系特殊正当防卫，无须承担刑事责任；第二种观点认为，二人系防卫过当，构成故意杀人罪。

问题研讨

梳理本案的案情，不难发现，欲正确定性王、赵夫妇的行为，必须解决以下两个焦点问题：第一，王、赵夫妇在加害人王某磊倒地后继续用菜刀砍杀、用棍击打王某磊的行为，是否还属于防卫行为？第二，王、赵夫妇与王某磊对抗时，在人数、位置环境上明显占优，是否属于防卫过当？前一问题主要涉及不法侵害是否已经结束，后一问题主要涉及是否超过防卫限度。

（一）王、赵夫妇在王某磊倒地后继续用菜刀砍、用棍击王某磊的行为仍具有防卫性质，属于防卫行为

现行《刑法》第 20 条第 1 款规定，正当防卫是指“为了使国家、公共利益、本人或者他人的人身、财产和其他权利免受正在进行的不法侵害，而采取的制止不法侵害的行为，……”因此，正当防卫的对象是“正在进行的不法侵害”，是针对已经开始且尚未结束的不法侵害。本案中，王某磊持水果刀和甩棍翻墙进入王某某家院中后与王某某

一家三口发生打斗，其不法侵害明显已经开始。需要明确的是，王某磊倒地后是否意味着其不法侵害已经结束，这是认定王、赵夫妇在王某磊倒地后继续用菜刀砍杀、用棍击打王某磊的行为是否仍属防卫行为的关键所在。

正当防卫中的不法侵害结束，是指不法侵害行为已经停止而不再继续进行的状况。具体包括三种情况：第一，侵害结束，指不法侵害行为已经实行完毕，危害结果已经发生，正当防卫失败或者没有进行正当防卫；第二，自动结束，指不法侵害人出于悔悟、畏惧或者迫于情势自动中止不法侵害，如侵害人接受劝告已扔掉凶器；第三，被迫结束，指不法侵害人已被制服，或者已经丧失继续侵害的能力，或者由于侵害人意志以外的原因，未能将侵害行为进行到底，而就当时的实际情况而言，侵害行为事实上已经无法继续进行①。就本案而言，首先可以肯定的是，王某磊的倒地并不属于不法侵害"自动结束"的情况，因为其倒地是由于遭到了王、赵夫妇针对其不法侵害的防卫反击，非出于悔悟、畏惧或者迫于情势自动倒地而中止不法侵害。此外，王某磊为追求王某某多次纠缠、骚扰、威胁王某某及其家人，在持刀和甩棍翻墙进入王某某家院中后随即与其一家三口发生激烈打斗，从全案中王某磊针对王某某及其家人的一贯表现来看，难以认定王某磊于打斗中倒地后的"两次欲起身"不是为了继续实施侵害行为，故而王某磊的倒地也不属于"侵害结束"和"被迫结束"两种情况。《关于依法适用正当防卫制度的指导意见》明确规定："对于不法侵害虽然暂时中断或者被暂时制止，但不法侵害人仍有继续实施侵害的现实可能性的，应当认定为不法侵害仍在进行；……"从而不难得出结论，王某磊倒地后，并非意味着其不法侵害行为已经结束。王、赵夫妇在王某磊倒地后继续用菜刀砍杀、用棍击打王某磊的行为仍具有防卫性质，属于针对正在进行的不法侵害所采取的防卫行为。

（二）王、赵夫妇针对王某磊的防卫行为属特殊正当防卫，不存在防卫过当

出于应对社会治安形势与针对严重危及人身安全的暴力犯罪之特性的考虑，现行《刑法》第 20 条第 3 款规定："对正在进行行凶、杀人、抢劫、强奸、绑架以及其他严重危及人身安全的暴力犯罪，采取防卫行为，造成不法侵害人伤亡的，不属于防卫过当，不负刑事责任。"这便是被我国刑法界称为"无过当防卫"或者"特殊正当防卫"的规定。在理解与适用"无过当防卫"或者"特殊正当防卫"条款时应注意：第一，该款只适用于制止严重危及人身安全的暴力犯罪的正当防卫行为；第二，该款中"严重危及人身安全的暴力犯罪"除刑法明文规定的行凶、杀人、抢劫、强奸、绑架等外，还包括任何"其他严重危及人身安全的暴力犯罪"（如爆炸、放火、各种破坏行驶中的交通工具等危害公共安全的犯罪等）；第三，该款的"严重危及人身安全"，是指不法侵害对公民人身安全构成紧迫威胁，已严重到应采取造成不法侵害人伤亡的措施加以排除的程度②。

---

① 李永升. 刑法总论. 2 版. 北京：法律出版社，2016：200.

② 同①202－203.

长期以来，王某磊为追求王某某，多次纠缠、骚扰、威胁王某某及其家人，后来又专程赶到王某某涞源县家乡，购置水果刀和霹雳手套，并于深夜持刀和甩棍翻墙进入王某某家院中，与王某某一家三口发生激烈打斗，对其一家三口进行持续侵害。从王某磊所携带的犯罪工具、进入王某某家中的时间与方式以及随后发生的激烈打斗，再结合王某磊身材高大、年轻力壮的特点，可看出王某某一家三口的人身安全在当时面临着严重而紧迫的现实威胁，已达到需立即采取造成王某磊伤亡的防卫措施才能予以排除的程度，故王某磊的行为属于严重危及人身安全的暴力犯罪行为。而根据《关于依法适用正当防卫制度的指导意见》，"使用致命性凶器，严重危及他人人身安全的"行为"应当认定为'行凶'"。从而，本案中王某磊所实施的不法侵害行为足以被认定为现行《刑法》第20条第3款规定中的"行凶"。王某某一家三口在面临着王某磊正在实施的不法侵害时采取防卫行为予以制止，是符合正当防卫成立条件的，且防卫对象又是正在进行的"行凶"，成立特殊正当防卫，即使最终造成了王某磊死亡的后果，依据现行《刑法》第20条第3款的规定，也不存在防卫过当的问题。

实务训练

从实务中找一个关于加害人倒地后防卫人继续砍杀的真实案例，分析其为什么是或不是正当防卫。要求格式规范、条理清晰、层次分明、有理有据、入情入理。

延伸阅读

1. 最高人民法院、最高人民检察院、公安部《关于依法适用正当防卫制度的指导意见》。
2. 正当防卫不捕不诉典型案例. 最高人民检察院网站，2020-11-27.
3. 涉正当防卫典型案例. 最高人民法院网站，2020-11-20.
4. 潘星丞. 正当防卫中的"紧迫性"判断：激活我国正当防卫制度适用的教义学思考. 法商研究，2019，36（2）：28-39.
5. 陈璇. 正当防卫中的"误判特权"及其边界. 中国法学，2019（2）：48-72.

案30. 因民间矛盾激化而实施的伤害可以进行正当防卫

——朱某山故意伤害案

要点提示

因民间矛盾激化而实施的伤害可以进行防卫，但防卫人应注意防卫限度。对是否超过防卫限度的判断必须同时兼顾行为限度与结果限度标准。防卫行为必须同时超过行为限度与结果限度才是"明显超过必要限度"，即只超过行为限度而未超过结果限度，或者未超过行为限度而只超过结果限度，或者行为限度与结果限度均未超过，皆不属于防卫过当。

案情摘要

犯罪嫌疑人朱某山，男，1961 年 5 月 6 日出生，农民。

朱某山之女朱某与齐某系夫妻，朱某于 2016 年 1 月提起离婚诉讼并与齐某分居，朱某带女儿与朱某山夫妇同住。齐某不同意离婚，为此经常到朱某山家吵闹。2016 年 4 月 4 日，齐某在吵闹过程中，将朱某山家门窗玻璃和朱某的汽车玻璃砸坏。朱某山为防止齐某再进入院子，将院子一侧的小门锁上并焊上铁窗。5 月 8 日 22 时许，齐某酒后驾车到朱某山家，欲从小门进入院子，未得逞后在大门外叫骂。朱某不在家中，仅朱某山夫妇带外孙女在家。朱某山将情况告知齐某，齐某不肯作罢。朱某山又分别给邻居和齐某的哥哥打电话，请他们将齐某劝离。在邻居的劝说下，齐某驾车离开。23 时许，齐某驾车返回，站在汽车引擎盖上摇晃、攀爬院子大门，欲强行进入，朱某山持铁叉阻拦后报警。齐某爬上院墙，在墙上用瓦片掷砸朱某山。朱某山躲到一边，并从屋内拿出宰羊刀防备。随后齐某跳入院内徒手与朱某山撕扯，朱某山刺中齐某胸部一刀。朱某山见齐某受伤后把大门打开，民警随后到达。齐某因主动脉、右心房及肺脏被刺破致急性大失血死亡。朱某山在案发过程中报警，案发后在现场等待民警抓捕，属于自动投案。

分歧意见

关于本案中朱某山行为的定性，主要存在两种观点：第一种观点认为，根据朱某山与齐某的关系及具体案情，齐某的违法行为尚未达到朱某山必须通过持刀刺扎进行防卫制止的程度，朱某山的行为不具有防卫性质，不属于防卫过当，构成故意伤害罪；第二种观点则认为朱某山的行为具有防卫性质，属于防卫过当。

问题研讨

（一）朱某山的行为具有防卫性质，属于防卫行为

现行《刑法》第 20 条第 1 款规定："为了使国家、公共利益、本人或者他人的人身、财产和其他权利免受正在进行的不法侵害，而采取的制止不法侵害的行为，对不法侵害人造成损害的，属于正当防卫，不负刑事责任。"

一方面，本案中齐某的行为属于现行《刑法》第 20 条第 1 款所规定的"正在进行的不法侵害"。朱某与齐某因闹离婚已分居，齐某为此经常到朱某山家吵闹，还实施过将朱某山家门窗玻璃和朱某汽车玻璃砸坏的过激行为。案发当晚，齐某酒后驾车到朱

某山家，欲从小门入院未得逞后在大门外叫骂，被人劝离后又返回并站在汽车引擎盖上摇晃、攀爬院子大门，欲强行进入，还爬上院墙用瓦片掷砸朱某山，后跳入院内徒手与朱某山撕扯。从齐某案发当晚之前的多次侵扰行为以及案发当晚的行为可知，齐某当晚并非是如常人般正常地去探访妻女及岳父岳母，其强行入院的行为已属非法侵入住宅，其对朱某山掷砸瓦片以及撕扯的行为，则属侵害朱某山人身权利的违法行为[①]。故本案中齐某的行为属于现行《刑法》第 20 条第 1 款所规定的“正在进行的不法侵害”。

另一方面，朱某山的行为是现行《刑法》第 20 条第 1 款所规定的针对“正在进行的不法侵害”，“而采取的制止不法侵害的行为”，完全具有防卫性质，属于防卫行为。首先需予以明确的是，在互殴的情形中，由于互殴双方均“同意”对方的击打行为，因而任何一方的击打都是基于对方承诺的行为，亦即任何一方的反击行为均因己方法益性阙如而不再属于防卫行为。而关于防卫行为与互殴之界分标准，《关于依法适用正当防卫制度的指导意见》则规定，“防卫行为与相互斗殴具有外观上的相似性，准确区分两者要坚持主客观相统一原则，通过综合考量案发起因、对冲突升级是否有过错、是否使用或者准备使用凶器、是否采用明显不相当的暴力、是否纠集他人参与打斗等客观情节，准确判断行为人的主观意图和行为性质”。本案中，朱某山提前把院子一侧小门锁上并焊上铁窗以阻止齐某入院，案发当晚又分别给邻居和齐某哥哥打电话，请他们将齐某劝离，在齐某欲强行入院后又进行了报警求助，这一系列行为表明朱某山在主观上只有避免齐某侵扰、防卫自身（自家）合法利益的意图，完全没有同齐某互殴的故意。朱某山在面临齐某“正在进行的不法侵害”时，对跳入院内与其撕扯的齐某采取反击行为，其反击行为具有防卫的性质，属于防卫行为。另外，朱某山预先准备宰羊刀，只是出于防卫目的而提前准备防卫工具，在整体上并不影响反击行为的防卫性质。

（二）朱某山的防卫行为不符合限度条件，成立防卫过当

尽管齐某强行入院的行为已属非法侵入住宅，其对朱某山掷砸瓦片以及撕扯的行为亦属侵害朱某山人身权利的违法行为，但是齐某未使用致命性凶器，结合其侵害行为的强度来看，不难判定出其侵害行为实际上并未达到严重危及人身安全的程度，也未达到对人身安全造成严重、紧迫危险的程度。根据《关于依法适用正当防卫制度的指导意见》[②]，齐某的侵害行为不能被认定为现行《刑法》第 20 条第 3 款规定的“行凶”。因

---

① 最高人民法院、最高人民检察院和公安部于 2020 年 8 月 28 日联合出台的《关于依法适用正当防卫制度的指导意见》明确规定，不法侵害“既包括犯罪行为，也包括违法行为”；同时规定，对于“非法侵入他人住宅”的不法侵害，“可以实行防卫”。

② 关于“行凶”的界定，该指导意见规定，“根据刑法第二十条第三款的规定，下列行为应当认定为‘行凶’：（1）使用致命性凶器，严重危及他人人身安全的；（2）未使用凶器或者未使用致命性凶器，但是根据不法侵害的人数、打击部位和力度等情况，确已严重危及他人人身安全的。虽然尚未造成实际损害，但已对人身安全造成严重、紧迫危险的，可以认定为‘行凶’”。

此，朱某山的防卫行为不成立特殊正当防卫。而根据现行《刑法》第20条第1款和第2款规定，正当防卫有必要限度的要求，明显超过必要限度造成重大损害客观危害结果的，可能成立防卫过当，需承担相应刑事责任。由于目前理论界和实务界对于何谓“造成重大损害”已并无太多争议①，只是对“必要限度”的理解尚未达成统一，故结合本案的情况，欲更进一步准确定性朱某山的行为，关键在于准确把握一般正当防卫的“必要限度”。关于正当防卫的“必要限度”，学界的观点很不一致，归纳起来，主要有“足以制止说”“相适应说”“折中说”。我们赞成“折中说”。“折中说”兼顾了行为限度与结果限度，与对《刑法》第20条的解读相符。

在本案中，齐某在院墙上对朱某山掷砸瓦片的行为，非法侵入朱某山住宅后对其实施的徒手撕扯行为，皆是一般性质的违法行为，不是现行《刑法》第20条第3款规定的“行凶”，并不足以严重危及朱某山的人身安全，而朱某山却持宰羊刀进行反击，刺中齐某胸部一刀。从二人的行为手段、行为强度等来看，朱某山的防卫行为已明显超过行为限度，加之其为保护人身权利却造成了剥夺齐某生命法益的严重后果，亦明显超过了结果限度。从而，朱某山的防卫行为已经符合《刑法》第20条第2款规定的明显超过必要限度造成重大损害，属于防卫过当，需承担故意伤害致死的刑事责任，但是应当减轻或免除处罚。

实务训练

从实务中找一个关于因民间矛盾激化而实施伤害的真实案例，分析为什么是或不是正当防卫。要求格式规范、条理清晰、层次分明、有理有据、入情入理。

延伸阅读

1. 最高人民法院、最高人民检察院、公安部《关于依法适用正当防卫制度的指导意见》。

2. 正当防卫不捕不诉典型案例. 最高人民检察院网站，2020-11-27.

3. 涉正当防卫典型案例. 最高人民法院网站，2020-11-20.

4. 高铭暄. 正当防卫与防卫过当的界限. 华南师范大学学报（社会科学版），2020(1)：157-168+192.

5. 吴颖超，吴光侠. 论正当防卫与防卫过当的成立要件及认定方法：以93号指导案例的故意伤害为视角. 法律适用，2019(22)：44-54.

---

① 2020年8月28日最高人民法院、最高人民检察院和公安部联合出台的《关于依法适用正当防卫制度的指导意见》第13条明确规定：“‘造成重大损害’是指造成不法侵害人重伤、死亡。造成轻伤及以下损害的，不属于重大损害。”在此之前，理论界一般也认为，“造成重大损害”是指防卫行为造成不法侵害者重伤或死亡的后果。

案31. 正当防卫限度及过当罪过的认定

——周某防卫过当故意伤害案

要点提示

正当防卫的防卫限度应该结合全案进行分析，考虑双方力量的对比和人员数量的对比，防卫的限度应该是防卫人的行为正好足以制止侵害人的不法侵害行为，而没有明显超过必要限度，对不法侵害人造成重大损害。如果过于苛求被告人的防卫限度，要防卫人仅仅只能选择对被害人损害最小的方式来实施防卫的话，将会导致防卫人很难真正实施防卫，不利于正当防卫施行的目的。即使防卫过当，其主观要件应该是过失而不是故意。

案情摘要

被告人周某，男，19岁，高中学生。

2007年2月23日23时许，被害人张某某与其友王某酒后乘出租车途经某医院门口时，见被告人周某与女朋友王某某在街边吃烧烤。王某告诉张某某，周某在背后说他的坏话，二人随即下车，以周某在背后说王某的坏话为由，将周某带到北大街工商银行旁一门市前责问。周某否认，王某即用拳头打周某的头部、胸部，张某某用右手扯周某的衣服，勒周某的颈部，往门市的卷帘门上撞，周某用双手推张某某，没有推动，用脚踢了张某某胸部一脚，张某某用脚踢、膝盖顶周某腹部，又抓住周某的衣服将周某扯到卷帘门柱子处用拳头殴打。王某、张某某二人交替殴打周某，周某被打后抱着头蹲在地上，王某某见状，跑到周某家楼下求助，黄某某等人闻讯赶到现场，见周某抱着头蹲在地上，王某、张某某正在对周某实施殴打，黄某某向后拉王某，王某转身一拳击中黄某某面部致使流血。张某某也上前踢黄某某，周某见状持刀乱刺张某某。张某某被刺后跑离，周某在后追赶一段距离后，被闻讯赶到的父亲叫住，二人一同返回。次日凌晨0时25分许，张某某被他人发现死于某商场门口。周某于2007年2月24日凌晨3时许到公安机关投案自首。经鉴定，张某某系右胸部刺且创致右肺中叶穿通伤及升主动脉破裂和腹部刺且创肝右叶穿通伤引起急性大失血死亡。

分歧意见

一种观点认为，周某的行为成立防卫过当，应当承担刑事责任，应认定为故意伤害罪；第二种观点认为，周某的行为成立防卫过当，应当承担刑事责任，应认定为过失致人死亡罪；第三种观点认为，周某的行为成立正当防卫，不承担刑事责任。

问题研讨

(一) 正当防卫的限度的理解

根据《刑法》第 20 条第 2 款的规定："正当防卫明显超过必要限度造成重大损害的，应当负刑事责任"，因此，正当防卫的限度条件就是防卫没有明显超过必要限度造成重大损害。如果防卫人的防卫明显超过必要限度造成重大损害，就是防卫过当，要承担刑事责任。因此，正确地把握"明显超过必要限度"和"造成重大损害"就非常关键。

在刑法理论界，对于"造成重大损害"的理解比较好统一，但是，如何理解"必要限度"争议很大，主要观点可参见前文。

(二) 防卫过当的主观要件的认定

所谓防卫过当，是指防卫行为明显超过必要限度并且造成重大损害的情形。要成立防卫过当，必须要具备主客观要件。客观要件是防卫行为明显超过必要限度并且造成重大损害，主观要件是必须具备主观罪过。那么，防卫过当的罪过形式是什么呢？对此，刑法学界形成了几种不同的观点。

第一种观点认为，防卫过当的罪过形式只能是过失，包括疏忽大意的过失和过于自信的过失。其理由是：间接故意是行为人明知自己的行为超过必要限度而采取放任的态度，在间接故意的情况下，超过必要限度尽管不是行为人的希望与追求，但行为人对此却予以放任，不反对；直接故意则是主观上希望超过必要限度。防卫过当对行为人来说出发点必须是正当的，在主观上是不希望超过必要限度的。因此，放任超过必要限度（间接故意）和希望超过必要限度（直接故意），都不能成为防卫过当的罪过[①]。

第二种观点认为，防卫过当的罪过形式可以是过失，包括疏忽大意的过失和过于自信的过失，也可以是间接故意，但不能是直接故意。其理由是：在防卫过当的场合，防卫人主观上是出于正当防卫的目的，只是防卫行为明显超过必要限度造成了重大损害。尽管防卫人进行防卫是故意实施的，但其实施防卫行为的故意和犯罪的故意有着本质区别，并没有危害社会的犯罪目的；对超过必要限度造成的危害，多属在反击不法侵害时主观上的疏忽或判断明显失误所导致。所以，一般说来防卫过当的罪过形式是过失。但在极少数情况下，可能是间接故意，即明知会明显超过必要限度造成重大损害，而仍然放任这种结果发生[②]。

第三种观点认为，防卫过当的罪过形式既可以是过失（包括疏忽大意的过失和过于自信的过失），也可以是故意（包括直接故意和间接故意）。其理由是：防卫强度违反了自我约束性所造成的防卫过当，一般不是直接故意，而是间接故意或过失。因为违反潜在自我约束的行为，是在正当防卫过程中所造成的过当，其目的是制止不法侵

---

① 郑德豹. 也论正当防卫与防卫过当的界限：与金凯同志商榷. 法学研究，1981（6）：5-6.

② 陈忠林. 刑法总论. 北京：高等教育出版社，2007：159.

害，而不是希望与追求防卫的强度超过不法侵害的强度。有时尽管明知自己的行为会超过不法侵害的强度，但却仅仅是放任其超过而已；有时虽然是应当预见其行为可能超过不法侵害的强度，但由于疏忽大意而没有预见，或已经预见，但由于轻信可以避免，致使超过这一强度。然而，在不法侵害已终止时，防卫人行为超过防卫的强度，就是直接故意支配下的结果，因为这种行为是制止了不法侵害之后，又故意实施的侵害行为，其动机显然是为了泄愤或复仇等等，其目的是故意侵犯他人的人身权利等，因而这种行为无疑是一种有目的的故意犯罪行为①。

我们赞同第一种观点，主张防卫过当的罪过形式只能是过失，包括疏忽大意的过失和过于自信的过失，不可能是故意，包括直接故意和间接故意，但我们的论证理由略有不同。我们认为，根据我国《刑法》第 14 条的规定，“明知自己的行为会发生危害社会的结果，并且希望或者放任这种结果发生，因而构成犯罪的，是故意犯罪。”故意犯罪必须具备认识因素和意志因素，其中，认识因素是明知自己的行为会发生危害社会的结果。从防卫过当的行为人心理态度来看，防卫人客观上虽然实施了明显超过必要限度造成重大损害的客观危害行为，但主观上认为自己是在实行正当防卫，是在维护国家、公共利益、本人和他人的合法权益，认为自己的防卫行为是制止不法侵害行为所必需的。因此，主观上不具有明知自己的行为会发生危害社会的结果的认识。相反，如果行为人主观上已经明知自己的行为会发生危害社会的结果，说明行为人主观上已经意识到自己的行为不是在维护国家、公共利益、本人和他人的合法权益，行为人就已经不具备正当防卫的防卫意识，就不成立正当防卫。因此，我们认为，防卫过当的罪过形式只能是过失，包括疏忽大意的过失和过于自信的过失，不可能是故意，包括直接故意和间接故意。

本案中，被告人周某的防卫行为是否超过必要限度，是争议的焦点。从全案综合来看，被害人张某某与其友王某对周某的头部、胸部、颈部、腹部进行拳打脚踢，还将周某的头往卷帘门上撞，当黄某某来劝解的时候，还殴打黄某某致使面部流血。被告人周某在没有其他任何办法保护自己和他人的人身安全的情况下，只有用这种相对过激的行为才能制止侵害人的不法侵害行为，保护自己和他人的人身安全。如此的防卫行为，不宜认定为超过必要限度。至于后面去追被害人张某某的行为，属于超过了正当防卫的限度，但是，毕竟其没有追到张某某，没有必要认定为犯罪。

实务训练

从实务中找一个关于暴力抗拒强制拆迁的真实案例，分析为什么是或不是正当防卫。要求格式规范、条理清晰、层次分明、有理有据、入情入理。

延伸阅读

1. 高铭暄，马克昌. 中国刑法解释：上下卷. 北京：中国社会科学出版社，2005.

① 金凯. 试论正当防卫与防卫过当的界限. 法学研究，1981 (1)：15－19.

2. 田宏杰. 刑法中的正当化行为. 北京：中国检察出版社，2004.

3. 赵秉志. 犯罪总论问题探索. 北京：法律出版社，2003.

4. 赵秉志，刘志伟. 正当防卫理论若干争议问题研究. 法律科学（西北政法学院学报），2001（2）：66－79.

案 32. 无过当防卫的成立条件及其与普通防卫的区分

——杨某某无过当防卫案

要点提示

无过当防卫是我国 1997 年刑法增设的内容，其需具备哪些成立条件以及如何与普通防卫相区别，都是司法实践中应当引起注意的问题。就普通防卫而言，防卫人在实施防卫行为的过程中，必须把握合理的限度，如果防卫行为明显超过防卫限度造成重大损害的，应当负刑事责任。而对于无过当防卫来讲，则不受防卫限度的限制，只要是针对严重危及人身安全的暴力性犯罪，不论防卫人采取什么样的防卫方法，给对方造成什么样的后果，均不负刑事责任。因此，本案被告人杨某某根本就不存在防卫过当的问题，其行为不构成故意杀人罪或者故意伤害罪，而应当认定为无罪。

案情摘要

被告人杨某某，女，43 岁，汉族，四川省泸县人，农民。

被告人杨某某之公公王某某（本案被害人，与被告人同住）曾于 20 世纪 80 年代趁儿媳杨某某欲超生被计生部门追查，到其卧室内躲避时，强行对其实施了奸淫。此后，王某某多次纠缠杨某某，欲与其发生性关系，并在儿子外出打工期间偶尔奸淫得逞。为此，杨某某的丈夫曾多次请村干部到家调解。2000 年 7 月 6 日 21 时许，被告人杨某某提水到灶房后面的猪圈屋洗澡，刚把裙子脱下，王某某趁机窜进猪圈屋，欲与其发生性关系。杨某某不从，双方遂发生推拉抓扯，二人从猪圈屋拉扯到灶房屋去堂屋的过门石梯处时，王某某不慎摔倒在地。在没有灯光的情形下，杨某某摸黑抱起狗槽向王某某砸去，一连数下均砸在王某某的头部，致王某某死亡。经法医鉴定，死者王某某系钝物打击头部致颅脑损伤死亡。次日早晨，杨某某在夫嫂的陪同下到泸县公安局石桥派出所投案自首。

分歧意见

对于本案的定性有三种不同观点：第一种观点认为，杨某某的行为应当构成故意杀人罪。第二种观点认为，杨某某的行为属于防卫过当，应定为故意伤害罪。第三种观点认为，杨某某的行为属于无过当防卫，不构成犯罪。

问题研讨

自刑法确立无过当防卫制度以来，对这一问题的研究就成为诸多专家、学者关注的热点，迄今为止，各种观点不断涌现。这里试结合本案对其中争议较大的几个问题作些许分析。

(一) 无过当防卫的名称及含义

关于无过当防卫的名称，也许是研究中最混乱不堪的问题之一。从目前我们所收集的资料来看，对无过当防卫的称呼主要有以下几种提法："无过当之防卫"[①]、"无度的防卫"、"无限度正当防卫"[②]、"特殊防卫"或"特殊防卫权"[③]、"预防性正当防卫"[④]、"无过当防卫权"[⑤] 等。在以上这些称呼中，我们认为，尽管不同的专家、学者都有其自己的见解，但就科学性来讲，"无度的防卫""特殊防卫""预防性正当防卫"等提法容易使人产生认识上的歧义，故不可取，而在"无过当之防卫"、"无限度正当防卫"和"无过当防卫权"这些提法中，虽然前两者更接近立法精神，但考虑到概念表达的简洁性，我们认为还是采取"无过当防卫权"这种称呼比较科学。那么，对无过当防卫在我国刑法中的含义又应当如何理解呢？要正确地理解这一问题，首先应当弄清无过当防卫本来的意义。一般来讲，无过当防卫可分为绝对意义上的无过当防卫与相对意义上的无过当防卫两种情形。绝对意义上的无过当防卫是指没有任何条件限制的正当防卫，它允许防卫人在防卫过程中可以采取任何处置方法和手段来对付不法侵害者；而相对意义上的无过当防卫则是指有一定条件限制而没有限度约束的正当防卫，它允许防卫人在遇到不法侵害的紧急情况下可以超过必要限度对付不法侵害者而不负任何刑事责任。从我国刑法对无过当防卫的规定来看，它基本上是在后一种意义上来使用这一概念的。也就是说，《刑法》第 20 条第 3 款所规定的防卫方式，并不是不受任何条件限制的，只是在防卫限度方面不受限制而已。因此，相对于绝对意义上的无过当防卫而言，它是一种有限防卫；而相对于绝对意义上的有限防卫而言，它才是一种无过当防卫。正是在这一意义上，我国刑法所规定的无过当防卫，既不同于国外早期刑事立法上所规定的无过当防卫权，也不同于国外现代刑事立法上所规定的无过当防卫权，而是在借鉴国外立法经验的基础上根据我国的实际情况确立的具有中国特色的无过当防卫制度。

(二) 无过当防卫的成立条件

关于无过当防卫的成立条件在刑法理论界是一个有所争议的问题。就我们收集的资

① 陈兴良．刑法疏议．北京：中国人民公安大学出版社，1997：98.

② 王作富．中国刑法的修改与补充．北京：中国检察出版社，1997：17；陆明德．浅析无限度正当防卫．法学天地，1997 (5)：42 - 44.

③ 高西江．中华人民共和国刑法的修订与适用．北京：中国方正出版社，1997：111；段立文．对我国传统正当防卫观的反思：兼谈新刑法对正当防卫制度的修改完善．法律科学（西北政法学院学报），1998 (1)：29 - 37.

④ 赵秉志，肖中华．适应市场经济 完善刑事立法．政治与法律，1997 (1)：13 - 21.

⑤ 赵秉志，赫兴旺．论刑法典总则的改革与进展．中国法学，1997 (2)：17 - 30；黄明儒，吕宗慧．论我国新刑法中的无限防卫权．法商研究，1998 (1)：27 - 32.

料看，主要有以下三种不同的观点。第一种观点认为，无过当防卫的成立应当具备以下三个条件：(1) 防卫人针对的是严重危及人身安全的犯罪，主要是暴力犯罪；(2) 防卫的主体是任何公民；(3) 防卫人杀伤不法侵害人或损害其利益，乃是制止不法侵害的防卫行为①。第二种观点认为，无过当防卫的成立条件应当有以下三个方面：(1) 防卫的范围必须是针对行凶、杀人、抢劫、强奸、绑架以及其他严重危及人身安全的暴力犯罪；(2) 防卫的时间必须是正在进行的不法暴力侵害；(3) 防卫的对象必须是不法暴力侵害者本人②。第三种观点认为，无过当防卫的成立条件应当具备以下四个方面：(1) 行使无过当防卫的前提——必须有某种特定暴力犯罪存在；(2) 行使无过当防卫的时机——必须是某种特定暴力犯罪正在进行之时；(3) 行使无过当防卫的对象——正当防卫必须是针对不法暴力侵害者本人实施的；(4) 行使无过当防卫的主观条件——防卫人必须具有防卫合法权益的意图③。

针对以上几种不同的观点，我们认为，第一种观点对无过当防卫成立条件的认识存在以下缺陷：首先，它忽略了无过当防卫的目的条件，即必须出于合法的防卫意图；其次，它忽略了无过当防卫的时间条件，即不法暴力侵害必须正在进行；再次，忽略了无过当防卫的对象条件，即必须针对不法暴力侵害者本人实施；最后，这种观点将防卫主体扩大到任何公民，在司法实践中也容易引起误解，会使人误将某些非正当防卫的行为视为防卫行为而对他人实施无过当防卫。第二种观点对无过当防卫成立条件的认识基本上反映了《刑法》第 20 条第 3 款的立法精神，其最大的缺陷在于过分局限于无过当防卫的客观条件，而忽略了无过当防卫的主观条件，违背了主客观相一致的原则。第三种观点对无过当防卫成立条件的认识比较全面，也比较具体，它既明确了无过当防卫与普通防卫的所需要的共同前提，同时也突出了无过当防卫自身所具有的特色，因而较好地反映了无过当防卫的立法精神。

我们倾向于第三种观点，结合刑法的立法规定，我们认为对无过当防卫的条件可以从两个方面来进行分析。

(1) 无过当防卫的主观条件。无过当防卫的主观条件是指防卫人在实施无过当防卫时必须具备合法的防卫意图，亦即防卫人在进行无过当防卫时对其防卫行为以及行为的结果所必须具备的以保护合法权益为目的的主观心理态度。按照《刑法》第 20 条第 1 款的规定，无过当防卫必须以保护国家、公共利益、本人或者他人的人身、财产和其他权利为目的。这一目的的存在，不仅揭示了无过当防卫的社会政治内容，而且对于正确地理解无过当防卫的本质以及这一行为本身的正当性，均具有十分重要的意义。从立法的角度来考察，立法者之所以将无过当防卫纳入排除社会危害性的行为之列，并在立法上作了明确的规定，不仅在于它客观上保护了社会的合法权益，更主要在于防卫人主观上具有防止合法利益免受不法暴力侵害的意图。防卫人这一思想动机不仅与不法侵害者邪恶的非法欲望形成了鲜明的对比，而且也成为对其防卫行为所造成的损害结果不负刑

① 姜伟. 新刑法确立的正当防卫制度. 法学家，1997 (3)：24 - 25.

② 周道鸾，张泗汉. 刑法的修改与适用. 北京：人民法院出版社，1997：95.

③ 黄明儒，吕宗慧. 论我国新刑法中的无限防卫权. 法商研究，1998 (1)：27 - 32.

事责任的重要依据。

（2）无过当防卫的客观条件。无过当防卫的客观条件是指防卫人在实施无过当防卫时必须针对正在进行行凶、杀人、抢劫、强奸、绑架以及其他严重危及人身安全的暴力犯罪的不法侵害者本人实施防卫的行为。这一条件具体来讲可从以下几个方面来把握：

第一，防卫人针对的必须是严重危及人身安全的特定的暴力犯罪。这些特定的暴力犯罪，按照《刑法》第 20 条第 3 款之规定，主要包括行凶、杀人、抢劫、强奸、绑架以及其他严重危及人身安全的暴力犯罪。由于刑法对特定暴力犯罪的范围没有作出明确的限定，对无过当防卫客观前提条件应当如何理解，在刑法理论界和司法实务界尚未形成一致看法。我们认为，对刑法所作的这一规定，不能仅从字面意义上去理解，而应当从立法精神上去把握。作为与普通防卫不同的无过当防卫，虽然也必须以不法侵害的现实存在为依据，但不法侵害必须是暴力性侵害。这种暴力性侵害不仅对其他严重危及人身安全的犯罪来讲必须如此，即便是行凶、杀人、抢劫、强奸、绑架等方面的犯罪，亦不能例外。这是因为，刑法所列举的这些犯罪，在司法实践中虽然大多表现为暴力方式，但也不能排除以非暴力的方式实施的可能性。因此，如果不法侵害人以非暴力的方式实施杀人、抢劫、强奸、绑架等犯罪的，则只能对其行使普通防卫权而不能对其行使无过当防卫权。除此以外，无过当防卫所针对的暴力犯罪还必须具有严重危及人身安全的特性，如果某种暴力犯罪程度还没有达到非常严重的状态，或者说其暴力犯罪危及的不是人身安全，而是财产等方面的安全，那么不能采取无过当防卫，而只能采取普通防卫。

第二，防卫人针对的必须是正在进行的特定暴力犯罪。所谓正在进行的特定暴力犯罪是指这种暴力犯罪已经开始尚未结束，即犯罪分子已经着手实施某种具体的暴力性犯罪且这种犯罪尚处于实行的过程中。如果某种暴力性犯罪还没有现实地发生，或者这种暴力性犯罪已经实施结束，则不能行使无过当防卫的权利。因为在这两种情况下，防卫人因防卫时机尚未成熟或者已经失去防卫良机，若对不法暴力侵害者实行防卫行为，则有违于无过当防卫的时间条件。因此，特定暴力犯罪的实施时间是决定防卫人实施无过当防卫时间的关键。当然，在司法实践中，考虑到暴力性侵害的特殊性，为了更好地保障防卫人的人身安全，对这种犯罪行为实施无过当防卫时，根据具体情况，对其犯罪的开始时间可以作适当放宽，而不必非得等到大难临头、迫在眉睫，才允许防卫人实施防卫。唯有如此，方能有效地保护防卫人的合法权益，实现刑法设立无过当防卫的初衷。

第三，防卫人针对的必须是不法侵害者本人。无过当防卫是国家以立法的形式赋予公民在某些危急情况下进行“私力”救助的特权，防卫人在行使这一权利时也必须在法定的范围内进行，而不得滥用这一权利，殃及无辜。这其中就包括防卫行为只能针对不法暴力侵害者本人实施，而不加害于与暴力性犯罪无关的第三人。如果防卫行为损害了第三人的合法权益，则防卫人不能以享有无过当防卫的权利为免除其刑事责任的理由。

从无过当防卫的客观条件来讲，以上三个方面的条件必须同时具备，才能对不法暴力侵害人行使无过当防卫的权利，若缺少其中之一，则不能实行无过当防卫的权利。

（三）无过当防卫与普通防卫的关系

关于无过当防卫与普通防卫的关系问题，目前在刑法理论界尚未达成共识。有人认为，无过当防卫是一种独立的防卫方式，它与普通防卫的联系不大；有人认为，无过当防卫是普通防卫的一种特殊的表现形式，它与普通防卫有着十分密切的关系。我们认为，无过当防卫作为正当防卫的表现形式之一，它与普通防卫之间的联系是不能被忽视的。不过，无过当防卫作为一种特殊的防卫方式，其自身又具有相对的独立性。我们不能因为它们之间的联系而忽视无过当防卫独立性的存在，也不能因为它们之间的区别而割断无过当防卫与普通防卫之间的联系。一般来讲，无过当防卫与普通防卫作为对付不法侵害行为的有效手段，同属于排除社会危害性的行为，“形似有害，实为无害”是它们之间的共通之处。从它们成立的条件来看，其相同点主要有以下几个方面：(1) 两者成立的前提条件是必须有不法侵害的现实存在；(2) 两者成立的时机条件是不法侵害必须正在进行；(3) 两者成立的对象条件是必须针对不法侵害者本人实施；(4) 两者成立的目的条件是必须以保护国家、公共利益、本人或者他人的人身、财产和其他权利为目的。其不同点主要表现在以下几个方面：(1) 不法侵害的性质和范围不同。对普通防卫来讲，不法侵害既包括犯罪行为，亦包括较为严重的违法行为，其范围较为广泛。而无过当防卫中的不法侵害，只限于犯罪行为，且在犯罪行为中又作了特定限制，只限于刑法所规定的特定的暴力性犯罪。即只能对正在进行的行凶、杀人、抢劫、强奸、绑架以及其他严重危及人身安全的暴力犯罪行使无过当防卫权。(2) 不法侵害的对象范围不同。在普通防卫中，不法侵害的对象范围较为广泛，它不仅包括人身权利，而且还包括财产权利和其他方面的权利。而在无过当防卫中，不法侵害的对象范围则只限于人身方面的安全。(3) 对防卫限度的要求不同。就普通防卫而言，防卫人在实施防卫行为的过程中，必须把握合理的限度，如果防卫行为明显超过防卫限度造成重大损害的，应当负刑事责任。而对于无过当防卫来讲，则不受防卫限度的限制，只要是针对严重危及人身安全的暴力犯罪，不论防卫人采取什么样的防卫方法，给对方造成什么样的后果，均不负刑事责任。

具体到本案而言，被告人杨某某之公公王某某曾多次对其实施奸淫。案发当天，被告人杨某某在猪圈屋洗澡时，王某某又趁机窜进猪圈屋，欲再次与其发生性关系。面对正在进行的强奸犯罪，被告人杨某某为了维护自身的合法权益，对王某某实施了反击行为，并在没有灯光的情形下抱起狗槽砸向王某某，其行为属于防卫行为。而且，在被告人杨某某和被害人王某某实施扭打的过程中，被害人虽然不慎摔倒在地，但其不法侵害并未结束。根据当时的情况，王某某爬起来后仍会继续对杨某某实施侵害行为。因此，被告人杨某某对王某某实施的防卫行为并不存在事后防卫的问题。更为重要的是，被告人杨某某针对被害人王某某正在进行的强奸这一严重危及人身安全的暴力犯罪采取防卫行为，虽然造成了被害人的死亡，但应属《刑法》第 20 条第 3 款所规定的无过当防卫。换言之，被告人杨某某不存在防卫过当的问题，其行为不构成故意杀人罪或者故意伤害罪，而应当依法认定为无罪。

实务训练

甲持刀抢劫乙，乙夺刀致甲跌倒在地，并因头部撞在水泥地板上昏迷。乙乘机用夺来的刀朝甲猛刺致死。请根据该案的事实，写一篇关于无过当防卫权的分析文章。要求格式规范、条理清晰、层次分明、有理有据、入情入理。

延伸阅读

1. 王政勋. 正当行为论. 北京：法律出版社，2000.
2. 陈兴良. 正当防卫论. 2版. 北京：中国人民大学出版社，2006.
3. 李永升. 无限防卫问题研究. 法律科学（西北政法学院学报），1998（5）：60－67.
4. 杜宝庆. 无过当防卫的法律适用. 中国刑事法杂志，1999（3）：19－22.

案33. 为保全个人生命而牺牲他人生命的行为如何定性

——李某避险杀人案

要点提示

紧急避险与避险过当属于两种不同的行为，前者是刑法鼓励实施的合法行为，后者是刑法规定的犯罪行为。二者区别的关键在于行为人客观上是否具有过当行为，主观上是否具有罪过性。在以牺牲他人生命保全自己生命的情况下，如果没有其他情形存在，一般应认定为避险过当。但若因期待可能性的存在，且行为符合《刑法》第13条但书的规定，则此行为不宜认定为犯罪行为。

案情摘要

被告人李某，女，21岁，汉族，某县委干部。

某日李某骑自行车下乡工作，途中遇一男青年企图抢车。她环顾四周旷无人烟，又天近黄昏，要反抗就会遭遇横祸。于是便主动向对方表示：如果想要车，只管推走，不要伤害她。那名男青年当即粗暴地允诺，并准备推车。这时李某又要求说："自行车你拿去好了，车上那只打气筒是我借的，把气筒留给我吧，我好还给人家。"那人也表示同意，李某便动手卸气筒。男青年弯下身子检查车子，看看是否好用，以便迅速离开现场。这时李某突然乘其不备，用才卸下来的气筒朝弯腰低头的男青年的后脑猛击一下，将男青年击倒在地，赶忙骑车去报案。当李某来到最近的一个屯子时，整个村子一片漆黑，只有一户人家从门缝露出一线灯光，李某便投奔光亮而去。这家有母女二人，母亲50多岁，女儿19岁。李某向主人说明遭遇后，母女深表同情。老太太说，天色已晚，派出所还在较远的大屯子，路途不安全，邀李某当晚留宿她家，明早再去报案。李某思量再三，只好暂留一宿，并对热情的主人表示感谢。老太太又恐客人害怕，让女儿陪宿。这家是独门独舍，院落很小，老太太与女儿住北房，儿子住西房，大门在南面。儿子外出，老太太让女儿陪同客人住西房。抢劫犯姓张，22岁，农民，当天下午从水库工地回家，路遇李某，遂萌歹念，抢车未遂，反被击昏，天黑后逐渐苏醒过来，情绪沮丧，悻悻而归。李某借宿的正好是他家，主人是她母亲和妹妹。他一进门便发现自己抢过的自行车在院内，急忙问明来历，其母亲便将投宿人的遭遇说了一遍。张某听后十分惊慌，急忙问明李某睡觉的位置和方向。老太太说，李某睡在外侧，女儿睡在内侧，头朝北。张某摘下窗上铡草用的铡刀，悄悄拨开房门，走进房间，在黑暗中摸准睡在炕外侧的人头，朝胫部猛砍一刀，又悄声回到北房，才对母亲说，抢自行车的人就是他，李某已经认识他，为了逃避揭发，已将李某杀死。老太太原本同情李某的遭遇，并不知抢劫的人竟是自己的儿子，如今却袒护起儿子来，忙从柜子里拿出半新的被褥，同儿子一起走进西房，将尸体包起，抬到田间扔进深枯井湮灭罪迹，满以为这样就可以逃避惩罚，甚至可能瞒过女儿的耳目。实际上，李某在张某妹妹的陪同下睡下后，由于傍晚发生的被抢和击倒罪犯的事件，心情难以平静，久久不能入睡。加之院小房近，夜寂人静，张某母子的谈话、摘铡刀的声音都听得一清二楚。她极度恐慌，急中生智，在不得已的情况下，悄悄移动罪犯的妹妹，将她推到土坑外侧，自己则睡到她的位置上。罪犯的妹妹劳累了一天，又年轻贪睡，上炕后挨着枕头就进入了梦乡，对所发生的事情一无所知。因此，罪犯张某杀死的实际是自己的妹妹。李某趁张某母子抬尸体外出之机，骑车去县公安局报案。

分歧意见

关于李某牺牲他人生命保全本人生命是属于紧急避险还是属于犯罪行为，其难题在于，损害的权益和保护的权益都是生命，两个生命之间的比较又无轻重之分，在行为人当时缺乏意志自由和期待可能性的情况下，是否应当予以同情以致允许？对此理论上存在三种不同意见：第一种意见认为，李某的行为如果发生在某些国家则可能构成紧急避险，因为有些国家刑法允许为了保全自己的生命而牺牲他人的生命。但是我国刑法理论认为，由于紧急避险是通过牺牲一个合法利益以保护另一个合法利益，所以不允许为了保护较小的权益而损害较大或同等的权益，对人的生命尤其如此。第二种意见认为，李某的行为不但是紧急避险，而且是一种善于同犯罪作斗争的英雄行为，至于张某的妹妹被张某所杀，是报应。第三种意见认为，李某的行为没有超过必要限度，属于紧急避险。

问题研讨

（一）紧急避险成立的条件

我国《刑法》第21条第1款规定："为了使国家、公共利益、本人或者他人的人身、财产和其他权利免受正在发生的危险，不得已采取的紧急避险行为，造成损害的，不负刑事责任。”根据该条款规定，所谓紧急避险，是指为了使国家、公共利益、本人或者他人的人身、财产和其他权利避免正在发生的危险，不得已而采取的损害另一个较小的合法权益的行为。

刑法学理论通说认为，紧急避险必须具备下列条件：（1）前提条件：必须是合法权益受到现实危险的威胁，即出现了足以致使合法权益遭到严重损害的现实危险；（2）时间条件：必须是危险正在发生，即实际存在的危险已经出现且尚未结束的状态。（3）限制条件：必须是在迫不得已的情况下实施。所谓“迫不得已”，是指在危险已经发生的非常时刻，从当时的实际情况看，除了采取紧急避险措施，别无他法能够避免危险，紧急避险成为唯一的选择。如果当时还有其他非损害权益的方法可以避免危险，则不能实行紧急避险。（4）主观条件：必须是为了合法权益免受正在发生的危险侵袭。它包括两层含义：一是所保全的利益必须是合法的利益。二是避险人必须出于正当的避险意图，即在遭受危险的紧急情况下，基于对危险事实的认识，为保障合法权益才实行避险的行为。（5）限度条件：不得超过必要限度造成不应有的损害。

（二）紧急避险与避险过当的区分

避险过当，是指避险行为超过必要限度造成不应有的损害的情况。避险过当属于有害于社会的行为，根据《刑法》第 21 条第 2 款的规定应当负刑事责任。它具有两个基本特征：其一，避险行为客观上超过了必要限度造成了不应有的损害，即避险行为所造成的损害等于或大于所要保护的利益。这是避险过当行为人承担刑事责任的客观基础。其二，行为人对过当的行为及结果主观上具有罪过，即存在故意或过失，这是其承担刑事责任的主观基础。一般而言，避险过当的罪过形式为过失，即行为人应当预见自己的避险行为会超过必要限度造成不应有的损害，因疏忽大意而没有预见或虽已预见但轻信能够避免。但少数情况下也存在对结果的发生持放任态度的间接故意。

在认定避险过当时，应当注意紧急避险与避险过当的区分，二者在前提条件、时间条件、限制条件和主观条件等方面是相同的，即避险过当具有其应有的避险性，这是它们二者的相同之处。二者的不同之处在于避险行为的过当性和罪过性，即避险过当的行为在客观上必须具有过当性，亦即行为人的避险行为超过必要限度给第三人造成了不应有的损害；在主观上具有罪过性，亦即行为人的避险行为给第三人造成的不应有的损害是出于过失或者间接故意。若行为人的避险行为不符合以上两个特征，则不能以避险过当论处。

根据《刑法》第 21 第 2 款规定，对于避险过当行为，量刑时应当减轻或者免除处罚。至于如何具体掌握减轻处罚和免除处罚，应当根据危险的性质和强度、避险过当所造成的损害性质和程度，以及避险人自身的排险能力和处境等具体情况酌定。

（三）关于人的生命权益的比较问题

关于人的生命价值能否衡量的问题，在刑法理论上是一个有所争议的问题。综观中外刑法学界的观点，主要有以下几种意见：第一种意见是禁止生命之间的价值衡量，即任何情况下都不允许牺牲一个生命来保全另一个生命。这是德国刑法学界的通说。第二种意见是生命具有等价性，因此，可以成立紧急避险。这是日本刑法学界的通说。第三种意见是在以少数人的生命救助多数人的生命时，允许紧急避险。这是我国部分学者的观点。第四种意见是在以少数人的生命救助多数人的生命时，允许紧急避险，但必须附加一定条件，即不存在选择的任意性。这是美国刑法的通说。第五种意见是生命价值虽然原则上不能对比衡量，但是在危险共同体的案件中可以适用紧急避险①。以上五种意见，相对而言，第一种意见比较合理，即生命是等价的，不仅质上没有高低贵贱之分，而且数量上也不能比较。但是，是否所有以牺牲他人生命为手段的避险行为都是避险过当呢？我们认为，这应当根据攻击性紧急避险与防御性紧急避险进行区分，这是由二者各自不同的限度条件所决定的。因此，第一种意见也有不妥之处。在攻击性紧急避险中，其限度条件是要求避险行为所保护的利益大于所侵害的利益，而不能等于或小于所侵害的利益。因此，如果以牺牲无辜第三者的生命作为避险手段来救助自己或其他人的生命，就属于避险过当。因为生命是等价的。如果在个人生命或多数人生命面临危险，只能以牺牲他人生命或少数人生命来避险时，这种避险行为仍然是违法的，只是从行为人的角度而言，此时缺乏实施违法行为的期待可能性。因此，对此避险过当行为可以考虑根据我国《刑法》第 13 条但书规定，不以犯罪论处。而在防御性紧急避险中，避险行为所保护的利益等于所侵犯的利益时，仍属于正当化的紧急避险。这是由于其避险行为是针对危险源本身所进行的这一特点决定的。因此，在防御性紧急避险中，以牺牲他人生命为避险手段救助自己生命，则可以成立紧急避险。

在本案中，李某采取“换位”的方式，使张某错将自己的妹妹当作李某予以杀害，属于以牺牲他人的生命保全自己的生命的情形。但是对于李某的行为应否认定为避险过当呢？根据我国刑法理论之通说，行为人在紧急避险的过程中，其损害的利益必须轻于保全的利益。如果两者相等，则属于避险过当。因此，在本案中，李某的行为显然属于避险过当。但是，根据本案的实际情况来考察，李某在迫不得已的情况下，作出与罪犯的妹妹“换位”的行为，是行为人在失去了意志自由的情况下所作出的“别无他法”之举，从当时李某所处的环境状况来加以考察，我们均不能期待她作出相反或者其他的合法行为。因此，本着“法不强人所难”的精神，结合期待可能性的理论和《刑法》第 13 条但书的规定，应当认定李某的行为不具有刑法上的非难可能性，无须承担刑事责任。这是因为，在本案中，李某虽然在客观上存在以牺牲他人生命保全自己生命的情形，但我们不能期待她在当时的紧急情况之下，作出相反或者其他合法行为，因此具有期待可能性。另外，张某妹妹不是李某杀害的，而是由张某所为，因此，张某妹妹死亡的结果应由张某承担刑事责任。而李某的避险行为显属情节显著轻微危害不大，应当依法不认为是犯罪。

实务训练

甲（18 周岁，无业）抢劫乙（古董收藏者），乙持丙（古董商）的古董（价值 5 万

① 谢雄伟. 紧急避险基本问题研究. 北京：中国人民公安大学出版社，2008：182.

元）砸甲，甲重伤，古董碎。请根据该案事实，写一篇关于紧急避险定性的分析短文。要求格式规范、条理清晰、层次分明、有理有据、入情入理。

延伸阅读

1. 刘明祥. 紧急避险研究. 北京：中国政法大学出版社，1998.
2. 谢雄伟. 紧急避险基本问题研究. 北京：中国人民公安大学出版社，2008.
3. 马克昌. 紧急避险比较研究. 浙江社会科学，2001（4）：91－97.

案 34. 故意杀人已过 20 年的追诉标准

——朱某某故意杀人案

要点提示

为了严密法网，1997 年刑法将追诉时效的起点提前至检察院、公安机关、国家安全机关立案侦查或者法院受理案件时，并赋予被害人延长追诉时效的救济措施。尽管如此，对于发生于 1997 年 9 月 30 日之前的犯罪，适用追诉时效也应遵循从旧兼从轻原则，只能适用 1979 年刑法的规定。通缉不属于强制措施，依照 1979 年刑法，通缉令的发布并不能导致追诉时效的延长。但是对于犯罪手段残忍，危害后果严重，社会影响恶劣，确有追诉必要的故意杀人案件，虽然已经超过法定追诉期限，仍然可以提请最高人民检察院核准追诉。

案情摘要

被告人朱某某，男，1957 年 1 月 14 日出生，汉族，初中文化，农民。

1985 年 9 月 9 日 7 时许，朱某某之妻与邻居张某某（女，1945 年 11 月 17 日出生，本案被害死者）在重庆市綦江县（现綦江区）新盛镇某村因争晒谷坝发生争吵。11 时许，朱某某之妻又因琐事与张某某争吵，并在村民袁某金田地里缠打，朱某某得知后持一根木方赶到，见其妻被张某某按在田里，即持木方猛击张某某头部数下，致张某某当场死亡。后朱某某又持木方追打在场的张某某女儿任某某（女，1972 年 2 月 20 日出生，本案被害死者），任某某跑到村民冉某某田地里被朱某某追上，朱某某持木方猛击任某某头部数下，致任某某当场死亡。经法医检验鉴定：张某某、任某某应系钝器所致颅脑骨折、脑挫裂伤死亡。公安机关于案发当日受理该案，经侦查，确认是朱某某所为，因朱某某作案后潜逃，于 1985 年 11 月 9 日对其发出通缉令，2009 年 3 月 2 日朱某某在贵州省遵义市被公安机关捉拿归案。

分歧意见

朱某某故意杀死二人潜逃达23年零9个月之久，本案当年公安机关发布的通缉令是否可视为采取了强制措施，本案是否属于1979年《刑法》第76条第4项规定的“必须追诉”的情形，存有争议。

一种观点认为，本案发生于1985年9月9日，应适用1979年刑法，该法第77条第4项规定，法定最高刑为无期徒刑、死刑的，经过20年不再追诉。如果20年以后认为必须追诉的，须报请最高人民检察院核准。该法第77条规定，在人民法院、人民检察院、公安机关采取强制措施以后，逃避侦查或者审判的，不受追诉期限的限制。案发后公安机关未对朱某某采取强制措施，只是发布了通缉令，因此不属于第77条规定的情况，朱某某故意杀人已过23年零9个月，已过20年的追诉期限。

另一种观点认为，通缉令是追捕犯罪嫌疑人归案的措施，对犯罪嫌疑人而言，其作用和影响力比逮捕等强制措施更大，从这个意义上讲，通缉令可视为强制措施，本案应当适用诉讼时效延长的规定。

问题研讨

（一）本案只能适用1979年刑法关于追诉时效的规定

1997年《刑法》第87条规定：“犯罪经过下列期限不再追诉：（一）法定最高刑为不满五年有期徒刑的，经过五年；（二）法定最高刑为五年以上不满十年有期徒刑的，经过十年；（三）法定最高刑为十年以上有期徒刑的，经过十五年；（四）法定最高刑为无期徒刑、死刑的，经过二十年。如果二十年以后认为必须追诉的，须报请最高人民检察院核准。”该条是关于追诉时效期限的规定。第88条第1款规定：“在人民检察院、公安机关、国家安全机关立案侦查或者在人民法院受理案件以后，逃避侦查或者审判的，不受追诉期限的限制。被害人在追诉期限内提出控告，人民法院、人民检察院、公安机关应当立案而不予立案的，不受追诉期限的限制。”该条是关于追诉时效延长的规定。与1979年刑法相比，两者在追诉时效期限的规定上没有变化，但对于追诉时效的延长却有显著不同。1979年《刑法》第77条规定：“在人民法院、人民检察院、公安机关采取强制措施以后，逃避侦查或者审判的，不受追诉期限的限制。”

追诉时效的延长，是指在追诉时效的进行期间，因为发生法律规定的事由，而使追诉时效暂时停止执行。按照1997年刑法规定，追诉时效延长的条件是检察院、公安机关、国家安全机关已立案侦查或者法院受理了案件；如果被害人在追诉期限内提出控告，人民法院、人民检察院、公安机关应当立案而不予立案的，也不受追诉期限的限制。而1979年刑法规定追诉时效的延长的条件是“人民法院、人民检察院、公安机关采取强制措施”。按照刑事诉讼法的规定，强制措施主要包括拘传、取保候审、监视居住、拘留和逮捕五种。公检法机关并非对每一位涉案当事人都采取强制措施，而且从立案到采取强制措施往往有一定的期限。因此，1997年刑法关于追诉时效延长的条件比

1979 年刑法要宽泛得多，其目的就是严密追诉法网，对于那些司法机关立案后但尚未采取强制措施之前实施逃避侦查行为的人，同样适用追诉时效延长。

比较而言，1997 年刑法关于追诉时效的规定要比 1979 年刑法规定严厉得多。关于追诉时效是否适用从旧兼从轻原则，最高人民法院 1997 年 9 月通过的《关于适用刑法时间效力规定若干问题的解释》第 1 条已有明确规定，“对于行为人 1997 年 9 月 30 日以前实施的犯罪行为，在人民检察院、公安机关、国家安全机关立案侦查或者在人民法院受理案件以后，行为人逃避侦查或者审判，超过追诉期限或者被害人在追诉期限内提出控告，人民法院、人民检察院、公安机关应当立案而不予立案，超过追诉期限的，是否追究行为人的刑事责任，适用修订前的刑法第七十七条的规定”。该条确立了追诉时效应适用从旧兼从轻原则。因此，本案应当适用 1979 年刑法关于追诉时效的规定。

（二）通缉不属于强制措施，本案不能适用追诉时效延长的规定

我国刑事诉讼法将强制措施与强制性侦查措施进行了严格区分。强制措施是特定的，即拘传、取保候审、监视居住、拘留、逮捕等五种。而强制性侦查措施是侦查机关对已经立案的刑事案件，为了保证侦查活动的顺利进行而采取的强制性侦查手段，主要包括讯问犯罪嫌疑人、询问证人、勘查检验、搜查、扣押物证书证、鉴定、通缉等七种。通缉是公安机关通令缉拿依法应当逮捕的在逃犯罪嫌疑人的一种侦查活动，通缉令是公安机关向社会发布的缉拿应当逮捕而在逃的犯罪嫌疑人的书面命令。对于无法到案的犯罪嫌疑人，司法实践中只能采取通缉的方式开展追逃，归案后才能采取强制措施。因此，对于潜逃的犯罪嫌疑人，只能通过采取强制措施的手段延长追诉时效显然是不合理的。也正因为如此，1997 年刑法才对追诉时效的规定进行了修改。但对于本案，按照《刑法》第 12 条从旧兼从轻的规定，仍只能适用 1979 年《刑法》第 77 条的规定，认定侦查机关没有对犯罪嫌疑人采取强制措施，朱某某故意杀人案已过追诉时效。

（三）本案应当提请最高人民检察院核准追诉

对于已过法定追诉时效的案件，法律并非一律不再追究，而是规定了特殊情况下的补救措施。1997 年《刑法》第 87 条第 4 项和 1979 年《刑法》第 76 条第 4 项都规定，法定最高刑为无期徒刑、死刑的案件，虽然经过 20 年，如果认为必须追诉的，经报请最高人民检察院核准，仍然可以追诉。本案虽然已经过了追诉时效，但朱某某因琐事故意杀死母女二人（其中女儿年仅 13 周岁），犯罪手段残忍，危害后果严重，当地老百姓对这一重大刑事案件反映强烈，要求严惩杀人凶手。死者家属李某某从案发后一直持续不断地到各级政府及公安机关上访，还多次进京上访，1993 年因精神失常死亡。朱某某故意杀人案社会影响恶劣，确有追诉必要，应当依照 1979 年《刑法》第 76 条第 4 项的规定，提请最高人民检察院核准追诉。

实务训练

1. 请根据本案的事实及争议焦点，写一份提请最高人民检察院核准追诉朱某某的

请示。要求格式规范、条理清晰、层次分明、有理有据、入情入理。

2. 请根据法学理论和有关司法解释，比较 1997 年刑法和 1979 年刑法有关时效问题规定的变化，对 1997 年《刑法》第 87 条规定的“法定最高刑”、第 88 条规定的“立案侦查”等争议问题进一步阐释清楚。

延伸阅读

1. 张明楷. 刑法学. 4 版. 北京：法律出版社，2011.
2. 黄伟明. 刑法总则案例教程. 北京：北京大学出版社，2004.
3. 熊选国. 中国刑事审判指导案例. 北京：法律出版社，2009.

案 35. 未被立案的犯罪行为是否受追诉期限的限制

——金某盗窃案

要点提示

刑法规定追诉时效是从国家、被害人和犯罪人角度作出的综合考虑。时效制度具有现实意义，我们在理解疑难案件时理当以此为理论指引并得出相应结论。时效制度之“立案”可以对人，也可以对事。立案所针对的“犯罪事实”和“犯罪嫌疑人”两者之间是一种选择性关系，两者存其一即可。“逃避侦查”在本质上是一种对抗司法的行为。因此，犯罪嫌疑人所知晓的，应当是其自身已被确定为犯罪嫌疑人，而不是其所实施的犯罪行为已被立案。

案情摘要

犯罪嫌疑人黄某、金某，男，无业。

2002 年 8 月，黄某、金某预谋盗窃他人财物。8 月 25 日，二人联系好买主后盗窃他人财物，价值 3 520 元，以 1 200 元的价格将所盗财物出售后所得赃款被二人均分。案发后经被害人报案，侦查机关予以立案，并于 2003 年对已发现但在逃的犯罪嫌疑人黄某进行网上追逃，而金某因未被司法机关发现，一直在家务农。黄某于 2009 年7 月 26 日被抓获，金某随之于 2009 年 7 月 29 日被刑拘。

分歧意见

关于金某是否受追诉时效限制存在两种对立观点。

观点一认为，金某受追诉期限限制，其行为已超过追诉期限，不应再追究刑事责任。理由是案发后金某未被立案，也未逃避侦查，应依《刑法》第 87 条第 1 项和第 88

条第 1 款不予追诉；观点二认为，金某不受追诉期限限制，应与黄某共同追诉。理由是尽管黄某在逃造成同案犯金某未被发现，但本案系共同犯罪，侦查机关根据失主报案已对全案立案侦查，两名共犯人应适用《刑法》第 88 条第 1 款追诉。

问题研讨

由于现实案件的复杂性，以上述法条研判现实案件时会发现现有时效制度仍存在诸多争议。我们必须对刑法规定追诉时效的本意进行深入挖掘，对现有刑法的具体规定进行仔细厘定。在理论澄清的基础上，针对现有的复杂案件进行追诉时效的司法适用。

（一）刑法规定追诉时效的本意是什么，为什么要规定追诉时效

从国家的角度来看，犯罪人犯罪行为的社会危害性及可罚性程度是发展变化的，通常是随着时间的流逝而逐步消弱。社会对犯罪人及其危害行为的否定评价，将随着时间的推移而变化。从犯罪人本身的角度来讲，其犯罪的主观恶性及人身危险性伴随着时间的流逝而趋于弱化，并且长期的自我约束已经使针对原罪的刑罚惩罚变得意义不大。

就《刑法》第 88 条第 1 款而言，刑法关注的核心依然是“逃避侦查或者审判”，也就是说，打击的仍然是对抗司法的“逃避侦查或者审判”的行为。虽然 1997 年刑法对 1979 年刑法有所修改，但是修改的真正内容是扩大了对于对抗司法行为的打击范围：从“采取强制措施”之后的对抗司法行为即“逃避侦查或者审判”，提前到人民检察院、公安机关、国家安全机关的“立案侦查”和人民法院的“受理案件”之后的对抗司法行为即“逃避侦查或者审判”，以此种方式扩大了打击范围，处于这个范围之内的对抗司法行为即“逃避侦查或者审判”的，不再受追诉时效的限制。

通常而言，刑法规定追诉时效的目的主要有以下几点：一是符合刑罚的目的。刑罚的目的之一是预防犯罪。犯罪人在实施犯罪后，在一定期限内没有再犯罪，说明其犯罪的危险性已经消除，一定程度上达到了刑罚预防犯罪的目的。二是有利于司法机关集中精力办理当下的刑事案件。现行的犯罪对社会具有极大的危害性，需要公安、司法机关尽快抓获犯罪嫌疑人并予以惩罚，及时消除犯罪分子的社会危害性。如果不规定追诉时效制度，公安机关、司法机关就会一直陷于陈年旧案之中，会影响对现行犯罪案件的办理效率。设置追诉时效制度，可以节约司法资源。三是有利于社会的稳定。犯罪分子犯罪后在一定时期内没有再犯罪，表明其对社会的危险性已经消除。随着时间的推移，社会已经逐渐遗忘其犯罪行径，被害人对他的仇恨也会随时间的流逝而消解，被损害的社会关系已经恢复，犯罪人的社会生活、家庭生活已经步入正轨。在此情况下，不再追究犯罪人的犯罪行为，有利于社会的稳定。

（二）如何理解立案，立案是对犯罪嫌疑人还是对案件事实而言的

根据刑事诉讼法的规定，人民检察院、公安机关等发现有“犯罪事实”或者“犯罪嫌疑人”，都应当立案侦查。因此，立案可以对人，也可以对事。根据我国 2018 年《刑事诉讼法》第 109 条规定，立案所针对的“犯罪事实”和“犯罪嫌疑人”两者之间是一

种选择性关系。换言之，两者存其一即符合该规定。也可以说，立案既可对“事”，也可对“人”。从实践来看，前述“发现”包括三种情形：一是既发现了犯罪事实也发现了犯罪嫌疑人；二是只发现了犯罪事实但尚未发现犯罪嫌疑人；三是发现了犯罪嫌疑人但尚不清楚犯罪事实。需要说明的是，发现了犯罪嫌疑人但尚不清楚犯罪事实也是能够认为有犯罪事实的，这与前述立案的首要条件“有犯罪事实”是相符合的。另外，立案要求的有犯罪事实仅指某种危害社会、触犯刑法的犯罪行为发生，并不要求清晰地认知整个犯罪过程、具体的犯罪情节、犯罪嫌疑人等情况。因为立案只是刑事诉讼的开始程序，案件尚未进行侦查和审理，查明全部的犯罪事实要由立案后的侦查或审理活动来完成。

但是，有学者认为，具体到追诉时效制度中，《刑法》第 88 条第 1 款所称的立案，应当是已经发现了犯罪嫌疑人的立案，如果仅有犯罪事实而立案的，不属于上述法条所称的立案，否则，就会导致案件事实一旦被发现，就不适用追诉时效制度，那么追诉时效制度基本上就被完全架空了。我们认为，这种见解不妥。理由在于，如果把立案限定为只是对人的立案，那么，在只有犯罪事实而犯罪嫌疑人尚未锁定的情形下，即使行为人逃避侦查或者审判，都要受追诉时效的限制，这明显不合理。另外，并非犯罪事实一旦被发现，就不适用追诉时效，因为在立案之后，还受犯罪嫌疑人逃避侦查或者审判这一条件的限制。因此，刑法时效制度中的“立案”与刑事诉讼法中的“立案”并无二致，没有必要为了特殊意图对此作出限制。

（三）如何理解逃避侦查，逃避侦查是否以行为人知悉已被立案侦查为条件

一般而言，逃避侦查是指犯罪嫌疑人在实施犯罪后，为了逃避法律的追究而实施的一系列影响侦查机关顺利侦查、对其采取强制措施的行为。逃避侦查的行为有很多，常见的是远走他乡、隐姓埋名，或者虽然没有远走他乡，但是一直躲避侦查机关，拒不与侦查机关接触，不让侦查机关发现其藏身之地。从犯罪嫌疑人的角度来看，“逃避侦查”在本质上是一种对抗司法的行为。因此，犯罪嫌疑人所知晓的，应当是其自身已经被确定为犯罪嫌疑人，而不是其所实施的犯罪已经被立案。犯罪嫌疑人在实施了犯罪行为之后，能够初步认识到自己行为的社会危害性质，但并不必然知晓公安机关的司法行为。

因此，逃避侦查并不以知悉自己实施的犯罪行为被侦查机关立案为条件。有的犯罪分子实施犯罪后，即刻逃往外地，不可能知道侦查机关对其或者对其行为已经立案，这种行为就是以不知悉立案为前提的逃避侦查行为。但是，逃避侦查应该有所限制，而不是以行为人的单纯逃跑为其全部成立要件。一般认为，“逃避侦查”应当以本人知晓自己已经被列为犯罪嫌疑人为条件，这是坚持主客观相一致原则的体现。例如，张三因口角之争而临时起意杀了李四，被害人家属下班后发现李四被杀立即报案。但是，公安机关立案后，怀疑案件是前一天刚刚发生的另一起故意杀人案的犯罪嫌疑人王五所为。因此，在决定并案侦查后随即通缉王五。张三却装作此案与他根本无关而正常生活，公安机关也从未怀疑过张三。25 年后张三酒后吐真言才被人举报，由此案发。在这一案件中，不能因为公安机关的立案和张三知悉公安机关已经立案，就以张三“逃避侦查”为由而适用追诉时效。

在共同犯罪中，一方行为人被侦查机关立案侦查或者被通缉，作为共同犯罪，无论是对案件事实还是犯罪行为人来说，刑事立案侦查的条件已经成立。但是，《刑法》第88条第1款的规定非常清楚，即除前项条件之外，还必须有“逃避侦查或者审判的”行为。因此，在具体的案件中必须有知晓自己作为犯罪嫌疑人之后的积极逃避行为。否则，欠缺了这一行为要件，行为人的行为仍然要受追诉时效的时间限制，超过了该时间期限的，不能再追究其刑事责任。

综上，我们认为，金某不受诉讼时效的限制，应当被追究刑事责任。

延伸阅读

1. 吴宏耀. 刑事追诉时效条款的理论解读与适用. 中国检察官，2020（6）：3-13.

2. 高翼飞. 追诉时效争议问题研究：以刑法和刑事诉讼法的协调为视角. 中国刑事法杂志，2020（4）：155-176.

3. 周维明. 追诉时效变更与罪刑法定原则：比较法视野下的分析和思考. 法律适用，2020（9）：106-117.

4. 袁国何. 论追诉时效的溯及力及其限制. 清华法学，2020，14（2）：50-70.

第四章　犯罪成立修正评价体系的重点问题

案36. 有进一步行动威胁的犯意表示宜认定为犯罪预备

——淘宝卖家威胁消费者案

要点提示

犯意表示是指具有犯罪意图的人，通过一定的形式单纯地将自己的犯罪意图表露出来的外部活动，且具有非传授性和非诱唆性的特点，一般不作为犯罪处理，但是犯意表示伴有其他进一步行动的威胁，达到一定社会危害程度时，也有可能构成犯罪。

案情摘要

2018年4月，消费者李某在淘宝一家新疆特产店铺购买了几包干果，发现缺斤短两并有瑕疵，就和卖家曾某沟通。两人在沟通过程中发生分歧，曾某火气越来越大，竟然威胁李某："如果给差评，立马买机票，血洗你全家。"此后，曾某居然发给李某机票订单截图，并且不断发信息威胁，说到时即使李某下跪都没有用。李某及其家人万分恐惧担忧，甚至不敢出门，遂报警寻求保护。后经查实，曾某确实购买了五日之后飞往李某居住地的机票。

分歧意见

对本案卖家曾某的行为应如何定性，在处理过程中形成了如下三种不同意见：

一是不应以犯罪论处。理由是：（1）曾某只是口头威胁，并未付诸行动，即使买了机票，也是五天之后的机票，还有回旋余地，社会危害性不大。（2）根据《治安管理处罚法》第42条第5项规定，多次发送淫秽、侮辱、恐吓或者其他信息，干扰他人正常生活的行为，情节较重的处5日以上10日以下拘留，可以并处500元以下罚款。因此，对卖家曾某进行治安管理处罚即可。

二是曾某构成寻衅滋事罪。理由是：（1）曾某以"血洗全家"威胁并附上机票订单截图，导致李某及其家人恐惧担忧，甚至不敢出门，属于情节恶劣。(2) 依据我国现行刑法规定，辱骂、恐吓他人，情节恶劣的，构成寻衅滋事罪。因此，对卖家曾某应该按照寻衅滋事罪处理。

三是曾某构成故意杀人罪（预备）。理由是：(1) 曾某扬言要血洗李某全家，此时只是单纯的宣泄不满情绪而已，但接着将其所购买的机票订单截图发给李某，表示要前往李某住所，这是为接近李某及其家人实施血洗行为制造条件。(2) 因李某报警，导致其欲实施的故意杀人行为在预备阶段停止。

问题研讨

本案问题的解决取决于对犯意表示、寻衅滋事罪中的“恐吓他人”以及犯罪预备中的“准备工作”“制造条件”的准确理解。

犯意表示是一种行为人单纯的犯意流露，长期以来被刑法学界认定为非犯罪行为。我们认为，犯意是一种思想，思想是无法被处罚的，但犯意表示是一种表达出来的思想即言论。言论有广义和狭义之分，狭义的言论仅指单纯口头言语的述说，广义的言论是指通过言语、图画、表情、肢体等不同方式表达意思或思想。言论是思维（思想）的外在表现，是主观见之于客观的东西，属于行为的范畴，在某些时候可以构成犯罪，如教唆类犯罪、煽动型犯罪、诽谤罪、传授犯罪方法罪等。行为人向被害人发出犯意表示，为被害人所知晓或接收，在一定程度上会造成被害人的恐惧和担忧。本案中，曾某除了对李某进行血洗全家的口头威胁外，还告知李某自己已经购买机票并向其出示机票订单截图信息，这些行为已经远远超出犯意表示的范围。

口头威胁他人人身安全是一种恐吓行为，我国刑法虽然没有明确规定恐吓罪，但《刑法》第 293 条第 2 款规定，追逐、拦截、辱骂、恐吓他人，情节恶劣的，构成寻衅滋事罪。2013 年《关于办理寻衅滋事刑事案件适用法律若干问题的解释》第 3 条第 5 项规定，严重影响他人的工作、生活、生产、经营的情形，属于情节恶劣。曾某因李某给予差评，向其发出“血洗全家”的威胁并附上机票订单截图，导致李某及其家人恐惧担忧，甚至不敢出门，工作生活受到严重影响，完全符合司法解释关于情节恶劣的规定。因此，曾某恐吓他人，情节恶劣，构成寻衅滋事罪。

犯罪预备中的制造条件的行为包括调查犯罪现场和被害人行踪、出发前往犯罪现场或诱骗被害人赴犯罪地点、追踪被害人或守候被害人的到来、排除实施犯罪的障碍、拟定实施犯罪的计划、在共同犯罪中勾结同伙、为了实施犯罪练习犯罪技能以及为实施犯罪而筹措款物等。综合本案案情来看，曾某的行为性质极其恶劣，因商品纠纷，消费者给予差评，不仅不责躬省过，反而威胁消费者全家的生命安全，除了口头言语的恐吓外，已经付诸行动，购买了前往消费者李某居住地的机票，并以此实施进一步威胁，致使被害人惶恐不已，惧怕出门，不得不报警寻求保护。此时，曾某不仅仅是犯意表示，也不再是单纯的言语恐吓，而是为下一步血洗李某全家制造条件，即如果李某不删除差评，他会着手实施该行为，而其之所以未能着手，是因为李某报警，是其意志以外的原因导致的犯罪不能，故应该定性为故意杀人罪（预备）。

综合而言，曾某实施寻衅滋事行为，同时符合寻衅滋事罪和故意杀人罪（预备）的构成要件，依据2013年《关于办理寻衅滋事刑事案件适用法律若干问题的解释》第7条规定，依照处罚较重的犯罪定罪处罚，因此应以故意杀人罪（预备）定罪处罚。

实务训练

请根据本案的事实、既有证据及争议焦点，写一份法律意见书。要求格式规范、条理清晰、层次分明、有理有据、入情入理。

延伸阅读

1. 郑延谱. 预备犯处罚界限论. 中国法学，2014（4）：236－249.
2. 陈兴良. 寻衅滋事罪的法教义学形象：以起哄闹事为中心展开. 中国法学，2015（3）：265－283.
3. 张明楷. 未遂犯论. 北京：法律出版社，1997.
4. 唐煜枫. 言论自由的刑罚限度. 北京：法律出版社，2010.
5. 高铭暄，马克昌. 中国刑法解释：上卷. 北京：中国社会科学出版社，2005.

案37. 复行为犯罪以开始实施前行为为犯罪着手

——陈某强奸案

要点提示

根据形式的客观说，犯罪着手是指行为人已经开始实行刑法分则规定的某种具体犯罪构成客观要件的行为。涉及复行为犯罪时，因复行为犯罪是刑法规定的由前一实行行为和后一实行行为组合而成，其犯罪着手标准也应依据形式的客观说来认定，方能得出较为合理的结论。

案情摘要

2014年初，陈某通过某招聘网站结识张某，双方谈妥以有偿方式建立“情人”关系。2月上旬，双方先后两次约至宾馆发生性关系。事后陈某均当场依约支付相关费用。在第二次发生性关系过程中，陈某拍摄了张某的裸照及二人的性爱视频，并要求张某书写承诺保持长期包养关系的保证书，还摘录了张某手机通讯录中部分亲友的联系方式。8月，陈某要求张某与其发生性关系时，发现张某拒绝与其联系，遂向张某的多名亲友发送“她在外面做了见不得人的事，我手中有证据”等内容的威胁短信，并以发送裸照为由胁迫张某。后张某被迫答应陈某至某酒店，到酒店房间之前张某借口打电话，让陈某先进房间，然后张某打电话报警将陈某抓获。

分歧意见

对陈某的行为应如何定性，在处理过程中形成了如下两种不同意见：

一是按照强奸罪（预备）处理。理由是：(1) 陈某以发送裸照为由，胁迫被害人与其发生性关系，但未开始实施强奸罪的核心构成要件行为即奸淫行为，故还未着手。(2) 陈某之所以未能着手是因为被害人报警，是其意志以外的原因导致其行为停止在犯罪预备阶段，因此，其行为应认定为强奸罪（预备）。

二是按照强奸罪（未遂）处理。理由是：(1) 强奸罪是一种复合行为，由强制行为和奸淫行为共同组成，强制行为是手段，奸淫行为是目的。(2) 这两种组合行为中的任一行为均是刑法分则规定的强奸罪的构成要件之一。本案中，陈某已经开始实施威胁行为，应该认定为着手。(3) 被害人报警，使得陈某由于意志以外的原因而未能得逞，因此，其行为应认定为强奸罪（未遂）。

问题研讨

本案问题的解决取决于对犯罪着手标准以及复行为犯罪的理解。

首先，关于犯罪着手的标准，外国刑法理论上有主观说和客观说之分。主观说以行为人是否具备主观上的犯罪意思为认定标准，认为着手就是犯罪人意思的危险性显露或被发现。客观说又分为形式的客观说和实质的客观说。形式的客观说认为，着手是开始实施刑法所规定的构成要件的一部分行为，实质的客观说基于法益侵害的危险性，认为具有引起结果的迫切危险性的时刻就是着手。上述观点中，主观说的不足在于预备行为也具有犯罪意思，因而无法有效区分预备行为和实行行为。实质的客观说在着手标准的判断上离开了犯罪构成要件的规定，过于笼统和模糊，难以断定。形式的客观说谨守罪刑法定原则，具有良好的定型性和较为明确的判断标准。我国刑法理论通说采用的是形式的客观说标准，认为着手就是开始实施刑法分则规定的某一个犯罪构成的客观要件的部分，该观点也为司法实务界所接受与运用，因此，对于着手标准我们也采纳形式的客观说。

其次，复行为犯罪是由复合行为构成的犯罪，是指由刑法明文规定的在一个独立的基本犯罪构成中包含两个相互联系的实行行为的犯罪，这两个实行行为共同组合反映该罪的本质。这两个实行行为之间具有先后顺序，通常前一个实行行为是手段，后一个实行行为是目的。例如抢劫罪、绑架罪、敲诈勒索罪、强奸罪，在这些犯罪中，前一个实行行为都是实施暴力、威胁或与之相当的强制行为，强制行为是手段，目的是取得被害人财产或奸淫被害人，缺少或改变其中任何一个实行行为，都会使犯罪的性质发生根本性的变化。如果手段相似，但目的不同，即使未能实施后继目的行为，也只能依照目的不同，相应构成不同犯罪。例如，行为人基于不同目的，偷盗婴幼儿的行为可构成不同犯罪：基于出卖目的偷盗婴幼儿的，构成拐卖儿童罪；基于勒索财物目的偷盗婴幼儿的，构成绑架罪；基于抚养目的偷盗婴幼儿的，则构成拐骗儿童罪。

最后，刑法学界关于复行为犯罪的着手标准主要有前一行为说、后一行为说以及具体分析说①。依据形式的客观说，复行为犯罪中的两个实行行为均是犯罪构成要件的组成部分，行为人开始实施前一个实行行为，前一实行行为已经具有现实危险性，而且能够表征和显露行为人之犯罪目的，尽管尚未实施后一实行行为，但也等同于开始实施该罪的构成要件，因此前一行为说更具有合理性。以强奸罪为例，只要行为人开始实施作为手段行为的暴力、威胁或者其他方法行为，就可以认定为着手，而不是必须实施后一个目的行为即奸淫才能认定为着手。综合本案案情来看，陈某已经开始实施威胁行为，向张某的多名亲友发送"她在外面做了见不得人的事，我手中有证据"等内容的威胁短信，并以发送裸照为由胁迫张某前去酒店再次发生性关系，应该认定为着手。但由于被害人报警，导致陈某由于意志以外的原因而未能实施奸淫行为。因此，陈某行为应认定为强奸罪（未遂）。

实务训练

请根据本案的事实、既有证据及争议焦点，写一份判决书。要求格式规范、条理清晰、层次分明、有理有据、入情入理。

延伸阅读

1. 封志晔. 复合实行行为的着手问题浅析：以新定型说为视点. 法学评论，2008 (3)：152－160.

2. 邹佳铭. 实行着手之限制与主客观统一说之提倡. 法学评论，2011，29 (1)：48－54.

3. 周铭川. 论实行的着手. 中国刑事法杂志，2009 (4)：11－19.

4. 张明楷. 未遂犯论. 北京：法律出版社，1997.

5. 高铭暄，马克昌. 中国刑法解释：上卷. 北京：中国社会科学出版社，2005.

案 38. 犯罪中止的"损害"是指达到刑法评价的后果

——王某强奸案

要点提示

基于金桥理论、褒奖理论以及刑罚目的论，几乎所有国家刑法都规定对中止犯从宽处罚。我国《刑法》第 24 条第 2 款规定："对于中止犯，没有造成损害的，应当免除处罚；造成损害的，应当减轻处罚。"是否造成损害，成为减免中止犯刑事责任的分界线。

---

① 赵瑞罡，张雪花. 复行为犯的着手问题. 法学论坛，2002 (6)：35－37.

但对于“损害”一词的内涵，存在着较大争议。

案情摘要

2014 年 7 月初，王某到北京看望在京务工的母亲，并住在地下室。他发现隔壁房住了个女孩小尹，从背影看是自己喜欢的类型。晚上，王某想着地下室居住的人大都不锁门，便摸到小尹的房间门口，发现果然没锁门，就从自家厨房拿来菜刀和拖把，进入小尹房间。王某拿起拖把杆打击小尹的头部，想将其打晕后再实施强奸。谁知，不仅没将小尹打晕反而将其打醒，王某就拿着菜刀吓唬小尹，不让其喊叫，又用手掐着小尹的脖颈，待其安静后，才松开手。但当王某看清楚小尹正脸时，却发现不是自己喜欢的类型，便没有继续实施强奸行为，后王某乞求小尹不要报警，为了安抚王某的情绪，小尹只好假装答应。当王某离开后，小尹立即报警，随后，警方将王某控制。经鉴定，小尹为轻微伤。

分歧意见

对本案王某的行为应如何定性，在处理过程中形成了如下两种不同意见：

一是王某构成强奸罪中止，没有造成损害，应当免除处罚。理由是：(1) 王某以奸淫为目的，趁黑摸入被害人房中，为了排除被害人反抗，对被害人实施暴力殴打和暴力恐吓，已经着手实施犯罪。(2) 王某发现被害人不是自己喜欢类型的女孩，主动放弃实施奸淫行为，属于犯罪中止。(3) 王某虽然有摸入被害人房间和对被害人殴打和恐吓的行为，但性质并不恶劣，因此应当免除处罚。

二是王某构成强奸罪中止，造成损害，应当减轻处罚。理由是：(1) 王某以强奸为目的进入小尹房间，使用拖把杆殴打小尹并用菜刀相威胁，已经着手实施犯罪。王某在犯罪过程中，有能力继续犯罪而自动放弃犯罪，属于犯罪中止。(2) 王某的行为本身具有较大的社会危害性，过程中有使用器械殴打被害人的情况，暴力程度较为严重，对被害人小尹身心伤害较大，应当追究其刑事责任。

问题研讨

本案问题的解决取决于对中止犯的“损害”的准确理解。因为损害是衡量行为人是否受到刑事处罚的根据，故而损害应该是达到一定程度的社会危害，这种社会危害不仅包含物质性的后果，也包含非物质性的后果。此外，刑罚能够施加于人，是因为实施者具有主观罪过，因此，损害必须能够归责于行为人。

首先，损害必须达到一定程度，即属于刑法评价和规制的范畴。如果某种损害仅仅是道德、民法或行政法所评价和规制的内容，而不是刑法评价和规制的内容，在尚未穷尽其他合法救济手段之前，依据刑法不得已原则，无须动用作为后盾法与保障法的刑法进行规制。正如边沁所言，若透过温和的手段可以取得同等效果，适用刑罚就意味着过当。这种损害要达到刑法评价程度，一般而言，可能符合某个轻罪的具体犯罪构成，但基于现行刑法关于犯罪中止的规定，不再单独定罪，而是综合考虑，将其评价为“犯罪中止所造成的损害”。譬如，行为人实施入户抢劫行为，入户后自动放弃抢劫，构成抢劫罪的中止。其入户行为单独评价可能构成“非法侵入住宅罪”，但因入户行为是发生在行为人实施抢劫过程之中，故可综合评价为抢劫罪中止所造成的损害。

其次，损害是客观真实存在，不仅包括物质性后果，也包括非物质性后果。有观点认为，损害不能包括无形的、非物质的而又难以具体测量的危害结果[①]。但根据我国刑法通说观点，犯罪是对刑法所保护的社会关系的侵害，这种侵害既可能是有形的、物质性的、可测量的，譬如钱财等，也可能是无形的、非物质性的、难以测量的，譬如性权利、名誉权等，所以，损害完全可能是非物质性的。并且，根据责任主义，损害必须能够归责于行为人，因而，损害还需与行为人存在主观上的心理联系，即行为人对损害具有主观方面的故意或者过失。如果某种损害虽然由行为人的行为所造成，但行为人对此并无主观上的故意或者过失，则不属于中止犯中的“造成损害”。

最后，综合本案案情，王某为了实施强奸，非法侵入小尹房间，并且对小尹进行了人身伤害与恐吓，但因不喜小尹相貌，主动放弃奸淫行为，成立强奸罪的犯罪中止。小尹的房间虽然没有上锁，但属于其独立生活的相对封闭的私人空间，外人未经允许不得擅自进入，符合刑法意义“户”的特征。王某基于强奸之犯罪目的，非法侵入被害人小尹房间，已经构成非法侵入住宅罪。此外，王某还实施了殴打和恐吓被害人小尹的行为，虽然伤害程度未达到故意伤害罪成立的轻伤标准，但和非法侵入住宅行为结合起来，已经达到刑法评价标准。而且非法侵入住宅以及殴打恐吓行为都是王某故意为之，应该归责于王某。因此，应当认定犯罪中止造成了损害，适用中止犯减轻处罚条款。

实务训练

请根据本案的事实、既有证据及争议焦点，写一份判决书。要求格式规范、条理清晰、层次分明、有理有据、入情入理。

延伸阅读

1. 陈世伟. 析我国犯罪中止中的“损害”. 云南大学学报（法学版），2011，24（1）：56－59.

2. 王骏. 刑法第24条第2款中的“损害”：解释论与立法论的双重展开. 中国刑事法杂志，2009（5）：22－26.

3. 李永升，张超. 关于中止行为构成他罪问题的处断探析. 时代法学，2012，12（3）：23－28，49.

4. 张明楷. 未遂犯论. 北京：法律出版社，1997.

---

① 谢雄伟. 对中止犯处罚原则中“损害”概念之界定. 法学评论，2006（1）：136－140.

案 39. “未得逞”与“自动有效放弃犯罪”的司法认定

——李某敲诈勒索案

要点提示

正确认定犯罪预备、犯罪未遂和犯罪中止的关键在于正确理解和认定“未得逞”与“自动有效放弃犯罪”。犯罪得逞与否必须以行为人的行为是否具备构成要件作为判断标准；既不能将引起行为人中止犯罪的原因当作意志以外的原因，否定犯罪中止的自动性，也不能因为现场存在客观障碍就排斥犯罪中止的自动性。

案情摘要

被告人李某，无业。

2010 年 5 月 5 日 16 时许，被告人李某通过某市区的邮局，以“某省鸭子帮”的名义，用特快专递方式寄给某市珠宝有限公司的老板温某一封信件，信件的主要内容是，该帮派组织“看得起”温某，特向其索取人民币 6.88 万元，并令温某于 5 月 8 日 18 时将上述款项放于某市某区某市场门口的第二个垃圾桶内，否则，温某将准备于 6 月 1 日前给其儿女收尸。被害人温某收到恐吓信后立即报警。5 月 8 日 18 时许，公安机关在某市场附近布控，但被告人李某并没有到现场取钱。2010 年 5 月 14 日，公安人员根据嫌疑人员进行逐一排查，最终李某被抓获归案。被告人李某称，温某是其原来的老板，因为与温某有过节，为了泄愤而邮寄了此信件，但是李某根本没有真正敲诈勒索其财物的故意，也从来没有到“恐吓信”指定的地点去收取“勒索”的款项。据此，其辩护人提出，被告人李某在恐吓信寄出后，主动放弃犯罪，致使勒索财物的结果没有出现，属于犯罪中止。

分歧意见

关于本案触犯敲诈勒索罪，没有任何争议，有分歧的地方在于李某行为的犯罪形态，即究竟是犯罪未遂还是犯罪中止。一种观点认为，李某的行为已经着手，仅仅因为意志以外的原因未能得逞，因而其行为是犯罪未遂。另一种观点认为，李某的行为是自动放弃犯罪行为的表现，既然行为人已经自动打消了犯罪念头，所以应该认定为犯罪中止。

问题研讨

犯罪未遂与犯罪中止作为两种犯罪未完成形态，存在构成特征上的诸多相似性，给司法认定带来了一定难度。比如，犯罪未遂与犯罪中止都可以在行为人着手之后的实行阶段出现，都是未出现既遂结果时的犯罪形态，都与行为人主观上的现实心态密切相关。我们在判断行为人的犯罪形态时，必须进行严格的审查与仔细的判断。

（一）如何认定犯罪未遂中的“未得逞”

犯罪“未得逞”，是我们对犯罪未遂的惯常称谓，是区分犯罪未遂与犯罪既遂的根本性标志。我国刑法学界关于犯罪未得逞的判断标准，主要存在犯罪结果说、犯罪目的说和犯罪构成要件说之分。犯罪结果说认为，犯罪未得逞是指犯罪行为没有造成法律规定的结果；犯罪目的说认为，犯罪未得逞是指犯罪行为没有实现行为人预期希望发生的目的。但是，一旦仔细分析就会发现，犯罪结果说与犯罪目的说并不能解决行为犯与危险犯的既遂、未遂判断问题，因而这两种学说不能作为判断所有犯罪未遂成立与否的合理标准。我国刑法学界的通说认为，犯罪得逞与否必须以行为人的行为是否齐备构成要件作为判断标准，因而构成要件说得到了较为普遍的认可。

行为人的行为是否得逞，与具体的犯罪类型关系密切。比如，结果犯与行为犯的未得逞就完全不一样。结果犯的未得逞是法定的结果未发生，行为犯的未得逞是法定的行为未完成。一般而言，由于结果犯中对结果的判断较为客观，加之可以具体测量，因而其是否得逞的标准往往没有争议，但是行为犯的行为存在强度的问题，由于并不存在较为客观的可以测量的度量值，因而在实践中的把握往往较为模糊。

（二）如何认定犯罪中止要求的“自动放弃犯罪或者自动有效地防止犯罪结果发生”

对于犯罪中止的成立而言，必须要求行为人具有“自动放弃犯罪或者自动有效地防止犯罪结果发生”这一要件。可以说，这是犯罪中止与犯罪预备、犯罪未遂的最显著差异所在。简言之，这里牵涉到中止犯成立的两个基本要件，一个是“自动性”，一个是“有效性”。

犯罪中止的“自动性”，是指行为人认识到客观上可能继续实施犯罪或者可能犯罪既遂，但是自愿放弃原来的犯罪意图。这实际上告诉我们，在行为人是否停止犯罪时，客观上具有可以选择的现实空间，即要么继续犯罪，促使犯罪既遂，要么放弃犯罪，不使犯罪既遂。只有存在选择的情形下，行为人不继续实施犯罪，不使犯罪既遂，才有成立犯罪中止的可能，才能表明行为人主观上具有犯罪中止的意志。从总体上来说，行为人中止犯罪的主观动机具有多样性，既可以是出于真诚悔悟、出于对被害人产生同情心、因为惧怕刑罚的惩罚，也可以是为了争取司法机关对自己的宽大处理，等等。我们在判断行为人的中止性时，要注意两个方面的内容：其一，不能将引起行为人中止犯罪的原因，当作意志以外的原因对待，从而否定犯罪中止的自动性。比如，行为人抢劫时，发现是自己的熟人而放弃，我们就不能因为抢劫碰到熟人的概率低而认为是意志以外的因素，从而认为行为人的中止行为不具自动性。其二，不能因为现场存在客观障碍就排斥犯罪中止的自动性。因为中止犯的成立与行为人的主观意愿息息相关，即使客观上存在障碍，但是行为人没有认识到，或者认识到了但是觉得不足以阻止其继续犯罪的，只要行为人此时放弃了犯罪意图的，都符合犯罪中止的自动性特征。

中止的有效性实际上强调的是犯罪行为尚未发展到犯罪既遂的标准，因为犯罪一旦既遂，则不可能再成立犯罪中止，或者说达不到保护法益所要求的有效程度。如果行为人虽然自动放弃了犯罪或者自动采取措施防止结果发生，但是结果仍然发生，则同样不能成立犯罪中止。比如，行为人甲要杀乙，砍了数刀，此时甲反悔，马上把乙送到医院进行救治，但是乙仍然死亡。在此种情形下，甲的行为即使存在自动性，但是因为并不符合犯罪中止的有效性特征，只能是犯罪既遂。

在中止的过程中，如果行为人为防止结果的发生作出了积极努力，但是其行为本身偶然未能使结果发生，或者由于他人的行为防止了结果发生时，成立中止犯仍然没有问题。行为人的中止行为要求是其自己的行为，但是行为人防止结果发生的行为则并不一定必须是自己的行为，它可以是行为人自己的行为，也可以是行为人与其他人合力完成的行为。比如，行为人实施杀人行为后，把受伤害者送到医院，由医生抢救而防止被害人死亡结果发生的行为。在这里，行为人把被害者送到医院与医生的抢救是共同的协力行为，且最终防止了危害结果的发生。另外，无论行为人有无防止结果发生的积极行为，危害结果原本就不可能发生，此时，只要行为人有中止犯罪的意图与避免结果发生的客观行为，仍然成立犯罪中止。比如，行为人甲从市场买回来“毒药”（实为假药），并放到给乙喝的水中，看到乙喝完后上吐下泻，于是后悔，把乙送到医院。事实上，无论甲是否把乙送到医院，这种所谓的“毒药”都不可能致人伤害或者死亡。在此种情形中，因为甲有中止犯罪的意图，并且也实施了中止行为，因为客观上没有发生犯罪既遂所要求的危害结果，因而仍然具有有效性，成立犯罪中止。

犯罪中止不能发生犯罪既遂所要求的危害结果，这是犯罪中止有效性的最基本要求，也是判断犯罪中止能否成立的最客观的标准。但是，必须指出的是，犯罪中止的有效性并非要求不能发生任何形态的结果，只是不能出现既遂形态的结果。比如，行为人实施强奸过程中，使用暴力致人一定程度的伤害，看到对方可怜或者因为其他因素而放弃奸淫行为，此时即使已经产生伤害结果，但是由于没有达到强奸罪既遂的程度，仍然成立强奸罪的犯罪中止。由此不难看出，犯罪中止可以分为造成了一定危害结果的中止与未造成任何危害结果的中止，这从《刑法》第 24 条第 2 款“对于中止犯，没有造成损害的，应当免除处罚；造成损害的，应当减轻处罚”的规定同样可以得出如上结论。

（三）犯罪未遂与犯罪中止的区别

按照刑法学界的通说，犯罪未遂与犯罪中止最关键的区别在于行为人的主观意志不同，即究竟是行为人意志以内的原因还是意志以外的原因而使犯罪停止下来，如果是意志以内的原因，则成立犯罪中止，如果是意志以外的原因，则成立犯罪未遂。

为了对行为人的意志以内和意志以外有更清楚的理解，有学者进行了简洁明了的归纳，即“能达目的而不欲”是犯罪中止，“欲达目的而不能”是犯罪未遂。“能达目的而不欲”强调的是行为人在能够达到自己主观意图时，放弃原先的想法而不想再犯罪了；“欲达目的而不能”强调的是行为人想达到自己的主观意图，但是按照当时认识的情形却不能做到。也有学者提出，“非不能，实不愿”是犯罪中止，“非不愿，实不能”是犯罪未遂，这一归纳实际上与前述提出的“能达目的而不欲”、“欲达目的而不能”是一个意思。但是，我们在理解“能”与“不能”时要注意一点，即这里的“能”与“不能”不是以客观实际情形为判断标准，而是以行为人的主观认识为判断标准。其原因就在于，犯罪未遂与犯罪中止的主观意志活动是针对特定行为人的主观内容而言的，强调的是行为人个人主观层面的内容，不以客观实际情形的“能”与“不能”的判断而转移。比如，行为人甲在现场盗窃，听到外面有脚步声而逃离现场，实际上外面只是风吹动树叶的声音，此时行为人主观上认为是“不能”，因而是犯罪未遂。与之不同的是，如果行为人在盗窃现场，睹物思情而放弃犯罪，但是即使行为人去偷，现场也根本就没有财物，此时，由于行为人主观上认为是“能”，因而是犯罪中止。

然而，如果坚持上述评判标准，我们在实践中必然要面临这样一个现实困惑，即既然犯罪未遂与犯罪中止是以行为人的主观认识为判断标准的，那么，是不是说必须以行为人的事后供述为结论得出的依据？如果这样，只要是在犯罪既遂的结果未出现的情形下，都极有可能因为行为人的辩解而成立犯罪中止，致使犯罪未遂的空间被大大收缩，行为人逃避犯罪打击的机会随之而加大。对此，我们必须从理论上解决这一现实问题，否则，司法实践遇到类似的问题就必然不知所措，刑事法治的公正性与权威性就无从谈起。

虽然区别犯罪中止与犯罪未遂的关键在于行为人的主观意志不同，但是我们在分析具体案件时，不能直接将行为人的口头辩解作为实质根据。其原因在于，犯罪中止作为行为人内心态度的转变，必然要求客观上有与此相对应的外在行为，即我们所说的“中止的客观性”。中止的客观性根据行为人中止阶段的不同而有不同的要求，我们可以把它划分为犯罪预备阶段的中止、实行行为尚未实施终了的中止、实行行为实施终了的中止。对犯罪预备阶段的中止和实行行为尚未实施终了的中止，只要行为人放弃犯罪意图、停止自己的犯罪行为，犯罪中止就可以成立。实行行为实施终了的中止，由于行为人已经把需要实施的全部行为都实施完毕，此时危害结果发生的可能性极大，所以要成立犯罪中止，还需要行为人实施积极行为以避免危害结果的发生。如果行为人主观上有放弃犯罪意图的想法，但是客观上根本没有中止犯罪的客观行为，则不能成立犯罪中止。比如，行为人甲投毒杀乙，在实施了投毒行为之后，甲后悔，产生了放弃犯罪的主观意图，并且希望乙没有喝该毒药，但是，乙仍然喝下该毒药死亡。此时，即使行为人甲有放弃犯罪的意图，但是由于欠缺中止行为的客观性，且产生了犯罪既遂的结果，因而成立犯罪既遂。

实务训练

针对犯罪过程中的不同阶段分别找一个关于犯罪中止的真实案例，并根据案件事实、既有证据及争议焦点，写一份辩护词。要求格式规范、条理清晰、层次分明、有理有据、入情入理。

延伸阅读

1. 赵秉志. 犯罪未遂形态研究. 北京：中国人民大学出版社，2007.

2. 吴振兴. 犯罪形态研究精要. 北京：法律出版社，2005.

3. 王海涛. 论犯罪中止自动性判断中的三大基本问题. 中国刑事法杂志，2011（4）：3－9.

4. 李希慧，林卫星. 并合主义：犯罪未遂的应然立场. 法律科学（西北政法大学学报），2010，28（5）：78－83.

案 40. 共同犯罪中的实行过限及其司法判定

——张某、李某、黄某抢劫、故意杀人案

要点提示

实行过限主要是行为人共同犯罪时故意内容的问题，如，抢劫之后实施的杀人行为，究竟是前期行为人的共同行为，还是共同犯罪之后的实行过限行为？究竟是抢劫罪的结果加重犯，还是构成抢劫罪与故意杀人罪两罪？如果行为人对他人的实行行为欠缺共同故意，则应该认定为实行过限，如果行为人对他人的实行行为未超出共同故意范围，则仍然属于共同犯罪。在区分结果加重犯与实行过限时，必须以行为人的主观罪过为基准，结合行为人实施的构成要件行为予以审慎判断。

案情摘要

被告人张某，男，32 岁，社会无业人员。被告人李某，男，30 岁，社会无业人员。被告人黄某，男，29 岁，社会无业人员。

2010 年 10 月，被告人张某、李某、黄某三人商量要出去“干一票”，“找点钱花花”。经过商量之后，三人就开始物色对象，最终瞄准了被害人石某。某日晚，在石某从银行取钱回家的路上，被告人张某、李某、黄某一拥而上，对石某一阵拳打脚踢，由于三人用力过猛，被害人石某当场被打昏。三人搜走了石某身上的现金（5 000 元）、手机（价值 1 200 元）。现场分赃之后，三人各自离去。回家之后，张某觉得不妥，遂给李某、黄某分别打电话，要求一起去处理现场，由于黄某的手机打不通，所以只好作罢。然后，张某和李某返回作案现场，把石某从高处扔到河水里。石某次日被发现时已经死亡，经法医鉴定，被害人石某系坠落时致颅脑损伤并溺水死亡。

分歧意见

关于本案的定性，存在如下几种意见：

（1）被告人张某、李某、黄某三人的行为都是抢劫罪，属于抢劫罪中致被害人死亡的结果加重犯。

（2）被告人张某、李某、黄某三人的行为构成了抢劫罪与故意杀人罪，应该数罪并罚。

（3）被告人张某、李某、黄某三人的行为构成了抢劫罪，但是张某与李某的行为还构成了故意杀人罪。

问题研讨

共同犯罪作为单一犯罪的结合体，并不是人数上的简单相加。从共同犯罪的成立条件来看，共同犯罪的成立是三个要件的有机统一体，即主体为二人以上的具有刑事责任能力的自然人或者单位，主观上是共同故意，且要求故意与故意之间具有明确的意思联络，客观上存在共同行为，即行为人在整体性的犯罪中围绕共同的犯罪故意内容实施了组织、教唆、帮助、实行等行为。但是，由于共同犯罪的行为人参与共同犯罪的行为方式具有多样性，哪一行为是共同的，哪一行为是单一的，并不能一目了然地得出结论。基于此考虑，我们只有从共同犯罪的理论上进行认真考察，才能有一个清晰性的认识。

（一）如何判断共同犯罪行为人的故意内容

共同犯罪最为关键的是主观要件，因此，在司法实践中认定共同犯罪往往纠结于对共同故意的判断上。那么，如何判定行为人之间具有共同犯罪故意？共同体之下的共同故意的内容是什么？彼此之间的故意有无意思联络？众所周知，由于主观要件认定基于对行为人认识因素与意志因素的判断，它属于行为人的心理认识的回溯性考察，因而主观要件的认定具有超越于客观要件的司法困难。

从司法实践来看，共同犯罪的故意内容的表现形式多样，对此，理论上大致作了如下分类：按照故意的确定程度，可以分为确定故意与概括故意；按照行为人故意的内容是否发生变化，可以分为事先故意和转移故意；按照故意的产生时间，可以分为事前有共谋的故意、事前无共谋的故意；等等。

在共同犯罪中，比较难判断的是概括故意，可以说，其已经成为影响司法个案准确定性的一大障碍。关于概括故意，一般是指共同犯罪人在形成共同故意时，只对犯罪内容进行了大致的约定。比如，行为人对犯罪手段的使用、侵犯程度的强弱、对象的具体与不具体等事先都未作明确约定，常见的表述往往是“收拾一下”“摆平”“干一番”“教训一下”等。正是因为概括故意的内容没有明确性的约定，其外在范围就不可避免地具有模糊性与不确定性，甚至可能在共同犯罪体的行为人之间会有不同的分歧性认识。那么，我们对概括故意的共同犯罪是否完全不能判断呢？事实并非如此。原因在于，虽然概括故意的内容事先不明确，但是通过对具体现实案件的客观要素的逐一考察，在行为人把概括故意作用到司法个案之时，行为人在实施犯罪行为时对故意内容仍然是明确的。例如，行为人要通过共同行为去“搞定”某个人，它的内容就是概括性的，既可能是一般的殴打行为、故意伤害行为，也可能是故意杀人行为。此时，我们正确判断行为人的主观罪过，就决定了司法罪名的正确选择与量刑的合理裁量。正确的判断方法是坚持辩证唯物主义的“主观见之于客观”的认识论，通过从客观到主观的逆推方法进行推定，通过行为人的使用工具、打击部位、打击强度、伤害部位、导致的危害结果等综合判断。尽管一般殴打、故意伤害、故意杀人都没有超出行为人的故意内容，但是我们在判断时既不能随意选择最轻的罪名，也不能刻意选择最重的罪名，而是要严格按照主客观相一致的原则，对司法个案进行仔细审查之后予以合理判断。

（二）行为人的行为是否属于实行过限的司法认定

行为是否符合某一犯罪的构成要件，是认定是否构成该罪的法律准则。但是，由于共同犯罪的复杂性与特殊性，行为人即使没有特定的实行行为，也并不阻却行为人共同犯罪的成立。那么，是否说只要行为人前期参加了共同体的某些共同犯罪行为，对其他共犯人之后所实施的犯罪行为也要一概承担刑事责任呢？我们能不能进行这样的推定，即如果行为人知道之后的行为或者被要求参加之后的行为，他本人也不可能否定或者做出完全相反的行为，但未参加实施，那么是否也应该按照共同犯罪予以追究？

共同犯罪是二人以上通过意思联络，认识到其行为会发生危害社会的结果，而在彼此合意下实施的共同行为。尽管共同犯罪采取“部分行为、全部责任”的原则予以刑事归责，但是这一归责原则也并非没有边界，我们绝对不能以“部分行为、全部责任”为由，让参与部分行为的行为人承担其他共犯人实施犯罪所要承担的全部责任。原因在于，“部分行为、全部责任”作为共同犯罪的归责原则，必须符合共同犯罪的前提要件，即只有实行犯的行为在共同犯罪的犯罪意图所能包容的范围内，且为其他犯罪人所预见或认同，能够作为共同犯罪予以认定时，其他共犯人才可能对该行为承担相应的刑事责任。但是，如果实行犯的行为超出了共同犯罪人的主观故意的内容，则该行为已经完全脱离了共同犯罪体，其行为属于单独的行为，按照罪责自负的刑事司法原则，理应由实施该行为的人来承担相应的刑事责任。

在司法实践中，我们应该区分行为人的实行过限行为与行为人之间的临时起意，前者不能作为共同犯罪处理，而后者仍然属于共同犯罪的范围。所谓临时起意的共同犯罪，是指共同犯罪人在实施某个犯罪的过程中，由于其他因素的介入，而又临时起意实施了另一犯罪行为。毫无疑问，针对临时起意的犯罪行为，实际上属于事前无通谋的共同犯罪，由于此种行为仍然符合共同犯罪成立的所有要件，所以对临时起意的犯罪行为人仍然要按照共同犯罪追究刑事责任。从实践操作来说，我们要区分行为人的行为究竟是实行过限还是临时起意的共同犯罪，仍然要从共同犯罪成立所需要的主客观要件上予以确证。具体言之，从犯罪的主观方面来看，构成共同犯罪必须是二人以上具有共同的犯罪故意，即行为人对自己即将实施的危害行为是明知的，对其他行为人作为犯罪共同体的参与者和彼此之间的相互配合也是知情的，并且知道共同的犯罪行为会发生某种危害社会的结果，仍然希望或者放任这种危害结果发生。另外，在客观方面，共同犯罪的成立还要求共同犯罪人之间具有共同的行为，“共同行为”并不要求各共犯人都实施了相同的行为，也不要求行为人实施的都是构成要件明确限定的行为，而是各共犯人在共同故意的支配下为了形成合力而相互配合、相互作用、相互协调的行为。

我们评判行为人的行为是否属于实行过限，关键在于考察行为人是否具有实施该行为的故意性内容。在已有行为人参与部分行为的前提下，我们绝对不能做出这样的推定：根据未参与的行为人知道行为计划，他也会完全赞同或者积极参与的假设，推定未参与行为人对此行为持认可态度。当然，根据前述推定得出行为人需要对该部分行为承担刑事责任的结论，也是不可取的。之所以否定上述逻辑思路，是因为刑事归责不能简单依靠先入为主的有罪推定，更不能以凭空假设取代严密的司法定性过程。虽然刑事推定是司法实践中主观认定的常用方式，但刑事推定毕竟不是不讲证据的主观臆断，在欠缺基础性事实的前提下进行的所谓推定根本不能得到理论界与实务界的普遍认同。

（三）结果加重犯与实行过限的区分

根据刑法学界较为一致的认识，结果加重犯是指行为人实施了基本犯罪，引起了可归责于行为人的加重结果，且刑法对加重结果规定了更重的法定刑的犯罪形态。实行过限是参与共同犯罪的行为人超出了共同犯罪故意之外的内容，实施了其他犯罪行为的犯罪形态。

一般来说，对结果加重犯与实行过限不会产生争论，因为前者属于罪数理论中的问题，而后者属于共同犯罪中的问题。但是，具体到司法个案，行为人的行为是结果加重犯还是实行过限，往往会有明显的分歧性意见。比如，抢劫过程中的杀人行为，如果认定是结果加重犯，则只认定为抢劫罪一罪，处罚时按照结果加重的法定刑予以处罚即可。如果是实行过限，共同犯罪中未参与杀人行为的行为人只认定为抢劫罪一罪，并且只在基本法定刑的幅度内承担相应的刑事责任；参与杀人行为的行为人则要认定为抢劫罪与故意杀人罪二罪，按照数罪并罚的原则予以论处。

由于结果加重犯与实行过限的行为都有各自的复杂性，为了更好地指导实践运用，在理论上区分二者仍然有其必要性。结果加重犯的基本构造，要求行为人在实施犯罪的基本构成要件行为之后，对行为导致的危害结果至少有过失。具体到抢劫罪的结果加重犯，行为人实施了基本的抢劫行为，对抢劫行为所导致被害人的死亡可以是故意，也可以是过失。这样一来，共同犯罪案件中，有人就会认为，参与实施了抢劫行为的犯罪人，即使事后有部分行为未涉及实施杀害被害人，但是仍然可以通过行为人的主观罪过内容把行为人区分为二类，即参与杀害被害人的行为人对危害结果有故意，未参与杀害被害人的行为人对危害结果有过失（行为人未救助被害人，可以推定出行为人的过失心态），因而都是结果加重犯，都应该在结果加重的范围内承担相应的刑事责任。

这样的分析思路表面上看来也不是完全没有道理，但是一旦对此进行深入思考就会发现，上述分析仍然存在似是而非的理论误区。关键在于，一个基本的前提性问题仍然没有厘清，即为什么行为人的行为是结果加重犯，而不是实行过限行为呢？即使已经把行为人的行为作为结果加重犯予以对待，为什么就能确定未参与人的行为对危害结果有过失呢？应该清楚，结果加重犯是针对行为人在实施基本犯罪构成要件行为过程中出现的结果加重而言的，只有在基本构成要件范围内实施的行为导致了结果加重，才可能被认定为结果加重犯。行为人在实施某犯罪行为之后，另生犯意而实施的其他犯罪行为，不能作为结果加重犯予以对待。换言之，结果加重犯中对结果加重是故意也好，是过失也罢，此故意与过失都是基本犯罪构成要件行为引出来的主观心态，如果该故意与过失已经不能被基本犯罪的构成要件所容纳，则不能再作为结果加重犯予以论处。另外，我们也断然不能因为行为人未参与实施致使结果加重的行为，就认为行为人对此结果存在过失，因为过失是行为人实施行为的主观罪过，不结合其行为予以客观判断推理显得过于武断。

所以，区分结果加重犯与实行过限的关键仍然在于行为人的主观罪过，如果行为人实施行为所导致的结果是基本犯罪构成要件的行为所导致的，能够被前期的罪过内容所包含，则是结果加重犯。反之，如果行为人对后期实施的行为全然不知情，其主观罪过内容根本不可能包含该行为，则应该以实行过限论处。

实务训练

从实务中找一个关于共同犯罪实行过限的真实案例，根据案件事实、既有证据及争议焦点，写一份辩护词或判决书。要求格式规范、条理清晰、层次分明、有理有据、入情入理。

延伸阅读

1. 陈兴良. 共同犯罪论. 北京：中国人民大学出版社，2006.

2. 肖本山. 共犯过限论. 北京：中国人民公安大学出版社，2011.

3. 阴建峰. 实行过限之本体探究. 中国刑事法杂志，2010（11）：16－22.

4. 叶良芳. 实行过限之构成及其判定标准. 法律科学（西北政法学院学报），2008（1）：88－94.

5. 马松建，王立志. 实行过限问题研究. 郑州大学学报（哲学社会科学版），2003（2）：58－64.

案 41. 被教唆的人没有犯被教唆的罪的理解

——吴某某等涉嫌故意伤害案

要点提示

《刑法》第 29 条第 2 款规定：“如果被教唆的人没有犯被教唆的罪，对于教唆犯，可以从轻或者减轻处罚。”对于该规定应当如何理解，理论上存在较大的争议。具体而言，存在着共犯从属性和共犯独立性观点的对立。这两种观点对于教唆犯成立犯罪的范围有着比较大的分歧。

案情摘要

2001年元月上旬，被告人吴某某应朋友张某（另案处理）的要求，雇请无业青年胡某某、方某（均不满18周岁）欲重伤李某某，并带领胡某某、方某指认李某某并告之李某某回家的必经路线。当月12日晚，胡某某、方某等人携带钢管在李某某回家的路上守候。晚10时许，李某某骑自行车路过，胡、方等人即持凶器上前殴打李某某，把李某某连人带车打翻在路边田地里，并从李某某身上劫走人民币580元。事后，吴某某给付胡某某等人“酬金”人民币600元。经法医鉴定，李某某的伤情为轻微伤甲级。

分歧意见

本案胡某某、方某构成抢劫罪是没有争议的，问题是，吴某某的行为性质如何认定？对此存在两种不同的观点。

（1）认为吴某某构成故意伤害罪。理由是，共犯行为的违法性独立于正犯行为的违法性。吴某某教唆他人实施故意伤害犯罪，便已成立教唆犯，虽然被教唆者没有实现吴某某所教唆的内容，但不影响吴某某构成犯罪。根据《刑法》第29条第2款规定，“如果被教唆的人没有犯被教唆的罪，对于教唆犯，可以从轻或者减轻处罚。”因此，吴某某只是可以从轻或减轻处罚。

（2）认为吴某某不构成犯罪。理由是，共犯行为的违法性从属于正犯行为的违法性。当正犯不构成犯罪之时，教唆犯也不可能构成犯罪。由于胡某某、方某的行为不构成故意伤害罪，所以教唆犯吴某某也不构成犯罪。

问题研讨

该案吴某某行为性质的认定，涉及共犯理论上的共犯从属性说、共犯独立性说、《刑法》第29条适用前提的理解，以及我国刑法中故意伤害罪的成立条件等诸多问题。

对于共犯与正犯行为违法性的关系，理论上存在共犯从属性说和共犯独立性说的对立，这种争议源自德日刑法理论，该争议所聚焦的是在正犯不满足刑法所规定的犯罪构成的情况下，共犯是否应当受到处罚的问题，即共犯是否构成犯罪的问题，而这也是进一步分析共犯如何承担刑事责任的理论基础。共犯从属性说立足于结果无价值论，认为共犯的违法性从属于正犯的违法性，正犯不违法之时，共犯亦不具有违法性，因而不构成犯罪。共犯独立性说立足于行为无价值论，认为共犯的违法性独立于正犯的违法性，正犯不违法之时，共犯仍然可能具有违法性，进而构成犯罪。显然，共犯独立性说的立场更倾向于优先考虑共犯行为的不正当性，而非要求实际发生了法益侵害结果，只要共犯“干了不该干的事情”，其行为就具有违法性。

结果无价值论和行为无价值论、共犯从属性和共犯独立性的争论是一种理论上的争论，虽然定罪量刑的依据不是理论学说而是一个国家的刑法规定，但理论上的这些争论能够为我们理解刑法规定提供不同的视角和思路。我国《刑法》第29条第2款规定："如果被教唆的人没有犯被教唆的罪，对于教唆犯，可以从轻或者减轻处罚。"于是，围绕第29条该如何理解，结果无价值论者和行为无价值论者各自提出了不同的观点。

共犯独立性说一般从该条的字面意思出发，认为既然在正犯（被教唆者）没有实施被教唆的罪的情况下，教唆者也应当构成犯罪，只是可以从轻或者减轻处罚，那就说明我国刑法采取的是共犯独立性说的立场。支持共犯从属性说的学者则认为，"被教唆的人没有犯被教唆的罪"可以理解为"被教唆的人没有犯被教唆的既遂罪"或者"被教唆的人没有犯罪既遂"[①]。于是，该条文就成了正犯未达犯罪既遂时对教唆犯的处罚的特别规定。当前，关于共犯独立性和共犯从属性的争论尚未结束，因此对《刑法》第29条条文的含义也仍然存在着不同的理解。

在本案中，胡某某、方某对李某某实施了暴力殴打行为，并当场从其身上夺取钱财，虽然两人的行为已经符合抢劫罪的犯罪构成，但是由于吴某某并未教唆两人实施抢劫，即吴某某主观上并没有实施抢劫罪的犯罪故意、客观上没有唆使他人实施抢劫的教唆行为，因此不能认为吴某某构成抢劫罪。

另一方面，吴某某教唆胡某某、方某实施的犯罪是故意伤害罪（重伤），然而实际上胡某某、方某却只造成被害人轻微伤甲级。根据我国刑法规定，由于并未造成轻伤以上的后果，胡某某、方某不构成故意伤害罪。此时，如何理解《刑法》第29条的规定，对于认定吴某某是否承担、如何承担刑事责任来说就至关重要了。如果立足于共犯独立性说的立场理解第29条，虽然胡某某、方某没有造成法定的危害结果，尚不构成犯罪，但吴某某教唆他人犯故意伤害罪（重伤）的教唆行为仍然具有独立的违法性，因此吴某某仍然构成犯罪；如果立足于共犯从属性的立场理解第29条，由于胡某某、方某的行为不构成犯罪，因此吴某某也不构成犯罪。

我们认为，虽然基于不同立场对于同一个刑法条文的解释可能存在多种结论，多种解释结果之间往往存在着冲突与矛盾，选择何种解释结论对于认定行为人行为的违法性具有十分重要的意义，但是必须指出的是，任何解释方法都必须尽量贴近法律条文的通常文义，同时也应当考虑相关条文的立法初衷，由此既能够满足刑法条文的相对稳定性，又能够赋予其鲜活的生命力。就"被教唆的人没有犯被教唆的罪"这一表述而言，通过省略该表述中的定语部分可以发现，其所表达的简单句为"人没有犯罪"，而这里的"没有犯罪"的意思，一般是指行为人没有实施刑法意义上的犯罪行为，即不满足某一独立罪名之下的全部构成要件，因此从中文的通常表达习惯出发，应当认为其含义是"被教唆的人没有实施被教唆的犯罪"。从这个角度出发，如果被教唆人完全没有实施任何行为，即没有将教唆人所教唆的内容付诸实践，只是作为一个想法保留在脑海中，那么当然在该条文所应当具有的含义范围内。如果强行将其解释为"被教唆的人没有犯被教唆的既遂罪"或者"被教唆的人没有犯罪既遂"，过于偏离其通常文义，就算果真要表达此种含义，立法者肯定会采取另外更加符合该含义的表述。因此，我们认为，我国《刑法》第29条采取的是共犯独立性的立场。

---

① 张明楷．刑法学．5版．北京：法律出版社，2016：412.

需要指出的是，我们认为我国《刑法》第 29 条采取了共犯独立性说，并不代表我们赞同共犯独立性说。第 29 条采取了何种立场，是一个对实定法含义的实然判断问题，共犯独立性和共犯从属性哪一个更为科学，是一个对法理的应然判断问题。对于该应然判断问题，在此不展开论述。

如果认为第 29 条采取的是共犯独立性说的立场，则吴某某的行为就仍然构成犯罪。问题是，此时应当如何认定吴某某的犯罪形态及如何处罚？毫无疑问的是，由于正犯胡某某、方某并没有实施故意伤害行为，正犯便不可能进入着手阶段，在正犯尚未着手的情况下，教唆犯的犯罪形态也只可能停留在预备阶段。所以，吴某某的行为虽然成立故意伤害罪，但属于犯罪预备。《刑法》第 22 条第 2 款规定："对于预备犯，可以比照既遂犯从轻、减轻处罚或者免除处罚。"然而，一旦将第 29 条第 2 款理解为采取了共犯独立性的立场，则在"被教唆的人没有犯被教唆的罪"的场合，教唆犯都只是犯罪预备形态，所以"对于教唆犯，可以从轻或者减轻处罚"的规定，便应当属于对教唆犯的预备犯处罚原则的特殊规定。换言之，虽然吴某某成立故意伤害罪的预备犯，但对其量刑不再适用第 22 条第 2 款预备犯处罚的一般原则，而只能适用第 29 条第 2 款关于教唆犯的预备犯处罚的特殊规则，即可以从轻或者减轻处罚。

实务训练

请通过中国裁判文书网搜索我国的刑事判决中关于"被教唆的人没有犯被教唆的罪"的真实案件，分析法官是如何理解这一条款的含义的。

延伸阅读

1. 张明楷. 刑法的基本立场. 北京：商务印书馆，2019.

2. 周光权. "被教唆的人没有犯被教唆的罪"之理解：兼与刘明祥教授商榷. 法学研究，2013，35（4）：180-194.

3. 何庆仁. 我国刑法中教唆犯的两种涵义. 法学研究，2004（5）：45-57.

案 42. 不作为共犯中作为义务的确定

——周某某等涉嫌抢劫案

要点提示

共同犯罪中的行为包含不作为，而不作为何时能评价为共同犯罪的行为，主要取决于作为义务的范围。对于该问题，需要结合不作为犯的理论进行思考。

案情摘要

被告人易某某伙同被告人周某某，共谋以低价卖出真手机再用模具手机替换的方式实施诈骗，并约定一人实施诈骗、另一人负责接应。后被告人易某某为实施诈骗在本市太升南路手机市场购得“苹果5”手机5部，“苹果5”模具手机10部。2013年9月27日10时许，被告人易某某、周某某在本市青羊区一环路与大石西路交叉口伺机行骗。被告人易某某见被害人马某某在路边便上前搭讪，称欲以500元价格出售白色“苹果5”手机1部。被害人马某某同意后在本市青羊区锦官桥滨河路边将500元现金交给被告人易某某。被告人易某某将“苹果5”手机交给被害人马某某后假装后悔要求马某某还回手机，被害人马某某拒绝。被告人易某某见无法拿回手机遂将被害人马某某按倒在地，强行抢走被害人马某某手中的“三星9500”型手机一部（价值4 600元）及白色“苹果5”手机一部（价值4 000元）。被告人易某某抢到手机后乘坐在现场负责接应的被告人周某某驾驶的摩托车逃离现场。后被告人易某某在本市青羊区太升南路以2 600元价格将三星手机销赃，所获赃款连同诈骗所得现金500元与被告人周某某、“唐娃儿”（身份不详，在逃）平分。2013年9月29日，民警在本市武侯区菊乐路将被告人易某某抓获。2013年9月30日，被告人易某某协助民警在本市二环路成温立交桥路口将被告人周某某抓获。

分歧意见

本案中，就预谋实施的诈骗罪而言，易某某和周某某都属于犯罪未遂，这一点没有争议。就实际抢走马某某的手机而言，易某某构成抢劫罪，这一点也没有争议。问题是，周某某对于易某某抢走马某某手机的行为是否负责？对此存在两种观点。

第一种观点认为，周某某与易某某共谋实施犯罪，当易某某对马某某实施抢劫行为时，虽然周某某并未积极参与，但负有阻止的义务，由于周某某没有阻止易某某实施抢劫行为，因此构成不作为的抢劫罪。

另外一种观点认为，周某某虽然与易某某共谋实施犯罪，但其共谋的内容是实施诈骗，对于易某某实施的抢劫行为，周某某与其并无事前通谋，也并未创设马某某被抢劫的风险，抢劫行为是易某某临时起意实施的，周某某并无阻止的义务。因此，周某某对易某某实施的抢劫行为并不负责，但后续与易某某分赃的行为，构成掩饰、隐瞒犯罪所得、犯罪所得收益罪。

问题研讨

共同犯罪的行为形式既包含共同的作为，也包含共同的不作为，还包含作为与不作为的结合，其中不作为的共同犯罪一直以来都是刑法理论的难点。特别是不纯正的不作为犯，必须准确分析涉案人是否有作为义务。作为义务是一个规范的构成要件要素，是认定行为人成立不作为犯的必要前提条件。在行为论的不作为犯部分，作为义务是一个理论上争议较大、边界非常模糊的问题。刑法理论上对于作为义务的来源种类有不同的意见，有形式的二分说、三分说、四分说等。因此，所谓涉及不作为的共同犯罪的认定难题，本质上源于不纯正不作为犯的作为义务本身难以确定的问题。

本案涉及的抢劫罪就是一个不纯正的不作为犯。就本案而言，直接正犯易某某将被害人马某某按倒在地并强行抢走马某某手中的手机，是以积极作为的方式实施的抢劫，这一点不难认定，问题是，在远处等待易某某的周某某对于易某某的抢劫行为是否有阻止的义务呢？

一般而言，作为义务的来源分为三种情形，一是先行行为给法益创设了危险，二是作为义务人与处于危险中的法益有特殊关系因而有保护义务，三是处于危险中的法益刚好落入了义务人的管理领域。就本案而言，周某某与被害人马某某不存在特殊关系，马某某的财产也并不在周某某的管理领域，所以，周某某不可能因为这两种原因而产生作为义务。需要研究的是，周某某是否可能因为先行行为而产生对易某某的阻止义务？

产生作为义务的先行行为，可以是合法行为，也可以是违法行为甚至是犯罪行为，但其共通点都是对法益创设了危险的行为。在本案中，周某某与易某某事前共谋进行诈骗，易某某也确实实施了诈骗行为，但是，是否就能据此认定周某某与易某某就诈骗罪进行共谋属于先行行为，因而负有对抢劫行为的阻止义务呢？

我们对此持否定观点。如果是因先行行为而产生作为义务，则一方面要求法益处于危险之中，另一方面要求该危险是先行行为引发的，即先行行为与危险的产生之间必须具有因果关系。在本案中，马某某的两种财产分别面临着两种危险，一是其金钱（现金）所面临的被诈骗的危险，二是其手机面临的被抢劫的危险。本案易某某按倒被害人马某某并暴力抢劫手机的行为是对手机创造危险的直接来源，这一危险是易某某所创设并实现的，易某某在事前并未与周某某就抢劫手机一事进行共谋，换言之，周某某在事前并无抢劫的故意，在客观上也没有创设针对马某某手机的抢劫危险。必须明确的是，易某某与周某某共谋实施的是诈骗，而诈骗罪的客观方面是以一种平和的方式非法骗取他人财产的行为。诈骗罪的欺诈行为从形式上说包括两类，一是虚构事实，二是隐瞒真相。不论是虚构事实还是隐瞒真相，诈骗罪的行为方式并不包含对人身安全的侵害，即诈骗罪并非以暴力方式非法骗取他人财产。从本案来看，易某某在实施抢劫行为之前，共犯周某某既没有就抢劫罪进行共谋，也没有实施其他犯罪行为的目的，客观上也没有提供任何促使该抢劫结果发生的帮助行为，因此，周某某缺乏引发这一危险的先行行为，其对易某某的抢劫行为就不负有阻止的义务。简言之，不能因为周某某对马某某的财物制造了被诈骗的危险，就转而认为其对马某某手机被抢劫的危险负有阻止义务。因此，对于易某某实施的抢劫行为，应当由其单独负责，周某某不负抢劫的刑事责任。

不过，周某某在明知易某某实施了抢劫行为的情况下，驾车将易某某带离现场，后又参与了手机销赃后的分赃行为，就此而言，应当成立掩饰隐瞒犯罪所得、犯罪所得收益罪。

实务训练

请从中国裁判文书网上查找一份关于以不作为的方式构成的不纯正不作为犯的共同犯罪的判决书，并分析其中的作为义务来源。

延伸阅读

1. 孙立红. 论共同犯罪中的不作为参与. 法学家，2013（1）：63－80＋177－178.
2. 杜文俊，陈洪兵. 不作为共犯与犯罪阻止义务. 刑法论丛，2009（3）：234－264.

案 43. 未与国家工作人员通谋行为的共同犯罪评价

——余某等涉嫌受贿案

要点提示

受贿罪是一种纯正的身份犯，但其实行行为又具有可分担性，在受贿罪的共同犯罪中，如果不具有国家工作人员身份的人分担了索贿或者收受贿赂的行为，但在未与国家工作人员通谋的情况下私自变更了贿赂的金额，此时该行为还能否在受贿罪的共同犯罪中评价？

案情摘要

余某系重庆某出入境检验检疫局局长，关某系四川某建筑企业工人。1999 年初，余某的商检局移民迁建，时任该局局长的余某想到自己直接出面要钱不方便，即找其老乡关某帮忙，向工程承包方肖某索要好处费 20 万元，并许诺事成之后给关某分钱。关某在余某授意她索要 20 万元好处费的基础上私自提高数额以中介费名义向肖某索要 40 万元。关某将其中的 18 万元交给了余某，自己留下 22 万元。1999 年下半年，被告人余某决定将其商检局办公楼玻璃幕墙装饰工程交西南某装饰有限公司承建，根据该工程量的大小，余某授意关某向西南某装饰有限公司程某索要好处费 8 万元。关某仍然没有按余某授意的 8 万元数额索要，而是从中加价，以中介费名义向程某索要 15 万元。随后关某从该 15 万元中拿出 5 万元交给余某，关某获款 10 万元。以上两笔共 55 万元，被告人余某获赃款 23 万元，关某获赃款 32 万元。

分歧意见

本案中，关某向肖某、程某共索取 55 万元贿赂，其中 28 万元系余某授意，对于该部分金额，关某和余某成立受贿罪的共同犯罪，这一点不存在争议。问题是，关某在未与余某通谋的情况下，私自向肖某和程某多索取的 27 万元应当如何认定？

一种观点认为，由于这 27 万元未经余某授意，余某对该部分金额不负受贿罪的责任，关某索取 27 万元的行为也不应评价为受贿罪，而应单独评价为敲诈勒索罪或者诈骗罪。

另一种观点认为，余某仍然需要对该 27 万元贿赂负受贿罪的责任，关某就该部分金额仍然与余某成立受贿罪的共同犯罪。

问题研讨

本案实际上需要分为两个问题讨论，一是对于关某私自索取 27 万元贿赂的行为，是否能够评价为受贿罪？二是对于关某私自索取的 27 万元贿赂，余某是否要承担刑事责任？

根据《刑法》第 385 条的规定，国家工作人员利用职务上的便利，索取他人财物的，或者非法收受他人财物，为他人谋取利益的，是受贿罪。其中就索贿而言，其实行行为是“利用职务上的便利，索取他人财物”。由于本罪是纯正的身份犯，基于共同犯罪的基本原理，只有具备国家工作人员身份的人才能成立本罪的实行犯，不具有上述身份的人只能成为本罪的教唆犯或者帮助犯。

由于关某不具有国家工作人员身份，其私自索取 27 万元的行为不可能单独被评价为受贿罪的实行行为，这一行为是否能够以受贿罪定罪，取决于能否将该行为评价为受贿罪的帮助行为，而该行为能否评价为受贿罪的帮助行为，取决于关某和余某对这一行为是否有意思联络。

显然，在这里对案件事实可能产生两种不同的看法：一方面，关某的索贿行为都是余某授意的，就此可以说两人对索贿行为是有意思联络的；另一方面，关某索贿的实际数额超出了余某授意的数额，就此可以说两人对于实际索贿的数额无意思联络。那么，究竟应该侧重于哪一方面呢？

我们认为，受贿罪侵犯的法益是职务行为的不可收买性，而对职务行为不可收买性的侵犯，与受贿的具体金额无关。因此，只要向他人索取贿赂，便属于索贿行为，只要帮助国家工作人员向他人索取贿赂，便属于索贿的帮助行为。既然索要好处费都是余某授意关某实施的，那么无论关某索取多少贿赂，都应当评价为受贿罪的共同犯罪行为。

在这里需要指出的是，应当区分贿赂行为与贿赂的数额。与财产犯罪不同，在受贿罪中，贿赂的有无影响法益侵害的有无，但数额的多少不影响法益侵害的大小。不能说，贿赂的数额大，对职务行为不可收买性的侵害就大，反之亦然。因此，贿赂是受贿罪的构成要件要素，但数额本身不是受贿罪的构成要件要素，只是受贿罪的量刑依据。由于共同犯罪中的意思联络，是指就构成要件行为进行意思联络，因此，数额并不是意思联络所必要的内容（虽然是常见的内容），只要有身份者和无身份者就索贿行为本身进行了意思联络，无身份者的行为便可评价为受贿罪共同犯罪的行为。所以，余某没有对关某额外索取的 27 万元进行授意，不影响该部分行为被评价为受贿罪共同犯罪的行为。

另外，要区分受贿罪的客观方面与主观方面。就受贿罪的共同犯罪来说，余某在客观上要对多少额度的贿赂负责，取决于其客观上对多少额度的贿赂提供了原因力。显然，无论关某索取了多少贿赂，就索贿这一行为而言，都是基于余某的授意，其背后都是因为余某职权的影响和作用。因此，在客观方面，无论关某索取了多少贿赂，都与余某的授意行为存在客观上的因果关系。换言之，余某在客观上对于额外的 27 万元贿赂也要负责。但是，这并不等于其在主观上也要对其负责。由于余某并未认识到 27 万元贿赂的存在，根据责任主义的原则，其在主观方面不应对其负责。按照主客观相统一的原则，对于额外的 27 万元贿赂，余某具备受贿罪的客观方面，但不具备受贿罪的主观方面，因此最终对其不承担受贿罪的刑事责任。但是，关某不仅在客观方面要对额外的 27 万元负责，在主观方面对其也有认识，因此应当对其承担受贿罪的刑事责任。

综上所述，第一，贿赂的数额是受贿罪的量刑依据而不是构成要件要素，不是受贿罪共同犯罪意思联络的必要内容，余某未对额外的 27 万元贿赂授意，不影响关某的全部行为被评价为受贿罪共同犯罪的行为；第二，构成受贿罪需要同时具备主观方面和客观方面，虽然余某在客观上对额外的 27 万元贿赂提供了原因力，但主观上对其欠缺认识，因此最终对其不承担受贿罪的刑事责任。

实务训练

请尝试从相反的观点写一份公诉书。

延伸阅读

1. 张明楷. 受贿罪的共犯. 法学研究，2002（1）：34－51.

2. 李邦友. 评“非国家工作人员不能构成受贿罪的共犯”. 法学评论，2002（3）：138－143.

案 44. 普通法条与特别法条竞合的法律适用原则

——孟某国、李某英、金某杰侵犯著作权案

要点提示

非法经营与侵犯著作权产生法条竞合时，原则上应当直接适用特别法条，按侵犯著作权罪定性，但如果非法经营数额达到了“特别严重情节”的标准，则应该根据《关于审理非法出版物刑事案件具体应用法律若干问题的解释》第 15 条的规定，认定为非法经营罪。

案情摘要

1978年至1995年，被告人孟某国在北京市新华印刷厂工作，后辞职从事个体经营。1999年底，孟某国发现上海外语教育出版社和高等教育出版社出版的《大学英语》《中专英语综合教程》《高等数学》等教材在市场上畅销，遂起意盗印上述图书牟取非法利益。2000年初，被告人孟某国从他人处得知北京市通州区胡各庄乡某装订厂能够印刷无委印手续书刊，便电话与时任某装订厂厂长的被告人李某英取得联系，称自己是书商，想印一些书，并约见面细谈。后李某英带着本厂业务员被告人金某杰在北京市丰台区六里桥与孟某国商谈，孟某国对李、金二人讲，其准备印一些大学教材，但无任何手续，李某英认为所要印的教材不是“黄色”和“反动”的，即同意印刷。经过协商，双方商定：由孟某国提供盗版图书的印刷软片及封皮，某装订厂负责印刷正文和装订图书，并将成品书送到孟某国所指定的托运站，每个印张0.3元。依据约定，李某英安排工人从事盗版图书的印刷及装订，金某杰将成品书送到孟某国指定的托运站。孟某国接货后通过石家庄某书店经理王某南、浙江省某商业教材发行站某书店经理徐某、沈阳市某书店经理夏某国等人将书销往全国各地。

自2000年3月至2001年2月间，被告人孟某国、李某英、金某杰为牟取非法利益，在明知无复制、发行等权利的情况下，未经许可复制发行上海外语教育出版社享有专有出版权的《大学英语》系列教材、高等教育出版社享有出版权的《中专英语综合教程》《高等数学》等教材共计22万余册，非法经营额达人民币272万余元。

分歧意见

以营利为目的出版他人享有专有出版权图书的行为能否成立非法经营罪与侵犯著作权罪的法条竞合犯？如果成立的话，应该如何处罚？

问题研讨

本案可以分为两个问题来讨论，一是非法经营罪与侵犯著作权罪是否构成法条竞合犯，二是法条竞合犯的罪名适用规则。我们认为，本案中孟某国、李某英、金某杰三人的行为成立非法经营罪和侵犯著作权罪的法条竞合。所谓法条竞合，是指同一行为同时符合了数个相互之间存在包容或交叉关系的法条之规定，从数个法条之间的逻辑关系看，只能适用其中一个法条，而排斥适用其他法条的情形。法条竞合的具体特征包括：一是实行了一个行为；二是符合多个刑法条文规定的犯罪构成要件的特征；三是多个法条之间可以互相包容或者交叉；四是最后只能适用一个刑法条文规定的犯罪构成要件，不适用其他刑法条款。法条竞合犯的处理原则为：首先，按照特别刑法优先普通刑法的规则进行认定；其次，如果按照特别法规定不能做到罪责刑相适应时，可以依据重法优于轻法的原则，按法定刑重的条款进行认定。

本案中，三人的行为既符合《刑法》第217条侵犯著作权罪的第2项“出版他人享有专有出版权的图书的”，也符合非法经营罪中的第 4 项“其他严重扰乱市场秩序的非法经营行为”，实际上，这两个罪名之间属于法条竞合关系，即非法经营罪涵盖侵犯著作权罪。所以原则上应当直接适用侵犯著作权罪，但根据 1998 年 12 月 17 日最高人民法院发布的《关于审理非法出版物刑事案件具体应用法律若干问题的解释》（下称《解释》）第 15 条规定：“非法从事出版物的出版、印刷、复制、发行业务，严重扰乱市场秩序，情节特别严重，构成犯罪的，可以依照刑法第二百二十五条第（三）项的规定，以非法经营罪定罪处罚”。又根据《解释》第 2 条第 2 款的规定，“以营利为目的，实施刑法第二百一十七条所列侵犯著作权行为之一……具有下列情形之一的，属于‘有其他特别严重情节’：（一）个人非法经营数额在一百万元以上，单位非法经营数额在五百万元以上的”。本案中，非法经营数额已经达到“特别严重情节”的标准，因此，应该根据《解释》第 15 条的规定，认定为非法经营罪。也就是说，刑法规定侵犯著作权罪最高法定刑为 10 年有期徒刑，而如果行为人严重扰乱了市场秩序，情节特别严重，已经属于非法经营罪的第二量刑幅度以上的（5 年以上有期徒刑，最高法定刑为 15 年有期徒刑），如果仍然适用侵犯著作权罪等特定罪名，则可能出现罪刑不相适应的问题，这时可以转而适用非法经营罪。

实务训练

根据案件材料，写一份辩护词。

延伸阅读

高铭暄，马克昌．刑法学．10 版．北京：北京大学出版社，2021.

案 45. 实施两个不同性质犯罪行为的定性处理

——夏某飞、汪某峰抢劫、敲诈勒索案

要点提示

先基于一个敲诈勒索的故意，在犯罪过程中，又产生了抢劫的犯意，且先后实施了两个性质不同的犯罪行为，两罪之间没有类型性的牵连关系，应数罪并罚。

案情摘要

被告人夏某飞、汪某峰与曹某（另行处理）为贪图钱财，由曹某提议用拍摄裸照让被害人以钱款赎回的方法敲诈女青年王某的钱财。2004 年 7 月 9 日 23 时许，三人至事先踩点的上海市中华新路 870 号，曹因未能提供照相机，提议由夏、汪先抢王某的钱

款，其再用抢得钱款购买照相机并在外接应，夏某飞、汪某峰则上楼守候。当王某从外面回至住处开门进入时，夏某飞抢夺王的背包，强行将王推入屋内后摔倒，并持刀顶住王的颈部。两人用衣服和围巾共同捆绑王的手脚，从而抢得钱包和价值人民币 1 560 元的西门子 SL55 型手机一部等物。夏某飞按预谋又从钱包（内有人民币 2 000 余元、美元 100 元、港元 100 元）内抽出若干现金人民币交给汪某峰。汪送至在外等候的曹某购买照相机。而后，汪某峰将王的衣服脱光，夏某飞用曹以劫得赃款购买的照相机拍摄王的裸照 28 张，要求王某以每张 2 000 元人民币的价格全部赎回。之后，夏分得赃款人民币 500 元，汪分得人民币 300 元。同年 7 月 11 日和 13 日，夏某飞、汪某峰先后两次将敲诈信及 7 张王某的裸照塞入王某室内。

2004 年 7 月 14 日 19 时 30 分许，夏某飞伙同曹某等人携带王某的裸照 21 张，至上海市中华新路某火锅店准备敲诈王时，被公安人员人赃俱获。夏某飞到案后提供了汪某峰的重要线索。当晚，汪某峰亦被抓获。

分歧意见

被告人夏某飞、汪某峰与曹某在敲诈勒索过程中产生抢劫意图并实施抢劫行为，是否属于牵连犯？有学者认为成立敲诈勒索罪和抢劫罪的牵连犯，系手段和目的的牵连，应从一重罪处罚，还有学者认为两罪之间不成立牵连犯，应予以数罪并罚。

问题研讨

所谓牵连犯是指犯罪的手段行为与目的行为或者原因行为与结果行为分别触犯了不同罪名，但是因为手段行为与目的行为，原因行为与结果行为之间具有牵连关系，所以只按一罪处罚的情况。成立牵连犯需具备以下条件：一是，行为人实施了两个行为；二是，两个行为触犯了两个罪名；三是，两个行为间具有类型性的牵连关系。牵连关系从形式上分为两种，即手段和目的的牵连关系以及原因与结果的牵连关系。从实质的角度上看，牵连犯中的牵连关系，必须具有类型性，即只有当某种手段通常用于实施某种犯罪，或者某种原因行为通常导致某种结果行为时，才宜认定为牵连犯。换言之，行为人实施手段行为或者原因行为以后，很可能引发后面的目的行为或者结果行为，二者具有高度伴随性，即可承担这种类型性的牵连关系。对于牵连犯的处罚原则是，除刑法明确规定按数罪并罚的以外，应当按一重罪从重处罚。

本案中，被告人夏某飞、汪某峰与曹某实施抢劫行为，就客观而言，确实是为了进行敲诈勒索，即存在客观上的手段与目的的牵连，就主观而言，三人也是计划通过实施抢劫来完成敲诈勒索财物的目的，即也存在主观上的手段与目的的牵连。但在司法实践中，通过抢劫来满足实施敲诈勒索的条件的情况并不常见，本案中的情况不得不说属于个例，因此，不符合牵连犯成立所必须具备的类型性牵连。事实上，夏某飞、汪某峰等人几乎是在同一时间段以敲诈起意，随着事态的发展，又产生了抢劫钱财的犯意，此时敲诈勒索罪的犯罪意图并未打消，而是继续在实施，敲诈勒索行为和抢劫行为虽有交叉，但这是两个性质不同的犯罪故意，于同一地点分别实施了两种犯罪行为，侵犯了两个财产客体，因此，敲诈勒索罪无法被抢劫罪所吸收，属于实质的数罪。综上所述，本案应以抢劫罪和敲诈勒索罪分别定罪，并予以数罪并罚。

实务训练

根据案件材料，写一份辩护词。要求格式规范、条理清晰、层次分明、有理有据、入情入理。

延伸阅读

甘添贵．罪数理论之研究．北京：中国人民大学出版社，2008.

第五章　犯罪法律后果的重点问题

案 46. 定罪免刑也是刑事责任的重要承担方式

——李某伟、史某东抢劫案

要点提示

免予刑罚处罚的前提是行为构成犯罪，以犯罪情节轻微不需要判处刑罚为适用前提。犯罪情节是否轻微应当综合全案事实予以判断，不能仅以罪名轻重为判断，考察的要素包括犯罪性质、手段方式、行为对象、危害结果、主观状态等犯罪事实；不予判处刑罚是指不需要动用刑罚就能实现惩治和预防犯罪的目的，考察要素主要为犯罪人人身危险性的大小，具体表现为前科、自首、立功、赔偿等罪前罪后情节。

案情摘要

2006 年 5 月 3 日 23 时 40 分许，被告人李某伟（1989 年 2 月 18 日出生，在读高中生）、史某东（1989 年 3 月 2 日出生，在读高中生）结伙，在上海市闵行区莘朱路 1398 弄某号上海某保温材料有限公司附近，采用扼颈、捂嘴等方法，从途经该处的被害人高某某处劫得现金人民币 1 700 余元及价值人民币 100 元的迪比特手机 1 部。2006 年 5 月 8 日，被告人史某东因形迹可疑受到公安机关查询时，主动交待了上述抢劫事实，并协助公安机关抓获犯罪嫌疑人李某伟。案发后，赃款、赃物已发还给被害人。

上海市闵行区人民法院认为，被告人李某伟、史某东以非法占有为目的，采用暴力手段劫取他人财物，其行为已构成抢劫罪。根据本案的事实、情节、性质和对社会的危害程度，结合两名被告人犯罪时未成年、史某东还有自首情节和立功表现，依法对两名被告人予以减轻处罚。依照《刑法》第 263 条、第 25 条第 1 款、第 17 条第 1 款、第 4 款、第 67 条第 1 款、第 68 条第 1 款、第 72 条、第 52 条之规定，以抢劫罪判处李某伟有期徒刑 1 年，缓刑 1 年，并处罚金人民币 2 000 元；判处史某东有期徒刑 6 个月，缓刑 1 年，并处罚金人民币 1 000 元。

一审宣判后，被告人史某东以量刑过重为由，向上海市第一中级人民法院提出上诉。史某东的法定代理人、辩护人提出，史某东犯罪时未成年，有自首和立功情节，在共同犯罪中属从犯，又系初犯，且本案的赃款、赃物已扣押并返还给被害人，请求对史某东免予刑事处罚。上海市人民检察院第一分院检察员出庭意见为，原判认定事实清楚，证据确实、充分，定性正确，量刑适当，审判程序合法，请求驳回上诉维持原判。上海市第一中级人民法院经审理认为，原判认定事实清楚，定性正确。史某东、李某伟在共同抢劫中的地位和作用相当，并无主从之分，故辩护人提出史某东属从犯的意见不能成立。但上诉人史某东悔罪态度较好，且具有自首和立功情节，依法应免予刑事处罚，故对史某东的法定代理人、辩护人的相关意见予以采纳。

分歧意见

对于上海市第一中级人民法院的判决，现实中存在着两种不同的意见。

（1）反对意见认为，原判决已经对两被告人从宽处罚，二审不应当改判。理由在于：1）原判决对史某东不仅减轻处罚，并且宣告缓刑，已经充分考虑了其从宽量刑情节，量刑并无不当，若再对其免除处罚，则涉嫌从宽情节的重复评价；2）两被告人在共同抢劫过程中地位和作用相当，并无主从之分，对史某东定罪免刑，而对李某伟判处缓刑，会造成同案犯之间的量刑失衡，有失公平。

（2）支持意见认为，二审改判体现了我国对未成年人犯罪“惩罚为辅、教育为主”的基本方针，并且体现了量刑个别化的基本原理，应当支持。理由在于：1）本案中史某东、李某伟虽然并无主从之分，但是史某东案发后有自首、立功情节，对此应当区别于李某伟进行量刑；2）《刑法》第37条规定的“犯罪情节轻微不需要判处刑罚”，应当结合犯罪性质、手段、损害结果、主观状态、对象、罪后态度等罪前、罪中、罪后等各种情节综合判断，被告人史某东到案后的表现符合“犯罪情节轻微”的实质条件，也符合《最高人民法院关于审理未成年人刑事案件具体应用法律若干问题的解释》第17条的规定，应当免除处罚。

问题研讨

（一）如何正确理解适用《刑法》第37条

定罪免刑是我国刑事责任承担的重要方式，其直接法律依据是我国《刑法》第37条。然而，《刑法》第37条应当如何理解和适用，则是容易被忽视和虚置的问题。事实上，定罪免刑不仅体现了谦抑人道的刑法精神，也同恢复性司法理念深度契合，在对犯罪给予否定性评价的同时能够减少刑罚发动的概率，从而避免刑罚的负面作用，在惩治犯罪、维护社会稳定方面发挥着重要作用，应当予以充分重视。

根据《刑法》第37条的规定，定罪免刑的前提条件是“犯罪情节轻微不需要判处刑罚”。其中，“犯罪情节轻微”中的“犯罪情节”通常包括犯罪性质、手段方法、侵犯对象、犯罪次数、危害后果、主观罪过、目的动机、时间地点等体现犯罪社会危害性和犯罪人主观恶性的主客观事实。理论上有观点认为,“犯罪情节轻微”的情况只能出现于最高法定刑为3年以下有期徒刑的罪名中[①],例如在最高人民法院《关于审理未成年人刑事案件具体应用法律若干问题的解释》以及最高人民法院、最高人民检察院《关于办理职务犯罪案件严格适用缓刑、免予刑事处罚若干问题的意见》中,均可以找到将犯罪情节轻微限制在3年以下有期徒刑罪名的细节。

然而,我们认为“犯罪情节轻微”的认定不应当僵化机械,更不应当限制在最高法定刑3年以下有期徒刑的罪名中,这是因为:第一,《刑法》第37条并未将免予刑事处罚的案件限制在最高刑3年以下有期徒刑的罪名中,人为设限有违罪刑法定原则;第二,“犯罪情节轻微”应当是实质性、系统性的判断,需要结合犯罪所造成的损害后果、行为人的主观恶性以及社会对该犯罪的容忍程度综合判断,而不仅仅依据犯罪性质;第三,《最高人民法院关于审理未成年人刑事案件具体应用法律若干问题的解释》第17条以及最高人民法院、最高人民检察院《关于办理职务犯罪案件严格适用缓刑、免予刑事处罚若干问题的意见》第3条的规定,所针对的是宣告刑而非法定刑,即虽然法定刑在3年以上有期徒刑的犯罪,若具有减轻处罚的情节,依然可以被判处3年以下有期徒刑,此时也是符合相关司法解释的规定和精神的[②]。

此外,《刑法》第37条的“犯罪情节轻微”能否单独适用也是理论上争议的焦点。有学者认为,《刑法》第37条中“犯罪情节轻微”只是免刑的概括性规定,不具有刑罚适用的实质性意义,而是需要结合总分则中防卫过当、避险过当、犯罪中止、未遂、立功以及行贿罪、非法种植毒品原植物罪等罪名中的具体情节予以适用,若非如此,恐将造成该条文的滥用[③]。也有学者认为,衡量犯罪情节是否轻微,需要根据犯罪的事实、性质、对社会的危害程度来认定,有的情况下,行为人所犯之罪性质较为严重,也不具备法定免除处罚情节的,综合全案事实,也可以认定为犯罪情节轻微,不需要判处刑罚[④]。对此,我们认为,《刑法》第37条的规定固然具有概括和提示的性质,但并不能绝对否认其独立适用的价值,这是因为:第一,现实中犯罪事实是极为复杂的,刑法不可能预见所有情况并作出减轻或免除处罚的规定,犯罪性质虽然严重,但是综合全案犯罪情节依然较轻的情况仍然大量存在,《刑法》第37条存在独立适用是量刑个别化的现实需要;第二,《刑法》第37条在刑法总则第三章第一节,这本就意味着会对刑罚的适用与否产生直接影响和指导作用,倘若定要结合总则和分则的其他规定才会产生作用,

---

① 彭东,张韩玉. 检察机关不起诉工作实务. 北京:中国检察出版社,2005:76.

② 《最高人民法院关于审理未成年人刑事案件具体应用法律若干问题的解释》第17条明确使用了“可能被判处……”的表述,按照文义解释方法,显然是指宣告刑而不是法定刑。如果是指法定刑,则应当通过文字来直接表明。例如,《刑法》第87条关于时效的规定,明确使用了“法定最高刑”的表述,故不可能被认为是宣告刑;《刑法》第72条关于缓刑的适用条件明确使用了“被判处”的表述,所指则是宣告刑而不可能是法定刑。《最高人民法院关于执行〈中华人民共和国刑事诉讼法〉若干问题的解释》(已失效)第220条规定:刑事诉讼法第174条第1项规定的可能判处三年以下有期徒刑、拘役、管制、单处罚金的公诉案件,是指被告人被指控的一罪或者数罪,可能被宣告判处的刑罚为三年以下有期徒刑、拘役、管制、单处罚金的案件。这实际上是对“判处”的含义作出了解释,即所指是宣告刑而不是法定刑。

③ 张明楷. 刑法学. 4版. 北京:法律出版社,2011:558-559.

④ 马克昌. 刑罚通论. 武汉:武汉大学出版社,2007:751.

则应当在条文中增加"依照本法其他规定"等提示性规定；第三，独立适用虽然不需要如《刑法》第 63 条第 2 款那样严格的审核程序，但也不会造成法官自由裁量权的滥用，其依然需要符合刑法目的、任务以及基本原则的内在要求[①]。

"不需要判处刑罚"基于"犯罪情节轻微"。"不需要判处刑罚"主要侧重于对犯罪人人身危险性大小的考察，一般而言，没有前科、犯罪后自首或者立功、主动坦白、积极赔偿损失等罪前、罪后情节表明了犯罪人人身危险性较低，适用刑罚的必要性也随之降低。

需要注意的是，"不需要判处刑罚"并非"犯罪情节轻微"的必然结果，而是具备独立的判断价值[②]。例如，在情节轻微的犯罪中，能否通过被告人的赔偿就能有效弥补被害人的损失，是界定可否对当事人适用免予刑事处罚的一个重要的客观标准。犯罪归根结底是犯罪行为是对被害人造成损害，如果被害人的损失能够得到有效的弥补，被害人已经对被告人的犯罪行为作出了谅解，那么，这便达到了刑罚的目的，被破坏的社会关系也能够得到修复[③]。此外，免予刑罚处罚可否为社会大众所接受，能否起到良好的预防作用，也是重要考量因素。

（二）如何理解多种量刑情节的共同适用问题

我们认为，本案中对被告人史某东的改判并不存在从宽量刑情节的重复评价以及同案犯之间的量刑失衡问题。

首先，本案中未成年被告人李某伟、史某东结伙采用扼颈、捂嘴等暴力手段，抢劫了 1 800 余元钱财，已构成抢劫罪的基本犯，法定刑为 3 年以上 10 年以下有期徒刑；同时，两被告人属于未成年犯，结合本案犯罪事实以及《刑法》第 17 条第 4 款、2010 年最高人民法院《关于贯彻宽严相济刑事政策的若干意见》第 20 条的相关规定，对两被告减轻处罚于法有据。

其次，《最高人民法院关于审理未成年人刑事案件具体应用法律若干问题的解释》第 17 条规定了六项从宽处罚情节，前五项属于刑法明确规定可能免予刑事处罚的情节，而第六项则属于兜底规定，以涵括前五项之外的其他可能免予刑事处罚的情节。本案中，被告人史某东因形迹可疑受到查询时主动交待了所犯抢劫罪行，具有自首情节，到案后又协助公安机关抓获了同案犯李某伟，构成立功。《解释》第 17 条第 5 项规定，被告人在符合其他条件的情况下，具有自首或者立功表现之一的，均"应当"适用免予刑事处罚。举重以明轻，被告人史某东同时具有自首和立功表现，当然比具有自首或者立功表现之一更能说明应当对其适用免予刑事处罚。这种基于不同从宽情节予以的评价并不涉嫌重复评价。

最后，对被告人史某东改判定罪免刑，而对同案被告人李某伟判处缓刑并不会造成量刑失衡。根据《刑法》第 5 条的规定，刑罚的轻重应当与犯罪分子所犯罪行和承担的

---

① 例如，《刑法》第 3 条、第 4 条、第 5 条等。

② 陈光中. 论我国酌定不起诉制度. 中国刑事法杂志，2001 (1)：74－81.

③ 例如，在德国刑法典中规定的行为人可以通过与被害人和解的形式实现刑罚的免除（《德国刑法典》第 46 条 a、b）；详细可参见：德国刑法典. 冯军，译. 北京：中国政法大学出版社，2000：20－31.

刑事责任相适应，其中刑事责任便包括犯罪人人身危险性的大小。本案当中，被告人史某东、李某伟虽然无法区分主从犯，但是前者具有后者所不具备的自首以及立功等从宽情节，人身危险性降低，理应承担更轻的刑事责任，对其定罪免刑符合罪刑均衡的原则要求，也体现了量刑个别化的基本原理。

实务训练

请根据本案的事实、既有证据及争议焦点，写一份二审辩护词。要求格式规范、条理清晰、层次分明、有理有据、入情入理。

延伸阅读

1. 朱铁军. 免除处罚情节与免予刑事处罚情节并存时的适用. 人民司法，2008（6）：13－15.

2. 曾文科. 免除刑罚制度的比较考察. 法学研究，2017，39（6）：146－163.

案 47. 犯罪造成的损害应如何赔偿经济损失

——邱某、周某失火案

要点提示

犯罪在破坏社会秩序的同时，也损害国家、集体和个人的合法权益，由此造成的经济损失理应由犯罪人赔偿。我国《刑法》第 36 条、第 37 条均规定了赔偿损失，但两者在性质上应当有所区分：前者为犯罪引起的民事赔偿责任，以经济赔偿为限，并有优先受偿性；后者以免除刑罚为前提，乃非刑罚处罚措施，不仅是民事责任的实现方式，也是犯罪的法律后果，赔偿范围可包括精神损害，且不以被害人附带提起民事诉讼为限。赔偿损失应当充分考虑犯罪人的赔偿能力和赔偿效果；除金钱外，其他物质性赔偿也是有效的赔偿方式。

案情摘要

2006 年 8 月 29 日晚上 9 点，重庆市忠县任家镇老农邱某和新生镇老农周某，在帮他人割完稻谷回家途中，将快要燃尽的麻秆火把，随手扔在山路上，引发一场火灾，烧毁林地 142 亩，造成直接经济损失 5 万余元，间接经济损失 17 万余元。2006 年 10 月，忠县人民法院以失火罪，一审分别判处邱某、周某有期徒刑三年半和三年。两人上诉，并在重庆市第二中级人民法院二审审理过程中表示真诚悔罪，愿意全力弥补损失，主动提出将原过火山林全部种上树苗，还要动员全家补种。鉴于两人均已年过六旬，发现失火后曾经返回现场扑救，归案后认罪态度良好，重庆市第二中级人民法院于 2006 年 12 月 28 日作出终审判决：改判邱某有期徒刑三年、缓刑四年，改判周某有期徒刑三年、缓刑三年，同时责令两人回家后在失火的山头种树。在 2007 年植树节前后，两位老人带着亲属连续数天上山植树，镇、村干部和村民也纷纷自发上山帮助老人植树，几天时间就植树万余株。

分歧意见

对于重庆市第二中级人民法院的判决，现实中存在支持和反对两种不同的意见。

（1）反对意见认为，本案的判决是一个超法律的判决，不符合罪刑法定的基本原则。理由在于：1）任何犯罪都有明确的法定刑，刑事判决既不能突破相应的刑期，也不能突破法定的刑种，“种树”并不是刑法规定的法定刑种类；2）容易破坏法的稳定性和可预期性，如果鼓励类似判决，那么下次判处其他某种形式的苦役也在所难免；3）将民事责任性质的种树作为犯罪的法律后果，容易造成刑事责任和民事责任的混淆。

（2）支持意见认为，本案的判决忠实于法律，是符合刑法基本原则和量刑个别化原理、体现宽严相济刑事政策的常规化判决。理由如下：1）责令被告人种树并非超法规的判决，其改判缓刑建立在人身危险性降低的基础上；2）责令种树，是对《刑法》第 36 条第 1 款的正确运用，并非超法规的判决；3）刑事裁判应当重视法律效果和社会效果的统一，责令两被告在缓刑期间种树，是对受损法益的有效恢复，对一般人也能起到良好的教育作用。

问题研讨

本案问题的解决，关键在于对犯罪法律后果的全面理解上。犯罪作为严重危害社会的行为，在破坏社会秩序的同时也给各种法益造成不同程度的损害，对此犯罪人理应承担相应的赔偿责任。刑罚作为承担刑事责任的主要形式，在惩治和预防犯罪方面发挥了重要作用，但不能恢复和弥补犯罪所造成的社会关系的破坏以及被害人的利益损失。正因如此，我国《刑法》第 36 条第 1 款明确规定，“由于犯罪行为而使被害人遭受经济损失的，对犯罪分子除依法给予刑事处罚外，并应根据情况判处赔偿经济损失”。第 37 条也规定，对于犯罪情节轻微不需要判处刑罚的，可以免予刑事处罚，但是可以根据案件的不同情况，责令赔偿损失等。

回到本案，重庆市第二中级人民法院的判决并非超常规的所谓“人性化”判决，而是有法有据的常规化量刑。根据《刑法》第 115 条第 2 款的规定，失火罪基本犯的法定刑是 3 年以上 7 年以下有期徒刑；减轻犯的法定刑是 3 年以下有期徒刑或者拘役。从本案情况来看，两犯罪人都是年过六旬，发现失火后均返回现场扑救，归罪后认罪态度良好，足以表明其“情节较轻”，应当在 3 年以下有期徒刑或者拘役的法定刑幅度内量刑。

又根据《刑法》第 72 条的规定，对于被判处拘役、3 年以下有期徒刑的犯罪分子，根据犯罪分子的犯罪情节和悔罪表现，适用缓刑确实不致再危害社会的，可以宣告缓刑。本案中两被告人积极弥补损失，归案后认罪态度良好，且属于过失犯罪，人身危险性较低，适用缓刑符合法律规定。

再根据《刑法》第 36 条第 1 款的规定："由于犯罪行为而使被害人遭受经济损失的，对犯罪分子除依法给予刑事处罚外，并应根据情况判处赔偿经济损失。"本案中两被告人的过失行为造成山林烧毁 142 亩，直接经济损失 5 万余元、间接经济损失 17 万元，理应进行赔偿。重庆市第二中级人民法院作出"种树"的改判，是对《刑法》第 36 条的灵活运用，并非刑罚的替代措施[①]，更不是法律规定以外的责任承担方式，并未突破罪刑法定原则。这是因为，赔偿损失本质属于侵权之债，而民法上债的给付方式除金钱给付外，还包括代物清偿等其他方式。因此，赔偿经济损失的方式也不应局限于金钱支付，给付同类原物也是赔偿损失的有效手段。本案中，对山林损毁的最好赔付方式就是再造山林，故而"种树"在本质上仍然是赔偿损失的手段。

值得讨论的问题在于《刑法》第 36 条、第 37 条中"赔偿损失"的性质问题。有观点认为，判处赔偿经济损失和责令赔偿损失的规定虽然出现在刑法中，但是性质仍然属于民事责任，因为犯罪也是严重的侵权行为，已经在犯罪人和被告人之间形成了债权债务关系，刑事责任的承担并不能够影响和替代民事责任的承担[②]。因此，我国《刑事诉讼法》第 101 条第 1 款规定，"被害人由于被告人的犯罪行为而遭受物质损失的，在刑事诉讼过程中，有权提起附带民事诉讼"；2021 年最高人民法院《关于适用〈中华人民共和国刑事诉讼法〉的解释》第 178 条第 1 款规定，"人民法院受理刑事案件后，对符合刑事诉讼法第一百零一条和本解释第一百七十五条第一款规定的，可以告知被害人或者其法定代理人、近亲属有权提起附带民事诉讼"。如果将上述赔偿看作刑事责任的承担方式，那么犯罪人的监护人、遗产继承人、其他亲友代为赔偿损失的情况便会同罪责自负原则相冲突。

也有观点认为，《刑法》第 36 条中的赔偿经济损失和《刑法》第 37 条中的责令赔偿损失并非同一性质，前者属于民事责任，后者不仅属于民事责任，也是犯罪的法律后果[③]。我们较为赞同这一观点：第一，犯罪的法律后果是承担刑事责任，而刑事责任的承担方式包括判处刑罚、定罪免刑以及非刑罚处罚措施；责令赔偿损失规定在《刑法》第 37 条之中，便意味着不能仅将其看作民事责任的承担方式。第二，犯罪是对具体权益的侵害，从责任的产生原理以及责任关系的角度出发，赔偿损失理应成为刑事责任的实现方式，随着恢复性司法的提倡以及私法理念及治理方式在刑事法治领域的良好运用，这一点已经日益得到认可。第三，民事责任和刑事责任并非相互对立、彼此排斥的关系，两者共享同一的法秩序和法价值，惩罚与恢复在两种责任实现中都有所体现[④]，责令赔偿损失同时具有民事责任和刑事责任的实现效果，是法律价值上的评价重叠，并非对被告人负担的实质加重，不会涉嫌重复评价的问题。第四，将责令赔偿损失赋予刑事责任的性质，可以突破刑事附带民事诉讼中赔偿请求范围仅限于物质损害的不合理之

---

① 两被告在被责令种树之前，已经根据《刑法》第 72 条、第 115 条第 2 款的规定被判处缓刑。

② 马克昌．刑罚通论．武汉：武汉大学出版社，2007：740.

③ 张明楷．刑法学．5 版．北京：法律出版社，2016：636－637.

④ 例如，《消费者权益保护法》规定了惩罚性赔偿责任，《刑法》规定了赔偿损失等非刑罚处罚措施。

处，被害人所遭受的精神损害也能提出赔偿请求，可以较为全面地保护被害人利益。

由此引申的另外一个问题是民事赔偿能否或者应否影响到量刑。从司法实践来看，民事赔偿的履行情况确实可以影响到刑罚的轻重、有无。例如，1987 年最高人民法院《关于被告人亲属主动为被告人退缴赃款应如何处理的批复》中规定，已作了退赔的均可视为被告人退赃较好，可以依法适用从宽处罚；又如 1999 年《全国法院维护农村稳定刑事审判工作座谈会纪要》规定，无法退赃的，在决定刑罚时应作为酌定从重处罚的情节予以考虑；再如，2001 年《全国法院审理金融犯罪案件工作座谈会纪要》规定对于犯罪数额特别巨大的金融诈骗犯罪，追缴、退赔后，挽回了损失或者损失不大的，一般不应当判处死刑立即执行。

针对上述现象，有人提出批评，认为这是“赔钱减刑”，容易导致同罪不同罚，有违法律的平等适用原则和罪刑相适应原则，是对法律公平、正义原则的严重践踏和公开挑衅，有纵容犯罪，助长拜金主义之嫌①。事实上，民事赔偿影响量刑有着充分的法理根据：一方面，民事赔偿客观上减少了犯罪的社会危害程度，导致刑罚报应的需求降低；另一方面，民事赔偿反映出犯罪人积极悔罪、寻求谅解的主观态度，人身危险性降低，减少了刑罚特殊预防的需要。鉴于此，民事赔偿可以作为酌定从宽量刑情节予以考虑。民事赔偿之所以面临“赔钱减刑”的诘问，很大程度是因为实践中赔偿损失的方式过于单一。正如前文所述，我国法律并未将赔偿损失的方式限于金钱，代物赔偿、提供劳务亦是赔偿损失的有效方式，且后者不宜受到犯罪人给付能力的影响，从而最大可能地降低刑事司法不平等的风险②。故而，民事赔偿对量刑的影响是积极性的，应当正确看待和大力提倡。

实务训练

请根据本案的事实、既有证据及争议焦点，写一份刑事判决书。要求格式规范、条理清晰、层次分明、有理有据、入情入理。

延伸阅读

1. 石经海. 量刑的个别化原理. 北京：法律出版社，2021.
2. 李国卿，胡帅.《刑法》第 37 条的规范解释. 山东社会科学，2016（S1）：437-439.
3. 黎宏. 民事责任、行政责任与刑事责任适用之司法困惑与解决. 人民检察，

① 赵刚. 赔钱减刑：误读及其本真. 人民法院报，2007-02-16.

② 例如，现实中常有人对最高人民法院 2000 年《关于审理交通肇事刑事案件具体应用法律若干问题的解释》中无力赔偿数额上 10 万元以上须以交通肇事罪追究刑事责任的规定提出批评，认为这是典型的“花钱赎罪”“赔钱免罪”，不仅破坏刑法的平等性，也混淆了民事责任与刑事责任的差异，形成民事责任向刑事责任的“逆向转化”。实际上，该解释的相关规定符合交通肇事罪减少入罪率的刑事政策，也契合过失损毁财物不应担负刑事责任的刑法原理，体现了谦抑人道的刑法精神和以被害人利益为导向的司法趋势。唯一不足之处正是在于赔偿损失的方式过于单一，倘若能够代物赔偿、提供劳务，定能收到良好的社会效果。

2016（2）：12－18.

案48. 财产型犯罪的量刑不能唯数额论

——郝甲盗窃案

要点提示

量刑须做到罪刑相适应，必须贯彻宽严相济的刑事政策，确保裁判法律效果和社会效果的统一。盗窃、诈骗等财产型犯罪一般以数额为量刑的主要依据，但也不能唯数额论。因个案特殊情况使得严格适用数额标准量刑将导致极不公正结果时，就需要准确理解和把握法律的精神和价值，结合案件的具体事实，借助于社会生活经验，大胆适用刑法总则条款，力求情理法平衡，实现个案的量刑公正。

案情摘要

被告人郝甲，男，1989年7月24日出生，农民。

被告人郝甲系被害人郝乙亲侄孙。2008年4月28日上午11时许，郝甲到郝乙家院内，见郝乙家无人，想到债主逼债，便产生盗窃还债之念。郝甲随后在院内找了一根钢筋棍，将窗户玻璃打碎进入室内，又在室内找了把菜刀，将郝乙家写字台的抽屉撬坏，盗走该抽屉内存放的现金5.3万元，然后将其中4.9万元存入银行，剩余4 000元还债。当日下午，郝甲被公安人员抓获。破案后，存入银行的赃款4.9万元全部追回并退还失主，剩余4 000元由郝甲父亲郝丙代其赔偿给失主。

陕西省某县人民法院认为，被告人郝甲以非法占有为目的，秘密窃取他人财物，数额特别巨大，其行为构成盗窃罪。鉴于郝甲系失主的亲侄孙，案发后已全部退赃，且失主强烈要求对被告人免除处罚，故依据《刑法》第63条第2款之规定对其减轻处罚，以盗窃罪判处被告人郝甲有期徒刑5年，并处罚金20 000元。一审宣判后，在法定期限内没有上诉、抗诉。本案经依法逐级报请中级人民法院、高级人民法院复核同意后报请最高人民法院核准。最高人民法院经复核认为，鉴于本案的特殊情况，对郝甲可以尽量从宽处理，原判对郝甲在法定刑以下判处的刑罚量刑仍属过重，遂裁定撤销原判，发回某县人民法院重新审判。某县人民法院经重新审理后，认为被告人的犯罪情节轻微，遂判决被告人郝甲犯盗窃罪，免予刑事处罚。

分歧意见

对于本案如何量刑，有三种意见。第一种意见认为，被告人盗窃数额特别巨大，依法应当在10年以上有期徒刑或者无期徒刑的法定刑内量刑，鉴于双方系亲戚关系，已全部退赃，并取得被害人谅解等具体情节，可从轻判处有期徒刑10年；第二种意见认为，根据本案的特殊情况，可以根据《刑法》第 63 条第 2 款的规定，减轻判处有期徒刑 5 年，并层报最高人民法院核准；第三种意见认为，本案虽然盗窃数额特别巨大，但犯罪情节轻微，可以免予刑事处罚。

问题研讨

在量刑规范化改革在全国试行，量刑逐步趋于规范、统一的背景下，尤其要强调原则性和灵活性相结合，注重刑罚个案化，真正实现个案量刑的公正。《关于常见犯罪的量刑指导意见》明确规定，量刑必须做到罪刑相适应，实现惩罚和预防犯罪的目的；量刑应当贯彻宽严相济的刑事政策，确保裁判法律效果和社会效果的统一。

（一）财产型犯罪的量刑不能唯数额论

根据刑法的规定，量刑应当以事实为根据，以法律为准绳，根据犯罪的事实，犯罪的性质、情节和对于社会的危害程度，决定判处的刑罚。据此，犯罪财产数额不是量刑的唯一依据。

（1）财产型犯罪的量刑不能唯数额论，是刑法总则的要求。

刑法中关于财产型犯罪的规定，基本上采取犯罪数额与法定刑一一对应的模式。这样设置的合理性在于犯罪数额是情节的主要内容，并且是相对比较容易标示、易于客观区分和衡量的情节，所以刑法将其格外、明确地突出出来，以判定犯罪行为的危害程度。盗窃罪是典型的数额犯，盗窃数额是通常情况下定罪量刑的客观度量标准。但是案件情况是复杂多样的，影响量刑的情节是极其丰富的，简单、僵化地唯数额量刑可能导致罪刑不相适应。正是考虑到分则中主要根据数额配置法定刑的不足，刑法总则中预留了司法自由裁量的空间，如第 13 条规定“情节显著轻微危害不大的，不认为是犯罪”，第 37 条规定“情节轻微不需要判处刑罚的，可以免予刑事处罚”，第 63 条第 2 款规定了法定刑以下判刑的情况。

（2）财产型犯罪情节轻微的认定不能唯数额论，是司法解释的一贯立场。

司法解释不断明确犯罪数额并不是财产型犯罪量刑的唯一依据。如《关于审理抢夺刑事案件具体应用法律若干问题的解释》（已废止）第 3 条规定，抢夺公私财物虽然达到数额较大的标准，但具有下列情形之一的，可以视为《刑法》第 37 条规定的犯罪情节轻微不需要判处刑罚，免予刑事处罚：（1）已满 16 周岁不满 18 周岁的未成年人作案，属于初犯或者教唆犯罪的；（2）主动投案、全部退赃或者退赔的；（3）被胁迫参加抢夺，没有分赃或者获赃较少的；（4）其他情节轻微、危害不大的。再如《最高人民法院、最高人民检察院关于办理盗窃刑事案件适用法律若干问题的解释》（以下简称《解释》）第 8 条规定：偷拿家庭成员或者近亲属的财物，获得谅解的，一般可不认为是犯罪；追究刑事责任的，应当酌情从宽。这一规定，从文字上理解，是对偷拿自己家的财物或者近亲属的财物的定性及量刑作了规定，但其所表明的立场却能够合乎逻辑地推出这样一个精神：数额并不是在任何盗窃案件中都是定罪量刑的唯一标准。在特殊情况下，数额达到了犯罪标准，仍然可以“除罪化”处理，即使“确有追究刑事责任必要”，对被告人的量刑也要有所区别，甚至可以认定为“情节轻微，不需要判处刑罚”而判处被告人免予刑事处罚。

因此，在处理盗窃、诈骗等财产型犯罪中，既要注重数额，并主要以数额为依据，确定案件的犯罪情节和社会危害性，但也不能让数额成为定罪量刑的桎梏，在案件具有特殊情况时，要敢于突破数额限制，发挥法定刑以下判刑及免予刑事处罚的作用，真正做到宽严相济，正确裁量，罚当其罪。

（二）对本案被告人免除处罚的理由

就本案来说，被告人郝甲盗窃他人财物5.3万元，属于盗窃数额特别巨大（当时盗窃数额特别巨大的起点标准为5万元），如果简单根据《关于常见犯罪的量刑指导意见》规定的数额标准量刑，应判处有期徒刑10年，县人民法院减轻判处有期徒刑5年，而最高人民法院复核认为，根据本案特殊情况，判处5年仍然过重，故发回重审。

（1）本案的犯罪对象具有特殊性。

如果被告人偷拿家人或者近亲属的财物，那么就可以直接适用《解释》的规定，不按犯罪处理。即使被害人坚决要求追究被告人刑事责任，仍然可以根据该解释的规定，对被告人量刑时与其他盗窃有所区别，直至判处免予刑事处罚。《解释》的宗旨是通过法律的规范和调整，维护亲属关系及社会的稳定。本案中被告人与被害人虽然不是近亲属，但系比较密切的亲属关系，犯罪对象的特殊性还是明显的，在量刑时应当区别于其他普通盗窃行为。被告人是被害人的亲侄孙，且有从小与被害人共同生活的背景，关系密切，是五代以内的旁系血亲，在定罪量刑时应充分考虑这一特殊情况。

（2）被害人明确要求免予追究被告人的刑事责任。

在审判工作中，法院应当尊重被害人及民众对案件的看法和对量刑的意见，以减少社会对抗。一方面，刑事法律关系不仅仅是国家司法机关与犯罪人之间惩罚与被惩罚的关系，还包括犯罪人与被害人之间的加害与被加害的关系。被告人、被害人之间关系的修复越来越受到理论界和司法实践部门的重视。另一方面，犯罪所引起的被害人及社会民众的反应，是犯罪的社会危害的重要内容。犯罪人主观心理及客观行为的恶性对被害人及社会公众正义情感造成损害，导致被害人及公众对行为人产生愤怒情感，不能轻易原谅犯罪人，是社会危害性的一部分，而被害人的谅解及社会民众的同情则说明犯罪的社会危害程度不深，犯罪人恶性不大，刑罚处罚的必要性不强。本案中，被害人不愿因为自己的报案使得自己的亲侄孙受刑事处罚，案发后，被害人多次请求公安、司法机关对郝甲免除处罚，被害人所在村村民亦联名上书要求对郝甲从轻处罚。被告人与被害人过去曾在一起生活过，以后在生活中不免还有很多接触，在类似的案件处理中，应当充分尊重被害人的要求，尊重被害人及普通民众对司法裁决的接受程度，量刑时应尽量从宽，以免激化矛盾，影响家庭和亲属关系的缓和。

（3）被告人有案发后积极退赃的悔罪表现，且未造成严重的犯罪后果。

被告人所盗窃钱物于案发当日已绝大部分追回，且被告人之父又主动对失主进行了赔偿，已挽回被害人的损失，郝甲的盗窃行为实际未造成严重的犯罪后果。

（4）被告人犯罪时刚年满18周岁，归案后认罪态度好，又系初犯。

本案中，被告人犯罪时刚刚成年，犯罪主观恶性不深，犯罪实际造成的危害范围和程度有限，故可以尽量从宽处理。根据《最高人民法院、最高人民检察院关于办理盗窃刑事案件适用法律若干问题的解释》第 8 条规定的立法精神和宗旨，可以适用《刑法》第 37 条规定，认定郝甲的盗窃行为“情节轻微，不需要判处刑罚”，从而判处被告人免予刑事处罚。

(三) 量刑时不能唯数额论的其他情形及其把握

量刑时不能唯数额论的其他情形，主要见于被告人对所盗物品性质、价值存在重大认识错误的情况。如将价值十几万元的铂块误认为锡块偷走[①]，将价值十几万元的高档手表误认为价值几百元的普通手表偷走，等等。有人担心，在行为人既有盗窃故意又有盗窃行为，事实上也盗窃既遂时，如果行为人都辩解说对财物的性质或者价值有错误认识，不就都可以从轻甚至免除处罚吗？我们认为，对此类案件，应从以下几方面予以把握。

1. 从主观上进行考察

除考察行为人供述、个人情况外，还要综合分析行为的时间、地点、条件、行为人与被害人等。同时，应从一般人的角度来分析，一般人均能产生正确认识的，应视为行为人也能正确认识，以避免行为人推脱责任。对于那些抱着“能偷多少偷多少，偷到什么算什么”心态的行为人来说，其主观故意属于概括性的犯罪故意，因为无论财物价值多少都不违背行为人的本意，自应以实际价值论。

2. 从手段上进行考察

行为人采取特定手段进行盗窃即视为具有概括性的故意，犯罪数额以实际价值论。如惯窃、扒窃、入室盗窃、撬锁盗窃、团伙犯罪等，因其行为的严重性，可以推定其为概括性的犯罪故意，以实际价值认定其盗窃数额。

3. 从场合特定性上进行考察

盗窃只能发生在行为人有合法或者合理机会接触被盗物品的顺手牵羊场合。被盗物品价值大又容易被误以为小的时候，才会产生认识错误问题。因此，只有在特定环境和条件下才能认定被告人是否对盗窃对象的价值存在严重的认识错误，避免出现客观归罪或主观归罪的现象。

实务训练

从实务中找一个关于数额型财产性犯罪的真实案例，根据案件事实、既有证据及争议焦点，写一份符合本主题的辩护词或判决书。要求格式规范、条理清晰、层次分明、说理透彻。

---

① 华俭学，楼炯燕．对所窃物品性质存在重大认识错误的处罚．人民司法，2011（4）：17-19，1.

延伸阅读

1.《最高人民法院、最高人民检察院关于办理盗窃刑事案件适用法律若干问题的解释》。

2. 周光权. 偷窃“天价”科研试验品行为的定性. 法学，2004（9）：43－47.

3. 罗翔. 论财产犯罪中对数额的认识错误. 法律适用，2009（2）：69－71.

案 49. 正确理解和适用刑事和解制度

——黄某诈骗案

要点提示

刑事和解是指刑事案件中的加害人与被害人直接或通过第三方主持，达成谅解，以赔礼道歉、经济赔偿等方式，平等地全部或部分解决已然犯罪的程序及实体方法。刑事和解不是刑事责任的承担方式，但是会影响到刑事责任的认定和实现。刑事和解包括但不限于赔偿损失、赔礼道歉。刑事和解的达成以平等自愿为前提、以有效弥补损失为基础、以获得被害人谅解为目标、以真诚悔罪为要求、以法定程序为保障。刑事和解可发生在刑事诉讼的各个阶段，和解范围包括自诉案件以及民间纠纷引起的，侵犯公民人身权益和财产权益的轻罪案件、除渎职以外可能被判处 7 年以下有期徒刑的过失犯罪案件。目前，我国严重刑事犯罪尚不适用刑事和解，但是可借鉴刑事和解的有益成分处理相关案件，以保障被害人合法权益，实现刑罚的轻缓化，提高刑事治理的能力和水平。

案情摘要

2011 年 5 月，被告人黄某谎称能够帮助被害人练某良办理户口迁移事宜，以手续费为由骗取练某良人民币 20 000 元，后提供了一张假的户口迁移商调函（某区劳动管理服务中心核查后确认该商调函并非该中心开具，属虚假）给练某良。2012 年 12 月，黄某对练某良谎称可以低价买到海关罚没车，骗取练某良人民币 55 000 元，后向练某良提供了一张假的机动车销售统一发票（某某区国税局核查后确认没有该发票的入库信息）。由于户口迁移和购买海关罚没车辆事宜均未办成，练某良于 2013 年 1 月 8 日报警。2013 年 6 月 13 日，黄某被抓获归案。

2014 年 1 月 2 日，黄某的父亲与被害人练某良达成协议，约定由前者代为退赔 4 万元，其中 25 000 元于当日交付，余款在 2016 年 6 月前分三期付清。被害人对被告人予以谅解，并请求法院对被告人免予刑事处罚。

某区人民法院认为，被告人黄某以非法占有为目的，诈骗他人财物，数额巨大，其行为已构成诈骗罪。鉴于黄某认罪态度较好，依法可以从轻处罚。黄某积极赔偿，并获得被害人谅解，可以减轻处罚。依照《刑法》第 266 条、第 67 条第 3 款、第 52 条、第

53 条，2012 年《最高人民法院关于适用〈中华人民共和国刑事诉讼法〉的解释》（简称 2012 年《解释》）第 505 条之规定，判决被告人黄某犯诈骗罪，判处有期徒刑 1 年 10 个月，并处罚金人民币 2 000 元。

一审宣判后，黄某没有上诉，但某区人民检察院提出抗诉。抗诉意见认为：(1) 原审判决量刑不当。黄某有犯罪前科，诈骗数额巨大，庭审后部分赔偿被害人并获得谅解，可以酌情从轻处罚，应当在 3 年以上有期徒刑量刑。在被告人没有法定减轻处罚情节的情况下，一审法院对黄某减轻处罚明显不当。(2) 原审判决适用法律错误。2012 年《解释》只是对刑事诉讼相关程序进行解释，一审法院根据该解释第 505 条直接减轻处罚错误。减轻处罚也没有报最高人民法院核准。建议二审法院予以纠正。某市人民检察院支持抗诉。

某市中级人民法院经审理认为，原审被告人黄某以非法占有为目的，虚构事实，隐瞒真相，诈骗他人财物，数额较大，其行为已构成诈骗罪。黄某归案后认罪态度较好，有一定悔罪表现，依法可以从轻处罚。黄某通过近亲属与被害人达成退赔协议，并获得被害人谅解，可以从轻处罚。黄某曾因犯绑架罪被判处刑罚，在量刑时予以考虑。本案双方达成退赔协议，但并未即时履行，因此不符合“当事人和解的公诉案件诉讼程序”的规定，原审判决适用 2012 年《解释》第 505 条属法律适用错误。原审判决认为被告人积极赔偿，并获得被害人谅解，可以减轻处罚，于法无据，予以纠正。但 2011 年《最高人民法院、最高人民检察院关于办理诈骗刑事案件具体应用法律若干问题的解释》规定，诈骗公私财物价值 3 万元至 10 万元以上的，应当认定为《刑法》第 266 条规定的“数额巨大”。从有利于被告人的角度出发，本案诈骗数额宜认定为数额较大，依法应当判处 3 年以下有期徒刑、拘役或者管制，并处或者单处罚金。原审判决定罪准确，证据确实充分，综合全案犯罪的事实、性质、情节和社会危害程度，原审判决量刑尚属适当，可予以维持。依照《中华人民共和国刑事诉讼法》第 225 条第 1 款第 1 项之规定，裁定驳回抗诉，维持原判。

分歧意见

本案对于被告人黄某的行为构成诈骗罪没有不同意见，但在黄某父亲与被害人练某良达成赔偿协议的情况下如何量刑，存在三种不同意见。

第一种意见，即一审法院的判决认为，黄某的亲属代为赔偿被害人，并获得被害人谅解，根据 2012 年《解释》第 505 条的规定，本案属于达成和解协议的案件，可以减轻处罚。

第二种意见，即两级检察机关认为，2012 年《解释》只是对刑事诉讼相关程序进行解释，不能根据其第 505 条直接对被告人减轻处罚。如要在法定刑以下减轻处罚，须报最高人民法院核准。

第三种意见，即二审法院判决认为，黄某父亲虽然与被害人达成赔偿协议，并获得被害人谅解，但赔偿协议并未及时履行，不符合当事人和解的公诉案件诉讼程序的规定，不能适用 2012 年《解释》的规定减轻处罚。

问题研讨

我们认为，上述问题的解决应当从全面理解与正确适用刑事和解着手。所谓刑事和解，是指刑事案件中的加害人与被害人直接或通过第三方主持，达成谅解，以赔礼道歉、经济赔偿等方式，平等地全部或部分解决已然犯罪的程序及实体方法。

关于刑事和解的性质，有人认为，刑事和解是刑事责任的承担方式，实体层面的赔礼道歉、经济赔偿等不过是类似刑罚（管制、拘役、有期徒刑、无期徒刑、死刑等）的一种，均是对犯罪人的实体处置，将来应该转变国家主义刑法观，将公权力只作为解决犯罪问题的一个保底手段①。也有人认为，刑事责任与民事责任在性质、功能、目的上并非绝对的对立状态，应当允许一定条件下刑事责任向民事责任质的转化，这也是刑事和解为何会影响定罪量刑的理论基础②。我们认为上述观点发现了刑事责任与民事责任的联系，主张用私法化理念和方式来完善和提高我国刑事治理水平，值得肯定。但是，其将刑事和解当作刑事责任的承担方式，并主张刑事责任与民事责任相互转换的观点值得商榷，这是因为：

一方面，刑事和解之所以能够产生不起诉或者从宽处罚的法律效果，并非其对刑事责任的直接承担所导致。刑事和解是为了弥补犯罪所造成权益损害和修复社会关系，从客观上减轻犯罪造成的现实危害，此时动用刑罚惩罚犯罪、安抚被害人的需求降低，遵循刑法谦抑保守的基本精神，从宽处断并无不妥；此外，刑事和解的达成以犯罪人真诚悔罪、获得被害人谅解为内在要求。因此，刑事和解是通过降低犯罪的社会危害性和犯罪人的人身危险性而影响刑事责任的最终承担，其自身并非是刑事责任的承担方式。刑事和解达成后，除撤回自诉、不起诉以外，依然需要通过刑罚、定罪免刑以及非刑罚处罚措施来让行为人承担刑事责任。

另一方面，将刑事和解当作刑事责任的承担方式之一，会使得刑事责任的性质定位出现模糊。通常认为，刑事责任是犯罪所引起的，由国家对犯罪人及其行为予以否定性评价或谴责的责任③。刑事责任调整国家和个人之间的关系，是国家垄断犯罪治理权的重要表现，具有严肃性、权威性、抽象性的特点；而民事责任则调整平等主体之间的权利义务关系，具有平等性、协商性、开放性的特点。刑事和解的达成，是犯罪人与被害人民事法律关系的再调整，和解内容受双方合意影响较大，效力并不涉及第三方或公众领域。将刑事和解当作刑事责任的承担方式，将会模糊刑事责任的实践特征和性质定位。

回到本案，被告人黄某与被害人之间是否已经达成刑事和解，进而对其减轻处罚，还需要考虑以下几点：

第一，本案是否属于刑事和解的适用范围。《刑事诉讼法》第288条规定，因民间纠纷引起，涉嫌刑法分则第四章、第五章规定的犯罪案件，可能判处3年有期徒刑以下

---

① 李卫红．刑事和解的实体性与程序性．政法论坛，2017，35（2）：170－178．

② 李会彬．传统刑事责任与民事责任关系的理论反思及其重新界定．政治与法律，2019（7）：38－49．

③ 李永升．刑法总论．2版．北京：法律出版社，2016：269．

刑罚的，可适用刑事和解的程序规定。司法解释没有对“民间纠纷”明确界定，如本案是诈骗犯罪，是否属于该程序的适用范围存在争议。对此，有些规范性文件的规定可供参考，如 1990 年 4 月 19 日司法部发布的《民间纠纷处理办法》第 3 条规定：“基层人民政府处理民间纠纷的范围，为《人民调解委员会组织条例》规定的民间纠纷，即公民之间有关人身、财产权益和其他日常生活中发生的纠纷。”1990 年 5 月 25 日广东省人民政府颁布的《广东省人民调解委员会组织细则》第 9 条规定：“人民调解委员会的任务是：（一）调解婚姻、继承、赡养、抚养、扶养、家庭、房屋宅基地、债务、生产经营、邻里、赔偿及其他民间纠纷……”据此，我们认为，“民间纠纷”应当包括婚姻、继承、赡养、抚养、扶养、家庭、房屋宅基地、债务、生产经营、邻里、赔偿等事务上的纠纷。具体案件是否适用刑事和解，实务中需要采取开放的态度灵活掌握，或许这也是司法解释没有明确列举或概括界定“民间纠纷”的本意①。

第二，本案中的和解协议是否有效。本案中，被告人与被害人虽然达成和解协议，但是赔付却需要分期和延后履行，这是否符合刑事和解的宗旨，有待讨论。我们认为，和解协议不宜延期或者分期履行，原因在于这会使得刑事和解建立在不确定的事实基础上，被告人获得从宽处罚后，不履行或不完全履行赔偿义务，法院无法强制执行（双方协议），二审中也不能加重其刑罚（上诉不加刑），这将有损法律的权威和被害人的利益。故而，2021 年最高人民法院《关于适用〈中华人民共和国刑事诉讼法〉的解释》（以下简称《解释》）规定，“和解协议约定的赔偿损失内容，被告人应当在协议签署后即时履行”。本案中被告人黄某之父与被害人约定由前者代为退赔，由于未能实际赔付，不能算作“达成和解协议”。这种情况下，根据《解释》第 596 条的规定，被害人或者其法定代理人、近亲属提起附带民事诉讼后，双方愿意和解，但被告人不能即时履行全部赔偿义务的，人民法院应当制作附带民事调解书。故本案中的赔偿协议只能作为附带民事赔偿情节予以考虑，而不能视为达成刑事和解。因此，原审判决适用相关司法解释以和解为由对被告人黄某减轻处罚是不当的。

实务训练

请从实务中寻找一个刑事和解的真实案例，根据案件事实、既有证据和争议焦点，写一份判决书。要求格式规范、条理清晰、层次分明、有理有据、论证充分、入情入理。

延伸阅读

1. 宋英辉. 刑事和解制度研究. 北京：北京大学出版社，2011.
2. 李会彬. 刑事和解制度的理论基础新探：以刑、民事责任转化原理为视角. 法

① 最高人民法院刑事审判第一、二、三、四、五庭. 刑事审判参考：总第 108 集. 北京：法律出版社，2017.

商研究，2015，32（4）：90－100.

3. 秦宗文. 刑事和解制度的实践困境与破解之道. 四川大学学报（哲学社会科学版），2015（2）：151－160.

案50. 前次犯罪跨18周岁的累犯应谨慎认定

——钟某抢劫案

要点提示

对未成年人犯罪，前罪实施时未满18周岁，刑罚执行完毕或者赦免后5年之内再犯有期徒刑以上刑罚之罪的，不构成累犯。然而，前次犯罪跨越18周岁的情况应当区分处理：若行为持续进行，无法区分，应当认定为未成年人犯罪，不再适用累犯的规定；若18周岁后的犯罪行为与18周岁前的犯罪行为能够相互区分，且可以单独被评价为犯罪，则应当认定为“犯罪时已满18周岁”，同时符合累犯其他构成要件时，可以构成累犯。当然，对年满18周岁以前实施的犯罪，适当从轻或者减轻处罚。

案情摘要

2012年1月11日22时许，被告人钟某至吴江经济技术开发区城南花苑某号住房门前的小巷子内，采用卡脖子、拳打脚踢等手段，劫取被害人石某某现金400余元及总价值420元的数码相机、MP4、挎包及钱包等财物，并致石某某轻微伤。案发后，公安机关追回全部赃款（物），并返还给石某某。归案后，钟某如实供述了自己的犯罪事实。

另查明，被告人钟某于2009年2月至2009年9月间（作案时已满16周岁不满18周岁），在吴江市（现苏州市吴江区）平望镇、横扇镇等地，先后盗窃作案7起，窃得财物共计3 580元；于2010年7月8日（作案时已满18周岁）在吴江市平望镇入户窃得其伯父钟某某现金2 280元。吴江市人民法院于2010年12月6日以盗窃罪判处被告人钟某有期徒刑9个月，并处罚金人民币1 000元。2011年4月17日钟某刑满释放。

吴江市人民法院认为，被告人钟某以非法占有为目的，采取暴力手段，强行劫取他人财物，其行为已构成抢劫罪，应依法惩处。钟某归案后如实供述自己的罪行，依法可以从轻处罚。钟某赔偿了被害人石某某的经济损失，并获得谅解，酌情可从轻处罚。据此，依照《刑法》第263条、第67条第3款的规定，以抢劫罪判处被告人钟某有期徒刑3年3个月，并处罚金人民币3 000元。

宣判后，被告人钟某未提出上诉，检察机关亦未抗诉，判决已发生法律效力。

分歧意见

被告人前次犯罪跨越18周岁且被判处有期徒刑，在前罪判处的刑罚执行完毕以后

5 年以内再犯应当判处有期徒刑以上刑罚之罪的，是否构成累犯？对此，理论上形成两种不同的意见：

第一种意见认为，被告人钟某的前科盗窃犯罪已被判处有期徒刑 9 个月，尽管前 7 起盗窃均系其不满 18 周岁时实施，但其在实施第 8 起盗窃时已满 18 周岁，盗窃数额达到 2 280 元，无论从该 8 起盗窃事实整体所判处的刑罚，还是就第 8 起盗窃事实本身应当判处的刑罚来看，均属判处有期徒刑以上刑罚的故意犯罪，符合累犯的成立条件。

第二种意见认为，被告人钟某在前罪中共实施 8 起盗窃行为，不满 18 周岁时实施的 7 起盗窃行为数额总计为 3 580 元，钟某在实施第 8 起盗窃行为时已满 18 周岁，数额达到 2 280 元。故无论从盗窃次数还是数额来看，钟某不满 18 周岁时所实施的犯罪行为所占的比例较大，同时具有认罪悔罪、退赃等从轻处罚情节，其 18 周岁后实施的盗窃犯罪不是必然判处有期徒刑。从有利于被告人的原则出发，应当认定其前罪系不满 18 周岁的人犯罪，继而不能认定其构成累犯。

问题研讨

根据我国《刑法》第 65 条的规定，被判处有期徒刑以上刑罚，在刑法执行完毕或者赦免后，在 5 年以内再犯应当判处有期徒刑以上刑罚之罪的，是累犯，应当从重处罚，但是过失犯罪和不满 18 周岁的人犯罪的除外。这意味着，一般累犯的成立有着罪质、刑度以及时间的限制。若前罪不是被判处有期徒刑以上的故意犯罪，后罪无论何时发生均不构成累犯。

众所周知，根据犯罪的行为及性质，罪数形态可分为同种数罪和异种数罪，前者主要包括连续犯以及相互独立的同种数罪，后者是指数个不同性质的犯罪行为。按照司法实践，对于连续犯，是以处断的一罪从重处罚，其他同种数罪应当数罪并罚。此时，数罪并罚之结果，实乃对跨越 18 周岁刑事责任年龄前后犯罪行为的整体性评价。那么，被告人所犯前罪跨越了 18 周岁年龄段，宣告刑或数罪并罚合并决定执行的刑罚系有期徒刑，那么，被告人是否构成累犯？我们认为对此应当分情况讨论。

第一种情况：若行为人所犯同种数罪并非连续犯，则应当根据数罪情节分别对应的量刑幅度，确定 18 周岁后实施的犯罪是否应当判处有期徒刑以上的刑罚。如果应当判处有期徒刑以上刑罚的，在其他条件满足的情况下可以构成累犯；如果 18 周岁后实施的犯罪行为不应当被判处有期徒刑以上之刑罚，则不宜认定为累犯；如果 18 周岁后实施的犯罪行为根据犯罪性质、情节，处于可被判处有期徒刑与拘役、管制或者单处罚金的临界点，则从存疑有利于报告以及保护未成年人的原则出发，也不宜认定为累犯。需要注意的是，判断数罪对应的量刑幅度，应当全面评价该犯罪行为所具有的量刑情节，在侵犯财产类犯罪中不能仅以数额作为唯一量刑情节。

第二种情况：若行为人所犯同种数罪为连续犯，难以直接确定数个犯罪行为所对应的量刑幅度，则应当综合考虑被告人 18 周岁后实施的犯罪行为在所判刑罚中的贡献和作用，分析其独立评价时能否判处有期徒刑以上之刑罚。此时，所需考虑的量刑情节包括行为手段、实际损害、犯罪对象等。这是因为，累犯的成立以前罪实施时“已满十八周岁”为限，有必要将 18 周岁前后犯罪行为的性质、手段、危害结果进行独立评价。正是因为如此，最高人民法院在《关于〈中华人民共和国刑法修正案（八）〉时间效力问题的解释》第 3 条第 1 款才明确规定：“被判处有期徒刑以上刑罚，刑罚执行完毕或者赦免以后，在 2011 年 4 月 30 日以前再犯应当判处有期徒刑以上刑罚之罪的，是否构成累犯，适用修正前刑法第六十五条的规定；但是，前罪实施时不满十八周岁的，是否构成累犯，适用修正后刑法第六十五条的规定。”

在本案中，被告人钟某所犯前罪由 8 起盗窃行为构成，前 7 起发生在 2009 年 2 月至 2009 年 9 月间（作案时被告人已满 16 周岁不满 18 周岁），窃得财物共计 3 580 元；后一次发生在 2010 年 7 月 8 日（作案时已满 18 周岁），盗窃金额 2 280 元。前后实施之罪并无连续的犯罪故意，属于同种数罪，理应并罚。然而，数罪并罚的 9 个月有期徒刑是针对所有盗窃行为进行的评价，被告人年满 18 周岁后实施的犯罪行为未必应被判处有期徒刑以上之刑罚，故而属于前述第二种情况，需要独立分析和评价。

案情显示，钟某最后一次盗窃金额为 2 280 元，所造成的犯罪后果不及前面几次严重；此外，钟某盗窃对象为自己伯父，根据 2013 年最高人民法院、最高人民检察院《关于办理盗窃刑事案件适用法律若干问题的解释》第 8 条的规定，偷拿家庭成员或者近亲属的财物，获得谅解的，一般可以不认为是犯罪；追究刑事责任的，应当酌情从宽。但是，钟某还存在入户盗窃的从重量刑情节，因此该行为是否应被判处有期徒刑以上之刑罚，需要综合判断。根据 2014 年实施的最高人民法院《关于常见犯罪的量刑指导意见》的规定，盗窃罪达到数额较大起点的，两年内 3 次盗窃的，入户盗窃的，携带凶器盗窃的，或者扒窃的，可以在 1 年以下有期徒刑、拘役幅度内确定量刑起点；又根据《江苏省高级人民法院〈关于常见犯罪的量刑指导意见〉实施细则》的规定，盗窃数额达 2 000 元的，在 3 个月拘役至 9 个月有期徒刑幅度内确定量刑起点。数额每增加 1 500 元，增加一个月刑期确定基准刑。故而，从刑法谦抑性的角度出发，钟某最后一次盗窃行为有可能被判处拘役，因此，仅凭全案所判刑罚为有期徒刑便将后罪认定为累犯的做法并不合适。

实务训练

在实务中寻找类似的真实案例，根据案件的犯罪事实、既有证据以及争议焦点，写一份辩护词。要求格式规范、条理清晰、层次分明、说理透彻。

延伸阅读

1. 线杰. 未成年人累犯问题研究. 人民检察，2015（11）：33－37.
2. 付立庆. 累犯情节前置论. 法学，2014（7）：133－140.
3. 张淼. 一般累犯的结构解析及完善进路. 法学杂志，2014，35（4）：64－71.
4. 劳佳琦. 累犯制度：规范与事实之间. 北京：中国人民公安大学出版社，2018.

案51. 认罪认罚并非独立的量刑情节

——武某某故意杀人案

要点提示

认罪认罚既不是一个独立的量刑情节，也不是刑法中既有从宽制度或规定的简单重申，而应是对接刑法中出罪、免予刑罚处罚、减轻处罚、从轻处罚、缓刑等既有从宽定罪量刑制度，并据宽严相济刑事政策，给予更大幅度“激励性从宽”的刑法制度。

案情摘要

犯罪嫌疑人武某某在KTV唱歌时结识了被害人唐某某，而后二人确立了恋爱关系。2018年9月11日下午5时许，武某某去唐某某住处为自己庆生，二人喝酒到次日凌晨，因感情问题发生争执，武某某骑自行车回家，唐某某随后乘坐摩的到达武某某家中，两人继续喝酒。至凌晨3点左右，二人再次发生争吵，武某某拿起床头柜里的尖刀朝唐某某身上捅刺，导致唐某某失血性休克死亡。武某某酒后昏睡直至警察将其抓获。

承办检察官经审阅案件材料认为，本案证据确实、充分，能够形成完整的证据锁链，证明武某某得知唐某某与他人发生不正当关系后心生不满，使用锐器扎刺被害人要害部位，涉嫌故意杀人罪。武某某能够基本如实供述自己的罪行，只是在行为性质、行为手段上做辩解，符合适用认罪认罚从宽制度的相关标准。检察官在办案中注意教育转化，向犯罪嫌疑人充分阐释了认罪认罚从宽制度，武某某接受检察机关指控的罪名。检察官又与被害人家属沟通，进行释法说理。武某某向被害人家属真诚悔罪，积极赔偿。被害人家属在充分了解法律规定后，接受武某某道歉和赔偿，出具了谅解书。

检察机关在审查全案事实与证据后，认为本案犯罪嫌疑人与被害人系恋爱关系，因感情纠纷引发，案发后，犯罪嫌疑人认罪悔罪，积极赔偿，取得被害人家属谅解，可依法适用认罪认罚从宽制度。检察机关以武某某涉嫌故意杀人罪，向法院提起公诉，并提出对武某某判处无期徒刑的确定刑量刑建议。法院以故意杀人罪判处武某某无期徒刑。武某某当庭表示不上诉，认罪伏法。

分歧意见

对于本案的处理，现实中有两种不同意见：

反对意见认为，对武某某所判刑罚偏轻，未能做到罪刑相适应，理由为：第一，认罪认罚从宽是依法从宽而非法外从宽，认罪认罚从宽实体上的依据在于各种从宽量刑情节，不能脱离于自首、立功、坦白、赔礼道歉、赔偿损失等法定或酌定量刑情节予以适用，否则会造成从宽标准的模糊，导致量刑失衡；第二，认罪认罚从宽是可以从宽而非应当从宽，虽然认罪认罚从宽并未限制案件适用范围以及适用阶段，但是犯罪人认罪认罚是否予以从宽还需要结合案件事实与情节综合判断，对于社会危害性大、舆论反响强烈的案件，不一定必然从宽，即便从宽，幅度应当控制在必要范围内。

支持意见认为，对武某某的判决罚当其罪，较好地体现了认罪认罚从宽制度的设计初衷，理由为：第一，认罪认罚从宽制度并非单纯的刑事诉讼制度，目的也并不仅限于“提高诉讼效率、节约司法资源”，而是承载缓解社会矛盾、转型重刑主义刑罚观念、避免短期自由刑用弊端、提升犯罪人回归社会效果等时代使命的顶层设计，涉及我国刑事司法理念的整体转变；第二，认罪认罚从宽不应当是已有从宽量刑情节的重复，也不是新的量刑情节，而应当根据实体法及程序法规定，结合定罪量刑制度和宽严相济刑事政策，给予被告人“更大幅度从宽”的激励性刑法制度。

问题研讨

我们支持司法机关对本案的处理。认罪认罚从宽制度已于2018年10月26日由《全国人民代表大会常务委员会关于修改〈中华人民共和国刑事诉讼法〉的决定》纳入《刑事诉讼法》中（简称“新刑诉法”），使“认罪认罚从宽”正式成为刑事诉讼的原则并融入各相关诉讼制度与环节中[①]。但对何为实体上的“认罪认罚从宽”这个困扰各地司法实践，并影响相应程序制度设计与改革目标实现的关键问题，法律没有作出进一步解释。

目前，我国已有定罪量刑从宽的规定有《刑法》第13条的但书出罪制度、第61条的量刑根据制度、第37条的免予刑事处罚制度、第62条的从轻处罚制度、第63条的减轻处罚制度、第72条的缓刑制度等，这些量刑根据或制度为“严而不厉”的刑罚宽缓化趋势提供了法律依据和制度保障，同时也给认罪认罚更大激励性从宽的判罚提供了参考依据。

以《刑法》第62条规定的从轻处罚为例。如果犯罪分子同时具备从轻、从重处罚情节的，人民法院应当综合全案情况，在罪刑相适应原则的指导下，处以合理的刑罚。认罪认罚从宽制度在实体层面给予行为人相较于既有情节、制度的更大从宽幅度的“激励”，需对通常情况下可从轻可不从轻处罚的案件，因认罪认罚而给予从轻处罚。具体是根据《刑法》第62条的规定，在案件“情节”被综合评价为接近“从轻处罚”程度时，包括那些本为刑法总则和分则中规定的各法定或酌定从轻处罚量刑情节，在行为人认罪认罚情况下而予以从轻处罚。比如实践中罪行较重、需要从严把握但存在法定或酌定从轻处罚情节的案件，既有从重处罚情节又有从轻处罚情节的案件，当综合评价案件的情节要素，出现整个案件处于可从轻可不从轻的“灰色区域”时，若行为人认罪认罚的，可基于认罪认罚从宽制度的顶层设计给予行为人激励性的“从宽”，即给予行为人从轻处罚[②]。

又以《刑法》第63条规定的减轻处罚为例。我们认为根据《刑法》第63条，案件的“情节”被综合评价为接近“减轻处罚”程度时，在行为人认罪认罚情况下予以减轻

① 《全国人民代表大会常务委员会关于修改〈中华人民共和国刑事诉讼法〉的决定》关于“认罪认罚从宽”的规定涉及第15条、第36条、第81条、第120条、第162条、第172条、第173条、第174条、第176条、第190条、第201条、第222条、第226条等。

② 石经海，田恬. 何为实体“从宽”：基于认罪认罚从宽制度顶层设计的解读. 北方法学，2019，13（6）：37-44.

处罚，不仅对于罪行较轻的案件可在行为人认罪认罚情况下予以“激励性”减轻处罚，而且对于罪行较重的案件，行为人认罪认罚使案件“情节”轻于法定最低刑对应的程度时，同样可予以“激励性”减轻处罚。对于案件具有法定“应当”减轻处罚情节的认罪认罚案件，按照法律规定减轻处罚自不待言。对于案件具有“可以”减轻处罚情节或者法定、酌定从轻处罚量刑情节是否可以减轻处罚存在争议。诚然，一般情况下，“从宽”只应包括从宽处罚，因为认罪认罚并非是一种法定减轻处罚情节，不具备减轻甚至免除处罚的刑罚基础。但是综合案件“情节”处于可减轻可不减轻，接近“减轻处罚”程度，行为人具有认罪态度较好、积极退赃退赔等体现认罪认罚精神的表现时，可充分体现从宽政策而对行为人减轻处罚。这正是运用《刑法》第 63 条进行“激励性从宽”的关键所在①。

回到本案，被告人武某某故意杀人既遂，手段极其残忍、后果极为严重，理应被判处死刑。但武某某故意杀人乃感情纠纷所引起，同社会上其他有预谋的故意杀人、故意伤害案件存在差异性，行为人主观恶性较小；到案后，武某某积极赔偿被害人家属，取得被害人谅解，客观上减轻了犯罪造成的危害后果，人身危险性降低，不需要立即执行死刑。并且，被告人武某某在赔偿损失、积极寻求被害人家属谅解的同时，认罪认罚。根据 2019 年《关于适用认罪认罚从宽制度的指导意见》第 9 条的规定，“办理认罪认罚案件，应当区别认罪认罚的不同诉讼阶段、对查明案件事实的价值和意义、是否确有悔罪表现，以及罪行严重程度等，综合考量确定从宽的限度和幅度……对犯罪嫌疑人、被告人具有自首、坦白情节，同时认罪认罚的，应当在法定刑幅度内给予相对更大的从宽幅度”。因此，武某某最终被判处无期徒刑，是在已有的坦白、悔罪、获得被害人谅解等从宽量刑情节基础上更大幅度的激励性从宽处罚。因此，本案的判决是较为恰当的。

实务训练

找一个实践中罪行严重但被告人又认罪认罚的案例，根据案件的犯罪事实、既有证据以及争议焦点，写一份一审判决书。要求格式规范、条理清晰、层次分明、说理透彻。

延伸阅读

1. 刘伟琦，刘仁文. 认罪认罚应作为独立的量刑情节. 湖北社会科学，2021（4）：118-127.

2. 朱孝清. 认罪认罚从宽制度中的几个争议问题. 法治研究，2021（2）：3-17.

3. 卞建林，李艳玲. 认罪认罚从宽制度适用中的若干问题. 法治研究，2021（2）：18-36.

---

① 石经海，田恬. 何为实体“从宽”：基于认罪认罚从宽制度顶层设计的解读. 北方法学，2019，13（6）：37-44.

4. 孙长永. 认罪认罚从宽制度实施中的五个矛盾及其化解. 政治与法律，2021 (1)：2-20.

5. 石经海，田恬. 何为实体"从宽"：基于认罪认罚从宽制度顶层设计的解读. 北方法学，2019，13 (6)：37-44.

案 52. 既供述未掌握犯罪事实又虚构同案犯的不认定为自首

——郭某盗窃案

要点提示

仅一人作案，若供述办案机关尚未掌握的仅本人一人作案却虚构有"同案犯"的犯罪事实，不成立自首。

案情摘要

被告人郭某，男，34 岁。2009 年 6 月 20 日郭某因吸毒、贩毒被 H 市公安局某区分局决定强制隔离戒毒两年。其间，郭某因想逃避强制戒毒而找到监所民警，供述其于 2009 年 4 月 5 日伙同黄某共同盗窃笔记本电脑的行为。基于相同的目的，黄某也对这一他不曾参与的盗窃行为予以供认。后经公安机关多方查证，证实 2009 年 4 月 5 日 10 时许，被告人郭某独自一人来到 H 市某区李某的租赁房，以找熟人聊天为名，骗取该租赁房李某的信任进入室内，趁李某不注意，将李某价值 2 300 元的"神州"牌笔记本电脑 1 台盗走。后经人民法院审理，以盗窃罪对郭某定罪处罚。

分歧意见

本案事实清楚，证据充分，但对于被告人主动交待其盗窃罪行的行为是否构成自首在审理中存在两种观点。第一种观点认为，被告人郭某在监管场所主动供述其没有被公安机关掌握的盗窃犯罪行为，构成自首。第二种观点认为，被告人郭某虽然主动交待了盗窃笔记本电脑的事实，但其虚构与他人共同作案，经多方查证证明系郭某一人作案，故不是如实供述犯罪事实，不符合自首的构成要件，不应认定其自首情节。

问题研讨

我们同意第二种观点。

我国刑法设立自首这一法定从轻、减轻或免除处罚情节的主要目的，一是鼓励犯罪人自行悔过，二是提高侦办案件效率、降低司法成本。本案中被告人郭某在监管场所供述自己盗窃罪行的动机在于逃避强制戒毒这一强制措施，并不是出于真心悔过，且他供述有一同案犯的行为客观上扰乱了公安机关的视线，使得公安机关在案件侦查过程中走了不少弯路，妨碍了公安机关的侦查活动。

但以上并不是认定郭某这一行为不构成自首的决定性因素。被告人因吸毒被公安机关决定强制戒毒，在监管场所向监所民警主动交待本人的盗窃罪行，他主动交待的这一犯罪事实并未被公安机关掌握，也和他被采取强制措施的原因属于不同性质，被告人的这一主动供述行为至少为办案机关提供了线索，确实也能在客观上帮助司法机关提高侦破案件的效率，使得审查、审判活动都更为容易，从这个角度上来说，也可以说是节约了司法成本。自首中的“如实供述罪行”并不必然要求真诚悔罪。根据我国刑事立法以及相关的司法解释，并没有规定主动投案、如实供述的动机在于真诚悔罪，在司法实践中很多犯罪嫌疑人或被告人自首都是出于恐惧或想为自己争取一个宽大处理机会的投机心理等，这也符合人自我保护的本能。另外我国自首制度原本就是一个功利性的制度，对犯罪嫌疑人或被告人来说是一种激励机制，即把自首作为一个法定从轻、减轻或免除处罚的量刑情节，以此来鼓励犯了罪的人主动向侦查机关坦白罪行，如果对这种行为的动机限制过于严格，必将限制自首的运用，与从宽的立法本意相悖。因此，被告人基于何种主观目的而自首应在所不问，只是对于充分悔罪和未充分悔罪的自首应当在量刑幅度上予以考虑。

那么在这个前提下，本案被告人郭某主动交待的行为是否构成自首呢?

我国《刑法》第 67 条第 2 款规定了我国刑法中的“特别自首”制度，即“被采取强制措施的犯罪嫌疑人、被告人和正在服刑的罪犯，如实供述司法机关还未掌握的本人其他罪行的，以自首论。”《最高人民法院关于处理自首和立功具体应用法律若干问题的解释》第 2 条对此作了进一步的明确：“根据《刑法》第 67 条第 2 款的规定，被采取强制措施的犯罪嫌疑人、被告人和已宣判的罪犯，如实供述司法机关尚未掌握的罪行，与司法机关已掌握的或者判决确定的罪行属不同种罪行的，以自首论。”

同意认定本案被告人郭某构成自首的观点即认为他的行为符合“特别自首”的规定，即他是被采取强制措施的行为人，如实供述的盗窃罪行是司法机关尚未掌握的，且与司法机关掌握的属于不同种罪行（这里姑且把《刑法》第 67 条第 2 款规定的情形做扩大理解)；而另一种观点也不否认郭某是在监管场所主动交待未被司法机关掌握的盗窃罪行，他之所以不成立自首在于他没有如实供述自己的罪行。由此可见，两种观点的差别在于本案被告人郭某是否“如实供述自己的罪行”，这也是判断他成立自首与否的关键所在。

认为本案被告人成立自首的观点主张应从宽认定自首，只要行为人交待的是实际上已经发生的事情且只要对主要犯罪事实交待清楚就可。因为要求被告人如实供述的罪行并不等同于完整的犯罪构成，犯罪人因法律意识的欠缺对自己的某些行为认识不足或者由于害怕、恐慌或者事隔时间太久而出现记忆偏差，所供述的犯罪事实不可能与充足犯罪构成所需要的事实完全一致，且刑事诉讼法也要求不能仅凭被告人的供述定案，对于被告人的供述，仍需要侦查机关的进一步核实。那么认定自首是否成立所要求的被告人如实供述的主要犯罪事实应该包括哪些内容呢? 被告人供述的可以是概括的犯罪事实，并不要求把犯罪行为的每一个细节都完整无误地交待出来，这些可以在后来的侦查阶段予以补充，但至少也应该包括何时、何地、何人、何事这几个要素，也就是说被告人需要交待自己（或者和什么人一起）在什么时候什么地方干了什么事。本案中的被告人郭某和案外人黄某串供，在仅有郭某一人犯案的前提下却供述是二人共同犯罪，那就势必会将一人的行为拆分到二人身上，故不是“如实供述自己罪行”。

我国刑法及相关司法解释对本案自首的认定有借鉴意义。《最高人民法院关于处理自首和立功具体应用法律若干问题的解释》第1条第2项规定：“共同犯罪案件中的犯罪嫌疑人，除如实供述自己的罪行，还应当供述所知的同案犯，主犯则应当供述所知其他同案犯的共同犯罪事实，才能认定为自首。”第5条规定，共同犯罪案件中的犯罪分子揭发同案犯共同犯罪以外的其他犯罪，经查证属实的应当认定为有立功表现。在共同犯罪的情况下，被告人仅供述自己的犯罪事实而隐瞒同案犯罪行的，不能认定为自首，被告人供述同案犯共同犯罪的事实也不属揭发他人犯罪行为的立功表现。据此可知，共同犯罪被告人“如实供述自己的罪行”不仅包括供述本人的犯罪事实，还包括如实供述所知的同案犯的罪行。考察这两条解释我们可知，在立法者看来被告人要全面描述案件的基本事实才算如实供述自己的罪行，这其中也许并不包括作案动机、赃款去向等，但必须满足前文提到的四个要素，即何时、何地、何人、何事。具体说来便是若一人犯案，被告人需交待的是自己在什么时间什么地点做了什么事情，若是共同犯罪，则被告人需交待的除自己的部分外还有参与作案的有什么人，如何分工，每个人在犯罪中的具体行为等。既然在共同犯罪中，被告人隐瞒有同案犯的行为不成立自首，那么根据此立法精神我们可知，仅有一人作案却虚构有“同案犯”的行为不成立自首。

实务训练

请根据本案的事实、既有证据及争议焦点，写一份辩护词。要求格式规范、条理清晰、层次分明、说理透彻。

延伸阅读

1. 赵秉志，于志刚. 论我国刑法分则中的特别自首制度. 人民检察，2000（3）：18-22.
2. 最高人民法院《关于处理自首和立功具体应用法律若干问题的解释》。
3. 最高人民法院《关于处理自首和立功若干具体问题的意见》。

案53. 死缓案件应重视限制减刑的适用

——王某某故意杀人案

要点提示

对适格死缓案件限制减刑，一方面延长了部分严重犯罪死缓犯的实际服刑期，强化了人们对死缓严厉性的认识，有利于惩治和预防犯罪；另一方面有利于严格控制和慎用死刑，同时最大限度满足报应需求，缓和化解社会矛盾、促进社会和谐。死缓并限制减刑的适用对象是判处死刑立即执行偏重，单纯判处缓刑又偏轻的犯罪分子，在因恋爱、婚姻等民间矛盾激化引发的故意杀人案件中，论罪可以判处死刑缓期执行的，如果被害方强烈要求判处死刑，民事赔偿调解工作难以有效开展，根据被告人的犯罪情节、人身危险性等情况，限制减刑有利于惩罚和预防犯罪，有利于化解矛盾、案结事了的，应当依法适用限制减刑。

案情摘要

被告人王某某与被害人赵某某（女，殁年 26 岁）在大学期间建立恋爱关系。2005 年，王某某毕业后参加工作，赵某某继续专升本学习。2007 年赵某某毕业参加工作后，王某某与赵某某商议结婚事宜，因赵某某家人不同意，赵某某多次提出分手，但在王某某的坚持下二人继续保持联系。2008 年 10 月 9 日中午，王某某在赵某某的集体宿舍再次谈及婚恋问题，因赵某某明确表示二人不可能在一起，王某某感到绝望，愤而产生杀死赵某某然后自杀的念头，即持赵某某宿舍内的一把单刃尖刀，朝赵的颈部、胸腹部、背部连续捅刺，致其失血性休克死亡。次日 8 时 30 分许，王某某服农药自杀未遂，被公安机关抓获归案。王某某平时表现较好，归案后如实供述自己罪行，并与其亲属积极赔偿，但未获得被害人家属谅解，后者极力要求严惩被告人。

山东省潍坊市中级人民法院于 2009 年 10 月 14 日作出（2009）潍刑一初字第 35 号刑事判决，认定被告人王某某犯故意杀人罪，判处死刑，剥夺政治权利终身。宣判后，王某某提出上诉。山东省高级人民法院于 2010 年 6 月 18 日作出（2010）鲁刑四终字第 2 号刑事裁定，驳回上诉，维持原判，并依法报请最高人民法院核准。最高人民法院根据复核确认的事实，作出（2010）刑三复 22651920 号刑事裁定，不核准被告人王某某死刑，发回山东省高级人民法院重新审判。山东省高级人民法院经依法重新审理，于 2011 年 5 月 3 日作出（2010）鲁刑四终字第 2—1 号刑事判决，以故意杀人罪改判被告人王某某死刑，缓期二年执行，剥夺政治权利终身，同时决定对其限制减刑。

分歧意见

对于山东省高级人民法院的判决，有两种不同的意见：

（1）反对意见认为，山东省高级人民法院对被告人王某某的终审判决存在量刑过轻的嫌疑，理由在于：第一，被告人王某某因为婚恋问题便对曾经的恋人赵某某痛下杀手，持尖刀向被害人赵某某的颈部、胸腹部、背部连续捅刺，致使被害人死亡，手段极其残忍，具有严重的社会危害性和较高的人身危险性，应当判处死刑；第二，故意杀人案件的判决应当充分尊重被害方的意见，在无法获得被害方谅解的情况下，应当判处死刑，以满足刑罚报应的需求，彰显司法正义。

（2）支持意见认为，上述终审判决较好地体现了我国慎用死刑、限制死刑的刑事政策，平衡了刑罚报应和预防之关系，也能够安抚被害方的情绪，属于罪责刑均衡的量刑：第一，被告人王某某因为婚恋问题同被害人产生矛盾，进而实施杀人行为，属于民间矛盾纠纷引起的激情犯罪，人身危险性较小，量刑应当区别于普通故意杀人案件；第二，被告人实施杀人行为后进行自杀，且到案后坦白悔罪，并愿意向被害人亲属进行赔偿，表明其人身危险性较低，有改造的余地，不应判处死刑立即执行；第三，对被告人判处死刑缓期执行的同时决定限制减刑，可以延长其实际服刑期限，足以彰显刑罚之严厉，能够有效惩治犯罪、改造犯罪人，亦能缓和被害人亲属与被告人及亲属之间的对立情绪，维护社会稳定。

问题研讨

本案问题的焦点在于，在故意杀人等已经造成严重危害后果的犯罪中，对于被告人具有自首、坦白、积极赔偿等法定或酌定从宽量刑情节，但是被害方强烈要求严惩犯罪人、“以命偿命”的情况应当如何处理。

我们认为，“保留死刑，严格控制死刑”是我国的基本死刑政策。实践证明，这一政策是完全正确的，必须继续贯彻执行。要完整、准确地理解和执行“严打”方针，依法严厉打击严重刑事犯罪，对极少数罪行极其严重的犯罪分子，坚决依法判处死刑。我国现在还不能废除死刑，但应逐步减少适用，凡是可杀可不杀的，一律不杀。办理死刑案件，必须根据构建社会主义和谐社会和维护社会稳定的要求，严谨审慎，既要保证根据证据正确认定案件事实，杜绝冤错案件的发生，又要保证定罪准确，量刑适当，做到少杀、慎杀。对此，我国出台一系列司法解释和政策性文件来进一步贯彻该司法政策。例如，1999 年印发的《全国法院维护农村稳定刑事审判工作座谈会纪要》明确指出：“对于因婚姻家庭、邻里纠纷等民间矛盾激化引发的故意杀人犯罪，适用死刑一定要十分慎重，应当与发生在社会上的严重危害社会治安的其他故意杀人犯罪案件有所区别。”2010 年最高人民法院印发的《关于贯彻宽严相济刑事政策的若干意见》第 22 条也强调，对于因恋爱、婚姻、家庭、邻里纠纷等民间矛盾激化引发的犯罪，应酌情从宽处罚。

本案当中，被告人王某某的行为构成故意杀人罪，且手段残忍，造成一人死亡的严重后果，属于罪行极其严重，应当判处死刑。然而，本案中被告人又具有从宽量刑情节，必须予以考虑：第一，被告人因恋情受阻感到绝望而杀人，主观恶性较其他严重影响群众安全的故意杀人犯罪有所不同；第二，被告人王某某属于临时起意，是激情犯罪，与其他有计划、有预谋的犯罪有所区别，主观恶性较小；第三，被告人认罪态度较好，坦白悔罪，且愿意积极赔偿被害人家属，根据《刑法》第 67 条第 3 款的规定，属于法定从轻量刑情节；第四，被告人王某某没有犯罪前科，平时表现良好，工作任劳任怨，再次犯罪可能性较低，人身危险性较小，可以酌定从宽量刑。综上，被告人王某某虽然构成故意杀人罪，但并非必须立即执行，可以在判处死刑的同时宣告缓期二年执行。

但是，本案也存在从重量刑的情节，即本案被害人家属反映特别强烈，拒绝接受赔偿并要求判处被告人死刑。经查，被害人母亲因为本案受到强烈刺激导致精神失常，被害人弟弟因为母亲精神失常而在大学毕业后回家务农照顾母亲，故而全家拒绝接受被告人及其家属的民事赔偿并达成谅解。我们认为，司法实践中被害人及其家属要求严惩罪犯的需求应当予以重视。这是因为：第一，犯罪虽然是对刑法规范法益的破坏，但同样侵害到被害人的具体法益，被害人权益受损是犯罪社会危害性的重要体现；第二，报应是刑罚的重要功能，报应的正当性来源不仅包括犯罪造成的损害，也包括被害方对惩治犯罪的权利让渡，国家惩治和治理犯罪应当积极正面地回应被害方的报应诉求，以彰显权益的平等保护以及恢复正常的社会秩序；第三，刑事裁判应当提高公众认同，其中就包括提高被害方对刑事裁判的满意程度，有效地惩罚犯罪可满足被害方的报复欲望，能够起到安抚被害方、化解双方矛盾、促进社会和谐的积极效果，故而被害方的诉求理应得到积极回应。

针对上述情况，较为妥善的方式便是在判处死刑缓期二年执行的同时，决定对被告人限制减刑。2011 年《刑法修正案（八）》对《刑法》第 50 条进行了修改，增加了限制减刑的规定，延长了部分严重犯罪犯罪人实际服刑的时间，使之被长期监禁（通常服刑时间长达 25 年以上），体现了死缓刑罚的严厉性，可以更好发挥刑罚惩治和预防犯罪的功能。此外，限制减刑实际增加了犯罪人的服刑时间，消除了被害方担心犯罪人出狱后报复的顾虑，也缓和了“杀人偿命”的报复诉求，减少了社会矛盾。

但是，死缓限制减刑在适用过程中有几点需要予以把握：

第一，应当坚持罪刑法定的基本原则。《刑法》第 50 条第 2 款规定了死缓限制减刑的条件，即只能针对被判处死刑缓期执行的累犯以及因故意杀人、强奸、抢劫、绑架、放火、爆炸、投放危险物质或者有组织的暴力性犯罪被判处死刑缓期执行的犯罪分子才能适用。值得注意的是，故意伤害罪不在限制减刑的范围内，对实施故意伤害行为致人重伤或死亡，应该被判处死刑的案件，能否决定限制减刑，需要考虑该犯罪人是否为累犯或者是否属于有组织的暴力性犯罪，若非如此，也不能限制减刑。

第二，决定限制减刑时，应当根据犯罪情节、人身危险性等因素综合判断，贯彻罪刑相适应原则。我国《刑法》第 5 条规定：“刑罚的轻重，应当与犯罪分子所犯罪行和承担的刑事责任相适应。”据此，死缓限制减刑应当仅适用于判处死刑立即执行偏重，但判处死刑缓期执行不限制减刑又偏轻的罪犯。也就是说，死缓限制减刑的适用对象，实质是那些罪行极其严重，根据修正前的刑法判处死缓不能罚当其罪，而根据修正后的刑法判处死缓并限制减刑可以罚当其罪、能更好体现罪刑相适应原则的犯罪分子。尽管刑法和前述司法解释明确规定了死刑缓期执行限制减刑的范围和适用根据，但适用限制减刑的实体条件仍存在一定裁量空间，所以在司法适用中有必要强调严格遵循罪刑相适应原则。具体讲，对被告人判处死刑缓期执行决定是否需要限制减刑时，要综合考虑犯罪的性质，犯罪的起因、动机、目的、手段等情节以及犯罪危害后果，被告人的主观恶性和人身危险性等因素，全面分析量刑情节，严格依法适用，确保裁判取得良好法律效果和社会效果。对于判处死刑缓期执行不需要限制减刑，就能够达到罪刑相适应、有效惩治和预防犯罪、取得良好裁判效果的，绝不能再限制减刑。对于被判处死缓的被告人是否需要限制减刑把握不准的，也不宜适用限制减刑。

第三，从立法目的来看，对判处死刑缓期执行的被告人限制减刑，并不是为了单纯加重死缓的严厉性，而是为了严格执行死刑政策、限制死刑立即执行创造条件，即通过延长部分死缓犯的实际服刑期，充分体现死缓的严厉性，改变过去“死刑过重、生刑过轻”的刑罚执行不平衡现象。由此，一部分因判处死刑缓期执行仍难以罚当其罪而判处死刑立即执行的，尤其是因被害方反应强烈等原因而判处死刑立即执行的，依法可以判处死刑缓期执行并限制减刑。这样既有利于贯彻执行严格控制和慎重适用死刑的政策，也有利于实现对那些罪行特别严重的死缓犯的严惩，促进社会和谐稳定。

第四，要坚持“上诉不加刑”原则。最高人民法院《关于死刑缓期执行限制减刑案件审理程序若干问题的规定》第 4 条规定，高级人民法院审理判处死刑缓期执行没有限制减刑的上诉案件，认为应当限制减刑的，不得直接改判，也不得发回重审；确有必要限制减刑的，应当在第二审判决、裁定生效后，按照审判监督程序重新审判。高级人民法院复核判处死刑缓期执行没有限制减刑的案件，认为应当限制减刑的，不得以提高审级等方式对被告人限制减刑。据此，二审法院对判处死刑缓期执行的被告人改判限制减刑，必须遵循“上诉不加刑”原则。因为限制减刑的死刑缓期执行与不限制减刑相比，前者更严厉，遵循“上诉不加刑”原则，有利于保障被告人行使上诉权。

第五，应当注意时间效力的问题。最高人民法院《关于〈中华人民共和国刑法修正案（八）〉时间效力问题的解释》第 2 条规定：“2011 年 4 月 30 日以前犯罪，判处死刑缓期执行的，适用修正前刑法第五十条的规定。被告人具有累犯情节，或者所犯之罪是故意杀人、强奸、抢劫、绑架、放火、爆炸、投放危险物质或者有组织的暴力性犯罪，罪行极其严重，根据修正前刑法判处死刑缓期执行不能体现罪刑相适应原则，而根据修正后刑法判处死刑缓期执行同时决定限制减刑可以罚当其罪的，适用修正后刑法第五十条第二款的规定。”由于对判处死刑缓期执行的被告人限制减刑与不限制减刑比较，前者更严厉，根据《刑法》第 12 条“从旧兼从轻”的适用原则，对于 2011 年 4 月 30 日以前判决已经发生法律效力的判处死刑缓期执行的案件，自然不适用修正后《刑法》第 50 条第 2 款和第 78 条第 2 款的规定。对于 2011 年 4 月 30 日以前犯罪，《刑法修正案（八）》实施后尚处于一审、二审或者死刑复核阶段的案件，依照修正前刑法本应判处死刑立即执行，但依照修正后刑法判处死刑缓期执行并限制减刑能够罚当其罪的，可以适用修正后的《刑法》第 50 条第 2 款和第 78 条第 2 款的规定。

实务训练

在实务中寻找可限制减刑的真实案件，根据该案的犯罪事实、既有证据以及争议焦点，写一份适用限制减刑的辩护词或者判决书。要求格式规范、条理清晰、层次分明、说理透彻。

延伸阅读

1. 王复春. 故意杀人罪死缓限制减刑的适用状况实证研究. 法学家，2020（6）：

54－68＋192－193.

2. 姜涛. 死缓限制减刑适用中的“民间矛盾”：从首批刑法指导案例切入. 政治与法律，2015（4）：15－27.

3. 孙万怀，耿国美. 限制减刑的性质、适用标准及其最终解决. 法制与社会发展，2014，20（4）：182－192.

4. 黎宏. 死缓限制减刑及其适用：以最高人民法院发布的两个指导案例为切入点. 法学研究，2013，35（5）：97－112.

5. 陈兴良. 死刑适用的司法控制：以首批刑事指导案例为视角. 法学，2013（2）：43－57.

案 54. 共同犯罪案件死刑政策的把握与适用

——郭某、娄某抢劫案

要点提示

对于共同致死一名被害人的一般共同犯罪案件，原则上只判处罪行最严重者死刑。因此，在此类案件中，必须在详细查明有关量刑事实的基础上，认真分析各被告人在共同犯罪中的地位和作用，准确认定罪责大小，并判处罪责最为严重者死刑。

案情摘要

被告人郭某、娄某伙同薛某（同案被告人，已判刑 3 年）预谋抢劫做宰牛生意的被害人李某（殁年 62 岁）。2007 年五六月的一天，郭某、娄某、薛某驾驶郭某的红色夏利轿车跟踪去某乡集市买牛的李某，欲在路上抢劫李某，后认为李某身上没钱未动手。数日后，郭某、娄某又预谋在路上劫持李某，因认为人太少，娄某给其哥娄某旗（同案被告人，已判刑八年）打电话，称有人欠其钱，让娄某旗帮忙要账，把人弄到车上。郭某、娄某、娄某旗驾驶郭某的红色夏利轿车跟踪去集市买牛的李某。在集市上，娄某打电话叫来薛某，由薛某骑摩托车带娄某，郭某和娄某旗开夏利轿车共同跟踪李某，因李某进入一农户家中而未动手。2007 年 7 月 1 日，郭某、娄某再次预谋抢劫李某，娄某给娄某旗打电话，称次日去要账，让其帮忙把人弄上车。娄某准备了一件蓝色上衣、三个白色纱布口罩。次日上午 11 时许，娄某驾驶所借摩托车跟踪李某，并打手机告知郭某，郭某、娄某旗驾驶红色夏利轿车赶到。娄某将摩托车放在路边，三人乘夏利轿车追上李某，郭某开车将骑摩托车的李某撞倒，娄某、娄某旗下车将李某劫持到车上，娄某用口罩塞住李某的嘴，用蓝色上衣盖住李某头部。之后娄某让娄某旗下车。郭某、娄某将李某拉至黄河边，用石头朝李某头部猛砸数下，并用皮带将李某的双手反绑后将其扔入黄河。二人抢得李某现金 1 700 元。经法医鉴定，李某系因颅脑损伤致死的可能性大，但由于尸体高度腐败，也不排除机械性窒息死亡的可能。

一审法院以抢劫罪判处被告人郭某、娄某死刑，剥夺政治权利终身，并处没收个人全部财产。被告人郭某、娄某不服上诉，二审法院裁定驳回上诉，维持原判，并依法报请最高人民法院核准。最高人民法院经复核认为，娄某系罪责最为严重的主犯，故核准被告人娄某死刑，并改判被告人郭某死缓。

分歧意见

一种观点认为，被告人郭某、娄某共同预谋并共同杀害被害人，所起作用相当，都是主犯，且是性质恶劣的抢劫杀人案件，系重点打击的刑事犯罪，故可判处二人死刑。另一种观点认为，应当详细分析二人在共同犯罪中的地位和作用，原则上只判处罪责最为严重的主犯死刑。

问题研讨

《最高人民法院关于贯彻宽严相济刑事政策的若干意见》第 31 条规定："对于一般共同犯罪案件，应当充分考虑各被告人在共同犯罪中的地位和作用，以及在主观恶性和人身危险性方面的不同，根据事实和证据能分清主从犯的，都应当认定主从犯。有多名主犯的，应在主犯中进一步区分出罪行最为严重者。对于多名被告人共同致死一名被害人的案件，要进一步分清各被告人的作用，准确确定各被告人的罪责，以做到区别对待；不能以分不清主次为由，简单地一律判处重刑。"最高人民法院相关文件也规定：对于共同致一人死亡，依法应当判处被告人死刑立即执行的，原则上只判处一名被告人死刑立即执行。对于被告人地位、作用相当，罪责相对分散，或者罪责确实难以分清的，一般不判处被告人死刑立即执行。确需判处被告人死刑立即执行的，要充分考虑被告人在主观恶性和人身危险性等方面的不同，审慎决定。本案是共同致死一名被害人的一般共同犯罪案件，根据死刑政策，原则上只判处罪行最严重者死刑。本案中，被告人郭某、娄某共同预谋，并多次踩点、跟踪，在实施抢劫犯罪中，行为积极主动，且相互配合，在共同犯罪中均起主要作用，系主犯。不过，二人虽然同为主犯，但在共同犯罪中的罪责还是有所区别的。

（一）郭某、娄某在共同犯罪中的地位基本相当

二被告人对于各自实施的行为基本没异议，但都辩解是受对方指使，地位低于对方。一、二审法院均认定郭某在共同犯罪中起组织、指挥作用，地位较高，故将其列为第一被告人。最高人民法院经详细审查案件所有证据材料后，认为二人的地位相当。理由是：（1）郭某由于年长，经济条件更好一点（因为郭某有一辆车，且所欠赌债也较少），案发前那段时间娄某也常帮郭某收瓜、卖瓜，故娄某可能会更尊重郭某一些，凡事都会征求郭某的意见；但是，又由于娄某思考更周密，点子更多，因此郭某也基本上听从娄某的意见。二人在日常生活中是朋友关系，地位上是平等的。（2）在本案参与共同犯罪的四人中，娄某旗是娄某叫来的，他基本上是听从娄某的；薛某是娄某的债主，

也是四人中最年长者，薛某在表示退出后，又被娄某叫去第三次跟踪被害人，说明薛某的地位不比娄某高。而娄某旗、薛某均未证实在郭某、娄某之间究竟谁指使谁、谁听谁的。娄某旗、薛某之所以未能分辨或者感觉出郭某、娄某之间究竟谁指使谁，正好说明郭某、娄某二人地位是平等的。(3) 在杀人这一关键环节上，由于二人事先只商议抢劫，从未预谋杀人灭口，事中也未商量是否杀死以及如何杀死被害人，但却配合默契、干净利落地实施完杀人抛尸行为，说明二人当时是心照不宣的，因此就更谈不上谁指使谁的问题。

(二) 娄某在共同犯罪中的作用略大于郭某

从二被告人所实施的行为可以分析得出，娄某在共同犯罪中的作用略大于郭某，理由如下：(1) 娄某因赌博欠钱首先提议抢劫，郭某也因赌博欠钱积极响应，而后与薛某共同预谋、踩点和跟踪。(2) 在薛某表示退出后，娄某叫来其哥娄某旗参加。(3) 在第三次跟踪被害人准备实施犯罪时，娄某恐人手不够，又打电话叫来薛某，后因被害人进入一农户家中而未动手。(4) 抢劫前一天，娄某到一家药店买了三个白色纱布口罩，准备抢劫时戴，以防被认出。(5) 抢劫当天，娄某骑借来的摩托车跟踪锁定被害人，并给郭某打电话，郭某开车和娄某旗到达后，上了郭某的车，继续跟踪、追击被害人。(6) 郭某开车追上被害人并将其撞翻后，娄某首先下车从背后搂住被害人，并伙同娄某旗将被害人劫上车。(7) 将被害人劫上车后，郭某负责开车，娄某在娄某旗协助下负责控制被害人，并用口罩塞住被害人的嘴，用衣服蒙住被害人的头。在控制住被害人后，娄某让娄某旗下车。(8) 郭某开车到一偏僻地点停车并拾起一块石头递给娄某后，娄某拿石头朝被害人的头部砸了几下，被害人哼了几声，浑身颤抖，而后娄某将石头递给郭某，娄某发现被害人流血就又用衣服把被害人的头包紧。(9) 郭某开车到黄河边停车后，郭某、娄某共同将被害人尸体扔入黄河。娄某还把被害人裤子拽下来，从里面搜到一叠钱和一部手机。郭某想留下手机，但娄某怕查出来，将手机卡抽出后连同手机扔进河里去了，还将砸被害人的石头也扔进河里了。(10) 回到郭某家后，娄某用其沾血的衣服把车后座的血擦了擦，然后把衣服烧了。娄某清点抢得款项共 1 700 元，给了郭某 800 元，其余自己拿着花完了。综合分析上述二人各自实施的一系列行为，可以得出娄某的行为更积极、犯意更坚决、经验更丰富。

综上，在郭某、娄某地位基本相当，不存在谁指使谁的前提下，娄某行为更积极、犯意更坚决，是直接致死被害人的主犯，在共同犯罪中所起作用相对较大，系罪责最为严重的主犯，故应当依法判处其死刑。郭某虽然亦系主犯，但其在共同抢劫犯罪中的作用相对较小，罪责相对较轻，故应判处其死缓。

需要说明的是，对于共同致一人死亡的案件，只是原则上判处一名被告人死刑立即执行。在特殊情况下，还是可以同时判处各被告人死刑立即执行的。比如下列两种情形：一是共同犯罪中，各被告人均对被害人实施了致命打击，且均手段极其残忍、主观恶性极深、人身危险性极大，如各被告人在抢劫过程中均持尖刀捅刺被害人胸部十多刀致被害人当场死亡，罪责确实难以区分，且均有前科劣迹，没有从轻情节；二是雇凶杀人犯罪中，雇凶者不仅组织指挥，还亲自到场参与具体的杀人行为，而受雇的杀手以极其残忍手段杀死被害人，他们的主观恶性极深、人身危险性极大，且罪责确实难以区分。

实务训练

请根据本案的事实、既有证据及争议焦点，分别为郭某、娄某写一份辩护词。要求格式规范、条理清晰、层次分明、有理有据、入情入理。

延伸阅读

《最高人民法院关于贯彻宽严相济刑事政策的若干意见》。

案 55. 故意犯罪致死多人并非就要适用死刑

——谢某故意杀人案

要点提示

故意犯罪致死多人的，由于犯罪后果极其严重，即使有自首、立功等法定可以从宽处罚情节，也不能免死。但如果是防卫过当或者与其类似的情形，则可能免死。对于被害人有恶势力性质的明显过错，被告人在反抗恶势力过程中造成多人死亡的，可以不判处死刑立即执行，以遏制恶势力，弘扬社会正气。

案情摘要

被告人谢某，男，汉族，1971 年 4 月 3 日出生，小学文化，农民。

被告人谢某长期从事泥鳅购销生意，2005 年以来，高某、张某（殁年 24 岁）等人控制泥鳅购销市场，对谢某等泥鳅购销户进行强买强卖、强行收费。2006 年 6 月初，李某（殁年 40 岁）、高某、张某等人召集泥鳅购销户在酒店开会，公开宣布他们要控制市场，规定所有的泥鳅无论什么价格收购的，一律以每斤 3.8 元的价格卖给李某等人，否则后果自负，并派人到泥鳅收购地点进行监视。会后，谢某曾通过他人从中说情，并以请客、送礼、交费等方式示好，但最后李某等人仍不允许谢某收购泥鳅。谢某为了维持生计，决定继续购销泥鳅，并购置了钢管，截成二尺左右长度以便于使用。

2006 年 6 月 20 日下午，谢某外出收购泥鳅，还请了保安人员沿途押运，以防李某等人闹事。张某闻讯后带袁某（殁年 35 岁）前去谢某的渔业门市守候，李某接到张某的电话后也带任某赶到谢某的门市进行阻挠，高某则组织增援人员赶赴现场。谢某接到威胁电话后，组织其兄弟亲友及帮工到门市内以防不测。当日 17 时 30 分许，谢某因李某等人无理阻扰其从事正当生意，遂下令打击，谢某等八人手持事先准备好的钢管多次猛击李某、张某、袁某头部将三人打死，并将任某和顾客郭某某（被误认为李某一伙的人）打伤。经鉴定，被害人李某、张某系钝器多次打击头部致颅脑损伤死亡，被害人袁某系钝器打击致失血性休克死亡，被害人任某、郭某某的伤情均为轻微伤。打完后，谢某指使他人将自家的房屋玻璃、车玻璃砸烂、泥鳅篓子掀翻，以伪造现场。案发后，谢某潜逃，后在亲友规劝下准备去投案时被抓获。

一审法院以故意杀人罪判处被告人谢某死刑，剥夺政治权利终身。被告人不服上诉，二审法院裁定驳回上诉，维持原判，并依法报请最高人民法院核准。最高人民法院裁定不核准被告人谢某死刑，撤销二审裁定，发回重审。

分歧意见

一种观点认为，被害人虽然欺行霸市，但并未对被告人进行不法侵害，被告人故意杀死三人，犯罪后果极其严重，应依法判处死刑。另一种观点认为，被害人欺行霸市，有明显过错，被告人进行反抗是正义行为，得到普通民众的同情和支持，故应当对其从宽处罚，不宜判处死刑立即执行。

问题研讨

故意犯罪致死多人的，由于犯罪后果极其严重，即使有自首、立功等法定可以从宽处罚量刑情节，也难以抵罪，原则上还应判处死刑立即执行。只有在防卫过当或者与其类似的特殊情况下才可以免死。对于被害人有过错的案件，需要根据过错的性质区别处理，如果是民间纠纷性质的过错，一般不能免死；如果是带有恶势力性质的过错，则只要不是滥杀无辜，一般就可以免死。本案被害人有恶势力性质的明显过错，被告人反抗恶势力，虽然造成多人死亡，但可以借鉴防卫过当的处理精神，对其不判处死刑立即执行。

（一）被害人有明显过错，民意要求对被告人从轻处罚

最高人民法院相关文件规定：被害人一方有明显过错或者对矛盾激化负有直接责任的，除犯罪情节特别恶劣、犯罪后果特别严重、人身危险性极大的被告人外，一般可考虑不判处死刑立即执行。但是，如果被害人有明显过错，且是恶势力性质的，则即使被告人犯罪后果特别严重，也可不判处死刑立即执行。

关于本案被害人过错的性质和程度，被告人及一、二审法院的认识不尽一致。被告人及其辩护人认为，被害人强迫交易，强收保护费，具有黑社会性质，过错明显。一审认为，被害人为满足私欲而控制泥鳅购销市场，案发当日到被告人谢某门市阻扰谢某正常的生意，引发了本案的发生，具有明显过错。而二审认为，被害人为牟私利强行垄断泥鳅收购市场，具有过错。分歧主要在于性质上被害人是否属于恶势力，程度上被害人是否属于明显过错。对此，有必要详细了解案发起因和过程：第一，李某等人召集当地泥鳅购销户开会，公开宣布非法控制市场，强收保护费，并派人到泥鳅收购点监视。谁

敢不从，遂遭暴力打击或者威胁。被害人所作所为是不正义的，是公然的违法犯罪行为，可以说已经形成恶势力，当地百姓称呼被害人为“黑帮”就是明证。第二，谢某面对恶势力一开始没有反抗，而是通过中间人从中说情，并以请客、送礼、交费等方式示好，但李某等人仍不允许谢某自行收购泥鳅。第三，一年前，谢某在遭受“黑帮”欺压，甚至车货被砸、其两个帮工被砍成轻微伤时，曾报案，可公安机关一直未能破案。第四，谢某因“黑帮”控制市场而苦恼不已，多方问计后决定请保安人员沿途押运，并准备了相机，一旦“黑帮”闹事就拍照取证，而后报警。最后，谢某开始出门自行收购泥鳅，但李某等人很快就知道了，谢某还未回到家，“黑帮”人员就已经到了。双方发生争执，李某坚持不让谢某自行收购泥鳅后，谢某内心长期积累的不满和愤怒终于爆发，才导致了本案的发生。

公安机关已经证实，如果不是本案发生，当地派出所正准备调查被害人垄断、非法经营的情况。案发后，公安机关对李某的团伙成员以组织、参与黑社会性质组织犯罪进行立案侦查，最后其团伙成员高某等以强迫交易罪被判刑。只是由于三被害人已死亡，公安机关未再对其具体违法犯罪行为进行查证并依法追究其刑事责任。由此可见，足以认定被害人已经形成恶势力，属于非正义的、恶的一方，在案件起因上有明显过错。另外，谢某本身不是恶势力成员，谢某案发时是村干部、优秀共产党员，上级镇党委、政府及派出所相关负责人均证实谢某平时表现不错，所在村委会、村干部及村民亦反映谢某表现良好。谢某是为了维持生计，而不是为了争夺地盘才被迫反抗恶势力的。

恶势力性质的过错与一般民间纠纷性质的过错有重大区别。恶势力是反社会的、非正义的，任何公民不仅有权举报恶势力，当面临恶势力的直接威胁时，还应当有权进行反抗甚至打击。而一般民间纠纷在事件发展过程中往往各有对错，难以立辨善恶，因此，面对有过错的被害人时，主张克制谅解，以和为贵，不提倡以牙还牙。本案被害人李某等人召集各泥鳅购销户开会，公然宣布对当地泥鳅市场进行非法控制，气焰非常嚣张，性质非常恶劣，所以案发后，民意一边倒，均请求对谢某从轻处罚。有 10 多个村委会出具证明及 5 000 多名村民出具联名信，认为本案是一种反抗恶势力的正义行为，被害人为非作歹，死有余辜，请求对谢某从轻处罚。公安机关也调查了众多泥鳅购销户，泥鳅购销户均对被害人非法控制市场不满，认为被害人是罪有应得，强烈要求对被告人从轻处罚。

应该说，本案三名被害人当天到谢某门市后，双方并未发生激烈冲突，被害人主要是口头进行阻扰和威胁，未实施其他侵害行为，但谢某为了免遭将来可能的甚至是即将受到的不法伤害，主动进行打击，将三被害人打死，后果极其严重。在民意一边倒，均请求对谢某从轻处罚的情况下，若坚持判处谢某死刑，显然不尊重民意。本来当地群众普遍认为被害人是恶势力，谢某敢于同恶势力作斗争的勇气是值得肯定的，若判处谢某死刑，无疑宣告谢某的行为是完全非正义的，也表明人民群众面对恶势力的威胁时无权进行反抗和打击。这样处理，无疑背离了人民群众最基本的公正诉求，将严重打击人民群众自发反抗恶势力的积极性，助长恶势力的嚣张气焰。因此，应当清醒地认识到，司法机关的重点在于事后救济，而无法对任何事情都进行事前防范，在公权力难以企及的时间和空间内，允许甚至发动人民群众同恶势力作斗争，是正义的要求，也是现实的必然。站在人民的立场，从维护人民的正义诉求出发，从社会效果考虑，本案不宜判处谢某死刑。

（二）可以认定被告人有自首情节

本案可以认定谢某有自首情节。《最高人民法院关于处理自首和立功具体应用法律若干问题的解释》规定："经查实确已准备去投案，或者正在投案途中，被公安机关捕获的，应当视为自动投案。"根据本案证据，已经查实被告人谢某在其亲友规劝下准备投案时被抓获，应当视为自动投案，且其能如实供述罪行，故应认定为自首。依法认定谢某有自首情节后，对谢某从轻、减轻处罚就有了法律依据。当然，本案如果没有被害人过错的情节，即使认定被告人自首，也不一定从轻处罚。

综上，最高人民法院认为，被告人谢某所犯罪行极其严重，但鉴于其有自首情节，且被害人有明显过错，对其判处死刑，可不立即执行。故依法裁定不核准被告人谢某死刑，撤销二审裁定，发回重审。

实务训练

从实务中找一个关于致多人死亡而无须判处死刑立即执行的真实案件，根据该案的事实、既有证据及争议焦点，写一份贯彻本主题的辩护词或判决书。要求格式规范、条理清晰、层次分明、说理透彻。

延伸阅读

1.《最高人民法院关于贯彻宽严相济刑事政策的若干意见》。
2.《最高人民法院关于处理自首和立功具体应用法律若干问题的解释》。

第六章　国家安全、国防利益类犯罪的重点问题

案 56. 颠覆国家政权行为的犯罪认定

——吕某松煽动颠覆国家政权案[①]

要点提示

国家政权是指掌握国家主权的政治组织及其所掌握的政治权力。国家政权是国家的具体化身，通常都是通过国家政权来理解国家的。政权的安全是国家安全的核心内容和重要基础。我国刑法明文规定了颠覆国家政权罪与煽动颠覆国家政权罪以规制危及国家政权的犯罪行为。但是由于煽动型犯罪的特殊性，在实践中对煽动颠覆国家政权罪的司法认定存在重大争议，因此有必要深入研究煽动颠覆国家政权的行为，以厘清与该罪相关的诸多疑点。

案情摘要

被告人吕某松明知所谓的“中国民主党”系以颠覆我国国家政权、推翻社会主义制度为目的的非法组织，仍长期以所谓的“中国民主党浙江委员会”的名义和“中国民主党”成员的身份从事活动，并于 2008 年 2 月犯煽动颠覆国家政权罪被判处刑罚。2011 年 8 月刑满释放后，吕某松继续以上述名义和身份，积极组织、策划、实施颠覆我国国家政权、推翻社会主义制度的活动。

2011 年 9 月至案发前，被告人吕某松以“中国民主党浙江委员会”或者个人的名义，采用造谣、诽谤等方式，先后在多个境外网站上发表其撰写的污蔑、攻击我国国家政权和社会主义制度的 11 篇声明和公开信。2012 年 12 月 31 日，被告人吕某松与苏某、魏某凌、楼某、初某等人在安徽省黄山市金某住处召开“黄山会议”，商讨建立“中国民主党浙江委员会”的组织领导体系。经会议讨论决定，吕某松担任“主持”（“主席”），陈某 1（另案处理）、魏某 2 担任“理念”（“副主席”），毛某祥担任“总务”，

① 案情详见（2016）浙刑终 311 号刑事判决书。

邹某担任“联络”，任某担任“发言人”，楼某担任“卫生”（“保卫”），高某兵担任“不管”（“秘书长”）。会后，楼某将会议内容整理成“黄山会议纪要公告”并发布在境外网站上，公告明确写明由吕某松担任“中国民主党浙江委员会主席”，同时宣称：“中国民主党浙江省委员会”第一次会议“黄山会议”对推进民主事业具有划时代的意义。2013 年 12 月底，被告人吕某松等人以“中国民主党浙江委员会”名义撰写并印制含有污蔑我国国家政权和推翻社会主义制度内容的贺卡 90 张，这些贺卡在准备寄送时被查获。2014 年 1 月 3 日，吕某松伙同陈某 1 等人以“中国民主党浙江委员会”的名义参加吊唁活动。

分歧意见

对于本案，应如何定性，在处理过程中形成了如下几种不同意见：

(1) 成立颠覆国家政权罪。主要理由是吕某松以非法组织“中国民主党浙江委员会”名义和“中国民主党”成员的身份，组织、策划、实施颠覆我国国家政权、推翻我国社会主义制度的一系列行为，依法构成颠覆国家政权罪。

(2) 成立煽动颠覆国家政权罪。主要理由是吕某松以撰写、发表文章等造谣、诽谤的方式，实施了煽动颠覆国家政权、推翻社会主义制度的行为，依法构成颠覆国家政权罪。

(3) 不构成犯罪。主要理由是吕某松撰写、发表文章和声明及公开信等行为系在依法行使言论自由的权利，不应单纯地将发表言论行为作为颠覆国家政权罪的认定依据。言论自由是公民享有的神圣的宪法权利，这种行为不但没有社会危害性，反而是我们社会进步的希望和动力。

问题研讨

(一) 颠覆国家政权罪与煽动颠覆国家政权罪之界分

颠覆国家政权罪，是指行为人组织、策划、实施颠覆国家政权、推翻社会主义制度的行为。本罪的客体是我国人民民主专政的国家政权和社会主义制度。在这里，人民民主专政是我国的国体，中华人民共和国是工人阶级领导的、以工农联盟为基础的人民民主专政的社会主义国家。任何颠覆国家政权的行为，都会从根本上损害了我国的社会主义制度；任何试图推翻社会主义制度的行为，也从根本上损害了人民民主专政的国家政权。本罪在客观方面表现为行为人实行了组织、策划、实施颠覆国家政权、推翻社会主义制度的行为。本罪在客观上的行为方式有组织、策划、实施三种，以上三种行为方式，只要行为人实施了其中之一，即可构成犯罪。需要指出的是，由于颠覆国家政权罪是一种性质严重、非常危险的犯罪，因此行为人只要实施了颠覆国家政权、推翻社会主义制度的行为，即可构成本罪。至于行为人的行为是否已经造成颠覆国家政权、推翻社会主义制度的实际危害后果，不影响本罪的成立。

煽动颠覆国家政权罪，是指行为人以造谣、诽谤或者其他方式煽动颠覆国家政权、推翻社会主义制度的行为。本罪侵犯的客体是我国人民民主专政的国家政权和社会主义制度。本罪在客观上表现为行为人实施了以造谣、诽谤或者其他方式煽动颠覆国家政权、推翻社会主义制度的行为，至于行为人的行为有无造成实际的危害后果以及被煽动人是否听信煽动，不影响构成本罪。

煽动犯与组织、策划、实施的区别体现在[①]：

（1）客观行为方式不同。煽动行为的方式体现为通过言论或者身体的举止去引起他人的犯罪意图，多表现为怂恿、鼓励、利诱或者命令等形式，在实施完煽动行为之后便对被煽动对象的行为和意志失去了影响和控制。而组织、策划主要是指挥和安排已经具备犯意的共犯人按照一定计划来实施共同犯罪行为，其他共犯人必须要听从组织、策划者的指挥和安排，在整个共同犯罪实施的过程中，组织、策划者对其他共犯人具有强大的影响力。

（2）行为内容不同。煽动行为的内容仅限于煽动他人去实施刑法分则所明文规定的六类煽动犯的关联犯罪，煽动他人实施其他犯罪的，不构成煽动犯。而组织、策划、实施的行为内容则比较宽泛，任何为了实现共同犯罪目的的行为都可以成为组织、策划、实施的行为内容。

（3）行为对象不同。煽动行为所针对的对象是不特定的多数群体，该群体本无犯罪之意图，是通过煽动行为引发了其犯罪的决意。而组织、策划行为所针对的对象是已经具备实施共同犯罪概括故意的特定的共同犯罪人。

（4）罪刑规定不同。我国刑法规定了六种独立的煽动犯罪名，因此符合此六类犯罪构成要件的行为，直接按照刑法分则的规定处罚即可，无须再参考总则关于共犯处罚的规定。而根据我国刑法的规定，对于组织犯的处罚需要按照其在共同犯罪中所起作用的大小来处罚，而如果组织犯同时还是犯罪集团的首要分子，则需对在共同犯罪概括故意下犯罪集团实施的全部罪行负责。在对组织犯定罪量刑时需要援用共犯的理论来解决。需要注意的是，如果刑法分则将某类组织犯明确规定为单独的犯罪，比如煽动颠覆国家政权罪，那么此时的组织行为就是该罪的实行行为，不再需要按照共犯的原理来处罚。

就本案而言，行为人既实施了煽动颠覆国家政权的行为，也密谋成立了“中国民主党浙江委员会”非法组织，意图指向颠覆国家政权，但就全案而言，吕某松行为的法益侵害性主要通过在境外网站上发表污蔑、攻击我国国家政权和社会主义制度的声明及公开信等得以实现，其核心危害在于煽动性的言论。因此，法院最终以煽动颠覆国家政权罪一罪认定其罪行。

（二）言论自由、结社权的刑法边界

1. 自由具有相对性

言论自由虽然对于个人、社会和国家的发展都具有积极意义，但并不意味着个人可以不受控制地行使言论权利，肆意表达自己的意愿和想法。因此宪法中的言论自由权利

---

① 胡亚龙. 煽动犯基本问题研究. 武汉：湖北人民出版社，2019.

是相对的、有条件的。具体而言：第一，言论自由并不当然豁免责任。保障言论自由权是为了鼓励个人将内心的观点、思想表达出来，形成交流的过程，从而供他人作出认知和判断，即便是错误观点的表达也能为他人的认知提供素材和参照，使得真理在与谬论的博弈中变得更加坚定可靠。自由的言论表达氛围是有益且必要的，但表达作为一种双向的沟通和交流行为，一旦表露必定会对受众产生影响，这种影响可以是促进他人认知发展的积极影响，也可能是侵害他人合法权益的消极影响，因此，言论的表达者必须承担相应的责任。当言论对他人产生积极作用时，表达者可以受到赞誉或者肯定，从而实现表达者期望的个人价值；当言论对他人产生消极影响甚至危害时，表达者则需承担相应的法律责任。从这个意义上讲，言论自由并非绝对的自由，并不当然豁免法律责任。第二，“不受保护的言论”不受言论自由原则的保护。在漫长的人类社会演化和发展的过程中，在社会共同体中形成了某些公认的道德准则（公序良俗），指导和规范着每一个社会共同体的成员，当某个成员的言论表达与道德准则的要求相冲突时，将受到禁止或者惩罚。所谓不受保护的言论表达，是指法律绝对禁止公民表达的思想、观点或者想法，即便该言论最终并未造成实际的损害后果，通常包括在公共场所宣扬的淫秽性言论、针对儿童宣扬的色情言论以及涉及国家秘密和安全的言论等。

基于以上思考，我们应当为言论自由权利的行使规定明确的合法性限度，而且这个限度不应仅依靠社会成员自身的道德素质和共同遵守的道德准则来判定，还必须以法律规范的形式作出明确规定。言论自由作为个体思想表达和情感宣泄的一种权利，在缺乏法律规制的情形下，存在被滥用的风险，最终有可能损害社会生活的正常秩序和他人的合法权益。

2. 言论、结社自由的刑法边界

诚然，颠覆国家政权的煽动性言论，与分裂国家的煽动性言论相比，不会对国家安全产生直接的威胁，对国家安全是否会造成现实的侵害或进一步的威胁具有不确定性。因此，该罪的法定刑设置低于其他危害国家安全罪的法定刑。但是，国家政权和社会主义制度是国家安全的核心和重要基础，对国家政权和社会主义制度的颠覆必然直接危及国家安全。国家政权、社会稳定是国家稳定和发展的必要前提，而且，煽动性言论的扩散和传播极有可能诱发现实的侵害或进一步的威胁。

对于言论、结社自由的合法性限度，主要从两个方面予以讨论。第一，公民行使言论、结社权利时不得侵害他人的合法权益，否则就是超过了言论、结社自由的合法性限度，需要承担相应的法律责任。在宪制体系下，每个人的权利和自由都受到宪法平等的保护，因此每个人享受言论、结社的自由时不得以侵害他人的权利为代价，否则就要受到公权力的制约和惩戒，而惩戒滥用言论、结社自由的行为是以牺牲个体的利益为代价来保护大多数人所享有的宪法权利和自由。宪法保护的自由是平等的，如果个人获取某项自由以牺牲他人的自由为代价，那么此种行为不仅有违宪法的平等理念，而且是非正义的。权利与自由作为个人获取利益的工具，总是有被滥用的危险，表达权利的扩张也伴随着侵害他人权益的风险，因此将不得损害他人的合法权益作为言论、结社自由合法性的限度，有利于在保证公民充分享有表达权利的前提下，平等地保护他人的权利与自由，使社会生活中的交流与沟通、探索与认知有序进行。

第二，公民行使言论、结社自由权时不得危害国家安全和公共秩序，这一义务也构成了言论表达的限度条件①。在社会共同生活中，国家安全和稳定的公共秩序是个体生存和发展的重要外部条件之一，为个体自由地行使各项权利提供了安定的氛围，假如公民任意地、没有限度地行使表达权利，对国家安全和公共秩序造成危害时，将使得个体的权利行使丧失安全和保障，最终有损公民的其他权利和利益。之所以“文章能倾社稷”，是因为语言、文字作为思想的物质载体，一旦传达至他人，就会对受众的思想产生影响，这种影响会刺激受众的情感反应，受众一旦接受或者产生共鸣，又将转化为意愿而指导其行为。如果上述表达传递给受众的是负面信息、危害信息甚至犯罪信息，则必将引导受众去从事违法甚至犯罪行为。这也是法律禁止宣扬、鼓吹和表达危害国家安全、民族感情、公共秩序言论和相关结社行为的原因，是为了从源头上遏制危害国家安全犯罪、危害公共秩序犯罪的发生。《约翰内斯堡关于国家安全、言论自由和获取信息自由原则》第 6 条规定，只有当一个政府可以证明以下事实存在，言论才可能以危害国家安全受到惩罚：（1）该言论是有意煽动即刻的暴力行动；（2）该言论有可能会引起这样的暴力行为；（3）在该言论与暴力的可能性或出现之间有着直接而且即刻的联系。这也就是理论上概括的“明显而即刻的危险”原则。但是，我们也必须注意到，联邦最高法院在终结“明显而即刻的危险”原则时有一个前提，即偏激言论的社会危害性的判断在不同时期标准应有不同。根据我国的实际情况，维稳依然是社会发展的重要目标之时，煽动性言论的社会危害性的判断标准依然可以采用“明显而即刻的危险”原则，因此我们认为，该原则在当下的中国，依然具有现实的合理性。当然，此处尚需区分偏激的言论（批评性言论）和煽动性言论，二者的区分主要看言论的内容及表达的场所和方式。

综上，具体到本案，我们认同第二种观点，认为吕某松构成颠覆国家政权罪，主要理由如下：

从罪与非罪和言论自由的刑法边界来看，我们认为吕某松的行为已经超出了言论自由的刑法边界。什么性质的受众、受众是否接受和认可煽动的内容不影响对煽动颠覆国家政权罪的认定。至于煽动性言论发表的场合、方式与地点，必然影响到受众的构成。不同的传播方式，受众的范围也会不同：书信寄送的方式，受众的范围极为有限，其煽动性效果也比较有限；通过大众传媒的煽动，受众的范围应视传媒本身影响力而定；通过网络传播的煽动，因网络的开放性、非地域性，受众的范围也将变得极为广泛。因此，并不会因吕某松发表的言论是在国外而不会为国内受众所看到（事实上，国内受众特别是刻意寻求该类言论的受众，完全可以突破各种屏蔽而看到该类言论），而否定该言论产生的煽动后果。本案中，吕某松以“中国民主党浙江委员会”及个人名义撰写、发表大量污蔑、诽谤、攻击我国国家政权和社会主义制度的言论，明显超越公民言论自由这一合法权利的界限，为法律所禁止。

从此罪与彼罪以及颠覆国家政权罪和煽动颠覆国家政权罪的罪数形态来看，我们认为认定一个颠覆国家政权罪即可，吕某松煽动颠覆国家政权的行为被颠覆国家政权罪所

---

① 刘玉安，玄理. 国家安全与言论自由的冲突及平衡. 东岳论丛，2015，36（12）：179－184.

吸收。吸收犯是指事实上数个性质不同的行为，基于行为之间的吸收关系而产生一个行为吸收其他行为，仅按吸收行为定罪量刑的犯罪形态。这种吸收关系主要包括主行为吸收从行为、重行为吸收轻行为、实行行为吸收预备行为等。煽动型犯罪的吸收犯主要是指在煽动者实施煽动行为构成煽动型犯罪之后，又亲自参与到被煽动之罪的实施中，煽动型犯罪与被煽动之罪之间存在吸收关系的情形。本案中，被告人吕某松以“中国民主党浙江委员会”名义和“中国民主党”成员的身份在黄山召开会议，选举、确立非法组织“中国民主党浙江委员会”的组织架构、领导人员及其分工，以便有组织地开展非法活动，扩大组织规模。其被推选为“中国民主党浙江委员会主席”，还以该非法组织的名义印制、寄送贺卡和参加吊唁活动，以扩大非法组织的影响力。上述行为显然超越私人聚会或者个人行为的性质，是吕某松精心策划、组织实施的颠覆国家政权的行为。吕某松煽动他人实施颠覆国家罪，煽动行为也达到了足以引起他人犯意的程度，此时行为人已经构成煽动颠覆国家罪既遂了，此后行为人又亲自参与了颠覆国家政权罪的实施，又构成了颠覆国家政权罪的既遂。此种情形下应当如何裁量行为人的刑事责任呢？我们认为，煽动行为的本质是被煽动之罪的预备行为，因而煽动颠覆国家政权罪与颠覆国家政权罪之间存在预备罪与实行罪的关系，此时根据吸收犯的处断原则，实行行为吸收预备行为，因而行为人的颠覆国家政权罪吸收了其触犯的煽动颠覆国家政权罪，不再将二罪数罪并罚，只定颠覆国家政权罪即可，而煽动颠覆国家政权罪可以作为量刑情节予以考虑。

（三）危害国家安全罪的累犯

特别累犯条款规定中的不同种罪名能否构成特别累犯。对此，有两种观点①：

（1）肯定说认为，根据《刑法修正案（八）》第 7 条的规定，犯危害国家安全犯罪、恐怖活动犯罪、黑社会性质的组织犯罪的行为人，只要再犯这三类犯罪中的任一类罪的，均构成累犯，即后罪和前罪不需要同属一类犯罪，如危害国家安全犯罪者，再犯恐怖活动犯罪的，就构成特别累犯。

（2）否定说认为，根据《刑法修正案（八）》第 7 条的规定，特别累犯的范围不再仅限于危害国家安全犯罪，那么当一个行为人在实施了前后两种不同的犯罪时，是否能构成特别累犯呢？比方说，行为人前一罪是危害国家安全的犯罪，而后一罪又实施了恐怖活动，是否构成特别累犯呢？这在《刑法修正案（八）》中并没有进一步的明确。否定说基于此认为后罪和前罪需要属同一类犯罪，因此认为不构成特别累犯。

我们认为，从“特别累犯”的通说观点来看，后罪与前罪必须是相同或同类罪名才能构成“特别累犯”，即在《刑法》第 66 条规定中，后罪分别是危害国家安全犯罪、恐怖活动犯罪与黑社会性质的组织犯罪，才能分别构成危害国家安全犯罪、恐怖活动犯罪与黑社会性质的组织犯罪的特别累犯。如果后罪与前罪不相同或不属同类罪名，那就不能构成“特别累犯”，比如前罪与后罪分别是危害国家安全犯罪与恐怖活动犯罪、恐怖

---

① 孟庆华．特别累犯的适用范围及其立法重构问题探讨．河南省政法管理干部学院学报，2011，总 128（5－6）：177－183.

活动犯罪与黑社会性质的组织犯罪、危害国家安全犯罪与黑社会性质的组织犯罪，那就不能构成“特别累犯”，如果符合《刑法》第65条规定的条件，则可构成一般累犯。这种结论当然会产生如下带有矛盾性的问题：依据刑法第66条“特别累犯”规定不能构成“特别累犯”，却能够构成一般累犯，这属于法条没有规定或者法条规定不明确而产生的问题。对此，可以在《刑法》第66条规定的三类“特别累犯”范围内再作出“特别规定”，这实际上是一种扩大“特别累犯”适用范围的“例外规定”。其实，如果在刑事立法中来解决，方法也很简单，只要在前条规定的基础上另加一款作出特别规定即可，例如可以增加下列类似规定：“在本条规定的三类犯罪范围内，不论后罪与前罪是否相同或同类罪名，均可构成特别累犯。”

实务训练

请找一个关于煽动、颠覆国家政权的真实案例，并根据案件事实、既有证据及争议焦点，写一份辩护词。要求格式规范、条理清晰、层次分明、有理有据、入情入理。

延伸阅读

1. 苏彩霞. 现行累犯制度的不足及其完善. 法学，2002（4）：29－35＋41.

2. 胡亚龙. 煽动犯基本问题研究. 武汉：湖北人民出版社，2019.

3. 刘玉安，玄理. 国家安全与言论自由的冲突及平衡. 东岳论丛，2015，36（12）：179－184.

4. 孟庆华. 特别累犯的适用范围及其立法重构问题探讨. 河南省政法管理干部学院学报，2011，总128（5－6）：177－183.

5. 高铭暄，马克昌. 中国刑法解释：上卷. 北京：中国社会科学出版社，2005.

6. 王作富. 刑法分则实务研究. 5版. 北京：中国方正出版社，2013.

7. 陈小彪. 言论自由的刑法边界. 重庆：西南政法大学，2012.

案57. 资助危害国家安全犯罪的共同犯罪问题

——彼某·某·达林资助危害国家安全犯罪活动案[①]

要点提示

资助危害国家安全犯罪活动罪是1997年刑法增设的罪名。根据2011年2月25日《刑法修正案（八）》修改，《刑法》第107条对本罪采取了叙明罪状的形式，因此可将

① 我国执法部门破获一起危害国家安全案件. 新华网，2023－05－13.

其客观特征归纳为：境内外机构、组织、个人资助境内组织或者个人实施背叛国家罪，分裂国家罪，煽动分裂国家罪，武装叛乱、暴乱罪，颠覆国家政权罪，煽动颠覆国家政权罪的行为。其中，对于“资助”的理解，以及帮助行为正犯化立法模式与共同犯罪之间的关系是理解与适用本罪的关键。

案情摘要

2009年8月，彼某·某·达林（瑞典籍，下称彼某）伙同北京某律师事务所律师王某璋（涉嫌犯罪，已另案处理）等人，在中国建立10余个所谓“法律援助站”，资助和培训无照“律师”、访民，利用他们搜集我国各类负面情况，加以歪曲、扩大甚至凭空捏造事实，向境外提供所谓“中国人权报告”。

经查明，2009年8月，彼某伙同北京某律师事务所律师王某璋等人，在香港注册成立名为“Joint Development Institute Limited”（简称JDI）的机构，在境内以“中国维权紧急援助组”的名义活动，未履行任何注册备案程序，资金入境和活动完全脱离正常监管。该组织长期接受某外国非政府组织等7家境外机构的巨额资助，按照这些境外机构设计的项目计划，在中国建立所谓“法律援助站”，资助和培训无照“律师”、访民，搜集我国各类负面情况，凭空捏造事实，向境外提供所谓“中国人权报告”。同时，该组织通过被培训的人员，蹭炒社会热点问题和敏感案事件，蓄意激化矛盾纠纷，煽动群众对抗政府，意图制造群体性事件。该组织曾经资助的幸某贤与某律师事务所律师王某之子偷越国（边）境。幸某贤涉嫌犯罪被另案处理。

彼某对上述情况供认不讳。他说：“差不多所有的报告都是通过网上搜索查询等方式做出来的，并不能反映真实全面的情况，具体案例我没有亲眼所见，我不能保证报告中的内容属实。”他还供述，某外国非政府组织提供的项目书明确提出JDI每年发起不少于96起针对中国政府的诉讼、针对“公民律师”的培训等内容。对这些所谓的“公民律师”，JDI会每个月支付其工资3 000元人民币，而对像北京某律师事务所王某璋这样的执业律师，除每个月支付工资5 000元人民币外，每个案件还额外支付2万元人民币，支持他们发起针对政府的诉讼。

根据该组织成员王某、邢某供述，彼某等人是西方反华势力安插在中国的眼线，他们搜集中国的负面信息，由境外势力加以利用，在国际上抹黑中国国家形象，还以帮助中国发展为名，在中国民间不断培植势力，挑起访民群体、敏感案事件当事人等对党和政府的不满情绪，以各种手段蒙蔽、利诱更多不知情人员，伺机在国内制造事端，扰乱国家和社会秩序，妄图以此影响、改变中国的社会制度。

另据查明，近年来，该组织接受境外资金近1 000万元人民币。为牟取私利，彼某等人通过虚增项目、虚报工资等手段，将接受的境外资金层层截留，接近半数的资金被用于个人开销或中饱私囊。彼某供认：“表格是在申请项目时用来要钱的，但最终钱不一定发下去，因为如果我真的按照表格来发放工资，我就没有利润了。”

分歧意见

对于本案应如何定性，在处理过程中形成了如下几种不同意见：

（1）成立资助危害国家安全犯罪活动罪。主要理由是彼某通过资助所谓“中国维权紧急援助组”等方式实施颠覆国家政权的危害行为，构成资助危害国家安全犯罪活动罪。

（2）成立危害国家安全犯罪的共同犯罪。主要理由是彼某为所谓“中国维权紧急救援组”等颠覆国家政权的组织提供资金帮助，客观上为颠覆国家政权的行为提供帮助，成立的是危害国家安全犯罪的共同犯罪。

问题研讨

（一）资助危害国家安全犯罪活动罪与危害国家安全犯罪共同犯罪之界分

资助危害国家安全犯罪活动罪是指境内外机构、组织或者个人资助实施背叛国家罪，分裂国家罪，煽动分裂国家罪，武装叛乱、暴乱罪，颠覆国家政权罪，煽动颠覆国家政权罪的行为[①]。危害国家安全罪的共同犯罪则是指两人以上共同故意实施危害中华人民共和国国家主权、领土完整、国家政权和社会主义制度安全的行为，在危害国家安全犯罪中起到帮助、教唆、资助等作用。因此可以认为，资助危害国家安全犯罪活动是危害国家安全犯罪共同犯罪的一种表现形式。

所谓帮助行为正犯化，一般是指提升的实行行为，将原本属于其他犯罪的帮助行为予以犯罪化，使其独立成罪，成为新的犯罪的实行行为[②]。在共犯理论体系下，帮助行为依托于实行行为方能产生危害结果，脱离了实行行为则无法独立的对法益造成侵害。换言之，帮助行为需要参与到实行行为中去，与实行行为搭配方能具备刑法上的意义。根据共犯从属性说，共犯的成立从属于正犯的成立，那么对共犯的处罚也应当从属于正犯的处罚。根据我国刑法的规定，对帮助犯应当从轻、减轻处罚或者免除处罚，这就对帮助犯的量刑划定了一个界限：如果没有特殊情况，只能在法定刑的限度以内判处刑罚，而不能突破这个界限，即使帮助行为在犯罪过程中起到了重大作用，结果导致量刑合法律但不合情理。立法者将帮助行为正犯化设置了独立的法定刑，独立成罪之后可能适用的刑罚与作为帮助犯判处的刑罚有较大差别。足以见得，立法者对这类帮助行为进行了重新定位和评价，而不再视其从属于正犯进行定罪处罚。如果恪守共犯从属性的原则，只能是从属于正犯的成立，从属于正犯予以刑法评价。立法者为了实现对这类特殊帮助行为的重新评价，就采取立法的方式将其正犯化，这样在对其进行评价时就可以突破共犯从属性的限制，对帮助行为进行独立评价。帮助行为正犯化之后，即便对关联犯

---

① 朱建华. 刑法分论. 3版. 北京：法律出版社，2018：24.

② 于冲. 帮助行为正犯化的类型研究与入罪化思路. 政法论坛，2016，34（4）：164－175.

罪起到的依然是帮助作用，但是依据刑法的规定不再是共犯，而成了正犯，成立根据也不再从属于关联犯罪的成立，处罚时也不再受限于正犯的刑罚。

在如何界分资助危害国家安全犯罪活动罪与危害国家安全犯罪共同犯罪的问题上，最主要是考虑犯罪的客观方面。资助危害国家安全犯罪活动罪在客观上表现为行为人资助实施了背叛国家罪，分裂国家罪，煽动分裂国家罪，武装叛乱、暴乱罪，颠覆国家政权罪，煽动颠覆国家政权罪的行为。在这里，所谓资助是指向实施特定的危害国家安全犯罪活动的境内外机构、组织或者个人提供经费、场所和物资。资助的对象即被资助者只能是实施了刑法所规定的背叛国家罪，分裂国家罪，煽动分裂国家罪，武装叛乱、暴乱罪，颠覆国家政权罪，煽动颠覆国家政权罪的境内外机构、组织或者个人。如果行为人资助的对象不是刑法所规定的上述几种特定犯罪的机构、组织或者个人，而是其他危害国家安全的犯罪的机构、组织或者个人，则不能按照本罪处理，只能以其他犯罪的共犯处理。由于资助危害国家安全犯罪活动罪是一个独立的罪名，因此只要行为人实施了资助危害国家安全犯罪的活动即可构成本罪。如果行为人在实施资助上述犯罪活动之外，又实施其他危害国家安全的犯罪的，则应当实行数罪并罚。

在本案中，行为人资助的并非实施特定的危害国家安全活动的人，也不要求资助对象实施具体特定危害国家安全犯罪，因此，难以成立具体危害国家安全犯罪罪名的共同犯罪，法院以资助危害国家安全犯罪活动罪定性处理显然更合适。

（二）资助的司法认定

资助，意即对他人施以物质帮助，其内容包括金钱、财物、设备、场所等物质条件[①]。帮助犯也包括了对特定的犯罪进行物质上帮助的情况，因此，分则中的资助犯和帮助犯有竞合之处，但是，这里的资助犯和帮助犯还是存在一些区别。

首先，资助危害国家安全犯罪活动罪中资助的方式只能是提供物质帮助。如果超出了物质帮助的范围，如参与犯罪的预谋、实行，就与相关的犯罪构成共同犯罪。其次，资助危害国家安全犯罪活动罪中“资助实施本章第一百零二条、第一百零三条、第一百零四条、第一百零五条规定之罪”的内涵，包括了对实施某次特定犯罪的资助，也包括了将要实施的犯罪的资助，还包括在被资助者实施上述行为之后对其进行资助以帮助其逃避司法制裁的行为，如资助其逃离国境等等。对实施某次特定犯罪的资助，可能同时构成了相关犯罪的帮助犯；但是，对将要实施的犯罪的资助以及在实施上述犯罪后进行资助的行为，不符合帮助犯帮助对象的条件，因此不构成帮助犯。可见，只有行为人对实施某次特定犯罪的资助才可能同时构成相关犯罪的帮助犯，其他资助行为不会构成帮助犯。问题是，当这些行为同时构成相关犯罪的帮助犯时，应当如何处理？此时一行为同时符合两个犯罪的构成要件，属于法条竞合，按照法条竞合的原理，优先适用特殊法条确定罪名即刑法独立规定为犯罪的资助危害国家安全犯罪活动罪，如果其他犯罪的帮

---

① 孟昭武，薛启奎．刑法中资助型犯罪的认定．中国刑事警察，2005（6）：27－29．

助犯处罚较重，则按照相关犯的帮助犯处罚[①]。由于资助危害国家安全犯罪活动罪是一个独立的罪名，因此只要行为人实施了资助危害国家安全犯罪的活动即可构成本罪。如果行为人在实施非法资助的同时，又参与了其他的危害国家安全的犯罪活动的，则应当实行数罪并罚。

在资助危害国家安全犯罪活动罪中，对资助行为的司法认定需要重点考虑以下三方面内容：第一，资助行为的方式。资助方式不仅限于为危害国家安全犯罪活动的个人或者活动培训直接提供资金，还包括为其提供设备、场所或者其他便利的行为。但是只能以有形的物质性利益予以帮助，仅是精神、舆论宣传方面的支持，不能认定为此处的资助。另外，提供资助的方式是多种多样的，无论是有偿的还是无偿的均可。第二，资助行为的时间。资助的时间可以发生在该类犯罪组织成立前后、相关人员实施危害国家安全犯罪活动前后，囊括预谋、预备、实施以及实施结束等各阶段。第三，资助行为的结果。资助危害国家安全犯罪活动罪属于行为犯，即只要行为人实施了上述资助行为，即构成本罪。如果被资助者将该物质性利益用于其他的犯罪活动，资助者无法预见被资助者将利用此物质性利益进行何种犯罪活动，不宜认定资助者在构成资助危害国家安全犯罪活动罪以外还构成其他犯罪的共犯。

本案中，行为人的资助方式主要是在中国建立 10 余个所谓“法律援助站”，资助和培训无照“律师”、访民，并利用他们搜集我国各类负面情况，加以歪曲、扩大甚至凭空捏造事实，向境外提供所谓“中国人权报告”，从而实现抹黑我国国家形象之意图。

实务训练

请找一个关于资助危害国家安全犯罪活动的真实案例，并根据案件事实、既有证据及争议焦点，写一份起诉书。要求格式规范、条理清晰、层次分明、有理有据、入情入理。

延伸阅读

1. 于冲. 帮助行为正犯化的类型研究与入罪化思路. 政法论坛，2016，34（4）：164 - 175.

2. 孟昭武，薛启奎. 刑法中资助型犯罪的认定. 中国刑事警察，2005（6）：27 -29.

3. 王东光. 国家安全审查：政治法律化与法律政治化. 中外法学，2016，28（5）：1289 - 1313.

4. 丁胜明. 与总则共同犯罪理论有关的若干分则术语研究. 重庆：西南政法大学，2010.

5. 高铭暄，马克昌. 中国刑法解释：上卷. 北京：中国社会科学出版社，2005.

---

① 丁胜明. 与总则共同犯罪理论有关的若干分则术语研究. 重庆：西南政法大学，2010.

案 58. 间谍罪行为方式之界分及罪数认定

——王某平间谍案

要点提示

间谍与反间谍的“故事”并不只是出现在影视片中，它可能就发生在我们当中一些人的身边，渗透与反渗透一直是国家安全工作中的重要任务。对于间谍犯罪案件，把握间谍罪的客观要件，尤其是参加间谍组织与接受间谍组织及其代理人的任务的界分，非常关键。间谍案件通常涉及秘密、情报等相关犯罪，因此间谍罪的罪数认定，是实务中较易发生争议的问题。

案情简介

1998 年 11 月，被告人王某平按照已加入境外间谍组织的三哥王某忠的要求来到舟山市定海区。在王某忠的指示下，王某平以在定海区文化路开设食杂店为掩护，从事间谍活动。

1998 年底，王某忠伙同被告人王某平来到舟山市定海区晓峰岭山上观察我国军舰停泊情况，并向王某平交待了观察、记录的方法。此后直至 2001 年 4 月，被告人王某平多次到晓峰岭或定海鸭蛋山码头用望远镜观察并记录军舰进出港情况，通过手机向在福建省的王某忠汇报，由王某忠将情报提供给境外间谍组织。

1999 年 10 月、2000 年 3 月，被告人王某平伙同王某忠或单独先后二次到浙江象山我军潜艇基地，观察潜艇停泊情况，后由王某忠将情报提供给境外间谍组织。

1999 年 11 月至 2001 年 4 月，被告人王某平在王某忠的授意下按照其提供的电话号码和暗语，多次在定海区文化路、环城西路等处的 IC 卡公用电话与境外间谍人员联络，将情报提供给境外间谍组织。

1999 年 12 月，被告人王某平在王某忠的指示下，通过结交驻舟海军战士，搜集到了战士许某雄、陈某贵的士官士兵证复印件和我军舰艇照片等交给王某忠。王某平在与许某雄的交往中，还套取了我军准备到某国接驱逐舰的有关情况并告知王某忠。2001 年 1 月，王某平又通过许某雄，登上已到我国港口的军舰，在港口及军舰多个位置拍摄了照片。1 月 17 日，王某平将所拍照片及许某雄让其代为冲洗的许在某国接舰时所拍照片的胶卷带至福州市交给了王某忠。同年 2 月，王某平又将从许某雄处套取的有关军舰驶往国内的航线、航速、途经的港口、国家及武器装备、人员配置等情况告知王某忠。王某忠将王某平搜集套取的全部军事情报及时提供给了境外间谍组织。

分歧意见

本案被告人王某平被认定为间谍罪，这一点并无太大争议，分歧点主要有三个：

（1）王某平是否可以认定为加入间谍组织还是只能认定为接受间谍组织及其代理人的任务？

（2）王某平的行为罪数应该是间谍罪一罪还是数罪（间谍罪与为境外机构、组织窃取、刺探、收买、非法提供国家秘密二罪）？

（3）王某平与王某忠等人是否成立共同犯罪？

问题研讨

（一）间谍罪的行为方式

间谍罪在客观方面表现为参加间谍组织或者接受间谍组织及其代理人的任务，或者为敌人指示轰击目标。

所谓“间谍组织”，是指外国政府或者境外的敌对势力建立起来的旨在搜集我国情报或国家秘密，进行颠覆破坏活动，危害我国的国家安全和利益的组织。这里的间谍组织，既包括外国政府或者国外其他地区组织设立的间谍组织，也包括目前与祖国大陆暂时尚未统一的台湾地区的间谍组织。

所谓“参加间谍组织”，是指行为人主动要求加入间谍组织，或者间谍组织主动邀请其加入，行为人通过履行一定的手续并被间谍组织所接纳；或者虽然没有履行加入间谍组织的手续如通过间谍组织的代理人单线发展而在实际上成为间谍组织的成员。就本案而言，王某忠系加入间谍组织并无疑义，但对于王某平在明知王某忠已经加入间谍组织的情形下，接受王某忠指令，是否可以认定王某平也属于加入间谍组织呢？能否认定王某平虽然没有履行加入间谍组织的手续如通过间谍组织的代理人单线发展而在实际上成为间谍组织的成员呢？实际成为间谍组织成员意味着行为人与间谍组织之间形成了隶属关系，就本案而言，王某平并未与间谍组织形成此种隶属关系，而只能认定为接受间谍组织及其代理人的任务。

所谓“接受间谍组织及其代理人的任务”，是指接受间谍组织及其代理人的指使、命令或者委托，窃取、刺探我国情报，建立间谍组织或者网络，或者进行颠覆破坏活动等任务。所谓“间谍组织代理人”，是指受间谍组织或者其成员的指使、命令、委托、资助，发展间谍组织成员或者授意、指使他人进行间谍活动的人。接受间谍组织的指使、委托、资助而从事危害国家安全的活动，不论是自己亲自从事间谍活动，还是授意、指使他人从事间谍活动，不论实际上是否加入了间谍组织，只要接受间谍组织及其代理人的任务的，即构成本罪。客观上被告人王某平在已加入境外间谍组织的三哥王某忠的指使下，以在舟山市定海区文化路开设食杂店为掩护，从事间谍活动。行为人王某平明知自己所从事的是危害中华人民共和国国家安全的间谍活动，仍决意而为之。至于行为人在主观上的犯罪动机如何，不影响本罪的成立。

所谓“为敌人指示轰击目标”，是指为敌人指明、显示其所轰炸的我方目标的方位、特征、时间、线路等。指示轰击目标的手段多种多样，如打电话、发传真、点火堆、放信号弹等，不论行为人采取何种手段，所指示的目标是否有误，是否加入间谍组织，所造成的危害后果如何，只要为敌人指示轰击目标，均成立本罪。所谓“敌人”，就是指与我方为敌的国家、地区、组织等，既包括战时与我方交战的敌对国家、敌对地区、敌对势力、敌对组织，也包括非交战时采用轰击方式袭击我国领土的敌对的国家、地区、势力或组织。

根据刑法的规定，行为人只要实施了参加间谍组织、接受间谍组织及其代理人的任务、为敌人指示轰击目标的三种行为之一，即构成本罪，即使是实施了上述数种行为的全部，也只以本罪一个罪名认定，而不定数罪，不实行数罪并罚。

（二）间谍行为的罪数关系

行为人在实施间谍犯罪行为的过程中，又实施了危害国家安全或者其他犯罪行为的，如何处理，刑法学界存在着几种不同的观点。

第一种观点认为，参加间谍组织或者接受间谍组织及其代理人的任务，就有可能实施其他危害国家安全的行为，如进行暗杀、破坏等活动，如果这些活动是在间谍组织的指令范围内，则以间谍罪一罪论处；如果超出了间谍组织的指令范围，不属间谍犯罪行为，则除了构成间谍罪以外，还应当根据具体行为构成的其他犯罪，实行数罪并罚。

第二种观点认为，这种情况属于一种犯罪行为既触犯间谍罪又触犯其他罪，他们之间是法条竞合关系，应当按照重法优于轻法的原则处理。

第三种观点认为，这种情况构成数罪，应当实行并罚。

第四种观点认为，这种情况成立牵连犯，应当按照处理牵连犯的原则，从一重处断。

我们认为，在这几种情况下，一概以一罪或者数罪论，或者均以牵连犯论处的观点值得研究。就间谍罪的三种行为方式而言，不管是哪种情形，只要是间谍行为与其他犯罪行为之间具有包容关系、竞合关系、吸收关系或者牵连关系的，都应当分别按照刑法上处理法条竞合、想象竞合、吸收犯或者牵连犯的原则从一重处断，如以泄露国家秘密的方式为敌人指示轰击目标的，成立泄露国家秘密罪和间谍罪的牵连关系；在间谍行为实施过程中，刺探我方情报、破坏我方财产等行为，成立间谍罪；实施间谍行为又触犯背叛国家罪的，则成立想象竞合犯，以一重罪论处；间谍行为完成以后的泄露国家秘密等行为，成立间谍罪。如果另行实施的其他犯罪行为与间谍行为之间不存在上述包容关系、竞合关系、吸收关系或者牵连关系，如实施间谍行为以前杀害仇人、贪污公款的，间谍行为实施过程中强奸妇女、抢劫公私财物的，间谍行为实施以后贩卖毒品、拐卖妇女儿童的等等，不能以一罪论处，只能实行数罪并罚①。

（三）间谍罪的共同犯罪

我们认为只要接受了间谍组织及其代理人的任务，就已经符合间谍罪在客观行为方式上的要求，行为人是否实施该任务不影响本罪的认定。至于行为人接受任务后又将任

① 钊作俊. 间谍罪若干问题研析. 河北法学，2002（3）：31－34.

务交给他人实施的，并不影响行为人接受任务这一客观事实，行为人怎么实施其所接受的任务，对间谍行为的性质认定丝毫不会产生影响，仍然应当认定为间谍罪。当然，在行为人指使、授意他人实施任务这种情形中，如果继续接受任务的他人（任务的下家）明知该任务是行为人从间谍组织及其代理人那里接收来的但仍然实施的，对于该任务的下家也应当认定为是“接受间谍组织及其代理人的任务”，对其和行为人应当以间谍罪的共同犯罪处理①。

实务训练

请从实务中找一个关于间谍犯罪的真实案例，并根据案件事实、既有证据及争议焦点，写一份一审判决书。要求格式规范、条理清晰、层次分明、有理有据、入情入理。

延伸阅读

1. 马涛. 犯罪化论题内间谍行为的刑法规制. 汕头大学学报（人文社会科学版），2018，34（10）：81－86＋96.

2. 李凤梅. 危害国家安全罪的规范缺失及立法补正. 法商研究，2017，34（5）：26－35.

3. 马章民，张琛. 危害国家安全犯罪及立法完善. 河北法学，2014，32（11）：127－131.

4. 李永升，胡胜. 论间谍罪的司法误区及立法完善. 江西警察学院学报，2017（4）：99－103.

5. 梅传强，董为. 总体国家安全观视角下我国间谍罪立法问题检视与修正建议. 社会科学家，2020（9）：104－110.

6. 高铭暄、马克昌. 中国刑法解释：上卷. 北京：中国社会科学出版社，2005.

7. 王作富. 刑法分则实务研究. 5 版. 北京：中国方正出版社，2013.

案 59. 盗窃军用通信电缆行为的司法认定

——杨某某、冷某等人盗窃、破坏武器装备、军事设施、军事通信案

要点提示

《中华人民共和国国防法》第 55 条第 2 款规定：公民和组织应当保护国防设施，不得破坏、危害国防设施。《中华人民共和国军事设施保护法》第 2 条规定：本法所称军

---

① 胡江.《反间谍法》颁行后间谍罪认定的疑难问题研究. 南都学坛，2015，35（5）：59－65.

事设施，是指国家直接用于军事目的的下列建筑、场地和设备：(1) 指挥机关，地面和地下的指挥工程、作战工程；(2) 军用机场、港口、码头；(3) 营区、训练场、试验场；(4) 军用洞库、仓库；(5) 军用信息基础设施，军用侦察、导航、观测台站，军用测量、导航、助航标志；(6) 军用公路、铁路专用线，军用输电线路，军用输油、输水、输气管道；(7) 边防、海防管控设施；(8) 国务院和中央军事委员会规定的其他军事设施。第 4 条规定，中华人民共和国的组织和公民都有保护军事设施的义务，禁止任何组织或者个人破坏、危害军事设施。武器装备、军事设施和军事通信是国防力量的重要体现，实践中常有盗窃行为引起的破坏案件发生，对此，如何定性容易引发争议。

案情简介

2020 年 7 月 26 日至 8 月 4 日期间，被告人杨某某、冷某、计某某经事先预谋，携带断线钳、伸缩梯、手套等作案工具，驾乘被告人冷某的白色东风风神牌小轿车（鄂K×××××），自云梦县至孝感市城区等地，采取搭梯上树、持断线钳分段剪断后抽离的方式，盗窃公用通信电缆 991 米，价值 21 862 元。此外，被告人杨某某、冷某于 2020 年 7 月底，两次驾车至孝感市城区车站和平街路段，欲盗窃公用电信电缆，因误剪电力线路，未盗得电信线缆。

2020 年 7 月 26 日凌晨 1 时许，被告人杨某某、冷某在孝感市城区旁路段盗窃公用电信电缆过程中，将铺设于该路段的中国人民解放军某部队某型号通信电缆线 50 余米盗走。2020 年 8 月 4 日凌晨 1 时许，被告人杨某某、冷某、计某某在孝感市城区盗窃公用电信电缆过程中，再次将铺设于该路段的中国人民解放军某部队某型号通信电缆线 100 余米盗走。上述两处通信电缆属机密级国防战备通信电缆，被盗割、破坏后，造成中国人民解放军某部队军部至保障部（正师级）首脑机关值班室、军用程控电话和保密电话中断，严重影响部队正常办公和抗洪抢险战备任务①。

分歧意见

对于本案被告人杨某某、冷某、计某某行为定性，分歧点主要有：

(1) 杨某某等人是否具有破坏军事通信的故意？

(2) 杨某某等人盗窃公用电信设施应该成立盗窃罪还是破坏公用电信设施罪？

(3) 在盗窃公用电信设施中同时盗取了部队通信电缆线的行为，成立盗窃罪一罪还是盗窃罪、破坏军事通信罪数罪？

---

① 案情详见（2021）鄂 0902 刑初 78 号刑事判决书。

问题研讨

（一）破坏军事通信故意的司法认定

破坏武器装备、军事设施、军事通信罪，是指故意破坏武器装备、军事设施、军事通信的行为。本罪的犯罪对象是武器装备、军事设施、军事通信。武器装备是指武装部队用于实施和保障作战行动的武器、武器系统和军事技术器材。军事设施是指国家直接用于军事目的的建筑、场地和设备。军事通信，是指武装部队为实施指挥或者武器控制而运用各种通信手段进行的信息传递活动。本罪在客观方面表现为破坏武器装备、军事设施、军事通信的行为。本罪的主体是一般主体。本罪在主观方面表现为故意，即明知是武器装备、军事设施或者军事通信而故意破坏。

本案中，被告人杨某某辩护人的辩护意见是：被告人没有破坏军事通信罪的故意，不应以破坏军事通信罪对被告人杨某某定罪量刑。根据《军事设施保护法》规定，设有军事设施的地方，有关军事机关和县级以上地方人民政府应当相互配合，协调、监督、检查军事设施的保护工作。国家根据军事设施的性质、作用、安全保密的需要和使用效能的要求，划定军事禁区、军事管理区；没有划入军事禁区、军事管理区的军事设施，也应当采取保护措施。没有划入军事禁区、军事管理区的军事设施，军事设施管理单位应当采取措施予以保护；军队团级以上管理单位也可以委托当地人民政府予以保护。没有划入军事禁区、军事管理区的军事设施，军事设施管理单位和县级以上地方人民政府应当制定具体保护措施，可以公告施行。军事设施管理单位和地方人民政府通过设置标识、公告标明了军事设施的存在，被告人杨某某等人没有理由不明知盗取的属于军事通信设施，因此，不具有破坏军事通信故意的辩护理由不能成立。

（二）盗窃公用电信设施的行为定性

盗窃公用电信设施可能同时触犯盗窃罪与破坏公用电信设施罪两个罪名，属于想象竞合，根据刑法理论通说，想象竞合通常是从一重罪处断。本案中，盗窃公用电信设施数额是 21 862 元，属于盗窃数额较大的行为，法定刑为 3 年以下有期徒刑、拘役或者管制；破坏公用电信设施，危害公共安全的，法定刑为 3 年以上 7 年以下有期徒刑，此处的破坏行为一般可以分为两种情况：一是使广播电视设施、公用电信设施受到物理上的毁损；二是使广播电视设施、公用电信设施丧失应有性能[①]。因此，从法定刑的角度，显然破坏公用电信设施罪属于重罪，杨某某等人的行为应该定性为破坏电信设施罪而非盗窃罪。区分二罪的核心在于盗窃公用电信设施的行为是否危及公共安全，根据 2004 年 12 月 30 日《最高人民法院关于审理破坏公用电信设施刑事案件具体应用法律若干问题的解释》之规定，具有“（一）造成火警、匪警、医疗急救、交通事故报警、救灾、抢险、防汛等通信中断或者严重障碍，并因此贻误救助、救治、救灾、抢险等，致使人员死亡一人、重伤三人以上或者造成财产损失三十万元以上的；（二）造成二千以

---

① 王作富. 刑法分则实务研究. 5 版. 北京：中国方正出版社，2013：107.

上不满一万用户通信中断一小时以上，或者一万以上用户通信中断不满一小时的；（三）在一个本地网范围内，网间通信全阻、关口局至某一局向全部中断或网间某一业务全部中断不满二小时或者直接影响范围不满五万（用户×小时）的；（四）造成网间通信严重障碍，一日内累计二小时以上不满十二小时的；（五）其他危害公共安全的情形”等情形的，属于“危害公共安全”的破坏公用电信设施行为，在本案中，并未出现上述情形，因此，不能认定为“危害公共安全”的破坏公用电信设施行为，因此，法院认定为盗窃罪是合适的。

(三) 盗窃公用电信设施中同时盗取军事通信光缆线行为的罪数认定

本案中，有观点主张，杨某某等人仅仅实施了同样的盗窃行为，应该只定盗窃罪一罪。盗窃罪与以盗窃形式破坏军事通信罪，二者在犯罪主体、犯罪主观方面、犯罪手段等方面均相同，区别主要在于行为人所盗窃的设备、器材是否固定在军事设施上作为军事设施的一个不可缺少的组成部分①，如果属于军事设施的组成部分，则属于盗窃罪与破坏军事设施罪的想象竞合，从一重罪处断，即以破坏武器装备、军事设施、军事通信罪论处。在本案中，杨某某等人将铺设于该路段的中国人民解放军某部队某型号通信电缆线盗走，该通信电缆线属于军事通信的组成部分，该行为不应以盗窃罪论处，应该以重罪即破坏军事通信罪论处，而且，本案中，杨某某等人的破坏行为造成中国人民解放军某部队军部至保障部（正师级）首脑机关值班室、军用程控电话和保密电话中断，严重影响部队正常办公和抗洪抢险战备任务，该军事通信设施属于重要军事设施，适用法定刑升格，即应处 3 年以上 10 年以下有期徒刑。同时，杨某某等人除了以盗窃形式破坏军事通信外，还有盗窃公用电信设施的行为，同时成立盗窃罪。因此，全案应该成立盗窃罪与破坏军事通信罪数罪并罚。

实务训练

请从实务中找一个关于破坏武器装备、军事设施、军事通信犯罪的真实案例，并根据案件事实、既有证据及争议焦点，写一份一审判决书。要求格式规范、条理清晰、层次分明、有理有据、入情入理。

延伸阅读

1. 杜瑞芳，陈毅清．破坏武器装备、军事设施、军事通信罪．中国刑事法杂志，1998（2）：39－40.

2. 薛培，李琳琳．不明知的情形下盗割正在使用中的军事通信电缆的行为定性．中国检察官，2011（14）：65－69.

3. 陈超．我国军事设施法律保护的现状与对策．山西省政法管理干部学院学报，

① 高铭暄，马克昌．中国刑法解释：下卷．北京：中国社会科学出版社，2005：2611.

2014，27（2）：25－27.
4. 高铭暄，马克昌. 中国刑法解释：下卷. 北京：中国社会科学出版社，2005：2611.

案 60. 暴力方法阻碍海警依法执行职务行为的司法认定

——刘某某阻碍军人执行职务案

要点提示

阻碍军人执行职务罪，是指以暴力、威胁方法阻碍军人依法执行职务的行为。阻碍军人依法执行职务的行为，违反《中华人民共和国国防法》规定的国防义务，直接危害国防利益，追究该类行为的刑事责任，有助于确保《国防法》的有关规定得以贯彻实施，为军人依法履行职责的行为提供强有力的法律保护。在该罪的司法适用中，对于侵害对象、依法执行职务以及与妨害公务罪的界分等问题上，有需要澄清之处。

案情简介

2020 年 6 月 15 日 19 时许，被告人刘某某与付某（另案处理）等人约定从辽宁省营口市某码头出发分别驾驶渔船到秦皇岛海域从事捕捞作业。2020 年 6 月 17 日 11 时 30 分许，被告人刘某某驾驶辽营渔×××××号渔船正在 38 渔区进行捕捞作业时，被海警××××舰艇编队发现，海警舰艇向其喊话，令其停船接受检查，被告人刘某某拒不停船接受检查，并冲撞海警舰艇，造成海警××××艇多处损坏。经秦皇岛市海港区发展和改革局价格认定中心鉴定：被撞海警××××艇船损价值 121 133 元。经河北渔政执法总队网具认定：被告人刘某某驾驶的辽营渔×××××渔船上使用的网具为禁用网具。经海警现场勘验：被告人刘某某驾驶的辽营渔×××××号渔船内有鲅鱼 363 斤、带鱼 37 斤。[①]

分歧意见

对于本案被告人刘某某行为定性，分歧点主要有：

（1）刘某某的行为应该是妨害公务罪还是阻碍军人执行职务罪？

（2）刘某某冲撞海警舰艇造成舰艇损害的行为是否成立故意毁坏财物罪或破坏武器装备罪，该损害行为与阻碍军人执行职务行为之间是何种罪数关系？

---

① 案情详见（2020）冀 0302 刑初 409 号刑事判决书。

问题研讨

（一）阻碍军人执行职务罪与妨害公务罪的界分

阻碍军人执行职务罪，是指行为人以暴力、威胁方法阻碍军人依法执行职务的行为。该罪与妨害公务罪在犯罪客观方面、犯罪主体、犯罪主观方面均存在相同或相似之处，区别在于侵犯的客体与对象不同：其一，阻碍军人执行职务罪侵犯的同类客体是国防利益，直接客体是军人依法执行职务的活动；妨碍公务罪的同类客体是社会管理秩序，直接客体是国家工作人员依法执行职务的活动。其二，阻碍军人执行职务罪的犯罪对象是正在依法执行职务的军人，妨碍公务罪的犯罪对象则是正在执行职务的国家工作人员。阻碍军人执行职务罪与妨害公务罪存在法条竞合关系时，根据特别法优于普通法的原则，对阻碍军人依法执行职务的行为应当以本罪论处。本案司法处理中，公安机关最初是以妨害公务罪立案，检察院变更为阻碍军人执行职务罪提起公诉。所谓军人，是指中国人民解放军的现役军官、文职干部、士兵以及具有军籍的学员和中国人民武装警察部队的现役警官、文职干部、士兵及具有警籍的学员，执行军事任务的预备役人员和其他人员以军人论。本案中，刘某某对攻击对象及其舰艇属于海警是明知的。海警是指海上的警察，也是中华人民共和国海警部队的简称，原隶属于国土资源部国家海洋局（中国海警局）海警部队。2018 年 3 月转隶中国人民武装警察部队，组建中国人民武装警察部队海警总队，称中国海警局。因此，海警属于军人，并非普通的国家工作人员。综上所述，本案应适用特别法的阻碍军人执行职务罪而非妨害公务罪。

（二）刘某某冲撞海警舰艇造成舰艇损害的行为的罪数关系

阻碍军人执行职务罪，是指行为人以暴力、威胁方法阻碍军人依法执行职务的行为。本罪在客观方面表现为以暴力、威胁方法阻碍军人依法执行职务的行为。所谓暴力，是指对依法执行职务的军人的人身进行袭击或者强制的方法，通常表现为攻击、殴打、伤害、捆绑、拘禁等手段，同时还包括用酒灌醉、用药物麻醉等手段。行为的对象必须是正在依法执行职务的军人。本案中，被告人刘某某拒不停船接受检查，并冲撞海警舰艇，造成海警××××艇多处损坏。海警舰艇承载着正在依法执行职务的军人，该行为指向符合本罪的客观要件要素。但是，对于冲撞致损，是否独立成立故意毁坏财物罪，这个问题的回答取决于冲撞行为与阻碍军人执行职务行为之间的罪数关系。在本案中，刘某某驾船撞击海警舰艇是暴力阻碍军人执行职务的行为手段，由此方法行为造成的损害结果，属于方法行为与结果行为的牵连，对于牵连犯的处断原则，虽然理论多有争议，但通常认为，除法律有明确规定外，通常应该从一重罪处断，故意毁坏财物罪（非加重情节时）和阻碍军人执行职务罪法定刑是一样的，但从保护法益的重要性而言，显然，阻碍军人执行职务保护法益重于海警舰艇的财产权，因此，本案仅定阻碍军人执行职务罪一罪是合适的。

实务训练

请从实务中找一个关于阻碍军人执行职务犯罪的真实案例，并根据案件事实、既有证据及争议焦点，写一份一审判决书。要求格式规范、条理清晰、层次分明、有理有据、入情入理。

延伸阅读

1. 余凌云，徐伟红. 当前阻碍人民警察执行职务的现状、成因及对策：对辽宁省沈阳、鞍山和辽阳市阻碍警察执法情况的调研报告. 北方法学，2007（4）：129-135.

2. 张建田. 阻碍执行职务罪的构成. 思想战线，1985（5）：61-63.

3. 黄林昇. 危害国防利益罪. 北京：中国人民公安大学出版社，2003.

案 61. 现役军人请假期满后未按期归队行为的司法认定

——张某某逃离部队案

要点提示

我国宪法规定保卫祖国、抵抗侵略是中华人民共和国每个公民的神圣职责。违反兵役法规，逃离部队的行为，不仅破坏了部队纪律，造成军心浮动，而且对国家的军事利益和国防安全构成危害，影响国家的安定团结。刑法规定逃离部队罪的目的是通过惩治非法逃离部队的犯罪军人，促使军人恪守入伍时的誓言，遵守兵役法规，严肃对待并以积极态度履行兵役义务，以保持部队的稳定以及我军应有战斗力，从而做到召之即来，来之能战，战之必胜。

案情简介

被告人张某某，男，1995年12月2日出生，汉族，大专学历，广西某市公安边防支队现役士官，武警下士。2017年11月20日中午，被告人张某某因不服从所在二班副班长周某某的工作安排，二人发生口角致肢体冲突。张某某称腰痛要求去医院检查，某市公安边防支队安排人员带其到某市第一人民医院进行检查并治疗。2017年12月12日，张某某及其父亲张某提出回河北省保定市进行检查治疗，向部队请假七天并获得批准，时间从2017年12月12日至2017年12月18日止。2017年12月19日，被告人张某某请假期满后没有按期归队。之后某市公安边防支队指派干部通过电话、短信、邮寄信件等方式多次联系张某某及其父亲张某，告知逾假不归队的后果，希望张某某尽快归队，但张某某以继续留在保定市治疗为由，不肯归队。后某市公安边防支队先后三次派出干部前往保定市与张某某的家属沟通，劝说张某某返回部队，但张某某拒绝归队。直至2018年5月10日（公安机关立案之日）仍然没有归队，逃离部队时间持续4个月22天。2018年5月13日，被告人张某某在河北省保定市家中被公安机关抓获归案。

分歧意见

对于本案被告人张某某的行为定性，分歧点主要有：

（1）张某某是否具有逃离服兵役的目的？

（2）张某某的行为是否达到了情节严重程度？

问题研讨

（一）逃离部队罪的故意及其目的的司法认定

逃离部队罪，是指军人违反兵役法规，逃离部队，情节严重的行为。本罪的主观方面是故意，通常具有逃离服兵役的目的。违反兵役法规，是指违反国防法、兵役法和军队条令条例以及其他有关兵役方面的法律规定。对于逃离部队罪是否要求行为人具有永久脱离部队的目的以及如何认定行为人具有永久脱离目的，实践中不无争议。本案中，辩护人提出，被告人需要住院治疗而延误了归队的时间，某市边防支队对此次事件的处理，让被告人及亲属对支队产生了不信任，不相信支队能够公正处理打架事件以及能及时为张某某提供必要的医疗救助。因此，被告人没有在请假七天后归队是有原因的，不构成逃离部队罪。本案中，被告人张某某以被殴打的事情没有得到公正处理以及需要卧床休息为由，在请假逾期后拒绝返还部队，在部队多次派人到河北保定市沟通后仍不归队，其目的动机是想以逃离部队来要挟部队解决其个人诉求，具有侵害国家兵役制度的直接故意。至于有学者所主张的脱离部队目的之永久性要素，我们认为从本罪罪状及司法实践角度视之，要求具有脱离目的之永久性欠缺规范根据和理论根据，且不符合司法实践。

（二）逃离部队罪“情节严重”之司法认定

逃离部队，是指擅自离开部队或者经批准外出逾期拒不归队的行为。所谓情节严重，是指：（1）逃离部队持续时间达3个月以上或者3次以上，或者累计时间达6个月以上的；（2）担负重要职责的人员逃离部队的；（3）策动3人以上或者胁迫他人逃离部队的；（4）在执行重大任务期间逃离部队的；（5）携带武器装备逃离部队的；（6）有其他情节严重行为的。司法实践中，对于本罪，情节严重的情形之一即逃离部队持续时间较长，因此，逃离部队时间的起止时间认定就很关键。本案中，辩护人提出，张某某逃离部队未达到情节严重，主要理由是：张某某住院期间的时间不能计算在逃离部队的时间内，张某某出院后，医生明确医嘱要求其卧床休息，最短需要60天，即使张某某主观上有逃离部队的故意，逃离的期限应当自2018年3月2日起计算，至张某某被拘留时，其逃离部队的时间未达到情节严重，不应当追究其刑事责任。我们认为，被告人张某某在请假七天期满后没有任何证据证明部队准许其续假，其应当在假期满后按时归队，但其在 2017 年 12 月 31 日从解放军二五二医院出院后经部队领导多次劝返仍拒绝归队。军人以服从命令为天职，一切行动听指挥，其以需要卧床休息拒绝归队的理由不成立。张某某请假期满之后，某市公安边防支队指派干部通过电话、短信、邮寄信件等方式多次联系张某某及其父亲张某，告知逾假不归队的后果，希望张某某尽快归队，但张某某以继续留在保定市治疗和部队对事件的处理不公为由，不肯归队。后某市公安边防支队先后三次派出干部前往保定市与张某某的家属沟通，劝说张某某返回部队，但张某某拒绝归队。因此，其逃离部队的时间从批准的假期期满后第二天算起，至 2018 年 5 月 10 日（公安机关立案之日）为止，逃离部队时间持续 4 个月 22 天，属情节严重。

实务训练

请从实务中找一个关于逃离部队罪的真实案例，并根据案件事实、既有证据及争议焦点，写一份一审判决书。要求格式规范、条理清晰、层次分明、有理有据、入情入理。

延伸阅读

1. 张春林. 论军人违反职责罪. 北京：海潮出版社，2005.
2. 李淳，王尚新. 中国刑法修订的背景与适用. 北京：法律出版社，1998.
3. 高铭暄，马克昌. 中国刑法解释：下卷. 北京：中国社会科学出版社，2005.
4. 冯军，梁根林，黎宏. 中国刑法评注：第 3 卷. 北京：北京大学出版社，2023.

案 62. 非法换取部队枪支行为的司法认定

——李某某、周某某、李某戊等人非法出卖、转让武器装备，非法持有、私藏枪支、弹药案

要点提示

武器装备是指部队用于实施和保障作战行动的武器、武器系统和军事技术装备，通常包括匕首、枪械、火炮、导弹、弹药、坦克、装甲车辆以及其他军用车辆、作战飞机以及其他军用飞机、作战舰艇以及勤务舰船、通信指挥装备、侦察情报装备、测绘气象装备、电子对抗装备等武器装备，一些重要武器的训练模拟器材，用于实施和保障作战行动且经过军事训练的动物，如军马、军驼、军犬、军鸽等，应视为武器装备。部队的武器装备是战斗力的重要构成因素，而在军队内部，时有发生不法分子非法出卖、转让武器装备的行为，不仅严重违反了军队对武器装备的管理制度，而且给国家、社会和人民群众的生命财产安全造成极大的危害。非法出卖、转让武器装备罪，是指军职人员非法将部队的武器装备出卖或者转让给他人的行为。刑法规定非法出卖、转让武器装备罪

的目的是通过惩治非法出卖、转让军队武器装备的犯罪军人，保证军队战斗力物质构成的安全，维护国家军事利益。

案情简介

被告人李某戊、闫某某、张某癸、张某某、杨某甲、丁某某、李某甲、李某乙、纪某某、耿某甲、张某甲等携带收集到的旧步枪，经被告人李某某联系军人周某某并由周某某安排以旧换新，到某直辖市警备区民兵仓库换得9支油封或较新的“56式”半自动步枪。被告人李某戊等换取枪支后藏匿于家中、车内、狗窝、户外等处。[①]

分歧意见

对于本案被告人李某某等人行为定性，分歧点主要有：

（1）李某某伙同军人周某某替他人以旧换新获取枪支的行为如何定性？李某某与周某某是否成立共同犯罪，如果成立共同犯罪，李某某的作用如何认定？

（2）被告人李某戊等人的换枪行为如何定性？获取枪支后持有行为与换枪行为之间的罪数关系如何认定？

问题研讨

（一）换枪行为的定性

非法出卖、转让武器装备罪，是指违反军队武器装备管理规定，出卖、转让军队武器装备的行为。本罪客观方面表现为违反军队武器装备管理规定，出卖、转让军队武器装备的行为。非法，是指违反有关武器装备管理的法规，擅自馈赠、出售、交换武器装备。出卖、转让，是指违反武器装备管理规定，未经有权机关批准，擅自用武器装备换取金钱、财物或者其他利益，或者将武器装备馈赠他人的行为。本案中，李某某伙同周某某替他人以旧换新，虽然无证据指向李某某、周某某从中牟利，不属于出卖武器装备，但转让行为无须以牟利为目的，交换行为亦属于转让行为。被告人李某某的辩护人提出的被告人的行为不构成非法转让武器装备罪的辩护观点，显然不能得到法院的采纳。

至于被告人李某戊等人的换枪后并藏匿枪支的行为，成立非法持有枪支罪并无太大争议，李某戊等人作为转让武器装备的对向方，与周某某、李某某成立对向犯，但本罪并不处罚对向的另一方，即接受武器装备转让的另一方，因此，李某戊等人均成立非法持有枪支罪而非非法转让枪支罪的共同犯罪，亦不成立非法转让枪支罪与非法持有枪支罪的吸收犯。

---

① 案情详见（2015）承刑终字第00312号刑事判决书。

（二）非军人与军人共同犯罪的认定

非法出卖、转让武器装备罪的主体是特殊主体，即该罪主体只能是军职人员，而李某某辩护人提出，李某某并非军人，所以不构成非法转让武器装备罪。但本案中，自2008年至2012年，本案中的被告人不同时间、不同人员多次到天津警备区民兵仓库换取小口径步枪及半自动步枪，多次换枪均经被告人李某某与部队人员周某某联系并跟随进入警备区，因此，李某某对换取枪支的违法性是明知的。被告人李某某在知道周某某非法转让武器装备的情况下，仍然为周某某介绍地方人员进行换枪，其主观上具有与周某某共同非法转让武器装备的故意，客观上对周某某非法转让武器装备实施了帮助的行为。根据刑法关于共同犯罪的规定，被告人李某某与周某某构成了共同犯罪，具备非法转让武器装备罪的主体资格，最高人民法院、最高人民检察院、公安部、国家安全部、司法部、解放军总政治部关于《办理军队和地方互涉刑事案件规定》明确规定了军人与地方人员构成共同犯罪的案件办理程序。李某某虽不是军职人员，但与军人周某某共同犯罪，具备非法转让武器装备罪的主体资格。对于无身份者在真正身份犯共同犯罪中，其作用如何认定，有一定争议，但通常认为，在真正身份犯中的共同犯罪中，直接实施行为的人必须是具有特定身份的人，欠缺这种身份的人不可能实施符合刑法分则罪状规定的行为，不能成为正犯，只能成为教唆犯或者帮助犯①。在本案中，没有证据证实周某某非法转让行为系李某某教唆所致，也正因为如此，法院认定在本案犯罪过程中，李某某属于帮助行为，起次要作用，系从犯，依法减轻处罚。

实务训练

请从实务中找一个关于非法出卖、转让武器装备犯罪的真实案例，并根据案件事实、既有证据及争议焦点，写一份一审判决书。要求格式规范、条理清晰、层次分明、有理有据、入情入理。

延伸阅读

1. 张春林. 论军人违反职责罪. 北京：海潮出版社，2005.
2. 李淳，王尚新. 中国刑法修订的背景与适用. 北京：法律出版社，1998.
3. 高铭暄，马克昌. 中国刑法解释：下卷. 北京：中国社会科学出版社，2005.
4. 冯军，梁根林，黎宏. 中国刑法评注：第3卷. 北京：北京大学出版社，2023.

① 周光权. 刑法总论. 4版. 北京：中国人民大学出版社，2021：381.

第七章　公共安全类犯罪的重点问题

案 63. “不特定多数人”的理解与认定

——郑某以危险方法危害公共安全案

要点提示

“不特定多数人”是理解和认定“公共安全”的关键。只有正确理解“不特定多数人”，才能准确区分危害公共安全类犯罪和造成多人多物损害的侵犯人身权利罪或财产罪。“不特定”是与“特定”相对而言的，是指行为人的危害行为侵害或者可能侵害的犯罪对象和造成或者可能造成的危害结果事先无法确定，行为人对此也无法预料且无法控制。“多数”是理解“公共”概念的核心。

案情摘要

2011 年 12 月，被告人郑某在未获得相关部门批准的情况下，违法占用国有土地建房。2012 年 2 月 24 日和 4 月 11 日，江山市国土资源局先后作出《责令停止国土资源违法行为通知书》《责令改正违法行为通知书》并送达郑某，责令其立即停止违法行为，自行拆除违章建筑。同年 10 月 15 日，执法监察人员在巡查中发现，郑某不仅没有自行拆除违章建筑，反而继续违法建房，遂当场依法予以制止，但郑某事后并未停止其违法建房行为。2013 年 1 月 16 日，贺村镇人民政府、市中部开发办公室、市国土资源局商定于 1 月 18 日上午共同对郑某的违章建筑实施强制拆除，并于当天下午电话通知郑某自行拆除违章建筑。1 月 18 日上午，郑某会同家人和同事，先行拆除部分违章建筑，欲以此达到阻止执法人员拆除其违章建筑的目的。当日上午 10 时许，相关部门工作人员共 50 余人来到郑某违章建筑所在地。在工作人员的劝说下，郑某将原停放在违章建筑前阻挡铲车行进道路的私家小轿车倒驶至该道路的坡顶，工作人员遂开始拆除郑某的违章建筑，郑某则坐在驾驶室内远观，因愤恨产生了驾车去撞工作人员与其拼命的念头。随后，郑某加速驾驶小轿车沿着带有一定坡度的道路直冲下去，撞到了站在道路上维持外围秩序的多名工作人员，其中李某被车头撞飞滚在引擎盖上后又被甩在地上。郑某在撞到人后，仍然驾驶汽车继续右转向行驶，并朝工作人员密集的地方冲撞而去，直至撞上房屋南侧小门，在此过程中，又撞到多名工作人员和其母亲，房屋的小门及门边墙体被撞破损。后郑某在驾车加速后退撞上砖堆时才被工作人员制服。郑某在驾车撞人过程中致11名工作人员受伤，经鉴定，其中5人轻伤，2人为轻微伤，4人未达到轻微伤程度。

分歧意见

本案在审理过程中，对于被告人郑某犯罪行为的定性存在争议：

(1) 构成故意杀人罪，主要理由是案发现场道路是郑某家庭使用的相对封闭的场所，郑某在特定的拆违现场有针对性地冲撞特定的工作人员，不具有危害公共安全的特性。

(2) 构成以危险方法危害公共安全罪，主要理由是本案的案发场所道路并非郑某家庭所有或单独使用，郑某在人群聚集地采用汽车撞人的方式同时危及多数人人身安全，是以危险方法危害公共安全罪的典型行为方式。

问题研讨

本案问题的解决，关键在于对以危险方法危害公共安全罪的犯罪对象及犯罪客体的理解，即对该罪的犯罪对象“不特定多数人”的含义，以及该罪侵犯的客体“公共安全”含义的理解。以危险方法危害公共安全罪和故意杀人罪由于在客观上都包含造成人员伤亡的结果，在行为方式上也有相似之处。但是，两罪最核心的区别在于侵犯的客体（法益）不一样：故意杀人罪侵犯的客体是公民个人的生命权；以危险方法危害公共安全罪侵犯的客体是公共安全，即不特定多数人的生命、健康及公私财产的安全。

（一）如何理解以危险方法危害公共安全罪中的“不特定多数人”

公共安全，即不特定多数人的生命、健康和重大公私财产以及其他公共利益的安全。这里所说的不特定多数人的人身和财产的安全，是指行为所造成的实际危害后果，往往是不特定多数人的人身和财产的重大损害，而且这种后果常常超出了行为人的预期和控制。故意杀人罪所要保护的是普通公民个人的人身权利；危害公共安全罪设立的目的在于将生命、健康等个人法益抽象为社会利益作为保护对象，故危害公共安全罪最突出的特点是“社会性”。对于以危险方法危害公共安全罪的犯罪对象“不特定多数人”的含义，应当从“社会性”的特点出发进行理解。以危险方法危害公共安全罪保护的是公众的生命、健康，而“公众”与“社会性”均要求重视量的“多数”。换言之，“多数”是“公共”概念的核心。“不特定”意味着随时有向“多数”发展的现实可能性，会使社会多数成员遭受危害和侵害。此外，“不特定”是相对“特定”而言的：侵犯人身权利和财产往往也会造成多人多物的损害，但是以某一个、某几个特定的人或者某项特定具体财产为侵犯对象的，可能造成的损害范围是有一定局限性的，是可以预料和控制的；危害公共安全罪可能侵害的对象和造成的危害后果，行为人事先无法预料，也无法控制。侵害“不特定多数人”，并不是说行为人没有特定的侵犯对象或目标，而是行为人主观上有一定的侵害对象，对损害的可能范围也有一定的预判，但对最终造成或者可能造成的危害后果难以控制，从而危害特定人之外的人身或者财产安全。

本案中，被告人郑某意图驾驶小汽车撞向拆迁人员，虽然现场的拆迁人员是相对特定的，但是一方面现场拆迁人员本身就人数众多；另一方面除了拆迁人员外，现场还有郑某的邻居和亲属，用小汽车撞人时是很难控制具体的侵害对象以及所造成的侵害后果的。事实证明，本案就因郑某的行为导致多名拆迁人员及郑某母亲受伤的后果，因此郑某的行为虽然针对的是相对特定的对象，但是对于最终侵害的对象及造成的后果均无法控制和预料，应当认定侵犯的对象是“不特定多数人”。一审法院以本案是“在特定的拆违现场有针对性地冲撞特定的工作人员，不具有危害公共安全的特性”为由否定“不特定性”是不当的。一审法院混淆了“公共安全”与公共场所的安全。

首先，“公共安全”包括信息安全、食品安全、公共卫生安全等，是一个抽象的概念。虽然在公共场所更容易发生侵犯公共安全的案件，但是公共安全不等同于公共场所的安全。其次，公共安全的核心在于“多数”，而不论是封闭的场所还是开放的公共场所，即使是在相对封闭的场所发生了多数人的损害后果，也有可能属于侵犯公共安全的行为。

本案中，首先，案发现场道路并非被告人家庭所有或单独使用，只是由于特殊的地理位置，被告人家庭使用的频率较高，但这并不能排斥他人行走或使用，故案发现场并不属于封闭的场所；其次，即使案发现场属于封闭的场所，但由于郑某驾车冲撞的行为危害到“不特定多数人”的生命、健康安全，其行为就具有了危害公共安全的性质。此外，本案即使现场只有拆迁人员，也应当认定为以危险方法危害公共安全罪。如前所述，危害公共安全中侵害客体的“不特定多数人”核心在于“多数”和“社会性”，即使侵害对象是相对特定的拆迁人员，但鉴于本案拆迁人员多达数十人，符合一般意义上的多数要求，且郑某的行为方式也无法控制最终的危害后果，故而侵害的对象仍属于“不特定多数人”。

（二）如何理解以危险方法危害公共安全罪中的故意及其类型

本类犯罪中的故意犯罪既包括直接故意也包括间接故意，但是，成立本类犯罪中的故意犯罪一般应以行为人主观上认识到公共安全的危险为前提。实践中除少数由直接故意构成、对危害公共安全的危害后果持希望态度外，大多数属于间接故意，对危害公共安全的危害后果持放任态度。

直接故意是指行为人明知自己的行为会发生危害社会的结果，并且希望这种结果发生的心理态度[①]。它有两个特征：一是明知自己的行为必然或者可能发生危害社会的结果，这是直接故意的认识因素必备的内容。二是行为人希望危害结果的发生，即危害结果是行为人行为时所追求的直接目的，这是直接故意的意志因素必备的内容。在以危险方法危害公共安全罪中，行为人如果明知自己的行为必然或者可能发生危害公共安全的

---

① 李永升. 刑法总论. 2 版. 北京：法律出版社，2016：169.

结果并希望这种结果发生而实施了危害行为，就是直接故意的心理态度。本案中，郑某因愤恨驾车冲撞执法队伍人员，意图与执法工作人员拼命，明知自己的行为必然或者极大可能危害公共安全，并且希望这种结果发生而实施驾车冲撞行为，其犯罪主观方面即为直接故意。

间接故意是指行为人明知自己的行为可能发生危害社会的结果，并且放任这种结果发生的心理态度。它也有两个特征：其一，行为人明知自己的行为可能发生危害社会的结果。这是其认识特征。这一特征具体是指行为人根据对自身的犯罪能力、工具、对象，以及犯罪的时间、地点、环境等情况的认识了解，认识到自己行为引起某种危害结果的发生只具有可能性，而不具有必然性。如果行为人明知自己的行为必然发生危害社会的结果而仍然决意为之，则超出了间接故意的认识因素范围，应属于直接故意。其二，行为人放任危害结果的发生，这是其意志特征。在直接故意中，危害结果的发生不是行为人所追求的直接目的，而是行为人在实施追求其他目的或者无目的的行为时对自己的行为可能引起的危害结果持放任的态度，即有意放任，无意防止。在以危险方法危害公共安全罪中，行为人如果明知自己的行为可能发生危害公共安全的结果并放任这种结果发生，就是间接故意的心理态度。假设本案中，郑某为了冲撞执法队伍中的某个特定人员，明知自己的行为可能危及在场其他执法工作人员，可能危害公共安全，并且放任这种结果发生而实施驾车冲撞行为，其犯罪主观方面则为间接故意。

实务训练

请从实务中找一个关于以危险方法危害公共罪的真实案例，并根据案件事实、既有证据及争议焦点，写一份判决书。要求格式规范、条理清晰、层次分明、有理有据、入情入理。

延伸阅读

1. 陈洪兵. 以危险方法危害公共安全罪“口袋化”的实践纠偏. 刑事法评论，2015，37（2）：394－415.

2. 胡东飞. 论刑法意义上的“公共安全”. 中国刑事法杂志，2007（2）：52－56.

案 64. “其他危险方法”的理解与认定

——叶某以危险方法危害公共安全案

要点提示

对“其他危险方法”仅作字面理解，不结合整个法律条文和整个章节进行体系化理解，会使以危险方法危害公共安全罪泛化为口袋罪。所谓的“其他危险方法”并非指一切能够危及公共安全的行为手段，而是作用力、作用范围与放火、爆炸、决水、投放危险物质等危险方法相同或相似，同样具有严重威胁公共安全性质的行为方法，比如私设电网、驾车冲向人群、持枪朝人群扫射等。换句话说，只有当行为人实施危害公共安全的行为时，其所采用的危险方法是放火、爆炸、决水、投放危险物质以外并与其危险性相当，行为的社会危害性达到相当严重的程度，才能以以危险方法危害公共安全罪论处。

案情摘要

2010 年 12 月 28 日 20 时许，被告人叶某在武汉市某区一旅社内吸食毒品甲基苯丙胺片剂（俗称“麻果”）后，独自驾驶无牌奔驰汽车离开。叶某在驾车途中产生幻觉，怀疑有车跟踪并谋害自己，遂将汽车停放在该区文正街与蔡张二路的交叉路口，不让过往车辆通行。民警接警后赶到现场处理，叶某拒不听从民警的劝阻和指挥，突然发动车辆，驾车至蔡甸村村委会附近，并先后与正常行驶的一辆公交车、两辆东风雪铁龙汽车、一辆五菱汽车发生碰撞。随后，叶某继续驾车行驶至某面粉厂附近，又先后与正常行驶的两辆吉利汽车、一辆东风雪铁龙汽车发生碰撞，并将拦截的凯美瑞警车、依维柯警车撞损。叶某撞开警车后，行驶至蔡江路又先后与正常行驶的雪佛兰汽车、尼桑货车发生碰撞。叶某驾车行至蔡甸街江滩公园 1 号门附近，撞上一辆助动自行车后，被警车截停。民警将叶某当场抓获。经鉴定，被撞车辆损失共计人民币 38 367 元。案发后，叶某的亲属已代为全部赔付。

分歧意见

本案被告人叶某因长期吸毒，精神异常，多次在精神病院接受治疗，案发时又因吸食甲基苯丙胺产生幻听、幻视、被害妄想症状，在市区道路上驾车先后冲撞 11 辆机动车，造成公私财产损失约合 38 367 元。对叶某是否应当承担刑事责任，以及其罪过系故意还是过失，存在较大争议。

（1）第一种意见认为，叶某因无刑事责任能力而不构成犯罪。参照《刑法》第 18 条第 4 款关于“醉酒的人犯罪，应当负刑事责任”的规定，吸毒的人犯罪也应负刑事责任，但叶某并非一般吸毒人员，而是因吸食毒品长期处于精神障碍状态，多次被送往精神病院治疗的精神病人。案发时，叶某因无法自控再次吸毒，陷入精神障碍，辨认能力受损，应当认定其为无刑事责任能力，不负刑事责任。

（2）第二种意见认为，叶某因未造成严重后果而不构成犯罪。叶某作案时处于精神障碍状态，辨认能力受损。虽然叶某对自己吸毒后陷于精神障碍的状态是故意的，但并无犯罪意图，也不希望或者放任危害社会的结果发生，对吸毒后驾驶与多车发生碰撞的交通事故后果不负故意的罪责，仅负过失责任。叶某交通肇事行为仅造成财产损失3 万余元，且已全额赔偿，根据《最高人民法院关于审理交通肇事刑事案件具体应用法律若干问题的解释》，造成公共财产或者他人财产直接损失，负事故全部或者主要责任，且无能力赔偿数额在 30 万元以上的才构成交通肇事罪。故叶某的行为仅是违反道路交通安全法的行政违法行为，不构成犯罪。

（3）第三种意见认为，叶某构成以危险方法危害公共安全罪。其因吸毒出现精神障碍，多次被强制戒毒并送往精神病院治疗，但对毒品已产生强烈的依赖性，难以戒断，导致病情时好时坏。叶某明知自己吸毒后会陷于精神障碍，可能实施危害社会的行为，而不顾可能发生的危险吸毒，造成多车相撞的交通事故，对该危害结果持间接故意心态。本案虽未造成严重后果，但叶某的行为已对公共安全造成具体的危险。

问题研讨

（一）毒驾危及公共安全是否属于危险方法？因吸毒长期处于精神障碍状态，在病情缓解期再次吸毒并驾驶机动车，致使发生交通事故的，如何认定行为人的刑事责任能力

我们认同第三种意见，本案中叶某构成以危险方法危害公共安全罪。毒驾危及公共安全是危险方法。吸毒人员滥用毒品后驾驶，反应能力、辨识能力和身体协调能力明显下降，会产生方向感、距离感和时空感错乱，发生事故风险明显提升。特别是在驾驶中出现幻觉或妄想状态时，会使驾驶者产生脱离现实场景的现象，对所遇到的障碍或者交通情况不能做出正常的应对，完全丧失正常判别能力，从而导致严重的交通事故，给人民群众的生命和财产造成重大损害①。与酒驾相比，毒驾行为对道路交通安全和社会公共安全危害更大。驾驶人吸毒后驾驶机动车所带来的危险既直接针对驾车人本人和乘车人，更是针对道路交通不特定参与者的生命财产安全。吸毒后，产生的幻视、幻听、精神亢奋、思维迟钝或者运动失调等身体反应②，与醉酒后类似，以刑法的犯罪构成理论进行分析，“毒驾”与“醉驾”都侵犯了公共安全，特别是道路交通公共安全这一客体。

叶某因吸毒长期处于精神障碍状态，在病情缓解期再次吸毒并驾驶机动车，是限制刑事责任能力人。行为人因饮酒、吸毒等行为使自己一时陷入丧失或者尚未完全丧失责任能力的状态，并在该状态下实施了符合犯罪构成要件特征的行为的，根据刑法规定和原因自由行为理论，应当负刑事责任。然而，这一认定原则并未解决行为人实施自陷行为时已经处于辨认或者控制能力减弱甚至完全丧失情形下刑事责任的认定问题。本案的特殊之处在于被告人叶某吸毒时恰恰属于此种情形。在案证据显示，叶某有多年的精神病史，经多次强制戒毒和治疗均无效，即便在病情缓解期，辨认和控制能力也弱于正常人，对毒品的依赖性也高于一般吸毒人员。其在最后一次吸食毒品之时，辨认能力和控制能力就异于正常人，即处于限制能力状态。根据原因自由行为理论，即使对自陷行为

---

① 林思婷. 危险驾驶罪的未尽之意：略论吸毒后驾驶行为的刑法规制. 中国检察官，2013（20）：10-12.

② 钟华. 论“毒驾入刑”. 云南大学学报（法学版），2015，28（6）：51-55.

人按照吸食毒品时的责任能力认定刑事责任能力，叶某也应被认定为限制责任能力人。

（二）毒驾主观罪过的司法认定

对于自陷于精神障碍的行为人，应当根据其自陷时对危害结果的认识和意志状态认定其对结果所持的主观罪过。我们认为，对行为人实施自陷行为时已经处于辨认或者控制能力减弱甚至完全丧失情形的，既然刑事责任能力应当根据自陷行为时的状态进行评定，那么对自陷后实施的犯罪行为后果所持的意志也应当根据自陷行为时的状态进行分析评定，即根据行为人实施原因行为时对危害结果的意识和意志状态进行判断。

如果行为人已经认识到一旦自己陷于精神障碍状态，可能会引起危害结果发生的紧迫危险，仍然希望或者放任自己陷于精神障碍状态的，其主观罪过为故意；如果行为人对自己陷入精神障碍状态后引发危害结果发生的危险没有预见，或者虽有预见但轻信可以避免的，那么其主观罪过为过失。当原因行为是吸毒行为时，判断行为人对危害结果是持希望、放任还是反对、否定态度，有必要对行为人是否存在吸毒史进行重点考察。吸毒史较长的人，对吸毒后会出现兴奋、自控力下降、行为鲁莽、易激惹、幻觉（快乐情绪体验）等精神障碍症状（暂称一般症状）一般具有较深的认识，故行为人知道或者应当知道其自陷行为导致精神障碍状态的高度盖然性，在这种情形下实施自陷行为并实施符合构成要件特征行为的，一般宜认为行为人对危害结果持希望或者放任态度。吸毒史较短的人，对于吸毒后会出现病理性错觉或者被害妄想（恐怖情绪体验）、失去意识等精神障碍症状（暂称特别症状）的认识一般比较模糊或者较浅，虽然可能略有所闻但因未亲身经历而可能存在侥幸心理。因此，这类人员对其自陷行为导致精神障碍状态的可能性程度认识较浅，在这种情形下实施自陷行为并实施符合构成要件特征行为的，一般宜认为行为人对危害结果持反对、否定态度。

本案中，被告人叶某多次接受精神病院治疗，其对自己吸食“麻果”后会陷入精神障碍的状态是有充分认识的，对自己在精神障碍状态下行为失控，可能实施放火、持刀乱砍、打人等危害行为亦有一定认识，但因毒瘾难以戒断而多次复吸，全然不顾可能出现的危害结果。因此，叶某对其自愿吸食毒品，陷入精神障碍状态下实施的行为应当负故意责任。本案发生在市区繁华路段且在交通高峰期，叶某吸毒后受被害妄想影响行为失控，在道路上高速驾车横冲直撞，连续冲撞 12 辆车，直至被警车逼停，其行为已具有与放火、决水、爆炸、投放危险物质等危险方法相当的危险性。但鉴于本案未造成人员伤亡的严重后果，仅致使公私财产损失 3 万余元，故按照《刑法》第 114 条的规定，对叶某以以危险方法危害公共安全罪定罪，并酌情从轻处罚，是适当的。

实务训练

请从实务中找一个关于毒驾的真实案例，并根据案件事实、既有证据及争议焦点，写一份辩护词。要求格式规范、条理清晰、层次分明、有理有据、入情入理。

延伸阅读

1. 贾文超，王瑞君. 危险方法的刑法教义学分析. 法律方法，2016，20 (2)：251-262.

2. 樊建民. 以危险方法危害公共安全罪过度适用检讨. 法商研究，2016，33 (4)：98-108.

3. 包涵. 刑法解释界限与行为犯罪化的矛盾与消解：以“毒驾入刑”的正当性与立法策略为切入. 中国刑事法杂志，2014 (5)：15-21.

案 65. 高空抛物仍可以成立以危险方法危害公共安全罪

——黄某高空抛物案[①]

要点提示

《刑法修正案（十一）》新设了高空抛物罪，但高空抛物行为未必只能构成本罪，同样有可能构成人身、财产和公共安全类犯罪，关键在于对高空抛物行为危险性的判断。高空抛物行为是否属于以危险方法危害公共安全罪中的“其他危险方法”，会直接决定高空抛物行为侵害的客体是公共安全还是社会管理秩序。此外，对高空抛物危险行为的危险性判断应采用何种判断标准，也是本罪的司法适用需要重点关注的问题。

案情摘要

黄某，男，28 岁，在惠州一间 KTV 打工，染上吸食冰毒的恶习，与女友租住在惠城区某公寓 19 楼的其中一间。某日凌晨 4 点，黄某因吸食冰毒后，与同居女友夏某发生争吵。夏某说，自己凌晨 2 时左右醒来时，发现黄某一手拧着煤气瓶，一手拿着菜刀站在床前，两人就发生争吵、扭打，其间夏某试图阻止黄某，但被打晕过去。扔下煤气瓶砸坏 3 台车之后，黄某又不顾屋外保安的劝阻，开始将房内的热水壶、碗碟、啤酒瓶扔下，甚至在警察赶到后，还将一个煤气瓶扔下楼，坠落在一楼一间便利店旁，吓坏了店主。而楼下就是繁忙的西堤路，好在凌晨时行人、车辆稀少，没有造成人员伤亡。但黄某扔下的物品，却将马路对面停车场的 3 辆小车砸坏。为阻止黄某的疯狂行为，警察只好叫来消防人员，强行破门冲入房内，将黄某控制住。据介绍，黄某朝楼下扔物品期间，还从窗户探出头，听闻下面的惊呼声，呵呵大笑。经鉴定，黄某无精神疾病，公诉机关以危险方法危害公共安全罪对其提起公诉。惠城区人民法院判决认为，黄某不顾他人劝阻，高空抛物，危及公共安全，尚未造成严重后果，其行为构成“以危险方法危害公共安全罪”，判处有期徒刑 4 年。

---

① （2013）惠城法刑一初字第 435 号刑事判决书。

分歧意见

本案在审理过程中，对于被告人黄某犯罪行为的定性存在争议：

（1）构成以危险方法危害公共安全罪，主要理由是黄某抛掷的物品本身有造成不特定的多数人人身和财产损害的危险。

（2）构成高空抛物罪，主要理由是黄某抛掷物品的时间是凌晨，行人、车辆稀少，也没有造成人员伤亡。

（3）构成故意伤害罪未遂，主要理由是抛掷一般性危害物品，不会侵害不特定多数人的生命、财产安全，但是对他人可能造成的伤害结果是持故意心理，只是客观上没有造成实害结果。

问题研讨

（一）高空抛物是否属于以危险方法危害公共安全罪中的“危险方法”?

高空抛物是否应当认定为刑法规定中的以危险方法危害公共安全罪中的“危险方法”? 对此，最高人民法院于 2019 年 10 月 21 日发布《关于依法妥善审理高空抛物、坠物案件的意见》，明确强调并非所有的高空抛物行为都应当被认定为以危险方法危害公共安全罪，唯有“危害公共安全”的高空抛物行为才构成以危险方法危害公共安全罪；“未危及公共安全”的高空抛物行为应当根据行为的具体样态、所造成的危害后果以及行为人的主观罪过，分别评价为故意伤害罪、故意杀人罪、故意毁坏财物罪、过失致人死亡罪以及过失致人重伤罪等。因此，准确判断高空抛物是否“危及公共安全”，成为正确认定高空抛物行为刑法性质的首要和关键。高空抛物行为是否等同于“其他危险方法”，需要考虑抛掷物的行为性质和危害后果，并非所有的高空抛物都是以危险方法危害公共安全罪中的“危险方法”，也不是所有的高空抛物都危及《刑法》第 114 条、第 115 条所保护的“公共安全”，而是要综合考量抛物的时间、地点等因素确定。在分析高空抛物涉及的犯罪时，应当对抛物行为符合“以危险方法危害公共安全罪”构成要件作应有的限缩解释。如果将行为人的高空抛物行为以危险方法危害公共安全罪定罪，那么行为人抛掷的物品本身有造成不特定的多数人人身和财产损害的危险。

（二）高空抛物中的危险性的判断依据是什么? 高空的高度、物品的性质、抛物的时空条件及抛物可能造成的危害结果是否均是危险性判断依据?

根据抛掷物品产生的危害程度不同，可以将高空抛物分为三种情形[①]。第一种是不会影响地面人员生命与财产安全的行为，如高空抛掷几张纸、抛羽毛等行为；第二种是危害地面人的生命与财产的一般性抛掷行为，如高空抛掷锅、椅子、刀具等具有一般物

---

① 曹波，文小丽. 高空抛物危及公共安全的司法认定规则：兼评《最高人民法院关于依法妥善审理高空抛物、坠物案件的意见》. 贵州大学学报（社会科学版），2020，38（3）：94－103.

理破坏力的物品；第三种是抛掷的物品会严重危害不特定多数人的生命和财产安全，如抛掷火把、爆炸物、毒害物、放射物，以及针对运行状态下的机动车等高度危险的特定目标，或者在高速公路和机场等特定场所抛掷各种钝器、锐器和其他有足够物理破坏力之物。

就第一种情形而言，行为并不产生刑法上的危害或者不会危害到个体的生命财产法益，采取批评教育或者行政处罚的方式即可实现规范目的，刑法不需要介入，若是适用《刑法》第 114 条第 2 款会造成处罚过于严厉。对于抛掷垃圾或者粪便的行为，严重影响社会秩序或者侮辱他人的，通过民法中的赔礼道歉、消除损害、恢复原状以及治安管理处罚中的拘留或者罚款等手段都可以实现规制，应当保持谦抑性，不应轻易动用刑罚权。

就第二种情形而言，抛掷一般性危害物品，并不会侵害不特定多数人的生命、财产安全，抛掷一般性的物品除针对高度危险的特定目标外，并不会直接导致危害结果扩大且不可控，没有产生不特定危险的高度盖然性，不符合两个构成要件的该当性，不宜认定为“以危险方法危害公共安全罪”。对此，我们建议根据行为人主观罪过形态进一步分析，若是故意形态并造成死亡或者重伤的后果，应当认定为故意杀人罪或者故意伤害罪。从量刑上来看，若是将行为人的行为按照《刑法》第 114 条规定施以 3 年以上 10 年以下的刑罚或者拘役、管制，都不能实现罪刑相一致，而认定为故意杀人或者故意伤害具有明显的合理性。若没有造成伤亡结果，应认定为故意杀人或者故意伤害罪未遂；若过失实施高空抛物行为造成伤亡，应认定为过失致人死亡或者过失致人重伤；若没有造成伤亡结果则不应当认定为犯罪。对于仅造成财产损失的高空抛物案件，不可以认定为以危险方法危害公共安全罪。这样说，并不是财产安全不值得保护，而是以危险方法危害公共安全罪中危害财产的行为只有与人身安全之间产生联系才可适用本罪保护。对于多次实施高空抛物造成公共秩序混乱、民众恐慌的行为，建议在采取民事手段的同时将该多次行为认定为“恐吓”或“寻衅滋事”。

就第三种情形而言，如高空抛掷液化气罐爆炸造成多人死亡，评价该行为的关键在于是否危及不特定多数人的生命和财产安全，危险是否与放火、爆炸、投放危险物质行为具有相当性，是否具有不可控、延展性的特征。对于本案，我们认为黄某构成以危险方法危害公共安全罪。原因在于黄某不仅从高空抛掷了热水壶、碗碟、啤酒瓶这样的一般物品，还抛掷了煤气罐这样足以造成多人死伤的危险爆炸物。以危险方法危害公共安全罪和高空抛物罪侵害的客体不同，前者侵害的是公共安全，后者侵害的是社会管理秩序。本案中黄某的行为不仅对社会管理秩序造成了侵害，还危害了公共安全，属于前述的第三种情形，应当认定为以危险方法危害公共安全罪。

实务训练

请从实务中找一个关于高空抛物的真实案例，并根据案件事实、既有证据及争议焦点，写一份起诉书。要求格式规范、条理清晰、层次分明、有理有据、入情入理。

延伸阅读

1. 张明楷. 高空抛物案的刑法学分析. 法学评论，2020，38（3）：12－26.

2. 曹波. 高空抛物"入刑"的正当根据及其体系性诠释. 河北法学，2021，39（2）：157－173.

3. 夏勇. 高空抛物的刑法定位：关于《刑法修正案（十一）（草案）》第一条的理解和改进. 法治研究，2020（5）：82－88.

4. 劳东燕. 以危险方法危害公共安全罪的解释学研究. 政治与法律，2013（3）：24－35.

案 66. 重大劳动安全事故罪与重大责任事故罪的竞合处理

——尚某等人重大劳动安全事故案

要点提示

重大责任事故罪与重大劳动安全事故罪在罪名上的区别是明显的，但在司法实践中，会出现难以区分的情况。尤其是当客观方面和主体都出现竞合的情况下，如何区分重大责任事故罪与重大劳动安全事故罪，成为司法实践必须要解决的问题。

案情摘要

被告人朱某出资购买某煤矿后，任命被告人尚某为该矿矿长，主持该矿全面工作，被告人李某为技术副矿长兼安全科科长，被告人吕某为该矿矿长、党支部书记兼保卫科科长，负责保卫工作，未行使矿长职责。在矿井基建过程中，该矿违规建设，私自找没有设计资质的单位修改设计，在相关安全设计措施未经批复的情况下，擅自施工；安监局向其下达了停止施工的通知，但该矿拒不执行，继续施工。在未竣工验收的情况下，被告人即开始组织生产。该矿"一通三防"管理混乱，选任无资质的承包队伍在井下施工，对各施工队伍没有进行统一监管。最终因存在安全隐患而导致发生特别重大瓦斯煤尘爆炸事故，造成 108 人死亡、29 人受伤的严重后果。

据最终调查，事故的直接原因是：某煤矿 1193（下）工作面切眼遇到断层，煤层垮落，引起瓦斯涌出量突然增加；煤层总回风巷三、四联络巷间风门打开，风流短路，造成切眼瓦斯积聚；在切眼下部用绞车回柱作业时，产生摩擦火花引爆瓦斯，煤尘参与爆炸。事故的间接原因是：刘某煤矿违规建设，非法生产，拒不执行停工指令，采掘及通风系统布置不合理，无综合防尘系统，特种作业人员严重不足，无资质的承包队伍在井下施工。事故发生后，尚某、李某、吕某等及时向有关部门进行了汇报，并积极组织抢救，朱某积极配合、参与矿难的善后处理工作，对遇难矿工和受伤矿工的经济损失进行了赔偿。

分歧意见

对本案如何定性，在处理的过程中，就被告人朱某的行为是否符合重大劳动安全事故罪的构成要件产生分歧。

一种观点认为被告人朱某的行为不符合重大劳动安全事故罪的构成要件，主要理由在于：(1) 朱某并未参与煤矿的经营管理，不属于本案的直接责任人员；(2) 认定煤矿劳动安全设施不符合国家规定，因而发生特别重大伤亡事故的证据不足；(3) 朱某不知悉煤矿违规建设的情况，也不知悉煤矿安监部门提出安全隐患和下达停产通知的情况，更不知悉煤矿未经许可继续施工的情况。

另一种观点认为被告人朱某的行为符合重大劳动安全事故罪的构成要件，主要理由在于，唐山某实业有限公司法定代表人朱某购买煤矿后，该矿转变成民营企业，名称改为唐山某实业有限公司，工商营业执照没有注册登记。(1) 客观上被告人朱某作为唐山某实业有限公司的法定代表人及煤矿的投资人，对该矿的劳动安全设施是否符合国家规定负有管理义务，被告人朱某失于管理，该矿在安监局下达停止施工的通知后，继续施工，因而发生特别重大伤亡事故。(2) 主观上被告人朱某具有过失，其行为符合重大劳动安全事故罪的构成要件。

问题研讨

(一) 安全事故类犯罪法条关系及其适用规则

安全事故类犯罪被规定在我国《刑法》第 134 条至第 139 条当中。第 134 条规定的重大责任事故罪和此条后至第 139 条规定的强令、组织他人违章冒险作业罪，危险作业罪，重大劳动安全事故罪，大型群众性活动重大安全事故罪，危险物品肇事罪，工程重大安全事故罪，教育设施重大安全事故罪，消防责任事故罪和不报、谎报安全事故罪，从法条关系上看都是从第 134 条重大责任事故罪中分离出来的，所以存在着一般与特别的关系。

一般认为，特别法条应当优先于普通法条，刑法有明文规定必须按照重法处罚的情形除外。这是因为，“立法者在普通法条之外又设特别法条，是为了对特定犯罪给予特定处罚，或因为某种犯罪特别突出而予以特别规定。因此，行为符合特别法条时，应按特别法条的规定论处。”[①] 对于从普通条文中独立出来的特别法条，刑法理应尊重，刑事司法必须敬畏[②]。

(二) 重大劳动安全事故罪与重大责任事故罪出现竞合时应如何处理

司法实践中，当工厂、矿山、林场、建筑企业或者其他企业、事业单位发生重大伤

---

① 张明楷. 诈骗罪与金融诈骗罪研究. 北京：清华大学出版社，2006：320.

② 刘崇亮. 风险社会视野下过失犯构成设置模式之思考. 中国人民公安大学学报（社会科学版），2010，26（4）：86-92.

亡事故或者造成其他严重后果，当重大责任事故罪与重大劳动安全事故罪的客观方面和主体都出现竞合时，我们认为，应当按照下列原则处理：

（1）在完全是由于安全生产设施或者安全生产条件不符合国家规定的情况下进行生产、作业，发生重大伤亡事故或者造成其他严重后果的情况下，应当以重大劳动安全事故罪定罪量刑。这是立法规定的典型重大劳动安全事故犯罪，即使这种行为本身也是一种违反有关安全管理规定的行为，从罪名的相符合性考虑，不以重大责任事故罪认定。

（2）在安全生产设施或者安全生产条件不符合国家规定的情况下，在生产、作业中又违反具体的安全管理规定，因而发生重大伤亡事故或者造成其他严重后果的，应区分不同情况定罪量刑。1）当二罪中某一罪的情节明显重于另一罪时，应按情节较重的罪名定罪量刑。2）在二罪的情节基本相当的情况下，实际控制人、投资人对安全生产设施或者安全生产条件是否符合国家规定负有直接责任，在无法查清他们对生产、作业是否负有组织、指挥或者管理职责时，以重大劳动安全事故罪定罪量刑①。如果对生产、作业同时负有组织、指挥或者管理职责，我们认为，为了司法实践的统一，一般以重大劳动安全事故罪定罪为宜，而将“在生产、作业中违反有关安全管理的规定”的行为作为从重处罚的情节；对于负责人、管理人员，他们既对生产、作业负有组织、指挥或者管理职责，又对安全生产设施或者安全生产条件符合国家规定负有直接责任。一般也以重大劳动安全事故罪定罪为宜，而将“在生产、作业中违反有关安全管理的规定”的行为作为从重处罚的情节。对于对安全生产设施或者安全生产条件负有管理、维护职责的电工、瓦斯检查工等人员，亦参照上述原则处理。

上述原则考虑的是，在构成重大劳动安全事故罪的前提下又构成重大责任事故罪时，由于二罪的法定刑是相同的，“安全生产设施或者安全生产条件不符合国家规定”和“在生产、作业中违反有关安全管理的规定”的罪责也不好区分轻重，无法适用重罪吸收轻罪原则。因此，审判中只能定一个罪名，以维护司法统一。再则，如果以重大责任事故罪定罪就无法全面评价“安全生产设施或者安全生产条件不符合国家规定”的罪责，因为重大责任事故罪并不以“安全生产设施或者安全生产条件不符合国家规定”为前提。以重大劳动安全事故罪定罪，将“在生产、作业中违反有关安全管理的规定”的行为作为从重处罚的情节，可以做到对两种罪责兼顾评价。但是，当出现法律规定的“强令他人违章冒险作业”的情况时，由于法律有特别规定且法定刑较重，应以强令、组织他人违章冒险作业罪定罪量刑。

实务训练

请从实务中找一个关于重大劳动安全事故罪与重大责任事故罪界分的真实案例，并根据案件事实、既有证据及争议焦点，写一份辩护词。要求格式规范、条理清晰、层次分明、有理有据、入情入理。

---

① 刘明祥.《刑法修正案（六）》对安全事故犯罪的修改与补充. 人民检察，2006（21）：41-44.

延伸阅读

1. 杨绪峰. 安全生产犯罪立法的体系性反思：以《刑法修正案（十一）》的相关修改为契机. 法学，2021（3）：48-68.

2. 刘金祥，毕劲松. 重大劳动安全事故罪的司法逻辑：基于106件裁判文书的考察. 华东理工大学学报（社会科学版），2019，34（4）：84-91.

3. 周峰，李加玺. 生产安全责任事故犯罪案件及其立法中的若干问题. 人民司法（应用），2017（7）：21-26.

案67. 交通肇事罪与其他相关犯罪的界分

——孙某以危险方法危害公共安全案

要点提示

行为人在醉酒驾车肇事后，继续驾车撞击车辆或行人，造成严重后果的，主观上对危害结果的发生明显持放任态度，具有危害公共安全的故意，应认定为以危险方法危害公共安全罪。

案情摘要

2008年5月，被告人孙某购买了一辆别克轿车。之后，孙某在未取得驾驶证的情况下长期驾驶该车，并多次违反交通法规。同年12月14日中午，孙某与其父母为亲属祝寿并大量饮酒。当日17时许，孙某驾驶其别克轿车行至四川省成都市成龙路“蓝谷地”路口时，从后面撞向与其同向行驶的一辆比亚迪轿车尾部。肇事后，孙某继续驾车超限速行驶，行至成龙路“卓锦城”路段时，越过中心黄色双实线，先后与对面车道正常行驶的长安奔奔轿车、长安奥拓轿车、福特蒙迪欧轿车、奇瑞QQ轿车等4辆轿车相撞，造成长安奔奔轿车上的张某、尹某夫妇和金某、张某夫妇死亡，代某重伤，公私财产损失5万余元。经鉴定，孙某驾驶的车辆碰撞前瞬间的行驶速度为134—138公里/小时，孙某案发时血液中的乙醇含量为135.8毫克/100毫升。案发后，孙某的亲属赔偿被害人经济损失11.4万元。

分歧意见

对本案如何定性，在处理的过程中，形成了如下两种意见：

（1）构成交通肇事罪。主要理由在于：1）客观上被告人孙某在交通运输活动中违反交通运输管理法规，醉酒驾驶机动车，造成4人死亡、1人重伤及公私财产损失数万元的严重后果；2）主观上被告人孙某对危害结果的发生是过于自信的过失，不具有以危险方法危害公共安全的故意，因此，构成交通肇事罪。

（2）构成以危险方法危害公共安全罪。主要理由在于：1）客观上被告人孙某无视交通法规和公共安全，在未取得驾驶证的情况下，长期驾驶机动车辆，多次违反交通法规，在醉酒驾车发生交通事故后，继续驾车超限速行驶，冲撞多辆车辆，造成数人伤亡的严重后果；2）孙某主观上对危害结果的发生持放任态度，具有危害公共安全的间接故意，构成以危险方法危害公共安全罪。

问题研讨

（一）醉驾型交通肇事的罪名认定及危险驾驶罪、交通肇事罪（肇事后逃逸、逃逸致人死亡）及以危险方法危害公共罪之界分

第一，要严格按照主客观相统一的定罪原则来认定醉酒驾车肇事行为的性质。醉酒驾车肇事客观上表现为醉酒驾车，造成他人伤亡或者重大财产损失，危害了公共交通安全，这同时符合交通肇事罪和以危险方法危害公共安全罪的特征，故从客观方面很难进行区分①。对此类行为的准确定罪，重要的是分析行为人肇事时的主观心态。如果是故意，则以危险方法危害公共安全罪定罪；如果是出于过失，则以交通肇事罪定罪。实践中，醉酒驾车犯罪行为人往往不希望也不积极追求伤亡结果的发生，其罪过形式系放任的间接故意还是过于自信的过失，较难把握。一般而言，应结合行为人是否具有驾驶能力、是否正常行驶、所驾车辆的车况如何、路况和能见度如何、案发地点车辆及行人多少、肇事后的表现，以及行为人主观心态等方面，进行综合分析认定。在不同的个案中，行为人对醉酒驾车造成的危害结果所持的心态不同，故不能认为醉酒驾车犯罪行为人主观上对危害结果的发生一概是故意或过失，进而一律认定为以危险方法危害公共安全罪或交通肇事罪。

第二，要从立法目的角度正确理解交通肇事罪与以危险方法危害公共安全罪条文之间的关系。虽然《刑法》第133条规定的交通肇事罪和《刑法》第114条、第115条规定的以危险方法危害公共安全罪都属于刑法第二章规定的危害公共安全犯罪，但“以其他危险方法危害公共安全”行为是对“放火、决水、爆炸以及投放毒害性、放射性、传染病病原体等物质”等相当性行为的兜底，而不是对整个刑法第二章所有条款的兜底。故从立法目的看，不能得出《刑法》第114条和第115条完全适用于醉酒驾车犯罪行为的结论。司法实践中，不能将这两个条款无限制地扩大适用于所有醉酒驾车犯罪。从刑法规定看，构成以危险方法危害公共安全罪的行为，是指那些与“放火、决水、爆炸以及投放毒害性、放射性、传染病病原体等物质”具有同等严重破坏性的危害公共安全的行为，而不是泛指所有危害公共安全的行为。一般情况下，醉酒驾车肇事行为和采用放火、决水、爆炸等危险方法危害公共安全的行为在危害公共安

① 高贵君，韩维中，王飞.《关于醉酒驾车犯罪法律适用问题的意见》的理解与适用. 人民司法，2010（1）：34-37.

全性质上有差异，不能把醉酒驾车肇事行为简单地认定为以危险方法危害公共安全罪①。醉酒驾车肇事行为在何种情况下与放火、决水、爆炸等危害公共安全行为在性质上相当，要在具体案件中根据行为的时间、地点、方式、环境等情况来具体分析判断，不能单纯以危害后果来判断醉酒驾车肇事行为构成以危险方法危害公共安全罪。

第三，要重视把握量刑平衡与准确定罪的关系。由于刑法没有将醉酒驾车行为本身规定为犯罪，对于醉酒驾车造成人员伤亡的犯罪，如果一律按照以危险方法危害公共安全罪处罚，则会出现这样的现象：醉酒驾车未肇事，或者虽然肇事但未造成人员伤亡及重大财产损失的，不能定罪；醉酒驾车造成人员伤亡的，哪怕只是造成一人重伤，按照《刑法》第 115 条第 1 款的规定，至少都要判处 10 年有期徒刑。显然，对后一种情形的处罚明显过重，有违罪刑相适应原则。同时，行为人在醉酒驾车肇事后，继续驾车撞击车辆或行人，造成严重后果的，主观上对危害结果的发生明显持放任态度，具有危害公共安全的故意，如果按照交通肇事罪处理，一般情况下，最多只能判处 7 年有期徒刑，处罚明显偏轻，不仅罪刑不相适应，而且也起不到有效的警示和预防作用，不足以遏制当前日趋严重的醉酒驾车犯罪现象。

（二）醉驾型交通肇事的主观罪过认定

"醉驾型"危险驾驶罪为抽象危险犯，立法者设立本罪的意图是采取"零容忍"的政策，扩大打击范围和提高打击力度，但并不重罚，以期通过刑法的实施来规范和引导人们的行为，充分发挥刑法的道德效应和社会影响。现代社会交通危险是一类很普遍、高发的危险，人们能够预知并有一定的容忍义务，刑法规定"醉驾型"危险驾驶罪，提前介入规制以防止严重危害结果的发生，是为了最大限度满足民众的安全需求。行为人如果认识到自己行为的性质和法律后果，认识到在醉酒情形下驾车侵害法益的危险性，而仍然决定驾驶，就表明对法益侵害结果并不反对，立法基于法益衡量的结果作出推定具有合理性。另外，"醉驾型"危险驾驶罪故意的认定应当限于抽象危险犯所保护法益的"射程"之内，即本罪所保护的法益只是公共安全免受侵害的危险性，这种危险只是一种抽象的盖然性或可能性，而不能根据醉驾造成实害结果后进行事后判断或推定。行为人应该认识到醉酒驾车会威胁到公共安全法益，同时醉酒驾车的行为本身伴随对公共安全法益的抽象危险，因此只要实施醉酒驾驶行为，那么行为人对法益侵害的危险结果就持希望或放任态度。

实务训练

请从实务中找一个关于交通肇事罪与以危险方法危害公共安全罪界分的真实案例，并根据案件事实、既有证据及争议焦点，写一份辩护词。要求格式规范、条理清晰、层次分明、有理有据、入情入理。

---

① 袁玉杰. 以危险方法危害公共安全罪的谨慎判定：以醉驾案件为切入点. 湖南警察学院学报，2020，32(5)：92-99.

延伸阅读

1. 王敏远. “醉驾”型危险驾驶罪综合治理的实证研究：以浙江省司法实践为研究样本. 法学，2020（3）：109－123.

2. 王志祥. 醉驾犯罪司法争议问题新论：浙江最新醉驾司法文件六大变化述评. 河北法学，2020，38（3）：2－17.

3. 曲新久. 危险驾驶罪的构成要件及其问题. 河北学刊，2012，32（1）：129－134.

4. 梁根林. “醉驾”入刑后的定罪困扰与省思. 法学，2013（3）：52－60.

案 68. 已作入罪要件的“逃逸”不能再作量刑情节评价

——左某某交通肇事案

要点提示

依据立法和司法解释，交通肇事“逃逸”在刑法评价上有“责任认定根据”型、“重伤组合”型、“逃而未致死”型、“因逃致死”型和“重罪转化”型等五种类型。其中，对已作入罪要件的“逃逸”，不能再作为加重处罚的量刑情节予以评价，以免重复评价。

案情摘要

2009 年 9 月 10 日 23 时许，被告人左某某驾驶轿车搭乘张某在甲县 205 省道 118 公里处，与相对方向由徐某驾驶的二轮摩托车相撞，造成徐某当场死亡，张某受伤，两车受损。左某某将伤者张某送至医院救治后弃车逃逸。甲县公安局交警大队《道路交通责任事故认定书》认定：左某某驾驶机动车在交通肇事后弃车逃逸，其行为违反了《道路交通安全法》第 70 条第 1 款的规定；徐某驾驶机动车在没有中心隔离设施或中心线的道路上，遇相对方向来车时未减速靠右行驶，其行为违反《道路交通安全法实施条例》第 48 条第 1 项、第 92 条第 1 款的规定，左某某承担事故主要责任，徐某承担事故次要责任。2009 年 9 月 19 日，左某某到甲县公安局投案自首。

一审法院认为左某某违反交通运输管理法规驾驶车辆，发生重大交通事故，致一人死亡，一人受伤，负此次事故的主要责任，且在交通肇事后弃车逃逸，构成交通肇事罪。鉴于左某某在逃逸后能投案自首，可予以从轻处罚。判决左某某犯交通肇事罪，判处有期徒刑 3 年 6 个月。二审法院认为原判对左某某量刑时，将已作为入罪要件认定的逃逸行为再次作为量刑的加重情节进行处罚，违反了刑法禁止对同一行为重复评价的原则，量刑不当，改判左某某有期徒刑 2 年。

分歧意见

本案分歧之处在于，对左某某弃车逃逸的行为，是否应认定为《刑法》第133条规定的“交通运输肇事后逃逸”这一加重处罚情节。一审法院将左某某弃车逃逸行为认定为“交通运输肇事后逃逸”，并适用了“三年以上七年以下有期徒刑”的加重法定刑。二审法院认为左某某弃车逃逸行为已作为责任认定（主要责任）的根据，因而作为其负刑事责任的入罪要件，在量刑时不能再评价为“交通运输肇事后逃逸”这一加重处罚情节，只能构成交通肇事罪的基本犯，而适用“三年以下有期徒刑或拘役”的法定刑。

问题研讨

这是一起一、二审法院对交通运输肇事“逃逸”的理解与适用产生分歧的典型案例。我们认为二审法院的认定是正确的。一审法院之所以作出不正确认定，主要是对立法和司法上关于交通肇事逃逸及其法律评价缺乏全面把握所致。

一、交通肇事逃逸的种类与法律评价

所谓“逃逸”，按通常的理解，就是逃跑。对于何为“交通肇事逃逸”，按公安部颁布的《道路交通事故处理程序规定》（以下简称《规定》）第85条第1项的规定，是指发生道路交通事故后，道路交通事故当事人为逃避法律追究，驾驶车辆或者遗弃车辆逃离道路交通事故现场的行为。对此，最高人民法院《关于审理交通肇事刑事案件具体应用法律若干问题的解释》（以下简称《解释》）第3条也作了类似的规定。综观当前相关立法和司法解释，实际上“交通肇事逃逸”可具体分为如下五种类型，这些类型的“逃逸”，在定罪量刑上有不同的法律评价。

（一）“责任认定根据”型逃逸

这是作为责任认定根据而成为入罪要件的逃逸。根据《解释》第1条、第2条的规定，交通肇事罪的认定要以分清事故责任为基础，且以行为人承担同等以上的责任为入罪要件。对于行为人的驾驶行为没有违反交通运输管理法规，或违法行为与交通肇事的结果没有因果关系，或行为人在交通事故中仅负次要责任的情形，在没有“逃逸”时，都无须承担交通肇事罪的刑事责任；但若有“逃逸”行为，为严厉打击这种行为，《道路交通安全法》与《道路交通安全法实施条例》规定，行为人须承担交通事故的全部责任或主要责任，从而使本无须负交通肇事罪刑事责任的行为，因“逃逸”而转化为应负交通肇事罪刑事责任的行为。这种类型的交通肇事逃逸，已用作行为人承担全部或主要责任的根据，并作为交通肇事罪的入罪要件，因而在量刑时就不能再作为加重处罚情节予以评价。

（二）“重伤组合”型逃逸

这是指交通肇事后逃逸与重伤一人以上的结果组合而成为入罪要件的情形。根据

《解释》第 2 条第 2 款规定，交通肇事致一人以上重伤，负事故全部或者主要责任，具有包括“为逃避法律追究逃离事故现场的”在内的六种情形之一的，以交通肇事罪定罪处罚。据此，这种逃逸是与“交通肇事致一人以上重伤，负事故全部或者主要责任”组合使用而作为入罪要件的，而不是作为“负事故全部或者主要责任”的责任认定根据，进而作为入罪要件。因此，这种情况下的“逃逸”，是不同于“责任认定根据”型的另一种类型。司法解释之所以把此情形规定为犯罪，是因为交通肇事致一人以上重伤的结果，与《解释》第 2 条第 1 款中规定的作为入罪要件的“死亡一人或者重伤三人以上”的结果相比虽然要轻，但行为人在被害人最需紧急救助时，置被害人生死于不顾，企图逃避法律责任而逃逸，这反映出行为人主观恶性的增加与行为社会危害性程度的提高，所以将逃逸作为入罪要件予以评价。从文义解释的角度来看，若将逃逸定性为这种类型，则负事故全部或者主要责任的认定根据应当是除逃逸以外的其他交通违法行为，因为从该项条文的并列关系来看，前后并列的内容不能同时指向同一逃逸行为。

(三)“逃而未致死”型逃逸

这是指行为人交通肇事导致人员受伤时，虽有逃逸行为，但并未由此导致被害人因得不到救助而死亡的情形。《解释》第 3 条对此种情形的逃逸进行了专门的界定，即“交通运输肇事后逃逸”是指行为人具有本解释第 2 条第 1 款规定和第 2 款第 1 至 5 项规定的情形之一，在发生交通事故后，为逃避法律追究而逃跑的行为。与前两种类型的逃逸的不同之处在于：前两种类型的逃逸都是作为交通肇事罪基本犯的入罪要件，即行为人若没有逃逸则不构成交通肇事罪，逃逸是定罪情节；即便没有逃逸，行为人之前的肇事行为原本就已经构成交通肇事罪时，这样的逃逸才属于第三种类型的逃逸，这种逃逸是加重处罚的量刑情节。依据《道路交通安全法》，行为人有救助被害人的义务，却拒不履行而潜逃，行为人主观恶性的增加与被害人危险程度的提高已经不能再为基本犯所包容，根据罪刑相适应的原则，应当适用“三年以上七年以下有期徒刑”这一更为严厉的处罚，将逃逸作为加重处罚情节予以评价。

(四)“因逃致死”型逃逸

根据《解释》第 5 条规定，这种逃逸是指“行为人在交通肇事后为逃避法律追究而逃跑，致使被害人因得不到救助而死亡的情形”。与第三种类型的逃逸不同之处在于：根据《解释》第 3 条，第三种类型的逃逸虽然也可能存在死亡结果的发生，但这种结果的发生并非由于逃逸致使被害人因得不到救助，应当理解为致被害人当场死亡。第四种类型的逃逸导致被害人因得不到救助而死亡，故应当适用“七年以上有期徒刑”这一极为严厉的处罚。

(五)“重罪转化”型逃逸

这是指由于逃逸而导致犯罪从交通肇事罪向故意杀人罪、故意伤害罪转化的情形。《解释》第 6 条规定，行为人在交通肇事后为逃避法律追究，将被害人带离事故现场后隐藏或者遗弃，致使被害人无法得到救助而死亡或者严重残疾的，应当分别以故意杀人罪或者故意伤害罪定罪处罚。这种类型的逃逸比前四种类型的逃逸的更恶劣之处在于：行为人不但拒不履行救助义务，还为了逃避法律责任而将被害人带离事故现场后隐藏或者遗弃，导致被害人被发现和抢救的概率大为降低，行为人的主观恶性与社会危害性明显重于前四种类型的逃逸。所以，行为人客观上实施了将被害人带离事故现场并隐藏或者遗弃的行为，主观上明知可能发生被害人死亡、严重残疾的结果而放任结果发生，完全符合从交通肇事罪向故意杀人罪、故意伤害罪转化的主客观条件，刑法将这种逃逸作为重罪转化的要件予以评价。

二、本案中“逃逸”因已作入罪要件，不能再作量刑情节予以评价

就本案而言，根据《道路交通责任事故认定书》，认定左某某过错的法律依据是《道路交通安全法实施条例》第 48 条第 1 项，所以左某某承担事故主要责任的根据是交通肇事后弃车逃逸。本次交通事故发生的主要原因在于，徐某驾驶机动车在没有中心隔离设施或中心线的道路上，遇相对方向来车时未减速靠右行驶。就事故发生本身而言，左某某不承担主要责任，但因“逃逸”导致责任加重才承担主要责任，结合发生一人当场死亡的危害结果，左某某的行为符合《解释》第 2 条第 1 款第 1 项的交通肇事罪基本犯的入罪标准。因此，左某某弃车逃逸应属于“责任认定根据”型逃逸。

一审法院认定左某某负事故主要责任的证据是《道路交通责任事故认定书》，而这份证据明显表明左某某负主要责任的根据是弃车逃逸行为，但后又认为左某某“且在交通肇事后弃车逃逸”。其逻辑是，左某某交通肇事致一人死亡，由于弃车逃逸而承担事故主要责任，因而构成交通肇事罪的基本犯，之后又将弃车逃逸行为再次认定为《刑法》第 133 条规定的“交通运输肇事后逃逸”这一加重处罚情节，从而升格适用了“三年以上七年以下有期徒刑”这一档法定刑。鉴于左某某具有自首情节，予以从轻处罚，判处左某某有期徒刑 3 年 6 个月。可见，一审法院在定罪时将左某某负主要责任根据的逃逸行为作为了入罪要件予以评价，之后又作为加重处罚的量刑情节予以评价，明显违背了禁止重复评价原则。

二审法院仅将左某某的逃逸行为作为责任认定的根据进而作为交通肇事罪基本犯的入罪要件，不再将逃逸行为认定为《刑法》第 133 条规定的“交通运输肇事后逃逸”这一加重处罚情节，选择适用了“三年以下有期徒刑或者拘役”这一档法定刑，改判有期徒刑二年，从而纠正了一审法院对逃逸行为进行重复评价的不当做法，对左某某判处了公正的刑罚。

总之，在交通肇事案件中，刑法及司法解释对“逃逸”有着不同类型的认定，准确理解和判断“逃逸”的类型、防止对“逃逸”进行重复评价对于正确定罪量刑有着重要的指导意义。

实务训练

请根据本案一审的审理结果，为被告人左某某写一份上诉状。要求根据一审认定的事实，准确分析其逃逸行为在交通肇事罪中的入罪作用，剖析是否构成“交通运输肇事

后逃逸”这一加重处罚情节，合理提出减轻处罚的量刑请求。

延伸阅读

1. 张国琦. 交通肇事逃逸行为的重新审视. 贵州民族学院学报（哲学社会科学版），2007（1）：38－41.

2. 李辰. 从几种情形看交通肇事后逃逸的认定. 中国检察官，2008（11）：37－38.

3. 最高人民法院《关于审理交通肇事案件具体应用法律若干问题的解释》。

案 69. 走私弹药罪中“情节较轻”的认定

——戴某走私、非法持有枪支、弹药案

要点提示

出于个人兴趣爱好走私气枪铅弹，走私物品案值低，未造成严重后果，应当按照《刑法》第 151 条走私弹药罪中的“情节较轻”的规定论处。

案情摘要

2007 年，被告人戴某因个人兴趣，非法取得 CP88 高压气手枪 1 支及相关气枪配件，藏匿于家中。2010 年，戴某认为气手枪威力小，欲获取高压气步枪，遂非法取得国产“秃鹰”气步枪的配件 1 套和气枪弹，并将气枪弹和用气步枪配件组装成的气步枪 1 支均藏匿于家中。2012 年 5 月，戴某在淘宝网上找到海外代购商程某，指使程某通过提供虚假的收货人身份信息并伪报商品信息，逃避海关监管，以 710 元的价格从国外非法购入气枪铅弹 10 盒 1 625 发。2010 年至 2012 年期间，戴某还多次在网上购买了各类气枪配件。2013 年 1 月 5 日，侦查人员在邮局抓获前来收取包裹的戴某，并在包裹内查获枪管 2 根。侦查人员从戴某的家中查获高压气枪 2 支，气枪铅弹 1 190 发，枪管 6 根，高压气瓶 11 个。经鉴定，戴某非法持有的 2 支高压气枪为枪支，1 190 发气枪铅弹均为弹药，19 件零件为枪支零部件。重庆市第一中级人民法院认为，被告人戴某通过海外代购的方式，使用虚假的收货人身份证明，告知代买人在报关时使用虚假的商品信息以逃避海关监管，从境外网站购买气枪子弹 1 625 发，其行为构成走私弹药罪，但情节较轻；戴某非法持有以压缩气体为动力的非军用枪支 2 支，又构成非法持有枪支罪。所犯数罪，依法应予并罚。公诉机关指控戴某非法持有国产气枪铅弹 365 发的事实，仅有戴某的供述，没有其他证据印证，法院认为戴某犯非法持有弹药罪的证据不足，不予认定。

分歧意见

本案审理中，对戴某的定性并无争议，但对于量刑存在以下两种不同观点：

（1）一种观点认为，戴某的行为属于“情节特别严重”。主要理由是《关于办理走私刑事案件适用法律若干问题的解释》（以下简称《走私解释》）规定走私非军用子弹2 500发以上即属于走私弹药情节特别严重，戴某的行为属于此种情形。

（2）另一种观点认为，戴某的行为属于“情节较轻”。主要理由是气枪铅弹不同于一般的非军用子弹，如果机械适用《走私解释》对非军用子弹规定的量刑标准，则应当判处戴某无期徒刑或者死刑，这显然与一般正常人的认知相悖，也有违罪刑相适应原则。

问题研讨

走私气枪铅弹是否属于弹药？如构成犯罪，量刑标准是否应当有别于一般的走私非军用子弹？涉枪弹案件中的但书如何适用？

（一）铅弹是否属于弹药？

按照《辞海》的定义，弹药是指含有火药、炸药或其他装填物，爆炸后能对目标起毁伤作用或完成其他战术任务的军械用品，是武器系统中的核心部分，是借助武器（或其他运载工具）发射至目标区域，完成既定战斗任务的最终手段。它包括枪弹、炮弹、手榴弹、枪榴弹、航空炸弹、火箭弹、导弹、鱼雷、水雷、地雷、爆破筒、爆破药包等，以及用于非军事目的的礼炮弹、警用弹和狩猎、射击运动的用弹。虽然词典的定义不同于刑法学对于刑法概念的解释，但是对刑法概念进行解释，文义解释是最基础的方法。文义解释的基本原则有三个：一是在刑法用语的核心含义以内；二是不超过国民预测的可能性；三是具有处罚必要性。从《辞海》定义来看，弹药的核心含义有三个：第一，在功能上具有杀伤力；第三，在结构上包括弹头、弹壳、火药、炸药或者其他装填物；第三，可以借助武器或其他运载工具发射至目标区域。气枪铅弹无疑具有杀伤力，在结构上有弹头，尾部有部分弹壳，可以借助气枪等武器发射至目标区域，但是没有火药、炸药或者其他装填物，它与很多非军用子弹特别是一些运动用弹具有一定的类似性，将其认定为非军用子弹并不会超出国民预测的可能性；我国海关对于各类枪支弹药的走私行为都是严令禁止的，走私气枪铅弹的行为对我国的进出口贸易制度和弹药的监管秩序造成了侵害，从法益保护的角度，对此类行为予以刑事处罚具有必要性。

（二）铅弹的量刑标准

将气枪铅弹认定为走私弹药罪的犯罪对象，与最高人民法院出台的相关司法解释规定的目的相符。如最高人民法院于2009年出台的《关于审理非法制造、买卖、运输枪支、弹药、爆炸物等刑事案件具体应用法律若干问题的解释》（以下简称《枪弹解释》）明确将气枪铅弹作为非军用子弹的列举式规定。《走私解释》尽管对走私弹药罪中的

“弹药”没有做出类似的列举式规定，但从体系解释用语一致性的角度考虑，《枪弹解释》的规定无疑具有参考价值。最高人民法院、最高人民检察院于 2014 年 8 月公布的《走私解释》第一条取消了军用枪支和非军用枪支的区分，因此《走私解释》对弹药也未区分军用弹药和非军用弹药。从该规定看，气枪铅弹属于走私弹药罪中的“弹药”。本案中，戴某出于个人兴趣爱好走私气枪铅弹，走私物品案值低，未造成严重后果，对戴某应当按照《刑法》第 151 条关于“情节较轻”的规定予以处罚。

我们同意法院的观点，认为戴某“情节较轻”，具体理由如下：

首先，刑罚轻重必须与犯罪危害程度相适应，这是罪刑相适应原则的基本要求。气枪铅弹虽然借助气枪等武器可发射至目标区域，具有一定杀伤力，但没有火药、炸药等装填物，因此杀伤力有限。从立法精神分析，走私武器、弹药罪虽然侵犯的直接客体是国家的进出口贸易制度和国家对武器、弹药的监管秩序，但本质上是国家出于对公共安全的考虑以及履行国际公约的需要而禁止武器、弹药的流通。无论走私“气枪铅弹”还是“其他非军用子弹”都侵犯了法益，但是气枪铅弹危害程度显著小于一般的非军用子弹，走私“气枪铅弹”对法益的侵害程度，自然也小于走私同样数量的一般非军用子弹。因此，将两者在量刑标准上区别对待，符合罪刑相适应原则。

其次，将走私气枪铅弹的量刑标准有别于一般的走私非军用子弹，是保持刑法解释协调性的需要。我们以走私弹药罪与其他以弹药为犯罪对象的犯罪进行对比。根据《刑法》第 125 条的规定，犯非法制造、买卖、运输、邮寄、储存弹药罪，情节严重的，法定刑为十年以上有期徒刑、无期徒刑或者死刑；依照《枪弹解释》的规定，非法制造、买卖、运输、邮寄、储存军用子弹 50 发、一般非军用子弹 500 发、气枪铅弹 2 500 发，方能达到情节严重的标准。《枪弹解释》明确将气枪铅弹作为非军用子弹的一种予以列举，但是定罪量刑的数量要求是军用子弹的 50 倍、一般非军用子弹的 5 倍。盗窃、抢夺弹药罪量刑标准也体现了类似精神，均按照气枪铅弹是一般非军用子弹数量的 5 倍标准予以把握。走私弹药罪与非法制造、买卖、运输、邮寄、存储弹药罪以及盗窃、抢夺弹药罪等罪的犯罪对象性质相同，即均属“弹药”，虽整体危害程度有别，都存在因“弹药”种类不同而量刑时应有所区别的问题。《走私解释》出台于 2014 年，《枪弹解释》出台于 2009 年，《枪弹解释》对“气枪铅弹”与其他非军用子弹进行差异化评价，相对于《走私解释》更能体现罪刑相适应原则。根据实质解释的立场，遵循体系解释的方法，我们认为，《枪弹解释》确立的气枪铅弹在量刑的数量要求上 5 倍于一般非军用子弹的量刑标准，可以作为走私气枪铅弹类犯罪案件量刑的参考。根据《走私解释》第 1 条第 2 项的规定，“走私气枪铅弹五百发以上不满二千五百发，或者其他子弹十发以上不满五十发的”可以认定为《刑法》第 151 条第 1 款规定的“情节较轻”。本案被告人戴某走私 1 625 发气枪铅弹，符合《走私解释》规定的“情节较轻”的量刑标准。

就走私弹药罪而言，“弹药”的种类和数量固然能够直接反映出走私行为的社会危害性程度，但它不是唯一的判断标准。司法实践中，除了“弹药”的种类和数量，还要综合考虑行为人作案动机、主观恶性、作案手段、走私物品案值大小、用途、是否流向社会及造成实际危害结果等诸多因素，量刑上做到区别对待。本案中，戴某出于个人兴趣而走私气枪铅弹，并非为了实施其他犯罪，主观恶性和人身危险性相对较小；从走私物品案值来看，戴某走私的气枪铅弹案值不足千元，案值较小，虽然其中一部分气枪铅弹已经被消耗掉，但仅仅是练枪玩耍时所用，未造成任何严重后果。

综合来看，法院依法认定戴某所犯走私弹药罪属“情节较轻”，判处有期徒刑 4 年，并处罚金人民币 2 万元，量刑是适当的。

实务训练

请从实务中找一个走私或者持有被认定为“弹药”的气枪铅弹或“玩具子弹”相关的真实案例，并根据案件事实、既有证据及争议焦点，写一份辩护词。要求格式规范、条理清晰、层次分明、有理有据、入情入理。

延伸阅读

1. 王钢. 非法持有枪支罪的司法认定. 中国法学，2017（4）：69－87.

2. 陈兴良. 赵某华非法持有枪支案的教义学分析. 华东政法大学学报，2017，20（6）：6－15.

3. 劳东燕. 法条主义与刑法解释中的实质判断：以赵某华持枪案为例的分析. 华东政法大学学报，2017，20（6）：16－34.

第八章 市场经济秩序类犯罪的重点问题

案70. 以普通猪肉冒充绿色猪肉销售不构成生产、销售伪劣产品罪

——沃某某超市以普通猪肉冒充绿色猪肉销售案

要点提示

对于生产、销售伪劣产品罪，应当立足于该罪侵害的法益，结合刑法分则第三章第一节“生产、销售伪劣商品罪”中的其他罪名以及《中华人民共和国产品质量法》等法律规定进行体系性理解。以普通猪肉冒充绿色猪肉进行销售，不属于“在产品中掺杂、掺假，以假充真，以次充好或者以不合格产品冒充合格产品”，不构成生产、销售伪劣产品罪。

案情摘要

2011年8月14日，某市工商局接群众举报，称沃某某超市江南区和平路店用普通冷鲜肉假冒绿色食品认证的绿色猪肉销售。次日，工商执法人员迅速组织江南区、江东区、沙河区、洪山区、大兴区、西河区等6个区工商分局，同时采取行动，对猪肉市场进行暗访抽查。执法人员在现场发现，沃某某超市销售的绿色猪肉并未盖绿色食品印章。随后，执法人员在翻看进销货记录时发现，沃某某超市江南区和平路店和西河区星光店的绿色猪肉进货量分别是505公斤、295.5公斤。但同期，两家超市已售和待售的绿色猪肉数量达到了1 296.2公斤、660.79公斤。类似情况沃某某超市在该市其他四个区也不同程度存在。执法人员认定，沃某某超市涉嫌用普通猪肉冒充绿色猪肉，虚假宣传、侵害消费者利益。据统计，自2010年1月至2011年8月，涉案门店共计销售假冒绿色猪肉59 049公斤，按绿色猪肉与普通鲜肉价差10元/公斤计算，涉嫌非法获利59万余元。经公安机关立案侦查，警方已以沃某某超市相关人员涉嫌犯生产、销售伪劣产品罪进行立案查处。

分歧意见

沃某某超市各门店涉案嫌疑人以普通猪肉冒充绿色猪肉进行销售，获取明显超过正常销售的利润，是否构成生产、销售伪劣产品罪，有两种不同意见：

（1）涉案嫌疑人构成生产、销售伪劣产品罪。理由在于：根据《刑法》第140条的规定，生产者、销售者在产品中掺杂、掺假，以假充真，以次充好或者以不合格产品冒充合格产品，销售金额5万元以上的，即构成本罪。本案涉案嫌疑人以普通猪肉冒充绿色猪肉，从猪肉的性质看，属于“以假充真”；从猪肉产品的质量来看，属于“以次充好”；以绿色猪肉的质量标准来评价，属于“以不合格产品冒充合格产品”，符合生产、销售伪劣产品罪的构成要件。

（2）各涉案嫌疑人不构成生产、销售伪劣产品罪。理由在于：作为绿色猪肉销售的普通猪肉是合格产品，猪肉本身并没有质量问题，各嫌疑人以普通猪肉冒充绿色猪肉，将价格较低的产品当作价格较高的产品予以销售，在本质上是一种商业中的价格欺诈行为，可以通过民事赔偿、行政处罚等方式处理，其社会危害性并未达到应受刑事惩罚的程度。

问题研讨

本案问题的解决，核心在于正确认定被当作绿色猪肉销售的普通猪肉是否属于《刑法》第140条规定的“伪劣产品”，根本在于刑法解释的立场和方法问题。

我国《刑法》第13条规定，一切危害国家主权、领土完整和安全，分裂国家、颠覆人民民主专政的政权和推翻社会主义制度，破坏社会秩序和经济秩序，侵犯国有财产或者劳动群众集体所有的财产，侵犯公民私人所有的财产，侵犯公民的人身权利、民主权利和其他权利，以及其他危害社会的行为，依照法律应当受刑罚处罚的，都是犯罪，但是情节显著轻微危害不大的，不认为是犯罪。从刑法规定的犯罪定义看出，犯罪是危害社会的、社会危害性程度达到应受刑事惩罚程度的、法律规定为犯罪的行为。本质上看，犯罪是严重危害社会的行为。对社会没有危害或者社会危害性程度没有严重到应受刑罚处罚程度的行为，都不能认定为犯罪。犯罪的定义是整个刑法的基石，刑法总论的所有原理和刑法分则关于具体犯罪的全部规定，都必须回到犯罪定义这个原点，也只有回到这个原点，才能得到正确的解释。

《刑法》第140条规定，生产、销售伪劣产品罪是指生产者、销售者在产品中掺杂、掺假，以假充真，以次充好或者以不合格产品冒充合格产品，销售金额5万元以上的行为。《关于办理生产、销售伪劣商品刑事案件具体应用法律若干问题的解释》对于这个条文作出了明确解释：“在产品中掺杂、掺假”，是指在产品中掺入杂质或者异物，致使产品质量不符合国家法律、法规或者产品明示质量标准规定的质量要求，降低、失去应有使用性能的行为；“以假充真”是指以不具有某种使用性能的产品冒充具有该种使用性能的产品的行为；“以次充好”是指以低等级、低档次产品冒充高等级、高档次产品，或者以残次、废旧零配件组合、拼装后冒充正品或者新产品的行为；“不合格产品”，是指不符合《中华人民共和国产品质量法》第 26 条第 2 款规定的质量要求的产品。由此，法律、司法解释的规定表明，生产、销售伪劣产品罪保护的法益是产品质量监管制度，惩治的是生产、销售假货或者质量存在缺陷产品的行为。要认定嫌疑人是否构成生产、销售伪劣产品罪，必须首先确定普通猪肉是否属于伪劣产品。这里有一个关键的问题需要强调，适用《刑法》第 140 条追究嫌疑人刑事责任，必须以生产、销售的产品本身具有法律规定的质量缺陷为前提。符合法律规定的基本安全保障要求，仅仅是没有达到优质产品质量标准的产品，不属于《刑法》第 140 条规制的范围。就本案而言，绿色猪肉是指按特定生产方式饲养，不含对人体健康有害物质，经有关主管部门严格检测合格，并经专门机构认定、许可使用绿色食品标志的猪肉，具有生态环境标准、生产过程实行全程质量控制、依法实行标志管理等特点，与普通猪肉相比，属于优质猪肉。普通猪肉不具有绿色猪肉的优良品质，但经检测质量达到食用标准的猪肉，属于合格猪肉产品。嫌疑人销售合格的普通猪肉，不符合生产、销售伪劣产品罪的构成要件。

从体系性思考的角度出发，对《刑法》第三章第一节规定的全部罪名进行体系性考察。我们看到，该节还规定了生产、销售、提供假药、劣药罪；生产、销售不符合安全标准的食品罪；生产、销售不符合标准的医疗器材、不符合安全标准的产品罪；生产、销售伪劣农药、兽药、化肥、种子罪；生产、销售不符合卫生标准的化妆品罪等，所有这些犯罪的对象均为质量存在缺陷、不能保证安全使用、不具有正常功能的产品。对相关罪名进行整体的关联理解，可以得出这样的结论：冒充绿色标志的普通猪肉不属于伪劣产品。《刑法》是《产品质量法》的保障，两部法律关于伪劣产品的定义应当是内在一致的。根据《产品质量法》第 31 条[①]和第 32 条[②]的规定，从条文设置的逻辑来看，包括冒充绿色认证在内的冒充认证标志行为，不属于“掺杂、掺假，以假充真、以次充好，以不合格产品冒充合格产品”的范畴。《产品质量法》关于产品质量责任的规定进一步明确了冒充认证的行为不属于生产、销售伪劣产品，不应追究刑事责任。

从法律形式逻辑来看，《刑法》第 140 条的规定直接衔接《产品质量法》第 50 条[③]的内容，只需要将《产品质量法》第 53 条[④]同前述第 50 条相对照，便能明确地排除冒用认证标志等质量标志行为的刑事责任。

事实上，司法机关对本案的最终处理撤销了对嫌疑人的刑事追究，绿色猪肉事件通过行政手段进行了处理。我们认为司法机关的处理是正确的。

---

① 《产品质量法》第 31 条规定：生产者不得伪造或者冒用认证标志等质量标志。

② 《产品质量法》第 32 条规定：生产者生产产品，不得掺杂、掺假，不得以假充真、以次充好，不得以不合格产品冒充合格产品。

③ 《产品质量法》第 50 条规定：在产品中掺杂、掺假，以假充真，以次充好，或者以不合格产品冒充合格产品的，责令停止生产、销售，没收违法生产、销售的产品，并处违法生产、销售产品货值金额百分之五十以上三倍以下的罚款；有违法所得的，并处没收违法所得；情节严重的，吊销营业执照；构成犯罪的，依法追究刑事责任。

④ 《产品质量法》第 53 条规定：伪造产品产地的，伪造或者冒用他人厂名、厂址的，伪造或者冒用认证标志等质量标志的，责令改正，没收违法生产、销售的产品，并处违法生产、销售产品货值金额等值以下的罚款；有违法所得的，并处没收违法所得；情节严重的，吊销营业执照。

实务训练

请认真研读《产品质量法》相关条文和《刑法》第三章第一节关于生产、销售伪劣产品罪的规定，对于伪劣产品的范围进行体系性说明。

延伸阅读

1. 储槐植，张永红. 刑法第 13 条但书与刑法结构：以系统论为视角. 法学家，2002 (6)：42－49.

2. 曲新久. 生产、销售伪劣产品罪的既遂、未遂与预备形态. 人民检察，1998 (10)：14－16.

3. 单民，李莹莹. 生产、销售伪劣产品罪的若干问题研究. 中国刑事法杂志，2009 (4)：52－56.

案 71. 生产、销售“地沟油”侵害不同法益的应当数罪并罚

——柳某某用“地沟油”加工生产劣质油脂予以销售案

要点提示

明知对方是食用油经销者，仍将用餐厨废弃油（俗称“地沟油”）加工而成的劣质油脂予以销售，导致劣质油脂流入食用油市场供人食用的，构成生产、销售有毒、有害食品罪；明知油脂经销者向饲料生产企业和药品生产企业等单位销售豆油等食用油，仍将用餐厨废弃油加工而成的劣质油脂销售给对方，导致劣质油脂流向饲料生产企业和药品生产企业等单位的，构成生产、销售伪劣产品罪。

案情摘要

自 2003 年始，被告人柳某某在山东省平阴县孔村镇经营油脂加工厂，后更名为某某脂肪酸甲酯厂，并转向“地沟油”回收再加工。2009 年 3 月、2010 年 6 月，柳某某又先后注册成立了博某公司、格某公司，扩大生产，进一步将“地沟油”加工提炼成劣质油脂。自 2007 年 12 月起，柳某某从四川、江苏、浙江等地收购“地沟油”加工提炼成劣质油脂，在明知他人将向其所购的劣质成品油冒充正常豆油等食用油进行销售或者销售给饲料、药品加工企业的情况下，仍将劣质油脂销售给他人，从中赚取利润。柳某某先后将所加工提炼的劣质油脂销售给经营食用油生意的山东聊城某某粮油实业公司、河南郑州某某粮油商行等（均另案处理）。前述粮油公司明知从柳某某处购买的劣质油脂系地沟油加工而成，仍然直接或经勾兑后作为食用油销售给个体粮油店、饮食店、食品加工厂以及学校食堂，或冒充豆油等油脂销售给饲料、药品加工等企业。截至 2011

年 7 月案发时，柳某某等人的行为导致金额为 926 万余元的劣质油脂流向食用油市场供人食用，金额为 9 065 万余元的劣质油脂流入非食用油加工市场。

分歧意见

被告人柳某某等人将用餐厨废弃油加工而成的劣质油脂销售给经营食用油生意的山东聊城某某粮油实业公司、河南郑州某某粮油商行等，应当认定为一罪还是数罪？

（1）对柳某某等人应当认定为生产、销售有毒、有害食品罪。理由在于：柳某某等人明知他人经营食用油生意，而将用餐厨废弃油加工而成的劣质油脂销售给对方，只实施了一种行为，构成生产、销售有毒、有害食品罪；下家除直接或经勾兑后作为食用油销售给个体粮油店、饮食店、食品加工厂以及学校食堂，还冒充豆油等油脂销售给饲料、药品加工等企业，实施了两种行为，应当认定为数罪。

（2）对柳某某等人应当以生产、销售有毒、有害食品罪和生产、销售伪劣产品罪数罪并罚。理由在于：柳某某等人在明知他人将向其所购的劣质成品油冒充正常豆油等食用油进行销售的情况下，仍将劣质油脂销售给他人，构成生产、销售有毒、有害食品罪；柳某某等人明知下家将向其购买的劣质油脂冒充合格豆油等，仍生产并销售给饲料、药品加工等企业，又构成生产、销售伪劣产品罪。

问题研讨

本案问题的解决，关键在于确定罪数的判断标准，明确一罪与数罪。

罪数问题，是指犯罪的单复数问题或者犯罪的个数问题。罪数判断标准，就是认定行为人的行为构成一罪还是构成数罪依据。关于罪数的判断标准，理论上有多种不同的学说①：

一是行为标准说，主张以行为的个数为标准判断一罪与数罪：行为人实施了一个行为，构成一罪，实施了数个行为，构成数罪。例如，行为人一次投毒的行为，造成了一人死亡，一人重伤，由于只有一个行为，所以只构成一罪。行为标准说立足于犯罪的本质是行为这一基本原理，有一定道理，但本身并不能解决行为的精准定义问题，难以区分行为与动作的界限；此外，犯罪是侵害法益的行为，离开行为的后果，即侵害法益的事实，只依据行为本身，并不足以认定犯罪的个数；再者，犯罪是主客观相统一的实体，离开行为人的主观态度，仅根据行为的个数认定犯罪个数也并不科学。

二是法益标准说，主张以侵害法益的个数作为判断一罪与数罪的标准。侵害一个法益的，构成一罪；侵害数个法益，构成数罪。此种学说立足于犯罪的本质是法益侵害，以法益侵害的个数决定犯罪个数，有自身的合理性。但是，犯罪是主客观相统一，符合法律规定的犯罪构成要件的行为，仅依据法益侵害的个数并不能决定犯罪的个数，因此，这种理论也难以成立。

---

① 高铭暄，马克昌．刑法学．9 版．北京：北京大学出版社，2019．

三是犯意标准说，主张以行为人犯罪意思的个数为判断一罪与数罪的标准。行为人以一个犯罪意思实施犯罪的，构成一罪；基于数个犯罪意思实施犯罪的，构成数罪。例如，行为人基于杀人的故意，砍死一人，致一人重伤的，构成故意杀人罪一个罪；行为人以伤害的故意，砍击一人致重伤，又以杀害的故意砍击另一人同样致重伤，就分别构成故意伤害罪和故意杀人罪（未遂）两个罪，应当数罪并罚。此种学说立足于犯罪是行为人犯罪意思的客观化、犯罪是行为人犯罪意思的实现形式，以犯罪意思作为判断罪数的标准，有一定合理性。但由于犯罪意思属于行为人主观方面的内容，难以判定，离开犯罪的行为及其危害后果来认定犯罪个数也是不可行的。

四是构成要件标准说，主张以符合犯罪构成要件的个数作为判断一罪与数罪的标准。行为人的行为符合一个犯罪的构成要件的，就构成一个犯罪，构成多个犯罪的构成要件的，就构成多个犯罪。犯罪是符合刑法规定的构成要件的行为，在我国刑法中，构成要件包括犯罪的主体要件、主观要件、客观要件、客体要件，一个行为只有具备了犯罪构成要件才构成犯罪。以构成要件为标准判断罪数，兼顾了行为及后果、法益侵害、行为人的主观态度等多方面的考量，弥补了行为标准说、法益标准说、犯意标准说的缺陷，能够为罪数认定提供较为完善的标准。因此，在我国刑法理论界，构成要件标准说是罪数判断标准的主流观点，也是我们赞同的理论观点。根据构成要件标准说，行为人出于一个罪过、实施一个行为、侵害一个法益的，构成一罪；如果行为人出于数个罪过、实施了数个行为、侵害了数个法益，就成立数个犯罪。

在司法实践中，认定被告人的行为构成一罪还是数罪，首先应当考察侵害法益的事实，判断侵害法益的个数。在被告人持刀捅死一人、致一人重伤的情况下，该行为侵害的法益一个是生命、一个是身体健康，侵害了两个法益，被告人可能构成一个罪，也可能构成两个罪。认定行为人行为构成一罪还是数罪，构成何种具体犯罪，就必须进一步考察被告人实施的行为个数，如果被告人基于一个主观故意同时实施的连续捅刺行为，属于一个行为，只构成一个罪；如果主观故意是剥夺他人生命，就构成故意杀人罪；如果主观故意是伤害他人身体健康，就构成故意伤害罪。如果被告人是基于不同的故意实施的捅刺行为，则根据其不同的故意内容构成不同的两个犯罪：基于杀人故意致死一人，基于伤害的故意致重伤一人，被告人构成故意杀人罪（既遂）和故意伤害罪（既遂）；基于杀人的故意致重伤一人，基于伤害的故意致死一人，被告人构成故意杀人罪（未遂）和故意伤害罪（致人死亡）。

就本案而言，首先，从法益侵害的个数来看，被告人柳某某将用地沟油加工提炼的劣质油脂销售给他人客观上侵害了两种法益：一是这些劣质油脂直接或经勾兑后作为食用油销售给个体粮油店、饮食店、食品加工厂以及学校食堂，侵害了食品卫生管理制度和不特定多数人的身体健康，侵害了生产、销售有毒有害食品罪保护的法益；二是这些劣质油脂被冒充豆油等油脂销售给饲料、药品加工等企业，侵害了国家对饲料、药品等商品生产、销售的管理制度，侵害了生产、销售伪劣商品罪保护的法益。其次，从行为的个数来看，柳某某将金额为 926 万余元的劣质油脂销售给他人使之流向食用油市场供人食用，将金额为 9 065 万余元的劣质油脂销售给他人使之流入非食用油加工市场，而柳某某对劣质油脂的销售去向是明知的，柳某某实施了将劣质油脂销售到食用油市场供人食用、销售到非食用油加工的商品市场两个行为。最后，从犯罪故意的个数来看，柳某某明知利用餐厨废弃油加工的劣质食用油脂供人食用，会对食品卫生管理制度和人的身体健康造成危害，明知这些劣质油脂流入饲料、药品加工等企业，会对相关产品质量造成侵害，仍然实施了这两个行为，主观上具有生产、销售有毒、有害食品的故意和生产、销售伪劣产品的故意。

综上所述，柳某某出于生产、销售有毒、有害食品和生产、销售伪劣产品的两个不同的故意，实施了将利用餐厨废弃油加工的劣质食用油脂供人食用和将这些劣质油脂供饲料、药品加工等企业生产使用两个不同的行为，侵害了食品卫生管理制度和饲料、药品等商品生产、销售的管理制度两个不同的法益，具备了侵害生产、销售有毒、有害食品罪和生产、销售伪劣产品罪两个罪的构成要件，应当数罪并罚。

实务训练

请从实务中找一个生产、销售有毒、有害食品罪的真实案例，并根据案件事实、既有证据及争议焦点，写一份辩护词。要求格式规范、条理清晰、层次分明、有理有据、入情入理。

延伸阅读

1. 胡树琪．生产、销售伪劣产品罪中“伪劣产品”的相对解释．法学评论，2021，39（2）：188－196.

2. 陈洪兵．生产、销售伪劣商品罪的法益及其展开．政治与法律，2011（3）：43－52.

3. 曲新久．论生产、销售伪劣产品罪的几个问题．人民检察，2016（3）：9－14.

案72．用松香对禽畜进行脱毛加工可构成生产、销售有毒、有害食品罪

——徐某某、贾某某等人生产、销售有毒、有害食品案

要点提示

在食品加工过程中，使用有毒、有害非食品原料加工食品并出售的，应当认定为生产、销售有毒、有害食品罪；明知是他人使用有毒、有害的非食品原料加工出的食品仍然购买并出售的，应当认定为销售有毒、有害食品罪。

案情摘要

2010年3月起，被告人徐某某、贾某某在瑞安市鲍田前北村育英街12号的加工点内使用工业松香加热的方式对生猪头进行脱毛，并将加工后的猪头分离出猪头肉、猪耳

朵、猪舌头、肥肉等销售给当地菜市场内的熟食店，销售金额达61万余元。被告人徐某、叶某某、杨某某明知徐某某等销售的猪头系用工业松香加工脱毛处理的，仍予以购买，并做成熟食在其经营的熟食店进行销售，其中徐某的销售金额为3.4万元，叶某某、杨某某的销售金额均为2.5万余元。2012年8月8日，徐某某、贾某某、徐某在瑞安市的加工点内被公安机关及瑞安市动物卫生监督所当场抓获，并现场扣押猪头（已分割）50个，猪耳朵、猪头肉等600公斤，松香10公斤及销售单。经鉴定，被扣押的松香系工业松香，属食品添加剂外的化学物质，内含重金属铅，经反复高温使用后，铅等重金属含量升高，长期食用工业松香脱毛的禽畜类肉可能会对人体造成伤害。

分歧意见

被告人徐某某、贾某某使用工业松香加热的方式对生猪头进行脱毛，并将加工后的猪头分离出猪头肉、猪耳朵、猪舌头、肥肉等销售给当地菜市场内的熟食店，被告人徐某、叶某某、杨某某明知徐某某等所销售的猪头系用工业松香加工脱毛处理的，仍予以购买，并做成熟食在其经营的熟食店进行销售，但没有证据证明被告人销售的猪肉熟食达不到食品安全国家标准及食品中污染物限量的标准要求，被告人徐某某、贾某某的行为是否仍构成生产、销售有毒、有害食品罪，被告人徐某、叶某某、杨某某是否构成销售有毒、有害食品罪，在审理过程中有两种不同观点：

（1）各被告人不构成犯罪。理由在于：徐某某、贾某某在对生猪头脱毛过程中虽使用有毒、有害非食品原料工业松香，徐某、叶某某、杨某某明知徐某某等所销售的猪头系用工业松香加工脱毛处理的，仍予以购买，并做成熟食在其经营的熟食店进行销售，但没有证据证明销售食用的猪头肉达不到食品卫生安全或食品中污染物限量标准要求，不足以“危害广大消费者的身体健康和生命安全”，不符合生产、销售有毒、有害食品罪法益侵害的实质要件，不具有社会危害性，不构成生产、销售有毒、有害食品罪。

（2）被告人徐某某、贾某某构成生产、销售有害食品罪，被告人徐某、叶某某、杨某某构成销售有毒、有害食品罪。理由在于：《刑法》第144条规定：“在生产、销售的食品中掺入有毒、有害的非食品原料的，或者销售明知掺有有毒、有害的非食品原料的食品的，处五年以下有期徒刑，并处罚金；对人体健康造成严重危害或者有其他严重情节的，处五年以上十年以下有期徒刑，并处罚金……”，据此，生产、销售有毒、有害食品罪是行为犯，只要在生产、销售的食品中掺入有毒、有害非食品原料即构成生产、销售有毒、有害食品罪，销售明知掺有有毒、有害非食品原料的，即构成销售有毒、有害食品罪。

问题研讨

要正确解决本案各被告人是否构成生产、销售有毒、有害食品罪的问题，关键在准确认定各行为是否具有社会危害性以及准确把握生产、销售有毒、有害食品罪的构成要件。我们赞同上述第二种意见，即被告人徐某某、贾某某构成生产、销售有害食品罪，被告人徐某、叶某某、杨某某构成销售有毒、有害食品罪。

我国刑法理论通说认为，严重的社会危害性是犯罪的本质特征。刑法之所以将某种行为规定为犯罪并施加刑罚制裁，是因为这一行为对刑法所保护的社会关系造成现实的侵害或具有造成这种侵害的危险性，既包括行为已经造成对社会的实际危害，也包括行为可能对社会造成危害。本案中的工业松香，含有重金属等有毒化合物，主要用于油漆、造纸、橡胶制造等，在使用工业松香对生猪头脱毛加工过程中，含有的铅等重金属及有毒化合物在加热、高温条件下，通过“热透”效应，残留在猪头肉被加热扩张的毛孔中以及皮下组织，人体吸收后，会对人体肝脏和肾脏造成伤害，严重的甚至致癌。正是因为如此，工业松香是国家明令禁止使用的有害化学物质。《食品安全法》《畜禽屠宰卫生检疫规范》等相关法律规定、国务院有关部门明确禁止在食品生产经营中添加、使用非食品原料。2016 年 6 月 30 日原国家食品药品监督管理总局办公厅针对陕西省食品药品监督管理局的请示，作出的《关于工业松香脱毛有关问题的复函》明确规定工业松香不可用于畜禽屠宰拔毛操作。对于利用工业松香脱毛加工猪肉的行为，属于《食品安全法》第 34 条第 1 项“添加食品添加剂以外的化学物质和其他可能危害人体健康物质的食品”的行为。

从工业松香的性质及用于猪头肉脱毛加工的工作机理来看，用工业松香处理脱毛是一种具有严重社会危害性的行为。被告人用工业松香对猪头肉进行脱毛加工并销售，对广大消费者的身体健康和生命安全造成危害或威胁，其行为本身就具有社会危害性，具备犯罪的本质特征，对这类行为予以刑事制裁具有客观正当性。

民以食为天，食以安为先。食品卫生安全关涉人民的生命健康，必须给予特别保护。立足于对人民群众生命、健康的食品安全重大问题的关切，立足于对用工业松香对猪头肉、鸡鸭等禽畜脱毛加工的社会危害性的科学认知，为杜绝在加工、运输、贮存等食品生产经营的各个环节上掺入或使用有毒、有害非食品原料的行为，从根源上消除食品的安全隐患，国家以立法形式将在食品加工、销售、运输、贮存等过程中掺入或使用有毒、有害非食品原料这类“可能严重危害食品安全的各种危险行为”确定为犯罪，规定只要实施这些行为，就构成生产、销售有毒、有害食品罪，以加大惩处力度，加强食品安全防范。

在刑法理论上，生产、销售有毒、有害食品罪属于行为犯。行为犯是对重要法益具有高度危害危险、由立法者直接规定为犯罪的行为，而不要求行为对法益侵害的危险具体地达到现实化的程度。就生产、销售有毒、有害食品的行为来说，行为人实施了刑法分则规定的某些特定的掺入、添加行为，就构成犯罪，无需一定要发生特定的危害结果。我国《刑法》第 144 条规定，只要在生产、销售的食品中掺入有毒、有害的非食品原料的，或者销售明知掺有有毒、有害的非食品原料的食品，就应当以生产、销售有毒、有害食品罪定罪处刑，行为人实际造成的损害结果只是法定加重处罚的情节，不是构成犯罪的必备要件。这体现了立法者把人民的生命、健康法益放在了最高地位并给予特殊保护的精神。

具体到本案，徐某某、贾某某用工业松香加热的方式对生猪头进行脱毛，使用的工业松香属于食品添加剂以外的化学物质，经检验鉴定，该工业松香内含重金属铅，经反复高温使用后，铅等重金属含量升高，长期食用用工业松香脱毛的禽畜类肉会对人体造成伤害。这本身就清楚地昭示了徐某某、贾某某行为的社会危害性，刑法对这类添加、使用行为，直接规定为犯罪，确立了“行为即犯罪”的原则。因此，对徐某某、贾某某依法应当以生产、销售有毒、有害食品罪定罪处刑。前述第一种意见，即徐某某、贾某某销售食用的猪头肉没有证据证明达不到食品卫生安全或食品中污染物限量标准要求，不足以“危害广大消费者的身体健康和生命安全”，不符合生产、销售有毒、有害食品罪法益侵害的实质要件，既不符合案件的事实，也不符合刑法的规定，不能成立。

徐某某、贾某某用工业松香加热的方式对生猪头进行脱毛加工后用于销售的行为定性解决之后，则徐某、叶某某、杨某某明知徐某某所销售的猪头系用工业松香加工脱毛处理的有毒、有害食品，仍予以购买，并做成熟食在其经营的熟食店进行销售，三人的行为完全符合销售有毒、有害食品罪的构成要件。

实务训练

请结合生产、销售有毒、有害食品罪相关法律、司法解释规定，分析下列案件中各被告人行为性质。

被告人习某某于2001年注册成立了阳光生物技术开发有限公司（以下简称阳光公司），系公司的实际生产经营负责人。2010年以来，被告单位阳光公司从被告人谭某某处以600元/公斤的价格购进生产保健食品的原料，该原料系被告人谭某某从被告人尹某某处购进，阳光公司购进原料后加工制作成用于辅助降血糖的保健食品阳光牌山芪参胶囊，以每盒100元左右的价格销售至扬州市广陵区某某保健品店及全国多个地区。被告人杨某某具体负责生产，被告人钟某某、王某某负责销售。2012年5月至9月，销往上海、湖南、北京等地的山芪参胶囊分别被检测出含有盐酸丁二胍，食品药品监督管理部门将检测结果告知阳光公司及习某某。被告人习某某在得知检测结果后随即告知被告人谭某某、尹某某，被告人习某某明知生产、销售的保健品中含有盐酸丁二胍后，仍继续向被告人谭某某、尹某某购买原料，组织杨某某、钟某某、王某某等人生产并销售山芪参胶囊。被告人谭某某、尹某某在得知检测结果后继续向被告人习某某销售该原料。

盐酸丁二胍是丁二胍的盐酸盐，目前未获得国务院药品监督管理部门批准生产或进口，不得作为药物在我国生产、销售和使用。扬州大学医学院葛晓群教授出具的专家意见和南京医科大学司法鉴定所的鉴定意见证明：盐酸丁二胍具有降低血糖的作用，很早就撤出我国市场，长期使用添加盐酸丁二胍的保健食品可能对机体产生不良影响，甚至危及生命。

延伸阅读

1. 孙建保. 生产、销售有毒、有害食品罪司法认定解析. 政治与法律，2012 (2)：52 - 59.

2. 梅传强、杜伟. 论食品安全犯罪刑法规制的现状与立法再完善. 重庆理工大学学报 (社会科学版)，2012，26 (4)：51 - 55.

3. 舒洪水. 生产、销售有毒、有害食品罪中“明知”的认定. 法学，2013 (8)：146 - 152.

案 73. 生产、销售、使用“瘦肉精”饲养行为的定性

——陈某、郝某某、唐某某、唐某、孙某某等生产、销售有毒、有害食品案

要点提示

明知盐酸克仑特罗（俗称“瘦肉精”）是国家禁止在饲料和动物饮用水中使用的药品，而用以养殖供人食用的动物并出售的，应当认定为生产、销售有毒、有害食品罪。明知盐酸克仑特罗是国家禁止在饲料和动物饮用水中使用的药品，而买卖和代买盐酸克仑特罗片，供他人用以养殖供人食用的动物的，应当认定为生产、销售有毒、有害食品罪的共犯。

案情摘要

2011 年 5 月，被告人陈某、郝某某、唐某某、唐某明知盐酸克仑特罗属于国家禁止在饲料和动物饮用水中使用的药品而仍进行买卖，郝某某从唐某某、唐某处购买三箱盐酸克仑特罗片（每箱 100 袋，每袋 1 000 片），后陈某从郝某某处为自己购买一箱该药品，同时帮助被告人孙某某购买一箱该药品。孙某某在自己的养殖场内，使用陈某从郝某某处购买的盐酸克仑特罗片喂养肉牛。2011 年 12 月 3 日，孙某某将喂养过盐酸克仑特罗片的 9 头肉牛出售，被天津市宝坻区动物卫生监督所查获。经检测，其中 4 头肉牛尿液样品中所含盐酸克仑特罗超过国家规定标准。获知检测结果后，郝某某、唐某某、唐某主动到公安机关投案。

分歧意见

被告人孙某某明知盐酸克仑特罗是国家禁止在饲料和动物饮用水中使用的药品，仍然购买用于喂养肉牛，应当如何定性？被告人陈某、郝某某、唐某某、唐某明知盐酸克仑特罗属于国家禁止在饲料和动物饮用水中使用的药品而进行买卖，供他人用以养殖供人食用的动物，应当如何定性？有两种不同意见：

（1）陈某、郝某某、唐某某、唐某构成非法经营罪，孙某某构成以危险方法危害公共安全罪。理由在于：1）盐酸克仑特罗是一种人用药品，生产、经营盐酸克仑特罗必须按照《药品管理法》规定，取得相应的《药品生产许可证》《药品经营许可证》，陈某、郝某某、唐某某、唐某未经许可，非法买卖盐酸克仑特罗的行为符合《刑法》第225条的规定，应当以非法经营罪追究刑事责任。《关于办理非法生产、销售、使用禁止在饲料和动物饮用水中使用的药品等刑事案件具体应用法律若干问题的解释》第1条明确规定，未取得药品生产、经营许可证件和批准文号，非法生产、销售盐酸克仑特罗等禁止在饲料和动物饮用水中使用的药品，扰乱药品市场秩序，情节严重的，以非法经营罪追究刑事责任。2）在猪、牛等动物饲料中添加盐酸克仑特罗，可促进动物生长，提高瘦肉率。但盐酸克仑特罗具有毒性，可以长期残留于肝肺等内脏器官中，人食用含有过量盐酸克仑特罗的肉制品后，会出现肌肉震颤、心慌、战栗、头疼、恶心、呕吐等中毒症状，甚至导致死亡，因此，国家明令禁止在饲料和饲料添加剂中添加。孙某某明知国家禁止在动物养殖中使用盐酸克仑特罗，仍使用其喂养肉牛，并将9头肉牛出售，其中4头盐酸克仑特罗超标，危及不特定多数人的身体健康，符合以其他方法危害公共安全罪的构成要件。

（2）陈某、郝某某、唐某某、唐某、孙某某均构成生产、销售有毒、有害食品罪。理由在于：牛肉是人民群众主要的食用肉品，孙某某明知盐酸克仑特罗是国家禁止在饲料和动物饮用水中使用的药品，仍用以养殖肉牛并出售供人食用，危害人民群众生命安全和身体健康，符合生产、销售有毒、有害食品罪的构成要件。陈某、郝某某、唐某某、唐某明知盐酸克仑特罗是国家禁止在饲料和动物饮用水中使用的药品，仍买卖和代买盐酸克仑特罗片，供他人用以养殖供人食用的动物，应当认定为生产、销售有毒、有害食品罪的共犯。

问题研讨

要准确认定被告人陈某、郝某某、唐某某、唐某、孙某某行为的性质，关键要正确认定各被告人的行为侵害的法益，在一个行为同时侵害多个法益和触犯多个罪名的情况下，法律有特别规定的，从特别规定；没有特别规定的，应当择一重罪处罚。我们赞同上述第二种意见。

犯罪是严重危害社会的行为，其本质在于法益侵害，刑法的任务也在于保护法益。一方面，法益侵害是犯罪成立的根基，是罪与非罪的分界线。刑法之所以将某种行为规定为犯罪，是基于其侵害法益的事实，没有侵害法益的行为不构成犯罪，也不应受到刑罚惩罚，这是刑法保障功能的基本要求。另一方面，法益具有分类的功能，世界各国刑法都根据危害行为侵害的法益不同把所有的犯罪分成若干种类。例如，我国刑法分则将具体的犯罪分为危害国家安全罪，危害公共安全罪，破坏社会主义市场经济秩序罪，侵犯公民人身权利、民主权利罪，侵犯财产罪，妨害社会管理秩序罪，危害国防利益罪，贪污贿赂罪，渎职罪，军人违反职责罪等十大类，具体罪名也往往是根据行为侵害的法益不同而设置的。例如，将意图非法剥夺他人生命的犯罪规定为故意杀人罪，意图侵害他人身体健康的犯罪规定为故意伤害罪；将国家工作人员利用职务便利，侵害公共财物所有权的行为规定为贪污罪，将侵害公款使用权的行为规定为挪用公款罪。因此，认真分析研究行为侵害的法益对于区分罪与非罪、犯罪的种类、此罪与彼罪具有重要指导作用。

根据侵害的法益不同，在很多情形下可以直接对犯罪的性质作出判断，确定某种行为构成犯罪的具体罪名。但是，在一个行为触犯数个罪名及出现犯罪竞合的时候，如何确定行为的性质，则需要根据不同情形认定。在刑法理论上，犯罪竞合主要包括法条竞合和想象竞合两种情形。

现实社会中的犯罪现象错综复杂，不同犯罪行为之间易出现包容与被包容或者发生交叉的情形，一种犯罪行为往往是另一种犯罪行为的一部分，这种情形映射到刑法上，就反映为一个法条所规定的犯罪是另一个法条规定的犯罪的一部分，由此就出现了一个犯罪行为同时符合数个法条规定的犯罪构成的情形。例如，司法工作人员徇私枉法，在刑事审判活动中故意违背事实和法律作枉法裁判的，既符合《刑法》第 399 条徇私枉法罪的构成要件，又符合《刑法》第 397 条滥用职权罪的构成要件；虚构保险事故向保险公司骗取保险金的行为，既符合《刑法》第 198 条保险诈骗罪的构成要件，又符合《刑法》第 266 条诈骗罪的构成要件。这在刑法理论上被称为法条竞合，即一个犯罪行为同时符合数个法条规定的犯罪构成要件，但从数个法条之间的逻辑关系来看，只能适用其中一个法条。在法条竞合的情形下认定犯罪的具体罪名，一般依照特别规定优于普通规定的原则处理，即某一行为在刑法与特别刑法都有规定或者同一法律的普通条款与特别条款都有规定的情形下，优先适用特别刑法、特别条款的规定。但是，应当注意的是，一个行为同时触犯同一法律的普通条款与特别条款，特别条款规定的法定刑明显低于普通条款规定的法定刑，在普通条款中又没有关于“本法另有规定的，依照规定”的表述时，应当依照重法优于轻法的原则处理。

在现实生活中，还存在一个行为触犯数个罪名以及所触犯的罪名在逻辑上又不发生关联的情形，例如，盗窃整体性珍贵文物的一部分，造成珍贵文物损毁的，同时触犯了盗窃罪与故意损毁文物罪；盗挖正在使用中的电缆，数额较大的，同时触犯盗窃罪与破坏电力设备罪。这在刑法理论上称为想象竞合犯，也称为想象的数罪或观念的竞合。想象竞合的通常表现就是一个行为造成了多个结果，侵害了多个法益，而法律将侵害不同法益的行为规定为不同的犯罪，由此导致了一个行为触犯多个罪名的现象。盗挖正在使用中的电力设备，既侵犯了公司财产所有权，又危害了公共安全；以破坏性的方式盗窃整体性珍贵文物，同时侵害了文物的所有权和文物保护制度。同样的，明知他人用于杀人而将枪支卖给他人的，既侵害了枪支管理制度，又侵害了他人的生命权。国内外刑法理论通说认为，在一个行为成立想象竞合的情形下，应当按照行为所触犯的数个罪名中的一个重罪论处，即秉持“从重罪处断”的原则处理。在触犯的不同罪名而法定刑相同的情形下，按照事实情节较重的犯罪处理。

综上所述，在通常情况下认定具体行为的罪名，可以首先立足于行为的方式和后果考察其社会危害性，准确认定行为侵害的法益，进而依照法律规定确定触犯的罪名。如果出现了一个行为触犯数个罪名的情形，则进一步分析是否存在法条竞合和想象竞合，再分别根据不同的原则进行罪名认定。

结合到本案各被告人具体罪名的认定，我们认为，孙某某明知国家禁止在动物养殖中禁止使用盐酸克仑特罗，仍使用此种药品喂养肉牛并将 9 头肉牛出售，其中 4 头盐酸克仑特罗含量超标，其行为对不特定多数人身体健康造成危害，可以认为侵害的客体是公共安全。就此，可以认为将孙某某的行为定性为以其他危险方法危害公共安全罪有一定道理。但是，经深入研究可以发现，《刑法》第 144 条对生产、销售有毒、有害食品对人体健康造成严重危害或者其他情节作了专门规定，从侵害同一法益的角度而言，本条相对于《刑法》第 114 条、第 115 条规定的以其他危险方法危害公共安全罪，是特别规定，一般应当依照“特别规定优于普通规定”的原则处理，认定孙某某构成生产、销售有毒、有害食品罪。此外，要适用《刑法》第 114 条、第 115 条规定的犯罪构成要件，还必须具备“以其他危险方法”这一条件，根据本案的具体事实，难以认定孙某某使用了危险方法，其行为仍然不符合以危险方法危害公共安全罪的构成要件。

盐酸克仑特罗是一种人用药品，陈某、郝某某、唐某某、唐某未经许可取得相关生产、经营手续，非法买卖、代买盐酸克仑特罗，侵害的法益是药品生产经营秩序，4 名被告人的行为首先符合非法经营罪的构成要件。陈某、郝某某、唐某某、唐某明知国家禁止在饲料和动物饮用水中使用盐酸克仑特罗，也明知他人使用盐酸克仑特罗养殖供人食用的肉牛，向社会提供有毒有害牛肉产品，仍然进行买卖和代买，实质上是对孙某某使用盐酸克仑特罗养殖肉牛的帮助行为，陈某、郝某某、唐某某、唐某与孙某某成立共犯关系。在共同犯罪中，孙某某起主要作用，系主犯；陈某、郝某某、唐某某、唐某起次要作用，系从犯。5 名被告人的行为共同侵害国家食品卫生管理制度和不特定多数人的身体健康两种法益，又符合生产、销售有毒、有害食品罪的构成要件。因此，陈某、郝某某、唐某某、唐某系一行为侵害两种法益，触犯两个罪名，属于想象竞合犯。综合比较非法经营罪同生产、销售有毒、有害食品罪的法定刑，前者是结果犯，后者是行为犯；前者法定最高刑为 15 年有期徒刑，后者法定刑最高为死刑。无论从入罪条件还是从法定最高刑来看，后者更重。因此，我们认为陈某、郝某某、唐某某、唐某构成生产、销售有毒、有害食品罪。

实务训练

请结合《刑法》第 144 条的规定及《关于办理非法生产、销售、使用禁止在饲料和动物饮用水中使用的药品等刑事案件具体应用法律若干问题的解释》，系统阐释涉“瘦肉精”刑事案件的法律适用问题。

延伸阅读

1. 许桂敏. 罪与罚的嬗变：生产、销售有毒、有害食品罪. 法学杂志，2011，32（12）：78－81.

2. 陈烨. 食品安全犯罪的对象研究. 西南政法大学学报，2012，14（4）：22－31.

3. 孙万怀. 有毒有害食品犯罪的量刑反制思维应摒弃. 人民检察，2012（19）：48.
4. 卢有学. “三鹿奶粉”系列案定性探疑. 西南政法大学学报，2009，11（5）：51-58.

案 74. 金融等诈骗类犯罪“非法占有目的”的认定

——张某贷款诈骗案

要点提示

根据我国现行刑法规定，所有诈骗类犯罪的成立都需以“非法占有”为目的。这就要求该罪的司法认定，不仅要证明行为人采取了“虚构事实、隐瞒真相”的诈骗方法，而且还要证明行为人在主观上具有“非法占有”的目的。换言之，即使行为人事实上采取了“虚构事实、隐瞒真相”的欺诈行为，但若不能证明行为人在主观上具有“非法占有”的目的，也不能以该罪论处。同时，因刑法规定的各类诈骗类犯罪侵害的法益不同，金融诈骗犯罪、合同诈骗犯罪和普通诈骗犯罪的“非法占有目的”在认定上存在不同的具体表现形态。

案情摘要

被告人张某，秦皇岛市港务局病退工人。1995 年 1 月，被告人张某以秦皇岛市 H 经济咨询公司的名义，购买秦皇岛市港城信用社综合楼一栋，价款为人民币 360 万元，并依法办理了房产过户登记手续。同年 4 月，张某用上述房产作抵押，以秦皇岛市 H 经济咨询公司的名义，以付租船费为理由，从中国农业银行秦皇岛分行河北大街办事处贷款人民币 150 万元，贷款期限为 1 年。经催要，张某于 1998 年 10 月以一台豪华轿车折抵部分贷款，其余至案发时尚未偿还。1995 年 5～6 月间，张某谎称用于以上抵押的楼房房证丢失，骗取公安机关出具证明，补办了新的房证。1996 年 2 月，张某用补办的房证做抵押，以其在工商机关注册的“秦皇岛市 T 铝业有限公司”为借款方，以付货款为由，从农业银行 M 办事处贷款人民币 200 万元，贷款期限为 10 天。张某以其中的 100 万元做期货生意，并亏损 82.3 万元人民币；另 100 万元用于购买秦皇岛市 F 有限公司。贷款到期后，经催要，张某于 1997 年 8 月偿还了一季度贷款利息 7.3 万元人民币，并与银行多次订立还款计划，但均未履行。1998 年 5 月，张某将 F 有限公司转让给杨某，并协议将其在农业银行 M 办事处的 200 万元人民币贷款的债务转让给杨某，1998 年 10 月双方正式签订了转让协议并办理了法人变更登记。后二人与 M 办事处协商，以 F 有限公司的厂房及土地作抵押，从 M 办事处贷款 200 万元人民币用以偿还张某在该办事处的贷款。1998 年 10 月，F 有限公司以房产作抵押，与 M 办事处签订了抵押贷款合同，贷款 106 万元人民币，并进行了公证。同年 11 月，F 有限公司又以地产作抵押，从 M 办事处贷款 94 万元人民币，并注明“收回再贷”。上述两笔共计 200 万元人民币的贷款已办理了 M 办事处的内部审批手续，可 M 办事处在报请银行分行审批时，银行分行未予批准，并认为张某的行为已构成犯罪，遂向公安机关报案。公诉机关认为，张某的行为已构成贷款诈骗罪，请求依法追究被告人张某贷款诈骗罪的刑事责任。

分歧意见

一审法院以贷款诈骗罪判处张某无期徒刑，剥夺政治权利终身，并处没收个人全部财产。被告人不服，提出上诉。二审法院以事实不清为由，撤销原判，发回重审。重审一审宣告张某无罪。公诉机关提起了抗诉，二审法院依法裁定驳回抗诉，维持原判。

问题研讨

根据我国现行刑法规定，所有经济诈骗犯罪的成立需以“非法占有”为目的①。这就要求该罪的司法认定，不仅要证明行为人采取了“虚构事实、隐瞒真相”的诈骗方法，而且还要证明行为人在主观上具有“非法占有”的目的。换言之，即使行为人事实上采取了虚构事实、隐瞒真相的欺诈行为，但若不能证明行为人在主观上具有“非法占有”的目的，也不能以该罪论处。这是因为，既然是诈骗，行为人当然具有非法占有的目的。有些诈骗犯罪如集资诈骗、贷款诈骗罪，立法之所以明确规定了以非法占有为目的，是因为若法律不明确规定，这些犯罪与刑法规定的其他犯罪如非法吸收公众存款罪和高利转贷罪易相混淆，而其他诈骗犯罪立法之所以不作明确规定，是因为这些条文都使用了“诈骗活动”一词，表明了它们的非法占有目的。对此，最高人民法院发布的《全国法院审理金融犯罪案件工作座谈会纪要》也要求：“对于确有证据证明行为人不具有非法占有目的，因不具备贷款的条件而采取了欺骗手段获取贷款，案发时有能力履行还贷义务，或者案发时不能归还贷款是因为意志以外的原因，如因经营不善、被骗、市场风险等，不应以贷款诈骗罪定罪处罚。”因此，司法实践中，不能单纯以行为人使用欺诈手段实际获取了贷款或者贷款到期不能归还，就认定行为人主观上具有非法占有贷款的目的，还应具体分析行为人贷款时的履约能力、取得贷款的手段、贷款的使用去向、贷款无法归还的原因等客观事实因素②。

本案中，张某确实是通过使用虚假的产权证明作担保的欺诈手段获取的银行贷款，且贷款后擅自改变贷款用途，不用于偿付货款，而用于购买固定资产和炒期货。但这并不能认定张某主观上具有非法占有目的。首先，从贷款时的履约能力看，张某用价值360万元的港城信用社综合大楼作抵押贷款350万元，表明张某在贷款时有履约能力。其次，从贷款用途看，张某贷款的目的不是挥霍、恶意处分或携款潜逃，而是用于经营活动和购买公司，虽张某自己与杨某用同一座楼先后共抵押贷款四笔，但除起诉的这一

---

① 金融诈骗罪共有八种具体犯罪，其中只有《刑法》第192条集资诈骗罪、第193条贷款诈骗罪以及第196条中的恶意透支型的信用卡诈骗罪分别规定了“以非法占有为目的”为该罪的构成要件，而其余几种金融诈骗罪的条文均未对犯罪的主观目的作出规定。据此，是否所有金融诈骗罪都需以“以非法占有为目的”，刑法学界虽有不同观点，但基于“诈骗”的本质，我们认为所有诈骗犯罪都需有该目的。

② 王延祥. 如何认定诈骗罪中的“以非法占有为目的”. 政治与法律，2003（3）：6.

笔外，其他三笔有两笔已归还，另一笔属正常贷款，也归还了一些本金，这表明，张某并无非法占有的目的；对于张某利用欺诈手段取得款物后用于经营活动，即使是高风险的如炒股、炒期货、开发房地产等活动，造成资金客观上无法归还的，如果无法证明行为人有非法占有目的的事实，也不能以金融诈骗犯罪处罚。最后，从还贷情况看，张某欲将F有限公司转让给杨某，双方与M办事处协商以该公司的土地及厂房抵押贷款200万元，并以贷还贷，是张某、杨某和M办事处的真实意思表示，表明张某并无拒还贷款的故意，且于1997年3月归还利息7.3万元。综上，张某主观上不具有非法占有银行贷款的目的，并不构成贷款诈骗罪，一、二审法院经过重审宣告张某无罪是正确的①。

另外，认定行为人是否具有非法占有目的，也不能仅看某一个阶段，应综合整个贷款合同履行过程。例如，1997年5月，个体建筑业主殷某与某村联合开发村民联建楼，双方议定由殷某出售该楼二层至四层内的住房。1997年底，购房户何某某通过该项工程土建负责人张某购买该楼301室，并交清购房款10万元。1998年10月，何某某从殷某处取得301室钥匙并装修后入住，并交320元要求殷某代为办理301室房产证。1999年4月，殷某伪造何某某购买301室的联建协议、购房收据，到某市房屋产权监理所以何某某名义骗领301室产权证明。随后，殷某提供虚假的购房合同、工资证明等手续，以骗领的产权证明作担保，骗得某市建行信任，贷得住房贷款5.5万元。贷款合同规定：按月扣本带息1 080.26元，至2004年4月12日还清。在履行合同中，殷某还款2个月后因资金周转困难而连续31个月没有还款。2002年3月，殷某因受举报而被公安机关以贷款诈骗罪立案侦查和逮捕②。从本案来看，殷某在客观表象上，使用了何某某的房产证明办理了住房贷款，但办理了贷款后，起初也按贷款合同规定履行了按月支付本金和利息的义务，后因资金周转困难，持续31个月未还款，但贷款合同的期限为2004年4月，抵押贷款合同仍在执行中，在2002年3月“案发”时，还不能认定殷某的行为属于合同期限届满后拒不偿还的行为。因此，仅从履行贷款合同的某一个阶段来看，行为人可能确有“非法占有”的外在表征，但不能认定行为人一定具有非法占有的目的，是否具有该目的，须综合整个贷款合同的履行（包括签订）过程。

实务训练

从实务中找一个类似本主题的真实案例，根据案件事实、既有证据及争议焦点，写一份辩护词或判决书。要求格式规范、条理清晰、层次分明、说理透彻。

延伸阅读

1. 李永升，朱建华. 经济刑法学. 北京：法律出版社，2011.

---

① 按照2006年6月29日施行的《刑法修正案（六）》第10条的规定，以欺骗手段取得银行贷款，给银行造成重大损失或者有其他严重情节的，可构成骗取贷款罪。本案虽存在以欺骗手段取得银行贷款的事实，但没有给银行造成重大损失或者有其他严重情节的后果，因而也不构成骗取贷款罪。

② 中国法院网2005年11月4日。

2. 王延祥. 如何认定诈骗罪中的“以非法占有为目的”. 政治与法律，2003（3）：6.

案 75. 贷款诈骗罪与合同诈骗罪的界分

——张某贷款诈骗案

要点提示

贷款诈骗罪往往借助合同诈骗的方式去实现。如何界分贷款诈骗罪与合同诈骗罪，常常是司法上的一个难点。在界分时要考察：其一，行为人侵犯的直接客体究竟是单纯的合同管理秩序及他人财产权益，还是同时侵犯了为我国刑法所调控的金融管理秩序；其二，行为人之行骗手段，究竟是仅仅诈骗个别的合同相对人，还是通过合同骗取金融机构的贷款。

案情摘要

犯罪嫌疑人张某，辽宁省丹东市 YL（集团）公司董事长。辽宁省丹东市 YL（集团）公司是一家家族公司，张某为董事长，董事会成员皆为其亲属。1998 年底，YL 集团欠丹东市商业银行贷款本息达 1 亿多元，贷款抵押物为 YL 大酒店、YL 大厦等固定资产，签订了抵押合同并办理了抵押登记和公证。还贷日期临近，YL 集团经营状况不好，张某担心因不能偿还贷款本息而使抵押财产被银行抵偿债务。为了保住家庭财产，张某伪造了一系列证据，证明 YL 集团向张某某（张某之弟，YL 集团副总经理）和宋某（张某之女婿，YL 集团副总经理）合计借款本息 9 000 多万元，然后由张某某、宋某起诉 YL 集团归还借款。1998 年 10 月 30 日，辽宁省高级人民法院作出《民事调解书》确认由 YL 集团偿还张某某、宋某本息 9 119 万元，并依张、宋二人申请，将 YL 大酒店查封，并以资抵债，将其所有权划归张某某、宋某所有。丹东市商业银行遂向公安机关报案，张某被逮捕。

分歧意见

关于本案犯罪嫌疑人张某是否构成贷款诈骗罪，有肯定和否定两种意见。否定者认为，贷款诈骗的实施欺诈行为应在贷款行为时，非法占有的目的应产生于获取银行贷款之前，而本案的欺诈行为显然不在贷款行为时而是在还款过程中，故不可能构成贷款诈骗罪，应定合同诈骗罪。肯定者的理由主要是，贷款诈骗是特别的合同诈骗，在贷款合同履行过程中也可以构成贷款诈骗罪，本案是在贷款合同履行过程中的贷款诈骗行为，故构成贷款诈骗罪。

问题研讨

1979 年刑法没有专门针对贷款诈骗行为立法，对于实践中的贷款诈骗犯罪行为，一般是以诈骗罪定罪处罚，或仅以民事纠纷进行处理。首次专门将该行为入罪的立法，是 1995 年全国人大常委会颁布的《关于惩治破坏金融秩序犯罪的决定》（第 10 条）。1997 年刑法修订把以上规定全部吸收到新刑法中（第 193 条）。根据《刑法》第 193 条的规定，所谓贷款诈骗罪，是指行为人（自然人）以非法占有为目的，以编造引进资金、项目等虚假理由或者使用虚假的经济合同、证明文件、产权证明作担保或者超出抵押物价值重复担保及其他方法，骗取贷款、数额较大的行为。在构成上，它有如下几个主要特征：

在客观方面，表现为采用虚构事实、隐瞒真相的方法诈骗银行或者其他金融机构的贷款，数额较大的行为。其中，这里的犯罪对象为贷款，即作为贷款人的银行或者其他金融机构对借款人提供的按约定的利率和期限还本付息的货币资金。银行和其他金融机构是这里的实体被害人，是贷款的所有者或合法占有者，但不能是犯罪对象本身。这里的行为方法为“虚构事实、隐瞒真相”，也即“诈骗”。根据《刑法》第 193 条的规定，该方法具体包括：（1）编造引进资金、项目等虚假理由；（2）使用虚假的经济合同；（3）使用虚假的证明文件；（4）使用虚假的产权证明作担保或超出抵押物价值重复担保；（5）以其他方法诈骗贷款的，具体指前述四种情况以外的行为，如伪造单位公章、印鉴骗贷；伪造货物存单骗贷；伪造本票和委托书骗贷；先借贷后采用欺诈手段拒不还贷；以贿赂等非法、不正当手段骗贷；贷款后携款潜逃；未将贷款按用途使用且挥霍致使贷款无法偿还；使用贷款进行违法犯罪活动致使贷款无法偿还；改变贷款用途将贷款用于高风险的经济活动，造成重大经济损失致使贷款无法偿还；为谋取不正当利益，改变贷款用途，造成重大经济损失致使贷款无法偿还；提供虚假的担保申请贷款，造成重大经济损失致使贷款无法偿还；等等。

在犯罪主体方面，本罪的主体是自然人一般主体，即任何年满 16 周岁、具有刑事责任能力的自然人。银行或其他金融机构的工作人员与诈骗贷款的犯罪分子串通并为之提供帮助的，应以贷款诈骗罪的共犯论处。

在主观方面，本罪在主观上表现为故意，且以非法占有为目的。至于行为人非法占有贷款是为了挥霍享受，还是为了转移隐匿，都不影响本罪的构成。反之，如果行为人在申请贷款时使用了欺骗手段，但不具有“非法占有”的目的，则不能按本罪或不以犯罪处理。也就是说，按照 2006 年 6 月 29 日施行的《刑法修正案（六）》的规定，在“给银行或者其他金融机构造成重大损失或者有其他严重情节”的情况下，构成骗取贷款罪；若该行为发生在 2006 年 6 月 29 日之前，按罪刑法定原则，不以犯罪论处，由银行根据有关规定给予停止发放贷款、提前收回贷款或者加收贷款利息等办法处理。

从立法、司法和理论上看，贷款诈骗罪与合同诈骗罪容易混淆。根据现行《刑法》第 224 条的规定，所谓合同诈骗罪是指行为人以非法占有为目的，在签订、履行合同过程中，骗取对方当事人财物，数额较大的行为。合同诈骗罪与贷款诈骗罪，有如下几个方面的不同：一是犯罪客体不同。合同诈骗罪的客体是市场管理秩序和他人的财产所有权；贷款诈骗罪的客体是国家金融管理制度和银行或者其他金融机构对贷款的合法占有权益。二是犯罪的客观方面不同。合同诈骗罪在客观方面实施了以下行为：以虚构的单位或者冒用他人名义签订合同；以伪造、变造、作废的票据或者其他虚假的产权证明作担保；没有实际履行能力，以先履行小额合同或者部分履行合同的方法，诱骗对方当事人继续签订和履行合同；收受对方当事人给付的货物、货款、预付款或者担保财产后逃匿；以其他方法骗取对方当事人财物等。其犯罪对象可以是包括贷款在内的任何合同标的。贷款诈骗罪在客观方面表现为采用虚构事实、隐瞒真相的方法诈骗银行或者其他金融机构的贷款，数额较大的行为。其中，这里的犯罪对象为贷款。三是犯罪主体不同。合同诈骗罪的主体包括单位和自然人，贷款诈骗罪的主体只是自然人。综上，合同诈骗罪与贷款诈骗罪，都是以“合同”作为诈骗途径，实际上就发生了一种法条竞合的关系，具体为一般法与特别法的关系。其中，自然人实施的贷款诈骗行为，既完全符合贷款诈骗罪也完全符合合同诈骗罪的构成，但“特别法优于普通法”的处理原则，只能按贷款诈骗罪处理；若是单位主体实施的贷款诈骗行为，因在主体上不符合贷款诈骗罪的要求而只能按合同诈骗罪论处。

综上，贷款诈骗罪与合同诈骗罪都须具有“非法占有”被害人钱财的“目的”，单从主观要件分析，不能就本案做出定性界分。而且，除合同诈骗罪外，包括贷款诈骗罪在内的所有金融诈骗行为，也可采取以签订“合同”的手法来骗取特定“标的”，即这些诈骗罪也大多需要签订合同。可见，以签订“合同”的方式行骗，单从是否签订了合同，不能区别行为究竟属合同诈骗还是贷款诈骗行为。那么，在都具有非法占有目的、都签订了合同的情况下，究竟属合同诈骗罪还是贷款诈骗罪呢？我们认为，这当中，实际上存在分则不同法条间的交叉竞合关系，应按特别法条优于普通法条的原则处理。据此，就现行刑法的规定，认定某个行为究属合同诈骗罪还是贷款诈骗罪的基本点在于：行骗“标的”上的区别，即当诈骗“标的”为“贷款”，应属贷款诈骗罪。结合本案分析，其一，行为人侵犯的直接客体是合同管理秩序及他人财产权益，还是同时侵犯了为我国刑法所调控的金融管理秩序？其二，行为人之行骗手段，是仅仅诈骗个别的合同相对人，还是通过合同骗取金融机构的贷款？

从本案来看，YL 集团从丹东市商业银行的贷款（本金 1.03 亿元，利息4 000 多万元），有 YL 大酒店、YL 大厦、车辆、仓库等固定资产作抵押并办理了抵押登记和公证。这表明，YL 集团在贷款时并不是“以非法占有为目的”。但面对集团不好的经营状况和还贷日的临近，为了逃避抵押财产被银行抵偿债务和保住家产，张某伪造了一系列证据，证明 YL 集团向其弟张某某、其婿宋某借款本息合计 9 119 万元，由张某某、宋某起诉 YL 集团归还借款，致使 YL 大酒店的所有权被划归张某某、宋某。这表明，虽然 YL 集团因经营不善而不能正常归还贷款是意志以外的客观原因造成的，但其仍有能力用抵押的财物偿还银行贷款，可张某及 YL 集团采用这些欺诈行为，“拒不归还”贷款，应认定为具有“非法占有目的”的使用虚假的经济合同通过诉讼诈骗银行贷款的行为。贷款行为在本质上是一种合同行为，无论借贷还是还贷，都是贷款合同行为的组成部分。因此，还款中使用虚假经济合同通过诉讼诈骗银行贷款的行为，也应属于法定贷款诈骗罪的行为。

然而，这还不能认定YL集团及张某就能构成了贷款诈骗罪。根据我国《刑法》第193条规定，贷款诈骗罪在犯罪主体上只能是自然人而不能是单位。本案中，YL集团虽是一家家族公司，但它完全符合我国《刑法》第30条规定的“单位”（公司）。张某作为该单位的董事长，伪造证据并借助司法程序，将已被贷款抵押的YL大酒店的所有权转移给公司副总经理张某某、宋某，实现以逃避抵押财产被银行抵偿债务和保住“家产”的目的，应属于“单位”（公司）的行为。根据最高人民法院发布的《全国法院审理金融犯罪案件工作座谈会纪要》的规定，对于单位实施的贷款诈骗行为，不能以贷款诈骗罪定罪处罚，也不能以贷款诈骗罪追究直接负责的主管人员和其他直接责任人员的刑事责任。这样，无论是YL集团还是张某，都不构成贷款诈骗罪[①]。对于司法实践中单位十分明显地以非法占有为目的，利用签订、履行借款合同诈骗银行或其他金融机构贷款，符合《刑法》第224条规定的合同诈骗罪构成要件的，应当以合同诈骗罪定罪处罚。本案中，张某的行为属于“公司”行为，符合该罪的主体要求；“采用欺诈手段拒不还贷”行为符合《全国法院审理金融犯罪案件工作座谈会纪要》对该罪客观方面的要求；张某“以非法占有为目的”符合该罪的主观故意要求；张某的行为破坏了借贷合同的市场管理秩序和银行的财产占有权，符合该罪的客体要求。综上，张某的行为按合同诈骗罪定罪处罚。

实务训练

从实务中找一个类似本主题的真实案例，并根据案件事实、既有证据及争议焦点，写一份辩护词或判决书。要求格式规范、条理清晰、层次分明、说理透彻。

延伸阅读

1. 张明楷. 诈骗罪与金融诈骗罪研究. 北京：清华大学出版社，2006.
2. 屈学武. 金融刑法学研究. 北京：中国检察出版社，2004.

案76. 对信用卡诈骗罪中“恶意透支”的认定

——蒋某某信用卡诈骗案

要点提示

恶意透支型信用卡诈骗罪，既要求主观方面有非法占有目的，也要求在客观方面具有超过规定限额或者规定期限透支，并且经催收仍不归还的行为。在办理信用卡诈骗罪

① 既然张某的行为属于“单位”（公司）行为，则根据现行《刑法》第270条关于单位不构成侵占罪主体的规定，张某的行为也不可能构成侵占罪。

时应当坚持刑法谦抑原则，只有在发卡银行无法收回透支款的时候，即民法无法调整的时候，刑法才有介入的必要。

案情摘要

被告人蒋某某，女，1980 年 6 月生，重庆某公司营业人员。

蒋某某于 2003 年 8 月在工商银行重庆某支行申请办理了一张牡丹贷记卡，明知自己卡上无存款但仍在 2003 年 9 月至 11 月期间，共 10 余次使用此卡从自动取款机上提取现金和使用此卡进行消费，合计 8 000 余元。蒋某某办理信用卡的银行允许透支额为 1 万元。2004 年 1 月起，发卡银行多次对蒋某某催收但其仍不归还。2004 年 6 月，银行向公安机关报案，蒋某某在公安机关侦办此案过程中退还了透支的本金和由此产生的利息。蒋某某在被讯问时辩称：自己确实收到银行催收通知单，但认为不过几千元数额，自己的收入足以保证还清透支额，加之懒惰才未能及时归还。

分歧意见

一种观点认为，根据 1996 年最高人民法院关于信用卡诈骗案中“恶意透支”的司法解释，蒋某某恶意透支数额较大，且自收到发卡银行催收通知之日起 5 个月内仍不归还，已构成信用卡诈骗罪；另一种观点认为，蒋某某的行为不构成犯罪。按照最高人民法院司法解释，蒋某某的透支金额未超过信用卡准许透支的范围，在允许透支范围内的透支行为，时间不论多久都属民事借贷关系，不能认定为犯罪。

问题研讨

本案争议的焦点在于蒋某某主观上是否存在“非法占有”目的，这就涉及如何认识透支型信用卡诈骗犯罪的构成特征，如何理解和运用刑法和司法解释的相关内容，也关涉刑法谦抑原则在司法实践中的坚守。

一、恶意透支行为的入罪沿革及其相关规定的理解

1995 年 6 月，全国人大常委会通过《关于惩治破坏金融秩序犯罪的决定》，创设了信用卡诈骗罪，恶意透支成为信用卡诈骗罪的表现形式之一。1996 年 12 月，最高人民法院下发《关于审理诈骗案件具体应用法律的若干问题的解释》（已失效），规定“恶意透支”是指持卡人以非法占有为目的，或者明知无力偿还，透支数额超过信用卡准许透支的数额且数额较大，逃避追查，或者自收到发卡银行催收通知之日起 3 个月内仍不归还的行为。1997 年修订《刑法》，第 196 条第 2 款对恶意透支进行了重新规定：前款所称恶意透支，是指持卡人以非法占有为目的，超过规定限额或者规定期限透支，并且经发卡银行催收后仍不归还的行为。

在司法实践中，一般认为 1996 年的司法解释和 1997 年刑法的规定存在异同点。从

语义上分析，二者都强调主客观的有机统一，只是外延不同。就主观方面而言，二者都要求“非法占有目的”；就客观方面而言，新刑法在原来的基础上新增了一种情形：超过规定期限透支。即使没有超过发卡行允许透支的规定限额，但透支额较大，且经发卡银行催收后仍不归还的行为具有严重的社会危害性，在其他法律无法维护信用卡管理秩序的时候也需要刑法的介入。要求经发卡银行催收后仍不归还才能追究刑事责任，则更好地体现了刑法谦抑原则。新刑法规定较 1996 年司法解释而言，更为全面、合理。

二、关于恶意透支行为诈骗性的理解

恶意透支是信用卡诈骗罪的表现形式之一，应当具备诈骗的特征：虚构事实或者隐瞒真相，使对方陷入错误的认识，做出错误的财产处分，进而实现非法占有的目的。在实践中，恶意透支主要有积少成多型、交叉担保型、内外勾结型、私相授受型。主张恶意透支不具有诈骗性的学者认为，信用卡加盟店，也就是特约商户，使用信用卡交易的规则是，加盟店只要确认信用卡的有效性与署名同一性，不必要确认信用卡会员有无支付意思与能力，行为人呈示信用卡不能说是欺诈行为；加盟店只要将销售发票送给发卡行，发卡行就必须代付持卡人购买的款项，故不能认为加盟店有财产上的损害；发卡行收到加盟店送来的发票后，即便明知会员无支付意思与能力，也必须向加盟店代付会员购买商品的货款。但首要的问题是，合法持卡人是如何取得信用卡的？如果行为人一开始就有非法占有的目的，并提供了真实的报表材料，而发卡行知道行为人的这一目的，显然是不会发卡授信的，也就不会遭受财产的损失，因此，这里存在明显的诈骗性。在消费过程中，加盟店形式上推定行为人没有非法占有的目的而进行交易，但这并不符合事实，虽然加盟店没受到损失，但发卡行却要因此买单。事实上，诈骗并非总是呈现出直接的线性结构，也存在间接的三角结构，即受骗者与受害者分离的情形，如冒用他人的信用卡。

三、主观上“非法占有目的”的认定

这里的非法占有并非暂时的占有和控制，而是侵犯财产所有权的不法所有的意思。“经发卡行催收后仍不归还”实际上不是对“非法占有目的”的一种推定，而是表明行为的刑罚需罚性的客观特征。因此，这种非法占有目的需要通过案件的相关事实予以认定，而不能简单地以“经发卡行催收后仍不归还”来直接推定。按照 2009 年《关于办理妨害信用卡管理刑事案件具体应用法律若干问题的解释》（以下简称《解释》）的规定，有下列情形之一的，应当认定为非法占有目的：（1）明知没有还款能力而大量透支，无法归还的；（2）肆意挥霍透支的资金，无法归还的；（3）透支后逃匿、改变联系方式，逃避银行催收的；（4）抽逃、转移资金，隐匿财产，逃避还款的；（5）使用透支的资金进行违法犯罪活动的；（6）其他非法占有资金，拒不归还的行为。需要说明的是，在证明行为人主观上的非法占有目的时，结论要有唯一性，不能因为事实上的没有归还就一律认定为非法占有的目的，必须认真分析行为人不能归还的原因，是“想还而不能”，还是“能还而不欲”。确定行为人是否存在特定的免责因素：持卡人因长期出差或出国等原因，未能收到发卡行的透支通知而造成的拖欠现象；资金周转困难，暂时无法按期返还的；因不可抗力暂时丧失偿还能力；等等。

就本案而言，蒋某某在收到银行催收通知单后虽未及时归还透支款，但认为透支款不过几千元数额，自己的收入足以保证还清透支额，加之懒惰才未能及时归还。由于此种情况在现实中确实存在，所以发卡行的催收程序往往是分三步走：首先发出书面通知催告还款，然后派外勤人员上门索要，最后诉请法院发出支付令，若经三次催要仍不归还，即可认定行为人主观上存在非法占有的目的。本案发卡行仅对蒋某某进行了几次书面催收，在行为人有还款能力、承认透支事实又不逃避侦查的情况下，很难认定其具有非法占有的目的。

四、“催收后仍不归还”的理解与适用

由于恶意透支的非法占有目的是主观的“超过”要素，不需要客观要件与之对应，这样“催收后仍不归还”应当具有自己的客观要件的意义：限制入罪范围，即它是与超过规定限额或者规定期限透支并列的客观必备要件。“催收后仍不归还”并非一个必经的程序性规定，而是恶意透支行为民转刑的一个提示性内容，即如果发卡行不能通过民事的手段维护其财产权，则需要刑法的介入。携款潜逃和逃避侦查的恶意透支行为已经表明，发卡行不可能通过民事的手段索回透支款，此时刑法介入的必要性不需要发卡行以催要来证明。当然，一般情况下发卡行允许持卡人透支期限为一个月，要求持卡人在一个月内归还透支金额和利息，如果在一个月内持卡人不能还本付息，发卡行在进入第二个月时会有外勤人员催要透支款，在催要透支款无果的情况下，才诉请人民法院发支付令给持卡人，持卡人在法定的 15 天内可以提出异议，若没有异议，人民法院即予以执行。

以本案论之，行为人并未逃避侦查且有还款能力，发卡行完全可以通过民事手段索回蒋某某的 8 000 元透支款，没必要依靠国家的刑法资源来维护财产权。这不仅是刑法的谦抑性品格所要求的，也是银行信用卡业务源于透支功能所特有的金融风险，只有使商业纠纷尽可能消弭于私法秩序之中，才能促进业务的良性发展。

五、透支数额的入罪标准

根据刑法的规定，恶意透支须达到“数额较大”，才可能构成本罪。对恶意透支的数额如何计算，有两种不同意见：第一种意见认为应按照 1996 年最高人民法院的司法解释，以透支 5 000 元以上为数额较大。第二种意见认为，应以超过透支限额 5 000 元为犯罪起点标准。按照 2009 年《解释》，持卡人超过规定限额或者规定期限透支，并且经发卡银行两次催收后超过 3 个月仍不归还的，应当认定为恶意透支。以此观之，本案蒋某某透支 8 000 元并未超过规定限额（1 万元），但其超过规定期限透支，经发卡行多次催收后超过5 个月仍未归还，已构成“恶意透支”。

综上所述，本案蒋某某虽然有“恶意透支”的行为，但主观上“非法占有目的”并不明确，且透支数额没有超过信用额度，按照刑法规定，并结合刑法谦抑原则，不应当

追究其刑事责任。

实务训练

从实务中找一个类似本主题的真实案例，根据案件事实、既有证据及争议焦点，写一份辩护词或判决书。要求格式规范、条理清晰、层次分明、说理透彻。

延伸阅读

1. 刘明祥. 财产罪比较研究. 北京：中国政法大学出版社，2001.

2. 刘华. 信用卡犯罪中若干疑难问题探讨. 刑法问题与争鸣. 北京：中国方正出版社，2001.

3. 郭立新，杨迎泽. 刑法分则适用疑难问题解. 北京：中国检察出版社，2000.

案 77. 用遗忘在 ATM 内银行卡转款应定信用卡诈骗罪

——刘某某信用卡诈骗案

要点提示

盗窃罪、侵占罪、信用卡诈骗罪都是行为人非法占有他人财物的犯罪行为，三者的关键区别在于犯罪行为手段的不同。在银行自动柜员机（ATM）上拾得他人信用卡并使用的行为，不符合盗窃罪、侵占罪的犯罪特征，而是属于《刑法》第 196 条第 1 款第 3 项规定“冒用他人信用卡”的情形，应当以信用卡诈骗罪定罪处罚。

案情摘要

2015 年 12 月 16 日 18 时 40 分许，被告人刘某某到位于重庆市江北区观音桥北城天街的华夏银行自助服务网点存款，发现被害人雷某遗忘在自动柜员机内的信用卡，遂通过柜员机将雷某银行账户内的 5 万元转入自己的华夏银行账户。2015 年 12 月 21 日，公安机关将被告人刘某某抓获归案，刘某某到案后将 5 万元赃款退还被害人。

分歧意见

对本案刘某某行为的定性，处理过程中形成三种意见：

（1）刘某的行为构成盗窃罪。主要理由是：1）信用卡诈骗罪是诈骗罪的一种特殊类型，同样具备诈骗罪“因受欺骗而处分财物”的构成要素，而自动柜员机属于机器，不是人，没有意识，不可能受骗；2）用拾得的信用卡在自动柜员机上转账，如同拾得他人的保险箱钥匙后用钥匙打开保险箱取走财物，属于盗窃而非诈骗；3）刘某某拾得的被害人雷某的信用卡，处于已经输入银行卡密码待操作界面的状态，将雷某账户内的资金转入自己的银行账户内，类似于从被害人开着门的保险箱内取走财物的行为，符合盗窃罪的特征。

（2）刘某某的行为构成侵占罪。主要理由是：1）在自动柜员机上看到信用卡已处于可操作账户界面的状态，也就在事实上获取了信用卡所含资金的支配力。从行为人的主客观危害性角度考量，这与捡到他人的钱包以后而产生非法占有他人财物的歹念的情况无差别①；2）侵占信用卡是主行为，使用信用卡是侵占信用卡的后续行为，应按主行为认定行为性质；3）既然盗窃信用卡并使用的成立盗窃罪，那么侵占信用卡并使用的当然成立侵占罪。

（3）刘某某的行为构成信用卡诈骗罪。主要理由是：我国《刑法》第196条明确规定“冒用他人信用卡”构成信用卡诈骗罪，拾得他人信用卡并在自动柜员机上使用的行为属于“冒用他人信用卡”的情形，应当定性为信用卡诈骗罪。

问题研讨

本案问题的解决，关键在于对盗窃罪、侵占罪、信用卡诈骗罪的概念、构成要件及三者的区别的理解和适用。事实上，按现行立法规定，本案应当定性为信用卡诈骗罪。

盗窃罪，是指以非法占有为目的，秘密窃取公私财物，数额较大，或者多次盗窃、入户盗窃、携带凶器盗窃、扒窃公私财物的行为。盗窃罪的犯罪主体是一般主体，犯罪客体是公私财物所有权，主观构成要件是故意且具有非法占有目的，客观行为要件为秘密窃取他人占有的财物，数额较大，或者多次盗窃、入户盗窃、携带凶器盗窃、扒窃他人占有的财物。

侵占罪，是指将代为保管的他人财物非法占为已有，数额较大，拒不退还，或者将他人的遗忘物或者埋藏物非法占为已有，数额较大，拒不交出的行为。侵占罪的犯罪主体因侵占对象的不同而有所区别，侵占代为保管的他人财物的犯罪主体是财物保管人，属于身份犯；侵占遗忘物或者埋藏物的犯罪主体是一般主体，年满16周岁的人都可以成为犯罪主体；侵占罪的犯罪客体是公私财物所有权，主观构成要件是故意且具有非法占有目的，客观构成要件是将代为保管的他人财物非法占为已有，数额较大，拒不退还，或者将他人的遗忘物或者埋藏物非法占为已有，数额较大，拒不交出的行为。

信用卡诈骗罪，是指以非法占有为目的，利用信用卡进行诈骗活动，骗取数额较大财物的行为。信用卡诈骗罪的犯罪主体是一般主体，犯罪客体是国家金融管理秩序和金融机构、持卡人的财物所有权，主观构成要件是故意且具有非法占有目的，客观构成要件为采取下列行为之一：（1）使用伪造的信用卡或者使用以虚假的身份证明骗领的信用卡；（2）使用作废的信用卡；（3）冒用他人信用卡；（4）恶意透支。

通过比较盗窃罪、侵占罪、信用卡诈骗罪的概念和构成要件，可以发现三者在构成

① 黄祥青．刑法适用疑难破解．北京：法律出版社，2007：209.

要件上既有相同之处也有区别。相同之处在于：三罪都是以非法占有为目的，侵犯公私财物所有权的犯罪，除了代为保管的他人财物型侵占罪是身份犯外，犯罪主体都是一般主体；主要区别在于三罪的客观行为方式不同，在犯罪客体上，信用卡诈骗罪侵犯的是双重客体，除了侵犯公司财物所有权之外，还破坏了金融管理秩序。因此，要注重从犯罪的客观行为和犯罪客体上来区分盗窃罪、侵占罪和职务侵占罪。

根据上文分析，纵观本案，刘某某的行为不构成盗窃罪或者侵占罪，而是构成信用卡诈骗罪。首先，刘某某的行为不构成盗窃罪。盗窃罪是直接窃取财物，通常情况下，无需对方的处分行为，刘某某用拾得的他人信用卡在自动柜员机上转账，尽管其取款行为具有秘密性，但之所以能够顺利转账，关键不在于直接秘密窃得财物，而是在冒用他人信用卡转账时，自动柜员机按照事先设定的程序转账，或者说是自动柜员机代替银行工作人员将钱款转账给刘某某，如果没有自动柜员机的转账，刘某某是不能取得钱款的。所以，以拾得的信用卡在自动柜员机上转账，经过了自动柜员机代替银行工作人员的处分钱款行为，这完全不同于拾得他人的保险箱钥匙后用钥匙打开保险箱取走财物的情形。因此，刘某某的行为不符合盗窃罪的特征。

其次，刘某某的行为不构成侵占罪。主要理由是：(1) 拾得信用卡，不等于拾得了信用卡账户内的资金，只要行为人不取款，就不会给信用卡所有人造成损失。所以，拾得信用卡并获取了信用卡所含资金的支配力，并不等于就占有了银行卡内的资金，这与捡到他人钱包后非法占有钱包内财物存在明显区别。(2) 拾得信用卡，拒不交出，即仅仅侵占信用卡的行为通常不构成侵占罪。生产制作信用卡需要投入经济、人力、技术等成本，从民事法律和经济学角度而言，信用卡本身也是有价值的财物。但是，犯罪是严重危害社会的行为，就侵占罪而言，刑法明确规定侵占财物的数额较大才成立犯罪，信用卡本身价值并不高，通常也就价值数十元人民币，即使行为人拾得他人信用卡，拒不交出，由于未能达到数额较大的条件，不能认定为侵占罪。(3) 侵占信用卡是主行为，使用信用卡是后续行为，主行为吸收从行为，应按主行为认定行为性质的观点，同刑法理论不符。刑法理论中的主行为吸收从行为，逻辑前提是主行为和从行为都是犯罪行为。然而，拾得信用卡，拒不交出，并不是犯罪行为，只有使用他人信用卡的行为才是犯罪行为，也就是《刑法》第196条明文规定的“冒用他人信用卡的”行为。虽然拾得信用卡是使用信用卡的前提条件，但只有使用他人信用卡才会造成财产损失。因此，不能认为拾得信用卡是主行为，使用信用卡是从行为，恰恰相反，使用他人信用卡才是主行为，拾得信用卡是从行为。所以，拾得信用卡吸收使用信用卡的观点不能成立。(4) 以《刑法》第196条第3款的规定即盗窃信用卡并使用的按盗窃罪定罪处罚，来推定侵占信用卡并使用的成立侵占罪的观点，违反罪刑法定原则。罪刑法定原则是刑法的基本原则，基本含义是“法无明文规定不为罪，法无明文规定不处罚”。罪刑法定原则的基本要求之一是禁止类推。《刑法》第196条第3款规定盗窃信用卡并使用的按盗窃罪定罪处罚，属于法律拟制的性质，对法律性质规定不能“推而广之”，否则违反了禁止类推的要求，使刑法处于不确定之中，丧失了自由保障功能。所以，尽管刑法规定了盗窃信用卡并使用的按盗窃罪定罪处罚，但并没有规定侵占信用卡并使用的按侵占罪定罪处罚，按照罪刑法定原则，对侵占信用卡并使用的行为，不能参照盗窃信用卡并使用的行为类推解释为侵占罪。

最后，刘某某的行为构成信用卡诈骗罪。主要理由是：(1) 刘某某在自动柜员机上拾得他人信用卡后，将该信用卡中的资金转账到自己的银行卡内，表明刘某某具有非法占有他人信用卡内资金的目的。(2) 2008 年 4 月 18 日最高人民检察院《关于拾得他人信用卡并在自动柜员机（ATM 机）上使用的行为如何定性问题的批复》称：拾得他人信用卡并在自动柜员机上使用的行为，属于《刑法》第 196 条第 1 款第 3 项规定的“冒用他人信用卡”的情形，构成犯罪的，以信用卡诈骗罪追究刑事责任。刘某某在自动柜员机上拾得他人信用卡后，将该信用卡中的 5 万元资金转账到自己的银行卡内，根据前述批复，依法应当认定为“冒用他人信用卡”。(3) 刘某某冒用他人信用卡转账的行为，符合诈骗犯罪的基本构成。银行自动柜员机虽然不是人，但也不是纯粹的机器，而是输入了人编制的程序、指令并按照该程序、指令行事的机器人，体现的是人的意志，所以，拾得他人信用卡并使用，即冒用他人信用卡转账，使自动柜员机误以为本人操作，并按照人事先设定的程序、指令转账，实际上是隐瞒真相，使设定自动柜员机程序、指令的人陷入错误认识而处分财物。

综上，本案刘某某的行为属于《刑法》第 196 条第 1 款第 3 项规定的“冒用他人信用卡”的情形，应当以信用卡诈骗罪定罪处罚。

实务训练

请根据案件事实、既有证据及争议焦点，写一份一审判决书。要求格式规范、条理清晰、层次分明、有理有据、入情入理。

延伸阅读

黄祥青. 刑法适用疑难破解. 北京：法律出版社，2007：209.

案 78. 盗窃银行汇票并使用的构成票据诈骗罪

——张某票据诈骗案

要点提示

盗窃罪、票据诈骗罪都是行为人非法占有他人财物的犯罪行为，二者的关键区别在于犯罪行为手段和犯罪客体的不同。银行承兑汇票记载的金额，属于财产性权利，票据丢失后，持票人可以采取挂失止付、公示催告或者提起诉讼等多种救济途径，票据被盗并不必然导致财产损失。盗窃银行承兑汇票后并使用的，即行为人获得汇票记载的财产的方式是使用汇票行为，属于《刑法》第 194 条第 1 款第 3 项规定的“冒用他人汇票”进行诈骗活动的情形，应当认定为票据诈骗罪。

案情摘要

被告人张某采取翻墙、撬开门锁的方式，进入林某某位于江苏省无锡市锡山区的办公室中，窃得银行承兑汇票 2 张。其中，1 张票号为 00257463，出票人为湖南省湘潭市某汽车销售公司，付款行是湖南省湘潭市商业银行，出票金额为 5 万元，收款人为株洲市某摩托车经营部，出票日期为 20××年 3 月 18 日，到期日期为 20××年 9 月 18 日；另一张票号为 02214212，出票人为安徽省某酒业有限公司，付款行是徽商银行六安分行清算中心，出票金额为 5 万元，收款人为江阴市某彩印有限公司，出票日期为 20××年 1 月 9 日，到期日期为 20××年 7 月 9 日。随后，张某以票号为 00257463 的银行承兑汇票向杨某兑换现金 4 万元；以票号为 02214212 的银行承兑汇票向王某某支付欠款 3 万元，并兑换现金 1.7 万元。

林某某发现银行承兑汇票被盗后，当日晚上向公安机关报案，并于次日向湘潭市商业银行和徽商银行六安分行清算中心对被盗的银行承兑汇票进行电话挂失，后又以无锡市某五金加工厂名义，以公示催告程序向湖南省湘潭市岳麓区人民法院、安徽省六安市金山区人民法院宣告上述汇票无效，前述法院先后于 20××年 8 月 29 日、9 月 22 日作出除权判决，公告上述汇票无效。20××年 12 月 9 日，公安机关将被告人张某抓获。

分歧意见

对本案张某行为的定性，处理过程中形成两种意见：

（1）张某的行为构成盗窃罪。主要理由是：1）张某主观上具有非法占有他人财物的目的。2）张某客观上采取翻墙、撬开门锁等手段，进入被害人林某某的办公室中，窃取银行承兑汇票。张某的行为符合盗窃罪的构成要件。

（2）张某的行为构成票据诈骗罪。主要理由是：张某以非法占有他人财物的目的，隐瞒事实真相，冒充合法持票人的身份使用所窃得的 2 张银行承兑汇票，骗取款项 8.7 万元，数额巨大，符合诈骗罪的构成要件。

问题研讨

本案的争议问题是对于盗窃票据并使用行为如何定性。对此，应根据导致票据所有人丧失票据记载的财产的直接原因加以分析认定，即是由于行为人的盗窃行为所致还是盗窃后的使用行为所致。事实上，按现行立法规定，本案应当定性为票据诈骗罪。

银行承兑汇票是商业汇票的一种，指由在承兑银行开立存款账户的存款人签发，向开户银行申请并经银行同意承兑的，保证在指定日期无条件支付确定的金额给收款人或持票人的票据。对出票人签发的商业汇票进行承兑是银行基于出票人资信而给予的信用支持，票据到期银行具有见票即付的义务。银行承兑汇票具有以下主要特点：（1）银行承兑汇票是一个常用的结算工具；（2）银行是主债务人；（3）在有效期内可以转让；（4）收款人或持票人在汇票到期日前可以持票向银行申请支付票款；（5）银行见票即付；（6）票据丧失救济途径包括挂失止付，向人民法院申请公示催告或者提起诉讼。

犯罪是严重危害社会的行为，对行为性质的刑法评价，一般应从行为方式、危害后果及行为危害后果之间的因果关系等客观方面和行为所侵犯的客体入手。盗窃罪的客观要件是秘密窃取他人占有的财物，数额较大，或者多次盗窃、入户盗窃、携带凶器盗窃、扒窃他人占有的财物；盗窃罪侵犯的是他人财物所有权。

票据诈骗罪的客观要件表现为使用金融票据进行诈骗，数额较大的行为，《刑法》第194条规定了5种票据诈骗方法：（1）明知是伪造、变造的汇票、本票、支票而使用的；（2）明知是作废的汇票、本票、支票而使用的；（3）冒用他人的汇票、本票、支票的；（4）签发空头支票或者与其预留印鉴不符的支票，骗取财物的；（5）汇票、本票的出票人签发无资金保证的汇票、本票或者在出票时作虚假记载，骗取财物的。票据诈骗罪侵犯的客体是国家正常的金融票据管理秩序和公私财产所有权。

盗窃银行承兑汇票后并冒用的，既有盗窃行为，又有冒用行为，应定性为盗窃罪还是票据诈骗罪，还存在争议。对此，应当从取得财物的直接行为原因和行为所侵犯的客体上加以分析。首先，如果盗窃行为直接使票据持有人丧失票据记载的财产，则可以认定为盗窃罪，使用行为可以作为销赃行为对待；如果盗窃行为并未直接使票据持有人的财产遭受损失，而损失是后续的使用票据的行为导致的，则可以认定为票据诈骗罪。通常而言，银行承兑汇票虽然具有与现金类似的支付结算功能，但它并不能完全等同于现金，而是属于有价证券的范畴，是记名、可挂失、不能即时兑现、有较多保护措施的有价证券，其本身并不是财物，而是财产性权利，票据权利的行使受到诸多因素的制约，票据丢失后，也有多种救济途径。从银行承兑汇票的特性看，行为人盗窃了银行承兑汇票并不是直接占有了票据上所记载的金额，而仅仅是窃得了用汇票承兑财物的权利或机会。所以，盗窃银行承兑汇票并不能够直接非法占有财物，难以认定为盗窃罪。行为人盗窃银行承兑汇票后，之所以能够非法占有他人的财物，关键在于冒用汇票持有人，骗取对方财物，这才是票据持有人丧失汇票记载的财产的直接原因。盗窃银行承兑汇票并使用的行为，实际上属于《刑法》第194条规定“冒用他人的汇票、本票、支票”的情形，应当认定为票据诈骗罪。

其次，从侵犯的客体看，盗窃罪和票据诈骗罪都侵犯了公私财物所有权，除此之外，票据诈骗罪还侵犯了国家正常的金融管理秩序。对某一犯罪行为适用罪名时，应做到全面评价原则，即应当使行为的社会危害性得以全面评价。就盗窃银行承兑汇票并使用的行为而言，它不仅侵犯了票据权利人的财产权，还破坏了国家金融管理秩序，如果认定为盗窃罪，就不能评价这种行为对金融管理秩序的破坏，而认定为票据诈骗罪，对侵犯他人财产所有权和侵犯金融管理秩序都进行了评价。所以，从犯罪客体上看，盗窃银行承兑汇票并使用的，应当认定为票据诈骗罪。

此外，不能以《刑法》第196条第3款的规定，即盗窃信用卡并使用的按盗窃罪定罪处罚，来推定盗窃银行承兑汇票并使用的成立盗窃罪。原因在于，这种做法违反罪刑法定原则。罪刑法定原则是刑法的基本原则，基本含义是“法无明文规定不为罪，法无明文规定不处罚”。罪刑法定原则的基本要求之一是禁止类推。《刑法》第196条第3款规定盗窃信用卡并使用的按盗窃罪定罪处罚，属于法律拟制的性质，对法律性质规定不能“推而广之”，否则违反了禁止类推的要求，使刑法处于不确定之中，丧失了自由保障功能。所以，尽管刑法规定了盗窃信用卡并使用的按盗窃罪定罪处罚，但并没有规定盗窃银行承兑汇票并使用的按盗窃罪定罪处罚，按照罪刑法定原则，对盗窃银行承兑汇票并使用的行为，不能参照盗窃信用卡并使用的行为类推解释为盗窃罪。

综上，本案张某盗得林某某 2 张银行承兑汇票后，分别向杨某兑换现金 4 万元、向王某某付欠款 3 万元并兑换现金 1.7 万元，属于冒用他人汇票的行为，应当认定为票据诈骗罪。

实务训练

请根据案件事实、既有证据及争议焦点，写一份一审判决书。要求格式规范、条理清晰、层次分明、有理有据、入情入理。

延伸阅读

1. 郝双春. 盗取空白支票后使用的应以票据诈骗罪论处. 人民检察，2009 (22)：63.
2. 龚振军. 论票据诈骗罪司法认定中的疑难问题. 政治与法律，2008 (12)：32-37.

案 79. 架构传销模式骗取他人资金的行为定性

——骆某某等人集资诈骗案

要点提示

组织、领导传销活动罪和集资诈骗罪都是诈骗犯罪，也属于非法集资犯罪，但是二者的犯罪行为方式存在区别，通常情况下，比较容易区分。不过，在行为人架构传销模式，既收取“人头费”，又以诈骗方法非法募集资金的情形下，应当定性为组织、领导传销活动罪还是集资诈骗罪，应当从行为人的主要犯罪手段入手，结合犯罪客体来加以分析。

案情摘要

2015 年 6 月 3 日，被告人骆某某、李某某、毕某某等人成立重庆二码信息技术有限公司（以下简称“重庆二码公司”），李某某为法定代表人，公司经营范围不包含金融业务。2016 年 2 月起，被告人王某某加入重庆二码公司并成为股东之一。2016 年 3 月，骆某某、王某某、毕某某、李某某等人以开展华南片区业务为名成立深圳二码信息技术有限公司（以下简称“深圳二码公司”，重庆二码公司、深圳二码公司以下合称“二码公司”）。

2016 年 9 月，被告人骆某某、王某某、李某某、毕某某共谋利用二码公司开发的二码公益（后更名为二码消费、二码产业链、汇金消费等名称）App，以与“中国老龄事业发展基金会”合作公益项目的名义，通过网络宣传、集中培训宣传、书面宣传及口口相传等方式，宣称二码公益是网络电商平台，以刺激消费、捐助公益为名，以消费即可获得高额返利为诱饵引诱他人缴纳加盟费（各级代理缴纳给二码公司的代理费、孝友与至尊孝友交给各级代理的入门费用）获得消费资格。

在二码公益模式下，至尊孝友、县级代理、市级代理、省级代理有权推荐他人成为至尊孝友或者各级区域代理，而获得代理费提成；普通孝友、至尊孝友及各级区域代理有权推荐发展二码公益平台合作商家，并按比例获得所属区域内商家让利款提成。因此，二码公益项目形成了普通孝友、至尊孝友、县级代理、市级代理、省级代理从低到高的层级，以平台发展的人数为计酬和返利依据的经营模式。

获得消费资格的普通孝友、至尊孝友及各级区域县级代理等消费者在二码公益平台合作商家中进行消费，合作商家需缴纳消费者选择购买的商品售价5%、10%或者20%的让利款给二码公司（合作商家向二码公益平台缴纳让利款）。二码公司对该笔让利款进行二次分配，分别返还给消费者、合作商家、推荐人、中国老龄事业发展基金会等，二码公司也留存部分作为利润。二码公司以此模式承诺相应最高返还给消费者25%、50%或者100%的消费返利，最高返还给商家此前缴纳给二码公司让利款同等金额的返利，承诺消费不停、返利不止，但未承诺返利款项完全到位的时间。二码公司每日将待分配的钱均以积分形式体现在二码公益平台上，根据制定的换算公式换算成孝分后逐日向消费者及商家返利。

2016年10月27日之后，大量消费者在二码公益平台合作商家不实际购买商品，而仅缴纳商品售价5%、10%或者20%的让利款进行刷单（仅交让利款，不实际消费），然后等候返利。

二码公益打着鼓励刺激消费、捐助公益的旗号，平台吸纳的资金未用于任何生产经营活动，而仅用于支付高额的返利，致使资金缺口越来越大，平台难以为继。为延续二码公益的经营，骆某某、王某某、毕某某、李某某共谋利用各自控制的消费者账户通过缴纳商家让利款进行“刷单”，利用各自控制的消费者账户不缴纳商家让利款进行“刷空单”，以此篡改后台数据、虚增孝分、虚增交易额，对孝心值进行控制，制造平台虚假繁荣的假象，吸引更多的人员加入二码公益平台并进行消费，以骗取代理费和商家让利款。

2016年9月至2017年2月，骆某某、王某某、李某某、毕某某共计发展省级代理23人，市级代理165人，县级代理430人，至尊孝友4 884人，普通孝友44 684人，收取各级代理缴纳的加盟费13 483.5万元，将其中的4 641.380 58万元分配给各级代理和孝友，将889.77万元据为己有，其余款项被转入二码公司的银行账户。

2016年10月至2017年4月，骆某某、王某某、李某某、毕某某以各自控制的消费者账户通过“刷空单”或者“刷单”的方式，从二码公益平台提取商家让利款5 180.06万元。2017年3月8日之后，因二码公益平台资金紧张，骆某某、李某某、毕某某为挽救平台共计将1 725.37万元退还二码公司。由于二码公益平台资金缺口高达69 607.35万元，二码公益平台最终崩盘，无法返利。

分歧意见

对本案骆某某等人的行为定性，处理过程中形成两种意见：

（1）骆某某等人的行为构成组织、领导传销活动罪。主要理由是：骆某某等 4 人组织、领导以推销商品、刺激消费、捐助公益为名，要求各级代理商及孝友缴纳加盟费获取加入二码公益项目的资格，按照普通孝友、至尊孝友、县级代理、市级代理、省级代理从低到高的顺序组成层级，以平台发展的人数为返利依据，引诱参加者继续发展他人参加传销活动，骗取财物，参与传销活动人员达到 50 186 人，直接或者间接参与传销活动人员缴纳的传销资金数额累计达到 206 800.25 万元，扰乱了经济社会秩序，符合组织、领导传销活动罪的特征。

（2）骆某某等人的行为构成集资诈骗罪。主要理由是：被告人骆某某等 4 人既组织了传销活动，也直接骗取了加盟费，但其骗取财物的主要行为表现为：以消费返利为诱饵，诱使他人缴纳让利款，归集巨额资金，进而通过“刷空单”或其他方式非法占有他人财物，在本质上是以募集资金的方式骗取他人财物，更符合集资诈骗罪的特征。

问题研讨

在行为人架构传销模式，既收取“人头费”，又以诈骗方法非法募集资金的情形下，应当定性为组织、领导传销活动罪还是集资诈骗罪，争议很大。对此，应当从行为人的主要犯罪手段入手，分析其行为更加符合哪个犯罪的特征，进而定罪处罚。通过分析组织、领导传销活动罪、集资诈骗罪的罪质、基本特征及二者的关系和区别，本案定性为集资诈骗罪更为适宜。

组织、领导传销活动罪是 2009 年《刑法修正案（七）》新增设的罪名，作为《刑法》第 224 条之一的内容，它是指行为人组织、领导以推销商品、提供服务等经营活动为名，要求参加者以缴纳费用或者购买商品、服务等方式获得加入资格，并按照一定顺序组成层级，直接或者间接以发展人员的数量作为计酬或者返利依据，引诱、胁迫参加者继续发展他人参加，骗取财物，扰乱经济社会秩序的传销活动的行为。对此，刑法理论和实务中通常称为诈骗型传销，以区别于经营型传销，它具有自身的本质属性和基本特征。

组织、领导传销活动罪的罪质是诈骗犯罪。罪质是一个犯罪类型所固有的本质属性，是区分本罪与他罪的关键标志。根据刑法关于组织、领导传销罪的规定，行为人组织、领导传销活动罪的根本目的是骗取财物，在构成要件上，这就要求行为人主观上具有“非法占有目的”。所以，组织、领导传销活动罪的罪质是诈骗犯罪。同合同诈骗罪、集资诈骗罪一样，组织、领导传销活动罪是诈骗犯罪的特殊罪名。它的特殊性就体现在诈骗方式上，这也是不同罪名的诈骗犯罪的根本区别所在。根据《刑法》第 224 条之一的规定，结合司法实践情况，可以将组织、领导传销活动的主要行为特征概括为以下六个方面：一是以商品、服务为诈骗“道具”；二是以“入门费”为加入资格；三是对组织成员进行“洗脑”；四是组织架构“层级化”；五是以“人头”数量作为回报依据；六是直接骗取“入门费”。组织、领导传销活动罪最本质的行为特征在于通过“拉人头”

的方式直接骗取"入门费"，这种骗取是直接骗取，具有单向性，组织者、领导者收到成员缴纳的"入门费"后，这些资金就归自己占有，一般不存在收到"入门费"后，再返还给参加者的情形。这是区别于其他诈骗犯罪的一个关键标志。

集资诈骗罪的罪质也是诈骗犯罪。刑法规定，集资诈骗罪是指行为人以非法占有为目的，使用诈骗方法非法集资，数额较大的行为。相比于组织、领导传销活动罪，刑法理论和司法实践中对集资诈骗罪的罪质和基本特征的认识较为一致。在罪质上，集资诈骗是诈骗犯罪的特殊类型。

集资诈骗罪之所以能够成为一个独立罪名，也是在于行为方式上与其他诈骗犯罪不同。根据《刑法》第192条及相关司法解释规定，结合司法实践情况，可以将集资诈骗罪的主要行为特征概括为以下三个方面：一是非法募集资金。这是集资诈骗罪区别于其他诈骗犯罪的本质特征。集资诈骗罪同其他诈骗犯罪的本质区别，在于行为人非法占有他人资金的行为方式不同。如合同诈骗罪的行为方式是行为人在签订、履行合同中骗取他人财物；集资诈骗罪是行为人采取将社会公众的资金募集到一起的方式，来骗取财物。二是以"还本付息"为诱饵。这是集资诈骗区别于其他诈骗犯罪的另一个重要特点。实践中，尽管名称、方式、称谓不同，有的直接承诺到期还本付息，有的承诺返本销售，有的承诺消费返利，但在本质上都是"还本付息"。集资参与人正是基于返还成本、高额回报的诱惑，才将自己的资金投入到集资人处。事实上，在一些集资诈骗案件中，为了诱惑更多的人投入资金，在非法集资前期，行为人通常向集资参与人支付了高额回报并返还本金。但是，这只不过是骗取更多集资款的诱饵。三是组织架构"扁平化"。这是针对组织、领导传销活动罪的组织架构而言的。与组织、领导传销活动的"金字塔"式的"层级化"组织架构不同，集资诈骗活动中的人员组织架构，往往是"扁平化"的，不以建立层级式的组织结构为必要条件。当然，随着犯罪手段不断翻新，有的集资诈骗活动中，也建立了"层级式"的人员组织结构。

司法实践和刑法理论中之所以对行为人的行为定性发生认识分歧，除了因为传销行为、集资诈骗行为本身比较复杂，两者有时会发生交叉，还因为没有厘清组织、领导传销活动罪与集资诈骗罪的关系和区别。

组织、领导传销活动罪与集资诈骗罪是相互独立的犯罪，不是法条竞合或者想象竞合关系。法条竞合是指同一犯罪行为因刑事法律关系对法条的错综规定，出现数个法条所规定的构成要件在内容上具有从属或者交叉关系的情形。法条竞合所要解决的是在一个犯罪行为触犯数个法条的情况下，适用哪个法条的问题，是关于法条之间的理论。想象竞合犯，是指一个行为触犯数个罪名，从其一重处断。它所要解决的是一个行为触犯数个罪名时，该如何科处刑罚的问题。

在刑法理论和司法实践中，有人认为组织、领导传销活动罪与集资诈骗罪是法条竞合的关系，应当按照特殊法条即组织、领导传销活动罪定罪量刑；还有人认为是想象竞合犯，应当从一重罪定罪量刑。这两种观点均不妥当。组织、领导传销活动罪和集资诈骗罪并不存在法条竞合或者想象竞合犯的关系，而是两个相互独立的罪名。从理论上看，刑法主要是根据不同的行为类型，设立不同的罪名。刑法所要规制的是行为本身，并根据行为方式的不同，设立了不同罪名。比如刑法在规定诈骗的同时，还规定了合同诈骗罪、贷款诈骗罪、保险诈骗罪等，原因就在于这些犯罪的行为方式不同，需要专属的罪名予以规制。

从实践上看，组织领导传销活动罪与集资诈骗罪是相互独立的罪名。通过考察组织、领导传销活动罪的立法演变，可以发现刑法之所以单独增设组织、领导传销活动罪，在于用刑事手段来打击传销诈骗行为。在《刑法修正案（七）》颁布之前，司法实践中对诈骗型传销通常以诈骗罪或者集资诈骗罪定罪处罚，因为诈骗型传销行为属于诈骗犯罪，诈骗罪或者集资诈骗罪能够涵摄该犯罪行为，对此种行为以诈骗罪或者集资诈骗罪定罪处罚，并无不当。随着诈骗型传销犯罪的日渐猖獗，其社会危害性愈发严重，立法机关将“拉人头”、收取“入门费”这种传销诈骗行为单独规定为一个罪名，该行为已经从诈骗罪或者集资诈骗罪中独立出来，成为一个特殊的罪名，不再依附于这两种犯罪，它有着自身的构成要件。所以，行为人采取“拉人头”、收取“入门费”的方式骗取财物的，构成刑法专门为其所增设的罪名。

组织、领导传销活动罪与集资诈骗罪的关键区别在于诈骗行为方式和侵犯客体的不同。首先，二者的诈骗行为方式存在根本区别。通过对比组织、领导传销活动罪和集资诈骗罪的基本行为特征，可以发现，尽管二者都是诈骗犯罪，但在行为方式上存在明显不同。主要表现在：其一，组织、领导传销活动罪是通过“拉人头”，缴纳“入门费”的方式来骗取财物；集资诈骗罪是通过向社会公众募集资金的方式诈骗财物。其二，传销活动通常有对参加者进行“洗脑”，实行心灵控制的行为；集资诈骗活动一般没有这种行为。其三，组织、领导传销活动罪是直接骗取“入门费”，下线参加者将“入门费”交给上线人员、组织者、领导者之后，不会再将资金返还给缴钱者，更不会给予利息、分红、返利等回报；集资诈骗罪通常有“还本付息”的承诺和行为，有的集资参与人将资金交由集资人后，还能够收回本金并获得回报。

其次，组织领导传销活动罪与集资诈骗罪的犯罪客体有所不同。这两种犯罪侵犯的客体都是复杂客体。从参与者权益的角度看，组织、领导传销活动罪和集资诈骗罪都侵犯了参与者的财产权，在这个方面，二者是相同的。但是，从市场经济秩序的角度看，组织、领导传销活动罪侵犯的是市场经济秩序，集资诈骗罪所侵犯的是金融管理秩序，二者是有所不同的。基于这种区别，集资诈骗被纳入金融监管部门的监管之下，而组织、领导传销活动却不受其监管。

纵观本案，对骆某某等 4 名被告人的行为定性为集资诈骗罪更为适宜。从行为方式上看，骆某某等四人系使用诈骗方法非法集资，骆某某等人虚构二码公益平台高额消费返利的事实，通过推介会、培训会、微信公众号、口口相传等方式，向社会公开宣传二码公益平台消费返利模式，以高额消费返利为诱饵，引诱社会不特定公众通过二码公益平台缴纳让利款，以获得消费返利，这种行为实质上是以“返还付息”为幌子非法募集资金的行为，即使用诈骗方法非法集资。

在非法集资过程中，尽管骆某某等人架构了传销层级形式，并骗取了“加盟费”，但是，从客观方面来看，骆某某等人的根本目的在于以消费返利为诱饵，骗取参与者缴纳的让利款，架构传销模式只是非法集资的手段行为。事实上，骆某某等四人采取消费返利方式募集的资金远远高于参与者缴纳的“加盟费”。所以，骆某某等人架构传销层级，骗取

"加盟费"的行为，不是整体犯罪活动的主要行为，应该包含在非法集资行为当中。

从犯罪客体上看，骆某某等四人未经批准，向社会公众公开募集资金，其行为扰乱了国家的金融管理秩序，如果定性为组织、领导传销活动罪，就不能体现该行为对刑法所保护的客体的侵害。

综上，将骆某某等人的行为定性为集资诈骗罪较为适宜。

实务训练

请根据案件事实、既有证据及争议焦点，写一份一审判决书。要求格式规范、条理清晰、层次分明、有理有据、入情入理。

延伸阅读

陈兴良. 组织、领导传销活动罪：性质与界限. 政法论坛，2016，34（2）：106-120.

案80. 以"挂靠"公司名义经营所开增值税专用发票不宜定罪

——张某强虚开增值税专用发票案

要点提示

在司法实践中，对虚开增值税专用发票行为的处罚应当坚持谦抑原则。特别是对一些尚未具备开具增值税专用发票的中小企业，挂靠其他公司名义实施经营活动，并以挂靠公司的名义开具发票的行为，不应当认定为犯罪。

案情摘要

2004年，被告人张某强与他人合伙成立个体企业某龙骨厂，张某强负责生产经营活动。因某龙骨厂系小规模纳税人，无法为购货单位开具增值税专用发票，张某强遂以他人开办的鑫源公司名义对外签订销售合同。2006年至2007年，张某强先后与6家公司以鑫源公司的名义签订轻钢龙骨销售合同，购货单位均将货款汇入鑫源公司账户，鑫源公司为上述6家公司开具增值税专用发票共计53张，价税合计4 457 701.36元，税额647 700.18元。基于以上事实，某州市人民检察院指控被告人张某强犯虚开增值税专用发票罪。

分歧意见

对于张某强的行为应当如何定性，在处理过程中形成了以下两种意见：

（1）构成虚开增值税专用发票罪。理由是：从刑法规范的文义解释上来看，本罪的成立不以行为人具有骗税目的为条件。

（2）不构成虚开增值税专用发票罪。理由是：骗税目的是本罪的不成文的构成要件要素。

问题研讨

根据《刑法》第 205 条的规定，虚开增值税专用发票或者虚开用于骗取出口退税、抵扣税款的其他发票，是指有为他人虚开、为自己虚开、让他人为自己虚开、介绍他人虚开行为之一的，违反有关规范，使国家造成损失的行为。

首先，就本案而言，行为人张某强的行为并不符合“虚开”的规范内涵。根据 1993 年《中华人民共和国发票管理办法》（已修改）规定：“开具发票应当按照规定的时限、顺序，逐栏、全部联次一次性如实开具，并加盖单位财务印章或者发票专用章。”任何单位和个人不得转借、转让、代开发票，禁止倒买倒卖发票监制章和发票防伪专用品。2006 年《增值税专用发票使用规定》中规定，专用发票应按下列要求开具：“（一）项目齐全，与实际交易相符；（二）字迹清楚，不得压线、错格；（三）发票联和抵扣联加盖发票专用章；（四）按照增值税纳税义务的发生时间开具。”参照 1996 年 10 月 17 日最高人民法院《关于适用〈全国人民代表大会常务委员会关于惩治虚开、伪造和非法出售增值税专用发票犯罪的决定〉的若干问题的解释》的通知之规定，具有下列行为之一的，即属本罪的“虚开增值税专用发票”：（1）没有货物购销或者没有提供或接受应税劳务而为他人、为自己、让他人为自己、介绍他人开具增值税专用发票；（2）有货物购销或者提供或接受了应税劳务但为他人、为自己、让他人为自己、介绍他人开具数量或者金额不实的增值税专用发票；（3）进行了实际经营活动，但让他人为自己代开增值税专用发票。就本案来说，行为人主要是通过鑫源公司的名义与对方公司签订合同，对方也是将货款打入鑫源公司的账户上，那么张某强与鑫源公司之间实质上是一种挂靠性质的关系。根据合同的相对性，本次合同的主体应当是鑫源公司与其他公司，而非张某强以及张某强依法成立的龙骨厂。因此，交易主体应当是鑫源公司与对方公司，根据《最高人民法院研究室〈关于如何认定以“挂靠”有关公司名义实施经营活动并让有关公司为自己虚开增值税专用发票行为的性质〉征求意见的复函》第 1 条，挂靠方以挂靠形式向受票方实际销售货物，被挂靠方向受票方开具增值税专用发票的，不属于刑法第 205 条规定的“虚开增值税专用发票”。

其次，行为人的主观上并无偷骗、偷逃税款的目的。在早期，学界认为本罪属于行为犯，即只要实施了相关的行为即可，但是现在的观点认为，虚开增值税专用发票的主观上应当具有偷骗、偷逃税款的目的。例如有学者指出，虚开增值税专用发票罪是一个法定最高刑为死刑的重罪（2011 年《刑法修正案（八）》修改之前的法定刑），刑罚如此之重是因为这种犯罪的危害不在于形式上的虚开行为，而在于行为人通过虚开增值税专用发票抵扣税款以达到偷逃国家税款的目的，其主观恶性和可能造成的客观损害，都可以使得社会危害性程度非常大。因此，虽然刑法没有明确规定该罪的目的要件，但是偷骗税款的目的应当作为该罪成立的必要条件[①]。因此本罪在司法实践中逐步演变为“非法定的目的犯”。实质上，《最高人民法院研究室〈关于如何认定以“挂靠”有关公司名义实施经营活动并让有关公司为自己虚开增值税专用发票行为的性质〉征求意见的复函》第2条也重申了该立场：行为人利用他人的名义从事经营活动，并以他人名义开具增值税专用发票的，即便行为人与该他人之间不存在挂靠关系，但如行为人进行了实际的经营活动，主观上并无骗取抵扣税款的故意，客观上也未造成国家增值税款损失的，不宜认定为刑法第205条规定的“虚开增值税专用发票”；符合逃税罪等其他犯罪构成条件的，可以其他犯罪论处。就本案而言，行为人不仅没有偷逃税款的故意，而且也未造成国家增值税款损失。

综合上述的分析来看，行为人张某强的行为不应构成犯罪。

实务训练

请根据本案的事实、既有证据及争议焦点，写一份刑事判决书。要求格式规范、条理清晰、层次分明、有理有据、入情入理。

延伸阅读

1. 陈兴良. 不以骗取税款为目的的虚开发票行为之定性研究：非法定目的犯的一种个案研究. 法商研究，2004（3）：127-137.

2. 马春晓. 虚开增值税专用发票罪的抽象危险判断. 政治与法律，2019（6）：47-59.

3. 周铭川. 论虚开增值税专用发票罪的抽象危险犯本质：兼与陈兴良教授和张明楷教授商榷. 上海政法学院学报（法治论丛），2020，35（1）：57-72.

案81. 收费开具无交易内容发票应定非法出售发票罪

——崔某兵虚开发票案

要点提示

行为人在虚开发票后，往往也会收取要求开具发票的行为人一定的费用，这往往与非法出售发票罪之间产生手段与目的的牵连关系。根据牵连犯的处断规则，在法律未有明确规定的情况下，一般是按照重罪一罪论处。比较虚开发票罪与非法出售发票罪的法定刑，后者的法定刑要重于前者的法定刑，应当按照非法出售发票罪论处。

① 陈兴良. 不以骗取税款为目的的虚开发票行为之定性研究：非法定目的犯的一种个案研究. 法商研究，2004（3）：127-137.

案情摘要

被告人崔某兵在没有真实业务发生的情况下，以自己担任法定代表人的北京某某博通策划有限公司为收款单位，为他人虚开北京市服务业、娱乐业、文化体育业专用发票3张（票面金额达人民币80.55万元）。2012年3月14日，在北京市朝阳区三元桥内环辅路月山日本料理餐馆门前路边，被告人崔某兵向与北京某某博通策划有限公司无任何交易事项的魏某开具虚假交易内容的北京市服务业、娱乐业、文化体育业专业发票3张（经鉴定均为真发票），票面金额分别为100 500元、405 000元、300 000元，并约定交易费用为16 000元。民警当场缴获被告人崔某兵持有的三星手机1部，并在对被告人崔某兵住所进行搜查的过程中缴获松下牌打印机1台、公司印章1枚、税控器1台及空白的北京市文化体育业专用发票31张。

分歧意见

对于崔某兵的行为应当如何定性，在处理过程中存在以下两种意见：

（1）构成虚开发票罪。崔某兵任法人的北京某某博通策划有限公司具有从税务机关领取发票的主体资格，但与涉案发票显示的两单位没有货物购销或服务交易的前提下，仍为他人虚假开具发票并从中牟取利益，客观上侵犯了国家的发票管理秩序和税收秩序，应当认定为虚开发票罪。

（2）构成非法出售发票罪。崔某兵的主观目的在于通过出售发票赚取手续费，且行为完全符合非法出售发票罪的客观要件。

问题研讨

关于本案，开具真实发票的行为是否属于虚开发票的行为？开具了真实发票并收取一定费用的行为是认定为虚开发票罪还是非法出售发票罪？

首先，行为人的行为是否属于虚开发票的行为？《刑法》第205条之一规定的虚开发票罪是《刑法修正案（八）》增设的罪名，本罪是指为了牟取非法经济利益，违反国家发票管理规定，虚开增值税专用发票和用于骗取出口退税、抵扣税款发票以外的其他发票，情节严重的行为。虚开发票罪的客观行为表现为虚开行为，根据2010年《发票管理办法》的规定，开具发票应当按照规定的时限、顺序、栏目，全部联次一次性如实开具，并加盖发票专用章。任何单位和个人不得有下列虚开发票行为：（1）为他人、为自己开具与实际经营业务情况不符的发票；（2）让他人为自己开具与实际经营业务情况不符的发票；（3）介绍他人开具与实际经营业务情况不符的发票。这里的三种虚开情形，每一项都要求与实际经营业务情况不符。实际经营业务情况，不仅包括数额，也包括开票人、受票人与业务情况。

通过对上述案件的分析来看，被告人崔某兵向与北京某某博通策划有限公司无任何交易事项的魏某开具的发票虽然经鉴定是真实的发票，但是他们之间并不存在真实的交易内容。因此，不能否定被告人具有虚开发票的行为。

其次，被告人的行为符合非法出售发票罪。根据《刑法》第 209 条规定，非法出售发票罪是指，违反发票管理规定，非法出售用于骗取出口退税、抵扣税款发票之外的其他发票的行为。本罪的客观核心表现为非法出售的行为。出售是指以一定的价格将普通发票卖出的行为。有金钱交易，转移发票的所有权是其本质特征。因此，没有此种特征的行为如租用、转让、赠与等，就不是出售。出售的方法在司法实践中没有特别的限制。在本案中，被告人为他人虚开虚假交易内容的北京市服务业、娱乐业、文化体育业专用发票 3 张后，约定交易费用为 16 000 元。实质上并不能排除行为人主观上具有非法出售发票罪的故意。因此，行为人的行为也符合非法出售发票罪的犯罪构成。

最后，应当以非法出售发票罪论处较为妥当。通过对案件的分析来看，实质上行为人主观上是为了获取约定的交易费用，这是虚开发票的目的，虚开发票只是实现该目的的手段。因此，可以认为本案件中虚开发票罪与非法出售发票罪之间存在手段与目的的牵连关系，按照牵连犯的处断原则，应当按照处罚较重的罪名论处。根据《刑法》第 205 条之一的规定：虚开发票情节严重的，处 2 年以下有期徒刑、拘役或者管制，并处罚金；情节特别严重的，处 2 年以上 7 年以下有期徒刑，并处罚金。根据第 209 条第 4 款之规定：非法出售发票的，处 2 年以下有期徒刑、拘役或者管制，并处 1 万元以上 20 万元以下罚金；情节严重的，处 3 年以上 7 年以下有期徒刑，并处 5 万元以上 50 万元以下罚金。

对比二者的法定刑，非法出售发票罪的法定刑重于虚开发票罪的法定刑，按照非法出售发票罪论处较为妥当。

实务训练

请根据本案的事实、既有证据及争议焦点，写一份辩护词。要求格式规范、层次分明、有理有据。

延伸阅读

1. 王佩芬. 论虚开发票犯罪的刑事立法误区：建议取消我国刑法第 205 条与第 205 条之一. 政治与法律，2014（12）：35－44.

2. 翁武耀. 论我国虚开增值税专用发票罪刑事立法的完善：基于意大利虚开发票罪刑事立法及适用的启示. 暨南学报（哲学社会科学版），2020，42（5）：33－47.

案 82. 逃税罪的认定应以行政处罚为前置性要件

——湖北某达环境工程有限公司、李某明逃税案

要点提示

《刑法修正案（七）》对《刑法》第 201 条进行了修改，原本的“偷税罪”被修改

为“逃税罪”。此外，增设了第 4 款的内容，即“有第 1 款行为，经税务机关依法下达追缴通知后，补缴应纳税款，缴纳滞纳金，已受行政处罚的，不予追究刑事责任；但是，5 年内因逃避缴纳税款受过刑事处罚或者被税务机关给予 2 次以上行政处罚的除外。”关于修改后的认定，应当将行政处罚作为认定本罪的前置性要件。

案情摘要

2003 年 1 月至 10 月，被告人李某明系荆州市某达化学清洗实业公司的法定代表人。2003 年 10 月 29 日，荆州市某达化学清洗实业公司改制后，又成立了荆州市某达化学清洗有限公司，法定代表人仍为李某明。2005 年 11 月，该公司在工商行政管理局申请将名称变更为湖北某达清洗工程有限公司。2007 年 12 月，湖北某达清洗工程有限公司变更为湖北某达环境工程有限公司。2003 年至 2009 年，该公司主要经营各种设备污垢现场清洗，工业废水处理设备的设计、安装、维护以及自有房地产租赁等业务。2003 年至 2009 年间，该公司收入总额为 7 320 445.51 元，应缴纳税款 803 413.14 元，已缴纳税款 357 120.63 元，逃避缴纳税款共计 446 292.51 元。另外，2009 年 9 月 11 日，荆州市地方税务局稽查局将该公司、李某明涉嫌逃税案移送公安机关，同年 9 月 25 日公安机关立案，李某明于 9 月 30 日经公安机关传唤后于同年 9 月 30 日、11 月 1 日补缴了税款 458 069.08 元。

分歧意见

对逃税罪的刑事追诉是否以行政处罚为前置条件？对此，关于本案的处理主要存在两种意见：

（1）第一种意见以《刑法》第 201 条第 4 款的规定为理由，认为应以行政处罚为前置条件。那么本案中的李某明等应当不构成刑事犯罪。

（2）第二种意见认为《刑法》第 201 条第 4 款规定的“不予追究刑事责任”仅意味着定罪免刑，因此可以在行政处罚之前对行为人进行刑事追诉。

问题研讨

在司法实践中和理论学界，对于逃税罪的认定是否以行政处罚作为前置性要件，存在肯定说与否定说两种主张。根据《刑法》第 201 条修改的立法目的，将其视为前置性要件具有合理性。

首先，从立法目的看，修改该罪的目的主要是保证我国税收收入。通过对修改后的逃税罪第 4 款的解读也可以明确，一方面，本条款延续了对逃税行为的打击力度，另一方面也最大限度地保护国家税收收入，同时也给了逃税罪初犯改过自新的机会。因此，经税务机关查实后积极补缴税款和滞纳金，履行了纳税义务，接受行政处罚的，不再作为犯罪追究刑事责任。如果在刑事程序启动之前，不要求启动行政处罚程序的话，那么在司法适用过程中本条款将无存在之必要，并不符合本罪的修改目的。

其次，从现行的法律规定来看，行政处罚前置是法律规定的允许的模式。根据我国2009年《行政处罚法》第11条、第28条，行政处罚前置是法律允许的程序模式。例如，2001年《税收征收管理法》已有明确的规定，税务部门在发现纳税人可能有逃税行为后，应当先由税务稽查部门进行税务检查，根据检查结论对纳税人进行纳税追缴或行政处罚，对涉嫌刑事犯罪的纳税人移送公安机关立案侦查。如果未经税务机关依法下达追缴通知即直接移送公安机关立案侦查并追究纳税人的刑事责任，反而不符合我国相关的法律规定。

再次，行政处罚前置符合本罪行政犯的本质。结合《刑法》第201条的整个条文规定，其一，构成逃税罪必然是以违反税法的相关规定为前提的，即逃税达到了一定的数额后才符合刑事犯罪的要求。其二，在责任承担上，只有行为人承担了一定的行政责任之后尚未补足税款时，才能动用刑法进行处罚。

因此，对于逃税案件，应当遵循行政处罚程序前置原则，税务机关明知行为人已经实施了逃税行为但并未下达任何通知，也未进行任何行政处罚的，则不能移送司法机关处理，更不得直接定罪处罚。

就本案来说，未经税务机关依法下达追缴通知即直接移送公安机关立案侦查并追究涉案公司和李某明的刑事责任，实质上剥夺了纳税义务人纠正纳税行为的权利。没有经过行政处置程序而由侦查机关直接介入，也违反了《刑法》第201条第4款的行政处罚前置性的要求。所以在李某明于2009年9月30日经公安机关传唤并于同年9月30日、11月1日补缴了税款458 069.08元后，应当认定为不构成刑事犯罪。

实务训练

请根据本案的事实、既有证据及争议焦点，写一份起诉书。要求格式规范、层次分明、有理有据。

延伸阅读

1. 刘荣. 刍议“逃税罪”案件行政程序与刑事程序的关系. 涉外税务，2010（5）：54－57.

2. 熊亚文. 逃税罪初犯免责：价值、困境与出路. 税务与经济，2019（2）：1－5.

案83. 假冒注册商标中相关数个行为的定性处罚

——杨某某等人假冒注册商标案

要点提示

行为人采用侵犯他人注册商标等方式仿冒他人商品并销售获利的行为，虽实施了数个满足不同犯罪构成的犯罪行为，但系出于仿冒他人商品销售获利这一个犯罪目的，属于手段行为与目的行为的牵连犯，一般按目的行为触犯的罪名定罪处罚，同时要考虑重法优于轻法的原则，即对牵连犯按从一重处断的原则定罪处罚。

案情摘要

被告人杨某某、黄某某为某地烟花爆竹个体经营者。2006 年 6 月，国家工商行政管理总局商标局受理了某龙鸣花炮厂注册申请的“龙鸣”商标，核准注册并核定使用商品为烟花、爆竹。2010 年初，被告人杨某某、黄某某在某县合伙经营烟花爆竹期间，发现“龙鸣”牌鞭炮与相同规格的其他鞭炮相比，销量好、价格高、利润大，二人遂商议共同出资在××村仿冒生产“龙鸣”牌鞭炮运往某县销售牟利。后在某县购买了各种型号的带有“龙鸣”注册商标标识的鞭炮准备仿冒生产。2010 年 5 月，二被告人找到××印刷厂的周某某（另案处理），要周某某按其提供的“龙鸣”牌商标及合格证样式印制带有“龙鸣”牌注册商标标识的鞭炮外包装及合格证。周某某在明知杨某某、黄某某无“龙鸣”注册商标所有人授权委托的情况下，通过扫描、电脑制版和机器印刷等方法，为杨某某、黄某某非法印制了 3 万余套带有“龙鸣”牌注册商标标识的鞭炮外包装及合格证。2010 年 6 月，被告人杨某某、黄某某到某烟花爆竹有限公司，按市场上“龙鸣”鞭炮的各种规格定做了 4.8 万余元的不同规格的没有外包装的鞭炮。而后，二被告人在××村租用仓库作为加工作坊，雇用工人用从胡某某处订购的鞭炮与非法印制的“龙鸣”牌外包装、合格证、某县安监局的烟花爆竹监封，仿制各种型号的“龙鸣”牌鞭炮。2010 年 12 月，被告人杨某某、黄某某雇用他人装运仿冒的“龙鸣”牌鞭炮 319 箱到××镇销售，途中被某县公安局截获，所运仿冒“龙鸣”牌大地红鞭炮 319 箱被扣押。在××村杨某某、黄某某租赁的仓库内查获并扣押仿冒的“龙鸣”牌鞭炮 250 箱，经某县价格认证中心鉴定，查获的涉案鞭炮价值共计 11 万余元。

分歧意见

关于杨、黄二被告人的行为构成一罪还是数罪，以及如何定罪，存在不同的意见：一种意见认为二被告人仅实施了一个犯罪行为，但触犯了数个罪名，即属于法条竞合的情形，系实质的一罪，应从一重处罚；第二种意见认为二被告人实施了数个犯罪行为，系数罪，应数罪并罚；第三种意见认为二被告人事实上实施了三种危害行为，触犯了三个罪名，但系出于一个犯罪目的，危害行为之间具有必然性的牵连关系，属于数罪，只是司法实践中应按牵连犯“从一重处断”进行定罪处罚。

问题研讨

本案中，对二被告人委托他人非法制造“龙鸣”牌鞭炮的注册商标标识并在相同规格的鞭炮上使用以仿冒“龙鸣”牌鞭炮予以销售的行为如何定性，关键在于罪数的认定及对非法制造注册商标标识罪，假冒注册商标罪，生产、销售伪劣产品罪三罪的正确界分。

(一) 涉嫌的三罪名中“注册商标标识”的认定等需重点关注的问题

1. 注册商标标识的认定

根据《刑法》第215条的规定，非法制造、销售非法制造的注册商标标识罪是指伪造、擅自制造他人注册商标标识或者销售伪造、擅自制造的注册商标标识，情节严重的行为。商标标识是指在商品本身或者包装上使用的附有文字、图形或者其组合所构成的商标图案，如本案中涉及的印有“龙鸣”商标的鞭炮外包装。商标又有注册和未注册之分。一般情况，我国商标法保护的是注册商标的专用权，例外情况为《商标法》第13条第2款对未注册的驰名商标提供保护；刑法只为注册商标标识提供保护。因此认定本案被告人的行为是否构成侵犯注册商标权的犯罪时，必须审查侵犯的犯罪对象是否为“注册商标”之商标标识（本案“龙鸣”商标非驰名商标）。本案中“龙鸣”商标为注册商标，被告人的犯罪对象为他人注册商标标识。

2. “在同一种商品上使用与他人注册商标相同的商标”要件之认定

根据《商标法》的规定，假冒注册商标行为包括：在同一种商品上使用与他人注册商标相同或近似的商标，或者在类似商品上使用与他人注册商标相同或近似的商标。我国刑法仅将“在同一种商品、服务上使用与他人注册商标相同的商标”的行为纳入刑法规制，本案中被告人以他人合法注册商标及商品为样本完全仿制，是典型的在同一种商品上使用与他人注册商标相同的商标的假冒行为。

3. 如何判断被告人主观方面是否“明知”

明知是他人的注册商标标识，自己无权制造，而有意非法制造或销售非法制造的注册商标标识，是构成非法制造、销售注册商标标识罪所必须具备的主观要件。其余两罪也需明知是他人注册商标予以非法使用，明知是假冒商标产品予以销售等。此类案件的被告人大多会辩称，不知生产产品所使用的是他人的注册商标标识等。如何判断行为人是否具有“明知”，就成为准确定罪的关键。根据司法解释对假冒注册商标罪中“明知”的解释，应当明确主观故意上要求的“明知”，不要求行为人十分肯定地知道，只要意识到可能是他人的注册商标标识，而没有任何根据在心理上加以否定，那就属于“明知”的范围。在坚持此立场的基础上，再根据案件中被告人客观方面的表现来分析被告人是否“明知”。本案中，被告人杨某某、黄某某制假、售假，主观故意明显。

(二) 二被告人犯一罪还是数罪，如何定罪

只有准确地区分一罪与数罪，才能对犯罪行为正确地定罪量刑，根据我国刑法的规定及刑法学的通说，区分罪数应以犯罪构成的个数为标准，除法律的特殊规定外，行为人如果出于一个故意或过失，实施了一个危害行为，侵犯了一个直接客体，就是一罪；出于数个故意或过失，实施了数个危害行为，侵犯数个直接客体，即为数罪。本案中，二被告人为仿制他人商品用于销售，明知是他人的注册商标标识予以非法制造，构成非

法制造注册商标标识罪；又将非法制造的注册商标标识用于同一种商品上，构成假冒注册商标罪；仿冒他人商品用于销售的行为，又构成生产、销售伪劣产品罪。二被告人在整个犯罪过程中，基于生产、销售仿冒“龙鸣”鞭炮获利这一目的，实施了三个犯罪行为，系犯数罪。

《刑法》第三章破坏社会主义市场秩序罪下规定了生产、销售伪劣产品罪及假冒注册商标罪等侵犯知识产权类罪。在现实中常常发生伪劣产品的生产者、销售者为了顺利地将伪劣产品卖出牟利而在产品或包装上使用与他人注册商标相同的商标，实施侵犯知识产权的犯罪行为，对这种案件的处理，存在三种不同观点：第一种观点认为行为人具有数个故意、实施数个行为，触犯数个罪名，因此应数罪并罚。第二种观点认为此情形属于法条竞合，按重法优于轻法的原则，应选择生产、销售伪劣产品罪的条文处罚。第三种观点认为，此情形属于牵连犯，但又应当数罪并罚。我们认为，第一种观点没有看到两个行为之间的牵连关系。第二种观点没有认识到构成法条竞合的前提是发生一个犯罪行为，而此情形是实施了数个行为。第三种观点对牵连犯的处罚原则存在认识偏差。牵连犯是指以实施某一犯罪为目的，其方法行为或结果行为又触犯了其他罪名的情形。当行为人在生产、销售伪劣产品的同时假冒他人注册商标，目的是顺利卖出产品获利，即假冒注册商标的行为是为了生产、销售伪劣产品服务的，二者构成手段行为与目的行为之间的牵连关系。2001 年 4 月 9 日最高人民法院、最高人民检察院公布的《关于办理生产、销售伪劣商品刑事案件具体应用法律若干问题的解释》第 10 条规定：实施生产、销售伪劣商品犯罪，同时构成侵犯知识产权、非法经营等其他犯罪的，依照处罚较重的规定定罪处罚。本案中二被告人以次充好，通过非法制造注册商标标识并在同种商品上使用，以生产仿冒他人商品用于销售，其目的行为触犯了生产、销售伪劣产品罪，手段行为还触犯了非法制造注册商标标识罪、假冒注册商标罪，应当从一重处断。按照《刑法》第 140 条规定，构成生产、销售伪劣产品罪，销售金额应达到 5 万元以上，尚未销售的，货值金额应达到 15 万元以上；按照《刑法》第 213 条及 2004 年 12 月 8 日最高人民法院、最高人民检察院公布的《关于办理侵犯知识产权刑事案件具体应用法律若干问题的解释》第 1 条第 1 款第 1 项之规定，非法经营在 5 万元以上或者违法所得数额在 3 万元以上的，属于“情节严重”；按照《刑法》第 215 条及 2004 年 12 月 8 日最高人民法院、最高人民检察院公布的《关于办理侵犯知识产权刑事案件具体应用法律若干问题的解释》第 3 条第 1 款第 1 项之规定，伪造、擅自制造或者销售伪造、擅自制造的注册商标标识数量在 2 万件以上的属“情节严重”。本案中两被告人非法制造的注册商标标识为 3 万余件，非法经营数额为 11 万余元，仅达到了非法制造注册商标标识罪及假冒注册商标罪的起点数额，尚未达到生产、销售伪劣产品罪入罪要求，而被告人非法制造他人注册商标标识并在同一种商品中使用的，属非法制造他人注册商标标识与假冒注册商标的牵连，目的行为触犯的是假冒注册商标罪，因此，对二被告人的行为应以假冒注册商标罪定罪处罚。

综上，二被告人无注册商标标识所有人的授权，委托他人非法制造“龙鸣”注册商标标识 3 万余件，已构成非法制造注册商标标识罪；将伪造的他人注册商标标识用于同一种商品，构成假冒注册商标罪，被告人杨某某、黄某某通过在仿制的产品上非法使用他人注册商标，仿冒他人商品并销售，构成生产、销售伪劣产品罪，系手段行为与目的行为的牵连犯，按从一重处断的原则，对二被告人以假冒注册商标罪定罪处罚。

实务训练

请根据本案的事实、既有证据及争议焦点，写一份辩护词。要求格式规范、条理清晰、层次分明、有理有据、入情入理。

延伸阅读

1. 王志群，姚兵．罪数形态专题整理．北京：中国人民公安大学出版社，2009.
2. 高铭暄，叶良芳．再论牵连犯．现代法学，2005（2）：103－114.

案 84. 非法经营罪“违反国家规定”的理解与适用

——李某生、胡某龙非法经营案

要点提示

刑法中的“国家规定”主要包括以下两个方面：（1）全国人民代表大会及其常务委员会通过的法律、带有单行法性质的决定，以及以修正案、立法解释等形式对现行法律作出的修改、补充的规定；（2）国务院制定的行政法规、规定的行政措施、发布的决定和命令。此外，国务院办公厅制发（“国办发”）的部分文件如果符合条件，可以视为《刑法》第 96 条规定的“国务院制定的行政法规、规定的行政措施、发布的决定和命令”。其余形式的规范性文件中的规定，均不是刑法明文规定的“国家规定”。因此，不能以行为人违反了这些规定为由，认定行为人触犯了刑法。

案情摘要

被告人李某生于 2012 年 8 月至 2013 年 8 月间，以北京某某万嘉市场调查中心的名义经营有偿讨债业务。2012 年 8 月，李某生接受辽宁省大连市秦某某的委托向山西省太原市陈某追讨 230 万元欠款，双方签订了《商账授权代理咨询劳务合同》，约定以收回欠款的 20%作为报酬。

随后，李某生伙同被告人胡某龙驾车随秦某某前往太原市，抵达太原市后，秦某某将陈某约出来商量还钱事宜。秦某某在与陈某商谈时，李某生等人在旁向陈某索要欠款，陈某后归还给秦某某 50 万元，秦某某按合同约定支付给李某生 10 万元报酬，李某生将其中的 3 000 元给了胡某龙。

2013 年 7 月 30 日，李某生接受山东省青岛市王某某的委托向其前男友姜某某索要 10 万元欠款，双方签订了《商账授权代理咨询劳务合同》，约定以收回欠款的 40%作为报酬。当日上午12时30分许，王某某将姜某某约至北京市朝阳区霄云路庆安大厦内的火锅店包间见面，李某生与胡某龙等人在场帮忙索要欠款，姜某某表示一次拿不出那么多钱。经讨价还价，最后确定先还给王某某5 000元，一个星期后再还5万元，剩下的当年国庆节前还清。李某生让姜某某重新打了张9.5万元的欠条，并让王某某将之前那张10万元的欠条撕掉。当日17时许，姜某某将5 000元送到庆安大厦内的肯德基餐厅，李某生收了钱，告诉王某某这笔钱他先拿走，等下一笔钱到账后再按照40%拿提成，王某某表示同意。姜某某事后认为自己被敲诈勒索，于2013年8月1日向公安机关报案。

8月8日，李某生打电话给姜某某索要约定的5万元欠款，侦查人员遂在庆安大厦附近蹲点守候，于当日15时许将前来取钱的李某生、胡某龙当场抓获。

一审期间，朝阳区人民检察院以法律发生变化为由，于2015年1月29日向朝阳区人民法院申请撤回起诉。朝阳区人民法院经审查，认为朝阳区人民检察院撤诉申请符合法律规定，依据《最高人民法院关于适用〈中华人民共和国刑事诉讼法〉的解释》第296条之规定，裁定准许朝阳区人民检察院撤诉。

分歧意见

国家经济贸易委员会（已撤销）、公安部、国家工商行政管理局（已撤销）于2000年6月15日联合发布的《关于取缔各类讨债公司严厉打击非法讨债活动的通知》（以下简称《打击非法讨债的通知》）规定："取缔各类讨债公司，禁止任何单位和个人开办任何形式的讨债公司。对继续从事非法讨债活动，侵犯公民、法人和其他组织合法权益的，要坚决依法惩处……对采取恐吓、威胁或者其他方法干扰他人正常生活的讨债行为，公安机关要依据《中华人民共和国治安管理处罚条例》予以处罚；构成犯罪的，依法追究其刑事责任。"该文件系"经报请国务院同意"而发布，是否属于"国家规定"？非法经营罪中的"国家规定"应如何理解与适用？

问题研讨

（一）非法经营罪中的"国家规定"应如何理解与适用？

根据《刑法》第96条规定："本法所称违反国家规定，是指违反全国人民代表大会及其常务委员会制定的法律和决定，国务院制定的行政法规、规定的行政措施、发布的决定和命令。"具体来说，刑法中的"国家规定"主要包括以下两个方面：

（1）全国人民代表大会及其常务委员会制定的法律与决定。具体是指全国人民代表大会及其常务委员会通过的法律、带有单行法性质的决定，以及以修正案、立法解释等形式对现行法律作出的修改、补充的规定。全国人大常委会的内设机构如法制工作委员会等发布的文件不属于"国家规定"。

（2）国务院制定的行政法规、规定的行政措施、发布的决定和命令。所谓"行政法规”，根据《中华人民共和国立法法》第76条、第77条以及《行政法规制定程序条例》第5条的规定，是指由国务院总理签署并以国务院令的形式公布的规范性文件，具体名称有“条例”“规定”“办法”等。必须注意的是，行政法规的发文主体只能是国务院。而所谓“行政措施”“决定”“命令”，目前并没有统一的法定解释。根据一般理解，应将其限定为除行政法规以外的由国务院制定、规定和发布的规范性文件，既包括以国务院名义制定或者发布的有关法规性质的文件，也包括由国务院有关部委制定，经国务院批准并以国务院名义发布的文件，如果是国务院有关部委制定并以该部委的名义发布，没有经过国务院批准并以国务院名义发布的，则不属于“国家规定”。

此外，国务院办公厅制发的部分文件如果符合条件，可以视为《刑法》第96条规定的“国务院制定的行政法规、规定的行政措施、发布的决定和命令”。根据最高人民法院于2011年发布的《关于准确理解和适用刑法中“国家规定”的有关问题的通知》（以下简称《关于“国家规定”的通知》）第1条之规定：“以国务院办公厅名义制发的文件，符合以下条件的，亦应视为刑法中的‘国家规定’：（1）有明确的法律依据或者同相关行政法规不相抵触；（2）经国务院常务会议讨论通过或者经国务院批准；（3）在国务院公报上公开发布。”国务院办公厅作为协助国务院处理日常工作的机构，有权以“国办发”的名义制发文件，部分“国办发”文件会就行政措施作出规定。这部分文件虽然法律位阶低于以国务院的名义发布的规范性文件，但只要有明确的法律依据或者不与行政法规的规定相抵触，经国务院同意并公开向社会发布，其效力和适用范围通常情况下应当高于地方性法规和部门规章，可视为国务院“规定的行政措施、发布的决定和命令”。

因此，在对非法经营罪中的“国家规定”进行理解与适用时，也应当遵守上述内容的规定，凡是不属于全国人民代表大会及其常务委员会制定的法律和决定，国务院制定的行政法规、规定的行政措施、发布的决定和命令的，都不能认定为“国家规定”。实践中，对于国务院各个部委所发布的部门规章、地方性法规以及地方政府发布的政策规章，都不属于此处的“国家规定”。

（二）《打击非法讨债的通知》是否属于“国家规定”?

首先，根据《刑法》第96条的规定，刑法中所称的违反国家规定，是指违反全国人民代表大会及其常务委员会制定的法律和决定，国务院制定的行政法规、规定的行政措施、发布的决定和命令。

从该规定可以看出，所谓国家规定，包括全国人民代表大会及其常务委员会的规定和国务院的规定。刑法所称的“违反国家规定”，仅指违反了上述两个国家机关的规定。其他各级国家机关的规定不是刑法所称的国家规定，因此违反了其他机关的规定并不构成刑法所称的违反国家规定。通过考察《打击非法讨债的通知》的制发机关，我们可以发现该规范性文件由国家经济贸易委员会（已撤销）、公安部、国家工商行政管理局（已撤销）制定并联合发布，并非全国人民代表大会及其常务委员会所制定、发布的规定或国务院所制定、发布的规定。

其次，根据《关于“国家规定”的通知》第1条的规定：“以国务院办公厅名义制发的文件，符合以下条件的，亦应视为刑法中的‘国家规定’：（1）有明确的法律依据或者同相关行政法规不相抵触；（2）经国务院常务会议讨论通过或者经国务院批准；（3）在国务院公报上公开发布。”

由上述规定可知，《打击非法讨债的通知》虽然“经报请国务院同意”，但从制发主体来看，是由原国家经贸委、公安部、原国家工商行政管理局联合发布的规范性文件，未经国务院常务会议讨论通过，也未以国务院的名义发布。从发布形式来看，该文件发布的对象是“各省、自治区、直辖市、计划单列市及新疆生产建设兵团经贸委（经委、计经委）、公安厅（局）、工商局、国务院有关部门”，并未以“国办发”文件的形式通过国务院公报面向全社会公开发布，不符合《关于“国家规定”的通知》中关于“国办发”文件的规定。因此，《打击非法讨债的通知》并非国务院“规定的行政措施、发布的决定和命令”，不属于《刑法》第 96 条中的“国家规定”，经营有偿讨债业务不能定性为非法经营罪。

实务训练

请根据本案的事实、既有证据及争议焦点，写一份判决书。要求格式规范、条理清晰、层次分明、说理透彻。

延伸阅读

1. 陈兴良. 法定犯的性质和界定. 中外法学，2020，32（6）：1464－1488.

2. 张明楷. 刑事立法模式的宪法考察. 法律科学（西北政法大学学报），2020，38（1）：54－65.

3. 蒋铃. 刑法中“违反国家规定”的理解和适用. 中国刑事法杂志，2012（7）：30－37.

案 85. “其他严重扰乱市场秩序”行为的理解与适用

——王某军非法经营再审改判无罪案

要点提示

对于《刑法》第 225 条第 4 项规定的“其他严重扰乱市场秩序的非法经营行为”的适用，应当根据相关行为是否具有与《刑法》第 225 条前 3 项规定的非法经营行为相当的社会危害性、刑事违法性和应受刑罚处罚性进行判断，要存在相关司法解释的规定，若有关司法解释未作明确规定的，应当作为法律适用问题，逐级向最高人民法院请示。对于违反行政管理有关规定，但尚未严重扰乱市场秩序的经营行为，不应当认定为非法经营罪。

案情摘要

内蒙古自治区巴彦淖尔市临河区人民检察院指控被告人王某军犯非法经营罪一案，内蒙古自治区巴彦淖尔市临河区人民法院经审理认为，2014 年 11 月至 2015 年 1 月期间，被告人王某军未办理粮食收购许可证，未经工商行政管理机关核准登记并颁发营业执照，擅自在临河区白脑包镇附近村组无证照违法收购玉米，将所收购的玉米卖给巴彦淖尔市粮油公司杭锦后旗蛮会分库，非法经营数额 218 288.6 元，非法获利 6 000 元。案发后，被告人王某军主动退缴非法获利 6 000 元。2015 年 3 月 27 日，被告人王某军主动到巴彦淖尔市临河区公安局经侦大队投案自首。原审法院认为，被告人王某军违反国家法律和行政法规规定，未经粮食主管部门许可及工商行政管理机关核准登记并颁发营业执照，非法收购玉米，非法经营数额 218 288.6 元，数额较大，构成非法经营罪。鉴于被告人王某军案发后主动到公安机关投案自首，主动退缴全部违法所得，有悔罪表现，适用缓刑确实不致再危害社会，决定对被告人王某军依法从轻处罚并适用缓刑。宣判后，王某军未上诉，检察机关未抗诉，判决发生法律效力。

最高人民法院于 2016 年 12 月 16 日作出（2016）最高法刑监 6 号再审决定，指令内蒙古自治区巴彦淖尔市中级人民法院对本案进行再审。

再审中，原审被告人王某军及检辩双方对原审判决认定的事实无异议，再审查明的事实与原审判决认定的事实一致。内蒙古自治区巴彦淖尔市人民检察院提出了原审被告人王某军的行为虽具有行政违法性，但不具有与《刑法》第 225 条规定的非法经营行为相当的社会危害性和应受刑罚惩罚性，不构成非法经营罪，建议再审依法改判。原审被告人王某军在庭审中对原审认定的事实及证据无异议，但认为其行为不构成非法经营罪。辩护人提出了原审被告人王某军无证收购玉米的行为，不具有社会危害性、刑事违法性和应受刑罚惩罚性，不符合刑法规定的非法经营罪的构成要件，应宣告原审被告人王某军无罪。

内蒙古自治区巴彦淖尔市中级人民法院于 2017 年 2 月 14 日作出（2017）内 08 刑再 1 号刑事判决：（1）撤销原审内蒙古自治区巴彦淖尔市临河区人民法院刑事判决；（2）原审被告人王某军无罪。

分歧意见

对非法经营罪兜底条款“其他严重扰乱市场秩序的非法经营行为”如何理解与适用?

问题研讨

适用“其他严重扰乱市场秩序的非法经营行为”认定非法经营罪需要慎重。由于刑法在规定非法经营罪时，是将“其他严重扰乱市场秩序的非法经营行为”和前 3 项法律明文规定的行为并列列举。所以，《刑法》第 225 条第 4 项规定的“其他严重扰乱市场秩序的非法经营行为”是在前 3 项规定的基础上作出的一个兜底性条款。在司法实践中适用该项规定应当特别慎重，相关行为需有法律、司法解释的明确规定，要具备与前 3 项规定行为相当的社会危害性和应受刑罚处罚性，避免将一般的行政违法行为当作刑事犯罪来处理。

根据罪刑法定原则，犯罪行为只能由刑法作出明确规定。但是由于刑法条文具有抽象性与笼统性，而社会现实与具体犯罪行为是纷繁复杂的，具体刑法条文不可能将所有的犯罪行为穷尽列举。因此，规定兜底性条款具有现实必要性。对于兜底性条款的含义，我们可以借助司法解释来进行确定。因此，自 1997 年刑法颁行以来，最高司法机关通过陆续颁布司法解释的方式，明确规定了下列行为属于《刑法》第 225 条第 4 项所规定的“其他严重扰乱市场秩序的非法经营行为”：

（1）在国家规定的交易场所以外非法买卖外汇，扰乱金融市场秩序，情节严重的，依照非法经营罪的规定定罪处罚。

（2）违反国家规定，出版、印刷、复制、发行严重危害社会秩序和扰乱市场秩序的非法出版物，情节严重的，依照非法经营罪的规定定罪处罚。

（3）违反国家规定，采取租用国际专线、私设转接设备或者其他方法，擅自经营国际电信业务或者涉港澳台电信业务进行营利活动，扰乱电信市场管理秩序，情节严重的，以非法经营罪定罪处罚。

（4）未取得药品生产、经营许可证件和批准文号，非法生产、销售盐酸克仑特罗等禁止在饲料和动物饮用水中使用的药品，扰乱药品市场秩序，情节严重的，以非法经营罪追究刑事责任。在生产、销售的饲料中添加盐酸克仑特罗等禁止在饲料和动物饮用水中使用的药品，或者销售明知是添加有该类药品的饲料，情节严重的，以非法经营罪追究刑事责任。

（5）违反国家在预防、控制突发传染病疫情等灾害期间有关市场经营、价格管理等规定，哄抬物价、牟取暴利，严重扰乱市场秩序，违法所得数额较大或者有其他严重情节的，以非法经营罪定罪，依法从重处罚。

（6）对于违反国家规定，擅自设立互联网上网服务营业场所，或者擅自从事互联网上网服务经营活动，情节严重，构成犯罪的，以非法经营罪追究刑事责任。

（7）未经国家批准擅自发行、销售彩票，构成犯罪的，以非法经营罪定罪处罚。

（8）任何单位和个人经营证券业务，必须经证监会批准。未经批准的，属于非法经营证券业务，应予以取缔；涉嫌犯罪的，以非法经营罪追究刑事责任。对于中介机构非法代理买卖非上市公司股票，涉嫌犯罪的，以非法经营罪追究刑事责任。

（9）违反国家规定，使用销售点终端机具（POS 机）等方法，以虚构交易、虚开价格、现金退货等方式向信用卡持卡人直接支付现金，情节严重的，应以非法经营罪定罪处罚。

（10）违反国家烟草专卖管理法律法规，未经烟草专卖行政主管部门许可，无烟草专卖生产企业许可证、烟草专卖批发企业许可证、特种烟草专卖经营企业许可证、烟草专卖零售许可证等许可证明，非法经营烟草专卖品，情节严重的，以非法经营罪定罪处罚。

（11）违反国家规定，未经依法核准擅自发行基金份额募集基金，情节严重的，以非法经营罪定罪处罚。

（12）以提供给他人生产、销售食品为目的，违反国家规定，生产、销售国家禁止用于食品生产，销售的非食品原料，情节严重的，以非法经营罪定罪处罚。以提供给他人生产、销售食用农产品为目的，违反国家规定，生产、销售国家禁用的农药、食品动物中禁止使用……非食品原料，或者……兽药、饲料、饲料原料、饲料添加剂，情节严重的，以非法经营罪定罪处罚。实施前两类行为，同时又构成生产、销售伪劣产品罪，生产、销售伪劣农药、兽药罪等其他犯罪的，依照处罚较重的规定定罪处罚。

（13）违反国家规定，私设生猪屠宰厂（场），从事生猪屠宰、销售等经营活动，情节严重的，以非法经营罪定罪处罚。实施前一行为，同时又构成生产、销售不符合安全标准的食品罪，生产、销售有毒、有害食品罪等其他犯罪的，依照处罚较重的规定定罪处罚。

（14）违反国家规定，以营利为目的，通过信息网络有偿提供删除信息服务，或者明知是虚假信息，通过信息网络有偿提供发布信息等服务，扰乱市场秩序，属于非法经营行为，情节严重的，以非法经营罪定罪处罚。

（15）非法生产、销售“伪基站”设备的，以非法经营罪追究刑事责任。

此外，司法解释还规定了对其他一些行为也按照非法经营罪处理的情形。根据2011年《关于“国家规定”的通知》第3条规定，各级人民法院审理非法经营犯罪案件，要依法严格把握《刑法》第225条第4项规定的适用范围。对被告人的行为是否属于《刑法》第225条第4项规定的“其他严重扰乱市场秩序的非法经营行为”，有关司法解释未作明确规定的，应当作为法律适用问题，逐级向最高人民法院请示。

实务训练

请根据本案的事实、既有证据及争议焦点，写一份判决书。要求格式规范、条理清晰、层次分明、说理透彻。

延伸阅读

1. 陈兴良. 刑法的明确性问题：以刑法第225条第4项为例的分析. 中国法学，2011（4）：114-124.

2. 张明楷. 妨害业务行为的刑法规制. 法学杂志，2014，35（7）：1-10.

3. 劳东燕. 危害性原则的当代命运. 中外法学，2008（3）：399-418.

案86. 非法经营罪“情节严重”的理解与适用

——胡某蛟、唐某文等人非法经营案

要点提示

非法经营行为“情节严重”可以从两个方面综合判断：（1）行为人非法经营数额、

非法经营的数量、行为的次数、违法所得数额等；（2）行为人的非法经营行为，是否产生了其他危害后果，如损害人民的身体健康等。

案情摘要

被告人胡某蛟、唐某文、李某国、龚某雨、龚某锐。

1998年3月，被告人胡某蛟与唐某文共谋建立地下工厂，非法经营食盐。被告人胡某蛟出资9 000元，被告人唐某文出资7 000元，共同承租位于海口市白水塘路的海口市物资局钢材批发市场3至4号铺面作为自己的地下厂房；从一“汕头人”（姓名不详）处购买2公斤无产地、无合格证、无使用说明的“碘”和大量仿制海口盐业分公司具有注册商标权的“晶山牌”碘盐包装袋及防伪标识；又从市面上购买太阳布3块、农药喷雾器1台、塑料封口机4台、铁锹1把作为生产工具。同年5月，被告人胡某蛟、唐某文到琼山市（现海口市琼山区）劳务市场雇用被告人龚某雨、龚某锐、李某国和龚某仪（在逃）为工人，向他们传授加工“食用碘盐”的方法：将原盐铺在太阳布上，用喷雾器将自制的碘水喷洒在原盐上，用铁锹拌和后分包成一斤装和二斤装，再装入5公斤的袋中。1998年5月11日至11月7日，被告人胡某蛟、唐某文从东方市私盐贩符某妹手中低价购买粗、细原盐120吨，平均吨价810元，交给被告人龚某雨、龚某锐、李某国和龚某仪加工包装好后，由被告人胡某蛟、唐某文联系买主，分别与雇用的工人一起，将私自在地下工厂生产出的粗、细“碘盐”分别批发销售给海口及琼山市府城镇的数十余个体商贩，平均吨价1 220元，违法收入146 400元，由被告人胡某蛟与唐某文均分。被告人龚某雨、龚某锐、李某国均从中获取装、卸车费用及包装费等非法收入2 000元。

同年11月7日晚9时许，海南省盐务局接群众举报后，派执法人员赶到位于白水塘路的海口市物资局钢材批发市场，当场查扣给被告人胡某蛟、唐某文私自运输原盐的东风加长汽车一辆。各被告人闻讯后迅速逃离现场。省盐务局执法人员在地下工厂中查扣原盐13.4吨，成品假碘盐1.85吨，仿制海口盐业分公司碘盐包装袋2万余个，塑料封口机4部，喷雾器1台，假碘盐生产、送货记录本2本。

同年11月23日晚，公安人员根据群众举报，在海口市龙昆南路将被告人龚某锐抓获。经龚某锐检举揭发并提供线索，公安人员在琼山市府城镇将被告人龚某雨抓获。根据龚某雨提供的线索，公安人员将被告人李某国抓获。

同年11月25日晚，经群众举报，公安人员在海口市水头下村220号被告人胡某蛟、唐某文新建立的假碘盐地下工厂将被告人胡某蛟抓获，同时抓获了刚向被告人胡某蛟、唐某文非法运输、贩卖原盐的临高人王某其，当场缴获原盐7吨，仿制海口盐业分公司“晶山牌”碘盐包装袋4万余个，塑料封口机2部及其他制假工具。破案后，经海口市产品质量监督检验所对从白水塘3至4号地下工厂和水头下村220号地下工厂查获的成品“碘盐”抽样检验，上述被告人所私自生产加工的“碘盐”均不含碘。

分歧意见

如果刑法和有关司法解释没有对具体非法经营行为“情节严重”的具体标准作出明确规定，应当具体如何认定“情节严重”?

问题研讨

犯罪情节是指犯罪的情状。在司法实践中，它往往是划分罪与非罪、此罪与彼罪，决定罪轻罪重乃至是否判处刑罚的重要因素。我国刑法中的犯罪情节，可以分为定罪情节和量刑情节。定罪情节，是指对犯罪构成有决定意义的情节。它存在于犯罪的实施过程中，通过反映犯罪行为的社会危害性和行为人的人身危险性来确定行为是否构成犯罪。量刑情节是指对量刑起决定作用的情节，它是指在行为已构成犯罪的前提下，决定对行为人是否需要判处刑罚以及判刑轻重的情节。量刑情节的范围包括行为的社会危害性和人身危险性有关的所有事实，无论是罪前事实、罪中事实、罪后事实，都有可能成为量刑情节的内容。在司法实践中，时间、地点、动机、手段、行为次数、行为对象、违法所得数额、非法经营数额等都是常见的犯罪情节。以时间和地点为例，任何犯罪都是在一定的时间和地点实施的。在通常情况下，时间和地点不影响犯罪的成立。但是，时间和地点往往反映行为本身的危害程度。比如在战时的某些犯罪行为的社会危害性比平时严重得多，在受灾地区进行盗窃等犯罪活动比在一般地区危害性更大。

以“情节严重”作为犯罪成立条件，是我国刑法中最为常见的一种情形。具体到本案来说，被告人建立地下工厂，非法经营食盐，明显违反了《食盐专营办法》第 8 条“非食盐定点生产企业不得生产食盐”的规定，是否需要依照《刑法》第 225 条的规定追究刑事责任，关键在于被告人胡某蛟、唐某文等人的行为是否属于“情节严重”。虽然刑法和有关司法解释未对非法经营专营、专卖物品“情节严重”的标准作出具体界定，但根据法律精神和司法实践经验，非法经营数额、数量、次数、违法所得数额等，都能够直接反映扰乱市场秩序的严重程度。同时，对于具有相似性的行为方式，我们也可以参考已经颁布的司法解释来对“情节严重”进行认定。如经营非法出版物构成非法经营罪的非法经营数额或者违法所得数额标准，根据最高人民法院《关于审理非法出版物刑事案件具体应用法律若干问题的解释》第 12 条第 1 款第 1 项和第 2 项之规定，个人“经营数额在五万元至十万元以上的”或者“违法所得数额在二万元至三万元以上的”，属于非法经营行为“情节严重”。这一标准可以供我们在处理其他非法经营案件时加以参考。

此外，从非法经营专营、专卖物品的危害性来看，其行为不仅破坏了国家的商品专营制度，严重扰乱了市场经济秩序，通常还会产生其他危害后果，如损害人民的身体健康。因此，非法经营的专营、专卖物品的质量，也应是人民法院认定行为情节是否严重的标准之一。

由于“情节严重”对行为人的定罪量刑影响重大，因此，对情节认定必须严谨慎重。在具体案件中，以上两个方面的因素应当综合考虑，并尽可能地参照已经颁布的司法解释有关规定，全面判定行为人非法经营的行为是否属于“情节严重”。单纯从一个方面，片面强调数额或者犯罪的具体对象的特点，都是不妥当的。

实务训练

请根据本案的事实、既有证据及争议焦点，写一份判决书。要求格式规范、条理清晰、层次分明、说理透彻。

延伸阅读

1. 周光权. 刑法解释方法位阶性的质疑. 法学研究，2014，36（5）：159－174.

2. 刘宪权. 操纵证券、期货市场罪司法解释的法理解读. 法商研究，2020，37（1）：3－15.

案 87. 非法经营罪罪数问题的理解与适用

——吴某强、黄某荣等人非法经营案

要点提示

在实施相关犯罪的过程中，同时存在非法经营行为的，若皆满足犯罪的构成要件，则属于一行为触犯数个罪名，系想象竞合犯，应当择一重罪论处。

案情摘要

被告人吴某强、黄某荣以牟利为目的，在没有依法取得药品生产、销售许可的情况下，于 2010 年底合伙生产盐酸曲马多及其他药品，二人约定共同出资，由吴某强负责租用生产场地、购买生产设备和原料、联系接单及销售渠道，黄某荣负责调试生产设备、配制药品及进行日常生产管理。其后，吴某强租用陈某群位于潮州市潮安区庵埠镇美乡村美珠路路尾的老屋作为加工场地，并雇用被告人吴某源从事生产加工，雇用被告人陈某金帮助运输原料和生产出的药品成品。吴某强还安排吴某源找个体印刷厂印刷了“天龙牌”盐酸曲马多包装盒及说明书。陈某金按照吴某强的指示，多次将加工好的盐酸曲马多药片及包装盒、说明书运送至潮州市潮安区潮汕公路等处交给汪某（另案处理）等人转卖。经查，2010 年底至 2011 年 9 月间，吴某强共卖给汪某盐酸曲马多 65 件，汪某通过物流公司将盐酸曲马多等药品转至河北省石家庄市等地销售，公安机关在涉案的医疗器械经营部提取到部分违法销售的“天龙牌”盐酸曲马多。2011 年 9 月 15 日，公安机关查处了吴某强等的加工场，现场扣押盐酸曲马多药片 115.3 千克、生产盐酸曲马多的原料 1 280.25 千克及加工设备等。至查处为止，吴某强等生产和销售盐酸曲马多药片等假药，获取违法收入人民币 50 750 元。

广东省潮州市人民检察院以被告人吴某强犯贩卖、制造毒品罪，被告人黄某荣、吴某源犯制造毒品罪，被告人陈某金犯生产假药罪，向潮州市中级人民法院提起公诉。

被告人吴某强、黄某荣、吴某源均辩称不知道所生产的是毒品，不构成贩卖、制造毒品罪。被告人陈某金辩称不知道帮助运输的是假药，不构成生产假药罪。

潮州市中级人民法院认为，被告人吴某强、黄某荣、吴某源、陈某金违反药品管理法规，未经许可，合伙非法生产经营国家管制的精神药品盐酸曲马多，情节严重，均已构成非法经营罪，应依法予以惩处。公诉机关指控被告人吴某强、黄某荣、吴某源犯贩卖、制造毒品罪，指控被告人陈某金犯生产假药罪的理由依据不足，不予支持。

分歧意见

如何理解非法经营罪与相关犯罪的界限？在实施相关犯罪的过程中，同时存在非法经营行为的，罪数问题应当如何适用？

问题研讨

（一）如何理解非法经营罪与相关犯罪的界限？

非法经营罪属于法定犯，行为人通常是由于经营行为本身的非法性，即违反国家法律规定而受到刑罚处罚。在市场经营活动中，我国刑事立法从各个方面对市场秩序进行保护，在刑法中规定了数个罪名，在司法实践中往往需要明确非法经营罪与其他犯罪之间的关系。准确把握不同罪名的构成要件，是理解和区分此罪与彼罪界限的关键。因此，要理解非法经营罪与相关犯罪的界限，必须从他们的犯罪构成要件出发，并结合有关司法解释的明文规定，正确把握两者之间的关系。

生产、销售伪劣商品罪与非法经营罪都是从原来的投机倒把罪中分解而得来的。按照刑法规定，生产、销售伪劣商品罪是指以非法牟利为目的，在从事工商业活动中，违反国家产品质量管理法规，生产、销售伪劣商品，严重损害用户和消费者利益，危害社会主义市场经济秩序，应受到刑法处罚的犯罪行为。从非法经营罪与生产、销售伪劣商品罪的犯罪构成要件来看，这两类犯罪有以下区别：

（1）两者的犯罪客体不同。生产、销售伪劣商品罪不仅侵犯我国社会主义市场经济秩序，同时也侵犯消费者的合法权益，如人身权等。非法经营罪只侵犯我国的社会主义市场经济秩序。

（2）两者的犯罪对象不同。生产、销售伪劣商品罪仅限于商品，非法经营罪不仅包括商品，还包括公文、证明文件等。其中生产、销售伪劣产品罪中的商品是指伪劣商品。非法经营罪中的商品既可以是没有任何质量问题的商品，也包括伪劣产品。

（3）两者的行为方式不同。生产、销售伪劣商品罪的行为人经营的是不符合质量标准的商品。非法经营罪则是越权经营，未经许可经营专卖或其他限制买卖的商品。

由此，根据厘清两类犯罪之间犯罪构成要件的不同，能够理解非法经营罪与生产、销售伪劣商品罪的界限。同样地，这种比较方法也能够应用在区分非法经营罪与其他相关犯罪上，以便准确地把握非法经营罪与相关犯罪之间的界限，更好地适用法律，准确定罪量刑。

（二）实施相关犯罪的过程中，同时存在非法经营行为的，对其罪数问题应当如何适用？

行为人在实施相关犯罪，例如生产、销售伪劣产品罪、侵犯知识产权罪等罪的过程中，由于犯罪对象如伪劣产品、侵犯著作权的商品等往往有害于市场经济秩序，也属于非法经营罪的犯罪对象，相关犯罪与非法经营罪具有较高的关联度，容易同时触犯非法经营罪。在这种情况下，属于一行为触犯数个罪名，系想象竞合犯，根据罪数处理原则，应当择一重罪论处。同时，司法解释也对此作出了相应的明确规定，例如《最高人民法院、最高人民检察院关于办理生产、销售伪劣商品刑事案件具体应用法律若干问题的解释》第 10 条规定，“实施生产、销售伪劣商品犯罪，同时构成侵犯知识产权、非法经营等其他犯罪的，依照处罚较重的规定定罪处罚”。

在本案中，吴某强等人没有贩卖、制造毒品的故意，仅有生产、销售假药的故意，而在生产、销售国家管制的精神药品的行为同时又构成了非法经营罪。此时，生产、销售假药罪与非法经营罪发生竞合，系一行为触犯数个罪名，属于典型的想象竞合犯，应择一重罪处罚。比较两罪的法定刑，如果按生产、销售假药罪进行量刑，因没有证据表明生产的假药对人体健康造成了严重危害，且本案审判时，《最高人民法院、最高人民检察院关于办理危害药品安全刑事案件适用法律若干问题的解释》尚未出台，认定“其他严重情节”的标准尚不明确，所以应先考虑适用第一档法定刑“三年以下有期徒刑或拘役，并处罚金”。如果按照非法经营罪量刑，第一档法定刑最高可以为 5 年有期徒刑。

由此可见，生产、销售假药罪的法定刑幅度较低，以生产、销售假药罪来定罪不能充分评价吴某强等人生产、销售盐酸曲马多这种国家管制精神药品的行为。因此将其认定为非法经营罪更为合适，能恰当地体现此类行为的本质在于违反国家禁止性管理制度。

实务训练

请根据本案的事实、既有证据及争议焦点，写一份辩护词。要求格式规范、条理清晰、层次分明、有理有据、入情入理。

延伸阅读

1. 张明楷．法条竞合与想象竞合的区分．法学研究，2016，38（1）：127－147.

2. 刘艳红．“法益性的欠缺”与法定犯的出罪：以行政要素的双重限缩解释为路径．比较法研究，2019（1）：86－103.

第九章　公民权利类犯罪的重点问题

案 88. 帮助自杀行为的定性分析

——刘某提供农药导致丈夫中毒身亡案[1]

要点提示

关于帮助自杀行为的定性问题，学界长期存在着争议，尚有有罪说和无罪说之分，其中有罪说的观点更被认同。自杀行为能否构成犯罪是帮助自杀行为定性的核心前置问题，然而，我国《刑法》第 232 条规定的故意杀人罪，并未说明“人”是否应该包含本人。应当明确，法律将生命作为所有价值的根源给予特别保护，不允许有人参与他人的自杀行为。换言之，自杀是对生命这一重大法益的自我处分行为，刑法禁止他人介入是具有充分合理性的。但是对于帮助他人自杀者而言，其主观上明知他人要实施自杀行为，客观上实施帮助行为且与死亡结果之间具有直接的因果力，应当构成故意杀人罪。

案情摘要

刘某系被害人秦某明之妻。秦因患重病长年卧床，一直由刘某扶养和照料。案发前秦多次提出想自杀了结生命以解脱病痛。2010 年 11 月 8 日 3 时许，刘在其暂住地因不满秦病痛叫喊，影响他人休息，与秦发生争吵。后刘将存放在暂住地的敌敌畏倒入杯中提供给秦，由秦自行服下，造成秦服毒死亡。法院认为，刘某具有法定、酌定从轻处罚情节，但其行为构成故意杀人罪，应依法惩处。

分歧意见

对于本案是否构成故意杀人罪，在处理的过程中形成了两种不同意见：

---

① 中华人民共和国最高人民法院刑事审判第一、二、三、四、五庭. 刑事审判参考：总第 84 集. 北京：法律出版社，2012.

一是认为应该构成故意杀人罪。理由是：(1) 主观上，刘某与患重病长年卧床的丈夫秦某明因故发生争吵后，不能正确处理，明知敌敌畏系毒药，仍向秦提供。(2) 客观上，实施了将敌敌畏提供给丈夫的行为。(3) 秦某明虽是自行服下刘某提供的敌敌畏，但客观的提供行为对于秦某明服毒的死亡结果存在因果力。事发后又不采取任何积极的措施送秦某明到医院救治，放任危害后果的发生，导致秦某明死亡。因此，其行为构成故意杀人罪，应依法惩处。同时，鉴于本案系家庭纠纷引发，刘某坚持扶养、照料患重病卧床的秦某明，秦因不堪忍受病痛折磨，曾多次有轻生念头，刘将敌敌畏倒入杯中提供给秦，由秦自行服下，是在双方发生争吵时冲动所为，故刘某故意杀人的主观恶性与人身危险性与普通故意杀人存在一定区别。同时，刘某归案后如实供述自己的罪行，能够认罪、悔罪。因此，本案构成故意杀人罪，应给予从轻处罚。

二是认为不应该构成故意杀人罪。首先，故意杀人罪的客体是"人"，是指行为人以外的自然人，行为人自身的自杀行为不成为犯罪，法人也因为不具有生命而不能成为本罪的客体。其次，正因为自杀行为不属刑法上的故意杀人行为，而教唆、帮助自杀行为又具有应罚性和需罚性，部分国家和地区才在刑法中设置独立罪名予以规制。既然我国刑法未设此类犯罪，教唆或者帮助自杀的行为就应当属于法无明文规定的情形，根据罪刑法定原则，不应以故意杀人罪论处。

问题研讨

本案中帮助自杀行为的定性，关键取决于自杀行为本质上能否构成犯罪，我国《刑法》第232条故意杀人罪中的"人"是否包括自杀者本人以及帮助自杀是通过何种路径构成故意杀人罪。在刘某案中，刘的帮助自杀行为以及由此引出的自杀行为的定性问题，有无罪说和有罪说之分，在无罪说的内部又有着不同的无罪理由。

(一) 无罪说

(1) 不符合构成要件说的观点。该说认为，在自杀场合中不存在故意杀人罪的实行行为，因而不符合故意杀人罪的构成要件。根据共犯从属性，帮助自杀也不为罪。故意杀人罪的客体是"人"，指行为人以外的自然人，行为人自身的自杀行为不成为犯罪，法人也因为不具有生命而不能成为故意杀人罪的客体，将"杀人"扩张解释至包含"自杀"与"罪刑法定原则"有违，故不可取。正因为自杀行为不属刑法上的故意杀人行为，而教唆、帮助自杀行为又具有应罚性和需罚性，部分国家和地区才在刑法中设置独立罪名予以规制。既然我国刑法未设此类犯罪，教唆或者帮助自杀的行为就应当属于法无明文规定的情形，根据罪刑法定原则，不应以故意杀人罪论处[①]。

(2) 合法说。本说认为，自杀是主体自愿处分权利的自尊行为，应被法律容忍甚至保障，从属于自杀的帮助行为亦属不具刑事不法的无害行为。自杀体现着自杀者意志决定的自由，是其自主决定的结果。自杀者的这种意志自由不应当受到社会利益或者道德

---

① 陈兴良. 教唆或者帮助他人自杀行为之定性研究：邵某国案分析. 浙江社会科学，2004 (6)：8.

伦理的限制。教唆、帮助自杀行为，仅仅是为自杀者行使自身的意志自由创设了外在的可能性或条件，并非对其自由的否定。所以，教唆或帮助他人自杀的行为人并没有因此侵犯自杀者的自由，其行为自然不能被认定为刑事不法。生命权属于个人，在能够自我决定的范围内，要求他人杀死自己的行为不能认定为刑法上的杀人行为，如果将其认定为违法行为，便违背了“自由是法的存在依据”的原则①。

(3) 自我答责说。在自由主义的法秩序中，法益主体拥有第一性的法益保护的权限。如果某人基于自我答责性的决定而侵害自己法益的话，第三者就没有必要对该被放弃的法益予以尊重。根据罪责自负和公平公正原则，既然具有理性和自由意志的主体须对自己的行为及后果负责，那么自杀结果当然由自杀者自我答责，帮助者无须承担责任②。

(二) 有罪说

(1) 单一正犯说认为，对于构成要件的实现具有因果贡献的行为人均为正犯，提供因果力的方式和大小只是量刑的考量因素，没必要对参与犯罪者区分正犯与共犯。我国刑法未规定正犯和共犯类型，而是区分主犯、从犯、胁从犯和教唆犯，部分学者据此认为我国采取单一正犯体系。我国刑法通常在构成要件层面将共同犯罪人区分为组织犯、实行犯、帮助犯和教唆犯，在量刑层面则区分主犯和从犯，因此属于功能性单一正犯体系。我国立法体例采取单一正犯体系，由分则规定的构成要件行为包括实行和教唆、帮助行为，故意杀人罪也不例外。因此，帮助自杀构成故意杀人罪。

(2) 自杀违法、帮助自杀可罚说。该观点认为，自杀属于违法行为，自杀者因欠缺期待可能性或处罚必要性而阻却责任。帮助行为从属于自杀行为，具备有责性，故可罚。尊重法益的主体随心所欲地处分自己权利的自由（自己决定的自由），从尊重个人的原则来看，应当为法律最大限度地予以保障。但是，自杀是法益主体（自杀人）消灭自己的行为，是侵害自己重大法益即生命的行为，因此，从消极家长主义的立场来看，自杀行为即便不可罚，也是违法行为。自杀行为是违法的，从共犯从属性的立场来看，教唆、帮助自杀就是参与了违法行为，是从属的共犯，当然应当受处罚。

纵观上述观点，需要解决两方面的问题：一是自杀的定性；二是帮助自杀的行为如何定性。首先，关于自杀的定性，故意杀人罪中的“人”与自杀中的“本人”难以兼容。纵然可将“故意杀人”中的“人”解释为包含“本人”，但解释结论不合理，因为：自杀在我国并非犯罪，将故意杀人解释为包括自杀，这种解释不符合国民的认知，也缺乏犯罪成立的本质特征——社会危害性，自杀只是损害了自己的生命，并未危害到他人的生命。因此，各国刑法对于生命自我处分行为无处罚必要的认识已日趋一致，自杀并非刑法意义上的犯罪。其次，帮助自杀的定性。自杀行为虽被排除在犯罪之外，但于社会全局看仍然是不值得鼓励和肯定的行为，只是由于加害者和受害者身份的统一性而导致人们对自杀行为的危害容易忽略。但是，当帮助行为参与到他人自杀行为中时，导致自杀的原因不再单一，帮助行为和自杀之间存在难以否认的因果关系。此外，由于指向

---

① 周光权. 教唆、帮助自杀行为的定性：“法外空间说”的展开. 中外法学，2014，26（5）：1164-1179.

② 冯军. 刑法中的自我答责. 中国法学，2006（3）：93-103.

他人生命，帮助自杀行为本身具有独立的、不同于自杀行为的社会危害性，应该被重新评价，不能因被教唆、被帮助一方的行为不是犯罪而直接否认帮助一方行为的可罚性。

在本案中，刘某向秦某明提供农药并进行言语刺激的帮助自杀行为具备刑事违法性、严重社会危害性、应受刑罚处罚性，符合故意杀人罪的构成要件，构成故意杀人罪。

实务训练

根据本案的事实、既有证据及争议焦点，写一份案例分析意见书。要求格式规范、条理清晰、层次分明、有理有据、观点明确。

延伸阅读

1. 陈兴良，周光权. 刑法学的现代展开. 北京：中国人民大学出版社，2006.
2. 张明楷. 刑法分则的解释原理. 北京：中国人民大学出版社，2004.
3. 高铭暄，马克昌. 刑法学. 9版. 北京：北京大学出版社，2019.

案 89. 相约自杀未死者何种情况下构成犯罪

——夏某仁故意杀人案

要点提示

相约自杀，又名共同自杀，是指两个或两个以上的行为人在共同故意的心理状态下所实施的结束自己生命的行为。根据不同的情况，可以把相约自杀分为：单纯的相约自杀、教唆型相约自杀、帮助型相约自杀、受托型相约自杀以及诱骗、强制型相约自杀。在相约自杀中，一方死亡，另一方由于种种原因未死，就涉及未死者的刑事责任问题。除了单纯的相约自杀案件之外，对于其他几类相约自杀，未死者都要承担一定程度的刑事责任。

案情摘要

被告人夏某仁，男，汉族，小学文化。夏某仁与吴某容系原配夫妻，夫妻关系一直融洽。2004 年 1 月的一天，吴某容在结冰的路上行走时滑倒，致一条腿骨折。此后，吴某容陷入伤痛之中，加之面临经济困难，产生自杀念头。被告人夏某仁在劝说吴某容打消轻生念头没有效果之后，在眼前艰难处境的压力下也产生了不想活的念头，便与吴某容商量两人一起上吊结束生命。同年 5 月 12 日凌晨 1 时许，夏某仁在租住的地下室准备了两张一高一矮的凳子、绳子，接着先将吴某容扶到矮凳子上，又从矮凳子上扶到高凳子上，让吴某容站立在高凳子上，并将绳子一端系在吴某容的脖子上，另一端系在地下室的下水管上，然后将吴某容脚下的凳子拿开，吴某容窒息而亡。过了十几分钟，夏某仁也准备上吊自杀，但想到这样会连累房东，即打消了自杀念头，于天明时到派出所投案自首。后经法院判决，其行为构成故意杀人罪。

分歧意见

一种观点认为，被害人吴某容已有自杀意图，被告人夏某仁帮助被害人自杀，主观上明知会出现他人死亡的结果而仍故意为之，客观上积极主动地帮助被害人吴某容自杀，导致吴某容死亡结果的发生，已构成故意杀人罪。

另一种观点认为，被告人夏某仁与被害人吴某容是相约自杀，被告人夏某仁主观上没有杀人的故意，因此，不构成故意杀人罪。

问题研讨

一、相约自杀的概念、特征及表现形式

（一）相约自杀的概念、特征

相约自杀，又名共同自杀，是指两个或两个以上的行为人在共同故意的心理状态下所实施的结束自己生命的行为。它的主要特征是：

（1）相约自杀的主体必须是两个或两个以上的自然人。

（2）相约自杀行为人必须都有一定的行为能力，且意思表达要自由。所谓行为人有一定的行为能力，是说行为人能够清楚地辨别认识自杀行为的性质和后果。如果行为人中有一人年幼或是精神病患者，“相约”就是虚假的，不能认为是相约自杀。所谓意思表达自由，是指行为人的自杀决意是自愿做出的，而不是在暴力、胁迫、威逼下做出的。如果是在暴力、胁迫、威逼下做出自杀决意，行为人的意思表达就是不自由的，其意是虚假的，不能看作相约自杀，而是故意杀人。

（3）相约自杀必须基于共同的自杀故意。这有两方面的含义：其一，行为人各自都有自杀的故意；其二，行为人自杀的故意具有共通性，即每个行为人都知道或者希望对方与自己一起实施自杀行为。这是相约自杀区别于单独自杀的根本所在，也是区分“相约”中是否有欺骗行为的标准。如果一方以“相约自杀”为名，骗使另一方自杀，这就不是相约自杀，而是故意杀人了。这种共同自杀的心理状态在外部的表现便是事前有共谋事实，自杀行为人经谋划，就自杀意愿和方法达成统一，因此它是共同自杀故意产生的前提和基础。

（4）实施了共同自杀的行为。除了有共同自杀的故意，还须落实到行动上，即相约自杀行为人实施了共同自杀的行为。

(二) 相约自杀的表现形式

相约自杀情况十分复杂，归纳起来，表现形式有如下几种：

（1）单纯的相约自杀。

单纯相约自杀是指相约人在各自产生自杀意念后，经过谋划，产生共同自杀的故意，各自独立地实施自杀行为。这期间没有一方教唆、帮助另一方自杀的情况，也没有一方受嘱托或承诺杀死另一方的情况出现。

（2）教唆型相约自杀。

这是指他人原本无自杀意图，行为人唆使他人自杀，并表示自己也要和被教唆者一起自杀。构成教唆式相约自杀，首先，被教唆者须原无共同自杀的故意，经教唆人教唆后方产生；其次，教唆者须有教唆行为，且这种行为同被教唆者产生共同自杀的故意和实施共同自杀行为之间存在着刑法上的因果关系；最后，教唆人主观上有教唆他人共同自杀的故意。教唆式相约自杀形式可多种多样，有语言上的或文字上的，但不能包含威逼、胁迫、诱骗等因素。

（3）帮助型相约自杀。

这是指相约自杀行为人基于共同自杀的故意，一方帮助另一方自杀或共同实施自杀行为。这种“帮助”可以是物质上的，如提供自杀工具、场所；也可以是精神上的，如当一方自杀信念发生动摇时，另一方帮助其坚定信念。帮助行为可能是行为人单方的帮助，也可能是双方相互帮助，有时还会出现物质、精神上的交叉或竞合帮助。比如，甲乙两人约定共同自杀，甲提出希望诗意地死去，甲遂驾车载乙至一处渺无人烟面朝大海的悬崖处，两人纵身一跃坠入大海，乙溺死而甲被人捞起生还。此处甲为乙提供了坠海身亡的便利条件，可以肯定其对乙实施自杀行为的帮助作用①。

（4）受托型相约自杀。

这是指相约自杀行为人在产生共同自杀故意后，一方因无自杀能力或勇气，遂嘱托另一方先将其杀死，而后受嘱托人又自杀的情况。构成受嘱托式相约自杀，嘱托人须有自杀之决意，有真诚的意思表示，且主动要求受嘱托人杀死自己，受嘱托人有结束嘱托人生命的故意且又自杀。

（5）诱骗、强制型相约自杀。

这是指行为人诱骗、强制他人自杀，并表示自己也要一起自杀，但实际上行为人并不想与对方一起自杀。行为人主观上出于非法剥夺他人生命的故意，客观上实施了诱骗他人自杀的行为②。

二、相约自杀中的刑事责任问题

（1）单纯的相约自杀，不产生刑事责任。行为人经过谋划产生共同自杀故意，后各自独立地实施自杀行为。每个相约自杀人的行为都不涉及侵害另一方生命的问题，即在

① 李洁，谭堃．论教唆、帮助自杀行为的可罚性．政治与法律，2013（6）：113－121．

② 常铮．从“深航空姐赴死”看相约自杀．法律与生活，2010（11）：19－20．

共同自杀过程中，内部不存在他杀因素。行为人主观上无罪过，客观上没有实施犯罪行为，不构成犯罪。这里有这样一种情况，即相约人产生共同自杀故意，一方先实施了自杀行为，另一方看到其自杀的痛苦情状后，突然改变主意，不再自杀了。对于这种情况，未自杀者的行为并非故意杀人的行为，故不负刑事责任。

（2）在教唆型相约自杀中，教唆人自杀未遂，应追究其刑事责任。被教唆者自杀故意和自杀行为的产生和出现，都与教唆行为存在着刑法上的因果关系，教唆者主观上存在着剥夺他人生命的故意，理应负刑事责任。但教唆者的教唆犯意必须通过被教唆人才能实现，所以，在量刑时可以从轻或减轻处罚。对于教唆未遂，即被教唆者没有实施共同自杀行为，教唆者亦应负一定的刑事责任。

（3）对于帮助型相约自杀，帮助者主观上明知被帮助者有自杀的故意，在客观上实施了物质上的帮助行为，或在精神上坚定共同自杀的信念，因而，在主观上具有剥夺他人生命的故意，应负刑事责任。但帮助行为的前提是，被帮助者已经具备自杀的故意，在量刑时可以从轻或减轻处罚。在处理这类案件时，还应区分物质上的帮助和精神上的帮助。自杀这种行为较为特殊，它是基于自己的想象和情感做出的，因而，精神上的帮助较之物质上的帮助具有更大的危害性。

（4）对于受托型相约自杀，一般认为，自己结束自己的生命不为罪，却不可延伸由他人来实施。因此，双方即使有共同自杀的故意，一方亦不可以受嘱托为名，先结束嘱托人的生命，再结束自己的生命，达到共同自杀的目的。受嘱托人主观上有杀人的故意，客观上实施了杀人行为，因而，如果受嘱托人自杀未遂，就要负刑事责任。但这种杀人行为毕竟是嘱托人在有共同自杀故意的前提下实施的，且是嘱托人提出的，受嘱托人本人也实施了自杀行为，所以，应酌情从轻或减轻处罚。

（5）在诱骗、强制型相约自杀中，行为人主观上具有非法剥夺他人生命权利的故意，客观上实施了欺骗、迫使他人剥夺自身生命权利的行为。他人自杀的行为是被诱骗、被强迫而实施的，是违背自身意愿的。也可以说，行为人是借他人之手来剥夺他人的生命，他人是行为人实施杀人行为的工具。因此，行为人具备主观与客观相统一的故意杀人罪的犯罪构成，构成故意杀人罪，且原则上不能从宽处罚。

本案中，被害人吴某容早已有自杀意图，被告人夏某仁在艰难处境的压力下也产生了不想活的念头，便与吴某容商量两人一起上吊结束生命，因此，被告人夏某仁与吴某容是相约自杀。由于吴某容一条腿断了，被告人夏某仁准备了两张一高一矮的凳子、绳子，接着先将吴某容扶到矮凳子上，又从矮凳子上扶到高凳子上，让吴某容站立在高凳子上，并将绳子一端系在吴某容的脖子上，另一端系在地下室的下水管上，然后将吴某容脚下的凳子拿开，导致吴某容窒息而亡。

被告人夏某仁的行为是为吴某容的自杀提供物质帮助，属于帮助型相约自杀。按照我国刑法，帮助他人自杀并不是排除犯罪性的正当行为，法律不允许任何人帮助他人结束其生命。因此，帮助自杀实质上是帮助杀人，应构成故意杀人罪，但在量刑时可酌情从轻或减轻处罚。

实务训练

根据本案的事实、既有证据及争议焦点，写一份法律意见书。要求格式规范、条理清晰、层次分明、有理有据、观点明确。

延伸阅读

1. 陈兴良，周光权. 刑法学的现代展开. 北京：中国人民大学出版社，2006.
2. 张明楷. 刑法分则的解释原理. 北京：中国人民大学出版社，2004.
3. 高铭暄，马克昌. 刑法学. 7 版. 北京：北京大学出版社，2000.
4. 冯凡英. 教唆、帮助自杀行为刍议. 人民检察，2004 (2)：26 - 27.
5. 林通. 自杀参与行为的定性分析. 广西公安管理干部学院学报，2002 (3)：20 - 22.
6. 张绍谦. 略论教唆、帮助他人自杀行为的定性及处理. 法学评论，1993 (6)：6.

案 90. “殴打他人”致伤害或死亡的定性

——罗某掌推他人致其头部碰撞造成死亡案[①]

要点提示

针对日常殴打行为引起结果的认定，可能会涉及故意伤害罪与过失致人死亡罪的界分问题。对于一般的殴打行为，程度较轻，不能达到轻伤程度的，不能认定为故意伤害罪。但是由于殴打行为引起的死亡结果，行为人主观上具有伤害的故意，虽然达不到故意伤害罪所要求的轻伤程度，但仍属于故意伤害行为，造成的死亡结果构成故意伤害致人死亡。对于故意伤害致人死亡罪，死亡结果的出现主观上宜认定为过失。对于故意伤害致人死亡与过失致人死亡应该着重于先前的殴打行为的主观状态判断行为人实施的殴打行为的性质。

案情摘要

被告人罗某，男，1976 年生，仫佬族，无业。2002 年 2 月 12 日（正月初一）下午 7 时许，被告人罗某与他人在恩平市圣堂镇马山果场同乡莫某友家聚会饮酒。晚 9 时许，罗某又与他人一同到果场办公楼顶层客厅内打麻将，莫某友站在旁边观看。由于罗某在打麻将过程中讲粗话，莫某友对罗某进行劝止，二人为此发生争吵。争吵过程中莫某友推了一下罗某，罗某即用右手朝莫某友的左面部打了一拳，接着又用左手掌推莫某

① 中华人民共和国最高人民法院刑事审判第一庭、第二庭. 刑事审判参考：总第 30 集. 北京：法律出版社，2003.

友右肩，致使莫某友在踉跄后退中后脑部碰撞到门框。在场的他人见状，分别将莫某友和罗某抱住。莫某友被抱住后挣脱出来，前行两步后突然向前跌倒，两三分钟后即死亡。经法医鉴定，莫某友后枕部头皮下血肿属钝器伤，系后枕部与钝性物体碰撞所致，血肿位置为受力部位。莫某友的死因是生前后枕部与钝性物体碰撞及撞后倒地导致脑挫伤、蛛网膜下腔出血所致，其口唇、下颌部及额下损伤系撞后倒地形成。

分歧意见

本案在审理过程中，对于罗某的行为如何定性，有三种不同意见：

第一种意见认为，罗的行为构成故意伤害（致死）罪。理由是：故意伤害致人死亡可以表现为复杂的罪过形式，即伤害他人的故意和致人死亡的过失两种罪过形式。罗在对被害人掌推时，主观上完全能够认识到其行为可能会伤害被害人的身体健康，但仍实施了掌推的伤害行为。罗实施故意伤害行为在先，由此直接导致被害人头后枕部与门框碰撞，进而倒地形成脑挫伤，导致死亡。罗的故意伤害行为与被害人的死亡结果之间具有刑法上的间接因果关系。罗在实施故意伤害行为时，主观上虽不希望或者放任被害人死亡结果的发生，但对被害人的死亡却具备应当预见而没有预见的过失心理态度。罗的行为符合故意伤害（致死）罪的构成要件，应以故意伤害（致死）罪追究其刑事责任。

第二种意见认为，罗的行为不构成故意伤害（致死）罪，而应构成过失致人死亡罪。理由是：《刑法》第 234 条第 2 款的规定表明，依据该款以故意伤害致人死亡追究刑事责任的前提条件必须是“犯前款罪”，即具有故意伤害行为且使被害人的损伤达到轻伤以上构成故意伤害罪。罗的掌推行为并不能直接使被害人的损伤达到轻伤以上，不符合《刑法》第 234 条第 2 款规定的“犯前款罪”的要求，不能以故意伤害致死追究其刑事责任。本案罗与被害人系同乡，平时关系很好，是在一起聚会饮酒、打麻将过程中发生争吵推打，被告人对被害人掌推时不可能希望或者放任被害人死亡结果的发生，主观上对被害人的死亡结果的发生表现为过失的心理态度，即应当预见其行为可能会造成被害人死亡，但因疏忽大意没有预见，客观上被告人的掌推行为造成了被害人死亡的结果，符合过失致人死亡罪的构成要件，所以应按过失致人死亡罪定罪量刑。

第三种意见认为，罗的行为不构成犯罪。理由是：本案不能确认被告人的掌推行为与被害人的死亡结果之间具有刑法上的因果关系。从本案的实际情况看，导致被害人死亡的原因是多方面的，被害人大量饮酒、被告人对被害人的掌推行为、被害人被推打后碰撞门框以及跌倒等都可能是被害人死亡的原因，以上几个因素相结合导致了被害人死亡结果的发生。法医鉴定书认定被害人的死因是生前后枕部与钝性物体碰撞及撞后倒地所导致的脑挫伤及蛛网膜下腔出血所致，即不能排除大量饮酒、倒地碰撞等因素是被害人死亡的原因，也不能认定被告人的推打行为所导致的碰撞门框是被害人死亡的主要原因，因此，无法认定被告人的行为与被害人的死亡结果之间具有刑法上的因果关系，要求被告人对被害人的死亡结果负刑事责任没有客观依据，应不构成犯罪。

问题研讨

关于殴打、故意伤害致人死亡与过失致人死亡的区分，需要从以下几方面进行界分。

（一）关于一般的殴打行为与故意伤害罪所要求的“伤害”的认定

按照我国刑法的规定，对没有产生轻伤以上后果的一般殴打行为，是不能以故意伤害罪论处的。这就产生一个问题，即能否以行为人的殴打手段是否足以使被害人受到轻伤以上的后果来判断行为人的行为是不是故意伤害罪所要求的故意伤害行为。故意伤害罪是结果犯，只有产生轻伤以上的后果才负刑事责任，且伤害后果越重，承担的刑事责任就越大。拳打脚踢掌推是一般殴打最常见的手段，如打击力量不大，打击的不是要害部位，不是连续性打击且打击相当有节制，一般都不足以直接导致被害人产生轻伤以上的后果，依法不需负刑事责任，但这并不说明一般的殴打行为的性质就不是故意伤害①。事实上，一般的殴打行为仍然是故意伤害的行为，只不过伤害的结果未达到法定的程度而无需负刑事责任。虽然只是一拳一脚一掌的轻微殴打行为，打击力量不大，打击部位并非要害，但如果该行为在当时特定的条件下能够造成被害人轻伤以上的后果，行为人仍应承担故意伤害罪的刑事责任，如殴打他人致人跌倒磕在石头上引发重伤、死亡后果，殴打特异体质的人引发重伤、死亡后果等②。除非被害人轻伤以上后果纯属意外事件所引起或者可以排除殴打行为与被害人轻伤以上后果具有的刑法上的因果关系③。司法实践中，一般的推搡行为由于不具有明显的伤害故意不能被视为刑法中的殴打行为或伤害行为，即使该行为意外致人重伤、死亡，也不能以故意伤害罪追究刑事责任。

（二）关于故意伤害致人死亡中“故意伤害”是否需要构罪的理解

对《刑法》第234条第2款规定的“犯前款罪”，应理解为有伤害的故意和行为，不能机械地要求故意伤害行为直接造成的损伤程度必须达到轻伤以上，因为通常情况下，故意伤害直接致人重伤或死亡的，往往并不存在先有一个轻伤害的犯罪前提。同时，在故意伤害致人死亡的案件中，对已经死亡的被害人一般是不可能再去评定最初（死亡前）的伤害程度是否达到轻伤以上。因此，对于上述第二种意见的观点，认为本案构成过失致人死亡是不成立的。

（三）故意伤害致人死亡中“致人死亡”的主观方面理解

混合的犯罪构成，指刑法条文规定的犯罪构成要件有复合情况的犯罪构成。其特点在于构成要件是重叠的，有两个客体、两个行为、两种罪过形式，且这些犯罪构成缺一不可、均须具备。复杂的犯罪构成包括行为复杂的犯罪构成、罪过复杂的犯罪构成和客

---

① 李文军. 故意伤害致特异体质者死亡案件处断争议之辨析. 法学，2010（8）：144-152.

② 周洪波，杨松挺. 一般殴打行为导致被害人死亡案件的认定. 检察实践，2005（5）：2.

③ 刘红艳. 随意殴打型寻衅滋事罪研究. 中国刑事法杂志，2014（1）：43-48.

体复杂的犯罪构成。罪过复杂的犯罪构成即包括两个罪过形式的犯罪构成。其特点是，具备两个罪过形式才能构成该种罪，同时，虽然具有两个罪过形式却又不是两个犯罪①。

故意伤害（致死）罪包含伤害他人的故意和造成他人死亡的过失这两种罪过形式。虽然《刑法》第234条中并没有明确规定故意伤害（致死）罪中的致人死亡可以是过失的，但从故意伤害（致死）罪与故意杀人罪在犯罪构成上的区别是很容易得出这一结论的。两者区别的关键是故意杀人罪希望或者放任死亡结果发生，故意伤害（致死）罪只希望或放任伤害他人身体健康的结果发生。因此，如果故意伤害（致死）罪中的致人死亡是故意的（不论是直接故意还是间接故意），那么它将转化为故意杀人罪，不能以故意伤害罪定性。因此，故意伤害致人死亡中对于死亡应该是持“过失”的心态。由于在实施故意伤害行为时具有高度致死的可能性，因此我国刑法规定了故意伤害致人死亡的结果加重犯。对于故意伤害行为导致他人死亡的情况，根据《刑法》第234条专门的结果加重犯的规定，不再按照过失致人死亡进行定罪量刑。

在本案中，首先，罗的掌推行为已非一般的推搡行为所能包容。其掌推行为系发生在与被害人的争执对打当中；其次，其掌推行为是拳打之后的连续行为，伤害的故意连贯于其中，且力度很大，否则不足以导致被害人身体失控，头部发生碰撞；最后，在一定的情形下，即便一拳一脚一掌，同样可以致人伤害甚至死亡。罗的掌推行为，打击部位虽非要害，但力度之大，已客观地造成被害人身体失控而后退，造成头后枕部与门框碰撞，进而倒地形成脑挫伤，导致死亡。因此，该行为属于故意伤害行为。

罗在实施掌推行为时，其对危害结果的故意范围的认定，要从被告人和被害人的平日关系、犯罪的起因、打击的手段与部位等因素进行分析和判断。本案被告人和被害人平时关系非常好，是在过年同乡欢聚一起饮酒打麻将的时候，因酒后小事争吵才打了被害人左面部一拳，又推了被害人的右肩部一掌。因此，被告人在实施拳打掌推行为时是不可能希望或放任被害人死亡的结果发生的，但在当时的特定条件下，应当预见这种结果而没有预见，因此对被害人的死亡结果的发生是有过失的。被告人在推打被害人时具有伤害的故意，但对导致被害人头撞门框，进而跌倒死亡却是过失的主观心态。在这种复杂罪过形式中，虽然故意罪过所引起的危害结果轻于过失罪过引起的危害结果，但综合整个犯罪构成来看，故意罪过是主要的，过失罪过是次要的，因此，只能根据故意罪过确定为故意犯罪。因此，对本案被告人应以故意伤害（致死）罪定罪量刑。

实务训练

1. 请根据本案的事实、既有证据及争议焦点，写一份辩护词。要求格式规范、条理清晰、层次分明、有理有据、入情入理。

2. 请根据本案的事实、既有证据及争议焦点，写一份判决书。要求格式规范、条理清晰、层次分明、说理透彻。

---

① 郑泽善．故意伤害罪新论．法学论坛，2012，27（1）：59－66．

延伸阅读

1. 马克昌. 刑法学. 北京：高等教育出版社，2003.
2. 李永升. 刑法总论. 2 版. 北京：法律出版社，2016.
3. 张明楷. 刑法学. 6 版. 北京：法律出版社，2021.

案 91. 聚众斗殴致人死亡并非就定故意杀人罪

——张某故意伤害案[①]

要点提示

对于聚众斗殴致人死亡转化为故意杀人罪的情形，依旧要符合刑法中故意杀人罪的构成要件，结合案发的实际情况进行综合判断，并非发生了死亡结果就一律按照故意杀人罪定罪量刑。

案情摘要

2006 年 9 月 20 日 22 时许，在湖北省武汉市打工的莫某到该市高雄路 92 号程某开的发廊做保健时，因琐事与服务员发生争执，遭程某、祝某、丁某的殴打后离开。后程某邀李某等 3 人携带 3 把砍刀前来，并与被告人张某和祝某、丁某及张某福守候在发廊以防对方报复。次日凌晨 2 时许，程某让李某等人回去休息。与此同时，莫某将被打之事告知被害人王某并请王某出面为其讨要医药费。凌晨 4 时许，王某纠集 10 余人和莫某乘出租车来到该发廊，程某见状再次拨打李某电话，李某便将该情况告知高某强，同时带人携砍刀一同乘坐高某强驾驶的轿车赶到发廊。见到王某等人后，李某等人持砍刀下车追砍，程某、张某、祝某、丁某及张某福等人也上前追打，在此过程中，张某持匕首捅刺王某的左腿腘等处，其他人连砍王某背部等处数刀，后均逃离现场。王某因腘动脉、腘静脉破裂，致急性失血性休克而死亡。

分歧意见

关于本案聚众斗殴致人死亡的定性，有三种不同意见：

第一种意见认为，《刑法》第 292 条第 2 款规定，只要发生了死亡后果，就应当认定为故意杀人罪，而不论行为人对该死亡结果是否持故意态度。张某的行为造成被害人死亡，应认定为故意杀人罪。

---

① 中华人民共和国最高人民法院刑事审判第一、二、三、四、五庭. 刑事审判参考：总第 69 集. 北京：法律出版社，2009.

第二种意见认为，《刑法》第292条第2款并非不要求行为人有杀人故意或者伤害故意，只要聚众斗殴所具有的暴力性使得行为人对重伤结果或者死亡结果的发生均有概括性认识即可构成故意杀人罪。因此，综合本案的情况，应该认定为故意杀人罪。

第三种意见认为，聚众斗殴中出现重伤或者死亡后果的，应当依照刑法规定的故意伤害罪或者故意杀人罪的具体构成要件定罪处罚。本案中，张某具有明显的伤害故意，虽致人死亡，仍应认定为故意伤害罪。

问题研讨

本案是典型的聚众斗殴致人死亡的情形，《刑法》第292条第2款对此有相关的规定，因此本案的核心问题在于对该款的理解。

《刑法》第292条第2款规定："聚众斗殴，致人重伤、死亡的，依照本法第二百三十四条、第二百三十二条的规定定罪处罚。"这款规定的是聚众斗殴罪的转化犯。聚众斗殴致人重伤、死亡的，转化为故意伤害罪、故意杀人罪。该情形之所以转化为故意伤害罪、故意杀人罪，而不数罪并罚，主要原因在于，行为人只实施了一个犯罪行为。同时，还应限制转化的范围，对于直接造成死亡的斗殴者和首要分子可以认定为故意杀人罪，根据责任主义原则，对其他参与者不宜认定为故意杀人罪。从立法目的上讲，第292条第2款的规定只是表明聚众斗殴中出现重伤或者死亡后果的，不再成立聚众斗殴罪，而应转化定罪，即认定为故意伤害罪或者故意杀人罪，但具体以何罪论处应当根据案件证据结合刑法规定进行确定。首先，对于聚众斗殴导致他人死亡或重伤的情形，不能一律按照结果直接定为故意杀人罪或故意伤害罪。虽然在实践中，有部分地方司法机关的做法是只要在聚众斗殴的过程中出现了死伤结果，不论主观上是故意还是过失，一律转化为故意杀人罪或故意伤害罪，此种做法有导致聚众斗殴罪转化处罚扩大的嫌疑，违背责任主义的原则。

对于转化为故意杀人罪或故意伤害罪的情形，仍然要考虑按照刑法规定的故意杀人罪或故意伤害罪的构成要件定罪处罚。《刑法》第292条第2款的罪状部分虽未明示罪过要素，但这并不意味着模糊了罪过认定。在认定犯罪成立与否的过程中，仍应在满足客观要件的基础上对行为人的主观罪过进行考察，才能将犯罪行为或者危害结果归责于行为人，进行准确定罪。聚众斗殴致人死亡时，准确认定行为人的主观故意就成为正确定罪的必然前提，也是主客观相统一的定罪原则的内在要求。具体而言，聚众斗殴中发生致人死亡结果时，应当在判断死亡结果是否是行为人实施的犯罪行为所致的基础上，判断行为人对死亡结果所持的主观心态。行为人只能对有杀人故意（包括直接故意和间接故意）的行为承担故意杀人的罪责；行为人仅有伤害故意时，虽致被害人死亡，也只能承担故意伤害（致死）的罪责。据此，死亡结果虽是行为人所致，但不能仅凭结果来认定行为人的犯罪故意内容，即不能说致人死亡就有杀人故意，没有致人死亡的就没有杀人故意。

就本案而言，对于张某的定罪量刑，应该结合具体的聚众斗殴的情形和打击部位进行判断。本案中，张某携带匕首的本意是防备对方前来报复，在之后的事件发展中，莫某纠集了被害人王某等10余人前来报复挑衅的事实也间接印证了张某等人携带凶器确有防备意图。所以不能简单地以张某携带了匕首并参与到聚众斗殴中来就认定张某具有杀人故意。在聚众斗殴的整个过程中，张某捅刺次数少（不超过两下）、捅刺部位为非要害部位（左腿腘，通常认为腿部并不属于人的致命部位）、捅刺力量不大（创道仅深及腘窝内侧皮下），均反映出张某只有伤害他人身体健康的主观故意。对于伤害造成的死亡结果，应该构成故意伤害致人死亡。本案中，一方面，张某并非积极主动地追求对王某的报复、攻击，张某是在王某被他人追打到他所处的位置时才动手，捅刺位置距离（聚众）斗殴的主要场所稍远，且没有主动追赶、攻击王某；另一方面，张某在实施加害行为时是有所节制的。张某持刀捅刺王某两刀，其中第一刀是否伤及王某尚不能确定，且仅捅两刀后就主动停手；张某选择的捅刺部位为左腿腘，一般人都不会认为用刀捅刺腿部会致人死亡。张某在实行行为时所试图对死亡结果发生的危险的控制，表明了其并不是不计后果的恣意行为，并不希望追求或放任王某死亡结果的发生。因此，张某对于死亡结果并非间接故意而是过失，最终应该按照故意伤害（致死）罪进行定罪量刑。

实务训练

1. 请根据本案的事实、既有证据及争议焦点，写一份辩护词。要求格式规范、条理清晰、层次分明、有理有据、入情入理。

2. 请根据本案的事实、既有证据及争议焦点，写一份判决书。要求格式规范、条理清晰、层次分明、说理透彻。

延伸阅读

1. 马克昌. 刑法学. 北京：高等教育出版社，2003.
2. 李永升. 刑法总论. 2 版. 北京：法律出版社，2016.
3. 张明楷. 刑法学. 6 版. 北京：法律出版社，2021.

案 92. “应当知道”被害人系幼女的判断方法

——何某强奸案[①]

要点提示

在奸淫幼女案件中对于行为人“应当知道”被害人系幼女的判断，分为两种情况：一是被害人为不满 12 周岁时，一律认定行为人“应当知道”被害人是幼女；二是被害

---

① 中华人民共和国最高人民法院刑事审判第一、二、三、四、五庭. 刑事审判参考：总第 98 集. 北京：法律出版社，2014.

人为已满12周岁不满14周岁时，应结合案件具体情况全面分析，从严把握行为人“不明知”被害人是幼女的情形。

案情摘要

被告人何某，男，1993年9月13日生，无业。2012年2月中旬，何某通过网络登录其堂妹的QQ号，结识被害人徐某（女，1998年4月5日出生）。何某分别于同年3月3日、4日在家中、宾馆与徐某发生性关系。同月5日，何某在明知徐某不满14周岁后，仍与徐某再次发生性关系。

2012年3月21日何某因涉嫌强奸罪被逮捕。X区人民法院认为，被告人何某明知被害人系幼女，仍与其发生性关系，构成强奸罪；公诉机关指控的罪名成立，但公诉机关指控何某第一、二次与被害人发生性关系时已明知被害人系幼女的证据不足，对该部分指控事实不予认定。一审宣判后，检察机关提出抗诉，C市中级人民法院裁定驳回抗诉，维持原判。

分歧意见

对本案应如何定性，在处理过程中形成了两种不同意见。

一种意见认为，被告人何某是在第三次与被害人发生性关系后才知道被害人不满14周岁，前两次发生性关系时不明知被害人不满14周岁，所以只能认定第三次为强奸。

另一种意见认为，从堂妹的年龄，与被害人认识的途径以及被害人QQ上的个人资料可以看出，被告人何某知道或应当知道被害人不满14周岁，所以应当认定为强奸3次。

问题研讨

本案问题的解决，取决于如何判断行为人“应当知道”被害人系幼女。

刑法总则明确规定，故意犯罪是指明知自己的行为会发生危害社会的结果，并且希望或放任这种结果的发生，构成犯罪的，是故意犯罪。强奸罪属于故意犯罪，因此刑法总则中关于故意犯罪“明知”的规定同样适用于强奸罪。明知包括“知道”和“应当知道”。“知道”是指行为人确实知道，通过案件相关证据即可以证明。而“应当知道”则需要参考一般人的认识能力，结合案件具体情况，推定行为人“应当知道”。同时，2013年最高人民法院、最高人民检察院、公安部和司法部《关于依法惩治性侵害未成年人犯罪的意见》第19条第1款规定，知道或应当知道对方是不满14周岁的幼女，而实施奸淫等性侵害行为的，应当认定行为人“明知”对方是幼女。这表明，对“应当知道”的判断是判断行为人是否构成强奸罪的重要考虑因素之一。在奸淫幼女案件中，对于行为人是否“应当知道”被害人是幼女，结合相关法律和司法实践可以对幼女根据年龄分为以下两种情况。

(一) 被害人不满 12 周岁时，一律认定行为人“应当知道”被害人是幼女

《关于依法惩治性侵害未成年人犯罪的意见》第 19 条第 2 款规定，对不满 12 周岁的被害人实施奸淫等性侵害行为的，应当认定行为人“明知”对方是幼女。也就是说，根据最高人民法院、最高人民检察院、公安部和司法部下发的该司法解释性文件，对不满 12 周岁的被害人实施性侵害行为，无论行为人基于怎样的理由进行辩解，都推定行为人“应当知道”对方是幼女。这一规定既不违背法律关于犯罪故意的规定，也合乎常识常理常情。首先，从教育情况来看，不满 12 周岁的幼女一般处于小学教育阶段，需要监护人更多的看护照顾。同时，从身体发育状况来看，不满 12 周岁的幼女身体还处于早期发育阶段，一般还不具有女性明显的第二性征，即使有个别不满 12 周岁的幼女身体发育较早，但是通过观察她的言谈举止、衣着特征以及生活作息规律等一般可以判断出其可能为幼女。另外，从对幼女特殊保护的角度出发，不论行为人是否采取强制手段发生性关系一律认定行为人构成强奸罪，这样的规定也合乎情理。

(二) 被害人为已满 12 周岁不满 14 周岁时，应结合案件具体情况全面分析，从严把握行为人“不明知”被害人是幼女的情形

《关于依法惩治性侵害未成年人犯罪的意见》第 19 条第 3 款规定，对已满 12 周岁不满 14 周岁的被害人，从其身体发育状况、言谈举止、衣着特征、生活作息规律等观察可能是幼女，而实施奸淫等性侵害行为的，应当认定行为人“明知”对方是幼女。也就是说对于行为人是否“应当知道”被害人是未满 14 周岁的幼女的判断，在考虑一般人认知水平的基础上，应综合具体案件的相关证据及情节，进行分析判断。具体来说，一是从客观上来看，被害人的身体发育状况、言谈举止、衣着特征、生活作息规律等特征更符合已满 14 周岁的人。二是从主观上来看，行为人已经充分谨慎行事，仍然对被害人的年龄存在错误的判断，不明知被害人是不满 14 周岁的幼女，不具有强奸的故意。同时，从一般人的角度看，处于当时案发的环境下也会做出同样错误的判断。对行为人主观要件的考量，应综合行为人的表现，一般人的认知水平以及相关证据来综合分析。三是从案件具体情况来看，确有证据或者合理依据可以证明行为人根本不可能知道被害人是幼女。通过以上三个方面的把握，才可以判断行为人“不明知”被害人是幼女。相反，如果被害人不具有明显的区别于其他不满 14 周岁幼女的身体发育状况、言谈举止、衣着特征、生活作息规律等特征，或者行为人未充分谨慎行事，未充分考虑被害人是否是幼女这一问题，那么应当认定行为人“应当知道”被害人是幼女。该规定体现出在认定不“明知”被害人是幼女的例外情况下，应当从严把握的态度。这也体现了严惩奸淫幼女类犯罪的刑事政策。这是我国司法机关对刑事政策主流价值观的落实，也是司法机关在被告人人权保障与保护幼女公共政策之间的一种平衡。

具体到本案中，行为人何某是通过登录其堂妹的 QQ 账号的方式认识的被害人，并且知道被害人为堂妹初中二年级的同学，而堂妹比行为人小 5 岁也就是当时不满 14 周

岁。所以说，被害人作为初二学生，可能已满 14 周岁，也可能不满 14 周岁。同时，行为人通过 QQ 聊天的方式与被害人交流，被害人 QQ 个人资料上显示年龄为 13 周岁。结合案件的具体情况，行为人何某作为具有正常的认识能力和辨认能力，只要稍加注意，谨慎考虑被害人的年龄问题，就不可能认识不到该被害人是不满 14 周岁的幼女，即应当认定行为人“应当知道”被害人是不满 14 周岁的幼女。所以，被告人何某对 3 次发生性关系均知道或应当知道被害人不满 14 周岁，应当认定为强奸 3 次。

实务训练

请根据本案的事实、既有证据及争议焦点，写一份法律意见书。要求格式规范、条理清晰、层次分明、有理有据、入情入理。

延伸阅读

1. 胡东飞.《刑法》第 236 条第 2 款的构造：奸淫幼女“明知”问题的另一种解读. 刑法论丛，2016，45（1）：284－305.

2. 龙宗智. 推定的界限及适用. 法学研究，2008（1）：106－125.

3. 陈兴良.“应当知道”的刑法界说. 法学，2005（7）：80－84.

4. 张明楷. 刑法分则的解释原理. 2 版. 北京：中国人民大学出版社，2011.

案 93.“轮奸”及强奸罪中的“情节恶劣”的认定

——李某明强奸案[①]

要点提示

未经共谋在不同地点先后强奸同一被害人的不构成轮奸。对“情节恶劣”的认定标准，应当具有和《刑法》第 236 条第 3 款第 2 项至 5 项规定情形相当的严重性。由于司法实践的复杂性和案件的多样性，如何认定强奸罪中的“情节恶劣”，应当结合案件具体事实、情节、社会危害程度，从犯罪主体、犯罪对象、犯罪地点、犯罪手段、犯罪后果等诸多方面综合判断。

案情摘要

被告人李某明，男，1988 年 12 月 5 日生，农民。2008 年 5 月 8 日晚，李某明伙同

① 中华人民共和国最高人民法院刑事审判第一、二、三、四、五庭. 刑事审判参考：总第 98 集. 北京：法律出版社，2014.

同案楚某洋（已判刑）酒后骑摩托车在宜阳县某镇一村庄附近见到初中生陈某（女，时年13岁）、孙某（女，时年14岁）及孙某的弟弟，李某明和楚某洋采取持棍棒及语言威胁的方法赶走孙某的弟弟及闻讯赶来寻找陈、孙二人的多名教师，强行将陈、孙二人带到一旅社。李某明在108房间对陈某实施了强奸，楚某洋在105房间欲对孙某实施强奸，因自身原因未得逞。李某明得知已有人报警后，骑摩托车送陈、孙二人送回，途中又强奸了孙某。

2011年11月30日，因涉嫌强奸罪，李某明、楚某洋被逮捕。河南省宜阳县检察院以被告人李某明、楚某洋犯强奸罪，向宜阳法院提起公诉。

分歧意见

本案对李某明应如何定性，在处理过程中形成了两种不同意见：

一种意见认为，李某明违背妇女意志，以暴力、胁迫手段，强行与妇女发生性关系的行为构成强奸罪。李某明强奸二人，其中一人还系幼女，依法应当从重处罚。

另一种意见认为，李某明伙同楚某洋分别强奸陈某和孙某，后李某明知道楚某洋在旅社内强奸了孙某，在送二被害人回去的路上又强奸孙某，构成轮奸。李某明伙同楚某洋采取持棍棒及语言威胁的方法在学校附近赶走多名教师及孙某的弟弟，将两名初中学生带走强奸，李某明已知有人报警，仍在送返二被害人的途中强奸孙某，属于强奸犯罪情节恶劣，对其应当以10年以上有期徒刑量刑。

问题研讨

本案问题的解决，需着重把握以下两个问题。

（一）共同犯罪人未经共谋在不同地点先后强奸同一被害人的是否构成轮奸？

根据《刑法》第236条第3款第4项规定，“二人以上轮奸的”属于强奸罪加重犯的定罪情形之一，处10年以上有期徒刑、无期徒刑或者死刑。

轮奸是指2个以上的男子在同一犯罪活动中，以暴力、胁迫或者其他手段对同一妇女或幼女进行强奸或奸淫的行为[①]。成立轮奸需要同时满足行为主体（2个以上男子）、行为方式（暴力、胁迫或其他手段）、行为对象（同一妇女或幼女）和行为时空（同一犯罪活动中）四个要素。各行为人在共同认识支配下实行同一犯罪构成的客观要件的行为，均使用暴力、胁迫或其他手段对同一妇女或幼女实施了强奸，并且行为人的行为在时间、空间上具有联系，是否在同一地点不是必要条件，只要在同一犯罪活动中，各行为人的行为存在时空上的联系，并且与危害后果之间存在因果关系。行为人在共同认识支配下实施强奸行为，强奸行为也体现出各行为人共同犯罪故意。

---

① 全国人大常委会法制工作委员会刑法室．中华人民共和国刑法条文说明、立法理由及相关规定．北京：北京大学出版社，2009.

具体到本案，第一，符合轮奸的主体要件，李某明和楚某洋都是强奸罪的实行犯。第二，不符合轮奸的主观要件。李某明和楚某洋没有共同奸淫被害人孙某的犯罪故意。两人没有共谋，即二人没有共同实施奸淫孙某的犯意联络。在宾馆里，不能证明李某明有强奸孙某的故意，更无法证明楚某洋明知李某明有强奸孙某的故意。另外，在二人得知已有人报警的情况下，楚某洋表示同意李某明将被害人送回去，并不能证明楚某洋明知李某明有强奸孙某的故意。所以说，李某明强奸孙某的行为超过了二人共同故意的范畴。第三，不符合轮奸的客观要件。李某明和楚某洋强奸孙某的行为不具有时间上、空间上的联系性。诚然，同一时间、同一地点不是认定轮奸的必要条件，因为如果二人在共同的犯罪故意下，即使不是在同一地点，也可能成立轮奸。李某明在送返过程中强奸孙某的行为，楚某洋客观上未参与，也未起到任何帮助作用，此行为已经和前面二人共同将被害人带至旅社并分别实施强奸的行为割裂开来，不具有关联性。综上分析，共同犯罪人未经共谋在不同地点先后强奸同一被害人的不构成轮奸。

（二）如何认定强奸罪中的“情节恶劣”?

《刑法》第 236 条第 3 款第 1 项规定，“强奸妇女、奸淫幼女情节恶劣”属于情节加重犯的内容。与该款第 2 项至第 5 项规定不同，该项规定为原则性规定。在具体案件中，需要判断是否符合“情节恶劣”的认定。

《刑法》第 236 条第 3 款各项规定的强奸罪的加重处罚情形，符合罪刑相适应原则，即同一法定刑档次内的量刑情节所体现的罪责应当相当。对“强奸妇女、奸淫幼女情节恶劣”的把握和认定，在遵循罪刑相适应原则前提下，要结合案件具体事实和情节，综合判断行为人行为的危害程度是否与《刑法》第 236 条第 3 款第 2 项至第 5 项加重处罚情节的危害程度具有相当性。由于司法实践的复杂性和案件的多样性，对于如何认定强奸罪中的“情节恶劣”，在具体案件审查过程中，应当综合行为人供述、被害人陈述等证据，对犯罪情节进行全面、细致审查，判断案件的社会危害程度，做到以“零容忍”的态度对该类犯罪从重从严惩处，依法实现罚当其罪，具体主要从犯罪主体、犯罪对象、犯罪地点、犯罪手段、犯罪后果等诸多方面综合判断。司法实践中主要从以下几个方面来把握：一是选择特定犯罪对象实施强奸，被害人不具有一般人的反抗能力或者反抗能力极弱，如强奸无辨认能力的精神病人，强奸行动不便的孕妇，强奸身患重病、无法抵抗的患者。二是在公共场所公然劫持被害人后实施强奸，对抗社会意图明显。三是采用残忍的暴力手段或者以肆意损害被害人身心健康的方式实施强奸，如施以凌辱、虐待等。四是长期多次对同一被害人进行强奸，即行为人在相对较长时期内连续多次反复强奸同一人，通常有“霸占”被害人为自己性工具的意图。五是其他具有相当危害程度的情形，如《关于依法惩治性侵害未成年人犯罪的意见》第 25 条所规定的：（1）对未成年人负有特殊职责的人员、与未成年人有共同家庭生活关系的人员、国家工作人员或者冒充国家工作人员，实施强奸、猥亵犯罪的；（2）进入未成年人住所、学生集体宿舍实施强奸、猥亵犯罪的；（3）采取暴力、胁迫、麻醉等强制手段实施奸淫幼女、猥亵儿童犯罪的；（4）对不满 12 周岁的儿童、农村留守儿童、严重残疾或者精神智力发育迟滞的未成年人，实施强奸、猥亵犯罪的；（5）猥亵多名未成年人，或者多次实施强奸、猥亵犯罪的；(6) 造成未成年被害人轻伤、怀孕、感染性病等后果的；(7) 有强奸、猥亵犯罪前科劣迹的。在一般情况下，对于符合上述七种情形的，认定为“情节恶劣”[①]。

结合本案，李某明和楚某洋采取持棍棒及语言威胁的方法赶走孙某的弟弟及闻讯赶来寻找陈、孙二人的多名教师，强行将陈、孙二人带到旅社。李某明得知已有人报警后，骑摩托车送陈、孙二人返回，途中又强奸了孙某。综合分析，李某明公然使用暴力劫持被害人，在已经得知报警的情形下，又强奸了另一名被害人。同时两名被害人都是初中生，一名是不满 14 周岁的幼女，另一名也才 14 周岁。同时，本案行为人李某明和楚某洋奸淫幼女的行为，符合《关于依法惩治性侵害未成年人犯罪的意见》第 25 条所列三种情形，对被害人造成严重的心理伤害，认定其强奸行为属于“情节恶劣”，与从严打击性侵未成年人犯罪的精神是一致的。所以，不论从行为的社会危害性还是其本身的人身危险性以及司法实践经验来看，李某明实施犯罪的整个过程的危害性与《刑法》第 236 条第 3 款第 2 项至第 5 项程度相当，因此应当认定为强奸罪的“情节恶劣”。

实务训练

请根据本案的事实、既有证据及争议焦点，写一份法律意见书。要求格式规范、条理清晰、层次分明、有理有据、入情入理。

延伸阅读

1. 魏东. 刑法各论若干前沿问题要论. 北京：人民法院出版社，2005.
2. 付立庆. 论轮奸的限制性认定. 法学，2020 (4)：103 - 121.
3. 林贵文. “轮奸”成立学说的法教义学批判与证成. 法律科学（西北政法大学学报），2019，37 (6)：55 - 69.
4. 刘传稿. “轮奸”行为成立的标准. 中国检察官，2013 (12)：7 - 8.

案 94. 轮奸案件中一人既遂一人未遂的犯罪形态认定

——唐某海、杨某勇强奸案[②]

要点提示

通常认为，对于参与共同犯罪的实行犯而言，只要共同实行犯中有一人犯罪既遂，其他共同实行犯都应当负犯罪既遂之责。强奸犯是亲手犯，但这仅对限定强奸犯犯罪主

① 邢进生，刘艳，梁国武. 强奸妇女、奸淫幼女“情节恶劣”的认定. 中国检察官，2020 (20)：44 - 46.

② 中华人民共和国最高人民法院刑事审判第一庭、第二庭. 刑事审判参考：总第 36 集. 北京：法律出版社，2004.

体有意义，并不意味着就能对其未遂形态产生实质影响。因此，轮奸的各个共犯之间不宜划分既遂与未遂，只要是其中一个犯罪人强奸既遂，其余共犯不管得逞与否均以既遂论处。

案情摘要

被告人唐某海，男，1981 年 11 月 16 日出生，高中文化，无业。被告人杨某勇，男，1984 年 8 月 21 日出生，中专文化，工人。2003 年 4 月 28 日凌晨 1 时许，被告人唐某海、杨某勇从该市“太平洋卡拉 OK”娱乐场所，将已经处于深度醉酒状态的女青年王某带至该市下关区黄家圩 8 号的江南池浴室，在 111 号包间内，趁王某酒醉无知觉、无反抗能力之机，先后对其实施奸淫。唐某海在对王某实施奸淫的过程中，由于其饮酒过多未能得逞；杨某勇奸淫得逞。案发后，唐某海协助公安人员抓获同案犯杨某勇。同年 5 月 29 日，两名被告人被逮捕，公诉机关以强奸罪提起公诉。10 月 9 日，一审法院判决：被告人唐某海犯强奸罪，判处有期徒刑 7 年；被告人杨某勇犯强奸罪，判处有期徒刑 10 年，两被告人不服，上诉至中级人民法院。二审审理过程中，两被告人申请撤诉，二审法院裁定准许。现一审判决已发生法律效力。

分歧意见

本案按“强奸罪”定性没有争议，但是对“轮奸”犯罪中一人奸淫未得逞的，能否认定为轮奸未遂？在处理过程中形成了如下两种意见：

一是轮奸为法律所规定的强奸罪的加重处罚情节之一，本身不存在既遂未遂问题，即使一人未得逞，也应认定为轮奸。理由是：（1）从规范角度分析，轮奸是指两名以上男子有强奸的共同故意，轮流对同一女子实施奸淫行为。强奸是否既遂是犯罪停止形态的问题，并不影响行为性质的认定。行为人在强奸故意支配下实施强奸行为，由于意志以外原因未得逞的，仍应认定其行为系强奸行为，只是未完成而已。（2）从法益侵害角度而言，轮奸之所以系强奸罪的法定刑升格要件，是因为轮奸行为不仅严重侵害受害者的性自主决定权，而且无视受害人的基本尊严和自由，表明行为人无视正常社会伦理秩序，藐视法益，人身危险性极大。行为人基于轮奸故意，轮流对同一女子实施强奸，虽然一人未得逞，但行为已经充分表明行为人的主观恶性和人身危险性。在轮奸故意支配下实施的强奸行为的社会危害性要远远大于强制猥亵行为的社会危害性，因此不能认为未得逞的强奸行为只是强制猥亵行为。（3）从预防犯罪视角分析，刑法通过法定刑的设置、适用，对潜在行为人予以警示，从而保护法益。立法者将轮奸法定刑规定在 10 年有期徒刑以上刑罚的目的就在于预防行为人实施轮奸行为。如果认为轮奸要求两名以上男子均要既遂的话，则设置如此高的法定刑的目的就会落空，不利于预防犯罪。（4）从司法实践来看，在共同强奸犯罪中，一人实施了奸淫后，另一人接着实施奸淫，虽然奸淫未成的，仍应认定两人具有轮奸情节。因此，唐某海、杨某勇基于轮奸故意，轮流对同一女子实施强奸，虽然唐某海由于饮酒过多未能得逞，仍应认定两人具有轮奸情节。

二是轮奸系加重构成要件，存在既遂未遂形态，本案应认定为轮奸未遂。理由是：（1）若所有情节加重犯都是既遂的话，不仅使得犯罪未遂变得不可能，甚至也消除了犯罪中止的可能性，这使得犯罪人无法依靠犯罪中止的黄金桥为自己赢得回头是岸改过从新的机会，另外也会使得受害人因此而陷入更加危险的境地。这将会使犯罪中止的双面保护的形式政策彻底落空；（2）轮奸犯罪人的行为是否对刑法所保护的法益造成实质侵害结果即是否构成犯罪既遂，主要看轮奸犯罪人是否有人完成对被害人的奸淫行为，即在强奸成年女性的场合，有无实现性器官的插入；而在奸淫幼女的场合，有无实现性器官的接触。若无上述情况发生，意图轮流奸淫的犯罪行为着手实施后，由于犯罪人意志以外的原因，无人完成奸淫行为的，当然成立轮奸犯罪的未遂形态。因此，应认定为轮奸未遂。

问题研讨

本案问题的解决，关键取决于对在亲手犯共同犯罪的场合，一人既遂能否影响他人犯罪停止形态的正确理解和适用。

轮奸不同于一般强奸罪（共同犯罪），后者对于性的亲密性侵害或者不具有重复侵害的加重危险（一人奸淫，其他仅仅是帮助或者教唆），或者尚未出现对性的亲密性重复侵害的加重事实（尚未有多人轮流实施奸淫行为），其不法程度与轮奸不可同日而语。轮奸是对被害人人性尊严更加严重的践踏，是对被害人性的私密性和亲密性价值更加严重的侵害，使被害人遭受更加严重的恐惧、恶心和屈辱的心理创伤。

通说认为，在特殊共同犯罪中，由于某种实行犯的行为都具有不可替代的性质，会出现部分行为人既遂、部分行为人未遂的状态，各个共同实行犯在既遂、未遂上也表现出各自的独立性，这是对普通共同犯罪中“部分行为，全体负责”这一原则的必要补充。一个实行犯的未遂或既遂并不标志着其他实行犯也是未遂或既遂，每个实行犯都只有在自己的行为直接完成了犯罪，符合了具体犯罪既遂的构成要件时才构成犯罪既遂。因此，在这类犯罪中，不但会出现全体共同实行犯都构成既遂或未遂的情况，而且可能会出现未遂和既遂并存的情况。如轮奸犯罪、共同实行脱逃罪、偷越国（边）境罪等均属此类情况①。还有类似的观点也认为：“在共同强奸的案件中，不能因为其中一人实施强奸完毕构成既遂，而不考虑其他共同犯罪人的具体情况就一概地认为也构成强奸罪的既遂。正确的做法应该是具体考虑各实行犯实施犯罪的具体情况：如果基于自己意志而停止强奸行为，则构成强奸罪的中止；如果由于意志以外的原因而被迫停止强奸行为的，或者没有奸入的，则构成强奸罪的未遂。”②

亲手犯是大陆法系刑法理论中的一个概念，又称自手犯、己手犯，是指犯罪实行行为只能由行为人亲自实施而不能利用他人行为完成的具体犯罪。占据通说地位的“既遂与未遂并存说”认为，强奸犯是亲手犯，仅仅是为了限定强奸罪的犯罪主体，并不影响轮

---

① 高铭暄. 刑法专论：上编. 北京：高等教育出版社，2002.

② 赵秉志. 犯罪停止形态适用中的疑难问题研究. 长春：吉林人民出版社，2001.

奸犯罪同时具备既遂和未遂形态。轮奸犯罪的社会危害性比一般共同强奸犯罪的社会危害性大得多，毫无疑问对被害人身心健康的伤害也更大，因此立法把“轮奸”作为强奸罪的加重处罚，规定了更为严厉的法定刑。但如果将“轮奸”视为普通的共同犯罪，那么只要二人以上共同实施强奸行为，即使有被告人未得逞，也将构成“轮奸”（既遂），在此种情形下，被害人所受到的身心伤害与一般共同强奸犯罪相比，并没有明显的差别，被告人却将因此受到更为严厉的刑罚，因此，如果不承认“轮奸犯罪”存在既遂与未遂之分，在司法实践中可能出现“轻罪重判”的结果，这显然与立法本意不相符合。

事实上，通说主要是侧重体现区别对待的刑事政策精神来认识共同实行犯的犯罪未遂问题的，它存在以下几个弊端：其一，没有考虑到对共同犯罪中的从犯可以采取“从轻、减轻处罚或者免除处罚”或者“减轻处罚或者免除处罚”，这本身未体现区别对待、惩办与宽大相结合的刑事政策。其二，对共同犯罪的整体性考虑不够，忽视了共同正犯的本质。通说仅注意到在共同正犯的场合中各行为人的行为对完成犯罪具有的不可替代性，却忽略了各个行为人互相补充、互相配合的整体作用，就如在轮奸犯罪中犯罪人之间由于共同故意的存在，互相强化犯罪决意，主观上坚定了轮流奸淫被害人的犯罪决心；在客观上，各行为人相互帮助、相互配合，形成一种犯罪合力，共同促进轮流奸淫行为的完成。因此每个行为人自己的犯罪行为中都必然包含其他行为人的行为意志以及行为合力。任何一个行为人犯罪行为的完成，实际上就是整个犯罪行为的完成，因为共同正犯者是相互利用、补充对方的行为，一部分正犯的行为就是整个共同正犯的行为。一旦行为人基于共同实行的意思开始实施共同行为，就存在相互利用和补充的效果，只要中止者没有切断对其他正犯的积极影响，就不能免除其对结果的责任，从而不能成立中止犯，即采取“部分实行，全部负责”的原则①。因此，实行犯的犯罪行为是否既遂并不以其本人的行为是否完成为标志，即使每个人的行为具有不可替代性，个人行为的未遂也并不意味着其构成犯罪未遂。其三，以单个犯罪人是否完成奸淫行为作为行为既遂的标志，是以“犯罪目的实现说”为轮奸犯罪的既遂标准。这种观点实际上是站在犯罪人的立场上理解犯罪既遂的，但刑法却是基于保护法益的目的惩罚犯罪的，所关注的并非犯罪人的目的是否实现，而是防止法益实害或者危险结果的发生。如果站在犯罪人的立场上从犯罪目的实现与否的角度理解犯罪既遂，就偏离了刑法的基本精神。因此对于轮奸犯罪而言，只要某一共同犯罪人实施了奸淫行为并达到两性器官结合的程度，就标志着以性交为内容的女性人格尊严受到实际损害，整个强奸罪就达到了既遂状态，而不在于各个犯罪人奸淫女性的目的是否实现②。

故此，即便在亲手犯的场合中，只要其中一人达到犯罪既遂，全体行为人都应该承担犯罪既遂的责任。由此可知，在共同正犯的场合，不会出现一部分共同犯人犯罪既遂、另一部分共同犯人犯罪未遂的现象。只有当各行为人已经着手实施犯罪的实行行为，都没有使犯罪的结果发生时，才会成立共同正犯的未遂③。因此，轮奸的各个共犯

---

① 张明楷．外国刑法纲要．北京：清华大学出版社，1999．

② 刘之雄．犯罪既遂论．北京：中国人民公安大学出版社，2003．

③ 张明楷．未遂犯论．北京：法律出版社，1997．

之间不宜划分既遂与未遂，只要是其中一个犯罪人强奸既遂，其余共犯不管得逞与否均以既遂论处。

实务训练

请根据本案的事实、既有证据及争议焦点，写一份法律意见书。要求格式规范、条理清晰、层次分明、有理有据、入情入理。

延伸阅读

1. 何伟，罗玮. 加重处罚情节不存在未遂情形. 检察日报，2017（3）：2.
2. 赵秉志. 犯罪停止形态适用中的疑难问题研究. 长春：吉林人民出版社，2001.
3. 陈洪兵. “二人以上轮奸”的认定. 海南大学学报（人文社会科学版），2012，30（6）：69－75.
4. 吴波，贾楠. 对“亲手犯之共同正犯既遂与未遂形态并存说”的质疑. 法学，2011（2）：155－160.

案 95. 与进错房间男子发生性关系的行为定性

——洛某强奸案①

要点提示

男子进错酒店房间，女性误以为是其男友而发生性关系，看似“自愿”发生性关系，不受刑法所规制，实则采取了身份欺诈的手段，使女性处于不知反抗的状态，从而“违背妇女意志”发生性关系。男子在明知女性将其误认为男朋友的情况下非但不申明事实反而继续强化女性的认识错误，继而与被害人发生性关系。虽然是女性首先产生了认识错误，但男子后续行为使被害人的认识错误得以维持，可以认定为用“冒充”手段进行了身份欺诈，女性的认识错误不能阻却男子强奸罪的故意。因此，应当以强奸罪定罪量刑。

案情摘要

被告人洛某，男，1991 年 9 月 15 日出生，白玉县××局职工。2019 年 7 月 27 日，被告人洛某与三名朋友前往德格县酒吧喝酒至清晨五点钟左右后，到德格县古城酒店住宿。当三名朋友回房间休息后，被告人洛某前往酒店吧台对女服务员进行调戏，遭

① 四川省德格县人民法院（2019）川 3330 刑初 23 号刑事判决书。

到服务员拒绝后转身回房间。在回房间的过程中，洛某发现有两个房间的门是开着，就进入了307房间，发现床上躺着一名女性。洛某明知进错房间，在不认识对方的情况下，基于被害人认识错误（以为是自己男朋友）的前提下，与其发生性关系。同年7月28日，洛某被公安机关刑事拘留，8月9日被执行逮捕。公诉机关于10月31日提起公诉，一审法院判决被告人构成强奸罪。

分歧意见

对于本案应如何定性，在处理过程中形成了如下两种不同意见：

一是按强奸罪定性，理由是，构成强奸罪，在客观方面，必须具备三种手段之一，即暴力、胁迫或其他手段。这三种手段的共同特点都是"违背妇女意志，用强制性手段以达到足以使妇女不知反抗或无法抗拒的状态，强行与妇女发生性关系"，这是强奸罪的本质特征。但是，如何理解"其他手段"呢？只有从强奸罪的本质特征出发去理解，即"违背妇女意志，使妇女不知反抗或无法抗拒"的手段，就是"其他手段"[①]。在本案中，被告人洛某于凌晨假冒被害人男朋友，造成被害人貌似"自愿同意"与之发生性关系。表面上看，被告人洛某与被害人的性行为是被害人"同意"的，但这种"同意"是被欺骗的结果，从根本上讲，欺骗仍然是违背妇女意志的；而且被告人洛某假冒被害人男朋友，造成被害人"不知抗拒"的状态，符合强奸罪的本质特征。所以说被告人的行为构成强奸罪。

二是不应以犯罪论处，理由是：强奸罪的本质特征是违背妇女意志，用暴力、胁迫等强制性的手段以达到足以使妇女不知反抗或无法抗拒的行为。本案中，被告人洛某对受害人并没有采取任何身体上或精神上的强制手段，也没有利用妇女不知反抗或无法反抗的状态，被害人是自愿发生性关系的，因此，被告人不构成犯罪。

问题研讨

本案问题的解决，关键在于对强奸罪的"违背妇女意志"和"其他手段"的正确理解和适用。

强奸罪侵犯的是被害人的性自主权利，只有在被害人不同意的场合下，这种权利才会受到侵犯。"违背被害人意志"是强奸罪的核心构成要件。在日常生活中，"意志"更多的是出自人内心的感受，同时人类行为具有复杂性，很多时候内心的感受与实际的表现很有可能是不一致的，因此如何证明性行为是违背被害人意志的，一直以来是司法实践中的难点。目前，判断是否"违背被害人意志"的主要根据在于，被害人在遭受行为人袭击时是否有反抗、拒绝的表示，甚至是否与行为人展开过搏斗。通常情况下，案情是复杂的，有的被害人因自身性格、心理状态或者行为人使用暴力程度的影响，会出现反抗不明显，甚至不敢反抗。此种情况下，在认定行为人是否违背被害人意志时，应全

① 李邦友．性犯罪定罪量刑案例评析．北京：中国民主法制出版社，2003：178.

面分析，不能片面地从行为人有无使用“暴力”“胁迫”等方法，或者单纯地从表面上看被害人是否有拒绝或者反抗等表示来判断，而是从被害人是否能够反抗、是否敢于反抗、是否知道反抗等情况上判断。具体而言，违背被害人意志主要包括两种情况：

其一，法律推定为违背被害人意志。如被害人由于年龄、精神状况等原因不能理解性交行为的意义而无性同意能力或者由于疾病、昏睡、灌醉、毒品等原因而无法作有效同意或者欠缺反抗能力时，行为人与之发生性交行为显然是把被害人当成纯粹发泄性欲的客体，会对被害人造成严重的伤害，在道德层面上具有极强的可谴责性，在法律上必须受到严惩。即使被害人对性交行为表示同意，或者说性交行为的发生可能没有违背被害人的意志，但从保护弱势群体的社会利益出发，在法律上也被推定为违背被害人意志，行为人实施的性交行为就是一种犯罪行为。

其二，事实上的违背被害人意志。如果行为人所使用的手段具有严重的强制性，被害人的反抗可能会使自己受到更大的伤害，所以无须考虑被害人有无反抗、拒绝等表示，这被称为事实上的不同意。正如有的学者所言，“强制是一种恶，因为它据此把人视为无力思想和不能评估之人，实际上是把人彻底沦为了实现他人目标的工具”。如果行为人所使用的手段不具有明显的强制性，那么判断行为人的行为是否过度，还必须依赖于被害人的反抗来判断，但这种反抗需要达到合理的标准，否则就不值得刑法保护。在典型强奸案中，强奸通常随着强制手段的出现，但是把强制手段作为判断是否“违背被害人意志”的必备要素是不恰当的。强制手段只是一种外在表现形式，还需要依据被害人的拒绝程度来界定是否“违背被害人意志”。只有用强制手段使被害人屈从时，才是被刑法所禁止的，因为强制手段没有独立存在的价值，没有实体上的意义，只是证明“违背被害人意志”的证据，刑法对这种证据的确认，使得它具有了实体意义。同时，性行为中的强制本身也并非犯罪，因此强制手段只是为了证明“违背被害人意志”。但也并非只要存在强制手段，性自主权就受到了侵犯，只有在被害人拒绝的情况下，行为人使用强制手段与其发生性关系，才会侵犯被害人的性自主权。在不存在强制手段的情况下，也并不能必然推定性交行为就不是强奸。例如，当被害人处于昏睡状态，或者被酒精、毒品等麻醉，或者由于心智原因，而对性交行为缺乏正常的理解或者缺乏反抗能力时，如果行为人与之发生性关系，即使没有使用强制手段，也构成强奸罪。这种行为构成强奸的关键，并非因为强制手段，而是因为被害人没有同意能力，不能对性交行为作出有效同意。

因而，是否违背妇女意志，不应只从表面上看妇女有无反抗、拒绝的表示，还应考虑妇女是否能够反抗、是否知道反抗、是否敢于反抗等情况。在司法实践中，除了应注意分析研究被告人的行为及心理状态、受害妇女的表现，还要联系被告人使用的犯罪手段去分析研究和判断。

被告人实施强奸犯罪，必然要使用一定的犯罪手段。被告人采用的犯罪手段，必然会给犯罪对象即受害妇女心理上产生一定的影响。犯罪手段不同，受害人的态度和表现也往往有所不同。在强奸犯罪案件中，被告人使用的犯罪手段主要有以下几种表现形式：暴力、胁迫和其他手段。

其他手段包括两种常见类型：其一，利用被害人身体无助而不知反抗达到奸淫的目的。其二，利用欺骗手段达到奸淫的目的。刑法并没有将一切性欺诈行为纳入调控范围，而是对三种典型的严重的性欺诈行为进行惩罚：一是行为属性的欺诈。二是身份欺诈，即冒充配偶或者稳定的伴侣与被害人发生性关系。三是利用宗教、封建迷信进行欺骗①。

本案被告人洛某凌晨进入被害人的房间，在明知被害人将其误认为男朋友的情况下非但不申明事实反而继续强化被害人的认识错误，继而与被害人发生性关系。本案虽然是被害人首先产生了认识错误，但被告人的后续行为使被害人的认识错误持续得以维持，可以认定为用“冒充”手段进行了身份欺诈，看似没有“违背妇女意志”，实质上采取了欺诈的手段使被害人处于不知反抗状态。因此，被告人构成强奸罪。

实务训练

请根据本案的事实、既有证据及争议焦点，写一份法律意见书。要求格式规范、条理清晰、层次分明、有理有据、入情入理。

延伸阅读

1. 何洋. 强奸罪：解构与应用. 北京：法律出版社，2014.

2. 杨春然. 论语义学视角下的法律错误：兼论对强奸罪中的被害人不同意认识错误的性质. 法学论坛，2016，31（6）：124－139.

3. 张雪琳. 性行为中的被害人承诺研究：从被害人承诺的角度看性犯罪的认定. 广东社会科学，2008（4）：191－195.

4. 田刚. 强奸罪司法认定面临的问题及其对策. 法商研究，2020，37（2）：168－182.

案 96. “婚内强奸”在特定情况下构成强奸罪

——王某强奸妻子案

要点提示

在婚姻关系存续期间，丈夫强行与妻子发生性行为，并非一律构成强奸罪。实践中，应根据具体案情，分析婚姻关系是否已处于非正常状况，并结合证据，判断被告人的行为是否构成强奸罪。

① 张弘，许立，张维. 常见犯罪疑难问题研究. 北京：法律出版社，2020：123.

案情摘要

被告人王某，男，某村村民。王某与妻子赵某婚后感情不好，经常发生争吵。婚后一年左右，在一次争吵后，赵某回娘家居住，并向王某提出离婚要求。经村委会初次调解，双方因彩礼退还数额争执不下而未达成协议，双方约定次日再行调解。当天晚上9时许，王某来到赵某娘家索要彩礼，赵某正要脱衣服睡觉，王某见状亦要脱衣服住赵某家，并将赵某强行按倒，欲与其发生性关系。赵某不允，奋力与王某厮打，后王某拿来剪刀威胁，并用剪刀剪开赵某衬裤，用裤带将赵某的手绑住，强行与赵某发生了两次性关系，前后时间长达五个多小时，致赵某抽搐昏迷，后被人送医院抢救苏醒。

分歧意见

对于本案，有三种意见：

第一种意见认为，在合法的婚姻关系存续期间，丈夫强行与妻子发生性关系的行为不属于刑法意义上的违背妇女意志与妇女发生性关系的行为，因此，丈夫强行与妻子发生性关系的行为不构成犯罪。

第二种意见认为，现行刑法并未排除丈夫作为强奸罪的主体。本案中，王某在妻子赵某显然不愿发生性关系的情况下，用暴力强行与其性交，致其抽搐昏迷，情节、后果严重，应认定为强奸罪。

第三种意见认为，不能简单地确定丈夫强行与妻子性交的行为构成或者不构成犯罪，应具体情况具体分析。本案中被告人王某是在婚姻关系濒临破裂、被害人极力反抗的情况下实施的暴力强奸，可认定为构成强奸罪，但在处理上要与社会上一般的强奸案件有所区别。

问题研讨

“婚内强奸”是近些年来司法实践中出现的新问题，如何处理，值得研究。

（一）刑法关于强奸罪的主体规定

《刑法》第236条第1款规定：“以暴力、胁迫或者其他手段强奸妇女的，处三年以下十年以上有期徒刑。”这是我国刑法关于强奸罪的基本规定。我国刑法理论上通常认为，强奸罪是指违背妇女意志，以暴力、胁迫或者其他手段强行与妇女发生性交的行为[①]。从刑法条文的字面上看，并没有对犯罪主体作特殊规定，理论上通常认为，任何年满14周岁、具有刑事责任能力的男人都可以成为强奸罪的犯罪主体。女性不能单独构成强奸罪的直接正犯，但可以构成强奸罪的教唆犯、帮助犯和间接正犯。不过，合法婚姻关系中的丈夫是否能成为强奸妻子的犯罪主体，理论上不无争议。

---

① 因为强奸罪还包括了奸淫幼女的情形，因而此处仅指普通强奸罪的概念。

（二）关于“婚内强奸”的争议

在我国传统法律文化中，“婚内强奸”这一概念本是无容身之地的。“夫为妻纲”的观念在封建时代是根深蒂固的。按照过去的旧俗，“嫁鸡随鸡”，女子嫁入夫家便是夫家人，只有顺从丈夫、小心伺候才称得上有“贤德”。作为妻子，反抗丈夫提出的性要求是不可想象的。这一传统法律文化对现代中国社会的影响仍然巨大，不少民众都反对婚内有“奸”的说法，即丈夫不可能因为强奸妻子而获罪。在法学界，20 世纪 90 年代以前的刑法教科书中，“婚内强奸”也基本上没有作为一个“问题”被提出。但是，随着时代的变迁，权利思想的觉醒与深化，“婚内强奸”问题开始引发人们的热议，实践中也出现了比较恶劣的婚内强奸而妻子不堪忍受选择报案的例子，颇令司法机关棘手。

大致看来，关于丈夫能否成为强奸妻子的犯罪主体，目前理论界有否定论、肯定论和折中论三种观点。否定论认为，虽然刑法没有明确否定丈夫可以成为的强奸妻子的犯罪主体，但从我国的司法实践来看，如果认可婚内强奸，会出现诸多问题：其一，因为对婚姻不满、夫妻感情不和以及其他家庭纠纷等种种原因，不排除妻子可能会利用婚内强奸这一“事实”控告丈夫，从而造成更大的社会矛盾；其二，婚内强奸的认定在取证方面十分困难，容易导致诉讼不能；其三，即使控告成功，丈夫被判刑坐牢，许多家庭也就因此而破裂，对未成年子女的成长以及家庭社会的稳定都不利；其四，如果允许妻子控告丈夫强奸，则男性在婚姻关系上会处于十分被动和不利的地位，由此变成了弱势群体，显失公平①。亦有学者认为，从我国现实的国情出发，承认婚内强奸所引发的问题很多，现阶段尚不宜认定②。否定说的理由还有很多，要么认为妻子在婚内具有性义务，丈夫强迫妻子性交不具有违法性；要么认为承认婚内强奸会引起更大社会矛盾，当前不宜作为犯罪来处理。相反，肯定说则认为，从刑法对强奸罪的描述来看，既未将妻子排除在被害人范围之外，也未将丈夫从犯罪主体中剔除。认为丈夫享有强奸妻子的“豁免权”是毫无法律依据的③。著名性学家李银河也对“婚内强奸”持肯定态度。但持肯定说的学者目前在我国尚属少数，尤其在刑法学界。目前，越来越多的刑法学者赞同的是折中论，具有代表性的观点是：在婚姻关系正常存续期间，丈夫不能成为强奸罪的主体；在婚姻关系非正常存续期间，丈夫可以成为强奸罪的主体。所谓“非正常”，是指婚姻关系虽然存在，但已进入法定解除程序，即一方已经起诉离婚，法院尚未判决或者判决尚未生效的阶段④。

（三）“婚内强奸”在特定情况下可以构成犯罪

笔者认为，“婚内强奸”在特定情况下可以构成犯罪，丈夫强奸妻子并无法律上的

---

① 单民，刘方．刑事司法疑难问题解答．北京：中国检察出版社，2002：469．

② 张明楷．刑法学．2 版．北京：法律出版社，2003：692－693．

③ 王琪．婚姻契约观下对妻子性权利的再认识：也谈婚内强奸．经济与社会发展，2006（5）：123－125．

④ 赵秉志．刑法教学案例．北京：法律出版社，2007：301；李希慧．刑法各论．武汉：武汉大学出版社，2009：218；韩玉胜．刑法学原理与案例教程．2 版．北京：中国人民大学出版社，2009：440．

免责依据，但一律将丈夫强迫妻子的行为认定为强奸罪的做法在实践中也不可取。相比而言，折中论的主张是较为合理的，但还值得进一步完善。

否定说的种种理由难以成立。否定说认为承认婚内强奸，可能会导致妻子故意诬陷丈夫，从而将男性置于非常不利的地位，导致社会矛盾。其实这是放大了这一矛盾，将罕见的情况当作普遍的情况对待。我国司法实践中早已有婚内强奸入罪的判决，并没有导致妇女大规模“报复”丈夫的情况出现。事实上，女性往往更加珍惜婚姻关系的稳定性，控告丈夫“强奸”绝对不是正常的婚姻关系中妇女所愿意做出的选择。众所周知，强奸是重罪，一旦丈夫因此获刑，婚姻家庭关系便再难维系，这是一般人都不愿看到的结局。换句话说，如果不是实在不堪忍受的性暴力，一般人都不会选择控告丈夫强奸。否定说还认为婚内强奸面临取证难的困境。这虽然是一个问题，但并非不可以解决。司法实践中应该积累经验，注意到婚内强奸与其他强奸在证明方面应该有所区别。相比社会上发生的强奸案，婚内强奸的受害人可以明确指认加害人是谁，可以指明犯罪发生的特定场合，可以邀请邻居、亲友作证，也可以自行搜集现场证据，如伤痕、犯罪工具等。更值得说明的是，由于婚内强奸一般都是在婚姻关系处于非正常时期妻子才提出控告的，夫妻关系、分居事实、离婚协议等都是具有证明效力的证据。应该说，举证问题绝非一个不可解决的问题。否定说还有一个重要理由是所谓婚内强奸不符合现阶段国情，不利于社会稳定。应该说，社会观念是随着时代的变化而改变的。夫权主义是封建社会的旧习俗，与现代法治社会的平等、权利意识格格不入。一味维护婚内无奸的立场，无异于为婚内暴力找到了一个免责的借口，这是与我国现行法制不相容的。至于极端的否定说者所提出的婚内性义务的观点，更是没有法律依据。相反，《宪法》第 37 条、第 38 条明文规定了公民的人身自由、人格尊严不受侵犯，原《婚姻法》第 3 条、《民法典》第 1042 条第 3 款都明确规定了“禁止家庭暴力”，这些都说明了婚内性暴力的非法性。

另外，如果采用肯定说的立场，无视婚姻家庭中的复杂矛盾，对丈夫强迫妻子的行为一律以强奸罪论处，可能产生更为消极的社会效果，并不符合立法初衷。因此，折中说既考虑了刑法、民法典的规定，又顾及现实生活中的复杂情况，是一种比较灵活的处理方式，这就需要司法人员本着高度的责任感，综合考虑案情进行处理。一般来说，可以依据下列情况来判断婚姻关系处于非正常状况：（1）有证据证明夫妻关系长期不好，或者夫妻双方已经处于分居状况；（2）一方已经提出离婚（口头的、书面的），或者双方已经协议好离婚（口头的、书面的）；（3）离婚手续正在民政部门办理，或者离婚诉讼正在进行中；（4）离婚判决已经作出，尚未生效。婚姻关系处于非正常状况仅是判断婚内强奸的必要条件，而非充分条件。只有满足强奸罪的全部构成要件，才能对实施婚内性暴力的行为人定罪，但是考虑到婚内强奸毕竟与社会上一般的强奸犯罪有所区别，在量刑上可以酌情从宽。值得补充的是，在正常的夫妻关系中，如果丈夫以暴力手段强迫妻子性交，给妻子造成人身或者精神损害，情节或者后果严重的，可以考虑按照故意伤害罪或者虐待罪追究其刑事责任。

在本案中，被告人王某与妻子长期感情不好，妻子已经提出离婚并且回娘家居住，显然已经不愿意与王某过性生活，婚姻关系已经处于非正常状况。王某利用“丈夫”身份闯入妻子娘家，暴力奸淫受害人两次，导致其抽搐昏迷，手段、后果都比较严重，完全符合《刑法》第236条的规定，应当以强奸罪论处。

实务训练

从实务中找一个类似本主题的真实案例，根据案件事实、既有证据及争议焦点，写一份起诉书或判决书。要求格式规范、条理清晰、层次分明、说理透彻。

延伸阅读

1. 梁健. 强奸犯罪比较研究. 北京：中国人民公安大学出版社，2010.

2. 蔡道通. 婚内有奸的法理探究. 刑事法评论，2002（10）：499.

3. 杨德寿. 婚内强迫性行为的法律责任论：由王某强迫妻子性交被判强奸罪说起. 中国刑事法杂志，2001（5）：6.

4. 李立众. 婚内强奸应构成强奸罪：王某婚内强奸案评析. 云南大学学报（法学版），2001（4）：71－82.

案97. 索债型非法拘禁及其转化犯的认定

——陈某、何某非法拘禁案

要点提示

为索取债务非法扣押、拘禁他人的，依照非法拘禁罪定罪处罚。此处的债务既包括合法债务也包括非法债务。“索债型”非法拘禁罪中的超额索取的“债务”部分若明显超出真实的债务数额，以绑架罪定罪量刑。是否以非法占有为目的是区分“索债型”非法拘禁罪和“勒索财物型”绑架罪的本质之所在。非法拘禁中“使用暴力致人伤残、死亡”中的“伤残”既包括重伤也包括轻伤，行为人在构成非法拘禁罪的情况下以暴力手段致被害人轻伤的行为认定为故意伤害罪。

案情摘要

被告人：陈某、何某。

2007年11月期间，被告人陈某伙同陆某、李某等人在崇左市江州区某酒店聚众赌博，李某输钱后向陆某借钱续赌，因无力还债而溜回其龙州县的家。陈某见陆某为此不快，便欲为陆某出头。11月17日，陈某叫何某了解李某的行踪，当知道李某在龙州县响水镇街上一网吧上网后，陈某驾驶一辆出租车搭载同伙“阿伦”、“阿华”（另案处理）等人到龙州县响水镇街上。当天下午，陈某与陆某、“阿伦”等人在何某指引下，将李某挟持到崇左市江州区江州镇渠座村小学附近，对李某进行踢打，逼其还赌债，其中“阿伦”还用匕首刺伤李某的背部。陈某见李某受伤流血，害怕出事，便驾车送李某到江州镇卫生院包扎伤口。陈某、何某伙同陆某等人又押李某到驮怀屯，在叫李某的家人帮还钱未果后，再次将李某转移到渠座村来安屯附近一处林地限制其人身自由。次日清晨6时许，陈某一伙得知李某的家属报警后，才放李某回家。李某受伤后到崇左市人民医院住院治疗。经法医鉴定，李某的背部损伤属于轻伤。

分歧意见

一种意见认为，两被告人为勒索财物，绑架他人，构成绑架罪；另一种意见认为，两被告人为索取非法债务，限制他人人身自由，构成索债型非法拘禁罪，非法拘禁过程中致被害人受伤，属非法拘禁结果加重情节；还有一种意见认为，两被告人为索取非法债务，限制他人人身自由，构成索债型非法拘禁罪。何某指引其他同案犯对被害人实施暴力，致其轻伤的行为，转化为故意伤害罪。

问题研讨

非法拘禁罪是指故意非法拘禁他人或者以其他方法非法剥夺他人人身自由的行为。在司法实践中经常会碰到因追索债务而非法绑架、扣押、拘禁他人案件，对这类案件应当以绑架罪还是非法拘禁罪定罪时常引发争议。

（一）“索债型”扣押、拘禁他人的行为，构成绑架罪还是非法拘禁罪

1. 索债型非法拘禁中的“债务”是否包含“非法债务”

《刑法》第238条第3款规定，“为索取债务非法扣押、拘禁他人的，依照前两款规定定罪处罚”，即以非法拘禁罪认定。最高人民法院《关于对为索取法律不予保护的债务非法拘禁他人行为如何定罪问题的解释》规定：“行为人为索取高利贷、赌债等法律不予保护的债务，非法扣押、拘禁他人的，依照刑法第二百三十八条的规定定罪处罚。”据以上规定可知，债权人（以及为了债权人利益的其他人）为索取债务（包括非法债务）而拘禁他人（包括债务人及与其关系密切的亲属）的，成立非法拘禁罪。

2. “索债型”非法拘禁罪中的超额索取的“债务”部分应当如何定性

“索债型”非法拘禁罪的主观目的是索要存在的债务，而不是非法占有他人财物。因此，当行为人索要的是真实的债务数额时，应构成非法拘禁罪；但对于索要超过真实债权数额的财物时，按照通说，此时行为性质的判定取决于对超过部分的程度及合理性的判定：如果数额太大，明显超出真实的债务数额，表明此时行为人的主观意图从最初的追索债务变成了既要追债又想勒索他人所有的财物，已同时触犯了“索债型”非法拘禁罪和绑架罪，应从一重罪处罚，以绑架罪定罪量刑；如果数额相差不大，说明行为人主观上并没有非法占有他人财物的目的，只是对债务范围、数目的认定上存在异议，此时，仍应认定为“索债型”非法拘禁罪。

3. “索债型”非法拘禁与“勒索财物型”绑架罪的区别

“索债型”非法拘禁罪与“勒索财物型”绑架罪在客观上具有相似性，即均以绑架、拘禁形式非法剥夺他人人身自由，以索取财物。但两者也存在很大区别：第一，犯罪目的不同。前者是为了索要存在的债务，后者则是将他人财物非法据为己有。第二，对象不同。前罪中被害人（包括债务人及与其关系密切的亲属）是与行为人之间存在着债权债务关系的人，因此，犯罪对象是特定的；后罪中的行为人与被害人或第三人之间一般不存在债权债务关系，选择的犯罪对象具有随机性。第三，侵犯的客体不同。前者不以非法占有为目的，只侵犯被害人的人身权益，为单一客体；后者既侵犯被害人的人身权益又侵犯财产权益。第四，“索债型”非法拘禁罪中既可以是对被拘禁的债务人本人索债，也可以是向与其关系密切的亲属索还债务；绑架罪中限于针对第三人勒索财物。

综上所述，“索债型”非法拘禁罪的犯罪目的是索要债务，因而是否存在债权债务关系是认定能否构成“索债型”非法拘禁罪的前提。是否以非法占有为目的是区分“索债型”非法拘禁罪和“勒索财物型”绑架罪的本质之所在。

（二）非法拘禁下以暴力致人轻伤的行为是认定为非法拘禁罪还是故意伤害罪

《刑法》第238条规定，非法拘禁他人的，处3年以下有期徒刑、拘役、管制或者剥夺政治权利；具有殴打、侮辱情节的，从重处罚；致人重伤的，处3年以上10年以下有期徒刑；致人死亡的，处10年以上有期徒刑；使用暴力致人伤残、死亡的，依照本法第234条（故意伤害罪）、第232条（故意杀人罪）的规定定罪处罚。

刑法理论通说认为，非法拘禁致人重伤、死亡的，为非法拘禁罪的结果加重犯。例如因长时间捆绑而使被害人死亡，或者由于过失致使被拘禁人冻、饿、病而死亡，或者被拘禁人不堪忍受自杀死亡，等等。构成非法拘禁罪的结果加重犯，必须具备两个条件：第一，行为人对被害人重伤、死亡的加重结果在主观上出于过失；第二，被害人重伤、死亡的加重结果与行为人的非法拘禁行为存在刑法上的因果关系。根据《刑法》第238条第2款后段的规定：“使用暴力致人伤残、死亡的，依照本法第二百三十四条、第二百三十二条的规定定罪处罚”，属于非法拘禁罪的转化犯。即行为人出于故意在非法拘禁他人的过程中，使用超出非法拘禁行为本身（因为非法拘禁行为本身也可能会表现为一定的暴力的行为）致人伤残、死亡，应按照故意伤害罪、故意杀人罪定罪处罚，此时，行为人主观上只能出于故意，而不能出于过失。

司法实践中，往往出现行为人在非法限制被害人人身自由、构成非法拘禁罪的前提下，故意使用暴力手段致被害人轻伤的情形，对此如何认定常常出现分歧意见。有人认为，使用暴力“致人伤残、死亡”中的“伤残”不包括轻伤，而是指重伤。理由是，故意伤害罪中致人轻伤的，量刑的刑种和幅度与非法拘禁罪中一般情节的量刑刑种和幅度一致，并且非法拘禁罪对非法行为的涵盖面要比故意伤害的轻伤行为略大，对在非法拘禁犯罪中实施的故意伤害致人轻伤的行为，在刑事可罚性上已足以为非法拘禁罪所包容，据此成为吸收犯，而在最终处理上作为从重情节以一罪处罚。

我们不同意这种观点。首先，根据公安部公布的《道路交通事故受伤人员伤残评定》(现已失效)和国家质量监督检验检疫总局公布的《道路交通事故受伤人员伤残评定 GB18667—2002》,伤残是指因道路交通事故损伤所致的人体残废,包括精神的、生理功能的和解剖结构的异常及导致的生活、工作和社会活动能力不同程度丧失。所以伤残侧重于因外伤造成的人体残废,根据损伤所致的组织器官功能障碍程度,伤残分十个等级。根据最高人民法院、最高人民检察院、司法部、公安部《人体重伤鉴定标准》、《人体轻伤鉴定标准》(试行),重伤是指使人肢体残疾、毁人容貌、丧失听觉、丧失视觉、丧失其他器官功能或者其他对于人身健康有重大伤害的损伤;轻伤是指物理、化学及生物等各种外界因素作用于人体,造成组织、器官结构的一定程度的损害或者部分功能障碍,尚未构成重伤又不属轻微伤害的损伤。可见,伤残与重伤、轻伤并不是对等的概念,两者划分的标准也不相同,伤残不仅反映了人体受伤害的程度,而且反映了人体受伤害后各种机能的下降,重伤和轻伤则仅仅反映了人体受伤害的程度。因此,伤残既包括重伤,也包括轻伤。

此外,量刑是建立在定罪的基础之上,司法实践中审理具体案件,先是区分行为是否构成犯罪、构成何种犯罪、是一罪还是数罪,在此基础上再科处适当的刑罚。如果仅仅从两个罪名量刑的刑种和幅度来简单推出非法拘禁罪可以包容、吸收故意伤害致人轻伤的行为,就会存在“先量刑,后定罪”这种明显违背刑事司法活动客观规律的问题。

综上所述,我们认为,非法拘禁中“使用暴力致人伤残、死亡”中的“伤残”既包括重伤也包括轻伤,行为人在构成非法拘禁罪的情况下以暴力手段致被害人轻伤的行为应认定为故意伤害罪。

本案中,被告人陈某、何某为了替他人追讨非法赌债,采用非法拘禁的方式限制被害人的人身自由,按照最高人民法院《关于对为索取法律不予保护的债务非法拘禁他人行为如何定罪问题的解释》规定,“行为人为索取高利贷、赌债等法律不予保护的债务,非法扣押、拘禁他人的,依照刑法第二百三十八条的规定定罪处罚”,对陈某、何某的行为定性为非法拘禁罪,不定性绑架罪。陈某、何某等在已经控制了被害人后,仍然对其使用暴力,致其轻伤,我们认为,该行为是“使用暴力致人伤残、死亡”,应转化为故意伤害罪,法院认为是非法拘禁的结果加重犯并不妥当。

实务训练

从实务部门找一个类似本主题的真实案例,根据案件事实、既有证据及争议焦点,写一份辩护词或判决书。要求格式规范、条理清晰、层次分明、说理透彻。

延伸阅读

1. 张韵声,陈祥军. 析绑架罪与非法拘禁罪之异同. 法律适用,2003(8):64-66.

2. 徐光华. 索债型非法拘禁罪扩张适用下对绑架罪的再认识. 中国法学,2020(3):261-281.

案 98. 出卖亲生子女的行为定性

——王某某拐卖儿童案[①]

要点提示

行为人将自己亲生子女送给别人，同时获得价金的行为如何定性？在构造上，拐卖儿童罪属于复行为犯，包括使儿童脱离原监护关系的行为和出卖的行为，这二者缺一不可。若单从第一个行为看，也可能属于拒绝履行法定扶养义务的遗弃行为。在出卖亲生子女的情形下，区分拐卖儿童罪与遗弃罪一方面在于是否属于“出卖”，另一方面在于是否对儿童的人身健康造成具体的危险。如果同时满足两罪的构成要件，则宜从一重，按拐卖儿童罪论处。

案情摘要

被告人王某某与浙江临海女青年朱某非法同居，并生下一女婴。产后一个月朱某离开被告人返回原籍，女儿则被被告人的父亲抚养。后被告人产生卖女牟利的念头，并与另一男青年桂某约定将自己的女儿以人民币 2 万元的价格卖给桂某。被告人王某某与桂某在交易时被民警抓获。

分歧意见

一种观点认为出卖自己亲生子女的行为构成遗弃罪，因为父母负有抚养自己亲生子女的法定义务，拒绝履行这种义务而将子女出卖的行为符合情节恶劣的要素，因此可以评价为遗弃罪。另一种观点则认为，此种行为构成拐卖儿童罪。

问题研讨

（一）对拐卖儿童罪中“拐卖”的理解

拐卖妇女儿童罪，是指以出卖为目的，拐卖、绑架、收买、贩卖、接送、中转妇女、儿童的行为，拐卖儿童只是其中一种情形。“儿童”是指不满 14 周岁的男女儿童。正确认定本罪主要是对“拐卖”的理解。我国现行刑法条文并未明确对拐卖的含义进行界定。根据理论上的定义和学理解释，凡以出卖为目的的拐骗、绑架、收买、贩卖、接送、中转的行为都是拐卖的行为表现。我们认为，拐卖儿童罪应当是复行为犯，其由“拐”与“卖”两个行为构成。“拐”的核心在于使儿童脱离原有的监护关系，“卖”的核心在于将人身作为商品进行出卖以获取对价。由于儿童不具有完整的行为能力和自主

① 上海市高级人民法院．上海法院典型案例丛编（行政·刑事案例）．上海：上海人民出版社，2001：457.

决定权，要受到一定的监护，无论是否征得儿童的同意都是不允许的，故而“拐”的行为侵犯了儿童的人身自由。同时由于人身不能作为商品进行买卖，故“卖”的行为侵犯了儿童的人格尊严。作为复行为犯，拐卖儿童罪应是齐备的“拐”与“卖”，是手段行为与目的行为的统一。单纯的“只拐不卖”与“只卖不拐”的行为不宜认定为本罪。但如果存在上下游犯罪或犯罪的分工而只负责“拐”或“卖”时，则因存在共同犯意联络而构成共同犯罪。以偷盗婴幼儿为例，单纯的偷盗行为只能评价为“拐”的行为，根据目的行为的不同而认定为不同的犯罪，如果以此威胁相关第三方以勒索财物的，属于绑架罪；如果将婴幼儿自己收养的，则认定为拐骗儿童罪；如果将婴幼儿出卖的，则认定为拐卖儿童罪。

拾捡路旁被人遗弃的儿童而收养，后又出卖的，是否属于“拐卖”则值得研究。根据我国《收养法》（已废止）规定，收养必须符合法定的条件和程序，同时收养应当向县级以上人民政府民政部门登记，收养关系自登记之日起成立。因此，如果行为人符合收养的条件而向民政部门进行了登记的，则合法有效的收养关系成立。那么，此时行为人将该儿童出卖的，符合“拐卖”的构成要素，可以评价为拐卖儿童罪。但如果行为人未成立合法的收养关系，就应分析将该儿童出卖的对象。其一，若行为人明知对方是或者可能是拐卖儿童的“人贩子”仍出卖的，则应当认定为拐卖儿童罪的共犯。其二，若对方符合收养的一般条件或者具备收养的真实意思表示的，不宜认定为本罪。

（二）拐卖儿童与遗弃行为的区别

拐卖儿童罪的对象，一般是受他人监护的儿童，但如果将自己的亲生子女予以出卖的，能否评价为拐卖儿童罪？或构成其他犯罪？根据 2010 年 3 月 15 日最高人民法院、最高人民检察院、公安部、司法部联合发布的《关于依法惩治拐卖妇女儿童犯罪的意见》的规定，以非法获利为目的，出卖亲生子女的，应当以拐卖儿童罪论处。区分借送养之名出卖亲生子女与民间送养行为的关键在于行为人是否有非法获利的目的。将自己亲生子女出卖的行为固然符合“卖”的特征，但是否符合“拐”的要求？我们认为，如上所述，理解“拐”的核心应为使儿童脱离原有的监护关系和状态。父母将自己的亲生子女出卖于他人，使子女脱离自己原有的监护之下，这应该符合“拐”的特征。加上后面的出卖行为，可以评价为拐卖儿童罪。

但另一方面，作为父母，负有法定的监护职责与抚养义务，而根据我国刑法的规定，对于年老、年幼、患病或者其他没有独立生活能力的人，负有扶养义务而拒绝扶养，情节恶劣的，构成遗弃罪。从客观方面来看，出卖自己子女的行为与遗弃行为存在一定的相似之处。这是否意味着还可以将此行为评价为遗弃罪？遗弃罪要求情节恶劣，如果出卖的行为情节恶劣，那么也可以将其认定为遗弃罪，在这种情况下，属于拐卖儿童罪与遗弃罪的想象竞合犯，应从一重罪处断，即按拐卖儿童罪论处。当然，将出卖自己子女的行为定性为拐卖儿童罪，应当正确分析行为是否属于司法解释中的“出卖”，上述司法解释也对“出卖”的行为类型进行了一定的列举。具有如下情形的，可以认定为出卖亲生子女，应当以拐卖儿童罪论处，包括：将生育作为非法获利手段，生育后即出卖子女的；明知对方不具有抚养目的，或者根本不考虑对方是否具有抚养目的，为收取钱财将子女“送”给他人的；为收取明显不属于“营养费”“感谢费”的巨额钱财将子女“送”给他人的；其他足以反映行为人具有非法获利目的的“送养行为”的。因此，对于符合上述司法解释列举情形的，可以直接按拐卖儿童罪论处。但如果难以认定为“出卖”而又情节恶劣的，可以按遗弃罪论处[①]。

另外，拐卖儿童罪与遗弃罪的其他区别也比较明显。首先，犯罪对象不同。拐卖儿童罪的对象只能是儿童，遗弃罪的对象则是被扶养者。其次，犯罪客体不同。拐卖儿童罪的客体是复杂客体，包括人身自由和人格尊严；遗弃罪的客体则是人身健康。最后，拐卖儿童罪要求存在交易的对价，而遗弃罪则没有对价。

结合本案例来看，被告人具有卖女牟利的念头，存在出卖的故意，同时具备出卖的行为，可以定性为拐卖儿童罪。因此，受案法院的判决是恰当的。

实务训练

从实务部门找一个类似本主题的真实案例，根据案件事实、既有证据及争议焦点，写一份辩护词或判决书。要求格式规范、条理清晰、层次分明、说理透彻。

延伸阅读

1. 杨金彪. 拐卖妇女儿童罪的几个问题. 现代法学，2004（5）：74－80.
2. 王志祥. 论拐卖妇女、儿童罪的既遂标准. 社会科学论坛（学术研究卷），2007（7）：71－73.

案 99. 诬告陷害罪与诽谤罪的区分

——福建三网民诽谤案

要点提示

诬告陷害罪与诽谤罪都是针对特定的对象，都是捏造一定的事实，一定条件下二者都侵犯了公民的人身方面的权利。二者的不同主要是：在客体上，前者侵犯的是国家司法机关的正常活动和公民的人身权利和民主权利，后者主要是侵犯他人的人格权和名誉权；在客观方面，前者是捏造犯罪事实并加以告发的行为，后者一般捏造的不是犯罪事实，即使行为人捏造犯罪事实也只是为了降低他人的声誉，并不存在使他人受到刑事追究的目的。

---

① 出卖自己子女以遗弃罪定罪的相关案例请参见河南省商丘市民权县人民法院（2011）民刑初字第 38 号刑事判决书。

案情摘要

被告人：范某，女，1960 年 12 月 6 日出生，高中学历。

被告人：游某，男，1967 年 11 月 23 日出生，大学本科学历。

被告人：吴某，女，1971 年 3 月 4 日出生，初中学历。

2008 年 2 月 11 日晚，闽清女子严某在与聂某同居的承租房内，因肚子疼痛被送往闽清县医院，经抢救无效死亡。经法医鉴定，严某系输卵管妊娠破裂致出血性休克死亡。严某母亲林女对鉴定结论不服，多次上访，在上访中认识了被告人范某。

2009 年 6 月 21 日，被告人范某在听了林女及其兄林男讲述严某死亡的相关情况，看了严某死亡的法医鉴定等材料后，着手杜撰了《福建闽清警匪轮奸 26 岁女青年致死后还继续奸尸，惨绝人寰，诉告无门》（下称“网文一”）一文并发布到境外网站。“网文一”在互联网上发布后，被国内外多家网站纷纷转载，引起大量不明真相的网民攻击、谩骂、诋毁被害人涂某某、林某某、聂某等人。经过认真调查核实，发现被告人范某所写的“网文一”虚构事实，纯属捏造。6 月 24 日上午，被告人游某在“凯迪网”看到“网文一”后，与被告人吴某策划将林女、林男接到游某家中制作视频。将“网文一”、严某死亡照片以及林女兄妹的口述制作成视频，以“诉说”为标题发到“土豆网”上，广泛传播，进一步对被害人的人格、名誉造成损害。6 月 26 日上午，被告人范某接到林女电话，称“闽清公安局邱副局长带人到家中吓唬她”。被告人范某马上就杜撰了一篇题为《闽清公安局邱副局长等十几个领导干部恐吓严某母亲林女》（下称“网文二”）的文章，捏造了事实，后将该文发送到境外网站和博讯网编辑蔡某的邮箱。其行为使被害人邱某某、陈某某等人的人格受到严重损害，名誉受到严重破坏，严重影响了他们的正常工作和生活，并造成极其恶劣的社会影响。

分歧意见

检察院以“诬告陷害罪”对三被告人提起公诉，后经法院审理，以诽谤罪定罪处罚。

问题研讨

（一）关于诬告陷害罪中“捏造事实”“告发”的正确理解

我国《刑法》第 243 条规定：“捏造事实诬告陷害他人，意图使他人受到刑事追究，情节严重的，处三年以下有期徒刑、拘役或者管制；造成严重后果的，处三年以上十年以下有期徒刑。国家机关工作人员犯前款罪的，从重处罚。不是有意诬陷，而是错告，或者检举失实的，不适用前两款的规定。”

1. 关于“捏造事实”的理解

对此有三种不同观点：

第一种观点认为，所谓“捏造事实”，是指行为人所捏造的事实客观上符合我国刑法所规定的具体犯罪的构成，而不是行为人主观上认为是犯罪的事实。如果行为人自以为他所捏造的是某种犯罪事实，而实际上不符合刑法所规定的具体犯罪的构成，则不能构成诬告陷害罪①。

第二种观点认为，所谓“捏造事实”，即指无中生有，栽赃陷害，借题发挥，把杜撰的犯罪事实强加于被害人。如果捏造的不是犯罪事实，而是一些违法违纪事实，则不构成诬告陷害罪，这一点虽然在刑法条文中未明确说明，但“意图使他人受到刑事追究”表明了行为人捏造的只能是犯罪事实。这是我国学界大多数人赞同的观点②。

第三种观点认为，捏造不仅可以表现为完全虚构，还可表现为部分虚构，只要是故意歪曲事实的行为，都可以视为捏造。而且，捏造的事实并不仅限于犯罪事实，因为1997年刑法并没有像1979年刑法那样将事实限定为犯罪事实。捏造事实只是诬告陷害情节严重的一种情形，是成立犯罪的充分条件而非必要条件。即使行为人捏造的不是犯罪事实，只要行为人自认为是犯罪事实，有借司法机关权力陷害他人意图，情节严重时，也同样可以构成犯罪，这完全符合立法原意③。

我们认为，诬告陷害罪中的捏造事实主要还是指犯罪事实，如果行为人捏造的不是犯罪事实，是不能引起司法机关追究的，也不能达到构成犯罪的情节严重的地步。因此，通说的观点还是可取的。

2. 关于“告发”的理解

对于何谓“告发”及告发机关与告发方式等，立法上均未作具体规定，理论界的观点概括起来大致有如下五种：

第一种观点认为，构成诬告陷害罪，必须有告发行为，向司法机关和所在机关或单位告发，都可构成本罪。因为，向所在机关或单位告发，按照一般原则，它们都会将告发材料转送司法机关，从而引起对被害人的刑事追究④。这是一种比较通行的观点，即只有主动告发才构成本罪，“主动告发”是指行为人捏造事实，自主地、有目的地将其予以扩散，以期引起司法机关追究被诬告者的刑事责任。如果一个人在受审时被刑讯逼供而被迫诬陷了好人，甚至牵连了好多人，使他们受到了冤枉，这种情况不宜按诬告陷害罪处理。因为这不是主动告发，而是受刑不过，被迫所为。

第二种观点认为，不能将告发的形式仅限于把捏造的事实向司法机关和所在机关或单位告发，还有非直接的变相告发形式，如栽赃陷害的告发形式。

第三种观点认为，告发只是在捏造犯罪事实后陷害他人的一种方法和手段，并不是全部。在司法实践中，存在着栽赃陷害他人的方法和手段，栽赃陷害并不用告发，即可达到陷害他人的目的。

第四种观点认为，对于向谁告发才构成犯罪不宜作狭小的限制，不管向谁告发，只要足以引起司法机关对诬陷的对象进行刑事追究即可构成犯罪。如可以是向公检法机关

---

① 李希慧. 诬告陷害罪若干问题研析. 法学评论，2001（6）：102-109.

② 赵秉志. 妨害司法活动罪研究. 北京：中国人民公安大学出版社，1994：35-36.

③ 谢彤. 诬告陷害罪探析. 法学论坛，2001（1）：61-68.

④ 高铭暄. 中国刑法学. 北京：中国人民大学出版社，1989：492.

告发，也可以是向其他国家机关或组织告发，还可以是向有关人员告发。告发的方式是多种多样的，可以是口头的，也可以是书面的；可以是行为人直接实施告发行为，也可以是利用不知情的人甚至是新闻媒体进行告发。

第五种观点认为，告发是诬告陷害罪成立的前提条件之一，但告发的含义应指行为人采取的一切足以引起司法机关对被诬告者追究刑事责任的方法和手段，即包括典型的直接向公安机关、检察机关、法院进行控告和间接向党政机关以及本单位的党组织、保卫组织、城乡基层组织等有关单位揭发，也包括以栽赃陷害的方式以及向公众传播虚构的某人的犯罪事实等足以引起司法机关对被诬告者追诉的方法和手段。

对于向公众传播虚构的某人的犯罪事实是否构成诬告陷害罪，一般持否定意见，我们认为这种情况应区别对待。凡捏造犯罪事实尚未引起司法机关对被害人进行刑事追诉的，构成诽谤罪；捏造犯罪事实向公众传播，又引起司法机关对被害人进行刑事追诉的，既构成诽谤罪，又构成了诬告陷害罪，属于刑法理论上的想象竞合犯，应按诬告陷害罪论处。

（二）诬告陷害罪与诽谤罪的异同

诽谤罪是指捏造事实并加以散布，公然损害他人人格和名誉，情节严重的行为。诬告陷害罪与诽谤罪具有一定的相同点，即都是针对特定的对象，都是捏造一定的事实，一定条件下二者都侵犯了公民的人身方面的权利。但二者存在不同的地方：首先，客体不同。前者侵犯的是国家司法机关的正常活动和公民的人身权利和民主权利；后者主要是侵犯他人的人格权和名誉权。其次，客观方面不同。前者的客观方面是捏造犯罪事实并加以告发的行为，当然捏造犯罪事实也必然使他人的人格和名誉权受到侵犯，在这一意义上诬告陷害行为也是一种诽谤行为，但是行为人的行为必须达到足以使他人受到刑事追究的程度；诽谤罪一般捏造的事实不是犯罪事实，即使行为人捏造犯罪事实也只是为了降低他人的声誉，并不存在使他人受到刑事追究的目的。故如果行为人捏造的犯罪事实足以引起司法机关对被害人进行刑事追究的，应定诬告陷害罪。如果行为人捏造的犯罪事实不足以引起司法机关对被诬陷人进行刑事追究，但符合诽谤罪的犯罪构成，则应当认定为诽谤罪。

本案中，三位被告人的行为是否构成诬告陷害罪或诽谤罪，关键的问题是其所撰写的文章及拍摄的视频是否是“捏造的事实”。对严某的死因，公安机关作出的鉴定认定是死于宫外孕，严某的母亲林女根据严某尸体的种种迹象，对公安机关的鉴定结论产生怀疑，三位被告人撰写的文章与拍摄的视频只是对林女所口述内容的记录，并没有捏造事实，而且对于林女“口述”内容是否属实，法院也没有作出认定。即便内容有不实之处，也不是三位被告人在“捏造事实”，最多只是传播“不实之言”，因此，三位被告人的行为不构成诬告陷害罪，也不构成诽谤罪。

实务训练

从实务部门找一个类似本主题的真实案例，根据案件事实、既有证据及争议焦点，写一份辩护词或判决书。要求格式规范、条理清晰、层次分明、说理透彻。

延伸阅读

1. 赵秉志. 妨害司法活动罪研究. 北京：中国人民公安大学出版社，1994.
2. 李希慧. 诬告陷害罪若干问题研析. 法学评论，2001（6）：102－109.
3. 谢彤. 诬告陷害罪探析. 法学论坛，2001（1）：61－68.

第十章　公私财产类犯罪的重点问题

案 100. 入户抢劫中“户”的认定

——韦某等人进入无人居住的待租房屋抢劫案

要点提示

“入户抢劫”是《刑法》第 263 条所规定的抢劫罪的八种加重处罚情节之一，是刑法重点打击的抢劫犯罪情形。为此，对入户抢劫类犯罪中“户”的认定尤其关键。根据相关司法解释，对抢劫犯罪中“户”的审查认定，应着重于考察是否同时具备场所特征和功能特征，只有同时具备了该两个特征，才成为抢劫犯罪中的“户”。本案中的待出租房屋，虽然客观上符合了“与外界相对隔离的住所”这一场所特征，但它却不具备“户”所要求的“供他人家庭生活”的功能特征，因而不属于抢劫犯罪中的“户”，所以，本案中韦某的行为不属于“入户抢劫”，不应适用加重处罚情节。

案情摘要

2010 年 7 月 6 日 11 时许，被告人韦某伙同乙以假装租房的名义对带去看房的人在房间内实施抢劫。乙通过网上出租房信息了解到被害人丙的联系方式并与丙联系，以看房租房为由约好见面看房的时间地点，韦某着手准备好作案用的弹簧刀、封口胶等物品。韦某、乙二人于当日 16 时许来到南宁市民主路 9 号粮食局宿舍 5 栋某单元 8 楼 802 房，随丙进入房间后即拿出弹簧刀对丙进行威胁、恐吓，并用封口胶封住丙的嘴巴，用绳子将丙绑在凳子上，随后抢走丙手提包内的现金人民币 500 元和三星牌手机一部。经鉴定，被抢手机案发时价值人民币 250 元。

分歧意见

对于本案二被告人的行为构成抢劫罪，各方均无异议。但对本案中无人居住的待租房屋能否认定为“户”，二被告人的行为是否属于“入户抢劫”，在处理过程中形成了如下两种不同意见：

（1）无人居住的待租房屋属于《刑法》第263条第1项“入户抢劫”中的“户”，二被告人将被害人骗入该房屋抢劫的行为属于“入户抢劫”。主要理由是，本案中的待租房屋是可供他人家庭生活的与外界相对隔离的住所，符合司法解释规定的户的特征。

（2）二被告人实施抢劫的场所为待出租的空置房屋，虽然该房屋系与外界相对隔离的住所，但不是供受害人本人或者其家人生活居住使用的房屋，不具有刑法上“户”的功能性特征。因而本案不构成《刑法》第263条第1项所规定的“入户抢劫”。

问题研讨

二被告人的行为是否属于“入户抢劫”？其中，关键点是对《刑法》第263条第1项“入户抢劫”中的“户”的正确理解和适用，即本案中无人居住的待租房屋能否认定为“户”？

“入户抢劫”中的“户”应同时具备场所特征和功能特征。“入户抢劫”是抢劫罪的加重情节之一，认定是否构成“入户抢劫”，关键问题是对“户”的理解。关于这个问题，理论界和实践中有几种不同观点：其一，“户”指居民住宅（包括住室和宅院），不包括其他场所。其二，“户”指固定住所，即为家的场所，如私宅及学生宿舍等，但不包括宾馆房间及值班宿舍等临时居住场所。其三，“户”指人长期或固定生活、起居或者栖息的场所，包括私人住宅以及宾馆房间、固定值班人员的宿舍等场所。其四，“户”指私人住宅，以及其他供人们生活、学习的建筑物，如国家机关、企事业单位、人民团体、社会团体的办公场所，公众生产、生活的封闭性场所。不难看出，以上对“户”的理解范围相差甚远。按照第一种观点，入户仅指进入私人住宅，而按第四种观点，进入私人住宅，进入办公室、教室、浴室、餐厅、歌厅、车间等封闭性建筑物抢劫的，都是“入户抢劫”，这是很值得商榷的。我们赞同第一种观点。理由是：（1）按词典的解释，“户”指“人家”，即私人住宅之意。“户”与“室”是不同的概念。立法者规定“入户抢劫”而不规定“入室抢劫”，显然是取“户”字的严格意义，不能随意扩大。当然，住宅不仅指固定于土地上的供人居住的建筑，还应包括以船为家的渔民捕鱼和住用的船只，牧民居住用的帐篷等。入户不仅指进入住室，有私人院落的进入院落，即为入户。（2）侵入居民住宅抢劫，侵犯了公民“家”的私密性和安全性，罪行的危害性明显重于普通抢劫。因为居民住宅的安全关系到每个公民的生活安全。特别是许多家庭都有常年居家的老弱妇幼或病残人员，一旦遭入户抢劫，不但处在封闭条件下孤立无援，而且会使左邻右舍惊恐不安。因此，立法者突出重点，对侵入私人住宅抢劫的行为予以更严厉的打击，是必要的和适当的。最高人民法院2000年公布的《关于审理抢劫案件具体应用法律若干问题的解释》（以下简称《抢劫解释》）和2005年印发的《关于审理抢劫、抢夺刑事案件适用法律若干问题的意见》（以下简称《两抢意见》）均对“户”的范围有明确规定。《抢劫解释》第1条规定，“‘入户抢劫’，是指为实施抢劫行为而进入他人生活的与外界相对隔离的住所，包括封闭的院落、牧民的帐篷、渔民作为家庭生活场所的渔船、为生活租用的房屋等进行抢劫的行为”。《两抢意见》进一步明确了“户”的范围，“户”在这里是指住所，其特征表现为供他人家庭生活和与外界相对隔离两个方面，前者为功能特征，后者为场所特征。一般情况下，集体宿舍、旅店宾馆、临时搭建的工棚等不应认定为“户”，但在特定情况下，如果确实具有上述两个特征的，也可以认定为“户”。据此，“入户抢劫”中的“户”，本质特征表现为“供他人家庭生活的与外界相对隔离的住所”，其中“与外界相对隔离”，是“户”的场所特征，“供他人家庭生活”是“户”的功能特征，二者应同时具备，缺一不可。

就本案来说，本案作案地点待租房屋不具有“户”的功能特征，不能认定为“户”。本案二被告人在待租房屋对被害人实施抢劫，是否构成“入户抢劫”，关键在于能否将该房屋认定为“户”。如果该待租房屋不属于“户”，“入户抢劫”自然无从谈起；反之，如果待租房屋可以认定为“户”，则被告人的行为构成“入户抢劫”这一加重处罚情节。该待租房屋能否认定为“户”，要结合前述“户”的两个基本特征来确定。本案中，二被告人作案的房屋是与外界相对隔离的房屋，具备场所特征。该房屋虽系待租，却是封闭的，需要被害人拿钥匙开启方能进入，显然是与外界相对隔离的，故符合“户”的场所特征。但该房屋不具备“户”的功能特征。该房屋既不是供受害人本人或者其家人生活居住使用的，也不是有他人正在居住使用的房屋，而是等待他人租住的房屋，被告人作案时无人在此居住，因此不具有“户”的功能特征。抢劫犯罪中的“入户抢劫”之所以成为加重处罚情节之一，是因“入户抢劫”不仅侵犯了公民的财产权利和人身权利，同时还侵犯了公民的住宅安宁、正常生活。只有在有人居住生活的房屋内抢劫，才可能侵犯公民的住宅安宁、正常生活，这种抢劫行为才具有一般抢劫行为所不具有的特殊社会危害性，才能作为加重处罚情节，判处10年以上有期徒刑的重刑。如果行为人在无人居住生活的房屋内抢劫，其行为不会对他人的住宅安宁、正常生活造成任何侵害，该抢劫行为与一般抢劫行为的社会危害性无异，自然不能认定为“入户抢劫”。综上，判断是否为“入户抢劫”，必须同时考察“户”的功能特征和场所特征，“相对隔离的场所”特征不是“户”的唯一特性。本案中二被告人抢劫被害人的现场系无人居住的待租房屋，不属于“供他人家庭生活和与外界相对隔离的住所”，故本案二被告人的行为不属于“入户抢劫”。

实务训练

请从实务中找一个关于入户抢劫的真实案例，并根据其案件事实、既有证据及争议焦点，写一份辩护词。要求格式规范、条理清晰、层次分明、有理有据、入情入理。

延伸阅读

1. 杨兴培. 入户盗抢犯罪的刑法诸问题研究. 华东政法大学学报，2015，18（1）：113-118.

2. 黎宏. 入户抢劫中“入户目的非法性”的要求应当取消. 上海政法学院学报（法治论丛），2019，34（6）：42-53.

3. 陈辉. “入户抢劫”案件中司法解释的适用：基于宪法分析的视角. 西南政法大学学报，2018，20（6）：3－15.

案 101. 绑架罪与非法拘禁罪、敲诈勒索罪的界分

——李某、袁某京、胡某珍等人绑架、非法拘禁、敲诈勒索案

要点提示

《刑法》第 239 条规定的绑架罪的行为方式包括两种类型：一是勒索财物型绑架，二是人质型绑架。其中，人质型绑架是通过绑架人质要求某种非法利益或者提出非法要求，但不包括偿还债务。人质型绑架中的行为人若出于追债或帮他人追债的目的参与绑架行为的，因主观上没有绑架的故意，不构成绑架罪，视其情节有可能构成非法拘禁罪。行为人在非法拘禁过程中，与人质谈好报酬后将其释放，事后索要报酬的行为，则又单独构成敲诈勒索罪。绑架过程中，当场抢劫人质财物的行为，虽然同时触犯了绑架罪和抢劫罪两个罪名，但根据禁止重复评价原则，其暴力、胁迫手段不能既评价为绑架罪的构成要件，又作为认定抢劫罪的客观行为要件，故只应依法择一重罪处罚。

案情摘要

2006 年 3 月初，被告人李某、袁某京、胡某珍、东某预谋绑架石某清勒索钱财。袁某京以帮助他人“要账”为由纠集被告人燕某峰、刘某、刘某荣、刘某某参与。同年 3 月 9 日 2 时许，李某、袁某京、胡某珍、燕某峰、刘某、刘某荣、刘某某冒充公安人员驾车将石某清绑架至山东省泰安市山区一处住房，其间，胡某珍、袁某京将石某清身上的手链、项链、戒指等物抢走，价值 3 万余元。李某、袁某京指派燕某峰、刘某、刘某荣、刘某某看押被害人石某清。而后，李某、袁某京、胡某珍两次向石某清家属勒索人民币 80 万元，打入事先开立的信用卡账号中，并在秦皇岛、葫芦岛、唐山等地以划卡消费的方式，购买大量黄金后私分、挥霍。同月 11 日，燕某峰、刘某、刘某荣、刘某某得知石某清与李某等人不存在债务关系，并在石某清承诺给付好处后，遂将石某清放走。其后，燕某峰、刘某荣、刘某伙同刘 A（另案处理）多次打电话向石某清催要钱款，石某清害怕遭到他们的报复，便向燕某峰等指定的账户打入人民币 6 万元，该款大部分由燕某峰、刘某荣、刘某和刘 A 私分、挥霍。

分歧意见

对于本案各被告人的行为应如何定性，在处理过程中有以下三个问题产生了分歧：

（1）被告人燕某峰、刘某、刘某荣、刘某某系受邀约帮助他人“要账”，对他们这种误以为索要债务而帮助他人实施的绑架行为，如何定性？

（2）被告人燕某峰、刘某、刘某荣、刘某某在看押人质期间，与人质谈好“报酬”后将其释放，事后索要“报酬”的行为，如何定性？

（3）绑架过程中，胡某珍、袁某京将人质身上的手链、项链、戒指等物抢走的行为如何定性？

问题研讨

1. 被告人燕某峰、刘某、刘某荣、刘某某系受邀约帮助他人“要账”，对他们这种误以为索要债务而帮助他人实施的绑架行为，因主观上没有绑架的犯罪故意，应当以非法拘禁罪定罪处罚

在本案的起诉和审理过程中，对被告人李某、袁某京、胡某珍、东某的行为构成绑架罪没有异议，但对燕某峰、刘某、刘某荣、刘某某如何处理存有分歧。通过对本案事实的分析，根据我国刑法有关共同犯罪的规定，我们认为，本案中的燕某峰、刘某、刘某荣、刘某某系受邀约帮助李某、袁某京、胡某珍、东某“要账”，他们并不知道李某等人绑架被害人的真正目的，因而与李某、袁某京、胡某珍、东某之间没有共同的绑架故意，故燕某峰、刘某、刘某荣、刘某某“绑架”被害人的行为不构成绑架罪，而应构成非法拘禁罪。具体理由如下：根据我国《刑法》第 25 条第 1 款的规定，共同犯罪是指二人以上共同故意犯罪。共同的犯罪故意和共同的犯罪行为，是构成共同犯罪的两个必要条件。据此，二人以上共同故意实施的犯罪行为，如果行为人的主观故意内容不属于同一个犯罪构成，不成立共犯。本案中，虽然燕某峰、刘某、刘某荣、刘某某与李某、袁某京、胡某珍、东某客观上共同实施了绑架被害人石某清的行为，即每个人的行为都是绑架被害人石某清这一整体行为的组成部分，各人的行为作为一个整体与石某清被绑架并被勒索巨额钱财之间具有因果关系。燕某峰、刘某、刘某荣、刘某某的行为，客观上对李某、袁某京、胡某珍、东某实施的绑架犯罪起到了帮助作用，即李某等人勒索财物的目的是在燕某峰等人看押被害人的协助下才实现的。但是，李某等人与燕某峰等人的主观故意内容明显不同，李某等人的故意内容是绑架，而燕某峰等人的故意内容则是帮人索要债务而实施非法拘禁，这体现在：（1）袁某京纠集燕某峰等人时，是以帮助他人要账的名义进行的，而没有告诉他们要绑架他人的真实目的，因此，无论是燕某峰等人答应帮助实施犯罪还是将被害人绑架，燕某峰等人均无绑架的犯罪故意；（2）在看押被害人期间，燕某峰等人知道自己的行为可能是绑架后，均表示，“要知道是绑架就不干这事了，这要抓住得判死刑”，由此可以看出帮助绑架被害人是违背该四人意志的；（3）燕某峰等人在看押被害人期间知道可能是绑架后，没有和李某等人联络进行意思沟通，相反，却实施了释放人质的行为。虽然释放人质是与人质谈判后为索取钱财，但这正说明燕某峰等人并没有绑架的共同故意。与人质达成“报酬”协议，不是绑架犯罪的构成特征，因为绑架中的勒索财物不是向人质索要财物，而是向人质家属或者其他有利害关系第三人勒索财物。当然，如果谈判不成，燕某峰等人在明知李某等人的绑架意图后仍然继续拘禁人质，那么，燕某峰等人犯罪的故意内容就转化为绑架的故意，应当成立绑架罪。根据《刑法》第 238 条第 3 款规定，为索取债务非法扣押、拘禁他人

的，以非法拘禁罪定罪处罚。因此，对燕某峰等人客观上帮助李某等人实施了绑架，主观上只有帮助索要债务故意的行为应认定为非法拘禁罪。

2. 被告人燕某峰、刘某、刘某荣、刘某某在看押人质期间，与人质谈好“报酬”后将其释放，事后索要“报酬”的行为，应当以敲诈勒索罪定罪处罚

敲诈勒索罪，是指以非法占有为目的，对被害人使用威胁或者要挟的方法，强索财物的行为。本案中，燕某峰、刘某、刘某荣（刘某某在释放人质后未继续实施索要“报酬”的行为）在释放人质后，按照与人质约定的协议，向人质索要“报酬”的行为，符合敲诈勒索罪的构成要件。理由在于：(1)“报酬”协议因不合法而无效。该协议是人质在失去人身自由的情况下被迫与燕某峰等人达成的，属于非法行为，取得财物报酬无合法依据。(2) 释放人质后，燕某峰、刘某、刘某荣索要“报酬”，实质是敲诈勒索，其手段是人身安全威胁，威胁的内容就是再次让被害人石某清失去人身自由。这一威胁的内容在燕某峰等人放走人质时就得到体现，即在放走被害人之前，燕某峰曾对被害人讲，“我们能绑你一次，也能绑你第二次”。3 月 18 日下午，刘某、刘某荣与刘 A（在逃）给被害人石某清打电话讲，“我们把你放了，你答应给我们的钱还不兑现吗?”还说，如果不汇钱的话，让被害人自己看着办。这是威胁内容的第二次体现，而威胁的目的，就是得到“报酬”。(3) 从被害人石某清的角度看，因为先前被绑架过，担心不给予“报酬”会再次失去人身自由。为了免受伤害，才在被迫的情况下给了 6 万元。因此，石某清将 6 万元汇到刘某等人指定的账户，是受威胁的结果。(4) 燕某峰、刘某、刘某荣敲诈勒索石某清的行为是独立的行为，应单独评价，因为非法拘禁罪以被害人被限制人身自由为主要特征，非法拘禁行为自释放人质时即中止。综上，对燕某峰、刘某、刘某荣事后向石某清以威胁手段索要报酬的行为应认定为敲诈勒索罪，并与非法拘禁罪进行并罚。

3. 绑架过程中，胡某珍、袁某京将人质身上的手链、项链、戒指等物抢走的行为如何定性

同时触犯绑架罪、抢劫罪两罪名，应择一重罪处罚。本案中，在绑架期间，被告人胡某珍、袁某京将被害人石某清身上的手链、项链、戒指等物抢走。对此行为，应如何定性？有观点认为，行为人以勒索财物为目的绑架他人的行为构成绑架罪，在绑架过程中实施劫财行为，就是在暴力、胁迫持续状态中当场劫取被绑架人随身携带的财物，属于以暴力或以暴力相威胁的方法劫取他人财物，同时符合抢劫罪的构成要件，应以绑架罪和抢劫罪数罪并罚。我们认为，这种情况应分情形，以绑架罪或抢劫罪中的一个重罪定罪处罚。理由是：绑架罪是继续犯，行为人为非法占有他人财物而以暴力、胁迫手段劫持被绑架人的行为是一个持续过程，暴力劫持或拘禁被绑架人构成绑架罪的客观要件。如果把实质上的一个暴力劫持或拘禁行为既评价为绑架罪的构成要件，又重复评价为抢劫罪当场劫取他人财物的客观要件，有违“禁止重复评价”原则。因此，在产生竞合的情况下，择一重罪处罚是适当的。《两抢意见》明确指出，“绑架过程中又当场劫取被害人随身携带财物的，同时触犯绑架罪和抢劫罪两罪名，应择一重罪定罪处罚。”一般而言，应当根据两罪的法定刑，结合个案中被告人的具体犯罪行为和量刑情节考察应

适用的法定刑幅度，比较两罪的轻重从而决定具体适用哪一罪名定罪处罚。从刑法规定来看，刑法对绑架罪规定的起刑点是 5 年（《刑法修正案（七）》公布之前为 10 年），致被绑架人死亡或者杀害被绑架人的判处死刑；抢劫罪的起点刑为三年，抢劫罪致人死亡的，并不绝对判处死刑，仍然可以根据案件情况在 10 年有期徒刑至死刑的幅度内裁量。从法定刑看，绑架罪是重罪，抢劫罪是相对轻罪。但也有抢劫罪比绑架罪重的情形，如绑架过程中由于被绑架人的反抗或者其他原因未遂，但在绑架过程中劫取被绑架人财物，数额巨大的情形，由于犯罪未遂可以从轻或减轻处罚，绑架罪应在 5 至 10 年有期徒刑幅度内从轻处罚甚至可以减轻为 5 年以下有期徒刑，但抢劫数额巨大属于既遂则必须在 10 年有期徒刑以上量刑，在这种情形下，抢劫罪就明显重于绑架罪了。具体到本案，被告人胡某珍、袁某京在绑架过程中当场劫取被绑架人随身携带的价值 3 万余元的手链、项链、戒指等财物，属于抢劫数额巨大，依法应在 10 年以上有期徒刑、无期徒刑或者死刑的法定幅度内量刑；而其绑架勒索钱财达到 80 万元，依法也应在 10 年以上有期徒刑或者无期徒刑幅度内量刑。但对单纯抢劫 3 万余元财物而没有造成人身伤害的这种抢劫情形显然一般难以达到判处无期徒刑甚至死刑的程度，且从侵害财产角度看，绑架勒索的钱财要远远高于抢劫所得，因此本案中被告人胡某珍、袁某京所犯绑架罪要重于抢劫罪。因此，法院以绑架罪对相关被告人定罪处罚是正确的。

实务训练

请从实务中找一个关于绑架与非法拘禁之间界限争议的真实案例，并根据案件事实、既有证据及争议焦点，写一份辩护词。要求格式规范、条理清晰、层次分明、有理有据、入情入理。

延伸阅读

1. 李立众．《刑法》第 239 条（绑架罪罪刑规范）评注．中国应用法学，2022（6）：231－245.

2. 张明楷．绑架罪的基本问题．法学，2016（4）：118－131.

3. 阮齐林．绑架罪的法定刑对绑架罪认定的制约．法学研究，2002（2）：33－44.

案 102. 抢劫罪与敲诈勒索罪的界分

——林某明等人敲诈勒索案

要点提示

抢劫罪与敲诈勒索罪如何区分，一直是我国司法实践中较为棘手的难题。因为这两个罪侵犯的都是复杂客体，在行为的客观方面也有相当程度的重合，如在当场取得财物的某些场合，暴力也一样可以成为敲诈勒索罪的手段。只要行为人的暴力程度不足以达到使被害人不敢或不能反抗的程度，即使当场取财，符合“两个当场”的特征，也不能一概认定为抢劫罪。在具体认定时，不能拘泥于“两个当场”等形式要件，而应根据敲诈勒索罪与抢劫罪的本质界限，结合具体案情作出科学、合理的认定。

案情摘要

2004 年 6 月的一天凌晨，佛山市禅城区某首饰厂 305 宿舍的工人覃某欣发现自己刚买的 100 多元的皮带不见了，随后他在该厂 403 宿舍发现自己的皮带在被害人陈某仁的床上，怀疑皮带系陈某仁所偷，后覃某欣将此事告诉同宿舍的工友。次日上午 8 时许，覃某欣与被告人林某明、戴某东、刘某松、陈某平、蒋某福、陈某松（均住 305 室，另案处理）到 403 宿舍找到陈某仁，责问其皮带来源，并提出要报公司保安部门处理，因陈某仁提出要私了，林某明便叫陈某仁一同外出吃早餐并解决该事。吃完早餐后，覃某欣因加班先回厂上班，林某明、戴某东、刘某松、陈某平与陈某仁一起回厂，路过一废品收购站门口时，林某明将陈某仁叫到一边，并打了被害人陈某仁两耳光。陈某仁承认盗窃皮带事实后，林某明又要求其赔偿 305 宿舍被盗其他财物的损失，陈表示同意。此后，林某明将被害人愿意赔偿 305 宿舍被盗财物一事告之戴某东、刘某松、陈某平，并要其他被告人报出各自在 305 宿舍被盗物品的情况，各被告人均称失窃了财物不等。根据被盗财物价值，林某明要求陈某仁赔偿 5 000 元，限定当天给钱，陈因当时现金不足，便写下欠条。当天下午 4 时许，陈某仁交给林某明 2 000 元。

分歧意见

对于本案各被告人的行为，应如何定性，在处理过程中产生了如下分歧：

（1）各被告人应构成抢劫罪。理由是：各被告人是以陈某仁盗窃他人皮带为借口，采用暴力手段，劫取被害人财物，被告人林某明具有殴打被害人的行为，且逼被害人当场写欠条，并于当天取得了财物，其行为符合抢劫罪的特征。

（2）各被告人的行为应当构成敲诈勒索罪。理由是：虽然被告人林某明具有殴打被害人的行为，且各被告人于当天取得了财物，但林某明殴打被害人是基于其对盗窃行为的报复，出于气愤而殴打他的，被害人之所以愿意赔钱，是因为各被告人抓住了他盗窃皮带的事实，不想他们向单位告发。故各被告人是采用要挟的手段，敲诈勒索他人财物，构成敲诈勒索罪。

问题研讨

对于敲诈勒索罪与抢劫罪，我国刑法通说理论往往以是否当场使用暴力及是否当场取得财物作为区分标准。虽然一般情况下，运用“两个当场”的标准可以将敲诈勒索罪与抢劫罪区分开来，但是诸如本案这种情形，单纯运用“两个当场”的标准难以解决。

因此，需要对敲诈勒索罪与抢劫罪的构成要件加以重新审视，认真厘清两罪的本质区别。

本案的焦点问题是被告人林某明等人非法占有被害人财物主要使用的是暴力手段还是要挟手段。换言之，就是被害人是因为被殴打还是因为害怕盗窃行为被揭发而交出财物的。抢劫罪与敲诈勒索罪在客观行为上具有一定的相似性，一方面两罪侵犯的客体都是复杂客体，不仅侵犯了公私财产的所有权，还危及他人的人身权利；另一方面两罪在客观方面都可以采用“威胁”手段，且均可以当场取得财物，但是，“威胁”的特定内容不同：(1) 从威胁的方式看，抢劫罪的威胁是当着被害人的面直接发出的；敲诈勒索罪的威胁可以当面发出，也可以通过书信、电话或者第三者转达。(2) 从威胁内容实施的时间看，抢劫罪的威胁表现为如不交出财物，就要当场实施所威胁的内容；敲诈勒索罪的威胁则一般表现为，如不答应要求，将在以后的某个时间实施威胁的内容。(3) 从威胁内容的范围看，抢劫罪的威胁是以杀害、伤害等侵害人身相威胁；敲诈勒索罪的威胁则内容更为广泛，包括对人身的伤害行为或者毁坏财物、名誉等。(4) 从非法取得财物的时间看，抢劫罪是实施威胁当场取得财物，敲诈勒索罪则既可以当场取得财物，也可以在事后取得财物。可见，这两种犯罪中的威胁既有区别，又有联系，如果案件事实与上述抢劫的各个特征相符合，应以抢劫罪处罚，如果其中有一条不符合，则应以敲诈勒索罪论处。在本案中，我们认为区分抢劫罪与敲诈勒索罪主要看被害人交出财物的心理状态。抢劫是被害人迫于暴力或者将要实施的暴力而造成精神上的恐惧，被迫当场交出财物；敲诈勒索则是被害人迫于将要实施的暴力或者毁坏财物、名誉等造成精神上的恐惧，出于无奈，被迫于当场或者事后交出财物或者出让其他财产权利。本案是因被害人盗窃了被告人宿舍财物而起，事出有因。林某明打被害人两耳光是因为被害人对其盗窃皮带一事的报复，出于气愤才殴打他的，被害人被打后，承认了盗窃皮带的事实，这时，被告人提出因为之前 305 宿舍曾多次失窃，要其赔偿 305 宿舍失窃财物损失的要求，并以要把盗窃皮带一事向厂保卫部门报告相要挟，迫使被害人同意赔偿并且写下欠条，并于当天下午主动到四被告人的宿舍门口，交给被告人林某明 2 000 元。被告人非法占有被害人财物，既使用了暴力，又使用了要挟手段。从事发原因、案件的发展过程和被害人与被告人是同厂工友关系等情节分析，被害人并非是因为被林某明打了两耳光被迫交出财物的，而是因为被告人掌握了其在单位盗窃皮带的事实，害怕他们告发被单位除名才被迫交出财物的，即各被告人主要是以要挟手段非法占有被害人财物，其行为符合敲诈勒索罪的特征，应以敲诈勒索罪定罪处罚。

实务训练

请从实务中找一个关于敲诈勒索与抢劫之间界限争议的真实案例，并根据案件事实、既有证据及争议焦点，写一份辩护词。要求格式规范、条理清晰、层次分明、有理有据、入情入理。

延伸阅读

1. 车浩. 抢劫罪与敲诈勒索罪的界分：基于被害人的处分自由. 中国法学，2017(6)：262-282.

2. 陈洪兵. 敲诈勒索罪与抢劫罪区分中“两个当场”的坚持：兼与陈兴良教授商榷. 江苏社会科学，2013(3)：125-131.

3. 蔡桂生. 敲诈勒索罪中“被害人处分必要说”之辨析. 政治与法律，2019(3)：48-57.

4. 张梓弦. 抢劫罪与敲诈勒索罪的界分：以抢劫罪的构造为出发点. 法学评论，2021，39(4)：183-196.

案 103. 未成年人能否为转化型抢劫罪的犯罪主体

——王某华抢劫案

要点提示

根据《刑法》第 269 条的规定，行为人犯盗窃、诈骗、抢夺罪，为窝藏赃物、抗拒抓捕或者毁灭罪证而当场使用暴力或者以暴力相威胁的，依照抢劫罪定罪处罚。实践中，对于绝大多数的转化型抢劫均可依据该条规定处理，但对于已满 14 周岁不满 16 周岁的未成年人，在盗窃、诈骗、抢夺过程中，为抗拒抓捕而当场使用暴力或者以暴力相威胁的，是否可以构成转化型抢劫罪？《最高人民法院关于审理未成年人刑事案件具体应用法律若干问题的解释》第 10 条第 1 款规定：“已满十四周岁不满十六周岁的人盗窃、诈骗、抢夺他人财物，为窝藏赃物、抗拒抓捕或者毁灭罪证，当场使用暴力，故意伤害致人重伤或者死亡，或者故意杀人的，应当分别以故意伤害罪或故意杀人罪定罪处罚。”据此，本案中的被告人王某华的行为不宜以抢劫罪定罪处罚。

案情摘要

被告人王某华，男，1996 年 3 月 5 日出生于四川省乐山市五通桥区。2010 年 9 月 29 日 12 时 40 分许，王某华窜至四川省乐山城区“莱佛士地景”小区某幢某单元 17 楼时，发现该处住户戴某清家房门虚掩，遂潜入该住户房内盗得项链两条、项链坠一个，后被戴某清发现并将其挡在户内。王某华为达到逃离现场的目的，当场将戴某清头部、手部咬伤后挣脱并逃出房间，至该小区正门入口时，被该小区保安人员挡获。小区保安人员从其鞋内搜出项链两条、项链坠一个。公安人员接到报警后赶到现场将王某华抓获归案。经鉴定，王某华窃得的项链、项链坠共价值人民币（以下币种同）2 728 元。案发后，该物品已发还被害人。诉讼中，被告人王某华对公诉机关指控的犯罪事实无异议，并自愿认罪，其亲属代其缴纳罚金 500 元。

分歧意见

对于本案，应如何定性，在处理过程中形成了如下两种不同意见：

(1) 王某华的行为构成抢劫罪。主要理由是，被告人王某华在实施盗窃行为后，为抗拒抓捕当场使用暴力，根据《刑法》第 263 条、第 269 条的规定，其行为构成抢劫罪(转化型)。王某华犯罪时已满 14 周岁不满 16 周岁，应当从轻或减轻处罚；其自愿认罪，案发后犯罪所得已经追回并返还失主，可酌情从轻处罚。

(2) 王某华的行为不构成抢劫罪，也不构成其他犯罪。主要理由是，被告人王某华在入户盗窃数额较大的财物后，为抗拒抓捕而当场使用暴力，其行为符合转化型抢劫犯罪的客观构成要件。其行为时已满 14 周岁不满 16 周岁，根据《刑法》第 17 条第 2 款的规定，其不负刑事责任；根据《刑法》第 263 条、第 269 条和《最高人民法院关于审理未成年人刑事案件具体应用法律若干问题的解释》第 10 条第 1 款之规定，已满 14 周岁不满 16 周岁的未成年人，在何种情况下，均不能适用《刑法》第 269 条的规定转化为抢劫罪，故其盗窃后为抗拒抓捕而当场使用暴力的行为不构成抢劫罪。其后续暴力行为属故意伤害行为，因该行为未致人重伤或死亡的后果，故不构成故意伤害罪。王某华因不满 16 周岁，不应对其进行刑事处罚，应依法责令其监护人加以管教。

问题研讨

对于本案，王某华的行为是否需追究刑事责任，或是否成立转化型抢劫罪、故意伤害罪，其中，关键点是作为未成年人这一犯罪主体的关注和适用，即已满 14 周岁不满 16 周岁的未成年人，作为刑法中的限制刑事责任能力的主体，是否能够成为转化型抢劫罪的犯罪主体?

本案在事实证据方面不存在争议。被告人在盗窃过程中，为抗拒抓捕，当场使用暴力，形式上符合《刑法》第 269 条关于转化型抢劫罪的客观行为要件。但由于被告人是已满 14 周岁不满 16 周岁的未成年人，属于刑法中的限制刑事责任能力人，能否成为转化型抢劫罪的犯罪主体，在实践中存在争议。本案在处理过程中形成两种意见：第一种意见认为，已满 14 周岁不满 16 周岁的人虽然不能构成盗窃、诈骗、抢夺罪，但仍然能够成为转化型抢劫罪的犯罪主体；第二种意见认为，已满 14 周岁不满 16 周岁的人不能成为转化型抢劫罪的犯罪主体。我们同意第二种意见。第一，已满 14 周岁不满 16 周岁的未成年人，依法对盗窃罪不负刑事责任，因此，不具备转化型抢劫罪的基础。被告人王某华最初实施的是入户盗窃的行为，根据《刑法修正案（八）》第 39 条的规定，“入户盗窃”已经成为刑法第 264 条盗窃罪的基本行为之一，并且没有数额的要求。但是，被告人王某华作案时是已满 14 周岁未满 16 周岁的相对刑事责任人，只对实施《刑法》第 17 条第 2 款所列举的故意杀人、抢劫等八种犯罪负刑事责任，对盗窃行为不负刑事责任，因而不能满足构成转化型抢劫罪的前提条件。第二，从现有司法解释的规定也可以推导出处于相对刑事责任能力年龄的人不能成为转化型抢劫罪的犯罪主体。《最高人民法院关于审理未成年人刑事案件具体应用法律若干问题的解释》第 10 条第 1 款规定：

"已满十四周岁不满十六周岁的人盗窃、诈骗、抢夺他人财物，为窝藏赃物、抗拒抓捕或者毁灭罪证，当场使用暴力，故意伤害致人重伤或者死亡，或者故意杀人的，应当分别以故意伤害罪或者故意杀人罪定罪处罚。"可见，相对刑事责任年龄的人实施了转化型抢劫的行为，形式上符合转化型抢劫罪的要件，只对暴力行为造成重伤或死亡结果的以故意伤害罪或者故意杀人罪定罪处罚。该规定严格限缩了相对刑事责任年龄的人实施此类行为的处罚范围，处罚罪名上也不以抢劫罪论处，体现了刑法对未成年人犯罪从宽处罚的立法精神。本案被告人虽然有咬伤被害人的行为，但由于被害人的伤情并不构成重伤，因此，被告人也不构成故意伤害罪。此外，《最高人民法院关于审理未成年人刑事案件具体应用法律若干问题的解释》第 10 条第 2 款进一步规定："已满十六周岁不满十八周岁的人犯盗窃、诈骗、抢夺罪，为窝藏赃物、抗拒抓捕或者毁灭罪证而当场使用暴力或者以暴力相威胁的，应当依照刑法第二百六十九条的规定定罪处罚；情节轻微的，可不以抢劫罪定罪处罚。"也就是说，只有已满 16 周岁的完全刑事责任能力年龄的人，才有可能构成转化型的抢劫罪，从而以抢劫罪定罪量刑。就本案来说，被告人王某华虽然在盗窃后为抗拒抓捕而咬人，但因不满 16 周岁，不符合转化型抢劫罪的犯罪主体要件，不构成抢劫罪。

实务训练

请从实务中找一个关于转化型抢劫的真实案例，并根据案件事实、既有证据及争议焦点，写一份辩护词。要求格式规范、条理清晰、层次分明、有理有据、入情入理。

延伸阅读

1. 刘艳红. 转化型抢劫罪主体条件的实质解释：以相对刑事责任年龄人的刑事责任为视角. 法商研究，2008（1）：29－41.

2. 曲新久. 相对负刑事责任年龄规定的适用. 人民检察，2009（1）：11－15.

3. 李希慧，徐光华. 论转化型抢劫罪的主体：以已满 14 周岁不满 16 周岁的人为视角. 法学杂志，2009，30（6）：75－78.

案 104. "合同交易意思"是合同诈骗罪与诈骗罪的界分关键

——陈某等人诈骗案

要点提示

诈骗罪和合同诈骗罪都属于诈骗犯罪，二者是普通罪名与特殊罪名的关系。作为诈骗类犯罪，诈骗罪和合同诈骗罪都是行为人以非法占有为目的，采取虚构事实、隐瞒真相的欺骗方法，骗取被害人财物的犯罪行为。但是，作为诈骗犯罪的特殊罪名，合同诈骗罪又有独特的构成要件，就是行为人是在签订、履行经济合同过程中骗取他人财物。在普通诈骗罪中，行为人为了实现诈骗他人财物的目的，也常常同被害人签订合同，对此行为，究竟应当定性为诈骗罪还是合同诈骗罪，在司法实践中和刑法理论上存在很大争议。对这种行为性质的认定，不能仅从形式上看有无合同，更要看双方有无合同交易的意思，是否欲通过合同交易来实现经济利益。如果行为人根本没有合同交易的意思，仅仅为了骗取财物而签订合同，该合同仅仅是诈骗的工具与幌子，根本不可能履行，不符合《刑法》第224条“在签订、履行合同过程中，骗取对方当事人财物”的规定，则不构成合同诈骗罪，应当以诈骗罪定罪处罚。

案情摘要

2014年6月，周某、秦某共同出资，租赁河南省某市某企业中心B座某楼3号写字楼作为办公地点，并租用甲网络科技有限公司的“大银家贵金属交易系统”和使用乙公司提供的网上人民币支付结算平台，以盛元商品交易中心、华信大宗商品交易中心、通盈商品交易中心等名义在互联网上开设虚假的汽油、白银、天然气、翡翠、红珊瑚等现货交易平台，采取修改交易数据、控制交易涨跌的方式诱骗被害人投资，从而骗取被害人财物。

陈某加入周某、秦某的诈骗团伙后，负责对客户投资的后期跟进，冒名给客户充当指导老师，诱导客户投资，控制交易行情，对新进的业务员进行业务培训和指导等，诱骗被害人投资现货交易，共计骗取285万余元。

分歧意见

对本案陈某等人的行为如何定性，在处理过程中形成了如下两种不同意见：

（1）陈某等人的行为构成合同诈骗罪。理由是：陈某等人以非法占有为目的，在签订、履行合同过程中，虚构事实，隐瞒真相，骗取被害人财物，数额特别巨大，其行为符合《刑法》第224条合同诈骗罪的规定。

（2）陈某等人的行为构成诈骗罪。理由是：陈某等人在明知他人控制的为虚假现货交易平台，客户资金并未真正进入现货交易市场的情况下，以非法占有为目的，共同采取虚构事实、隐瞒真相的方式，骗取被害人财物，但陈某等人与被害人之间并没有进行合同交易的意思，不符合《刑法》第224条规定的“在签订、履行合同过程中，骗取对方当事人财物”，应以诈骗罪对陈某等人定罪处罚。

问题研讨

司法实践中，类似本案的案件很多，对这些案件究竟应当定性为合同诈骗罪还是诈骗罪，争议很大。本案问题的解决，关键取决于对刑法规定的诈骗罪与合同诈骗罪的关系和区别的正确理解。事实上，按现行立法规定，本案应定性为诈骗罪。

诈骗罪和合同诈骗罪在性质上都属于诈骗犯罪。诈骗犯罪，是指行为人以非法占有为目的，采取虚构事实、隐瞒真相的欺骗方法，骗取他人财物的行为。诈骗犯罪（既遂）的基本构造是：行为人实施虚构事实、隐瞒真相的欺骗行为，对方（被害人）产生错误认识，对方基于错误认识处分财产所有权，行为人取得财产，被害人遭受财产损失。

首先，行为人实施了虚构事实、隐瞒真相的欺骗行为。欺骗行为的内容是使对方产生错误认识，并作出行为人所希望的处分财产所有权的行为；从实质上看，行为人的欺骗行为是使对方陷入处分财产所有权的认识错误，若不具有使他人产生处分财产所有权的认识错误的欺骗行为，则不是诈骗犯罪中的欺骗行为。其次，对方陷入处分财产所有权的错误认识。由于行为人的欺骗行为，使在思想上本无处分财产所有权认识或者这种认识不强、思想不坚定的对方产生或者强化了这种错误认识。也就是说，受骗者产生或者强化处分财产所有权的错误认识是由行为人的欺骗行为所致，二者之间存在引起与被引起的因果关系。再次，对方基于错误认识处分财产。这意味着受骗者基于错误认识，将自己所有的财产，“自愿”地转移给行为人所有。受骗者处分财产，必须具有处分意识，且意识到是将自己所有的财物交给行为人所有，即受骗者是在处分财产所有权的意识支配下作出的处分行为；即使行为人采取欺骗行为，但对方仅仅是处分财产使用权，则不是诈骗罪的处分财产。比如，行为人向对方谎称手机没电，借用对方手机，对方陷入错误认识将手机交付给行为人使用，行为人在使用手机过程中趁对方不备逃跑的行为，尽管行为人实施了欺骗行为，对方陷入错误认识，但是对方的错误认识内容是将手机借给行为人使用，即处分手机的使用权，而非所有权，这种处分财产的行为不是诈骗罪的处分行为。又次，行为人取得财产。行为人的行为使对方处分财产后，行为人取得原本归对方所有的财产。取得财产可以分为两种情况：一是财产所有权的增加，如将被害人的财产转移给行为人所有；二是财产义务的减少，如通过欺骗行为使对方免除或者减少行为人的债务。最后，被害人遭受财产损失。通常情况下，行为人取得受骗者所有的财产就意味着对方遭受了财产损失。但是，在特殊情况下，行为人采取欺骗行为取得对方所有的财产的，受骗者并不必然遭受财产损失。例如，以欺骗方法取得对方不法占有的自己所有的财物的，对方就没有遭受财产损失。

根据我国《刑法》第 224 条和 266 条的规定，无论是合同诈骗罪还是诈骗罪，都是行为人为了获得对方的财物，采取虚构事实、隐瞒真相的欺骗方法，使对方陷入错误认识，进而取得他人所有的财物，使对方遭受财产损失的诈骗犯罪。

诈骗罪与合同诈骗罪的根本区别在于行为人所实施的行为方式和犯罪客体上的不同。诈骗罪和合同诈骗罪都属于诈骗犯罪，两者是普通与特别的关系。一方面，在构成要件上，合同诈骗罪与诈骗罪存在三个方面的相同之处：一是在主观方面，两罪都要求行为人具有非法占有他人财物的目的；二是在客观行为方式上，两罪都表现在行为人采取虚构事实、虚构隐瞒的欺骗方法，骗取被害人财物；三是在犯罪客体上，两罪都侵犯了被害人的财产所有权。同时，既然诈骗罪与合同诈骗罪属于普通与特别的关系，作为独立存在的罪名，合同诈骗罪必然有其独特的构成要件，否则，就不足以成为诈骗罪的特殊罪名。根据《刑法》第 224 条、第 266 条的规定，结合犯罪构成理论，合同诈骗罪的特殊性体现在两个方面：一是在客观行为方式上，合同诈骗罪的行为人所实施的不是一般的虚构事实、隐瞒真相的欺骗行为，必须是在签订、履行合同过程中，使用欺诈手段，骗取对方当事人财物，即利用经济合同骗取财物；二是在犯罪客体上，合同诈骗罪不仅侵犯被害人的财产权，还破坏市场经济秩序。

合同是市场经济活动的重要手段，利用经济合同骗取对方当事人财物，既是合同诈骗罪所特有的客观行为方式，也是侵犯市场经济秩序的具体体现。所以，是否利用经济合同实施诈骗，就成为区分合同诈骗罪与诈骗罪的客观标准。利用经济合同实施诈骗，发生在签订合同之时和履行合同内容之中，无论是签订合同时的诈骗，还是履行合同过程中的诈骗，合同双方都必须有合同交易的意思，即通过合同交易来获取经济利益的主观意图。相反，如果行为人根本不具有通过合同交易获取经济利益的意思，而是纯粹为了骗取被害人财物才与之签订所谓的合同，行为人没有履行合同的主观愿望，这种"合同"根本不是用于履行的，行为人也根本不可能履行。这里的"合同"仅仅是行为人诈骗财物的"道具"。总之，区分合同诈骗罪和诈骗罪，不能仅从形式上看有无合同，更要看双方当事人有无合同交易的意思。

纵观本案，陈某等人以非法占有为目的，通过现货交易平台，采取修改交易数据、控制交易涨跌的方式诱骗被害人投资，骗取被害人财物。从形式上看，陈某等人与被害人签订了投资合同，貌似符合合同诈骗罪的特征；但是，陈某等人的诈骗意图产生在先，他们同被害人签订投资合同，仅仅是通过合同的形式来骗取财物，根本没有进行合同交易的意思，也不可能进行合同交易，合同只是他们骗取财物的手段，根本不可能得以履行，没有任何实质性意义。陈某等人的行为不符合在签订、履行经济合同过程中骗取他人财物这一要件。所以，陈某等人的行为不构成合同诈骗罪。其以非法占有为目的，虚构事实、隐瞒真相，骗取被害人财物，数额特别巨大，构成诈骗罪。

实务训练

请根据本案的事实及争议焦点，写一份起诉书。要求格式规范、条理清晰、层次分明、有理有据。

延伸阅读

1. 蔡道通. 有效益的交易：合同诈骗罪规范目的证成：以骗逃部分铁路运费案为分析重点. 环球法律评论，2022，44（1）：162－177.

2. 张明楷. 合同诈骗罪行为类型的边缘问题. 东方法学，2020（1）：34－48.

3. 劳东燕. 金融诈骗罪保护法益的重构与运用. 中国刑事法杂志，2021（4）：3-29.

案 105. 以借用为由非法占有他人财物的行为定性

——郭某、孙某等人盗窃案

要点提示

盗窃是指秘密窃取公私财物，只要行为人自认为被害人没有发觉而取得财物的，就是秘密窃取。诈骗罪中的被害人陷入错误认识处分财物是指处分财产所有权而非使用权，处分财产使用权的行为不是诈骗罪中的处分行为。在行为人为非法占有他人财物，先向对方谎称借用财物，对方将财物交给其使用，行为人在使用财物过程中，携带该财物秘密脱离被害人情形下，行为人既实施了欺骗行为，又实施了秘密将财物拿走的行为，在这种“骗”“窃”行为交织的情形下，仅仅从行为手段上，难以准确判断其性质，还应结合被害人是否具有处分财物的行为及处分行为的内容来认定构成盗窃罪还是诈骗罪。对以借用为由非法占有他人财物的行为定性的关键在于行为人获取财物的主要手段和被害人是否处分财物所有权。

案情摘要

2004年12月的一天晚上，水某某、郭某等人共谋后，由郭某以与前男友冯某和好为由，将冯某约至某市商业街一酒吧。喝酒期间，水某某给冯某打电话称要找郭某，郭某以在酒吧内说话不方便为由，将冯某的一部三星手机拿到酒吧外逃离，二人将手机销赃，得赃款600余元。经鉴定，该手机价值1 630元。2005年1月初的一天下午，孙某、水某某、郭某共谋后，孙某与郭某到某市一中学门口找到郭某的朋友李某某，孙某趁郭某和李某某说话之机，以借打电话为由，借得李某某的一部熊猫牌手机，在打电话过程中离开，后三人将手机销赃，得赃款400余元。经鉴定，该手机价值1 530元。

分歧意见

对本案应如何定性，在处理过程中形成了如下两种不同意见：

（1）本案应定性为诈骗罪。理由是：1）郭某、孙某获取被害人财物的主要手段是欺诈而非窃取，其行为不符合盗窃罪的构成要件。2）被害人将手机交给郭某、孙某，是基于错误认识而实施的处分行为，进而导致财物的损失。郭某、孙某的行为符合诈骗罪的构成要件，应当以诈骗罪定罪处罚。

（2）本案应定性为盗窃罪。理由是：1）郭某、孙某趁被害人不备携带手机离开，属于秘密窃取。2）被害人将手机交给郭某、孙某，只是受欺骗而交给其临时使用，并不是法律意义上的处分行为，更不是处分手机的所有权，系行为人违背被害人的意思而非法占有手机。郭某、孙某的行为符合盗窃罪的构成要件，应当以盗窃罪定罪处罚。

问题研讨

诈骗罪和盗窃罪都是行为人非法占有他人财物的犯罪，即行为人通过非法方法，将他人所有的财物转变为自己所有。诸如本案，对以谎称借用继而非法占有被害人财物的行为如何定性，司法实践和刑法理论中存在较大分歧。本案问题的解决，关键在于对行为人取得财物的主要手段的把握和对诈骗罪中“被害人基于错误认识而处分财物”这一构成要件的理解。

盗窃罪是通过窃取手段非法占有他人财物的行为。"窃"，顾名思义，是指偷。通常而言，窃取行为具有秘密性。但是，有人认为，事实上完全存在公开盗窃的情况，如果将盗窃限定为秘密窃取，则必然存在处罚上的空隙，造成不公正现象，所以，盗窃行为并不限于秘密窃取[①]。实际上，盗窃罪作为一种古老的自然犯，无论是从社会观念上，还是从文义解释上看，都是秘密窃取财物的行为。只不过，这种秘密性有其刑法意义。具体来说，根据秘密性的程度，可以将秘密窃取分为三个层次：第一层次是对于公众和被害人本人来说，都是秘密的，即行为人行窃时，只有自己知晓，这是一般意义上的秘密窃取；第二层次是其他人知晓行为人在行窃，但被害人不知晓，对被害人来说，行窃是秘密的，如在公众场所当众扒窃被害人财物；第三层次是其他人和被害人都知晓行为人在行窃，但都假装不知道，而行为人误以为被害人不知道，自认为是秘密的。如行为人在公交车上当众扒窃，被害人和其他乘客都知道，但不敢声张，而行为人误以为被害人不知情，对行为人来说，其认为是秘密地窃取财物。盗窃罪中的秘密窃取，只要求达到行为人自以为是秘密的就可以了。相反，如果要求对于被害人或者他人来说是秘密的，确实会造成处罚上的漏洞，导致刑罚不公。所以，我们赞同当前我国理论通说：盗窃是指秘密窃取公私财物，只要行为人自认为被害人没有发觉而取得财物的，就是秘密窃取。

诈骗罪，是指行为人以非法占有为目的，采取虚构事实、隐瞒真相的欺骗方法，骗取他人财物的行为。

问题是，对于本案这种情形，究竟是认定通过骗取手段获得财物，还是通过窃取手段获得财物，还存在认识分歧。有人认为行为人主要是通过骗取行为人获得对方财物，有人认为行为人是通过秘密窃取行为才得以将对方财物最终据为己有。这种认识上的分歧直接导致司法裁判上的定性不同，有的案件定性为诈骗罪，有的案件定性为盗窃罪。事实上，对这类案件，仅仅从行为手段上，很难准确判断其性质，还应结合被害人是否具有处分财物的行为及处分行为的内容来进行认定。

盗窃罪是秘密窃取被害人财物，通常而言，行为人在窃取财物时，被害人是不知情的，更谈不上具有处分财物的行为；因为处分财物的行为一般是积极的作为，所以在被害人发现行为人盗窃其财物而不敢声张，任由其盗窃的情形下，是消极的接受行为，不能认为是被害人处分自己的财物。总之，在盗窃罪中，盗窃罪是违反被害人意志窃取财物的犯罪，被害人不具有处分财物的行为。

诈骗罪是以欺诈手段使被害人受骗后而"自愿"处分财物，即将财物交由行为人占有、支配的犯罪，被害人对方基于错误认识处分财产是诈骗罪的客观要件。也就是说，受骗者基于错误认识，将自己所有的财产"自愿"地转移给行为人所有。受骗者处分财产，必须意识到是将自己所有的财物交给行为人所有，即受骗者是在处分财产所有权的意识支配下处分财产所有权；即使行为人采取欺骗行为，但对方仅仅是处分财产使用权，则不是诈骗罪的处分财产行为。

在借用财物的情形下，被害人将财物交给行为人时，处分行为的内容是财产使用

---

① 张明楷．刑法学．4版．北京：法律出版社，2011：877.

权，财物的占有、支配关系在法律上并未转移，亦即被害人并未对财物所有权作出处分。本案中，郭某、孙某向被害人谎称手机没电而借用对方手机，对方陷入错误认识将手机交付给行为人使用，行为人在使用手机过程中趁对方不备逃跑的行为，尽管行为人实施了欺骗行为，使对方陷入错误认识，但是对方的错误认识内容是将手机借给行为人使用，即处分手机的使用权，而非所有权，这种处分财产的行为不是诈骗罪的处分财产行为。实际上，郭某、孙某非法占有被害人手机是通过借得手机后趁对方不备逃跑来实现的，即违背被害人意志，秘密窃取手机。所以，对郭某、孙某的行为应当以盗窃罪定罪处罚。

实务训练

请根据本案的事实及争议焦点，写一份判决书。要求格式规范、条理清晰、层次分明、有理有据。

延伸阅读

1. 陈洪兵. 盗窃罪与诈骗罪的关系. 湖南大学学报（社会科学版），2013，27（6）：134－141.

2. 车浩. 盗窃罪中的被害人同意. 法学研究，2012，34（2）：101－121.

3. 徐光华. 刑法解释视域下的“自愿处分”：以常见疑难盗窃与诈骗案件的区分为视角. 政治与法律，2010（8）：49－58.

案 106. “套路贷”诈骗罪与民间借贷的本质区别

——熊某某、向某某民间借贷无罪案

要点提示

“套路贷”诈骗罪与民间借贷的本质区别在于是否非法占有他人财物。随着民间借贷的不断发展，一些为牟取非法利益，以民间借贷为幌子诱骗被害人陷入借贷圈套，非法占有他人财物的犯罪行为悄然而生，并有日渐猖獗、愈演愈烈之势，司法机关将这类犯罪活动称为“套路贷”。“套路贷”既不是法律概念，也不是政策概念，它是以违法占有为目的，假借民间借贷之名，诱使或者迫使被害人签订“借贷”或变相“借贷”、“抵押”、“担保”等相关协议，通过虚增借贷金额、恶意制造违约、肆意认定违约、毁匿还款证据等方式形成虚假债权债务，并借助诉讼、仲裁、公证或者采用暴力、威胁以及其他手段非法占有被害人财物的相关违法犯罪的概括性称谓。“套路贷”与民间借贷存在明显区别：一方面，“套路贷”行为人与民间借贷出借人的主观目的不同。“套路贷”行为人的目的是非法占有被害人财物，民间借贷的目的是获取利息收益，出借人通常希望借款人按时还本付息，这是二者的本质区别。另一方面，二者的客观行为表现不同。“套路贷”行为人会实施一系列“套路”，而在民间借贷中，虽然常会出现出借人从本金中预扣利息、收取“砍头息”等现象，但通常没有“套路”。

案情摘要

2016 年 11 月 1 日至 2017 年 2 月 10 日，袁某某与被告人熊某某签订借款合同，先后三次向熊某某借款共计 1 230 万元。

2017 年 3 月 20 日，袁某某准备再次向被告人熊某某借款 200 万元，被告人熊某某、向某某要求袁某某把前三次借款所欠的利息共计 189 万元垒成本次借款本金的一部分，袁某某因为急需资金，遂同意。之后，袁某某与熊某某、向某某签订了一份 389 万元的借款合同，本次借款，袁某某实际得到 200 万元。

借款到期后，为讨要借款，熊某某安排向某某等人到袁某某家中骚扰、滋事，并强行限制其人身自由。2017 年，被告人熊某某、向某某起诉到法院，要求判决袁某某偿还前三次向熊某某借款的本金共计 1 230 万元及利息，偿还向某某借款本金 389 万元及利息。法院冻结了袁某某的有关账户，并于 2017 年 12 月 11 日执行了袁某某的财产，共计执行 1 575 万元。

分歧意见

对本案应当如何定性，在处理过程中形成了如下两种不同意见：

(1) 熊某某、向某某的行为性质属于“套路贷”，构成诈骗罪。理由是：1) 被告人熊某某、向某某通过签订合同、“借新还旧”的方式恶意垒高借款金额，在借款人无力偿还虚高借款时，熊某某、向某某通过诉讼、执行的方式索取债务，符合“套路贷”诈骗罪的客观特征。2) 尽管熊某某、向某某否认具有非法占有借款人财物的主观目的，但是二人的客观行为足以表明其具有该目的。因此，熊某某、向某某恶意垒高借款金额并借助诉讼索取债务的行为，属于“套路贷”，应按诈骗罪定性处罚。

(2) 熊某某、向某某的行为性质是民间借贷，不构成犯罪。理由是：1) 熊某某、向某某并没有假借民间借贷之名非法占有他人财物，他们与借款人之间是真实的民间借贷关系。2) 熊某某、向某某将之前借款的利息计算在此后借款的本金之内，是为了获取之前的借款利息，并不是恶意垒高借款金额。3) 熊某某、向某某向法院起诉，通过法院执行的方式向出借人索要借款，是实现债权的方式，并非借助诉讼来实现非法占有他人财物。因此，熊某某、向某某的行为不具备“套路贷”的基本特征，属于民间借贷，不构成犯罪。

问题研讨

本案问题的解决，关键取决于对“套路贷”概念、特征及同民间借贷的区别的理解和把握。事实上，依照现行规定和诈骗罪的构成要件，熊某某、向某某的行为不具备“套路贷”的特征，也不符合诈骗罪的立法规定和构成要件，依法不能认定为犯罪。

“套路贷”既不是法律概念，也不是政策概念，它是以违法占有为目的，假借民间借贷之名，诱使或者迫使被害人签订“借贷”或变相“借贷”、“抵押”、“担保”等相关协议，通过虚增借贷金额、恶意制造违约、肆意认定违约、毁匿还款证据等方式形成虚假债权债务，并借助诉讼、仲裁、公证或者采用暴力、威胁以及其他手段非法占有被害人财物的相关违法犯罪的概括性称谓。据此概念，“套路贷”具有三个基本特征：一是行为目的的非法性，即“套路贷”犯罪分子的主观目的是非法占有被害人财物，这是“套路贷”犯罪的本质特征。二是债权债务的虚假性，即犯罪分子假借民间借贷之名，通过使用“套路”，诱使或迫使被害人签订“借贷”、“抵押”、“担保”等相关协议，进而通过虚增借贷金额、恶意制造违约、肆意认定违约等方式形成虚假债权债务。对于犯罪分子来说，“借贷”是假，侵犯被害人的财产权利是真，“借贷”仅是一个虚假表象。三是“讨债”手段的多样性，即在被害人未按照要求交付财物时，犯罪分子会借助诉讼、仲裁、公证或者采用暴力、威胁以及其他手段向被害人强行“索债”，以实现非法占有被害人财物的目的①。

“套路贷”与民间借贷（高利贷）存在明显区别。主要体现在：第一，“套路贷”行为人与民间借贷出借人的主观目的不同。“套路贷”行为人的目的是非法占有被害人财物，民间借贷的目的是获取利息收益，出借人通常希望借款人按时还本付息，这是二者的本质区别。第二，客观行为表现不同。“套路贷”行为人会实施一系列“套路”，如制造资金走账流水、故意制造违约或者肆意认定违约，形成虚高债务；而在民间借贷中，虽然常会出现出借人从本金中预扣利息、收取“砍头息”等现象，但出借人后续不会实施故意制造违约、肆意认定违约、恶意垒高借款金额等行为。

纵观本案，熊某某、向某某的行为不符合“套路贷”的特征，不能认定为“套路贷”犯罪，而是非法放贷行为。第一，熊某某等人并未通过设立虚假债权债务、转单平账、恶意制造违约、肆意认定违约等方式垒高借款金额。一方面，在检察机关指控熊某某等人构成“套路贷”的事实中，从放贷金额、时间、利率上看，熊某某等人并未设立虚假债权债务，而是真实的民间借贷。另一方面，熊某某、向某某没有实施通过转单平账、肆意认定违约、故意制造违约等垒高债务的行为。熊某某、向某某在借款合同到期后，根据借款利息与本金数额再次签订借款合同，而且利率也未达到“套路贷”中恶意垒高借款金额的程度，不是“套路贷”犯罪中的以垒高债务为目的的转单平账行为。

第二，熊某某、向某某的软硬兼施、非法索债行为，不是认定“套路贷”犯罪的充分条件。在民间借贷活动中，软硬兼施、非法索债是比较普遍的行为手段，对此行为性质的认定，2019年4月最高人民法院、最高人民检察院、公安部、司法部《关于办理“套路贷”刑事案件若干问题的意见》明确规定：“司法实践中，应当注意非法讨债引发的案件与‘套路贷’案件的区别，犯罪嫌疑人、被告人不具有非法占有目的，也未使用

① 朱和庆，周川，李梦龙.《关于办理“套路贷”刑事案件若干问题的意见》的理解与适用. 人民司法，2019（19）：36-39.

‘套路’与借款人形成虚假债权债务，不应视为‘套路贷’。因使用暴力、威胁以及其他手段强行索债构成犯罪的，应当根据具体案件事实定罪处罚”。本案中，尽管熊某某、向某某实施了非法讨债行为，但二人同借款人是真实的民间借贷关系，并不是虚假债权债务，也没有恶意垒高借款金额，根据前述规定，不能认定为“套路贷”。至于非法索债行为的性质，应当根据具体事实，依据法律规定，构成哪个犯罪，就以哪个犯罪定罪处罚。

综上，根据本案事实和证据，对熊某某、向某某的行为依法不能认定为“套路贷”犯罪。事实上，审理本案的法院对本案也是作的无罪判决。

实务训练

请根据本案的事实及争议焦点，写一份辩护词。要求格式规范、条理清晰、层次分明、有理有据、入情入理。

延伸阅读

1. 陈兴良. 高利放贷的法律规制：刑民双重视角的考察. 华东政法大学学报，2021，24（6）：6－16.

2. 刘仁文，刘文钊. “套路贷”的概念辨析及相关疑难问题. 法治社会，2021（4）：26－37.

3. 陈小彪，黄培钦. 套路贷案件中“非法占有目的”的司法认定. 江西警察学院学报，2021（2）：86－94.

案 107. 是否具有非法占有目的是区分诈骗罪与民事欺诈的关键

——黄某民事欺诈无罪案

要点提示

诈骗罪和民事欺诈在行为方式上完全相同时，无法从行为方式上区分诈骗罪和民事欺诈；诈骗罪和民事欺诈都会造成财产损失，所以，是否存在财产损失也不能作为二者的区分标准。诈骗罪的行为人具有非法占有他人财物的目的，而民事欺诈的行为人在主观上并无此目的。因此，在行为方式相同、造成对方财产损失的情形下，要从行为人主观上是否具有非法占有他人财物的目的来认定其行为属于诈骗罪还是民事欺诈。

案情摘要

2010 年 7 月，被害人杨某在吉林省长春市朝阳区一小区做墙体保温，认识了被告人黄某的父亲，后通过黄某的父亲认识了黄某。2010 年 10 月至 2011 年 8 月，黄某向杨某谎称能够买到便宜考斯特车，并能用购买的考斯特车向银行贷款 300 万元，可以为杨某在南航长春机场办理接送员工及滞留旅客车辆运营。杨某先后三次给予黄某 73.5 万元，让黄某帮助购买两辆便宜的考斯特车，并由黄某负责用于南航长春机场办理接送员工和滞留旅客车辆运营事宜。后来，杨某向黄某借款 7 万元。2012 年 2 月 3 日，黄某让杨某到她家中取剩余的 66.5 万元，杨某来到黄某家中，当听到黄某只能还给本金 66.5 万元时，杨某拒绝收取。之后几日，黄某反复主动向杨某还款，但杨某均予以拒绝。

2012 年 2 月 15 日，杨某向公安机关报案，黄某被公安机关抓获。黄某到案后，其银行账户内有存款 70 余万元。

分歧意见

对本案应当如何定性，在处理过程中形成了如下两种不同意见：

（1）黄某的行为构成诈骗罪。理由是：1）被告人黄某向杨某虚构可以帮其办理运营车辆，使杨某陷入错误认识，信以为真，并给予黄某 73.5 万元。黄某的行为符合诈骗罪的客观构成要件。2）被告人黄某向杨某虚构事实，骗取钱款的客观行为充分表明了其具有非法占有杨某财物的主观目的。3）被告人黄某虽有还款意愿，但这是一种畏罪表现，且还款行为发生在公安机关立案之后。被告人黄某的行为符合《刑法》第 266 条的规定，具备诈骗罪的全部构成要件，应当以诈骗罪定罪处罚。

（2）被告人黄某的行为性质属于民事欺诈，不是诈骗罪。理由是：1）黄某向杨某谎称能够买到便宜考斯特车，并能用购买的考斯特车向银行贷款 300 万元，可以为杨某在南航长春机场办理接送员工及滞留旅客车辆运营，从杨某处骗取 73.5 万元。2）案发前黄某多次找杨某提出还款，遭到拒绝，且黄某的银行账户内有存款 70 余万元，具有还款能力，表明黄某主观上不具有非法占有目的。因此，黄某的行为属于民事欺诈，不构成诈骗罪。

问题研讨

本案问题的解决，关键取决于被告人黄某主观上是否具有非法占有杨某钱款的目的。根据本案事实、证据，难以认定其具有非法占有目的，本案依法不能认定为诈骗罪。

诈骗罪，是指以非法占有为目的，采取虚构事实或者隐瞒真相的方法，骗取数额较大的公私财物的行为。民事欺诈是指行为人在设立、变更、终止民事权利和民事义务的过程中，故意告知对方虚假情况，或者故意隐瞒真实情况，诱使对方作出错误表示的行为。比如编造虚假借款理由，借得钱款、物品后不予归还。在客观行为表现上，诈骗罪和民事欺诈的行为人都采取了虚构事实或者隐瞒真相的方法欺骗对方当事人，使对方陷入错误认识并处分财物，行为人取得财物，给受骗方造成财产损失。但是，民事欺诈与诈骗罪存在着根本区别：民事欺诈（包括刑事化的民事欺诈）的行为人不具有非法占有对方财物的目的，从本质上讲，民事欺诈不是诈骗犯罪；而诈骗罪的行为人具有非法占有目的。因此，在骗取对方财物的情形下，行为人有无非法占有目的，是区分该行为属于诈骗罪还是民事欺诈的根据。

非法占有目的作为诈骗罪的主观要件，是必须加以证明、判断的主观事实，证明方式和判断标准，不能一概而论，需要具体问题具体分析，特别是在行为人否认具有非法占有目的时，只能通过客观行为来判断非法占有目的的有无。根据犯罪阶层理论和事实认定逻辑，客观行为在位阶上应置于是否具有非法占有目的之前。总体上，可以从行为人骗得财物后的表现来判断其有无非法占有目的。从一方面看，行为人是否携带资金潜逃、任意挥霍资金、将财物转移隐匿，是否拒不交待财物去向等等，如果行为人有这些行为表现，就可以认定其主观上具有非法占有目的。从另一方面看，行为人是否具有归还财物的意思、行为。倘若行为人骗得财物后，积极自愿归还财物的，则难以认定其主观上具有非法占有该财物的目的。退一步讲，如果行为人有归还财物的意愿，但客观上无力归还，也不能直接推定其有非法占有目的。

纵观本案，被告人黄某实施了采取虚构事实的方法从被害人杨某处骗取 73.5 万元的行为。首先，黄某虚构了能够买到便宜考斯特车（用于南航长春机场办理接送员工、滞留旅客的车辆运营），并能用购买的考斯特车向银行贷款 300 元的事实。其次，杨某基于被告人黄某虚构的事实，先后三次给予黄某 73.5 万元，让其帮忙购买车辆和办理南航长春机场接送员工、滞留旅客车辆运营事宜。也就是说，黄某对杨某实施了欺诈行为，并骗得了钱款。但是，尚不能就此认定黄某的行为是诈骗犯罪还是民事欺诈，还需要结合黄某主观上有无非法占有的目的来判断。

实际上，本案事实、证据不足以表明黄某主观具有非法占有杨某财物的目的。上文已述，行为人骗得财物后的态度、行为是推断其主观目的的重要客观依据。案件事实表明，案发前，黄某银行账户有 70 余万元存款，具有还款能力；黄某主动反复要求向杨某还款，但杨某以黄某仅归还本金为由，拒绝接受还款，这足以说明黄某具有还款的意思和行为，而不具有非法占有杨某财物的主观目的。

综上所述，虽然被告人黄某向杨某虚构事实，骗得杨某向其支付钱款，但是，本案事实、证据并不能表明黄某主观上具有非法占有目的，反而表明黄某具有还款的意思、能力和行为。所以，黄某的行为不符合诈骗罪的构成要件，不能定性为诈骗罪，只能认定为民事欺诈。

实务训练

请根据本案的事实及争议焦点，写一份二审判决书。要求格式规范、条理清晰、层次分明、有理有据、入情入理。

延伸阅读

1. 陈少青. 刑民界分视野下诈骗罪成立范围的实质认定. 中国法学，2021（1）：285－304.

2. 张祥宇. 民事欺诈与合同诈骗的界分. 中国检察官，2020（14）：39－43.

3. 付涵. 合同诈骗罪与民事欺诈的界分. 人民司法，2022 (8)：28－30.

案 108. 快递公司员工工作时偷拿快递包裹应定盗窃罪

——吴某盗窃案

要点提示

随着网络购物的迅猛发展，快递包裹成为人们日常生活的重要组成部分，与此同时，快递公司员工窃取快递包裹的行为屡屡发生，此类违法犯罪行为之定性，与行为人是否利用职务便利以及快递包裹作为包装物（封缄物）的占有权归属密切相关。

案情摘要

吴某系北京某快递公司员工，其工作职责是押运货物、分拣货物。2014 年 11 月 29 日 5 时许，吴某在快递公司内分拣货物时，发现某快件包裹里装有万国牌手表和浪琴牌手表各一块，就躲到监控盲区，将快件占为己有。后当快递公司经理找吴某询问是否拿走了手表时，吴某承认拿走并称扔进了垃圾桶，之后又推脱说无法找到手表。一个月之后，该经理打电话报警。经鉴定，该两块手表均系仿冒，万国牌手表价值人民币 2 000 元，浪琴牌手表价值人民币 3 000 元。

分歧意见

对本案吴某某的行为应如何定性，在处理过程中形成了如下三种不同意见：

一是吴某的行为构成职务侵占罪。(1) 吴某身为快递公司员工，具备职务侵占罪的主体条件。(2) 吴某利用自己分拣快递的职务之便，将本单位财物据为己有，符合职务侵占罪的客观构成要件。(3) 吴某窃取的手表价值 5 000 多元，符合财物必须达到数额较大的标准。

二是吴某的行为构成侵占罪。理由是：(1) 基于快递公司与客户签订的快递合同，即客户委托快递公司保管手表，吴某作为快递公司员工合法占有该手机。(2) 吴某以非法占有手表为目的，且拒不退还手表，属于对保管物的非法侵占。因此吴某的行为构成侵占罪。

三是吴某的行为构成盗窃罪。理由是：(1) 吴某是以非法占有为目的，在客观上采取自认为秘密的方式拿走手表。(2) 手表价值也达到了盗窃数额较大这一标准。

问题研讨

本案的正确定性与如何理解“利用职务便利”以及“包装物（封缄物）”的占有权

归属紧密相关，必须厘清“利用职务便利”和“包装物（封缄物）”的占有权归属这两个基本问题。

首先，职务侵占罪是从贪污罪中分离出来一个罪名，1995 年全国人大常委会颁布了《关于惩治违反公司法的犯罪的决定》，将公司董事、监事或者职工利用职务或者工作上的便利，侵占本公司财物，数额较大的行为认定为公司、企业人员侵占罪。而后，1997 年刑法将该罪名修改为职务侵占罪。因此职务侵占罪与贪污罪一样，客观上要求具有利用职务上的便利条件。职务侵占罪中的利用职务便利是指行为人在履行职务过程中，利用对本单位财物主管、管理、经手的便利。主管是指行为人对财物在一定范围内具有审查、批准、调配、处置、使用、决策等权利，管理是指行为人直接以保管和处理财物为工作内容或工作职责，经手是指行为人在对财物的加工、修理、装配等过程中，对财物具有直接控制与独立支配的权利。也就是说利用职务便利，是行为人因为职务的关系或要求实际控制单位财物，能够独立代表本单位对该财物进行占有和处分，而不能简单地理解为行为人利用工作形成的便利条件能够或方便接触到该财物。结合本案案情来看，吴某虽然是快递公司员工，且在工作过程中拿走手表，但工作车间装有高清监控设备，意味着真正占有该财物的应当是快递公司及快递公司的主管负责人员，吴某不能代表快递公司独立占有和处分该财物，只是占有辅助者，因此排除职务侵占罪的成立。

其次，侵占罪的客观方面是将为他人保管的财物或者他人遗忘物、埋藏物非法占为己有，数额较大且拒不退还。由此可见，侵占罪本质是变合法占有为非法占有。但本案中，客户与快递公司签订快递合同，委托快递公司运送并保管手表，根据合同约定，快递公司及其主管负责人员才是该手表的合法占有者。吴某身为快递公司员工，是在高清监控设备的监控下进行分拣工作，他不能代表快递公司独立占有和处分该财物，因而也不是该财物的合法占有者，只能视为快递公司及其主管负责人员的“占有辅助人”。既然吴某自始至终并未合法占有该财物，也不存在变合法占有为非法占有的基础事实，自然也就排除了侵占罪的成立。

最后，快递包裹属于包装物（封缄物），对于这类财物的占有权归属历来有争议，有观点认为无论是包装物整体还是内容物的占有权都归属于委托人（委托人占有说），承运人将包装物整体拿走，或者窃取内容物的，都构成盗窃罪；有观点认为无论是包装物整体还是内容物的占有权都归属于受托人（受托人占有说），承运人将包装物整体拿走，或者窃取内容物的，都构成（职务）侵占罪；还有观点认为，包装物整体由受托人占有，内容物的占有权则归属于委托人（分别占有说），承运人将包装物整体拿走的，构成侵占罪，窃取内容物的，构成盗窃罪。我国《刑法》第 253 条规定，邮政工作人员私自开拆邮件而窃取财物的，依照盗窃罪的规定从重处罚。可见我国《刑法》第 253 条立法之规范目的是保护他人的占有，在委托人或邮政部门对财物的占有得到承认的场合，否定邮政人员是在履行职务管理、经手单位财物[①]。快递公司员工与邮政人员除了主体身份不同外，在具体工作内容上并无本质区别，因此非法取得包裹内容物的行为，参照《刑法》第 253 条规定，宜定性为盗窃罪。另外，从职务侵占罪与盗窃罪的成立标

---

① 周光权．职务侵占罪客观要件争议问题研究．政治与法律，2018（7）：49－56．

准来看，职务侵占罪数额较大的标准是 5 000～10 000 元，而盗窃罪的数额较大标准一般是 1 000～3 000 元。由此可见，职务侵占罪成立的标准远远高于盗窃罪，如果将快递公司员工偷拿快递包裹的行为定性为职务侵占罪，显然难以和《刑法》第 253 条的规定相适应，也不利于遏制此类事件的再次发生。综合本案案情来看，吴某不是利用职务便利，而是作为“占有辅助人”，利用工作形成的便利条件，在进行分拣作业的过程中，趁着快递公司主管负责人员未能察觉，偷偷拿走手表，且手表价值较大，完全符合盗窃罪所规定的以非法占有为目的，秘密窃取数额较大公私财物的行为，宜认定为盗窃罪。

实务训练

请从实务中找一个关于盗窃罪的真实案例，并根据案件事实、既有证据及争议焦点，写一份辩护词。要求格式规范、条理清晰、层次分明、有理有据、入情入理。

延伸阅读

1. 魏东. 职务侵占的刑法解释及其法理. 法学家，2018（6）：81－95＋193－194.
2. 周光权. 职务侵占罪客观要件争议问题研究. 政治与法律，2018（7）：49－56.
3. 尹琳. 刑法上职务便利与工作便利的区别必要性辨析. 政治与法律，2015（12）：51－58.

案 109. 遗落在相对封闭公共场所的遗忘物的性质认定

——耿某某盗窃案

要点提示

司法实践中，颇具争议性的是，遗落在相对封闭公共场所的遗忘物，究竟归谁占有，将直接影响对行为人取得遗忘物行为的定性。若行为人是该公共场所管理单位的员工，则对其取得遗忘物行为的定性，还深受职务侵占罪犯罪手段说的制约，只有将职务侵占罪的犯罪手段与贪污罪的犯罪手段进行对比分析，才能作出较为合理的判断。具体是，遗落在相对封闭公共场所的遗忘物宜认定为公共场所管理者占有之物。

案情摘要

2014 年 4 月 13 日上午 10 时左右，白云区某五星级酒店客房服务员耿某某在打扫房间卫生时，在该客房的洗手间洗漱台上发现了一枚钻石戒指。耿某某将这枚戒指放入了自己的口袋中占为己有。随后，在接受公安机关调查期间，耿某某为了掩饰自己拿走戒指的行为，将该戒指扔进厕所下水道冲走了。涉案戒指为价值人民币 6 万元。

分歧意见

对耿某某的行为应如何定性，在处理过程中形成了如下三种不同意见：

一是耿某某行为构成侵占罪。理由是：（1）钻石戒指是他人遗忘之物，且价值较高。（2）耿某某取走戒指，因受到公安机关调查而将戒指扔进厕所下水道的行为意味着拒不返还。

二是耿某某的行为构成职务侵占罪。理由是：（1）耿某某身为五星级酒店的员工，利用了职务便利条件。（2）耿某某拿走钻石戒指且戒指价值较高。

三是耿某某行为构成盗窃罪。理由是：（1）耿某某以非法占有为目的，采取秘密方式，拿走他人的戒指。（2）戒指价值较高，达到盗窃罪数额较大标准。

问题研讨

本问题的解决在于对遗落在相对封闭公共场所的遗忘物的占有归属以及职务侵占罪手段的理解。

首先，占有是行为人对物的现实支配。一般而言，行为人物理控制支配财物，就具有控制支配的可能性，但这种支配控制必须具有独占性，如果没有独占性的物理支配不是占有，只能视为占有辅助。从社会规范来看，占有作为一种事实上对物的支配，应该根据社会一般观念判断，即使不存在物理控制支配的场合也能认定占有事实的存在。譬如，屋主出国旅游期间，对住宅内的财物并不存在物理上的直接控制支配，但从社会观念来看，住宅内的财物仍然由屋主占有。而遗忘物位于相对封闭且有人管理的场所，究竟归谁占有，是一个颇具争议的问题。将财物遗忘于公共场所，由于一般人可以任意进出该场所，公共场所管理者无法独立控制支配该场所内的所有物品，因此，管理者不是占有者。但如果公共场所具有相对封闭性，一般人不能任意进出，就不能支配控制该财物，此时，即使公共场所管理者主观上并未意识到该财物的存在，但由于只有管理者能够独立支配控制该财物，可以视其为占有者。本案中，住客的钻石戒指是遗留在酒店客房里，酒店客房和酒店大厅虽然都是公共场所，但性质不一样，酒店大厅作为开放式的公共场所，普通人可以自由进出，而客房是一种相对封闭的公共场所，住客必须凭借身份证明办理登记手续后方能入内，而且一旦住客入住后，客房就变成了具有排他性的私人领域，其他人甚至包括酒店工作人员都不能任意进出。住客退房后，酒店客房就归于酒店管理，酒店管理者能够独立支配控制该客房，事实上占有该客房及其内部财物。侵占罪的客观方面是将为他人保管的财物或者他人遗忘物、埋藏物非法占为己有，数额较大且拒不退还。如前所述，钻石戒指不再是脱离原主的遗忘物，而是他人占有之物（酒店管理者占有之物），因此侵占罪不成立。

其次，职务侵占罪的手段有综合手段说和单一手段说，综合手段说认为职务侵占罪所实施的方式包括侵吞、窃取及骗取；单一手段说主张职务侵占罪所实施的手段只能是侵吞，不包括窃取和骗取，如果以窃取或骗取方式实施，则按照盗窃罪或诈骗罪来处理。本案中，耿某某确是采取秘密窃取方式非法占有财物，如果依照单一手段说，其行为构成盗窃罪。然而，职务侵占罪是从贪污罪中脱离出来的，两罪的区别在于主体要件及对象的不同，在客观要件方面，职务侵占罪与贪污罪一样，都包含了侵吞、窃取及骗取手段。并且，除侵犯对象存在差异外，职务侵占罪与贪污罪在诸多层面展现出高度相似性。从本质而言，二者均属于违背职务所赋予的信任关系，进而非法侵占单位财物的行为。因此，无论是从二者的立法历史渊源来看，还是从行为本质而言，职务侵占罪与贪污罪在客观行为手段方面具有显著的一致性。值得注意的是，单一手段说是在盗窃罪与职务侵占罪成立犯罪数额标准相差悬殊情形下，为了不放纵单位员工的盗窃或诈骗单位财物行为而提出的一种主张，如果在职务侵占罪中坚持单一手段说，那么依据刑法面前人人平等原则，对贪污罪也应该同样适用单一手段说，毕竟国家工作人员代表了国家，是国家公权力的执行者，更不能放纵国家工作人员盗窃或诈骗公共财物。但事实上，从我国刑法通说理论及司法实务的具体适用来看，单一手段说并未适用于贪污罪，由此可知，单一手段说不可取，还是应该坚持综合手段说。坚持综合手段说，并不会放纵单位员工的盗窃或诈骗单位财物的行为，因为成立职务侵占罪，在客观上除了侵吞、窃取或骗取手段外，还需具备另一个要件即“利用职务便利”。本案中，耿某某行为能否构成职务侵占罪，还取决于其是否利用职务便利。职务侵占罪中的“利用职务便利”是指行为人在履行职务过程中，利用对本单位财物主管、管理、经手的便利，也就是说行为人对财物应具有独立支配控制权。耿某某身为客房服务员，在打扫清洁客房工作过程中有机会接触到钻石戒指，从而能够物理支配控制钻石戒指。但她只是协助酒店管理者的占有辅助者，并无权利代表酒店独立处分该钻石戒指。因此，耿某某的行为不是利用职务之便，职务侵占罪不成立。

最后，盗窃罪是行为人以非法占有为目的，秘密窃取数额较大公私财物的行为。综合本案案情来看，耿某某以非法占有为目的，利用工作方便接触到财物的有利条件，采取自认为秘密的方式，欺瞒酒店管理者，将酒店管理者占有之物即钻石戒指据为己有，且价值较高，完全符合盗窃罪的构成要件，宜认定为盗窃罪。至于耿某某在公安机关调查期间将钻石戒指冲进厕所下水道的毁损行为，单独评价可以构成故意毁坏财物罪，但根据不可罚的事后行为，即指在状态犯的场合，利用该犯罪行为的结果的行为，如果孤立地看，符合其他犯罪的构成要件，具有可罚性，但由于被综合评价在该状态犯中，故没有必要另行认定为其他犯罪。因此，应对耿某某故意毁坏财物的行为作为盗窃罪的事后不可罚行为处理，不再单独定罪。

实务训练

请根据本案的事实、既有证据及争议焦点，写一份判决书。要求格式规范、条理清晰、层次分明、有理有据、入情入理。

延伸阅读

1. 周光权. 财物占有的意思与犯罪界限. 法学评论，2018，36（5）：39-46.

2. 刘俊杰. 财产犯罪中占有判断的类型化. 现代法学，2019，41（4）：140－155.
3. 魏东. 职务侵占的刑法解释及其法理. 法学家，2018（6）：81－95＋193－194.
4. 刘艳红. 财产犯研究. 南京：东南大学出版社，2017.

案 110. 基于毁损目的先转移再毁坏财物行为的定性

——孙某故意毁坏财物案

要点提示

行为人基于毁损目的先转移财物再毁坏之行为宜认定不具有利用意思。非法占有目的涵括排除意思和利用意思，其中，是否具有利用意思又是区分取得罪与毁弃罪的关键。司法实践中，行为人骗取财物后再实施毁坏财物的行为，必须依据行为人获取财物时是否具有利用意思来判断其行为性质。

案情摘要

孙某于 2001 年 9 月应聘到某乳品公司担任业务员，出于为该公司经理孙某某创造经营业绩的动机，于 2002 年 10 月 8 日起向该公司虚构了三江学院需要供奶的事实，并于 2002 年 12 月 1 日利用伪造的“三江学院”行政章和石某等三人印章，与该公司签订了“供货合同”，从 2002 年 10 月 8 日起至 2003 年 1 月 4 日止，孙某将该公司钙铁锌奶 321 500 份，每份 200 毫升送至其家中，并要求其母亲每天将牛奶全部倒掉或给邻居喂猪。经鉴定上述牛奶按 0.95 元/份计算，共价值人民币 305 425 元。2003 年 12 月 24 日，孙某以三江学院名义交给该乳品公司奶款 7 380 元，其余奶款以各种借口和理由至案发一直未付给该乳品公司。

分歧意见

对本案孙某的行为应如何定性，在处理过程中形成了如下两种不同意见：

一是孙某构成职务侵占罪。理由是：（1）孙某利用了担任乳品公司业务员的职务便利。（2）孙某为创造虚假业绩，骗取该公司财物，数额巨大，其行为构成职务侵占罪。

二是孙某构成故意毁坏财物罪。理由是：（1）孙某是出于创造虚假业绩动机而骗取公司财物。（2）孙某没有利用意思，让自己母亲将牛奶倒掉或给邻居喂猪，是毁损财物，其行为构成故意毁坏财物罪。

问题研讨

关于本案的定性取决于对“非法占有目的”内涵的理解。

首先，根据行为人主观上是否具备非法占有目可以将财产犯罪分为两大类：取得罪（如盗窃罪、诈骗罪、职务侵占罪等）和毁弃罪（如故意毁坏财物罪、破坏生产经营罪）。对非法占有目的之内在构造有着精细研究的德日刑法理论通说认为，非法占有目的是指行为人排除权利人，将其财物作为自己的财物进行支配与控制，并依据财物的用途进行利用、处分。非法占有目的包含排除意思和利用意思，排除意思是指排除物原本的权利人将他人之物作为自己所有之物，利用意思是指按照该物的用途进行利用处分。利用意思又有必要说和不必要说之分，这两种观点在解释当场毁弃财物上没有太大的区别，其争议焦点是对于行为人移置财物后再实施毁损行为的定罪处罚。根据不必要说，即使行为人基于毁弃意思移置财物，只要实施了转移财物占有的行为，就是取得罪，而必要说则认为，只要行为人取得财物时不具有利用意思就不成立取得罪。我国刑法理论通说认为，取得罪具有非法占有目的，毁弃罪具有非法毁坏目的，两者的根本区别在于行为人主观目的不同，前者以依照财物的本来用途利用和处分为目的，后者则以毁坏为目的。由此可见，我国刑法理论通说也认同行为人有无利用意思是界分取得罪和毁弃罪的关键。

其次，利用意思是指按照财物经济用途或者本来用途进行利用和处分，由此获得某种效用、利益和价值，但也不囿于财物的经济用途或者本来用途。譬如，行为人窃取木制家具后烧火取暖，虽然没有依照财物的经济用途或者本来用途变卖家具得到赃款或自己使用，但根据家具本身材质使用并获得了好处，因此，行为人对财物具有利用意思。如果对某种财物的利用和处分同时导致毁弃又该如何认定，譬如，行为人将偷来的烟花燃放殆尽，既符合烟花的通常使用途径，又导致烟花的灭失。对此，我们认为，按照该物的本来性质，一旦使用必然导致其消耗或者灭失，应该认定行为人具有利用意思。另外，毁弃罪中的“毁坏”概念主要有物质毁损说和效用侵害说之分。物质毁损说认为，从物质上（物理上）破坏财物的部分或全部，侵害财物本来的效用属于毁损行为。效用侵害说则认为，妨害财物效用的行为都是毁损行为，例如，非法侵入他人股票账户操作造成他人财产损失的行为。综上所述，凡是按照财物本来用途或经济用途享受财物效用、利益或价值的意思，宜认定为具有利用意思，单纯的毁坏意思不宜认定为具有利用意思。

最后，根据我国刑法，判断一个行为是否构成犯罪，需要考察该行为是否齐备犯罪构成的四个要件，即犯罪主体要件、犯罪主观方面要件、犯罪客观方面要件及犯罪客体要件。犯罪构成是主客观要件有机联系的统一整体，其内在根据是，犯罪行为本身就是主客观的统一。司法实践中，对于行为人移置财物后再实施毁损的行为，应该根据主客观相一致的原则予以分析判断。对于行为人不以利用意思而是以毁坏意思非法取得他人财物，数额较大，无论后继的毁坏行为是否得以实施，都应以故意毁坏财物罪定罪处罚。对于行为人以利用意思取得或控制他人财物的，可以认定为具有非法占有目的，再根据其非法取得财物的行为方式和特征进行判断，如果符合职务侵占罪、诈骗罪、盗窃罪等犯罪构成要件的，则以相应罪名定罪处罚。综合本案案情来看，孙某的犯罪动机是讨好公司经理孙某某，为孙某某创造业绩，从客观行为来看，孙某伪造虚假供货合同，让乳品公司将牛奶运到自己家后并没有遵从财物的经济用途或本来用途处分和使用牛奶，譬如变卖牛奶获得货款，或者喝掉牛奶，而是让其母亲随意处置，倾倒牛奶或给邻居喂猪，由此可知，孙某自始对牛奶就没有利用意思，而且所造成的损失高达几十万元，远远超过故意毁坏财物罪成立的数额标准，因此，孙某构成故意毁坏财物罪。孙某利用职务便利，签订虚假供货合同骗取公司牛奶的行为是基于毁损目的而实施的手段行为，因缺乏非法占有目的中的利用意思，不能单独评价为职务侵占罪，但可以作为故意毁坏财物罪的从重情节考虑。

实务训练

请根据本案的事实、既有证据及争议焦点，写一份法律辩护词。要求格式规范、条理清晰、层次分明、有理有据、入情入理。

延伸阅读

1. 陈兴良. 故意毁坏财物行为之定性研究：以朱某勇案和孙某案为线索的分析. 国家检察官学院学报，2009，17（1）：96－107.

2. 陈洪兵. 财产犯的排除意思与利用意思. 辽宁大学学报（哲学社会科学版），2013，41（3）：97－106.

3. 张红昌. 财产罪中规定非法占有目的的质疑. 中南大学学报（社会科学版），2009，15（6）：764－770.

案 111. 利用发货方疏忽重复提货行为的定性

——陈某某诈骗案

要点提示

不当得利是一种明知没有合法根据而获取利益，又不主动退还的民事侵权行为。不当得利与由不当得利引起的诈骗犯罪行为应当如何区分，是司法上的难点。本案被告利用发货方的疏忽，采用重复提取的方式，恶意占有他人财物的行为不能构成不当得利，而只能以诈骗罪论处，这是因为这种行为既符合诈骗罪的主观要件，即明知是他人的财物而非法占有；又符合诈骗罪的客观要件，即被告人采取了隐瞒真相的方法，使对方发生错觉，“自愿地”将 120 箱白酒发出。

案情摘要

被告人陈某某，男，38 岁，汉族，江苏省扬州市人，个体运输驾驶员。1999 年 12 月 20 日上午，江苏省扬州市平山供销社批发部仓库保管员杨某，交给被告人陈某某一张扬州糖业烟酒公司的销售发票提货联，委托他到该公司提运“扬州粮食白酒”200 箱，计 5 000 瓶。陈某某与个体运输驾驶员闵某某一起，各开一辆手扶拖拉机前去提货。两辆手扶拖拉机满载共装了 80 箱（2 000 瓶）白酒，尚有 120 箱白酒不能一次提完，糖业烟酒公司仓库发货员杨某某遂开出一张 120 箱“扬州粮食白酒”暂存收据，交给陈某某。随后，平山供销社的一辆货车开来公司，陈某某即要求杨某某将暂存的 120 箱白酒装上货车一并带走。杨某某在发出 120 箱白酒后，因一时疏忽，未将交给陈某某的暂存收据收回。当天上午，平山供销社仓库保管员即将由陈某某等人提回的 200 箱白酒收讫。当天晚上，陈某某在整理有关单据时，发现发货方未将 120 箱白酒的暂存收据收回，便产生了重复提取该项白酒占为己有的想法。后来，陈某某怕自己亲自前往提取会被识破，遂将暂存收据交给个体运输驾驶员闵某某，由闵某某将 120 箱白酒提出，运到陈某某指定的地点。陈某某将这批价值 5 250 元的白酒销售后得款 4 490 余元。事后，陈某某主动向公安机关交待了上述事实。

分歧意见

本案在审理过程中，对被告人陈某某的行为应当如何定性，有两种意见：第一种意见认为，被告人陈某某的行为属于民事法律关系中的不当得利。第二种意见认为，被告人陈某某的行为构成诈骗罪。

问题研讨

(一) 民法中不当得利的成立条件

不当得利是指没有法律或者合同上的根据，使他人受损害而取得的利益，如售货时误收货款、拾得遗失物据为己有等。不当得利的成立，必须具备以下四个要件：(1) 须一方受益。受益仅指财产权益，可以是受益人财产数额的直接增多，如售货时多收货款；也可以是财产数额该减少的没有减少，如雇人劳动，少给报酬。(2) 须他方受损害。受损害是指财产减少。不应支出财产而支出，或者应增加财产而未增加，都是受损害。(3) 一方受益与另外一方受损须出于同一原因事实，即受益与受损之间有因果关系。一方受益，是他方受损的结果；一方受损，是他方受益的原因。(4) 须没有合法根据。这里是指没有法律、协议或合同等合法根据。没有合法根据可以是在受益人取得利益时就没有合法原因；也可以是受益时有合法原因，其后该合法原因不再存在。例如，一方依据可撤销的民事行为取得对方的财产，该民事行为被撤销以后，合法原因即不存在，则构成不当得利。

(二) 刑法中诈骗罪的构成特征

诈骗罪是指以非法占有为目的，采用虚构事实或者隐瞒真相的欺骗方法，使受害人陷于错误认识，骗取数额较大的公私财物的行为。其构成特征有：(1) 本罪侵犯的客体是公私财产所有权。(2) 本罪在客观方面表现为行为人采用虚构事实和隐瞒真相的方法，使对方发生错觉，“自愿地”将财物交给行为人。一般来讲，本罪的客观要素包括：

行为人实施了诈骗行为，诈骗行为使他人陷于错误认识，他人基于错误认识处分财产，行为人获得财产或者财产性利益。(3) 本罪的主体是自然人一般主体，即达到刑事责任年龄和具有刑事责任能力，实施了诈骗犯罪行为的自然人，均可以构成本罪的主体。根据刑法之规定，单位不能构成本罪的主体。(4) 本罪在主观上表现为直接故意，并具有非法占有公私财物的目的。具体来说，即行为人明知自己采取虚构事实和隐瞒真相的欺骗方法，会使公私财物的所有人或经管人信以为真，发生“自愿地”交出财物的结果，并且希望这种结果发生。非法占有公私财物并不限于自己占有，还包括第三人占有。没有非法占有他人财物的目的，则不能构成诈骗罪。

(三) 不当得利与诈骗罪在主客观方面的差别

本案从根本原因上来考察是杨某某在发出120箱白酒后，因一时疏忽，未将交给陈某某的暂存收据收回引起的，因此从表面上来看，陈某某在没有合法根据的情况下，利用发货方的疏忽，采用重复提取的方式，恶意占有了糖业烟酒公司120箱白酒，其行为貌似不当得利，但实质上已构成诈骗罪。理由是：

其一，陈某某在主观上具有诈骗的故意。陈某某明知供销社委托他提运的200箱白酒已经全部提运完毕，但发现发货方未将120箱白酒的暂存收据收回，便产生了利用发货方的过错骗取糖业烟酒公司120箱白酒的故意。这与不当得利的恶意占有有着本质的区别。不当得利的恶意占有，是受害方由于自己的过错造成经济损失，使受益方取得不当利益，而不当得利人明知没有合法根据仍然加以接受和占有。陈某某的诈骗故意，则是在受害方的实际损失尚未造成，自己也未获得实际利益的情况下形成的，其目的是要采取欺骗手段非法占有他人的财物。陈某某不敢亲自提货而委托他人提货，表明他对自己的行为的危害后果是明知的，却希望这种后果发生。陈某某的行为符合诈骗罪的主观要件。

其二，陈某某在客观上实施了诈骗的行为。陈某某明知自己手中的暂存收据是一种实际交付过的有据无货的单据，却隐瞒事实真相，委托他人去重新提货，这无疑是一种诈骗行为。这种诈骗行为与不当得利行为有明显的区别。不当得利本人并无违法行为。不当得利的法律事实的出现，往往是受害一方自己（有时也可能是第三人）的过错造成，而不是受益方即不当得利人的违法行为引起的。不当得利人只是消极地获得利益，而不是积极主动地去攫取利益。本案中陈某某的行为，则是为了非法占有他人财物而主动实施的。正是因为陈采取了隐瞒真相的方法，蒙骗了发货方，让他们“自愿地”发出120箱白酒，其犯罪目的才得以实现。因此，陈某某的行为符合诈骗罪的客观要件。

实务训练

从实务中找一个类似本主题的真实案例，根据案件事实、既有证据及争议焦点，写一份辩护词或判决书。要求格式规范、条理清晰、层次分明、说理透彻。

延伸阅读

1. 邓又天，李永升. 关于欺诈性犯罪的若干问题研究. 现代法学，1996 (5)：7.
2. 王延祥. 如何认定诈骗罪中的“以非法占有为目的”. 政治与法律，2003 (3)：6.
3. 张明楷. 诈骗罪与金融诈骗罪研究. 北京：清华大学出版社，2007.
4. 最高人民法院、最高人民检察院《关于办理诈骗刑事案件具体应用法律若干问题的解释》。

案 112. 以帮助捞人骗取巨款行为的定性

——王某某侵占案

要点提示

侵占罪是不转移占有的犯罪，即行为人只是基于不法所有的意图，将原已占有的他人财物据为己有的行为。改“占有”为“不法所有”是侵占罪的本质特征，也是该罪区别于转移占有的盗窃、抢劫、诈骗等其他财产犯罪的关键所在。因此，被告人对财物占有的取得，是通过受害人委托，还是通过欺骗的方式得来的，是区别侵占罪和诈骗罪的关键。如果是以欺骗的方法取得财物的占有，则被告人成立诈骗罪，否则，成立侵占罪。

案情摘要

被告人王某某，男，47 岁，汉族，台湾台南市人。2005 年 6 月，被害人程某某的丈夫曾某某因走私被广州黄埔海关羁押，为了帮助丈夫早日获释，被害人程某某通过其在台湾的朋友高某某找到在大陆居住多年的被告人王某某，希望王某某予以帮助，为此交付给被告人 123 万元人民币，委托其办理相关事宜。王某某收到 123 万元后关闭移动电话并逃匿。同年 9 月 21 日，被告人王某某在武汉市被公安人员抓获，追回余款人民币 674 974 元。

分歧意见

本案在审理过程中，对被告人王某某的行为应当如何定性，有两种意见。第一种意见认为，被告人王某某的行为构成诈骗罪。第二种意见认为，被告人陈某某的行为构成侵占罪。

问题研讨

(一) 侵占罪的构成特征及其分类

侵占罪，是指以非法占有为目的，将代为保管的他人财物，或者他人遗忘物、埋藏物据为己有，数额较大，拒不退还的行为。其构成特征是：(1) 本罪侵犯的客体是公私财产的所有权，具体而言，是刑法所规定的“他人”的财物所有权。(2) 本罪在客观方面表现为行为人将自己代为保管的他人财物非法占为己有，数额较大，拒不退还或者将他人的遗忘物或者埋藏物非法占为己有，数额较大，拒不交出的行为。(3) 本罪的主体是一般主体，即达到刑事责任年龄和具有刑事责任能力，实施了侵占犯罪行为的自然人，均可以构成本罪的主体。(4) 本罪的主观方面只能由故意构成，并且行为人具有非法占有他人财物的目的。换言之，行为人明知是自己代为保管的他人财物，或是他人遗忘物、埋藏物，自己有义务按照约定或者法律规定将它退还给所有人或者交出，拒不退还或交出，意图非法占有。如果行为人不知道自己所侵占的是上述财物，则不构成本罪。

侵占罪中，侵占行为侵害的是当事人直接的委托信任关系和被害人的财产权，即如，甲由于特定的原因，将某物转由乙占有，乙在占有财物之后，以所有的意思占有财物，并拒绝归还甲的行为。委托信任关系的产生，包括但不限于当事人之间“一对一”的直接委托，如因订立租赁、借用、承揽、寄送、运送等合同而导致委托关系产生；又如因质权、留置权等物权关系持有他人之物亦可产生这种关系；再如基于无因管理、习惯、生活常理、诚实信用原则亦可产生委托信任关系。

(二) 对侵占罪中“代为保管”的理解

在本案中，要认定行为人的行为构成侵占罪，主要涉及的是对“代为保管”应当如何理解。对于此，刑法学界的观点颇多①。第一种观点认为，代为保管是指受他人委托暂时代其保管。第二种观点认为，代为保管是指接受他人委托或者根据事实上的管理而成立的对他人财物的持有、管理。第三种观点认为，应将代他人保管理解为占有（与盗窃对象——他人占有的财物中的占有含义相同），即对财物具有事实上或法律上的支配力的状态，只要行为人对财物具有这种支配力即可，不要求事实上握有该财物。第四种观点认为，代为保管不能理解为委托保管，而应理解为包括基于委托租赁、借用、担保、无因管理等原因而保管他人财物。此外，因为劳务关系、居间关系、违法行为等，都可能出现“代为保管”他人财物的情形，所以，代为保管有比直接委托保管更为广泛的内容。

根据以上各种不同的学说，“代为保管”成立的条件有所不同。在本案中主要需要解决的问题包括两个方面：其一是受害人与被告人之间是否存在委托关系，其二是不法原因的委托是否能构成侵占罪。对于第一个问题，答案毫无疑问应当是肯定的。关键是第二个问题，对“不法委托”能否成立侵占罪，历来存在肯定说与否定说之争。否定说认为，在不法委托的场合，委托人与受托人双方均有不法行为，对于不法行为而为之交付，法律没有保护的必要，所以，一方面，委托人已经对委托之物失去了所有权；另一方面，受托人对委托人而言不负有返还义务。对于这种在民法上没有返还义务的人，强制其不得处分不法交付之物，使其成为侵占罪的行为主体，破坏了法治的统一性。此外，侵占罪不只是侵犯财产，在侵占代为保管的财物的场合，还有破坏委托信任关系的

---

① 刘志伟，左坚卫. 刑法各论案例分析. 北京：中国人民大学出版社，2009：208－209.

一面，而不法委托人的委托与受托人的收受之间，并不存在一种法律上的委托信任关系①。因此，不法委托关系下，不构成侵占罪。

肯定说则认为，在此种情况下，应当对刑法上的关系和民法上的效果分别考虑。民法上因不法原因而为的给付，不能请求返还体现了一种债权关系，而非所有权得失的物权关系。交付人虽有不法行为，对其交付之物不能依法主动请求返还，但受托人并不因此而取得交付之物的所有权，受托人变持有为所有，自然可以成为本罪的行为主体。所以对刑法上有无犯罪性的讨论，应当离开民法是否保护这一前提②。肯定说进一步认为，对基于不法原因而交付的财物而言，虽然交付人已无返还请求权，但并不意味着收受人就取得了财物所有权。事实上，该财物的所有权应属于国家。因此，该财物对于收受人而言，仍是他人之物，可以成为侵占的对象。即使从民法上看，收受人将他人不法交付的财物占为己有也是非法的③。

一般认为，肯定说是通说，并且肯定说得到了司法实践的支持。在司法实践中，对于基于不法原因的委托，被委托人拒不归还交付之物的，也可以成立侵占罪。本案中，被告人的行为要成立侵占罪，并没有理论上的障碍。

(三) 侵占罪与诈骗罪的异同

本案中，被告人的行为是否有成立诈骗罪的可能呢?

诈骗罪是指以非法占有为目的，用虚构事实和隐瞒真相的欺骗方法，骗取数额较大的公私财物的行为。诈骗罪在客观上表现为使用欺骗方法骗取数额较大的公私财物。诈骗罪的客观方面包括：(1) 行为人实施了欺诈行为。欺诈行为从形式上来看，包括两类：一是虚构事实，二是隐瞒真相。(2) 受害人错误认识的产生是行为人的欺诈行为所致。如果对方不是因欺诈行为产生错误认识而处分财产，就不成立诈骗罪，即使对方在判断上有一定的错误，也不妨碍欺诈行为的成立。(3) 被害人基于错误认识而处分财产。处分财产表现为直接交付财产，或者承诺让行为人取得财产，或者承诺转移财产性利益。(4) 被害人处分财产后，行为人便获得财产。(5) 被害人的财产受到损害。

侵占罪与诈骗罪都是以非法占有为目的的侵犯财产罪，二者的犯罪客体都是他人的财产所有权，都是故意犯罪，并且都以非法占有他人财产为目的，犯罪主体都是一般主体。但是二者存在两个方面的区别：其一，犯罪对象不同。侵占罪的对象较窄，仅限于代为保管的他人财物和他人的遗忘物或埋藏物；诈骗罪的对象则为各种公私财物。其二，犯罪客观方面表现不同。侵占罪的客观方面表现为行为人将代为保管的他人财物非法占为己有，数额较大，拒不退还，或者将他人的遗忘物、埋藏物非法占为己有，数额较大拒不交出的行为。诈骗罪在客观方面则表现为行为人采用虚构事实和隐瞒真相的欺骗方法，使受害人陷于错误认识，骗取数额较大的公私财物的行为。

总的来讲，侵占罪与诈骗罪的区别是较为明显的。司法实践中值得注意的是以欺诈的方法非法占有代为保管的他人财物的行为的定性。例如，在代为保管他人财物后，将

① 刘志伟，左坚卫. 刑法各论案例分析. 北京：中国人民大学出版社，2009：209.

②③ 同①210.

代为保管的他人财物藏匿、谎称被盗或遗失而拒不退还等。这时，虽然行为人使用了虚构事实和隐瞒真相的欺骗方法占有他人财物，但因行为人意图占有的财物在行为前已由其代为保管，符合侵占罪的特征，仍应认定为侵占罪。认定这种行为的关键在于，行为人非法占有他人财物之前因代为保管而合法持有该财物。诈骗罪的行为人一般并不先行合法持有他人财物。因而先取得财物而后以诈骗方法拒不退还的，是侵占罪；未合法取得财物，以诈骗方法非法取得对财物的控制权的，属于诈骗行为。至于行为人将代为保管的他人财物非法占为己有后，处分被侵占财物的行为，属于一种不可罚的事后行为。

综上所述，我们认为，对本案被告人王某某的行为应认定为侵占罪。理由如下：从客观方面来分析，被告人王某某是基于受害人的委托，合法取得这笔钱的占有权。如前所述，在本案中，被害人程某某的丈夫曾某某因走私被广州黄埔海关羁押，为了帮助丈夫早日获释，被害人程某某通过其在台湾的朋友高某某找到在大陆居住多年的被告人王某某，希望王某某予以帮助，为此交付给被告人 123 万元人民币，委托其办理相关事宜。被告人王某某取得这些钱是基于被害人程某某自己的意思。被告人在取得受害人交付财物的过程中，既没有虚构事实，也没有隐瞒真相。因此，被告人在客观上没有实施任何欺诈行为，所以，对被告人王某某占款不还的行为应定侵占罪，而非诈骗罪。

实务训练

从实务中找一个类似本主题的真实案例，根据案件事实、既有证据及争议焦点，写一份辩护词或判决书。要求格式规范、条理清晰、层次分明、说理透彻。

延伸阅读

1. 刘志伟. 侵占犯罪的理论与司法适用. 北京：中国检察出版社，2000.
2. 于世忠. 侵占罪立法比较与借鉴. 当代法学，2002（2）：115－117.
3. 周光权. 侵占罪疑难问题研究. 法学研究，2002（3）：124－141.
4. 杜国强. 关于侵占罪若干问题的思考. 法学评论，2002（6）：135－139.

案 113. 以色情为诱饵诈取嫖客钱财行为的定性

——陈某、莫某敲诈勒索案

要点提示

为了达到非法占有他人财物之目的，以色诱嫖客的方法诈取他人的钱财的定性较为复杂，需要基于行为的主客观方面予以综合考察。在主观方面，若行为人是为了达到非法占有他人财物之目的，事先共同策划以色诱的方法诈取嫖客的钱财，说明他们在主观上不仅是出于故意，而且具有非法占有的目的。在客观方面，若行为人事前设下圈套，在引诱嫖客上钩后，互通消息，并在过程中冒充公安民警，利用被自己抓住的

“把柄”，以带嫖客去派出所交待问题相威胁，使被害人产生精神上的恐惧感，迫使被害人当场或限期交出“罚款”，则完全符合敲诈勒索罪的客观特征，应当认定为敲诈勒索罪。

案情摘要

被告人陈某，男，36 岁，汉族，农民。被告人莫某，女，33 岁，汉族，农民。被告人陈某、莫某于某日在怀城镇相识，两人合谋商定，莫某以色情引诱嫖客，陈某冒充派出所民警向嫖客敲诈钱财。两人谋划好敲诈方案之后，被告人莫某先后四个晚上在怀城镇北门某基建工地、镇医院对面某门市部、镇副食品公司北门某门市部及镇某路东巷等地主动引诱 5 名男嫖客，同时将嫖宿的具体时间和地点告知被告人陈某。陈即按事先商定的办法，身穿旧式警服，腰插火药枪，冒充公安民警前往作案地点，先后对正在与莫某嫖宿的 5 名嫖客进行威胁与恐吓，有时还拍腰间的火药枪，叫嫖客到派出所交待问题，若不去派出所就当场或限期交出罚款。两名被告人采用这一手段，共索取人民币 2 900 余元、手表 5 块及收录机 1 台。后两名被告人在作案时被公安机关当场抓获。

分歧意见

本案在审理过程中，对陈某、莫某已构成共同犯罪没有异议，但对两名被告人的行为如何定性，却存在以下两种不同的意见：第一种意见认为，被告人陈某、莫某主观上具有非法占有他人财物之故意，客观上冒充公安民警，腰插火药枪，对嫖客当场实施了精神强制行为，符合以胁迫方法抢走他人财物的客观特征，因此，对两名被告人均应定为抢劫罪。第二种意见认为，被告人陈某、莫某以非法占有为目的，共同谋划，对嫖客实施恐吓和要挟，使嫖客产生精神恐惧而被迫交出财物，其行为应定敲诈勒索罪。

问题研讨

（一）抢劫罪与敲诈勒索罪各自的构成特征

1. 抢劫罪的构成特征

所谓抢劫罪，是指行为人以非法占有为目的，采用对公私财物的所有人、保管人或者其他在场人当场实施暴力、威胁或者其他方法，迫使被害人当场交出财物或者当场夺走其财物的行为。其构成特征是：（1）侵犯的客体是复杂客体，既包括公私财产权利，也包括公民人身权利，前者是主要客体，后者是次要客体。（2）在客观方面表现为行为人采用对公私财物的所有人、保管人或者其他在场人当场实施暴力、威胁或者其他方法，迫使被害人当场交出财物或者当场夺走其财物的行为。其中，侵犯人身的行为是本罪的手段行为，侵犯财产的非法得财行为是本罪的目的行为。从理论与实践的结合上看，对本罪的目的行为较易理解，一般不会产生问题。而本罪的手段行为较为复杂，容易产生问题，因而正确理解本罪的手段行为，对于本罪的准确认定具有重要的意义。根据刑法规定，本罪的手段行为包括暴力行为、威胁行为或者其他侵犯人身的行为三种。其中，暴力行为是本罪最常见的手段行为方式，其内涵是侵犯公民人身自由权、健康权直至生命权的施加于人身的强力打击和强制行为，其外延包括捆绑、强力禁闭、扭抱、殴打、伤害直至杀害等程度不同的侵犯人身的表现形式。胁迫行为也是本罪常见的手段行为，它是指行为人对被害人以当场实施暴力相威胁，来迫使被害人当场交出财物或者当场夺走其财物的行为。其他侵犯人身的行为，虽不如暴力、胁迫手段常见，但也时有发生，它是指暴力或者胁迫以外的其他人身强制行为。以上三种行为，只要行为人实施其中之一，即可构成本罪。(3) 主体属于一般主体，即年满 14 周岁、具有刑事责任能力的人均可构成本罪。(4) 主观方面只能是直接故意，而且是以非法强行占有他人财物为目的，间接故意和过失不可能构成本罪。

2. 敲诈勒索罪的构成特征

所谓敲诈勒索罪，是指行为人以非法占有公私财物或非法取得财产性利益为目的，采用对被害人实施威胁或者要挟的方法，迫使其交付数额较大的公私财物或者提供财产性利益的行为。其构成特征是：(1) 侵犯的客体是复杂客体，既包括公私财产的所有权，也包括他人的人身权利或者其他利益。(2) 在客观方面表现为采用对被害人实施威胁或者要挟的方法，迫使其交付数额较大的公私财物或者提供财产性利益并实际占有或取得数额较大的财物或者财产性利益的行为。它由三方面的客观行为所构成：一是对被害人实施威胁或者要挟的行为；二是迫使被害人交付数额较大的公私财物或者提供财产性利益的行为；三是行为人非法占有数额较大的公私财物或者非法取得数额较大的财产性利益。其中，前两方面的行为是手段行为，第三方面的行为是目的行为，同时，它又是敲诈勒索罪危害结果的表现形式。(3) 主体是自然人一般主体，即达到刑事责任年龄和具有刑事责任能力，实施了敲诈勒索犯罪行为的自然人，均可以构成本罪的主体。根据刑法之规定，单位不能构成本罪的主体。(4) 在主观上只能由直接故意构成，即行为人明知自己的威胁或者要挟的行为会导致他人丧失数额较大的公私财物或者财产性利益以及人身权利或者其他利益并决意而为之。同时，行为人在主观上还具有非法占有数额较大的公私财物或者非法索取数额较大的财产性利益的目的。

(二) 抢劫罪与敲诈勒索罪的异同

抢劫罪与敲诈勒索罪均属侵犯财产罪，犯罪的客体、主体及主观方面基本是相同的，区别在于客观方面行为方式不同。抢劫罪是行为人采用对公私财物的所有人、保管人或者其他在场人当场实施暴力、威胁或者其他方法，迫使被害人当场交出财物或者当场夺走其财物的行为。敲诈勒索罪只能是以暴力加害被害人及其亲属，或者揭发被害人的隐私、毁坏其财产等相威胁、要挟的方法取得数额较大的财物或者财产性利益。二者的区别集中反映在所实施的威胁手段不同，具体表现为：(1) 实施威胁的方式不同。抢劫罪只能是针对被害人直接实施；敲诈勒索罪的威胁可以是针对或不针对被害人，直接或者间接实施。(2) 实施威胁的内容不同。抢劫罪的威胁都是直接侵犯人的生命健康的暴力威胁，如以杀害、伤害相威胁；敲诈勒索罪威胁的内容较广泛，包括直接侵犯人的生命健康的威胁，以及毁坏财物、揭发隐私的威胁等。(3) 实施威胁内容的时间不同。抢劫罪是当场，敲诈勒索罪一般是在将来。(4) 威胁索取的利益性质不同。抢劫罪只能是财物，而且是动产；敲诈勒索罪可以是财物（动产和不动产），也可以是其他财产性利益（如提供劳务）。(5) 非法取得利益的时间不同。抢劫罪只能是当场取得；敲诈勒索罪有时是当场，更多的是在若干时日以后（一般是行为人指定或同意的时间）。威胁行为只有同时符合上述五个特点时，才能定为抢劫罪；只要其中有一点不符合，就应定敲诈勒索罪。

在本案中，被告人陈某、莫某为了达到非法占有他人财物之目的，事先共同策划以“色诱”的方法诈取他人的钱财，说明他们在主观上不仅是出于故意，而且具有非法占有的目的。再从客观上来看，被告人陈某、莫某事前设下圈套，在引诱嫖客上钩后，互通信息，在莫某与嫖客嫖宿的过程中，陈某冒充公安民警，利用被自己抓住的“把柄”，以带嫖客去派出所交待问题相威胁，使被害人产生精神上的恐惧感，迫使被害人当场或限期交出“罚款”，这一系列行为完全符合敲诈勒索罪的客观特征。因此对本案两名被告人的行为定敲诈勒索罪是完全正确的。

那么，对本案两名被告人的行为为什么不能定抢劫罪呢？这是因为，虽然本案被告人的行为都是直接针对被害人实施，但是，并非是当场使用暴力或者以暴力胁迫等手段直接从他人手中劫取财物，而是利用自己抓住他人嫖娼这一弱点，乘机进行敲诈，使他人在精神恐惧的情况下交出财物，因此，他们的行为不符合抢劫罪的构成要件，不能以抢劫罪论处。

实务训练

从实务中找一个类似本主题的真实案例，根据案件事实、既有证据及争议焦点，写一份辩护词或判决书。要求格式规范、条理清晰、层次分明、说理透彻。

延伸阅读

1. 赵秉志. 侵犯财产罪疑难问题司法对策. 长春：吉林人民出版社，2000.
2. 刘明祥. 财产罪比较研究. 北京：中国政法大学出版社，2001.
3. 成国平. 关于敲诈勒索罪几个问题的探讨. 人民检察，1990 (5)：
4. 最高人民法院《关于敲诈勒索罪数额认定标准问题的规定》(2013 年 4 月 27 日废止)。

案 114. 保险公司聘用人员虚构退保事实骗保行为的定性

——李某某职务侵占案

要点提示

职务侵占罪中的“利用职务上的便利”必须直接基于行为人的职责而产生，这是刑法对特定主体实施单位财产犯罪行为进行单独评价的基本依据，认定行为人是否利用了职务上的便利，主要看该便利条件是否直接为其工作职责所具备。行为人骗取本单位财物的行为构成诈骗罪还是职务侵占罪，关键看行为人在骗取财物过程中是否利用了职务上的便利，利用了则构成职务侵占罪，没有利用则构成诈骗罪。

案情摘要

被告人李某某，系A保险公司保险代理员。被告人李某某于2004年到A保险公司某区支公司工作，系该公司聘用工作人员。2005年8月，李某某作为公司保险代理员，代表公司为客户刘某某办理了保险费为15 000元的某险种。同年9月，刘某某向李某某提出增加保险受益人，李某某假意答应并向刘某某要得刘某某的身份证复印件，后持该身份证复印件以刘某某的名义向A保险公司某区支公司申请保单挂失并取得补发保险单。随后，李某某持刘某某的身份证复印件和通过挂失取得的保险单以及李某某填写的退保申请资料（该申请资料中包括格式授权委托书，委托人刘某某的签名系李某某代签），到A保险公司某区支公司以刘某某的名义申请退保。同年10月，李某某从A保险公司某区支公司客户服务中心将刘某某的保险费14 160元（保险费15 000元扣除手续费）领出，占为己有。2009年3月，刘某某持到期的保险合同到A保险公司某区支公司办理给付业务，致使案发。后经人民法院审理，以职务侵占罪对李某某定罪处罚。

分歧意见

一种观点认为，李某某的行为构成诈骗罪，理由是根据保险公司的管理规定，办理退保并不需要特定对象来完成，只要持有上述资料的任何不特定人，无论是投保的客户、保险代理员还是其他人都可以完成退保并取得财物，李某某占有退保费并没有利用职务便利，而只是普通的假冒投保客户身份来实现犯罪，是典型的普通诈骗罪。另一种观点认为，李某某的行为构成职务侵占罪，理由是被告人之所以能占有退保费，是因为其利用了保险代理员代理退保并领取退保费时公司无需向客户核实的职务之便。

问题研讨

李某某的行为构成诈骗罪还是职务侵占罪是本案争议的焦点。

《刑法》第266条规定的诈骗罪是指以非法占有为目的，采用虚构事实或隐瞒真相等方法，骗取数额较大的公私财物的行为。《刑法》第271条规定的职务侵占罪是指公司、企业或者其他单位的人员，利用职务上的便利，将本单位财物非法占为己有，数额较大的行为。诈骗罪的犯罪主体为一般主体，犯罪对象是公私财物；职务侵占罪的犯罪主体是特殊主体（只能由公司、企业或者其他单位的工作人员构成），犯罪对象限于行为人所在公司、企业或者其他单位的财物。行为人实施了诈骗行为是构成诈骗罪的关键，构成职务侵占罪的关键则是行为人利用职务上的便利将本单位的财物非法占有，行为方式可能是侵吞、盗窃、骗取或其他非法手段。由此可见，行为人骗取本单位财物的行为可构成诈骗罪，也可构成职务侵占罪，二者区别的关键是行为人在骗取财物过程中是否利用了职务上的便利，利用了则构成职务侵占罪，没有利用则构成诈骗罪。

李某某系A保险公司某区支公司的聘用工作人员，《刑法》第271条第1款对职务侵占罪的规定并没有对单位工作人员的种类作出限制，根据劳动法的规定，固定工、合同工、临时工均为单位职工，在工作勤勉义务要求上无本质区别，因此，单位聘用人员也可成为职务侵占罪的犯罪主体。

《刑法》第271条规定的“利用职务上的便利”的内涵是指单位人员利用自己职务上所具有的主管、管理、经手本单位财物的便利条件。主管，指对单位财物的调拨、安排、使用、决定。管理，指决定、办理、处置某一事务，并由此而产生的对人事、财物的制约和影响。经手，指因工作需要在一定时间内控制单位财物，包括因工作需要合法持有单位财物。因工作关系熟悉作案环境、容易接近单位财物等方便条件不属职务上的便利。综上，职务侵占罪中的“利用职务上的便利”必须直接基于行为人的职责而产生，这是刑法对特定主体实施单位财产犯罪行为进行单独评价的基本依据，认定行为人是否利用了职务上的便利，主要看该便利条件是否直接为其工作职责所具备。

本案中，李某某作为保险代理员，其职责包括销售保险单、收取保险费及为客户提供售后服务。其中，为客户提供售后服务又包括满足客户需求、协助公司处理到期给付和解除合同给付事宜等。李某某有经手本单位财物的职务便利。

根据A保险公司相关规定，申请挂失保险单应由投保人提出，并提交身份证件等必备材料，若申请人不能亲自办理，委托他人代办时，需填写授权委托书。因代理员有为客户提供售后服务、满足客户相关需求的职责，如果是代理员为客户代办挂失保险单，只需提供客户的身份证复印件，A保险公司某区支公司即会办理。退保需随附保险单及申请人身份证件，若申请人不能亲自办理，委托他人代办时，需填写授权委托书及提供受托人身份证件。在实际操作中，如客户委托其他人办理退保，A保险公司某区支公司除要求客户出具书面委托书外，还要向委托人进行核实，而因保险代理员有为客户提供售后服务的职责，如客户委托代理员办理，则只要求客户出具书面委托书即可，不再向委托人核实。

综上，李某某作为保险公司的代理员，为客户刘某某办理了保险业务，之后，当刘向李提出增加保险受益人时，李乘机索要刘的身份证复印件并以刘的名义办理挂失后退保，占有保险费14 160元。根据保险公司挂失、退保程序及代理人职责的规定，李某某要退保成功须出具刘某某的身份证件、保险单和授权委托书三份材料，身份证件和保险单均系李某某通过职务便利获取，同时，在退保过程中，保险公司按规定基于李某某是其公司保险代理员的身份，未向客户刘某某进行核实，最终导致李某某从公司成功骗走资金。因此，我们认为，李某某在骗取本单位财物过程中，利用了作为公司保险代理员的职务便利，其行为构成职务侵占罪。

实践中，有保险营销员伪造文件或假冒投保人签名办理退保、理赔手续，骗取退保金或理赔金等被认定为诈骗罪的案例。其主要依据是，根据《保险法》及《保险营销员管理规定》(已废止)，保险营销员与保险公司属于平等的委托代理民事法律关系，二者不存在劳动关系或事实上的劳动关系。但此种情况与本案的情况有所不同，本案中李某某是保险公司聘用人员，在保险公司担任保险代理员，在为客户办理保险业务时萌生非法占有保险金的故意，向保险公司编造客户退保事实，利用其作为保险代理员的职务便利，取得客户的身份证复印件、保险单后伪造了客户授权委托书，李某某清楚按惯例，保险公司对保险代理员提交的授权委托书无需向授权人核实，故而顺利将本属保险公司财产的 14 160 元以替客户代领退保金的方式领取后据为己有。尽管在该保险公司办理退保手续并不需要特定对象完成，任何不特定人只要持有上述资料都可完成退保并取得财物，但对于保险代理员之外的人办理退保，保险公司都会直接向客户进行核实。代理员既代表客户向保险公司提出退保申请，又代理保险公司受理退保业务，属民事上的“双方代理”，授权委托非经客户认可，是无效民事代理行为，一经核实，伪造骗取行为必然败露。本案被告人李某某占有财物的本质在于利用其作为保险代理员持有客户资料的职务便利及保险公司对本单位工作人员的职务行为的信赖。其他委托代理人虽然也能办理，但不能逃避保险公司向委托人直接核实这一环节，只有保险代理员才具有“无需核实”的职务便利，也才能顺利骗取退保金。需要特别说明的是，尽管李某某利用了伪造、隐瞒等典型的诈骗手段，但构成职务侵占罪可能具备的非法手段本身就包含了侵吞、窃取、骗取等，本案李某某正是利用了诈骗的手段。因此，李某某作为保险公司聘用人员、保险代理员，利用职务便利，采取骗取、侵吞的方式，将本单位资金据为己有，且数额较大，构成职务侵占罪。

实务训练

从实务中找一个类似本主题的真实案例，根据案件事实、既有证据及争议焦点，写一份辩护词或判决书。要求格式规范、条理清晰、层次分明、说理透彻。

延伸阅读

1. 莫开勤. 刑事案例诉辩审评：职务侵占罪. 北京：中国检察出版社，2005.
2. 黄祥青. 职务犯罪的立法分析与司法认定. 法学评论，2005 (1)：
3. 李迎春. 职务侵占犯罪若干疑难问题探析. 法律适用，2007 (1)：87－90.

案 115. 骗盗交织非法占有他人财物行为的定性

——何某等五人盗窃案

要点提示

通常情况下，诈骗罪和盗窃罪是比较容易分辨的，但是在一个犯罪行为交织使用诈骗和窃取两种手段的时候，如何准确定罪往往出现分歧。同一行为不能同时成立诈骗罪与盗窃罪，二者有观念竞合关系。被害人是否基于错误认识而实行“自愿”处分行为，是区分盗窃罪与诈骗罪的关键。

案情摘要

被告人何某，男，1968年5月出生，汉族，小学文化，农民。其他被告人情况略。2009年7月5日，何某电话邀约邓某某、段某某、唐某某、胡某某和外号“表妹”的人（另案处理）到梁平县（现重庆市梁平区）实施犯罪。他们分为两组：一组由“表妹”假装成下火车的乘客并以邀请搭便车的方式寻找作案目标，邓某某假装是去接“表妹”的，何某负责丢红包；另一组由胡某某假装成下火车的乘客并以邀请搭便车的方式寻找作案目标，段某某假装成接胡某某的人，唐某某负责丢红包。2009年7月7日8时许，何某等五被告人和“表妹”到达某县火车站后按预先分工实施作案，段某某、唐某某、胡某某因没有找到作案目标而返回宾馆，何某等人找到作案目标张某某后，“表妹”以老乡的名义邀请张某某搭便车，邓某某假装接“表妹”，将两人带至北门体育场，此时何某故意在三人面前丢下一个红包，“表妹”捡起并进入体育场说要一起分钱，何某便上前询问“表妹”等人是否捡了他的红包，三人说没有，何某就要求他们把身上的钱、银行卡、存折拿出来，并说出密码，以便自己查询核对。张某某便将自己的存折、现金等物交给何某并说出存折密码，何某假装查询后由邓某某当面将张某某的钱物放回其包内，此时何某借机把张某某叫到一边说话，邓某某、“表妹”趁机将张某某现金、银行卡、存折盗走，何某以要找人作证为由与邓某某、“表妹”一起离开。张某某发现自己的物品丢失后于当日向公安机关报案。何某等人将到邮政储蓄所取出的存折上的19 900元，连同盗得的2 200元现金，予以分赃。2009年8月6日，何某电话邀约邓某某、段某某、唐某某、胡某某再次到某县火车站准备实施犯罪时被抓获。

分歧意见

一种观点认为，何某等人采用虚构事实的方法获取了被害人的存折密码，如果没有之前的一系列诈骗行为就难以有最后窃取财物的机会，所以应构成诈骗罪；另一种观点认为，何某等人在共同犯罪过程中，先采用虚构事实的方法欺骗他人拿出存折等物并获取了存折密码，后又乘被害人不备窃取财物，欺骗行为与盗窃行为联结，但非法取得财物的主要方式是秘密窃取，蒙蔽他人的行为并没有直接获得财物，而只是为实现盗窃创造条件，故应构成盗窃罪。

问题研讨

盗窃犯罪与诈骗犯罪是最常见的犯罪。从犯罪构成上看，盗窃罪与诈骗罪虽然在主观上都是以非法占有公私财物为目的，侵犯的客体都是公私财物所有权，但在客观方面的差别十分明显，突出表现在非法获取财物的方法不同：前者是用秘密的手法窃取，后者是用欺诈的方法骗得。然而，司法实践中在这两类案件的定性上，特别是对交互采用欺骗与秘密窃取的手段非法占有他人财物行为的定性，有时会发生分歧，不同地区的司法部门对两类案件的定性也不尽相同。由于盗窃罪与诈骗罪的起刑点不同，罪轻罪重的数额标准差异很大，如对定性不能达成统一认识，极易出现有罪判无罪、重罪判轻罪等情况。

诈骗罪与盗窃罪都属于以非法占有为目的的侵犯财产犯罪，从犯罪构成来说，两罪的主要区别在于行为特征上。诈骗罪是行为人使用虚构事实或者隐瞒真相的欺诈方法，使财物的所有者、保管者或者经手者产生认识错误，从而“自愿”将财物交与行为人。行为人虚构事实或隐瞒真相，使得被害人产生了错误的认识，这个错误的认识又导致被害人做出了有利于行为人的处分财产的行为。在这个因果链条上，欺诈行为是起因，是行为人所有活动的中心环节。错误认识不仅是连接欺诈行为与处分行为的中介，也是行为人的骗财行为能否得逞的关键。如果行为人的欺诈行为不足以使被害人对事实真相产生误解，被害人自然不会做出对自己有害却对行为人有益的处分财产的行为。处分行为是结果，它实现了财产在被害人与行为人之间的转移，使行为人的犯罪目的最终得逞。

盗窃罪，是指以非法占有为目的，秘密窃取公私财物数额较大或者多次窃取、入户盗窃、携带凶器盗窃、扒窃公私财物的行为。窃取是指以非暴力胁迫手段，违反财物占有人意志，将财物转移为自己或者第三人占有。首先，窃取的手段是窃取手段是秘密的，即以自认为不被被害人知道的方式窃取财物，以此与公然取财的抢夺行为相区别。其次，行为人取得财物违背被害人的意志，即被害人是不愿让行为人取得财物的，至于窃取行为是否秘密则在所不问。通常情况下，行为人窃取财物时多不为被害人察觉，但并不是所有窃取行为都是在被害人不知道的情况下进行的。例如，保安人员在监视器中看到窃贼窃取财物。最后，窃取行为是排除被害人对财物的占有支配和建立新的占有支配关系的过程，倘若只是破坏了被害人对财物的占有支配关系而未能建立新的占有支配关系，便不是窃取行为。

本案中，何某等人采取“丢红包”骗术使被害人张某某落入圈套。但张某某将存折和现金拿出来并说出存折密码，只是为了让何某等人核对以证明自己的清白，并没有处分自己财物的意思。事实上，在张某某交出存折和现金用以核对的过程中，存折和现金仍然在其控制之下，张某某并没有丧失财物的占有权和控制权。何某等人采取的一系列骗术，并没有直接获取张某某的财物，只是为之后实施秘密窃取行为创造条件。事实上，何某等人也是借机与张某某说话，在张某某不注意的情况下，将其财物偷走。因此，本案中何某等人获取财物并非让张某某基于错误认识而自愿交出，而是违背张某某意识的秘密窃取，因此，何某等人的行为应当构成盗窃罪。

通过对本案的分析以及对诈骗罪和盗窃罪客观方面的比较，我们可以得出这样的结论：财产损失是否由被害人处分财产的行为所导致，是区分诈骗罪和盗窃罪的关键。即使是在诈骗行为和盗窃行为相互交织的犯罪活动中，只要认清行为人在非法占有财物的过程中起关键作用的手段，也不难区分诈骗罪和盗窃罪。若采用虚构事实或者隐瞒真相的手段使他人产生错误认识从而“自愿”处分财物，应认定为诈骗罪；若以“秘密窃取”为直接手段取得他人财物的，则应认定为盗窃罪。

如何理解诈骗罪中受骗人的处分行为。首先，受骗人的处分行为必须是基于认识错误，认识错误的产生是由行为人的欺骗行为所导致的。处分行为意味着将财产转移给行为人或第三者占有，即由行为人或第三者事实上支配财产。至于受骗人是否已经转移给行为人或第三者占有，一方面，要根据社会的一般观念判断，即在当时的情况下，社会的一般观念是否认为受骗人已经将财产转移给行为人或第三者进行事实上的支配或控制；另一方面，受骗人是否具有将财产转移给行为人或第三者支配或控制的意思。例如，A假装在商店购买西服，售货员B让其试穿，A穿上后声称去照镜子，待B接待其他顾客时，A趁机溜走。A显然不成立诈骗罪，只成立盗窃罪。因为尽管B受骗了，但他并没有因为受骗而将西服转移给A占有的处分行为与处分意思。倘若A穿上西服后，向B说："我买西服需征得妻子的同意，我将身份证押在这里，如妻子同意，我明天来交钱；如妻子不同意，我明天还回西服。"B同意A将西服穿回家，但A使用的是假身份证，次日根本没有来交钱或将西服还给B。那么，A的行为就构成诈骗罪。因为B允许A将西服穿回家，实际上已将西服转移给A支配与控制，这种处分行为又是因为受骗所致，所以，符合诈骗罪的特征。

其次，处分行为并不要求受骗人将财物的所有权转移给行为人，所以不要求受骗人具有转移所有权的意思。例如，甲没有返还的意图，却隐瞒真相向乙借用轿车，乙将轿车交付给甲后，甲开车潜逃。在这里，乙只有转移占有的意思，但甲的行为依然成立诈骗罪。

最后，在受骗人与被害人为同一人的情况下，受骗人只能处分自己占有的财产，而不可能处分自己没有占有的财产。至于受骗人是否对该财产享有所有权，则不影响诈骗罪的成立。例如，B进入地铁车厢后，发现自己的座位边上有一个钱包，于是问身边的A："这是您的钱包吗?"尽管钱包不是A的，但A却说："是的，谢谢!"于是B将钱包递给A。由于B并没有占有钱包的行为与意思，所以他不可能处分该钱包，故A的行为不成立诈骗罪，只能视情况认定为侵占罪或盗窃罪。

实务训练

从实务中找一个类似本主题的真实案例，根据案件事实、既有证据及争议焦点，写一份辩护词或判决书。要求格式规范、条理清晰、层次分明、说理透彻。

延伸阅读

1. 张明楷. 诈骗罪与金融诈骗罪研究. 北京：清华大学出版社，2007.
2. 张明楷. 如何区分盗窃罪与诈骗罪. 人民法院报，2003－08－22.

案116. 以胁迫方式索取超额征地、拆迁补偿款行为的定性

——马某敲诈勒索案

要点提示

行为人以揭发政府机关在征地、拆迁中存在的问题相威胁，要求政府机关给予比国家标准更高的拆迁补偿的行为，虽是在行使权利的过程中伴随着不当的敲诈行为，但不

构成敲诈勒索罪。将行政相对人维权过程中的“敲诈勒索”行为认定为敲诈勒索罪，会不当扩大刑罚处罚的范围。

案情摘要

马某，男，1949 年 10 月出生，汉族，小学文化。在某县开发区征地拆迁过程中，马某认为某县制定的拆迁补偿标准过低，拒绝接受征地补偿和拆迁房屋。之后，法院裁定强制执行后强制拆除了马某的房屋。马某为了让开发区按照某省制定的标准进行补偿，威胁开发区相关人员如不按其要求进行补偿，将检举揭发开发区存在的以租代征、低价征地等问题。开发区迫于自身确实可能存在上述问题，经集体研究后，同意马某以虚构房屋、涵管和果树等条目的方式提高拆迁赔偿金额，补偿了马某 70 余万元。而根据该县制定的相关文件及事后鉴定，开发区对马某的补偿金额应为 20 万元。

分歧意见

第一种观点认为，马某以虚构房屋、涵管和果树等条目的方式，骗取国家财物，其行为构成诈骗罪；第二种观点认为，马某抓住政府违规征地的软肋，进行敲诈勒索，其行为构成敲诈勒索罪；第三种观点认为，马某的行为不构成犯罪。

问题研讨

本案显然不构成诈骗罪。诈骗罪，是以非法占有为目的，使用虚构事实或者隐瞒真相的方法，骗取数额较大的公私财物的行为。该罪客观方面既要求行为人实施了虚构事实、隐瞒真相的欺诈行为，又要求该行为使被害人陷入错误认识并交付财物。马某在提出补偿 70 万元的要求前，并没有进行任何欺骗行为，是在开发区同意后，才在补偿条目中虚增了房屋、果树、涵管等条目，开发区对此是明知的，而且经集体研究后同意补偿马某 70 余万元，马某并没有也不足以使开发区陷入错误认识，所以缺失构成诈骗罪的客观条件。

本案的最大争议焦点在于是否构成敲诈勒索罪，我们对此持否定观点，这要结合马某的行为动因进行分析。

(一) 马某行使权利的合理界限模糊，难以推断出其非法占有的目的

敲诈勒索罪是一种严重危害社会的行为。它的典型特征是必须具有非法占有的目的。一般认为，在行为人与被害人之间存在权益纠纷的情况下，行为人采用胁迫手段行使财产权，如果主观上只是为获取自己应当获取的财物，客观上获取财物的数额与应当获取的数额相同或基本相同，显然不具有非法占有目的。但争议是：在权益纠纷中采用要挟手段索取过大数额的补偿或赔偿是否就能推定行为人具有非法占有他人财产的目的？

通常认为，数额过大的判断标准应以行为人主观确信的数额为准，但必须具有合理的根据，与社会观念相符。如在饭店吃水饺时发现碗里有根头发而向店主索赔 5 000 元就不具有合理性。但是对行为人可以提出的补偿（赔偿）数额尚处于争议的情况下，行为人可以根据自己的理解提出自己认为满意的数额，该数额并非行为人确信自己能够拿到的数额，所以数额的多少无关主观目的的非法性。

马某提出的补偿数额无论多大，都是他对其权利的主张，不能推定为具有非法占有的目的，否则就可能意味着每个权利主张者最终到手的补偿金额达不到其先前主张的额度，就具有敲诈勒索的嫌疑。

本案中，马某和开发区在补偿适用的法律和政策上尚存争议，争议的标的房屋等已经因强制拆迁而灭失，马某对事后鉴定得出的结论有异议的权利，所以不能认定其获赔 70 余万元具有非法占有的目的。

（二）马某的“胁迫”行为并非敲诈勒索罪中的“胁迫”行为

从理论上来说，采用非法手段勒索财物固然符合敲诈勒索罪的行为特征，但当行为人为维护自身权益，采取向媒体曝光、向有关部门举报、向法院起诉等合法手段作为施加压力的方式时，则应当视具体情况而论。通说认为，在敲诈勒索犯罪中，要挟内容的合法性并不能阻却犯罪的成立。如甲目击乙撞死人后逃逸，即以告发相要挟，频频向乙强索财物。行为人主观上具有非法占有他人财物的目的，即使要挟的内容正当（举报他人违法行为是合法正当的行为），但客观上仍是具有限制他人意志自由的要挟行为。

但是，如果要挟行为的内容与行为人被侵害的权利存在特定的关联，在行为人的权利受到侵害的前提下，通过掌握对方的弱点并利用该弱点维护自身的权益，则应另当别论。在非诉纠纷解决途径中，双方存在一个博弈的过程，一方握人把柄、找人短处进行谈判可能导致过程和结果的不公平，但这种要挟行为只是用于迫使对方支付其应当支付财物，只要行为本身不超越社会和公众容忍的底线，仍然属于民事上的“私力救济”，并不触犯刑律。

本案中，马某虽然实施了胁迫行为，但目的在于维护征地拆迁中受到侵害的利益，具有一定的正当性，即使要求过高，也属于民法上的争议，属于“事出有因”，与纯粹的“敲诈勒索罪‘非法占有目的’所要求的‘无中生有’”具有明显区别。

（三）行政机关不宜作为敲诈勒索罪的受害对象

在刑法体系中，敲诈勒索罪的犯罪客体是复杂客体，包括人身权和财产权，本案侵犯人身权明显不成立；行政机关作为机关法人，对依法处理的财产并无独立所有权，因而行政机关不宜成为该罪的犯罪对象。在敲诈过程中，行为人指向的实质是行政机关公共权力，即通过对行政机关的要挟迫使行政机关按当事人的意志行使公共权力，在此过程中，行为人针对的应是一种财产性利益（财产性利益应否成为敲诈勒索罪的对象在学理上依然有争议）。行政主体的本质特征是除了具有行政权力能力、行为能力外，还具有责任能力。行政的目的是谋求社会成员共同利益，行政主体肩负着合法行政和合理行政的使命，承担着正确实施国家法律、行政法规的义务，有职责和职权运用国家行政权力对社会公共事务进行管理和服务。相对于行政相对人，它有义务承担依法行政中他人实施的胁迫，它也有职责、有足够的手段来阻止他人的胁迫或者置之不理。相对于行政相对人，行政主体并非随意可以胁迫的弱者。

开发区管委会作为一级政府的派出机构，是授权性行政主体，它在管理土地征收、房屋拆迁过程中，有职责和权利阻止马某维权过程中的不法行为，而且对自身可能存在的违法行政问题，有则有职责纠正，无则有责任对行政相对人进行解释，而不是承受他人胁迫而陷于违法行政的窠臼。如此，相关行政人员还存在滥用职权犯罪的嫌疑。

实务训练

从实务中找一个类似本主题的真实案例，根据案件事实、既有证据及争议焦点，写一份辩护词或判决书。要求格式规范、条理清晰、层次分明、说理透彻。

延伸阅读

1. 王作富. 刑法分则实务研究. 5版. 北京：中国方正出版社，2013.
2. 赵秉志. 刑法分则要论. 北京：中国法制出版社，2010.

第十一章　社会管理秩序类犯罪的重点问题

案 117. 冒充国家机关工作人员骗财骗色的罪数认定与竞合处理

——李某招摇撞骗、诈骗案

要点提示

被告人冒充国家机关工作人员骗取财物的同时又骗取其他非法利益的，到底是认定为诈骗罪还是认定为招摇撞骗罪，在实践中，往往是一个比较棘手的问题。冒充国家机关工作人员骗取他人数额较大财物的行为，既符合诈骗罪的犯罪构成，又符合招摇撞骗罪的犯罪构成，属于法条竞合中的交叉竞合。人民法院应基于罪刑相适应原则，按照特别法优于普通法或重法条优于轻法条的适用原则，根据案情具体判断对被告人进行定罪处罚。

案情摘要

被告人李某，男，1976 年 10 月 9 日出生，汉族，初中文化，无业。2007 年 2 月，被告人李某与张某相识，李某谎称其系重庆市某公安局刑警总队副总队长，骗得张某信任与其恋爱并租房同居。2007 年 3 月至 6 月，为进一步骗取张某及其家人的信任，李某先后伪造了重庆市某公安局的任职文件、荣誉证书、刑警执法证，并盗取了数件警服、警帽及警徽，又多次租用小轿车，冒充公安局配备车辆。在骗取张某及其家人的信任后，2007 年 8 月至 10 月期间，李某共骗得张某及其家人现金 66 000 余元，并将之挥霍一空。2007 年 11 月，李某又冒充为重庆市某公安局刑警总队副总队长，骗取另一被害人刘某的信任。后以帮刘某的妹妹介绍工作为由，骗取刘某现金 4 000 元。2008 年 5 月，李某又冒充为重庆市某公安局副局长认识了被害人邱某，与其恋爱并发生性关系。后李某以帮助邱某的表兄不被刑事立案为借口，骗取邱某的信任，受邀外出旅游并吃喝玩乐。

分歧意见

重庆市 A 区人民检察院以被告人李某犯招摇撞骗罪、诈骗罪提起公诉。被告人李某的辩护人认为李某冒充重庆市公安局工作人员骗财骗色、骗吃喝玩乐的行为触犯两个法条，属法条竞合，不应对李某定两罪，李某只构成招摇撞骗罪。

问题研讨

我们同意李某辩护人的观点。要掌握好招摇撞骗罪的司法适用，处理好该罪与诈骗罪的关系始终是难以绕开的问题。

（一）招摇撞骗罪与诈骗罪的区别

根据《刑法》第279条及第266条的规定可知，招摇撞骗罪是指为骗取非法利益，假冒国家机关工作人员的身份或职称，进行诈骗，损害国家机关的威信及正常活动的行为①；诈骗罪是指以非法占有为目的，用虚构事实或者隐瞒真相的方法，骗取数额较大的公私财物的行为②。二罪在犯罪手段上均表现为“骗”，但也有较为明显的区别，主要表现在：（1）侵犯的客体不同：招摇撞骗罪属于妨害社会管理秩序类罪，其侵犯的主要客体是国家机关的威信及正常活动；诈骗罪属于侵犯财产类罪，其侵犯的客体是公私财物的所有权。（2）行为手段不同：招摇撞骗罪的手段只限于冒充国家机关工作人员的身份或职称进行诈骗，即利用国家机关工作人员的特殊身份及其所代表的公信力来骗取他人的信任，以达到行骗目的；诈骗罪的行骗手段则无此限制，可以采用任何虚构事实或者隐瞒真相的方法进行。（3）犯罪的目的不同：诈骗罪的行为人是为了非法占有公私财物；招摇撞骗罪既包括骗取财物以及其他非法利益，如骗取爱情、玩弄异性、骗取荣誉待遇，还包括一些不直接体现为财物但又具有财产性权利的利益，如消费、游玩、服务等。（4）构成犯罪有无数额限制不同：只有诈骗“数额较大”以上公私财物才构成诈骗罪。由于招摇撞骗罪既可能骗取公私财物又可能骗取其他非法利益，其社会危害性主要体现在特定的犯罪手段对国家机关的威信和正常活动的破坏。因此，刑法对构成招摇撞骗罪并无数额较大的要求。通过上述分析，可以无争议地得出一个结论，即行为人冒充国家机关工作人员诈骗他人财物数额达不到诈骗罪的入罪数额要求的，只能构成招摇撞骗罪。

（二）冒充国家机关工作人员以骗取他人信任，非法占有他人数额较大的财物的行为，既符合诈骗罪的犯罪构成，又符合招摇撞骗罪的犯罪构成，属于法条竞合

通过对招摇撞骗罪与诈骗罪区别的分析可以发现，诈骗罪的犯罪手段可以涵盖招摇撞骗罪“冒充国家机关工作人员”这一特殊手段，而在犯罪目的上，招摇撞骗罪的目的又可以涵括诈骗罪“骗取公私财物”的目的。因此，如果行为人以冒充国家机关工作人

---

① 张军．刑法（分则）及配套规定新释新解：下．北京：人民法院出版社，2009：1122.

② 同①1049.

员身份的手段，骗取他人信任，非法占有他人数额较大以上财物，就会出现既符合招摇撞骗罪的犯罪构成又符合诈骗罪的犯罪构成的情况，即出现法条竞合。

刑法上的法条竞合是指行为人实施一个犯罪行为同时触犯数个刑法规范所确立的犯罪构成，即一个犯罪构成在法律上为另一个犯罪构成全部或部分包容。犯罪行为实质上只完全符合一个犯罪构成，因而只适用其中一个刑法规范，此一行为只具有一罪过、一结果的特征①。法条竞合具有以下基本特征：行为人实施一个犯罪行为；同时触犯数个法条规定的数个罪名；数个法条之间存在包含或交叉关系；由于只有一个犯罪行为，因而是实质的一罪，即只能适用其中的一个法条而不能数罪并罚。法条竞合的产生根源于行为人实施一个犯罪行为所触犯的数个法条之间存在包容与交叉的关系。这主要是因为刑法所调整的社会关系具有广泛性和复杂性的特点，立法者在刑事立法时为了便于对各种具体犯罪准确地定罪处刑，只好以犯罪客体为标准确立科学的刑法分则体系，进而依据行为侵犯的犯罪客体对犯罪进行归类、描述，并以此确定罪名；但为了某些社会关系免受来自不同方面的侵害，又要从不同的侧面与角度对犯罪客体加以保护，于是一个犯罪行为侵害的社会关系不可避免地发生竞合，表现在立法上就是不同的刑法规范具有交叉或包容的关系②。

依照上述思路来分析，我国刑法中的法条竞合大致可分为两种类型：一是包容竞合，即两个法条规定的犯罪性质相同，但其中一个法条规定的犯罪构成要件范围大于另一个法条，且范围大的能全部包容范围小的，形成完全包含关系的法条竞合。如《刑法》第 398 条故意泄露国家秘密罪与第 432 条故意泄露军事秘密罪就是包容竞合，前一法条是普通法条，后一法条是特别法条。二是交叉竞合，即两个法条的内容各自有一部分交叉重叠，其余部分不相重叠，重叠的部分形成法条竞合。如《刑法》第 275 条故意毁坏财物罪与第 276 条破坏生产经营罪，当行为人以毁坏数额较大的财物进行破坏生产经营时，就形成了交叉竞合。一般来说，交叉竞合仅从条文的字面上难以进行判断，只有通过行为的实际表现才能体现出来。

如前文所述，法条竞合只能适用其中一个法条进行定罪处刑，一般的原则是特别法条优于普通法条，重法条优于轻法条③。在包容竞合的情况下，适用原则是特别法条优于普通法条，因为立法者在普通法条之外又设特别法条，是为了对特定犯罪给予特定处罚，或因为这种犯罪特别突出而予以特别规定，行为符合特别法条应按照特别法条的规定处理④。当出现交叉竞合时，其适用原则是重法条优于轻法条，因为只有如此才能做到罚当其罪，实现罪刑相适应。

本案中李某的行为既触犯招摇撞骗罪又触犯诈骗罪，形成了法条竞合，但具体是属于包容竞合还是交叉竞合呢？有观点认为，规定诈骗罪的《刑法》第 266 条后半段指出"本法另有规定的，依照规定。"意味着只能采取特别法条优于普通法条的原则，既诈骗行为符合其他条文的，应依照其他条文规定处理。如果采取重法条优于轻法条的原则，

① 高铭暄，马克昌．刑法学．北京：北京大学出版社，2000：193.
② 吴振兴．罪数形态论．北京：中国检察出版社，1996：163.
③ 同①.
④ 张明楷．刑法学．3 版．北京：法律出版社，2007：371.

便违背了《刑法》第 266 条的规定[①]。此种观点认为招摇撞骗罪与诈骗罪是特别法条与普通法条的关系，即存在包容竞合。对此，我们难以认同，主要基于以下两点理由：一是形成普通法条与特别法条的关系的前提条件是规范对象的同一性，即对于同一事项，具有二个以上相同的法条规定存在。如两个法条所规范的对象与范围各不相同，那就不会有普通法条与特别法条关系的存在[②]。诈骗罪可以涵盖招摇撞骗罪中骗财的部分，但无法评价骗取其他非法利益的部分，二罪规范的并非同一事项，其罪质存在一定差别，所以二罪并非特别法条与普通法条的关系。二是《刑法》第 266 条后半段的内容主要是针对刑法分则金融诈骗罪而言的。因为金融诈骗罪所规范的对象，完全能为诈骗罪所规范，只不过是金融诈骗罪在行为手段、诈骗对象、诈骗数额等方面较诈骗罪有较为特殊的要求而已，所以诈骗罪与金融诈骗罪属于包容竞合。因此，我们认为当行为人以冒充国家机关工作人员身份的手段非法占有他人数额较大的财物时，招摇撞骗罪与诈骗罪形成交叉包容的关系，应当适用重法条优于轻法条的原则。

如何适用重法条与轻法条，可具体分析如下：(1) 骗取财物数额较大的。此时，招摇撞骗罪有两档法定刑：情节一般的，法定刑为 3 年以上 10 年以下有期徒刑、拘役、管制或者剥夺政治权利；情节严重的，法定刑为 3 年以上 10 年以下有期徒刑。而诈骗罪的法定刑为 3 年以下有期徒刑、拘役、管制，并处或者单处罚金，此时法定刑重于情节一般的招摇撞骗罪又轻于情节严重的招摇撞骗罪。那么根据具体案情，如判定属于情节严重的招摇撞骗行为应以招摇撞骗罪论处，反之，则应以诈骗罪论处。通常而言，招摇撞骗罪同时又是一种破坏国家机关威信的行为，当行为人冒充国家机关工作人员招摇撞骗骗取数额较大的财物时，在责任评价上理应重于未采用此手段骗取同等财物的诈骗罪，因而在此种情况下，可视为招摇撞骗罪情节严重，适用该罪的第二档法定刑来定罪处刑。(2) 骗取数额巨大的，此时，诈骗罪的法定刑为 3 年以上 10 年以下有期徒刑，并处罚金，而招摇撞骗罪主刑相同，却没有罚金的规定，因此，诈骗罪是重法条，应以诈骗罪论处。同理骗取财物数额特别巨大的，更应当以诈骗罪来论处，因为此时按诈骗罪论处可以判处 10 年以上有期徒刑直至无期徒刑，而招摇撞骗罪的最高刑期是有期徒刑 10 年。(3)《刑法》第 279 条第 2 款规定冒充人民警察招摇撞骗的，依照招摇撞骗罪从重处罚。当冒充人民警察骗取数额较大或数额巨大的财物时，按诈骗罪进行定罪时，冒充人民警察不能作为加重处罚的法定情节，但按招摇撞骗罪进行定罪时可以据此依法从重处罚，此时应认为招摇撞骗罪属于重法条。

本案中李某冒充国家机关工作人员骗取他人财物 70 000 元，依据司法实践中掌握的数额标准，构成诈骗罪的数额巨大的要求，因形成了招摇撞骗罪与诈骗罪的法条竞合，依前述分析，应按照诈骗罪定罪处罚。李某冒充人民警察进行招摇撞骗，可以从重处罚，而如果按照诈骗罪处罚，由于其与实践中数额巨大的最大值差距较大，按照诈骗罪定罪会比按招摇撞骗罪定罪轻，故应当以招摇撞骗罪定罪。

---

① 张明楷. 刑法学. 3 版. 北京：法律出版社，2007：757.

② 柯耀程. 刑法竞合论. 北京：中国人民大学出版社，2008：163.

（三）被告人李某冒充人民警察多次行骗，骗财骗色又骗吃喝玩乐等其他非法利益，属于基于同一个概括故意支配下的连续性行为，仍可以一罪论处

李某冒充人民警察多次行骗，既骗取了他人财物，又骗取了其他非法利益。据此，公诉机关认为这是数个行为，既构成招摇撞骗罪又构成诈骗罪，应数罪并罚。我们不同意此观点。首先，从案情看，李某是基于一个概括的故意，前后一年多时间，频频冒充人民警察，连续对多人进行多次行骗，所骗内容虽然不尽相同，但仍未超出招摇撞骗罪行骗内容的范围。因此，李某基于一个概括的故意，多次以冒充人民警察为手段实施招摇撞骗，属于连续犯，应作为一罪处理。其次，如前所述，李某骗取他人财物及其他非法利益的行为虽然同时触犯招摇撞骗罪与诈骗罪，但依照交叉竞合下重法条优于轻法条的适用原则，应按照招摇撞骗罪定罪。

实务训练

请根据本案的事实及争议焦点，写一份辩护词。要求格式规范、思路清晰、有理有据，重点对李某为何仅构成招摇撞骗罪一罪进行详细论述。

延伸阅读

1. 韩光军，杨新红. 诈骗罪与招摇撞骗罪竞合关系之论证. 湖北社会科学，2008 (4)：152 - 155.

2. 孟庆华. 招摇撞骗罪的几个司法认定问题探讨. 福建政法管理干部学院学报，2004 (2)：8 - 10.

案 118. 证人在刑事诉讼中作虚假证言的定性处罚

——唐某、黄某伪证案

要点提示

在刑事诉讼中，对与案件有重要关系的情节，证人作虚假证言的，可能既触犯伪证罪又触犯包庇罪，形成法条竞合，但无论是采用“特别法条优于普通法条”还是“重法条优于轻法条”的原则都无法获得一个令人满意的结果。为了解决这一矛盾，应当采用限缩解释的解释方法将包庇罪的行为发生时间限定在启动刑事诉讼之前，这样能使两罪完全区分开。

案情摘要

被告人唐某、黄某，系交通肇事者张某所驾车辆的搭乘人。2007 年 11 月 20 日晚 8 时 30 分许，张某无证驾驶一辆别克牌轿车搭乘唐某、黄某二人从长寿驶向洛碛镇，在行经距离洛碛镇 3 公里处，张某将行人王某当场撞死并逃离现场。当晚 9 点，张某在到达洛碛镇后，将表弟魏某叫至车内，与唐某、黄某一起商量对策。张某告诉魏某，他无证驾车撞死人了，不知如何才能不被追究刑事责任。最后商定由有驾驶证的魏某去顶罪，由唐某、黄某指证系魏某开车撞死人，张某承诺给魏某不菲的好处，并尽力赔偿死者家属使魏某即使被起诉也能判处缓刑，四人之间订立攻守同盟。当晚 10 时 30 分，唐某、黄某陪同魏某去当地派出所“自首”，称该交通肇事系魏某所为，唐某、黄某劝说魏某前来投案，并在公安机关立案后，进行调查询问时称自己系车上乘客目睹魏某开车撞死人的全过程。后 Y 区人民法院在审理交通肇事案件中，发现魏某供述前后矛盾，且与唐某、黄某证言相互冲突，疑点重重，怀疑有人顶罪。公诉机关申请延期审理，补充侦查发现魏某实为替张某顶罪。

分歧意见

本案处理中，对被告人唐某、黄某构成何罪存在争议。

第一种意见认为，唐某、黄某构成包庇罪。理由是唐某、黄某明知张某是犯罪的人，在公安机关作虚假证言，企图使张某逃避公安机关的侦查，其行为符合包庇罪的主、客观要件。

第二种意见认为，唐某、黄某构成伪证罪。

问题研讨

我们同意第二种意见。

《刑法》第 305 条规定的伪证罪是指在刑事诉讼中，证人、鉴定人、记录人、翻译人对与案件有重要关系的情节，故意作虚假证明、鉴定、记录、翻译，意图陷害他人或者隐匿罪证的行为。《刑法》第 310 条规定的包庇罪，是指明知是犯罪的人而作假证明包庇的行为。伪证罪与包庇罪同属妨害司法类犯罪，都是故意犯罪，都有帮助犯罪分子掩盖罪行以逃避法律制裁的目的。二者的区别在于：(1) 犯罪主体不同：包庇罪为一般主体；伪证罪则是特殊主体，限于证人、鉴定人、记录人、翻译人。(2) 实施犯罪的时间不同：伪证罪只能发生在刑事诉讼中，即侦查、起诉、审判过程中；包庇罪的行为没有时间上的限制，既可以发生在犯罪分子被侦查、审判之前，也可以发生在侦查、起诉、审判中及至判决后服刑中。(3) 犯罪的内容不同：伪证罪掩盖的是与案件有重要关系的犯罪情节；包庇罪掩盖的是全部罪行或者重要犯罪事实。(4) 包庇对象的情况不同：伪证罪包庇的对象只能是刑事诉讼中的未决犯；包庇罪包庇的对象既可以是犯罪后未被羁押、逮捕归案的犯罪嫌疑人，也可以是已被依法羁押、拘禁而逃跑出来的未决犯和已决犯。（5）行为人的犯罪目的不同：伪证罪既可以是隐匿罪证从而使犯罪分子逃避法律制裁，也可以是陷害他人使无罪者受到刑事追究；包庇罪只是意图使犯罪分子逃避法律制裁。

即便有上述明确的区别，在司法实践中，还是容易出现包庇罪中的作虚假证明与伪证罪中的证人作虚伪陈述难以区分的问题。本案就是适例，唐某、黄某二人作虚假证言意图包庇张某，使其不被追究刑事责任的行为，符合包庇罪的犯罪构成。但换个角度而言，唐某、黄某二人作虚假证言的行为，同样也属于在刑事诉讼中证人作虚假证明隐匿罪证，也满足伪证罪的各个犯罪构成要件的要求。那么，究竟该如何定罪的疑问就产生了。

我们认为，包庇罪与伪证罪存在法条竞合的关系，因为从前述分析二罪的区别时可以看出，包庇罪在犯罪主体、实施犯罪的时间、犯罪的内容、包庇的对象等方面涵括伪证罪，但伪证罪的犯罪目的范围又大于包庇罪。因此，二罪存在着交叉，即包庇罪的“作假证明包庇”与伪证罪的“证人作虚假证明、隐匿罪证”基本上是重合的，在重合的范围内，两个法条发生了竞合。

法条竞合一般适用原则就是“特别法条优于普通法条”和“重法条优于轻法条”。如果按照“特别法条优于普通法条”的原则，那么伪证罪的犯罪主体、实施犯罪的时间、犯罪的内容、包庇的对象相较于包庇罪则更为特殊，本案就应当按照伪证罪定罪，法院也确实是如此判决的。但问题并非这么简单，因为此时法院绝对地按特别法条处罚就会出现罪刑不均衡的现象。因为伪证罪的最高刑期为有期徒刑 7 年，而包庇罪的最高刑期为有期徒刑 10 年，于是就会出现在刑事诉讼之外的包庇行为是重罪而刑事诉讼之中的包庇行为却是轻罪的不均衡现象。而二罪均为妨害司法罪之下的个罪，相较而言，刑事诉讼中的包庇行为对社会的危害程度、行为人的主观恶意应该大于刑事诉讼之外的包庇行为，因为前者是在司法机关介入刑事案件后与司法机关的公然对抗，应受到更为严厉的惩处。上述量刑做法违背了罪刑相适应原则，因此“特别法条优于普通法条”的适用原则不足取。

按照“重法条优于轻法条”的思路进行分析。在法条竞合的情况下，只要刑法没有禁止适用重法条，或者说只要刑法没有指明适用轻法条，为了贯彻罪刑相适应的基本原则，就应当按照重法条优于轻法条的原则定罪量刑。这一原理在我国刑法中是有所体现的，例如，《刑法》第 149 条第 2 款规定：“生产、销售本节第一百四十一条至第一百四十八条所列产品，构成各该条规定的犯罪，同时构成本节第一百四十条规定之罪的，依照处罚较重的规定定罪处罚。”该节第 141 条至第 148 条规定的是生产、销售特定的伪劣产品的犯罪。因此，第 140 条是普通法条，第 141 条至第 148 条是特别法条。包庇罪与伪证罪相比是重罪，因而在刑事诉讼中做假证明意图使犯罪嫌疑人或被告人逃避法律制裁的应定包庇罪而不定伪证罪。本案中，公诉机关即是依此思路按包庇罪提起公诉的。

但依此处理思路又会带来另一种形式的量刑不均衡，因为前面分析的犯罪目的既包括隐匿罪证，也包括陷害他人。依此思路处理案件，持前一种犯罪目的的人将会被按照包庇罪定罪处罚，而持后一种犯罪目的的人则会被以伪证罪定罪处罚。实际上这两种目的并没有轻重之别，却可能被判处轻重不同的两个罪，这无疑也是罪刑不均衡的一种表现。

综上，在包庇罪与伪证罪竞合的场合，无论是采用“特别法条优于普通法条”还是

“重法条优于轻法条”的原则都无法获得一个令人满意的结果。为了解决这一矛盾，应当采用限缩解释的解释办法，使二罪完全区分开，消除前文出现的矛盾局面。“限缩解释，系指法律规定之文义过于广泛，限缩法文之意义，局限于核心，以期正确适用。”①限缩解释的特点是，对刑法用语作出比其通常含义要窄的解释，以达到在无不正当地缩小处罚范围的情况下减少不合理、不必要的交叉与重叠的目的。

我们认为应当将包庇罪的行为发生时间限定在启动刑事诉讼之前，更准确地说就是在刑事立案之前。在刑事立案之前做假证包庇犯罪人的定包庇罪，而立案之后作假证包庇犯罪人或陷害他人的定伪证罪。其实在前面已谈到了二罪在犯罪主体、实施犯罪的时间、包庇的对象这几个方面的区别，可以说这些区别也主要看是否启动刑事诉讼。进行这样的限制性解释，就可以使二罪分开，不再产生竞合。这样就可以从根本上解决前述罪刑不均衡的矛盾，且没有不当地限制处罚范围。之所以说没有不当地限制处罚范围，是因为凡在未作限缩解释之前所产生的二罪竞合范围内的行为都将以包庇罪或伪证罪处罚，而不存在处罚上的空隙。

而且，对包庇罪上述限缩解释是符合罪刑法定原则的。因为“某种解释是否被罪刑法定原则所禁止，要通过权衡刑法条文的目的、行为的处罚必要性、国民的预测可能性、刑法条文的协调性、解释结论与用语核心含义的距离等多方面得出结论。”② 由于是限缩解释，那么限缩解释后的刑法条文的处罚必要性、国民的预测可能性仍然是在解释前刑法条文涵括的范围之内的，且限缩解释后的结论更能消除与伪证罪的矛盾，增强了二罪间的协调性，这种做法应该是可取的。

本案中，被告人唐某、黄某明知交通肇事者是张某，却在公安机关刑事立案后，在接受公安机关调查询问时谎称魏某是交通肇事者，其作为证人，在侦查阶段隐匿的是与案件有重要关系的“谁是真正的交通肇事者”这一关键情节。依据上述的限缩解释，由于唐某、黄某做虚假证明发生在刑事诉讼开始后，应当以伪证罪定罪。Y 区人民法院以唐某、黄某犯伪证罪定罪是正确的，对此二者均判处有期徒刑 1 年的处罚是恰当的。

实务训练

请根据本案的事实及争议焦点，写一份判决书。要求格式规范、条理清晰、有理有据，重点对被告人唐某、黄某构成伪证罪而非包庇罪进行详细论述。

延伸阅读

1. 吴占英. 伪证罪若干疑难问题探讨. 法学杂志，2006（3）：34－36.

2. 赵志华，鲜铁可. 伪证罪相关问题研究. 国家检察官学院学报，2009，17（4）：110－114.

① 杨仁寿. 法学方法论. 北京：中国政法大学出版社，1999：148.

② 张明楷. 罪刑法定与刑法解释. 北京：北京大学出版社，2009：128.

案 119. 聚众斗殴中的“持械”及其转化犯的认定

——王甲等聚众斗殴案

要点提示

对于法律专业人士而言，法条的文意固然重要，但法律的原则、法律的技术之于法律的解读和适用更为重要。单就刑法而言，只有以刑法基本原则为视角才能正确地解读刑法和适用刑法。只有在全面把握总则与分则的关系、法条与法条关系的前提下才可能使刑法得以正确实施。在聚众斗殴中，部分行为人持械致人重伤或者死亡、作为加重犯的“持械”和转化为故意伤害、故意杀人的范围，需要基于共同犯罪之部分行为全部责任、共同犯罪的规则原则与主客观相统一原则等予以认定。

案情摘要

被告人王甲，男，1986 年 1 月 8 日生，农民。被告人周某，男，1986 年 7 月 26 日生，农民。被告人王乙，男，1974 年 1 月 23 日生，农民。被告人宋某，男，1988 年 11 月 16 日生，农民。被告人王丙，男，1990 年 12 月 31 日生，农民。2010 年 7 月 5 日 22 时许，被告人王甲、宋某因琐事在电话中发生争执，相约打架。王甲邀约了被告人周某、王乙等人，宋某邀约了被告人王丙以及被害人宋某文等人，双方在某市市区一加油站前的公路上，聚集打架斗殴。在此过程中，被告人王甲、王丙持砖块互殴，致对方轻微伤，被告人周某持钢管殴打宋某文致重伤。

分歧意见

关于持械这一加重处罚情节的认定范围，有三种观点：一是本方全部认定持械；二是本方首要分子和持械者认定持械；三是只认定持械者持械，其他人不认定。

关于转化犯的范围，也有三种观点：一是全部转化；二是首要分子和直接行为人转化；三是直接行为人转化。

问题研讨

因参与人数众多、场面混乱、案发过程复杂等繁杂原因，聚众斗殴是司法实务中常见的比较复杂且争议较多的罪名。

一般认为，“聚众斗殴罪，是指基于私怨宿仇、争霸一方或者其他藐视法纪的动机，聚集多人成帮结伙地相互攻击对方身体的行为。”① 但从《刑法》第 292 条的规定看，所

---

① 张明楷. 刑法学. 2 版. 北京：法律出版社，2003：811.

谓“基于私怨宿仇、争霸一方或者其他藐视法纪的动机”是法条含义之外的限制解释[①]，而且，“藐视法纪”这一概括性的犯罪动机可以适用于所有的犯罪行为，因而，这一犯罪主观要件的限制是虚置的。根据条文的文意，所谓“聚众，是指首要分子纠集特定或者不特定之多数人于一定地点，而成为可以从事共同行为的一群人”[②]，即为从事共同行为聚集三人以上的多人。所谓斗殴，是指“争斗殴打”[③]，即相互实施攻击。据此可以认为，所谓聚众斗殴，是指聚集多人与对方多人对抗，相互攻击对方身体的行为。

（一）关于持械的认定范围

按照《刑法》第 292 条的规定，“持械聚众斗殴的”处 3 年以上 10 年以下有期徒刑。关于这一加重处罚情节的认定主要有三种观点：一是只处罚持械者；二是处罚首要分子和持械者；三是全部处罚。这种简单划定范围的观点值得商榷。

根据主客观相统一的原则，“只有当一个人在一定的主观罪过支配下实施了违反社会的行为，这种主观上的罪过和客观上的危害行为具有一定的因果联系时才认定为犯罪”[④]。对于加重处罚情节的认定同样需要坚持这一原则。在聚众斗殴中，持械参与者应当认定为持械聚众斗殴，这没有争议。对于未持械者而言，明知己方有人持械，仍然积极参与，是行为人在参加聚众斗殴这一特殊共同犯罪中对共同犯罪人行为的认同，这在主观上与持械人形成了犯意联络。故而，持械行为成为共同犯意支配下的共同行为。考虑到聚众斗殴行为的发生一般是在同一时间段和同一现场，在一般情况下，参与聚众斗殴的行为人对己方持械行为都有认知，因此，聚众斗殴一方有一人持械，一般应全部认定具备持械这一加重处罚情节。但以下情况属例外，不能认定：一是因所持之械体量小或者视线障碍等原因，参与斗殴者不知道其共同行为人持械的；二是首要分子明确反对持械，参加者超出首要分子犯意持械参与斗殴，首要分子发现后及时表示反对的；三是未持械的参加者发现本方有人持械后明示反对并退出斗殴的。

在案例中，王甲、王丙持砖块互殴，致对方轻微伤，周某持钢管殴打宋某文致重伤，王甲、王丙、周某三人均应认定为持械聚众斗殴。其他行为人虽未持械，但在明知本方人员持械的情况下仍积极参与斗殴，均应承担持械聚众斗殴的刑事责任。如果未持械的参与者在明知本方人员持械后明确表示反对并退出斗殴，则不承担持械之加重处罚。

（二）关于转化犯的认定

按照《刑法》第 292 条第 2 款的规定，“聚众斗殴，致人重伤、死亡的”以故意伤害罪、故意杀人罪定罪处罚。有学者认为，这是法律拟制，“斗殴者致人重伤、死亡时，即使没有伤害、杀人故意，也应当认定为故意伤害罪、故意杀人罪”[⑤]。此论明显违背

① 这一限制解释是学理上关于聚众斗殴罪历史沿革的理解而想当然附加的。一般认为，流氓罪在 1997 年刑法中分解为聚众斗殴罪、寻衅滋事罪、聚众淫乱罪等罪，因此应当保留其流氓动机。

② 林山田．刑法各罪论．北京：北京大学出版社，2012.

③ 新华汉语词典．北京：商务印书馆，2004：296.

④ 王勇．定罪导论．北京：中国人民大学出版社，1990：34.

⑤ 张明楷．刑法学．2 版．北京：法律出版社，2003：812.

主客观相统一原则。

聚众斗殴以攻击对方身体为目的，因双方参与人数众多，斗殴中情况复杂，瞬息万变，首要分子及参与人对斗殴发生什么样的结果不可能有明确的构想，同时也能认识到不可能将结果控制在某个范围。因此，认识因素和意志因素的特点决定了聚众斗殴犯罪的行为人对危害结果一般只能是概括故意。在这种犯意支配下，行为人并不反对重伤、死亡结果的发生。同时，聚众斗殴行为本身就是攻击对方身体的行为，与故意伤害并无不同。结合聚众斗殴的主观犯意和客观行为，致人重伤、死亡的，符合故意伤害和故意杀人的构成要件。这是一种法条竞合。按照竞合犯择一重罪处罚的原则，应以故意伤害罪或者故意杀人罪处罚。因此，《刑法》第292条第2款的规定并不是法律拟制，而是注意规定。

关于转化的范围，实务中有双方全部转化、单方全部转化、直接责任人转化、首要分子转化等不同的理解。上述观点虽各有其理，但均有失偏颇。转化范围的确定同样应当按照主客观相统一原则的要求，详细考察行为人的主观故意和客观行为。首要分子对全部行为承担责任，应当转化。对聚众斗殴的参与者而言，凡是对伤害或者死亡后果的发生实施了积极行为的均应转化，即直接责任人应当转化。

案例中，王甲作为首要分子，周某作为直接行为人，均应对宋某文的重伤后果承担故意伤害罪的刑事责任。

实务训练

1. 请根据本案的事实拟写一份合议庭评议的意见稿。要求定罪观点明确、理由充分、量刑理由完备，且量刑基本准确。

2. 请根据本案的事实拟写一份刑事判决书。要求格式规范、论理充分、逻辑合理。可自行提出合理的辩解、辩护意见并评析。

延伸阅读

1. 张明楷. 刑法的基本立场. 北京：中国法制出版社，2002.

2. 陈兴良. 共同犯罪论. 北京：中国社会科学出版社，1992.

案120. 寻衅滋事罪与故意伤害罪的界分

——李某文等故意伤害案

要点提示

从构成要件的特点来看，随意殴打他人型的寻衅滋事罪与故意伤害罪在犯罪客体、犯罪客观方面，尤其是在犯罪动机的随意性上具有明显的区别。在没有造成殴打对象轻微伤以上后果的情况下，寻衅滋事罪与故意伤害罪的关键区别在于“随意性”，也就是行为人在对行为、行为对象不加控制的情况下对他人进行殴打。如果造成了殴打对象轻微伤以上的后果，则应当按照想象竞合犯从一重罪处罚。“随意”是需要进行价值判断的表述，不同人的判断可能是不同的。因此，应当立足客观行为并结合殴打他人的动机、被殴打对象等因素作出综合判断。

案情摘要

被告人李某文、李某刚等人承包了重庆市某村的矸砖厂。2008 年 9 月 1 日，该村部分村民与李某文、李某刚因矸砖厂承包费未协商好而将通往矸砖厂的公路阻断，李某文、李某刚多次找到镇政府及村部协调未果。同年 9 月 4 日下午，在镇政府再次协调未果的情况下，李某刚与李某文商议通过其他办法解决。李某文打电话委托周某雇人强行排堵，每人工资 200 元。周某联系了社会闲散人员秦某。17 时许，李某文将秦某等十余名社会闲散人员带至堵路现场拆除路障，李某刚也来到现场一起清理。其间，被害人谢某见自家的棉被被扔掉，与排堵人员发生争执，遭到对方殴打。被害人唐某（谢某之夫）上前质问，也遭到殴打，并被对方持刀砍伤。被害人熊某（唐某之母）见状与李某文理论，被李某文推倒在地。村民让李某刚前去制止，李拒绝。次日，李某文按照约定将 3 000 元交给周某，作为秦某等人的酬劳。经鉴定，被害人唐某的损伤程度为轻微伤，被害人谢某的损伤程度为轻伤。

分歧意见

对于本案中三名被告人的行为应当如何定性，存在两种不同的意见。一种意见认为，李某文、李某刚与周某雇请社会闲散人员强行排堵，对部分村民进行随意殴打，情节恶劣，其行为已触犯《刑法》第 293 条之规定，构成寻衅滋事罪。另一种意见认为，李某文、李某刚因砖厂承包费引发村民堵路纠纷，在政府协调未果的情况下委托周某雇请社会闲散人员强行排堵，在排除路障过程中，李某文、李某刚、周某放任社会闲散人员故意伤害他人，致一人轻微伤、一人轻伤，并且李某文还故意伤害熊某，三名被告人的行为构成故意伤害罪。

问题研讨

从《刑法》第 293 条之规定来看，认定寻衅滋事罪的关键要素是随意殴打他人，这也是区分寻衅滋事罪与故意伤害罪的关键之所在。

（一）“随意”的理解

“随意”的意思就是任意，即不加任何控制。由于寻衅滋事罪是从 1979 年刑法规定的流氓罪中分离出来，在理论上和司法实践中有人还是习惯于将两者相联系，尤其是对“随意”的理解，通常认为具有流氓化的内容。例如，有学者就曾指出：“主观上的流氓动机与客观上的无事生非，是本罪的基本特征，也是本罪与故意伤害罪、抢劫罪、敲诈勒索罪、故意毁坏财物罪的关键区别。”①

寻衅滋事罪作为危害社会管理秩序犯罪的一种，主要是因为此类行为通过侵害个人人身权、财产权的方式扰乱了社会秩序的安定，其危害性较一般单纯侵犯个体法益的行为更重。在行为多样化的当下，认定寻衅滋事罪的主观要素不应以是否有流氓动机为前提，只要行为人具有主观故意，恣意实施了一定程度危害个体法益和社会公共秩序的寻衅滋事行为，就可以认定为寻衅滋事罪。

（二）随意殴打他人的行为类型

在具体案件中，随意殴打他人的行为可以类型化为以下三种：一是以侵害对象是否特定，分为有明确目标的随意殴打他人和无明确目标的随意殴打他人；二是以是否“事出有因”，分为“事出有因”型的随意殴打他人和“无事生非”型的随意殴打他人；三是以发生的地点是否具有公众性，分为在公共场所随意殴打他人和在非公共场所随意殴打他人。一般来说，在公共场所无事生非、殴打不特定对象的行为是典型的随意殴打他人行为。而目标明确、事出有因、在非公共场所殴打他人的行为，是否属于随意殴打他人的范畴，判断时应重点掌握以下三个方面的问题。

1. 如何理解有明确目标的随意殴打他人

无明确目标的随意殴打他人案件比较容易理解，但是有明确目标的行为是否应当认定为随意殴打他人，应视具体案件而定。比如，在黑社会性质组织犯罪案件中，被告人因琐事与被害人发生纠纷，在纠纷已经平息的情况下，仍然纠集多人对其进行殴打，以显示自己的地位和威慑力。又如在同业竞争的过程中，有的被告人因生意竞争或者意图霸占市场而随意殴打他人，针对的也是明确的侵害目标。这些行为都应当属于寻衅滋事的范畴。

2. 如何理解“事出有因”型的随意殴打他人

对于“无事生非”型的随意殴打他人，比较容易理解。被告人毫无来由地惹是生非，比如酒后殴打他人或者为填补精神空虚，追求刺激而殴打他人，都是典型的无事生非。而所谓“事出有因”型随意殴打他人是指双方发生纠纷后，一方随意殴打他人。认识这一行为类型的关键在于从一般人的认识进行因果关系的判断。也就是说，所谓事出有因，是指一般人可以按照犯罪人的心态“理解”、“接受”的原因。而事出无因，则是基于犯罪人的理性也难以“理解”、“接受”的原因②。

3. 关于场所所体现的社会公共秩序

有人认为，寻衅滋事罪属于妨害社会管理秩序罪，因而随意殴打他人型的寻衅滋事案件也只能发生在公共场所。有学者认为：“寻衅滋事罪是指在公共场所无事生非，起哄闹事，进行破坏骚扰，破坏公共秩序的行为。”③ 我们认为，这种观点过于机械，不能解决办案中的实际问题。“公共秩序是指人们在工作、生产和社会生活中，为维护公

---

① 张明楷. 刑法学. 2版. 北京：法律出版社，2003：812.

② 张明楷. 寻衅滋事罪探究：上篇. 政治与法律，2008（1）：86-93.

③ 张凤阁，等. 新刑法理论与实务. 北京：警官教育出版社，1997：434.

共事业、集体利益和正常的社会公共生活所必须遵守的行为规范，是为了建立一种保障执行后对所有人都有益的秩序环境。公共秩序包括社会秩序、公共场所秩序、治安秩序、公共卫生秩序、交通秩序等。”[①] 社会公共秩序是寻衅滋事罪侵犯的客体之一，但社会公共秩序并不一定只存在于公共场所。而在《刑法》第293条所列举寻衅滋事罪的四种表现形式中，只有第四种明确规定是发生在公共场所，也间接证明了这个观点。

(三) 随意殴打他人的判断方法

“随意，一般意味着即使按照犯罪人的理性，殴打行为也不具有可以被一般人理解、接受的原因和动机。当一般人从犯罪人的角度思考，也不能接受犯罪人的殴打行为时，该殴打行为便是随意的。”[②] 因此，判断是否随意殴打他人，可以通过置换行为人和行为对象的方式进行。

行为人的置换：如果在相同的场景中，将实施殴打行为的人置换为社会一般人，仍有可能会实施殴打行为，则说明行为人的殴打不是毫无道理的随意殴打；如果置换为一般人之后，不会实施殴打行为，则说明行为人的殴打具有随意性，对自己的行为没有加以控制。

行为对象的置换：如果被殴打对象具有不特定性，也就是说如果用另外一个人来置换被害人，行为人也不会就此停止殴打，对行为对象不加控制也说明了行为人殴打他人的随意性。如果行为人对行为对象具有明确的伤害故意，那么置换被害人之后，行为人将不会继续进行殴打。

(四) 本案的定性问题

我们认为，李某文等三名被告人的行为构成寻衅滋事罪。主要理由是：

第一，本案犯罪嫌疑人的行为是随意殴打他人的行为。从本案的案情来看，李某文等人在排堵的过程中，因琐事纠纷，将被害人唐某等人打伤。如果采取置换行为人的方法，那么社会一般人处于李某文等人的位置时，不会采用殴打这种明显不合法的方式来实现公路排堵的目的。如果将被害人唐某置换为其他的群众，只要在李某文等人清理公路路障的过程中与其发生任何争执或者纠纷，都会遭到李某文等人的殴打。因此，可以说，尽管李某文等人的行为目标明确，但是殴打对象具有不特定性。

第二，故意伤害与寻衅滋事不是完全对立、互不相容的关系，二者在一定程度上具有交叉、重合。至少殴打行为本身就包含了放任伤害结果发生的主观心态，作为寻衅滋事罪核心要素的“随意殴打他人”只是增加了随意性的限制，在主观心态方面与殴打是一致的。因此，在出现随意殴打他人致人轻微伤甚至更严重后果的情况下，行为既符合故意伤害罪的构成要件，也符合寻衅滋事罪的构成要件，应按照想象竞合犯的处断规则，从一重罪论处。李某文等人随意殴打他人，致一人轻伤，一人轻微伤，也属于寻衅滋事罪与故意伤害罪的想象竞合犯。就本案的情况来看，李某文等人的行为，按故意伤害罪应当在3年以下有期徒刑、拘役或者管制的幅度内量刑，而按寻衅滋事罪，量刑幅

---

① 赵长青，等. 刑法学：下. 北京：法律出版社，2000：97.

② 张明楷. 寻衅滋事罪探究：上篇. 政治与法律，2008（1）：86-93.

度为 5 年以下有期徒刑，后者更重，因此应按寻衅滋事罪定罪处罚。

实务训练

在此罪与彼罪的区分中，应着重进行构成要件的对比，尤其要细化到构成要件的各个要素。同时，应结合案件具体情况，注意想象竞合、法条竞合等情况下，一罪与数罪的关系。

延伸阅读

1. 高铭暄，梁健. 寻衅滋事罪若干疑难问题探讨. 人民司法，2008 (17)：59 - 61.

2. 张明楷. 寻衅滋事罪探究：下篇. 政治与法律，2008 (2)：122 - 129.

3. 聂立泽，胡洋. 寻衅滋事罪与故意伤害罪之关系新探. 政治与法律，2011 (3)：113 - 119.

4. 魏东，悦洋. 寻衅滋事罪“随意殴打他人”的法教义学分析. 四川师范大学学报（社会科学版），2017，44 (4)：56 - 63.

案 121. 刑事被害人自己或指使他人作伪证行为的定性

——金某伪证案

要点提示

在刑事诉讼法上，刑事案件的被害人不属于证人的范畴，被害人在向司法机关报案时故意夸大事实，并指使他人作伪证的行为，应当以妨害作证罪定罪处罚。

案情摘要

被告人金某，男，1963 年 5 月 14 日出生，汉族，初中文化，无业。因涉嫌伪证，于 2000 年 6 月 16 日被羁押，同年 7 月 5 日被逮捕。

1999 年 10 月 23 日晚，蔡某在金某家的卧室内，从金某的手包中盗走 5 000 元。案发后，金某伙同其妻赵某向公安机关谎报被盗 65 200 元，并指使安某为其作伪证。

法院认为，金某在其数额较大的钱财被他人盗窃后，本应通过正常途径解决，但其缺乏法治观念，为图报复，与他人共谋，故意捏造数额特别巨大的钱财被盗，向公安机关作虚假告发，意图使他人受到更为严厉的刑事处罚，情节严重，其行为已构成诬告陷害罪，应予惩处。检察院起诉书认定事实清楚，提供之相应证据亦无不当，但指控其犯有伪证罪定性不准。考虑金某认罪态度较好，本案事出有因，其所诬陷之事实未给他人造成实际之后果，可酌予从轻处罚。依照《刑法》第 243 条第 1 款之规定，判决如下：

被告人犯诬告陷害罪，判处拘役四个月。

一审宣判后，检察院以一审判决“定性不准，适用法律错误，量刑畸轻”为由，提起抗诉。

法院经公开审理后认为，原审被告人为报复他人，捏造出夸大的犯罪事实，向司法机关作虚假告发，意图加重他人的刑事处罚，情节严重，其行为已构成诬告陷害罪，依法应予惩处。因伪证罪只能由证人、鉴定人、记录人、翻译人员构成，故抗诉机关关于原审被告人金某的行为构成伪证罪，不构成诬告陷害罪的抗诉意见不能成立。原审法院判决认定的事实清楚，证据确凿，适用法律正确，量刑适当，审判程序合法，应予维持。依照《刑事诉讼法》第 189 条第 1 项之规定，裁定如下：驳回抗诉，维持原判。

分歧意见

对刑事案件的被害人是否属于证人存在不同的认识，所以在司法实践中针对以上争议问题，存在以下四种不同的处理意见：

第一种意见认为，刑事案件的被害人属于证人，金某的行为构成伪证罪。主要理由是：对于伪证罪中的证人不应作狭义理解，应包括被害人在内。《刑事诉讼法》第 62 条第 1 款规定：“凡是知道案件情况的人，都有作证的义务。”由此可见，证人是指一切知道案件情况的人。被害人作为被侵害的对象，了解案件的经过，从这一点来看，被害人在广义上属于证人范围。最高人民检察院《人民检察院直接受理立案侦查案件立案标准的规定（试行）》明确规定：“暴力取证罪是指司法工作人员以暴力逼取证人证言、被害人陈述的行为。”从而把被害人的陈述纳入了证人证言的范畴。本案中，被告人金某在原有犯罪事实的基础上予以夸大，虽非捏造一个新的犯罪事实，但其行为属于“对与案件有重要关系的情节”作虚假陈述，且其主观上也是为了陷害他人，完全符合《刑法》第 305 条规定的伪证罪的构成特征。

第二种意见认为，刑事案件的被害人不属于“伪证罪”中的证人，金某的行为不构成伪证罪，而应构成诬告陷害罪。理由是：法律规定伪证罪的主体为特殊主体，即证人、记录人、鉴定人、翻译人员。本案中，金某的主体身份明显不是伪证罪四种主体中的任何一种，其私人合法钱财被盗，应为被害人，而被害人与证人在法理上和法律条文中，都有着明确的区分。金某属于盗窃案件中的被害人，不具有伪证罪主体身份。但金某在其数额较大的钱财被他人盗窃后，为图报复，与他人共谋，故意捏造数额特别巨大的钱财被盗的事实，向公安机关作虚假告发，意图使他人受到更为严厉的刑事处罚，情节严重，应以诬告陷害罪定罪科刑。

第三种意见认为，金某不构成犯罪。主要理由是：（1）金某不构成伪证罪。伪证罪的主体是特殊主体，即只能是证人、鉴定人、记录人、翻译人员。刑事诉讼法将证人证言和被害人陈述分别规定为不同的证据种类，金某属于被害人，不具备伪证罪的主体资格。同时，伪证罪的成立要求是行为发生在刑事诉讼中，刑事诉讼中是指刑事案件立案后的侦查、起诉、审判，而金某的行为是在刑事案件立案前。伪证罪在主观方面的要求是行为人意图使无罪的人受到刑事追究，但金某主观上只想加重已触犯刑律人的刑事责任。显然，金某的行为在主体、主观及客观方面都不符合伪证罪的构成特征。(2) 金某不构成诬告陷害罪。诬告陷害罪最重要的特征是行为人意图使无罪的人受到有罪追究。因此，实施诬告陷害行为的人只有捏造完整的犯罪事实，并用该事实向有关部门作虚假告发，才有可能达到使无罪的人受到有罪的追究的目的。若行为人只是用捏造的部分犯罪情节，向有关单位作虚假告发，明显达不到陷害他人的主观目的。换言之，诬告陷害罪的成立，客观方面要求行为人捏造完整的犯罪事实并作虚假告发，主观方面要求行为人意图使无刑事责任的人受到刑事责任的追究。金某客观上并未捏造完整的犯罪事实，只是夸大了已有犯罪事实的部分情节，主观方面并未想使无罪的人受到有罪追究，只是想使有罪的人受到更重的惩罚，因此，金某不构成诬告陷害罪。(3) 金某的行为确实具有社会危害性，但由于现行刑法未明确规定该行为是犯罪行为，因此，根据罪刑法定原则，金某的行为不构成犯罪。

第四种意见认为，金某的行为已构成妨害作证罪。理由在于，本案被告人金某属于盗窃案件的被害人，在其财物被盗后，到公安机关报案。其在向公安机关陈述过程中，为使盗窃犯罪分子受到刑事追究，有意夸大了财产损失的事实。此种情况在被害人陈述中并不少见，同时也是被害人陈述证据本身具有的弱点。排除被害人陈述中不真实或不完全真实的因素，正是司法机关具体办案人员的职责。金某出于报复的动机，在自己向公安机关报案并作了虚假陈述的情况下，又指使安某作伪证，以证实其虚假陈述。这一行为严重妨害了司法机关的正常诉讼活动，构成犯罪的，应当按照《刑法》第 307 条第 1 款的规定，以妨害作证罪定罪处罚。

问题研讨

我们赞成第四种意见，即金某的行为构成妨害作证罪。理由如下：

第一，被告人金某的行为不构成伪证罪。根据《刑法》第 305 条的规定，在刑事诉讼中，证人、鉴定人、记录人、翻译人员对与案件有重要关系的情节，故意作虚假证明、鉴定、记录、翻译，意图陷害他人或者隐匿罪证的行为，构成伪证罪。这表明伪证罪是特殊主体实施的犯罪，即只能由证人、鉴定人、记录人、翻译人员构成。对于被害人在刑事诉讼过程中故意作虚假陈述，夸大已有犯罪事实中的部分情节，意图加重被告人刑事责任的行为，能否以伪证罪追究其刑事责任，关键在于证人是否包括被害人。从证人和被害人这两个概念的内涵来看，被害人是指遭受犯罪行为直接侵害的人，既可以是自然人，还可以是法人或者不具有法人资格的其他组织。证人是指除当事人以外了解案件情况并向司法机关陈述自己知道的案件情况的诉讼参与人，且只能是自然人。从刑事诉讼法的规定来看，证人和被害人是两个独立的概念，二者不存在种属包含关系。也就是说，证人不可能包含作为当事人之一的被害人。即使对证人作广义的理解，也不能将被害人列入证人范畴。被害人属于当事人范畴，证人属于其他诉讼参与人。证人和被害人各自通过不同的方式参加到刑事诉讼中，他们在刑事诉讼中的地位、作用不同，即证人通过听到、看到了什么的证言，被害人通过遭受犯罪分子哪些侵害的陈述来发挥各自的诉讼功能，因而决定了证人和被害人的诉讼权利、义务方面都存在差别，两者的证明作用、证明手段、证明效力均不同，因而不能等同看待。本案中，金某的财物被蔡某所盗，属于盗窃案件中的被害人。刑事案件中被害人不能成为伪证罪的主体，金某向公安机关报案的同时又夸大部分犯罪事实，属于被害人向司法机关提供了虚假陈述，而不是伪证罪中的“证人作虚假的证言”。因此，其行为不构成伪证罪。

第二，被告人金某的行为不构成诬告陷害罪。根据《刑法》第243条的规定，诬告陷害罪是指捏造事实，向国家机关或者有关单位作虚假告发，意图使他人受刑事追究的行为。对诬告陷害中的“捏造事实”，应当作严格的限定，不能作扩大解释。本案中金某、赵某将蔡某偷盗5 000元的事实借题发挥，扩大蔡某犯罪事实，将蔡某构成轻罪的事实扩大成为构成重罪的事实，不属于诬告陷害罪中的“捏造事实”，其行为不构成诬告陷害罪。

第三，被告人金某的行为性质属于妨害作证。本案被告人金某属于盗窃案件的被害人，在其财物被盗后，到公安机关报案。其在向公安机关陈述过程中，为使盗窃犯罪分子受到刑事追究，有意夸大了财产损失的事实。此种情况在被害人陈述中并不少见，同时也是被害人陈述证据本身所具有的弱点。排除被害人陈述中不真实或不完全真实的因素，正是司法机关具体办案人员的职责。金某出于报复的动机，在自己向公安机关报案并作了虚假陈述的情况下，又指使安某作伪证，以证实其虚假陈述。这一行为严重妨害了司法机关的正常诉讼活动，构成犯罪的，应当按照《刑法》第307条第1款的规定，以妨害作证罪定罪处罚。

实务训练

从实务中找一个类似本主题的真实案例，根据该案的事实、既有证据及争议焦点，写一份辩护词或判决书。要求格式规范、条理清晰、层次分明、说理透彻。

延伸阅读

1. 周少华，贾清波. 伪证罪主体问题探讨. 法学，2005（6）：44－52.

2. 刘志. 当事人应否纳入伪证罪主体的刑法谦抑分析. 人民检察，2008（20）：59－60.

3. 赵志华，鲜铁可. 伪证罪相关问题研究. 国家检察官学院学报，2009，17（4）：110－114.

案122. 提起虚假诉讼并指使他人作伪证的行为定性

——万某华妨害作证案

要点提示

从犯罪构成来讲，妨害作证罪的主体为一般主体，主观方面表现为直接故意，侵犯的客体是国家司法机关的正常诉讼活动和公民依法作证的权利，客观方面表现为行为人实施了采用暴力、威胁、贿买等方法阻止证人依法作证或者指使他人作伪证的妨害作证的行为。行为人为逃避债务，伙同他人实施虚假民事诉讼并指使他人作伪证的，符合妨害作证罪的构成要件，应该按照《刑法》第 307 条的规定定罪处罚。

案情摘要

被告人万某华，男，49 岁，汉族，大学学历，原系上海某国际集团工作人员。

2009 年 10 月，被告人万某华明知他人向其催讨欠款并已向法院提起民事诉讼，为逃避因败诉所应承担的还款义务，于同年 11 月虚构其向韩某（另案处理）借款人民币 300 万元的事实，指使韩某以原告身份向上海市浦东新区人民法院提起民事诉讼追讨欠款，并提请财产保全。后经法院调解，韩某与万某华达成所谓的调解协议，并由法院制作民事调解书确立双方的债权债务关系。

同时查明，上海市浦东新区人民法院查实韩某诉被告万某华民间借贷一案系虚假诉讼案件后，遂于 2011 年 7 月启动再审程序。在再审诉讼中，韩某提交撤诉申请，且万某华亦无异议。据此，上海市浦东新区人民法院依法作出民事裁定，撤销原民事调解书并准许韩斌撤诉。公安机关经立案侦查，于 2011 年 5 月 10 日将万某华抓获归案。

被告人万某华的辩护人对起诉书指控的事实无异议，但辩称万某华妨害作证涉及的是民事案件，并未造成严重后果，且现行法律、司法解释对此罪情节严重的认定尚无明确规定，故对起诉书指控万某华的行为属于《刑法》第 307 条第 1 款规定的“情节严重”提出异议。同时认为，韩某在虚假诉讼中的主体身份是原告，而不是证人，故万某华指使韩某提起虚假诉讼的行为似更符合帮助伪造证据罪的构成要件。

法院认为，被告人万某华指使韩某向法院提起虚假的民事诉讼并提供虚假证据、作出虚假陈述，可以认定万某华的上述行为属于“指使他人作伪证”，完全符合妨害作证罪的犯罪构成。辩护人关于万某华的行为不构成妨害作证罪，而构成帮助伪造证据罪的辩护意见，不能成立。

分歧意见

伙同他人实施虚假诉讼并在其中指使他人作伪证的行为是构成妨害作证罪、虚假诉讼罪，还是帮助伪造证据罪？虚假诉讼罪与妨害作证罪的界限如何理解？

问题研讨

1. 伙同他人实施虚假诉讼并在其中指使他人作伪证的行为是构成妨害作证罪

《刑法》第 307 条之一规定了虚假诉讼罪，即以捏造的事实提起民事诉讼，妨害司法秩序或者严重侵害他人合法权益的行为。行为人采取虚假诉讼犯罪行为的具体表现是捏造事实并提起诉讼，而且虚假诉讼行为必须实际妨害了司法秩序或者损害他人或组织的合法权益且情节严重的才构成犯罪。《刑法》第307条之一还规定，有虚假诉讼行为，非法占有他人财产或者逃避合法债务，又构成其他犯罪的，依照处罚较重的规定定罪从重处罚。2018年发布的最高人民法院、最高人民检察院《关于办理虚假诉讼刑事案件适用法律若干问题的解释》第6条规定："诉讼代理人、证人、鉴定人等诉讼参与人与他人通谋，代理提起虚假民事诉讼、故意作虚假证言或者出具虚假鉴定意见，共同实施刑法第三百零七条之一前三款行为的，依照共同犯罪的规定定罪处罚；同时构成妨害作证罪，帮助毁灭、伪造证据罪等犯罪的，依照处罚较重的规定定罪从重处罚。"妨害作证罪相较于虚假诉讼罪、帮助伪造证据罪而言，处罚更重。因此，为逃避债务虚构借款事实，伙同他人提起虚假民事诉讼的行为应该以妨害作证罪定罪处罚。

2. 虚假诉讼罪与妨害作证罪的界限

《刑法》第307条第1款规定，妨害作证罪是指采用暴力、威胁、贿买等办法阻止证人作证或者指使他人作伪证的行为。虚假诉讼罪与妨害作证罪的界限如下：第一，犯罪客体不同。虚假诉讼罪是复杂客体，即司法秩序和他人合法权益；而妨害作证罪的客体是简单客体即司法机关的正常诉讼活动。第二，两罪的客观方面不同。虚假诉讼罪是以捏造的事实提起虚假的民事诉讼的行为，妨害作证罪是采用暴力、威胁等手段干扰证人作证或指使他人做假证的行为。第三，两者的主体也不同。虚假诉讼罪的主体是原告，妨害作证罪的主体是一般主体，即自然人。第四，两罪存在的领域不同。虚假诉讼罪只能发生在民事诉讼领域；妨害作证罪发生的时间区间大，可以发生在提起诉讼前后。其存在的空间也更大，可以发生于刑事诉讼和行政诉讼中。

实务训练

从实务中找一个类似本主题的真实案例，根据该案的事实、既有证据及争议焦点，写一份辩护词或判决书。要求格式规范、条理清晰、层次分明、说理透彻。

延伸阅读

1. 张明楷. 虚假诉讼罪的基本问题. 法学，2017（1）：152－168.
2. 郭莉. 虚假诉讼犯罪的理解与适用. 中国检察官，2016（1）：30－32.

案123. 虚假诉讼罪的罪数认定

——汪某红诈骗案

要点提示

虚假诉讼是指为了骗取人民法院裁判文书，以恶意串通、虚构事实、伪造证据等的方式向人民法院提起民事诉讼的行为。从表面上看，虚假诉讼行为并不构成诈骗罪，因为诈骗罪的特征是使用虚构事实或隐瞒真相的欺骗方法，使对方产生错觉，信以为真，从而“自愿地”交出财物。而虚假诉讼的相对方并未陷入错误认识，也不会“自愿地”交出财物。但是，虚假诉讼行为是否构成诈骗罪，应根据主客观相统一的原则，结合诈骗罪的构成要件符合性进行综合分析。虚假诉讼的被害人并未陷入认识错误，也并非“自愿”交出财物，但行为人以非法占有为目的，虚构事实，通过虚假诉讼的方式骗取他人财物，数额较大的，仍应以诈骗罪定罪处罚。

案情摘要

2003 年上半年，被告人汪某红与杭州某建设工程有限公司（下称建设公司）商议成立了建设公司衢州分公司（下称衢州分公司），汪某红任衢州分公司总经理。后因汪某红未向建设公司交纳 100 000 元的承诺金，建设公司收回了衢州分公司的营业执照及印章。衢州分公司因年检逾期，于 2004 年 8 月 17 日被吊销营业执照。2006 年年初，汪某红为偿还其个人对陈某某的 1 600 000 元欠款，与陈某某商定，虚构“衢州分公司在 2003 年 6 月至 2004 年 8 月期间为承揽工程而向陈某某借款，尚欠 1 600 000 元未归还”的事实，并向衢州市中级人民法院提起民事诉讼，要求法院判处建设公司以及衢州分公司向陈某某归还“借款”1 600 000 元，并支付相应的利息。2008 年 11 月 10 日，衢州市中级人民法院判决驳回陈某某的诉讼请求。陈某某于 2009 年 1 月 13 日向浙江省高级人民法院提起上诉。二审期间，汪某红提供了虚假的证言，并以书面形式出具了虚假内容的情况说明，导致浙江省高级人民法院作出“建设公司归还陈某某 1 600 000 元，并支付相应利息”的判决。此外，2007 年年初前后，被告人汪某红为偿还其欠何某的 400 000 余元个人借款，以衢州分公司名义向何某出具 1 900 000 元的虚假借条，要何某起诉建设公司，因何某未提起民事诉讼而未得逞。

法院判决：（1）被告人汪某红犯诈骗罪，判处有期徒刑 5 年，并处罚金 100 000 元。（2）随案移送的印章 6 枚予以保存。

分歧意见

提起虚假诉讼又构成其他犯罪的应当如何处理？虚假诉讼罪的罪数问题如何理解与适用？

问题研讨

根据 2018 年 9 月 26 日最高人民法院、最高人民检察院联合公布的《关于办理虚假诉讼刑事案件适用法律若干问题的解释》（以下简称《解释》）的相关规定，关于虚假诉讼罪与其他犯罪竞合的处理原则如下：

根据《刑法》第 307 条之一第 3 款的规定，《解释》第 4 条明确了实施以骗取财物为目的的虚假诉讼犯罪又构成其他犯罪的处理原则，即实施以骗取财物为目的的虚假诉讼犯罪，又构成诈骗罪，职务侵占罪，拒不执行判决、裁定罪，贪污罪等犯罪的，依照处罚较重的规定定罪从重处罚。需要注意的是，刑法第 307 条之一第 3 款规定的处理原则，主要针对以骗取财物为目的的虚假诉讼犯罪与侵财类犯罪成立想象竞合犯的情况，不宜扩大到与其他手段行为犯罪成立牵连犯的情况。

根据《刑法》第 307 条之一第 4 款的规定，《解释》第 5 条明确了司法工作人员利用职权实施虚假诉讼犯罪的处理原则，即司法工作人员利用职权，与他人共同实施虚假诉讼行为的，从重处罚；同时构成滥用职权罪，民事枉法裁判罪，执行判决、裁定滥用职权罪等犯罪的，依照处罚较重的规定定罪从重处罚。

《解释》第 6 条明确了诉讼参与人实施虚假诉讼共同犯罪的处理原则，即诉讼参与人与他人通谋，共同实施虚假诉讼行为的，依照共同犯罪的规定定罪处罚；同时构成妨害作证罪，帮助毁灭、伪造证据罪等犯罪的，依照处罚较重的规定定罪从重处罚。

结合本案具体分析如下：

(1) 从主观方面看，虚假诉讼行为人具有诈骗的故意与非法占有的目的。

虚假诉讼行为人实施虚假诉讼行为时，是为了通过民事诉讼非法取得他人财物，其主观上当然明知自己的行为会发生使他人财产遭受损失的结果，并且希望这种结果发生，所以虚假诉讼行为人具有诈骗罪的直接故意与非法占有目的。本案中，汪某红虚构事实，通过虚假诉讼的方式将个人债务转嫁以骗取财物，其诈骗的故意与非法占有目的是十分明显的。

(2) 从客观方面看，虚假诉讼行为符合诈骗罪的客观要件。

虚假诉讼的被害人虽然未陷入认识错误，但从诈骗罪的客观构造及刑法规定可以看出，诈骗罪中的被害人并不要求必然是陷入认识错误的人，即被害人不一定是被骗人。刑法理论上将被害人与被骗人不是同一人的诈骗称为三角诈骗。三角诈骗的被骗人与被害人虽然可以不是同一人，但被骗人与财产处分人必须是同一人，且被骗人必须具有处分被害人财产的权限或处于可以处分被害人财产的地位。在虚假诉讼中，法官是被骗人，不是被害人。但法官具有作出财产处分的权限，是财产处分人。因此，虚假诉讼是典型的三角诈骗。明确了虚假诉讼属三角诈骗，便可以结合诈骗罪的客观构成对本案汪某红的行为作如下分析：1) 行为人实施了虚构事实、隐瞒真相的行为。本案中，汪某红虚构了“衢州分公司在 2003 年 6 月至 2004 年 8 月期间为承揽工程而向陈某某借款，尚欠 1 600 000 元未归还”的事实。2) 受骗者陷入认识错误。本案中被害人建设公司虽然未产生认识错误，但受骗人法官却产生了认识错误。3) 法官基于认识错误作出“建设公司归还陈某某 1 600 000 元，并支付相应利息”的判决。法官具有作出财产处分的权限，其作出的判决即财产处分行为。4) 行为人取得财产及被害人遭受财产损失。本案中，由于建设公司及时报案，汪某红的诈骗行为未能得逞，建设公司也未遭受财产损失。但汪某红已经着手实施犯罪，只是因意志以外的原因而未得逞，其行为符合诈骗罪（未遂）的客观构成。

综上所述，汪某红的虚假诉讼行为符合诈骗罪的构成要件，应以诈骗罪定罪处罚。

实务训练

从实务中找一个类似本主题的真实案例，根据该案的事实、既有证据及争议焦点，写一份辩护词或判决书。要求格式规范、条理清晰、层次分明、说理透彻。

延伸阅读

1. 张明楷. 虚假诉讼罪的基本问题. 法学，2017（1）：152－168.

2. 杨堃. 虚假诉讼罪的司法适用：基于北京首例虚假诉讼罪案件的展开. 法律适用（司法案例），2018（14）：49－54.

案 124. 非法行医致人死亡认定的排除情形

——张某某非法行医案

要点提示

非法行医罪的客体是国家对医疗机构的管理制度及公众的生命健康安全，客观要件是尚未取得医生执业资格的人擅自从事医疗活动的行为，主体是一般主体，即年满16周岁并具有刑事责任能力的自然人，主观要件表现为故意。由此，“严重损害就诊人身体健康”与“造成就诊人死亡”属于加重犯的构成要件要素。如何判定“造成就诊人死亡”，且“造成就诊人死亡”在刑法体系中具有何种体系性地位，目前在一些疑难案件中还存在较大的争议。如果行为人造成就诊人死亡的参与度较大，且将其作为入罪情节，那么就不应将其作为加重情节再次评价。如果行为人造成就诊人死亡的参与度不大，就不应以非法行医罪论处。

案情摘要

被告人张某某在未取得医师资格以及医疗机构执业许可证的情况下，开办医疗机构从事诊疗活动。2012年6月4日12时许，被告人在对有心脏疾患的被害人赵某某进行诊断治疗中，采取人工呼吸、心脏按压及注射过期的硝酸甘油注射液等措施。上述措施均无效，被害人赵某某于当日死亡。经鉴定，被害人赵某某因患冠心病、急性心肌梗死、轻度脂肪心等心脏疾患导致急性心功能衰竭死亡。张某某的行为客观上一定程度延误了抢救时间，导致失去了抢救机会。在赵某某的死亡过程中张某某负有一定责任，建议参与度为50%。

公诉机关指控被告人张某某的行为造成就诊人死亡，建议按照“造成就诊人死亡”的情形定罪量刑。法院审理后，依照《刑法》第336条第1款、第52条、第53条，以及最高人民法院《关于审理非法行医刑事案件具体应用法律若干问题的解释》第1条第

2 项、第 2 条第 5 项之规定，对刑事部分判决如下：被告人张某某犯非法行医罪，判处有期徒刑 3 年，罚金 3 万元。

一审宣判后，被告人张某某未上诉，公诉机关提出抗诉。某市第二中级人民法院作出裁定：驳回某市某区人民检察院的抗诉，维持原判。

分歧意见

本案应适用何种量刑幅度，形成了以下不同意见：

（1）一种意见认为应当在有期徒刑 10 年以上的幅度量刑。理由是：被告人的非法行医行为延误了抢救时间，是造成被害人死亡的原因之一。因此，被告人的非法行医行为与死亡结果具有因果关系，符合“造成就诊人死亡”的情形。

（2）另一种观点认为本案不符合“造成就诊人死亡”的情形。理由是：诊疗行为在就诊人死亡结果中的原因力大小是认定非法行医造成就诊人死亡的关键。被害人自身患有的疾病是死亡发生的基础，被告人的非法行医行为虽为被害人死亡结果发生的原因之一，但原因力有限，并非主要或者直接原因。因此，非法行医行为与死亡结果不具有直接因果关系。

问题研讨

对于本案，张某某的行为是否会被追究刑事责任，以及在何种量刑幅度内进行判罚取决于多种要素。其中，关键点在于对于刑法中的因果关系以及“禁止双重评价”的把握。

首先，被害人的死亡能否归咎于张某某的行为，即张某某的行为与被害人的死亡之间有无刑法中的因果关系。所谓刑法中的因果关系是指危害行为与危害结果的引起与被引起的关系。一个行为要成立犯罪，必然需要危害行为与危害结果之间存在刑法意义上的因果关联。通常情况下，刑法上的因果关系是清晰可辨的，但是在特殊的情况下，危害结果是一目了然的。因此这种危害结果是否是由危害行为所引起的，则存在较大的争议。本案中虽然张某某实施了一定的治疗行为，但是在导致被害人死亡的因素之中，也存在被害人自身的身体因素，即被害人自身患冠心病、急性心肌梗死、轻度脂肪心等心脏疾患。换言之，在重叠的因果关系判断中，两个以上相互独立的行为并不能导致危害结果的发生，但是两个因素重叠在一起就可能导致危害结果的发生，那么就不能否定两个因素与危害结果之间的因果关系。在本案中，鉴定结果显示，被害人赵某某因患冠心病、急性心肌梗死、轻度脂肪心等心脏疾患导致急性心功能衰竭死亡。张某某的行为客观上一定程度延误了抢救时间，导致失去了抢救机会，其在赵某某的死亡过程中负有一定责任，经过鉴定后的参与度为 50%。那么，就不应当否定张某某的行为与被害人死亡之间的因果关系。

其次，需要判断的是张某某的行为是否达到了非法行医罪中的“情节严重”。根据 2008 年《最高人民法院关于审理非法行医刑事案件具体应用法律若干问题的解释》第 2

条之规定："具有下列情形之一的，应认定为刑法第三百三十六条第一款规定的'情节严重'：（一）造成就诊人轻度残疾、器官组织损伤导致一般功能障碍的；（二）造成甲类传染病传播、流行或者有传播、流行危险的；（三）使用假药、劣药或不符合国家规定标准的卫生材料、医疗器械，足以严重危害人体健康的；（四）非法行医被卫生行政部门行政处罚两次以后，再次非法行医的；（五）其他情节严重的情形。"而根据第3条的规定："具有下列情形之一的，应认定为刑法第三百三十六条第一款规定的'严重损害就诊人身体健康'：（一）造成就诊人中度以上残疾、器官组织损伤导致严重功能障碍的；（二）造成三名以上就诊人轻度残疾、器官组织损伤导致一般功能障碍的。"

就本案来看，第一，张某某的行为显然不符合上述司法解释第2条的规定。因为其虽然是未取得医生执业资格的人，但是在执业的过程中并未出现过以上的情形。所以在入罪条件上只能引用第3条的规定。第二，张某某的行为并非是导致就诊人死亡直接、主要的原因。正如前文所论，张某某行为的参与度为50%，也就意味着与被害人平均分担了原因。那么就不应将其视为直接、主要的原因。在本案中，既然行为人的入罪前提有所缺乏，只能将导致他人死亡作为该案的入罪条件。

最后，致被害人死亡的结果不能作为加重犯的情节予以再次评价。在本案审理过程中，对量刑幅度也产生了较大的争议。而这便涉及禁止重复评价原则的适用问题。禁止重复评价原则贯穿于定罪和量刑之中，该原则虽然没有被我国立法所承认，但是长期以来得到了我国理论学界的认可。对行为人进行量刑，必须建立在各种犯罪事实的基础之上，由犯罪事实归纳出的各种情节（定罪情节＋量刑情节）便成为法官重点考虑的对象。根据刑法理论，定罪情节是指用于定罪的那部分构成事实，量刑情节是指犯罪事实中定罪后剩余的那部分构成事实和刑法规定的各种法定或一些刑法尚未规定但是在实践中广泛运用的酌定量刑情节。因此，在对犯罪分子定罪量刑的过程中，必须处理好定罪情节和量刑情节、量刑情节和量刑情节之间的关系。

禁止重复评价原则在量刑中的运用主要表现在两个方面：第一，已经用作定罪情节的事实，不能在量刑中再次被使用；第二，同一量刑情节不能被多次使用。就本案来说，张某某导致被害人死亡的事实，已经在定罪的过程中被作为定罪情节使用了，那么在量刑过程中就不应将其作为量刑情节再次使用。

实务训练

请根据本案的事实、既有证据及争议焦点，写一份辩护词。要求格式规范、层次分明、有理有据。

延伸阅读

1. 张明楷. 犯罪构成体系与构成要件要素. 北京：北京大学出版社，2010.
2. 马章民，刘江格. 非法行医罪的认定及立法完善. 河北法学，2005（8）：95-100.
3. 姚诗. 非法行医罪"情节严重"的解释立场与实质标准. 政治与法律，2012（4）：

111－119.

4. 储槐植，汪永乐. 刑法因果关系研究. 中国法学，2001（2）：146－157.

案125. 个体医生自配胶囊致人死伤的性质认定

——孟某超医疗事故案

要点提示

根据《刑法》第335条之规定，所谓医疗事故罪是指医务人员由于严重不负责任，造成就诊人死亡或者严重损害就诊人身体健康的行为。在司法实践中，特别是私人诊所的医生因迷信所谓的偏方而擅自配药，造成被害人死亡时，便涉及生产、销售假药罪与医疗事故罪之间的区分。如果行为人具有医生执业资格，在这种情况下，认定为医疗事故罪较为妥当。

案情摘要

被告人孟某超系个体医生，具有行医资格和执业许可证。1996年至1997年孟某超在某医专学习期间，某教授传授其一则治疗腰、腿疼等风湿病的民间验方，该验方用于临床具有一定疗效。被告人孟某超在此后的行医过程中，未经国家卫生行政部门批准，即按该验方配制成胶囊给患者服用，未见不良反应。2004年5月3日上午，村民孟某义、王某海因腰疼和周身疼痛到孟某超处治疗，孟某超给二人开具了自己按上述验方配制的胶囊，二人服用后称有效，孟某超遂加大剂量让二人服用，后二人均出现中毒症状。孟某超闻讯后，采取了相应的抢救措施。王某海经抢救脱险，现已治愈，孟某义经抢救无效死亡。经鉴定，孟某义生前患有高血压、冠心病（轻度），因服用了孟某超配制的含有超标准有毒物质“乌头碱”的胶囊中毒，未能及时抢救而死亡。孟某超案发后投案自首，并赔偿被害人一方15 000元。

分歧意见

具有行医资格和执业许可证的医生，利用民间偏方、验方制造的药物治疗患者，造成患者死亡的情形，是构成生产、销售假药罪还是医疗事故罪？关于本案的行为定性，主要存在以下两种不同观点：

（1）生产、销售假药罪。理由是：1）本案中被告人孟某超给被害者所用的胶囊未经任何药监机构检验、批准或审定，其药方也不是医疗机构所给予的，因此也不可能符合国家标准，应当认定该胶囊属于假药。2）如果只是开处方，这些药物的生产、销售都与医生没有直接关系，但是本案被告人把自制的胶囊直接卖给患者，已经是一种自产自销的行为，其与患者之间已经形成一种生产者、销售者与消费者的关系，被告人的行为属于生产、销售行为。

（2）医疗事故罪。理由是：本案被告人是具有执业医师资格并经注册执业的医务人员，未经批准擅自制作药品用于诊疗已严重违反医疗规章，造成了严重后果。其主观上认为该胶囊具有疗效才加大剂量，属于过于自信的过失，因此被告人的行为构成医疗事故罪。

问题研讨

如何正确地处理本案，首先需要区分生产、销售假药罪与医疗事故罪两个罪名。

所谓生产、销售假药罪是指生产者、销售者违反国家药品管理法规，生产、销售假药，足以危害人体健康的行为。根据1997年刑法的规定，本罪的客观方面表现为：违反国家药品管理法规，生产、销售假药的行为；主观上表现为：明知是假药而生产、销售。在司法实践中，可能存在行为人擅自配备药品的行为，在客观上生产、销售假药罪与医疗事故罪存在一定的相似性。但是两罪最为重要的区别在于：医疗事故罪在主观上是严重不负责任，表现为过失。

具体就本案来说，首先，被告人是在从事治疗的过程中为被害人配备了相关的药品，该行为并不能与生产、销售假药罪中的"生产、销售"行为等同。生产、销售假药罪中的行为以市场流通为基础，是一种市场行为，而被告人的"生产、销售"数量、规模和范围都远远未达到进入药品市场流通领域的程度，不足以破坏社会主义市场经济秩序。其次，从主观上看，被告人对其自制胶囊的疗效深信不疑，并且之前没有出现过不良反应，被告人主观上并不认为自己是在"生产、销售"假药。

就本案来说，更加符合医疗事故罪的构成要件。首先，行为人的行为符合"严重不负责任、造成就诊人死亡或者严重损害就诊人身体健康的"客观特征。所谓严重不负责任，是指在诊疗护理工作中违反规章制度和诊疗护理常规。这里的规章制度，是指与保障就诊人的生命、健康安全有关的诊疗护理方面的规则、守则、制度、职责要求等等。例如，错用药物、错治病人、错报输血、错报病情、交班、当班失职等。其一，在本案中，行为人在并不能确定该偏方是否有效的情况下，就擅自开给病人服用，显然属于严重不负责任的行为。其二，危害结果的大小是衡量违法行为社会危害性的大小和区分罪与非罪的客观标准，构成本罪在客观上必须要求发生了病人重伤或死亡的结果。在本案中，行为人的行为导致了被害人一死一伤的结果，显然属于严重损害就诊人身体健康。其三，行为人的行为与致被害人一死一伤的结果之间存在因果关系。在因果关系的认定过程中，就包含了违章医疗行为对病情没起到任何作用，而由于病情发展引起伤残、死亡，这包括医方违章不作为和无效作为两种情形。就本案来说，显然，行为人的行为是引起他人伤亡的最为直接的原因。

其次，行为人主观上具有过失。就本案来说，其一，行为人主观上并不希望或放任被害人死亡，因为被害人服用大剂量的药物中毒之后，行为人采取了相应的抢救措施。其二，行为人主观上是一种过于自信的过失，即行为人已经预见自己的行为可能发生危害社会的结果，但轻信能够避免以致发生危害结果。在本案中，行为人是具有行医资格和执业许可证的个体医生，应当能预见到未经国家卫生行政部门批准，不能随意将民间的偏方、验方等作为处方药进入临床使用，但是，其把制成的胶囊给患者服用，未见不良反应，便轻信即便加大药量也应该没有问题，导致了一伤一死的结果。这足以反映出其主观上的过于自信的过失。

综上来看，应当认定行为人构成医疗事故罪较为妥当。

实务训练

请根据本案的事实、既有证据及争议焦点，写一份关于本案的刑事判决书。要求格式规范、层次分明、有理有据。

延伸阅读

1. 洪莉萍. 医疗事故的界定及相关问题探析：兼评我国《医疗事故处理条例》. 法学，2003 (2)：75－78.

2. 孙万怀. 生产、销售假药行为刑事违法性之评估. 法学家，2017 (2)：138－149＋181－182.

3. 张爱艳. 对认定医疗事故罪客观要件的思考. 政法论丛，2004 (2)：61－63.

4. 杨丹. 我国处理医疗事故刑事案件的实证分析. 中国刑事法杂志，2008 (6)：93－104.

案 126. 致特定多数人感染甲类传染病行为的定性

——常某江妨害传染病防治案

要点提示

根据《刑法》第 330 条规定，妨害传染病防治罪是指违反传染病防治法规定，引起甲类传染病传播或者有传播严重危险的行为。只是在特定的范围内造成多数人感染甲类传染病的，在主观方面属于过失的情况下，不宜认定为过失以危险方法危害公共安全罪，宜认定为妨害传染病防治罪。

案情摘要

被告人常某江长期在湖北省武汉市居住。2020 年 1 月 23 日凌晨，在武汉市即将实施新冠疫情管控措施前，常某江驾车带其妻儿赶赴湖南省长沙市，后乘飞机抵达北京市，于 2020 年 1 月 24 日凌晨入住房山区某小区，与其母、兄共同居住。在京期间，常某江未报告其武汉市居住史，不执行居家隔离措施，多次出入超市、药店等公共场所。其母出现咳嗽、低烧等症状后，常某江安排其妻儿另行租房居住。其母于 2020 年 2 月

16 日被确诊为新冠病毒肺炎患者，常某江于 2020 年 2 月 18 日被确诊为无症状感染者（经卫生健康部门确认属于病原携带者），与其密切接触的 28 人被隔离。

分歧意见

针对本案行为，围绕以下两个问题——“新冠病毒无症状感染者能否成为妨害传染病防治罪的适格主体”、“妨害传染病防治罪与以危险方法危害公共安全罪如何区分”，产生了三种争议观点。

（1）不构成犯罪。原因是作为新冠病毒无症状感染者不能成为妨害传染病防治罪的适格主体。被告系无症状感染者，没有认识到自身的危险性，没有意识到会产生新冠病毒传播的危险，不需要予以刑罚处罚，由公安机关进行治安处罚即可。

（2）构成妨害传染病防治罪。理由是：被告人在行为时不属于已确诊的感染者，不具有传播病原体的故意，但其拒绝执行新冠病毒疫情防控措施要求，隐瞒疫区史，不居家隔离，引发新冠病毒传播严重危险，构成妨害传染病防治罪。

（3）构成以危险方法危害公共安全罪或过失以危险方法危害公共安全罪。被告人在其母亲出现新冠病毒肺炎症状被收治后，仍隐瞒疫区居住史，多次外出与他人接触，导致新冠病毒有传播的严重危险，被告人对上述行为结果持希望或放任的态度，构成以危险方法危害公共安全罪，或者对传播的危险应当预见而疏忽大意没有预见，构成过失以危险方法危害公共安全罪。

问题研讨

综合本案的案情，宜认定为妨害传染病防治罪。

首先，行为人的行为违反了国家关于传染病防治的管理制度。妨害传染病防治罪的罪状属于典型的空白罪状，对其准确定性的前提应援用传染病防治法规定。拒绝执行卫生防疫机构依照传染病防治法提出的预防、控制措施的行为属于违反传染病防治的管理制度的表现之一。行为人在其母亲出现新冠病毒肺炎症状被收治后，仍隐瞒疫区居住史，多次外出与他人接触，明显与当时的“居家隔离”的防疫措施不相符合。

其次，行为人的行为引起了甲类传染病传播或者有传播的严重危险。基于以下理由，可以明确行为人的行为引起了甲类传染病的传播。其一，从客观要件来看，本罪必须要引起甲类传染病传播。根据《中华人民共和国传染病防治法》第 3 条的规定，传染病分为甲类、乙类和丙类。新冠病毒肺炎属于乙类传染病。但是基于当时防疫的需要，国家出台文件明确将其视为甲类传染病对待并按照甲类传染病的防控要求采取防控措施。其二，虽然行为人属于无症状感染者，但是无症状感染者也是病毒的携带者，也能传播其他人。从本案的结果来看，正是由于病毒的高传播性，因而导致了与其密切接触的且被隔离的 28 人均具有被传播的风险。

再次，行为人符合本罪的主体要件。虽然有观点认为，无症状感染者不能成为妨害传染病防治罪的主体，但是这种抗辩并不具有合理性。从规范层面看，我国与疫情防控相关的法律法规明确规定任何单位和个人均负有执行卫生防疫机构依照传染病防治法提出的防控措施的义务。遵守的主体包括所有人员，从事实层面看，无症状感染者也具有传染性，因而不应排除其成为本罪的主体。

最后，行为人主观上具有过失。本罪在主观方面表现为过失，即行为人对引起甲类传染病传播或有传播的严重危险这一结果是不明知的。但行为人违反传染病防治法规定的行为则是故意的。如果行为人明知会引起甲类传染病传播或有传播的严重危险而仍实施违反传染病防治法规定的行为的，则应以以危险方法危害公共安全罪论处。

所谓以危险方法危害公共安全罪是指使用与放火、决水、爆炸、投放危险物质等危险性相当的其他危险方法，危害公共安全的行为。从客观上来看，行为人引起了与其密切接触的 28 人被隔离并具有感染的风险，具有危害公共安全的性质毋庸置疑。因此，行为人主观上是故意还是过失便成为区分妨害传染病防治罪与以危险方法危害公共安全罪的关键点。

具体就本案来看，其一，行为人主观上并不明知自己已经感染了病毒。众所周知，所谓无症状感染就是在客观上没有出现感染病毒的任何症状。因此，作为一名普通的个体，在尚未进行医学检验的情况下，很难确定自己是否感染了病毒。其二，行为人存在"应当预见而没有预见"的基础。在本案中，有两个情节足以表明其应当预见自己有可能感染病毒。一是行为人具有武汉市居住史，二是其母出现了感染病毒的表现形式——咳嗽、低烧等症状，作为与其母亲密切接触的人群，其应当预见自己被感染的可能性较大。据此可以判定行为人的主观要件为过失。

那么，行为人的行为是否构成过失以危险方法危害公共安全罪？我们认为，从构成要件的内容以及本案的案情来看，行为人常某江的行为符合过失以危险方法危害公共安全罪的构成要件。但是在此处不应以此罪名定罪处罚，理由如下：第一，过失以危险方法危害公共安全罪是口袋罪名，在其他的刑法规范有明确规定的情况下，不宜再以该罪名追究行为人的刑事责任。第二，以妨害传染病防治罪追究其刑事责任，也能做到罪刑相适应。根据《刑法》第 330 条的规定，"引起甲类传染病以及依法确定采取甲类传染病预防、控制措施的传染病传播或者有传播严重危险的，处三年以下有期徒刑或者拘役；后果特别严重的，处三年以上七年以下有期徒刑。"根据《刑法》第 115 条的规定，"过失犯前款罪的，处三年以上七年以下有期徒刑；情节较轻的，处三年以下有期徒刑或者拘役。"对比两者的法定刑，并无实质性差别。因此，以妨害传染病防治罪论处也能贯彻罪刑相适应原则。

综上，本案中的行为人应当构成妨害传染病防治罪。

实务训练

请根据本案的事实、既有证据及争议焦点，写一份上诉状。要求格式规范、层次分明、有理有据。

延伸阅读

1. 刘远，等. 危害公共卫生罪. 北京：中国人民公安大学出版社，2003.
2. 孟庆华. 妨害传染病防治罪的几个构成要件问题. 法学论坛，2004（1）：57－60.
3. 彭兰. 妨害传染病防治罪. 中国刑事法杂志，1998（2）：37－40.
4. 石经海，金舟．涉疫情以危险方法危害公共安全案的法律理解与适用．人民法院报，2020－02－20.

案 127. 非法鉴定胎儿性别行为不宜定为非法行医罪

——卢某娟等人非法鉴定胎儿性别案

要点提示

《医疗机构管理条例实施细则》规定，诊疗活动是指通过各种检查、使用药物、器械及手术等方法，对疾病作出判断和消除疾病、缓解病情、减轻痛苦、改善功能、延长生命、帮助患者恢复健康的活动。鉴定胎儿性别的行为与从事医疗活动不同，前者不具有医疗目的，抽取孕妇血样也只是“体检”性质的行为，与非法行医行为也不具有同质性。因此，对于非法鉴定胎儿性别的行为，应当以行政处罚论处较为妥当。

基本案情

被告人卢某娟、方某春未取得医生执业资格。卢某娟、方某春经预谋，决定采取为孕妇抽取血样并转交他人检测的方式，以鉴定胎儿性别牟利。2012 年 7 月至 2012 年 11 月间，卢某娟先后在停放于厦门市思明区仙岳医院、五一广场及湖里区 sm 广场、水上乐园停车场等处的车辆内为 157 名孕妇抽取血样，并按每例人民币 5 000 元或 5 500 元的价格收取费用。之后，由方某春以每例人民币 4 000 元的标准将血样及相关费用转交他人用于鉴定胎儿性别。其间，方某春自行为卢某娟及另一名孕妇抽取血样。四名由卢某娟抽取血样的孕妇因得知怀女胎而流产，一名由方某春自行抽取血样的孕妇因得知怀女胎而流产。卢某娟从上述行为中获利人民币 87 500 元，方某春从上述行为中获利人民币 79 000 元。经厦门市卫生局认定，以采集孕妇静脉血方式进行非医学需要胎儿性别鉴定的行为，属诊疗行为。法院认为被告人卢某娟、方某春未取得医师执业资格，非法行医，情节严重，二者均已构成非法行医罪。

分歧意见

对于该行为的定性，有以下观点：

（1）不构成犯罪。从实际情况来看，大量非法鉴定胎儿性别的社会危害性还没有达到应当采用刑法手段加以遏制的程度，对这些行为不能以犯罪论处，只能给予相应的行政处罚或其他处分。遏制非法鉴定胎儿性别，主要应当通过开展优生优育的宣传教育、加强行业管理等来实现，而不能通过将这类行为犯罪化来达到目的。

（2）非法经营罪。为他人提供非法胎儿性别鉴定或提供中介服务以获取利润，形成了非法牟利的产业链，严重扰乱市场秩序，情节严重的，属于“其他严重扰乱市场秩序的非法经营行为”，应以非法经营罪论处。

（3）非法行医罪。1）该行为属于行医，行医的概念已经不能涵盖现实生活中已经发生的通常认为属于行医范畴的行为，应当对行医的概念进行扩张解释。为他人进行非医学需要的胎儿性别鉴定，是使用器械对人的身体进行检查以确定体内胎儿性别的行为，是诊断行为，属于行医范畴。2）被告人未取得医生执业资格，并导致 5 名孕妇因得知怀女胎而流产，应认定为情节严重，构成非法行医罪。

问题研讨

如何正确处理本案，关键在于对“行医”行为的认定以及非法经营罪构成要件的把握。

首先，非法行医罪是指未取得医生执业资格的人非法行医，情节严重的行为。就本案是否构成非法行医罪，需要判断卢某娟、方某春“为孕妇抽取血样并转交他人检测”是否属于非法行医行为。2008 年《关于审理非法行医刑事案件具体应用法律若干问题的解释》第 1 条规定，具有下列情形之一的，应认定为刑法第三百三十六条第一款规定的“未取得医生执业资格的人非法行医”：（一）未取得或者以非法手段取得医师资格从事医疗活动的；（二）个人未取得《医疗机构执业许可证》开办医疗机构的；（三）被依法吊销医师执业证书期间从事医疗活动的；（四）未取得乡村医生执业证书，从事乡村医疗活动的；（五）家庭接生员实施家庭接生以外的医疗行为的。基于该条规定，行医行为属于医疗活动。根据《医疗机构管理条例实施细则》第 88 条规定，诊疗活动是指通过各种检查、使用药物、器械及手术等方法，对疾病作出判断和消除疾病、缓解病情、减轻痛苦、改善功能、延长生命、帮助患者恢复健康的活动。据此，行医需要有消除疾病、减轻痛苦、恢复健康等医疗目的。因此非法行医罪中的“行医”，是指在医疗、预防、保健业务中，只能由医师根据医学知识与技能实施的行为，主要包括诊断与治疗。诊断是对患者的身体状况或疾病成因进行诊察，治疗是以注射药物、手术等方式消除疾病、减轻痛苦、恢复健康。

就本案而言，其一，卢某娟、方某春未取得医生执业资格，采集多个孕妇的血样，符合非法行医罪的主体要件。其二，从客观方面来看，卢某娟、方某春仅实施了为孕妇抽取血样和转交的行为而并没有具体地鉴定胎儿的性别。对于单纯的抽血行为，并不能对孕妇的身体状况或胎儿性别进行诊断，更不能达到消除疾病、恢复健康的治疗功能，不属于行医。其三，从主观方面看，卢某娟、方某春采集血样是为了转交给他人检测胎儿性别，其主观上没有诊断或治疗的目的，因此并不能认定为“非法行医”行为。综上，本案中卢某娟、方某春不符合非法行医罪的客观构成要件。

其次，卢某娟、方某春的行为也不应认定为非法经营罪。所谓非法经营罪是指自然人或者单位，违反国家规定，从事非法经营活动，扰乱市场秩序，情节严重的行为。主要包括四种类型：（1）未经许可，经营法律、行政法规规定的专营专卖物品或其他限制买卖的物品；（2）买卖进出口许可证、进出口原产地证明以及法律、行政法规规定的经营许可证或批准文件；（3）未经国家有关部门批准，非法经营证券、期货或者保险业务，或者非法从事资金结算业务；（4）其他严重扰乱市场秩序的非法经营行为。就本案而言卢某娟、方某春的行为显然不符合前三项的规定，因此关键在于其行为是否可适用非法经营罪的兜底条款。非法经营罪的客体是市场秩序，市场秩序应当是受法律保护的市场交易秩序和市场竞争秩序。非法经营行为严重扰乱了市场秩序，而经营的对象本来就属于市场的一部分，比如食品、药品、证券等，符合相关法定条件就可以在市场中自由流通。但是根据《禁止非医学需要的胎儿性别鉴定和选择性别人工终止妊娠的规定》，我国禁止任何单位或个人实施非医学需要的胎儿性别鉴定。因此，非医学需要的胎儿性别鉴定服务是禁止进入市场的，不属于市场的一部分，实施该行为也谈不上会扰乱市场秩序。禁止非医学需要的胎儿性别鉴定，是基于平衡性别比例的需要，还关涉孕妇的身体健康权，是我国卫生管理秩序下的重要一环。

本案中，卢某娟、方某春通过采集孕妇血样并转交他人检测的方式从中牟利，但并不是所有非法牟利的行为都可以认定为非法经营罪。卢某娟、方某春的类似于中介的行为，在市场中同样没有被允许存在的空间，不允许商业化，不受法律保护。其主要侵害的是卫生管理秩序而不是市场秩序，不符合非法经营罪的客体要件，无法适用非法经营罪“其他严重扰乱市场经营的非法经营行为”的兜底条款。并且，当前也没有任何相关司法解释将此行为以非法经营罪进行规制。因此，对本案中卢某娟、方某春的行为认定为非法经营罪也不合理。

那么，本案中卢某娟、方某春的行为应如何认定？我们认为其行为并不构成犯罪而应予以行政处罚。本案中卢某娟、方某春并未具体地为孕妇进行胎儿性别鉴定，而是提供采集血液后寄血验子的“中介服务”，明显不符合法律有关“行医”的概念，不属于行医行为。卢某娟和方某春通过采集血样并转交他人鉴定的方式谋取利益，其提供的服务不受法律保护，并不对市场交易秩序与竞争秩序产生影响，不符合非法经营罪的客体要件。尽管司法实践中大多将此类案件认定为非法行医罪，但根据罪刑法定原则，提供寄血验子中介服务或非法鉴定胎儿性别的行为并不完全符合刑法的非法行医罪和非法经营罪的有关规定，因此应认定为不构成犯罪。由于该行为违反《禁止非医学需要的胎儿性别鉴定和选择性别人工终止妊娠的规定》，应予以行政处罚。

实务训练

请根据本案的事实、既有证据及争议焦点，写一份辩护词。要求格式规范、层次分明、有理有据。

延伸阅读

1. 道格拉斯·胡萨克. 过罪化及刑法的限制. 姜敏，译. 北京：中国法制出版社，2015.

2. 孙国祥. 行政犯违法性判断的从属性和独立性研究. 法学家，2017 (1)：48-62+176-177.

3. 侯艳芳. 非医学需要胎儿性别鉴定罪的法律构造. 法学论坛，2017，32 (2)：143-150.

4. 赵秉志，左坚卫. 试论非法行医罪的立法完善：以非法鉴定胎儿性别和人工终止妊娠行为为视角. 人民检察，2005 (5)：12-17.

案 128. 执业医师超范围行医也属于非法行医

——桂某非法进行节育手术案

要点提示

刑法规定未具备医生执业资格的人擅自为他人进行节育复通手术，情节严重的，构成非法进行节育手术罪。然而，现实中往往出现具备医生执业资格、但不具备进行节育手术资格的人替他人进行节育复通手术的情况。当情节严重时，是否可以追究其刑事责任？“医生执业资格”应该是“医师资格”与“执业资格”的统一。因此，进行了注册登记的执业医师，如果超过登记范围行医，因根本不可能满足执业资格的要求，是非法行医行为，情节严重的，应依法追究其刑事责任。

案情摘要

被告人桂某，女，某县医院医师。2006 年 9 月，村民王某某（女）通过其嫂陈某某介绍，找到在县城医院当医生的桂某，在桂某家中由桂某及其丈夫徐某（已死亡）为其实施了输卵管复通手术。术后，桂某收费 6 000 元。后期桂某又为王某某做了输卵管通水试验，以证明手术成功。王某某怀孕后，桂某又为其接生，致使王某某于 2007 年 12 月超生第三胎。2009 年 11 月，桂某主动向县公安局投案，如实供述了私自为王某某实施输卵管复通手术的事实。法院审理认为：被告人桂某超范围行医，擅自为他人进行节育复通手术，情节严重，其行为构成非法进行节育手术罪。鉴于其自首情节，判处其有期徒刑 1 年，缓刑 2 年，罚金 20 000 元；追缴被告人桂某的违法所得 6 000 元。

分歧意见

第一种意见认为：根据《刑法》第 336 条第 2 款的规定，未取得医生执业资格的人擅自为他人进行节育复通手术，情节严重的，构成非法进行节育手术罪。但是，被告人桂某具备执业医师证，从本质上讲其为具备合法行医权的医生，因而不属于“未取得医生执业资格的人”。根据罪刑法定原则，不能认为桂某构成犯罪。

第二种意见认为：被告人桂某虽已取得医生行医资格，但其并不具备进行节育手术的资格，其行为显然属超范围行医，而超范围行医的人也应属于《刑法》第336条第2款规定的“未取得医生执业资格的人”，故应当以非法进行节育手术罪论处。

问题研讨

本案中，对被告人桂某在客观方面的行为、结果等事实认定均无异议。桂某超出其执业范围，擅自为王某某实施了输卵管复通手术，导致王某某超生了第三胎，严重违反了计划生育的政策和相关法律，其情节是严重的。但是，构成《刑法》第336条第2款规定的非法进行节育手术罪的主体必须是“未取得医生执业资格的人”，而桂某本人确实具备执业医师资格，只是不具备从事计生技术服务工作的资格，属于超范围行医，能否认定为本罪的主体，值得分析。

（一）非法进行节育手术罪是特殊主体犯罪

从理论上讲，《刑法》第336条规定的两个罪名（非法行医罪和非法进行节育手术罪）是有密切联系的，二者形成了普通罪名与特殊罪名的竞合。前者是普通罪名，后者是特殊罪名，在法律适用上应当依照普通法与特殊法竞合的原理。非法进行节育手术的行为，本质上属于非法行医的一种特殊活动，只不过因为我国高度重视计划生育工作，而计生手术是关乎计划生育重大国策的特殊医疗行为，刑法才单独将非法进行计生手术作为独立的犯罪处理。从《刑法》第336条第1、2款的规定来看，这两种犯罪对犯罪主体资格的表述是完全一致的，即都是“未取得医生执业资格的人”。从体系解释的角度，应做基本相同的解释①。

关于非法行医罪中的犯罪主体，理论界有三种观点：一是该罪的犯罪主体是一般主体，但限于没有取得医生执业资格的人②。二是该罪的犯罪主体是特殊主体，但与一般的特殊主体所要求的具有积极的身份不同，该罪的特殊身份是一种消极的身份，即不具备医生执业资格的人才可能构成本罪，属于“消极的身份犯”③。三是并不明确该罪的主体是一般主体还是特殊主体，笼统地指出“本罪主体必须是未取得医生职业资格的人”④。应该说，第二种观点更具有合理性。犯罪主体的特殊身份与刑事责任密切相关，不具备刑法规定的特殊身份便不可能构成特定的犯罪，此所谓刑法理论上的真正身份

---

① 当然，二者还有细微的差别。最高人民法院于2008年4月颁布的《关于审理非法行医刑事案件具体应用法律若干问题的解释》对非法行医罪中的“非法行医”列举了5种情况。但非法进行节育手术罪中的“非法”除了上述情况外，至少还应包括虽已取得执业医师资格，但未取得计生技术服务资格的医师从事节育手术的情况。

② 高铭暄，马克昌．刑法学．3版．北京：北京大学出版社，2007：648.

③ 张明楷．刑法学．2版．北京：法律出版社，2003：854.

④ 赵秉志．当代刑法学．北京：中国政法大学出版社，2009：673.

犯，这种特殊身份也被称为定罪身份、构成要件的身份。按照刑法学界较为通行的主张，所谓犯罪主体的特殊身份，是指刑法所规定的影响行为人刑事责任的行为人人身方面特定的资格、地位或状态，如公务员、军人、男女、亲属等。刑法设立特殊身份的规定，不外乎是为了限制某些犯罪成立的范围，或者突出某些具备特殊身份的人犯罪危害程度的差异[①]。从通常情况来看，刑法是从正面规定了某些犯罪中犯罪主体必须具备特定的身份，如我们所熟悉的国家工作人员、司法工作人员、军人等。但是，也有一些情况下刑法并没有明确构成这种犯罪的主体必须具备特定的身份，但并不妨碍我们将其认定为身份犯。如强奸罪，我国刑法理论通常认为只有男子才能构成直接实施犯，因而强奸罪中的主体仍是特殊主体。从另一方面说，强奸罪的主体必须具备“不是女子”这一特殊身份，何尝不能认为是一种消极的身份犯？与此同理，《刑法》第 336 条规定的非法行医罪和非法进行节育手术罪中的主体同样可以认为只能由特殊的自然人——不具备医生执业资格的人构成。换言之，只有任何符合法定年龄、具备刑事责任能力的人都可能构成的犯罪，其犯罪主体才能称为一般主体。“未取得医生执业资格的人”这一要件描述显然不符合一般主体的要求，当属于一种特殊主体。

（二）医师超范围行医仍然属于“非法”

从理论上澄清非法进行节育手术罪中的主体是特殊主体后，便可以展开实质问题的分析：具备执业医师资格的人究竟能不能构成该罪？具体到本案，被告人桂某作为执业医师，违反有关规定超范围行医，能否以非法进行节育手术罪追究刑事责任？回答是肯定的。理由如下：

首先，从法律层面看，虽然刑法本身没有就这一问题进行明确规定或者解释，但从体系解释、目的解释的角度出发，应结合其他法律、法规的有关规定进行推敲。刑法将这一罪名规定在危害公共卫生罪一节中，表明这种犯罪侵害的客体是国家对公共卫生管理的秩序。刑法之所以惩罚非法进行节育手术的行为，归根结底是因为不经有关主管部门批准、监督而擅自进行节育复通、假节育、终止妊娠或者摘取宫内节育器的手术不仅会危及接受手术人的生命健康，而且也会严重扰乱国家医疗管理、计划生育工作管理的正常秩序，尤其容易导致“超生”这一严重违背计划生育基本国策的情况发生。在现实生活中，为他人进行节育手术的人多是具备一定医学知识，甚至可能就是具备医师资格的人。如果刑法规定的非法进行节育手术罪不能惩处那些具备医师资格、却不具备特定计生服务资格的人非法进行此类活动，则刑法的相应立法目的在很大程度上就要落空。从法条表述上看，《刑法》第 336 条中的“医生执业资格”与《执业医师法》（已失效）中的“执业医师资格”和“执业助理医师资格”并不一致。其中的差异，就在于通过执业医师资格考试（或者执业助理医师资格考试，下同）的人仅仅是具备了行医的必要条件，而非充分条件。根据我国《执业医师法》、《医师执业注册暂行办法》（已失效）等法律法规的规定，我国实行医师执业注册登记制度，只有经过卫生行政部门注册登记的执业医师才可以在注册登记的范围内行医。执业医师未经注册登记而行医、

① 赵秉志．犯罪主体论．北京：中国人民大学出版社，1989．

未按注册登记的范围行医都是非法行医行为，严重者可按刑法追究其刑事责任。

其次，国务院于 2001 年公布、2004 年修订的《人口与计划生育技术服务管理条例》(已失效)(下称《条例》) 对包括节育手术在内的计生技术服务作了详细规定。该条例不仅明文规定从事计生服务工作的机构要经过相关行政部门的审批，而且也明文规定从事计生服务工作的人员的资质要求。《条例》第 26 条规定："计划生育技术服务人员中依据本条例的规定从事与计划生育有关的临床服务人员，应当依照执业医师法和国家有关护士管理的规定，分别取得执业医师、执业助理医师、乡村医生或者护士的资格，并在依照本条例设立的机构中执业。在计划生育技术服务机构执业的执业医师和执业助理医师应当依照执业医师法的规定向所在地县级以上地方人民政府卫生行政部门申请注册。"很明显，国家出于对计划生育工作的重视，特别规定了从事节育手术之类的计生工作的人，除了应当具备执业医师资格、进行注册登记外，还必须是具备进行计生技术服务资质的医师，并且要按照《条例》的要求在具有计生服务资质的机构内进行工作。这些条件全部具备的人，方才符合《刑法》第 336 条第 2 款规定的"医生执业资格"的身份。

本案中，被告人桂某虽然是县医院的执业医师，但并不具备特定的计生服务的执业资格。而且桂某是在王某某的家中为其进行输卵管复通手术，完全违反了《条例》要求的在具有资质的计生服务机构内进行工作的规定，因而属于非法行医无疑。由于《刑法》第 336 条第 1、2 款是一般法与特殊法的竞合关系，不具备特殊行医资格的桂某符合《刑法》第 336 条第 2 款关于特殊主体的规定，结合其客观方面的行为及结果，应当认定为"情节严重"，构成非法进行节育手术罪。

实务训练

从实务中找一个类似本主题的真实案例，根据该案的事实、既有证据及争议焦点，写一份辩护词或判决书。要求格式规范、条理清晰、层次分明、说理透彻。

延伸阅读

1. 梁武彬. 解析非法进行节育手术罪中的"医生执业资格"：以有关行政法律规范为起点. 法律与医学杂志，2005 (1)：28－31.

2. 全国人大常委会办公厅. 中华人民共和国执业医师法. 北京：中国民主法制出版社，2008.

3. 国务院《人口与计划生育技术服务管理条例》。

4. 法律出版社法规出版中心. 中华人民共和国法典医师执业注册暂行办法. 北京：法律出版社，2004.

5. 卫生部《关于医师执业注册中执业范围的暂行规定》。

案 129. 未年检执业资格证退休医师行医致技术事故的定性

——周某非法行医案

要点提示

按《刑法》第 336 条规定，未取得医生执业资格的人非法行医“造成就诊人死亡”的，需“处十年以上有期徒刑，并处罚金”。据此，原具有医生执业资格的退休医师，在没有及时年检补办执业资格证时按操作规程行医导致技术性死亡事故，应构成非法行医罪。但是若依本罪定罪处刑出现明显罪刑不相适应时，则也要考虑不以犯罪论处。

案情摘要

被告人周某，退休医师。周某 1948 年毕业于上海国防医学院（现为第二军医大学），1949 年初至 1950 年 9 月在老家湖南省某市开办诊所。1950 年至 1953 年在湖南省防疫大队从事医疗工作。1953 年 9 月获中央人民政府卫生部颁发的医师证书。1953 年至 1968 年在湖南省结核病防治所当医师。1969 年至 1979 年在湖南省某县人民医院当医师。1979 年在某县人民医院退休后居住在长沙市大古道巷。1987 年至 1993 年，经卫生部门许可颁发行医执照自办诊所行医。1993 年因房屋折迁及年老原因向长沙市社会医疗管理委员会申请个体诊所停业，并上交了行医执照。1998 年 10 月，长沙市天心区城南路街道办事处某居委会出面请周某为居委会开办医疗室，并购进了一些常用药品。因未获天心区卫生局同意，1998 年底，医务室停办。1998 年底以后，被告人周某在家里为街道居民看病（病人主要以老人为主），不收挂号费，只收取药品费用（自带药品、针剂者不收费）。2000 年 3 月 1 日 7 时许，王某（女，65 岁）因咳嗽多日，自带青霉素针剂来到周某家里，周某为王某做完皮试后，按操作规程为王某注射了自带的 1 支 80 万单位的青霉素针剂。约十几分钟后，周某发现王某有青霉素过敏反应特征，立即为王某注射了 10 毫克地塞米松针剂（抗过敏用），见情况没有好转，又为王某注射了一支肾上腺素针剂（升血压、抗休克用），并立即叫邻居李某某通知王某的大女儿杨甲来到周某家，杨甲立即拨打 110、120 电话。9 时 15 分，王某被送到湖南省人民医院抢救，9 时 32 分，王某因呼吸循环衰竭而死亡。法医鉴定：因注射青霉素引起过敏性休克而急性死亡。

分歧意见

一审以周某犯非法行医罪及“造成就诊人死亡的，处十年以上有期徒刑，并处罚金”的立法规定，判处其有期徒刑 10 年，并处罚金 1 000 元。二审以周某犯非法行医罪及“未取得医生执业资格的人非法行医，情节严重的，处三年以下有期徒刑、拘役或者管制，并处或者单处罚金”的立法规定，改判其有期徒刑 2 年，宣告缓刑 3 年，并处罚金 1 000 元。

问题研讨

根据我国现行《刑法》第336条第1款的规定，所谓非法行医罪，是指未取得医生执业资格的人非法行医，情节严重的行为。本罪的主体只能是未取得医生执业资格的自然人。客观上表现为非法行医的行为，具体为无医生执业资格从事营利性的诊疗活动，包括在医疗机构中从事诊疗活动和擅自开业从事诊疗活动。主观方面是故意，即明知无医生执业资格而非法行医。这里的故意，是只需认识到无执业资格的事实，不问行为人是否明知无执业资格行医的非法性质，它的内容是“非法行医”，而不是“造成就诊人死亡或身体健康的严重后果”。非法行医者对其造成就诊人死亡或身体健康的严重后果的主观心理状态（过失）不是该罪的主观要件。

对于本罪的主体，虽然立法规定是“未取得医生执业资格的人”，但这并不意味着只要具备医生执业资格就不能构成非法行医罪的主体。如果医生的执业资格与从事的医疗活动不一致，即医生并不具有从事相应医疗活动的执业资格，则也可以成为非法行医罪的主体。具体包括如下三个方面的情况：一是对于在具有集体执业资格的医疗机构中行医的人员，擅自从事个体行医的，因不具备个体行医医生的执业资格，可以构成本罪的主体；二是取得医生执业资格的人，超出执业类别或范围行医，如从事预防、保健的医师从事医疗，从事内科的医师进行外科诊疗，可以构成本罪的主体；三是已经获得医生执业资格的人，在未取得医疗机构执业许可证的医疗机构中从事医疗业务，因不具备行医条件也可以构成非法行医罪的主体。

本罪系情节犯，必须情节严重的才构成犯罪。所谓“情节严重”，根据2016年《最高人民法院关于审理非法行医刑事案件具体应用法律若干问题的解释》，主要包括：造成就诊人轻度残疾、器官组织损伤导致一般功能障碍的；造成甲类传染病传播、流行或者有传播、流行危险的；使用假药、劣药或不符合国家规定标准的卫生材料、医疗器械，足以严重危害人体健康的；非法行医被卫生行政部门行政处罚两次以后，再次非法行医的；其他情节严重的情形。非法行医罪严重损害就诊人健康或者造成就诊人死亡的，是非法行医罪的结果加重犯，仍只需以本罪论处。

本罪与医疗事故罪的区别主要表现在三个方面：一是，在主体上是否有医生执业资格。本罪的主体没有医生执业资格，医疗事故罪的主体有医生执业资格。二是，在主观罪过形式上是故意还是过失。本罪的主观罪过是故意，不以造成严重后果为要件；医疗事故罪的主观罪过是过失，以造成就诊人死亡、伤残的严重结果为要件。三是，造成就诊人死亡或身体健康严重后果的原因不同。本罪造成就诊人死亡或身体健康严重后果的原因既可以表现为责任过失，也可以是技术过失，而后罪则仅限于责任过失，技术过失不构成犯罪。

本案中，被告人周某虽然从事医师工作几十年，获得医师资格证书，并曾于1987年至1993年期间合法行医，但自1998年底至案发日，在未取得医疗机构执业资格证的情况下擅自行医，是非法行医行为。虽然周某在为被害人王某注射青霉素针剂时，并没有违反医疗操作规程，但被害人王某毕竟是因其注射青霉素过敏而死亡，虽无责任过失，但存在技术过失。因此，被告人周某在未取得医疗执业资格的情况下而非法行医，且造成他人死亡的后果，其行为符合非法行医罪的构成特征，应以该罪追究其刑事责任。

然而，周某毕竟没有违反医疗操作规程。王某是因注射青霉素过敏而死亡，其死亡具有一定的特殊性，即本案王某的死亡仅属技术过失，并非由周某负全部责任，甚至不应由周某承担主要责任。其在本案所负的刑事责任应是无证行医与技术过失相结合导致就诊人死亡而应承担的刑事责任，这个责任是一个相对较小的责任。因为若是有证行医与技术过失相结合导致就诊人死亡，则无需承担刑事责任。综合考虑本案的具体情节及社会危害性，按罪刑相适应原则，一审判决显然过重。二审判决是相对合理的。也就是说，本案中的周某的行为不应适用《刑法》第 336 条关于“造成就诊人死亡的，处十年以上有期徒刑，并处罚金”的立法规定，而应适用“未取得医生执业资格的人非法行医，情节严重的，处三年以下有期徒刑、拘役或者管制，并处或者单处罚金”的立法规定。

实务训练

从实务中找一个类似本主题的真实案例，根据该案的事实、既有证据及争议焦点，写一份辩护词或判决书。要求格式规范、条理清晰、层次分明、说理透彻。

延伸阅读

1. 全国人大常委会办公厅. 中华人民共和国执业医师法. 北京：中国民主法制出版社，2008.

2.《最高人民法院关于审理非法行医刑事案件具体应用法律若干问题的解释》（原法释〔2008〕5 号，根据法释〔2016〕27 号修正）。

案 130. 组织、领导、参加黑社会性质组织罪的认定

——张甲、张乙组织、领导、参加黑社会性质组织案

要点提示

在司法实践中，对于黑社会性质组织一定要严格按照黑社会性质组织的四个特征加以认定，即“不拔高、不降低、不枉、不纵”。要正确区分黑社会性质组织犯罪与一般恶势力犯罪，要正确区分组织者、领导者、积极参加者与一般参加者，并根据罪刑相适应原则准确地定罪量刑。

案情摘要

被告人张甲、张乙，系孪生兄弟，生于 1986 年 3 月 10 日，农民，均仅有初中文化。

2007年上半年，张甲首先提议支持他发展起来，带领大家闯天下、打名气，得到文某、熊某等人的响应后，被告人张甲、张乙开始逐步纠集社会闲散人员、刑满释放人员等有组织地实施开设赌场、故意伤害他人身体等违法犯罪活动。2008年4月至2009年6月，被告人张甲、张乙先后与被告人朱某、刘某、刘某某等人合伙在万州区钟鼓楼街道办事处、周家坝街道办事处、天城镇、熊家镇等地非法开设流动赌场，并安排被告人文某、熊某等人在赌场中维持秩序；为维护赌场安全，还安排被告人谭某、张某等人放哨。被告人张甲、张乙从其开设的赌场中抽头渔利，从中获取非法经济利益数十万元。另外，他们为了达到控制赌场的目的，还有组织地实施了故意伤害他人4次，致6人轻伤；故意毁坏他人财物，价值19 710元；非法拘禁1人，超过24小时。

分歧意见

在庭审中，控辩双方围绕被告人的行为是否构成黑社会性质组织罪等焦点问题展开了激烈辩论。检方认为，张甲、张乙涉黑团伙的组织特征、经济特征、行为特征、后果特征明显。而张甲、张乙均否认自己组织人参加黑社会，认为他们只是“兄弟伙”，充其量算请的“扁担”。

问题研讨

根据我国《刑法》第294条之规定，以及2002年4月28日全国人民代表大会常务委员会通过的《关于〈中华人民共和国刑法〉第二百九十四条第一款的解释》，黑社会性质组织应当具备组织特征、经济特征、行为特征和非法控制特征。我们认为，从张甲、张乙犯罪集团所犯罪行看，完全符合上述四个特征，属于比较典型的黑社会性质组织犯罪。

（1）组织特征。

黑社会性质组织人数较多，有明确的组织者、领导者，骨干成员基本固定。从组织特征上讲，黑社会性质组织主要有稳定性和层级性两种表现形式。稳定性表现在：一是主要成员稳定，而非临时招募或者临时聚合；二是犯罪行为及其作案方式比较稳定，而非作一二起案就散伙，往往连续作案；三是组织结构稳定，存续时间较长。层级性是指在黑社会性质组织中，成员之间有不同的角色分工，有不同的等级层次，并且组织内部成员地位较为固定。第一等级为组织者、领导者，通常被称作“老大”“大哥”“大佬”“老板”等。第二等级为骨干成员，他们听从黑社会性质组织领导者的命令，展开各项犯罪活动，在具体的犯罪活动中起组织、指挥作用，或者直接实施具体的犯罪行为。第三等级为普通成员，他们多被称作“小弟”“马仔”，通常是做一些辅助性或者服务性工作，或者在具体的犯罪行为中处于从犯或者胁从犯地位。在黑社会性质组织中，成员之间级别分明，存在一定管理模式，有较为严格的纪律，对“有功”或者“违纪”的成员都有固定的奖惩规定。

具体到张甲、张乙涉黑案件，2007年上半年，张甲等社会闲散人员在一起相聚时，张甲首先提议如果大家支持他，他将带领大家闯天下，共同致富。该提议得到文某、熊某等人的响应后，张甲、张乙开始逐步纠集社会闲散人员、刑满释放人员等有组织地实施开设赌场、故意伤害他人等违法犯罪活动。在该犯罪集团中，张甲、张乙的组织、领导者地位已得到所有组织成员的认可，他们处于第一等级；文某、熊某、刘某、陈某加入组织时间相对较长，多次积极参加张甲、张乙组织的违法犯罪活动，骨干地位固定，处于第二等级；谭某、程某、崔某等人明知张甲、张乙等人从事违法犯罪活动，仍先后加入该犯罪组织，逐步成为该黑社会性质组织的第三等级成员。

（2）经济特征。

黑社会性质组织通过违法犯罪活动或者其他手段获取经济利益，具有一定的经济实力，以支持组织的活动，扩大该组织的影响力。黑社会性质组织的经济实力，不能简单认定为所有成员个人资产的总和。与法人组织有独立财产类似，黑社会性质组织也有独立于其成员的财产，这部分财产由组织者、领导者支配。一般的犯罪集团往往在每次犯罪后即将犯罪所得分配，不为犯罪组织保留资金。经济实力是黑社会性质组织得以存在的物质基础。经济实力越强，组织者、领导者越能将组织成员笼络在一起。黑社会性质组织成员大多为闲散人员，他们就业机会少，或者不甘于辛勤劳动，参加黑社会性质组织主要是为了金钱，满足物质需求，金钱能使他们死心塌地为组织卖命。经济实力越强，黑社会性质组织的犯罪能力就越大，其可以购买杀伤力大的武器、先进的交通工具和通信工具以实施更严重的犯罪和反侦查，可以收买更多的“保护伞”维持、壮大组织势力。

通常情况下，黑社会性质组织初期通过暴力犯罪起家，以抢劫、收取保护费、代人讨债、开设赌场、敲诈勒索等方式迅速进行原始积累。发展到一定程度后，黑社会性质组织会向合法领域扩张，他们往往涉足能够带来暴利的行业，如建筑、文物交易、交通等领域，以多种方式排挤、打压对手，获得垄断，以合法经营的方式洗钱，攫取更多的社会财富。由于黑社会性质组织存在时间、发展程度有异，其经济实力也有大小之分。对此，实践部门的权威人士认为：“在经济实力特征方面，只要采用非法手段敛财，或以其他手段获取一定的经济利益，即使目前经济实力规模不大，也应认定为具备该特征。”[①] 我们对此持肯定态度。

在张甲、张乙涉黑案件中，张甲、张乙多次与他人合伙，在重庆万州区开设流动赌场，安排组织成员到赌场维持秩序、在外围望风放哨，通过抽取茶钱掠取非法经济利益。该组织通过开设赌场获利数十万元，均由张甲、张乙统一管理、分配、使用，很大一部分用于支付组织成员协助其开设赌场的工资、组织成员吃喝玩乐，为赌客支付医疗费用等。张甲、张乙黑社会性质组织有自己的独立经济实力，其经济实力足以维持组织的生存、发展。

（3）有组织地实施违法犯罪的行为特征。

黑社会性质组织以暴力、威胁或者其他手段，有组织地多次进行违法犯罪活动，为

---

① 张穹．关于“严打”整治斗争中的法律适用的几个问题//最高人民检察院公诉厅，公安部刑事犯罪侦查局．严厉打击危害社会秩序犯罪法律适用指导．北京：中国检察出版社，2002.

非作恶，欺压、残害群众。“暴力”，指侵害人身、财产的强暴行为。“威胁”，指用暴力恐吓，使被害人处于暴力随时降临的危险境地。“其他手段”，指除暴力、威胁之外的，足以使被害人不得不屈服的骚扰等方式。现实生活中，人们关注的是黑社会性质组织实施的犯罪活动，通常忽视了其实施的违法行为。因为“大错不犯，小错不断”的违法行为也是可以有组织地实施的，其给群众带来的影响是心理威慑、生产生活秩序失常，而且违法行为随时可以升级，其社会危害性很强。

黑社会性质组织实施的暴力犯罪活动不是数个成员暴力的简单集合。暴力或者以其为后盾的行为之实施有专门目的，旨在组织的存在与发展，行为有组织、有计划、有克制、有扩张，危害性远远超过数个人简单的暴力违法犯罪之和。黑社会性质组织的暴力由整个组织的犯罪能量支撑，随时可以发动，其存在本身即对社会构成强大的威胁。单独一个或者几个黑社会性质组织成员实施暴力犯罪，如果其行为不是受组织指派，目的不是为组织利益，则不能视为黑社会性质组织的犯罪行为，因为其缺乏必要的组织性。

在张甲、张乙黑社会性质组织中，统一配发、管理杀猪刀，其成员多次在公开场合追砍与之发生矛盾的市民。他们计划周密，分工明确，持火药枪、手枪、仿真枪、杀猪刀等凶器闯入他人赌场，强行要求“搭账”①。他们持杀猪刀、钢管等公然砸毁电子游戏厅 22 台电子游戏机，造成经济损失 19 000 余元，店主敢怒不敢言。他们有组织实施的违法行为同样严重影响周边群众的生产生活。

（4）非法控制特征。

黑社会性质组织通过实施违法犯罪活动，或者利用国家工作人员的包庇、纵容，称霸一方，在一定区域或者行业内，形成非法控制或者重大影响，严重破坏经济、社会生活秩序。在正常社会中，“法律……它禁止在共同体成员关系中使用武力。……法律是武力的一种组织。因为法律对在人们关系中使用武力赋予一定条件，它授权只由一定的人并在一定的情况下使用武力。……只有这个人，只有共同体的机关，才被授权使用武力”②。国家是唯一具有合法使用武力的组织，它有权惩罚违法犯罪者以维护社会秩序，保障社会成员的利益不受侵犯，实现对社会的控制。黑社会性质组织对一定区域或者行业进行控制，使这一区域或者行业脱离合法秩序下的正常轨道。这时，法律不再是调整人们行为的标准，它让位于黑社会性质组织以暴力为基础形成的巨大影响力。这种影响力削弱了国家控制，降低了国家的威信。但是，我们“不能简单地认为黑社会性质组织一定是反秩序的，它仅仅反合法秩序”③。国内外发展程度高的黑社会（性质）组织用严格的道德标准要求组织成员的言行，甚至会主动“维护”其活动区域内的秩序。黑社会性质组织无论是破坏秩序还是“维护”秩序，都是在对国家用合法武力形成的秩序进行挑战，而这种挑战是任何国家也不能允许的。

黑社会性质组织除使用暴力外，还会寻求“保护伞”，编织“安全网”，利用国家工

---

① 该黑社会性质组织见他人赌场经营获利颇丰，电话协商不成后便强行要求入股分成，否则“大家都搞不成”，开设赌场的人被迫接受他们的要求，与之分红。

② 凯尔森．法与国家的一般理论．沈宗灵，译．北京：中国大百科全书出版社，1996：22.

③ 陈兴良．关于黑社会性质犯罪的理性思考．法学，2002（8）：33－36＋43.

作人员的包庇、纵容实施犯罪活动。“保护伞”不是黑社会性质组织的特征，它只是这种组织形成非法控制或者重大影响的一种途径。黑社会性质组织通过收买、威胁等方式获取国家工作人员的保护。这种将国家权力隐蔽地转化为组织暴力的方式危害性更大，通常是发展程度高的黑社会（性质）组织采取的方式。黑社会性质组织形成控制或者重大影响区域的大小要结合实践考察，不能太小，如果仅为某一个自然村或者某一小区，不能认定为符合本特征。所控制或者形成重大影响的专门性行业，既可以是非法行业，也可以是合法行业，其影响程度，不要求是完全垄断，达到严重破坏生产经营秩序，造成商户不能正常活动即可。

张甲、张乙黑社会性质组织经常在重庆市万州区所辖城区、郊区、农村有组织地公开持杀猪刀、钢管等凶器故意伤害他人，导致被害人肌腱断裂、骨折等，使重庆万州当地群众安全感下降。该黑社会性质组织后期通过多种方式基本控制了当地地下赌博。张甲、张乙涉黑犯罪严重破坏了当地的生产生活秩序。

上述四个特征是认定黑社会性质组织的标准，它们是不可分割的统一整体，缺少任何一个特征都不构成黑社会性质组织。当然，从上述张甲、张乙黑社会性质组织的犯罪情况看，该组织还是属于比较低端的黑社会性质组织。因为他们的经济实力还不够强大，控制的行业比较单一，控制的区域比较狭窄，还没有“保护伞”，更没有向政治领域渗透。

实务训练

从实务中找一个类似本主题的真实案例，根据该案的事实、既有证据及争议焦点，写一份辩护词或判决书。要求格式规范、条理清晰、层次分明、说理透彻。

延伸阅读

1. 梅传强，赵亮．青少年黑社会性质组织犯罪的特点与成因分析：以重庆万州区张甲、张乙黑社会性质组织犯罪为视角．西南政法大学学报，2010（1）。

2. 石经海. 黑社会性质组织犯罪的重复评价问题研究. 现代法学，2014，36（6）：91－107.

案 131. 黑社会性质组织的组织特征认定

——徐某飞、周某华等人组织、领导、参加黑社会性质组织案

要点提示

组织特征是黑社会性质组织的基本特征之一，与其他三个特征之间既相互独立，又不可分割。组织特征依托行为特征得以外化，与经济特征具有双向助推作用，最终表现

为非法控制特征。黑社会性质组织的组织者、领导者在组织中具有相对稳定的支配性地位，对黑社会性质组织实施的主要违法犯罪行为起指挥、决策或协调作用，在组织的整个形成发展过程中具有相对稳定的核心主导地位。

案情摘要

被告人徐某飞、周某华均系刑满释放人员。2016 年 10 月起，徐某飞、周某华先后纠集被告人程某祥、罗某波、曹某、黄某焰、黄某等人，程某祥又纠集被告人赵某航、王某鑫、施某等 10 余人实施有组织的违法犯罪活动，并建立了名为“黑家军”的 QQ 群对前述成员进行管理。为便于组织管理和组织的发展壮大，徐某飞采取安排部分组织成员在宾馆集中住宿，为组织成员提供交通工具，统一打造 20 余把砍刀并集中存放，统一购买、配发 10 余件迷彩服，作案前后给予经济奖励等方式加强组织成员管理，统一对外实施违法犯罪活动；周某华则协调关系并指使组织成员参与违法犯罪活动；徐、周二人还通过向组织成员提供经济帮助或日常消费资金等方式，巩固其组织者、领导者地位。该组织明确规定打砸赌场不能伤人或抢钱，小弟要听大哥指挥，打架一起上、不要怂等纪律，并对违反纪律者予以开除。徐某飞、周某华等人多次以“黑家军”的名义，通过暴力、威胁等手段在 C 市 J 区多个乡镇、街道有组织地实施开设赌场、敲诈勒索、寻衅滋事、聚众斗殴、故意伤害等违法犯罪活动，并逐渐形成了以徐某飞、周某华为组织者、领导者，程某祥、曹某、罗某波为积极参加者，黄某、戴某雨、赵某航、黄某焰、施某、王某、文某、杜某龙等人为一般参加者的黑社会性质组织。该组织通过非法开设赌场、对其他赌场实施敲诈勒索、寻衅滋事、聚众斗殴、故意伤害等有组织的违法犯罪行为，控制了 C 市 J 区多个乡镇、街道的违法赌博活动，从中获利 20 余万元，并将部分非法所得用于维系组织开支。为扩大影响、树威立霸，该组织还到多所中学、高职院校招募在校学生参与有组织违法犯罪活动，严重破坏了当地社会秩序，造成了恶劣的社会影响。该组织实施的具体违法犯罪事实如下：

1. 开设赌场的事实

2016 年底至 2017 年初，徐某飞、周某华伙同他人共同出资在 C 市某街开设流动赌场 20 余天，并安排程某祥、黄某等人作为赌场哨兵维持赌场秩序，徐某飞、周某华等人各从中获利约 5 000 余元。

2017 年 3 月至 6 月，徐某飞又先后伙同钟某禹、陈某波等人在某镇某村开设流动赌场。

2. 敲诈勒索的事实

2016 年底，徐某飞、周某华与冷某平、邹某涛（均另案处理）来到石某、周某等人开设的赌场要求收取保护费，并指使冷某平、邹某涛持刀进入赌场。石某等人被迫向徐某飞交纳 500 元/天或 1 000 元/天的保护费，共计 6 000 余元。

2016 年 11 月至 2017 年 10 月，徐某飞单独或伙同程某祥、黄某、罗某波等人以收取保护费为由，先后 4 次对他人非法经营的赌场、砂石厂进行敲诈勒索，共计获利近 20 万元。

3. 寻衅滋事的事实

2017 年 4 月 28 日，徐某飞邀约周某华、程某祥到邓某明、潘某开设的赌场收取保护费。程某祥又召集罗某波、曹某、赵某航、黄某、徐某等人一同前往。徐某飞事先向程某祥等人分发砍刀、钢管，并安排车辆送其到达现场。在收取保护费的要求被拒后，徐某飞即带领程某祥等 10 余人持械驱赶赌客、打砸赌场桌椅。事后，周某华提供车辆搭载徐某飞等人离开现场。

2017 年 2 月至 8 月，徐某飞、周某华先后伙同程某祥等人，为强行在他人非法开设的赌场内收取保护费而多次无故殴打他人、打砸财物。

4. 聚众斗殴的事实

2017 年 6 月，徐某飞意图强占邓某明赌场的股份被拒。同月 19 日晚，徐某飞备好砍刀等工具后，打电话安排程某祥组织人员打砸邓某明赌场所在的茶馆。程某祥随即组织黄某焰、王某、施某、黄某、罗某波等人到徐某飞家中集合，另安排黄某焰向周某华报告。其间，程某祥通过他人了解到邓某明一方准备打架的情况。次日 0 时许，徐某飞先安排罗某波等人提前乘车前往邓某明的赌场踩点，后带领程某祥、黄某焰等人分乘其事前安排好的车辆赶至该赌场附近，与邓某明方持械互殴，但后因公安机关出警而各自逃散。3 时许，徐某飞再次邀约邓某明方到 J 区某公园打架。徐某飞伙同刘某城等人到达现场后，用事前准备的烟花朝对方车辆燃放，但后因对方驾车撞击徐某飞方车辆，徐某飞被迫弃车逃跑。

2017 年 8 月，程某祥因琐事纠纷，伙同黄某焰、赵某航等人持械在 C 市 J 区聚众斗殴。

5. 故意伤害的事实

2017 年 11 月 19 日，王某林在某街道要求涂某才归还为他人担保的债务，涂某才打电话请周某华出面解决。徐某飞得知后立即与周某华等人共同前往。其后，王某林因与徐某飞等人发生争执被殴打致轻伤二级。

2017 年 3 月 3 日、8 月 31 日，程某祥等人因琐事纠纷，先后在 J 区某酒吧附近、大西门转盘附近将被害人张某中、古某锡及杨某财打伤。

分歧意见

本案被告人徐某飞直接安排组织成员统一住宿，为组织成员提供犯罪工具和交通工具，作案前后向组织成员发放各种经济奖励，组织成员实施违法犯罪活动，系该黑社会性质组织的组织者、领导者。然而，对被告人周某华是否系该组织的组织者、领导者形成了两种不同意见：

（1）不应认定周某华为黑社会性质组织的组织者、领导者。虽然程某祥等人通过周某华认识徐某飞，周某华亦默认程某祥等人听从徐某飞差遣，以请客吃饭、支付部分生活费及房租等形式为组织成员提供了一定的经济帮助，出面为程某祥等人协调纠纷，但是周某华参与有组织违法犯罪的行为较少，亦不享有决策、指挥或管理权限，或者与徐某飞没有共享利益。

（2）应当认定周某华为黑社会性质组织的组织者、领导者。周某华笼络程某祥等人实施有组织的违法犯罪活动，为组织成员提供经济帮助、协调关系，指使组织成员实施违法犯罪活动，系黑社会性质组织的组织者、领导者。

问题研讨

（一）黑社会性质组织的组织特征及其认定

《刑法》第294条规定，黑社会性质组织应当具备组织特征、经济特征、行为特征及非法控制特征，四个特征缺一不可。其中组织特征是指形成较稳定的犯罪组织，人数较多，有明确的组织者、领导者，骨干成员基本固定，即成员人数较多，具备较稳定的组织结构和相对明确的组织层级、组织分工。例如，有的黑社会性质组织为了非法控制特定区域或者特定行业，以利益诱惑、江湖义气等方式纠集多人从事违法犯罪活动；为加强对组织成员的领导、管理和控制，组织者、领导者指使部分积极参加者对其他组织成员进行指挥、调度，按照不同组织级别发放工资、奖金，甚至制定层层请示汇报、下级必须听从上级命令、不得迟到旷工、违反记录扣工资或开除等纪律。然而，我们仔细推敲便不难发现，前述组织特征并不能将黑社会性质组织与其他有组织犯罪集团区别开来。以网络诈骗犯罪集团为例，黑社会性质组织所具有的成员人数、组织结构、组织层级和组织分工等要素，与网络诈骗犯罪集团如出一辙，甚至更为完备、齐全。之所以产生这样的尴尬状况，是因为组织特征只是黑社会性质组织的物质载体，较稳定的组织结构，相对明确的组织层级和组织分工能够将分散的组织成员及其违法犯罪活动整合为统一协调的有组织犯罪，从而增强犯罪能力，加大犯罪行为的社会危害性。因此，我们需要从黑社会性质组织整体出发来认定其组织特征。

首先，组织特征需依托行为特征方能得以外化。黑社会性质组织的组织特征与合法社会管理体系之间具有某些相似性。合法企业内部也具有相应的组织结构和治理模式，其企业员工可以多达数千人，公司内部层级分明，上下级关系明确，各项考勤考核制度完备。但二者之间最显著的区别在于，合法企业从事法律允许的生产经营活动，而黑社会性质组织从事法律禁止的违法犯罪行为，即黑社会性质组织的组织特征针对的对象是违法犯罪行为，黑社会性质的组织者正是通过管理、支配组织成员，使孤立、单独的违法犯罪得以整合为有组织的犯罪活动。可见，黑社会性质组织的组织特征与行为性特征相互交织，不可分割，呈现出“你中有我，我中有你”的状态。审判实践中，审查黑社会性质组织的组织特征时，除审查其是否具有一定组织规模、组织层级、组织分工等要素外，还应当重点审查组织规模、组织层级、组织分工是否与暴力、胁迫或者其他手段等违法犯罪活动密切关联。

其次，组织特征与经济特征具有双向助推作用。黑社会性质组织通过有组织地生产经营活动或其他违法犯罪活动获取经济利益，用以豢养组织成员、维护组织稳定或者壮大组织势力，因此，经济特征能够不断助推组织特征的巩固、发展与完善。但另一方面，较之于独立的个人实施的犯罪和普通共同犯罪，有组织犯罪活动具有更大的能量和破坏力，能够更快更多地积累财富，即黑社会性质组织的组织特征能够不断强化其经济特征。审判实践中，除审查组织特征的基本要素之外，还应当注意审查组织特征与经济特征之间的相互关系，对虽然通过共同犯罪手段获取非法所得，但通过相对简单、直接的方式“坐地分赃”，而未将所获利益用于维系组织发展壮大的，就不能认为涉案犯罪组织具备黑社会性质组织的组织特征。

最后，非法控制是黑社会性质组织的终极目标。黑社会性质组织通过一系列违法犯罪活动，对一定区域或者行业形成非法控制或重大影响，严重破坏当地的经济、社会生活秩序，是为非法控制特征。非法控制特征是黑社会性质组织的本质特征，也是黑社会性质组织区别于其他有组织犯罪集团的重要标志。我们认为，非法控制特征是黑社会性质组织其他三个基本特征在相互影响，相互作用的过程中逐渐融合、发展形成的，正是非法控制特征的出现，使得黑社会性质组织具备了与社会相抗衡的能力。实践中，判断涉案犯罪集团是否属于黑社会性质组织应尤其注意审查其最终是否实现对特定区域或者行业的非法控制。

(二) 组织者、领导者的司法认定

黑社会性质组织作为共同犯罪的高级形态，其存在本身就具有严重的社会危害性。因此法律规定凡是组织、领导或参加黑社会性质组织的行为均属于犯罪行为，应给予刑事处罚。黑社会性质组织的形成、发展过程纷繁复杂，加之现如今网络社交工具的广泛运用，使得黑社会性质组织的组织结构呈现出严密性、隐蔽性特点，主要表现为黑社会性质组织的组织成员之间，尤其是组织者、领导者与一般参加者之间指挥与被指挥、领导与被领导的关系不明显，但在实施有组织违法犯罪活动时，却能够通过网络社交工具传递信息，在极短的时间内达到“一呼百应”的效果。我们认为，针对这一情况，在认定黑社会性质组织的组织者、领导者时，应当结合当前黑恶势力犯罪的基本特征及相关法律规定综合评判。审判实践中，认定涉案被告人是否属于黑社会性质组织的组织者、领导者，应当综合以下内容进行评判。

首先，被告人在黑社会性质组织中具有相对稳定的支配性地位。

根据刑法及相关司法解释的规定，发起、创建黑社会性质组织，或者对黑社会性质组织进行合并、分立、重组的行为，应当认定为“组织黑社会性质组织”；实际对整个组织的发展、运行、活动进行决策、指挥、协调、管理的行为，应当认定为“领导黑社会性质组织”。黑社会性质组织的组织者、领导者，既包括通过一定形式产生的，有固定职务或明确称谓的组织者、领导者，也包括被黑社会性质组织各成员公认的、事实上的组织者、领导者。从组织内部权力架构和分布来看，组织者、领导者处于黑社会性质组织权力结构的顶端，对犯罪组织整体享有管理权或领导权，对组织成员具有一定的控制性与支配力，或者明显的号召力，在组织中处于支配性地位。这一支配性地位既可以表现为直接对组织中骨干成员的管理、控制或领导，也可以表现为通过骨干成员间接对其他组织成员的领导与管理。支配性地位的实现方式也是多样化的，既可以通过组织纪律对组织成员的行为进行管控或约束，也可以通过江湖义气、金钱帮助对组织成员进行收买或笼络。此外，组织者、领导者的支配性地位具有相对稳定性，即

组织者、领导者能够在相当长的一段时间内持续性地对组织的内外事务享有指挥权和决策权。

其次，被告人对黑社会性质组织实施的主要违法犯罪行为起指挥、决策或协调作用。

黑社会性质组织作为高级形态的共同犯罪，是以系统化的有组织犯罪体系存在的，其存在的目的在于通过实施一系列的违法犯罪活动谋取非法利益，对一定区域或者行业形成非法控制。司法实践中，黑社会性质组织的组织结构、组织层级和组织分工主要是针对组织的违法犯罪行为而言的，即组织者、领导者对黑社会性质组织所实施的主要违法犯罪活动起指挥、决策或协调作用。虽然组织特征是非法控制特征的物质载体，没有组织特征，就没有承载非法控制特征的物质载体，黑社会性质组织就不可能形成与合法社会相对抗的能力，但是对业已形成的黑社会性质组织而言，非法控制特征对组织特征具有一定的“投影”或“映射”作用。因此，在办理黑社会性质组织犯罪的案件时，应根据该组织非法控制的“区域”“行业”以及具体表现形式，划定组织成员的边界，确定其在组织中的地位、作用。本案中，“黑家军”黑社会性质组织通过暴力、威胁等手段在C市J区多个乡镇、街道有组织地实施开设赌场、敲诈勒索、寻衅滋事、聚众斗殴、故意伤害等违法犯罪活动，严重破坏了当地社会秩序，造成了恶劣的社会影响。周某华直接指挥、策划或参与了该组织的7次犯罪，均发生在该组织非法控制的区域内，且主要犯罪对象为该区域内开设地下赌场的“同类经营者”。

最后，组织者、领导者在组织的整个形成发展过程中具有相对稳定的核心主导地位。

黑社会性质组织的组织者、领导者对组织的形成、发展及壮大“功不可没”。因此，其在组织的整个形成发展过程中具有相对稳定的核心主导地位，能够对组织成员“发号施令”，对组织的内外事务具有决断权。本案中，根据多名“黑家军”成员的供述可以认定，程某祥等人通过周某华结识徐某飞后，周某华通过安排程某祥等人在赌场“上班”、为程某祥等人支付房租或生活费、以各种名义宴请组织成员等方式笼络组织成员，在程某祥被抓之前亦出资500元帮助其逃跑。“黑家军”成员均认可周某华在组织中的“老大”地位，并且听从周某华的安排与指挥，在从事部分违法犯罪活动时甚至会事先向周某华报告。因此，足以认定周某华系“黑家军”犯罪集团的组织者、领导者。周某华直接参与、策划或指挥的有组织违法犯罪活动相对较少，但周某华对“黑家军”犯罪组织的形成、发展和壮大都起到了至关重要的作用。

实务训练

参照本主题的探讨，找一个真实案例，并根据该案的事实、既有证据及争议焦点，写一份辩护词或判决书。要求格式规范、条理清晰、层次分明、说理透彻。

延伸阅读

1. 陈兴良. 论黑社会性质组织的组织特征. 社会科学文摘，2020（7）：71-73.

2. 陈兴良. 论黑社会性质组织的行为特征. 政治与法律，2020（8）：83－93.
3. 陈兴良. 论黑社会性质组织的经济特征. 法学评论，2020，38（4）：1－10.
4. 陈兴良. 论黑社会性质组织的非法控制（危害性）特征. 当代法学，2020，34（5）：26－35.

案 132. 恶势力与黑社会性质组织的区别
——唐某伟等人聚众斗殴、故意伤害案

要点提示

恶势力处于黑社会性质组织的萌芽阶段，不具备黑社会性质组织的组织特征、行为特征、经济特征及非法控制特征。但作为黑社会性质组织的雏形，恶势力必须同时具备主体要素、行为要素及影响力要素。其中主体要素和行为要素是恶势力的基本要素，二者在相互作用、相互渗透的过程中发生融合，共同催生出影响力要素这一关键要素。

案情摘要

2015 年底至 2017 年 2 月，被告人唐某伟、李某情通过为地下赌场工作人员发工资、年底聚餐发红包、垫付医疗费、代为支付赔偿款、召集娱乐消费、提供砍刀等作案工具等手段，先后笼络、纠集被告人陈某、杨某龙、肖某刚、龙某、骆某、蒋某、杨某文、龙某某、杨某、于某杰、张某志等人，在 C 市 D 区实施故意伤害、聚众斗殴、开设赌场、寻衅滋事等违法犯罪活动，逐渐形成以唐某伟、李某情为首的恶势力团伙，在该地区造成较为恶劣的社会影响。

1. 聚众斗殴的事实

2017 年 1 月，杨某清追求唐某兰时得知唐某兰的前男友覃某伟威胁唐某兰不准谈恋爱，遂请求杨某龙帮忙解决。同年 2 月 4 日，杨某清与覃某伟相约在 C 市 D 区蓝湖星空小区广场解决纠纷，邀约被告人杨某、张某志、于某杰等人携带数把砍刀，与覃某伟一方的杨某彬、谢某报等人打斗。打斗过程中，杨某彬、杨某龙均受轻伤。

2. 故意伤害的事实

2017 年 2 月 4 日 23 时许，唐某伟、李某情得知杨某龙与他人打架受伤后，便分别驾车搭载骆某、陈某、肖某刚、杨某文、龙某、蒋某等人赶至医院看望。其后，在张某志的指认下，李某情等人殴打了谢某报、覃某伟。杨某彬电话联系被害人何某彬请求帮忙。次日凌晨，李某情、唐某伟发现何某彬等人走出医院急诊科大门时便指使蒋某等人追打对方。其后，李某情、蒋某持刀与唐某伟、杨某文、龙某追打何某彬等人，李某情用砍刀刀背敲打何某彬大腿，杨某文、龙某用皮带抽打何某彬，蒋某则持尼泊尔军刀拍

打何某彬头部并捅刺何某彬左大腿，致其左股动、静脉离断急性大失血死亡。

2015 年 2 月 4 日 23 时许，被害人郭某误认为陈某将其朋友砍伤，遂在重庆市大足区一网吧与陈某发生冲突。陈某电话邀约肖某刚前来帮忙，肖某刚携带刀具与唐某伟到达现场。肖某刚、陈某持刀共同砍伤郭某手部、右臀部等处，致郭某轻伤二级。

2016 年 6 月，肖某刚与罗某怡、周某发生纠纷，罗某怡之母吴某容带人殴打肖某刚、兰某浩。肖某刚电话联系李某情等人前来帮忙。兰某浩以受伤为由向吴某容索要医疗费。被害人车某友受吴某容安排送医药费时被李某情、肖某刚及蒋某殴打致轻伤二级。

蒋某因被害人周某德不允许蒋某丽与其谈恋爱而怀恨在心。2016 年 8 月 11 日凌晨，蒋某邀约肖某刚共同报复周某德。蒋某持刀、肖某刚持钢管在某夜店殴打周某德致其轻伤二级。事后，唐某伟出面与周某德协商，支付对方赔偿款 3 万元。

2016 年 11 月 3 日 18 时许，唐某伟、李某情在某停车场因会车与被害人肖某海发生纠纷，二人殴打肖某海致其轻伤一级。

3. 寻衅滋事的事实

2016 年 3 月 18 日晚，唐某伟、陈某、骆某、肖某刚、蒋某、杨某龙、龙某、龙某某等人在某酒吧观看表演。其间，骆某因调戏表演女艺人与酒吧保安发生冲突。唐某伟指使上述人员持钢管、木棒殴打酒吧保安及劝阻群众，致被害人陈某国等多人受伤。

2016 年 3 月 24 日 23 时许，唐某伟、李某情欲强行在被害人杨某龙的赌场占股，安排肖某刚、陈某、骆某、杨某文、龙某、龙某某前往 C 市 D 区某农家乐打砸该赌场，并持刀追砍杨某龙及赌客。其间，肖某刚、骆某持刀砍伤杨某龙腿部。

2016 年 10 月 19 日 0 时许，骆某认为其女友遭到被害人舒某、邹某进辱骂，遂邀约肖某刚共同持刀前往重庆市大足区某步行街殴打舒某、邹某进，致舒某背部被砍伤。

2016 年 11 月 4 日 1 时许，杨某龙、陈某在 C 市 D 区某烤鱼店就餐时因摩托车噪声问题与被害人黄某等人发生纠纷，双方持板凳、酒瓶等物互殴。其后，陈某、杨某龙邀约肖某刚前来帮忙。肖某刚遂与蒋某、骆某赶至现场殴打黄某，骆某持随身携带的水果刀刺伤黄某右大腿并误伤杨某龙右胸部。

4. 开设赌场的事实

2015 年 12 月至 2016 年 3 月期间，唐某伟、李某情与蒋某虎、江某雄、谭某均（均另案处理）在 C 市 D 区高坪镇开设赌场，以打马股的方式赌博。其间，唐某伟、李某情安排龙某等人在赌场站岗放哨、洗牌抽头。该赌场共抽头渔利 20 余万元，唐某伟、李某情各分得 3 万余元。

2016 年 5 月，唐某伟通过安排人员打砸陈某明赌场的方式，强行在陈某明开设的赌场内占股 50%。其间，李某情安排杨某文等人在赌场洗牌抽头、站岗放哨。该赌场持续活动至 2016 年 11 月，共抽头渔利 20 余万元，唐某伟分得 10 万余元。

2016 年 12 月至 2017 年 2 月，唐某伟、李某情等人在 C 市 D 区中敖镇开设赌场。唐某伟、李某情在该赌场占股 30%。其间，唐某伟、李某情安排龙某等人在赌场站岗放哨、洗牌抽头。该赌场抽头渔利 30 余万元，唐某伟、李某情各分得 3 万余元。

2016 年 10 月，唐某伟、李某情安排骆某、陈某等人破坏他人放置于 C 市 D 区龙岗街道、棠香街道的数台赌博游戏机后，又安排杨某龙等人另行购买安放赌博游戏机用于赌博敛财，所获利润由杨某龙等人自行分配。赌博游戏机经营期间容留未成年人参与赌博。至 2017 年 2 月，赌博机共获利 1 万余元。

分歧意见

唐某伟等人形成的犯罪团伙是构成黑社会性质组织还是恶势力，在处理过程中形成了两种意见：

一种意见认为，唐某伟等人已形成较稳定的犯罪组织，人数较多，有明确的组织者、领导者，骨干成员基本固定。该组织通过暴力、胁迫等手段，多次有组织地进行违法犯罪活动，为非作恶，欺压、残害群众，具有一定的经济实力。该组织，在 C 市 D 区称霸一方，形成重大影响，严重破坏当地经济、社会生活秩序，已经具备黑社会性质组织的组织特征、经济特征、行为特征及非法控制特征，应当认定为黑社会性质组织。

另一种意见认为，唐某伟等人属于经常纠集在一起，以暴力、威胁等手段在 C 市 D 区这一特定区域内多次实施违法犯罪活动，为非作恶，欺压百姓，扰乱经济、社会生活秩序，造成较为恶劣的社会影响，但尚未形成黑社会性质组织的违法犯罪组织，依法应当认定为恶势力犯罪。

问题研讨

恶势力犯罪是 2018 年开启的新一轮扫黑除恶专项斗争的重点打击犯罪之一。与黑社会性质组织相比，恶势力尤其是恶势力犯罪集团，在组织结构、行为方式及社会影响力等方面既存在相似之处，也存在一定的区别。这是因为黑恶势力犯罪是一个不断发展升级的过程，恶势力、恶势力犯罪集团是黑社会性质组织的萌芽与雏形，二者之间必然存在相应的内在联系。在坚决防止人为拔高或降低认定标准，确保严守法律底线的思想指导下，准确辨别恶势力、恶势力犯罪集团与黑社会性质组织是正确审理黑恶势力犯罪案件的关键所在。

（一）唐某伟犯罪团伙依法不应认定为黑社会性质组织

1. 恶势力、恶势力犯罪集团与黑社会性质组织之间的联系与区别

根据最高人民法院等四部门联合印发的《关于办理黑恶势力犯罪案件若干问题的指导意见》（以下简称《指导意见》）和《关于办理恶势力刑事案件若干问题的意见》（以下简称《意见》）的规定，恶势力是指经常纠集在一起，以暴力、威胁或者其他手段，在一定区域或者行业内多次实施违法犯罪活动，为非作恶，欺压百姓，扰乱经济、社会生活秩序，造成较为恶劣的社会影响，但尚未形成黑社会性质组织的违法犯罪组织。恶势力犯罪集团则是既符合恶势力全部认定条件，同时又符合犯罪集团法定条件的犯罪组

织。根据《刑法》第 294 条规定，黑社会性质组织是指通过暴力、威胁或者其他手段，有组织地进行违法犯罪活动，称霸一方，为非作恶，欺压、残害群众，严重破坏经济、社会生活秩序的犯罪组织。由此可见，恶势力、恶势力犯罪集团与黑社会性质组织均系犯罪组织，恶势力犯罪集团是恶势力向黑社会性质组织发展的过渡阶段，但三者又存在显著差别，主要表现在以下几个方面：

第一，组织结构的严密性与稳定性存在较大差别。黑社会性质组织要求具备人数较多，有较稳定的组织结构和相对明确的组织层级、组织分工，即拥有一定的组织规模，有明确的组织者、领导者，骨干成员基本固定，有比较明确的层级和职责分工，在组织形态更为成熟的黑社会性质组织中甚至还存在着约束组织成员行为方式或规范组织成员职责分工的纪律规约。而恶势力对成员仅要求“经常纠集在一起”。何谓“纠集”？在《现代汉语词典》中“纠集”又作“纠合”，单纯泛指集合、联合之义。《指导意见》仅要求恶势力的人数一般 3 人以上，纠集者相对固定即可。但对纠集者的“固定”作了扩大解释，对多次实施违法犯罪活动是由不同的成员组织、策划、指挥的，也可以认定为恶势力，有前述行为的成员均可以认定为纠集者。可见，黑社会性质组织是严密型的犯罪集团，而恶势力则是相对松散型的共同犯罪形态。

第二，实施违法犯罪行为的种类与次数不同。虽然黑社会性质组织与恶势力都是以暴力、胁迫或者其他手段实施违法犯罪活动，且带有为非作恶，欺压（或残害）群众的意图，但黑社会性质组织实施的违法犯罪行为在种类和次数上要明显多于恶势力。黑社会性质组织实施违法犯罪行为的多样化和持续性特点更为突出，从而促使该违法犯罪组织在一定区域或者行业内形成非法控制特征。根据《意见》的规定，犯罪嫌疑人、被告人在 2 年之内，以暴力、威胁或者其他手段，在一定区域或者行业内多次实施违法犯罪活动即可认定为恶势力。“多次”在司法实践中一般为 3 次及以上。

第三，社会影响力的广度与深度不同。恶势力和黑社会性质组织在实施具体违法犯罪行为时或多或少都具有在一定区域或者行业内谋求强势地位的主观意图，但二者的影响力在广度和深度上存在本质区别。黑社会性质组织通过有组织的违法犯罪活动在一定区域、行业内形成非法控制或重大影响，严重破坏当地经济、社会生活秩序。恶势力虽然也在一定区域、行业内多次实施违法犯罪活动，为非作恶，欺压百姓，扰乱经济、社会生活秩序，造成较为恶劣的社会影响，但尚未形成非法控制或重大影响，没有形成黑社会性质组织的违法犯罪组织。

第四，经济实力不同。有组织地从事合法或非法活动获取经济利益，用于豢养组织成员、维护组织稳定或壮大组织势力，是黑社会性质组织的必要特征之一。就恶势力而言，虽然其所实施的某些违法犯罪行为具有牟取经济利益的目的，但其仍处于有组织犯罪的最初级阶段，尚未具备一定的经济实力。实践中，恶势力成员通过违法犯罪活动获取的经济利益大多就地分赃后被成员个人挥霍，而非用于组织整体。

除此之外，恶势力犯罪集团是介于恶势力与黑社会性质组织的中间发展阶段，较恶势力而言，是更为成熟、稳定的犯罪组织，因此已具备犯罪集团的基本特征，但仍然没有在一定区域或者行业内形成非法控制或重大影响，尚未形成黑社会性质组织。恶势力犯罪集团在组织结构上较恶势力更为完善：一是具有在犯罪集团中起组织、策划、指挥作用的首要分子；二是有较为固定的犯罪组织和接受首要分子领导、管理、指挥，并参与该组织犯罪活动的其他成员。

2. 唐某伟犯罪团伙不具备黑社会性质组织的组织特征、经济特征和非法控制特征

本案中，唐某伟犯罪团伙共涉及多名被告人，该团伙在 2015 年 2 月至 2017 年 2 月之间共实施 14 起违法犯罪行为，涉及故意伤害、开设赌场、寻衅滋事及聚众斗殴四个罪名，看似具备黑社会性质组织的基本特征。但我们认为唐某伟犯罪团伙不是黑社会性质组织。

首先，该犯罪团伙不具备黑社会性质组织的组织特征。在全案 14 起违法犯罪行为中，除 4 起开设赌场犯罪、2 起寻衅滋事犯罪和 2 起故意伤害犯罪系由唐某伟、李某情纠集外，其余违法犯罪活动则是由其他被告人所纠集的，且纠集者较为分散。可见该犯罪团伙没有明确的组织者、领导者，也没有固定的骨干成员，更没有形成稳定的组织层级和组织分工，欠缺黑社会性质组织的严密性与稳定性。

其次，该犯罪团伙不具备黑社会性质组织的经济特征。纵观该犯罪团伙实施的全部违法犯罪行为，有 4 起是开设赌场牟取非法利益，其中涉及被告人 7 人，2 起系唐某伟、李某情与他人共同开设赌场，唐某伟共计获利约 16 万元，李某情共计获利尚不足 7 万元，且没有证据显示二人将开设赌场所获收益用于豢养组织成员，维系组织稳定或壮大组织势力。

最后，该犯罪团伙不具备黑社会性质组织的非法控制特征。唐某伟、李某情等人虽然通过一系列的违法犯罪活动扰乱了当地的经济、社会生活秩序，造成了较为恶劣的影响，但唐某伟、李某情 2 次开设赌场系与他人合作，且从中获利较少，表明该犯罪团伙并未在当地非法赌博中树立强势地位，可见该犯罪团伙成员尚未在当地形成非法控制或重大影响。

（二）唐某伟犯罪团伙依法应当认定为恶势力

1. 恶势力的构成要素

（1）主体要素。

主体要素是指形成恶势力一般须 3 人以上，有相对固定的纠集者。司法实践中，恶势力组织成员多则数十人，最少为 3 人，这是因为恶势力是共同犯罪的特殊形式，其人数下限原则上应高于一般的共同犯罪。除了人数上的要求外，还对恶势力的主体要素的组织性提出了一定的要求，即纠集者相对固定，在共同违法犯罪中起组织、指挥、策划、召集作用，在共同违法犯罪中起主要作用，系主犯。对恶势力犯罪集团的主体要素要求则更为严格，要有明显首要分子和较为固定的组织成员，其中首要分子在共同犯罪中起领导、指挥、决策、组织、管理、协调作用，与其他组织成员之间存在领导与被领导的关系。鉴于恶势力是较为松散的违法犯罪组织，故纠集者的作用大多仅及于具体的违法犯罪活动，而不及于整个组织的运行和其他活动，同时对固定的组织成员“相互纠集”实施违法犯罪行为的情况亦予以认可。本案中，唐某伟犯罪团伙人数较多，唐某伟、李某情是主要的纠集者，但在团伙内部也存在相互纠集的情况。

(2) 行为要素。

行为要素是指恶势力在一定区域或行业内多次公开实施有组织地暴力性违法犯罪活动，主要包括强迫交易、故意伤害、非法拘禁、敲诈勒索、故意毁坏财物、聚众斗殴、寻衅滋事等，同时还可能伴随实施开设赌场、组织卖淫、强迫卖淫、贩卖毒品、运输毒品、制造毒品、抢劫、抢夺、聚众扰乱社会秩序、聚众扰乱公共场所秩序或交通秩序、聚众“打砸抢”等行为或其他违法犯罪行为。在本案中，唐某伟犯罪团伙共实施了14起违法犯罪行为，其中既包括故意伤害、聚众斗殴、寻衅滋事等主要违法犯罪行为，也包括开设赌场等伴随性行为。

(3) 影响力要素。

影响力要素是指恶势力通过多次有组织地违法犯罪活动，为非作恶，欺压百姓，扰乱经济、社会生活秩序，在一定区域或行业内造成较为恶劣的社会影响，但尚未达到对社会非法控制或重大影响的程度。我们认为，“为非作恶，欺压百姓”是恶势力在实施违法犯罪活动中谋求形成非法影响，树立强势地位的外化形态，也是恶势力逐渐发展壮大向黑社会性质组织蜕变的关键表现。在司法实践中应着重考察被告人实施违法犯罪行为的动机、目的及起因等是否具有不法性，排除单纯因民间纠纷引发的违法犯罪行为。唐某伟犯罪团伙通过强占他人赌场股份、公开骚扰酒吧女艺人等一系列违法犯罪活动，扰乱了当地的社会生活秩序，造成了较为恶劣的社会影响。

2. 恶势力的司法认定机制

恶势力作为犯罪组织，本身是一个有机统一的整体，各要素之间相互依存、不可分割，呈现出“整体大于部分之和”的状态。

(1) 主体要素、行为要素和影响力要素之间的逻辑关系。

1) 主体要素和行为要素是恶势力的基本要素。

首先，人作为犯罪主体，是构成犯罪组织最基本的要素。恶势力的主体要素将孤立的个人按照一定的组织结构联系起来，整合为一个对外发生作用的整体，实施违法犯罪活动，因此主体要素是恶势力的基本要素。其次，恶势力是犯罪组织，没有犯罪行为，就不可能形成恶势力，故行为要素也是恶势力的基本要素。

主体要素和行为要素作为恶势力的基本要素，二者之间相互依存，共生共荣，呈现“你中有我，我中有你”的状态。参与犯罪的人数越多，组织实施违法犯罪能力就越强，其影响力就越大。通过多次有组织地实施违法犯罪活动，必然能够增强组织的影响力，吸引更多的人加入犯罪组织，增强组织的稳定性和严密性。

2) 影响力要素是恶势力的关键要素。

主体要素和行为要素在相互交织、相互作用的过程中，逐渐融合、发展，形成了新的能量与破坏力，为非作恶，欺压百姓，扰乱经济、社会生活秩序，在一定区域或行业内造成较为恶劣的社会影响。影响力要素不是主体要素和行为要素的简单累加或机械组合，是两个基本要素在融合发展过程中逐渐内化于影响力要素，成为影响力要素的有机组成部分。因此，影响力要素居于支配性地位，对其他两个要素具有制约作用。无论组织成员多少，纠集者是否明确，是否在共同违法犯罪行为中起领导、指挥、策划作用，也无论该组织实施了多么严重的犯罪行为，只要其没有在一定区域或者行业内造成较为恶劣的社会影响，就不能认定为恶势力。因此，影响力要素是恶势力区别于普通共同犯罪或集团犯罪的关键要素。

3. 恶势力的司法认定

（1）欠缺主体要素或行为要素不能认定为恶势力

参与犯罪的人数与犯罪行为危害性的广度、深度成正比例关系。在一定区域或行业内为非作恶，欺压百姓，扰乱经济、社会生活秩序，造成较为恶劣的社会影响，须多人共同犯罪方能实现。犯罪组织的人数越多，组织结构和组织分工越明确，对社会的影响就越大。没有主体要素，就不可能形成恶势力。另外，有组织地实施违法犯罪活动是恶势力最直观的表现形式，为非作恶，欺压百姓，扰乱经济、社会生活秩序，造成较为恶劣的社会影响也是通过一系列有组织的违法犯罪活动实现的。没有行为要素，也不可能形成恶势力。

（2）同时具备主体要素和行为要素的犯罪组织，尚不足以直接认定为恶势力

犯罪组织同时具备主体要素和行为要素后，我们尚需考察该组织是否具备恶势力的影响力要素，方能认定该犯罪组织是否为恶势力。主体要素和行为要素在相互作用时，可能因为犯罪组织仅为谋取非法利益等主客观原因，二者间未能相互融合，催生出新的破坏力，没有在一定区域或者行业内造成较为恶劣的社会影响，则不能认定该组织为恶势力。在传销犯罪集团中，传销组织以控制“下线”的方式获取非法利益，获利多少与“下线”人数成正比例关系，因此其成员人数众多、组织结构紧密，同时也伴随有非法拘禁、敲诈勒索等暴力性的违法犯罪行为，但传销组织实施犯罪的目的仅在于谋取非法利益，没有为非作恶，欺压百姓，也没有催生出新的破坏力对特定区域或行业造成较为恶劣的社会影响。换言之，完备的组织结构与伴生的其他犯罪只是为攫取非法利益服务，其组织结构与违法犯罪行为之间并没有相互融合，没有形成恶势力。

（3）主体要素和行为要素相互渗透，相互融合，共同催生出影响力要素的犯罪组织方能认定为恶势力

多人经常纠集在一起实施有组织的违法犯罪活动的根本目的不仅仅是为了实现成员的个人利益，更是为了谋求在一定区域或者行业内造成较为恶劣的社会影响。可见，主体要素和行为要素以形成“恶名”为目标导向而相互作用、相互融合，才能催生出影响力要素。对此类犯罪组织，方能认定为恶势力。本案中，从 2015 年 2 月至 2017 年 2 月，唐某伟等 10 余人相互纠集，实施了一系列故意伤害、寻衅滋事等违法犯罪活动，在这一过程中主体要素与行为要素相互作用逐渐融合形成了影响力要素，发展为松散的犯罪组织，对当地经济、社会生活秩序造成了较恶劣的影响，但尚未形成黑社会性质组织。

实务训练

请根据本案的事实、既有证据及争议焦点，写一份辩护词。要求格式规范、层次分

明、有理有据。

延伸阅读

1. 阴建峰，石魏. 恶势力组织司法认定现状审视及解决路径. 法律适用，2023（8）：28－41.

2. 蔡军.《反有组织犯罪法》中有组织犯罪概念的理解与适用. 中国应用法学，2022（4）：56－67.

3. 朴宗根，吕江鸿. “黑社会”与“恶势力”犯罪的刑法界定研究. 西北大学学报（哲学社会科学版），2020，50（3）：106－116.

4. 王强军. 知恶方能除恶：“恶势力”合理界定问题研究. 法商研究，2019，36（2）：135－145.

案133. 黑社会性质组织的非法控制特征认定

——王某娜等人故意伤害、寻衅滋事、非法拘禁、敲诈勒索案

要点提示

非法控制特征是黑社会性质组织的本质特征，是组织特征、经济特征和行为特征在相互作用、相互融合的过程中逐渐形成的。非法控制特征是认定黑社会性质组织成立与否的关键要素，其具体表现为对一定区域或者行业形成非法控制或重大影响。

案情摘要

（一）故意伤害的事实

2009年5月5日下午2时许，被告人王某在通往河北省晋州市的公路上发现挤塑板生意上的竞争对手恒某龙保温材料公司的富康车后，便决定教训对方一下，遂打电话和被告人王某娜商量，在征得王某娜同意后，王某即安排被告人董某旭、贾某、李某斌、周某璞对富康车进行跟踪，并安排董某旭打电话让被告人刘某找几个人过来。刘某找来被告人王某朋、贺某宇、郑某博、李某、陈某，王某驾车将其送到富康车停泊的辛集广兴泡沫厂附近。下午6时许，周某璞、李某斌分别驾驶汽车在安新线辛集境内马兰路段追上被害人朱某华驾驶的富康车，刘某将富康车拦住，刘某、王某朋、贺某宇、李某、陈某、郑某博对朱实施殴打，王某朋持镐把殴打朱的身体，贺某宇、郑某博持镐把打击朱头部，之后分别乘车逃离现场。其中贺某宇多次持镐把击打被害人头部并致镐把折断，造成朱某华颅骨骨折，经送医院抢救无效死亡。王某娜在得知朱某

华已死亡后，为让刘某等人逃避公安机关的抓捕，给刘某等人 1 万元现金帮助其逃跑。

2009 年 3 月 23 日中午，被告人王某娜纠集被告人王某、董某旭、李某斌、刘某、郗某、崔某权、冯某华、孔某贤、贺某宇、李某某（在逃）、云某（在逃）分乘 7 辆汽车来到河北省栾城县楼底镇某村恒某龙保温材料公司聚众滋事，用汽车挡住恒某龙保温材料公司门口，使该公司拉货车辆不能出入，时间长达三四个小时，在派出所民警的劝说下，才将堵在公司门口的汽车开走。当业务员张某芝回公司时，刘某、李某某、云某、贺某宇、李某斌等人无故对张某芝进行殴打，打掉其门牙两颗，该伤经法医鉴定为轻伤。

(二) 寻衅滋事的事实

被告人王某娜于 2009 年 4 月 3 日上午从被告人冯某华、崔某权口中得知恒某龙保温材料公司业务员曹某峰在石家庄市维也纳工地做业务后，为恐吓打压对方，达到垄断市场目的，指使王某、贺某金、冯某华、崔某权在石家庄市南二环将曹某峰拦下，贺某金对曹某峰进行殴打后逃跑。

2009 年 4 月 29 日下午，被告人王某娜、王某从崔某权口中得知恒某龙保温材料公司工作人员严某明到石家庄市金水湾工地做挤塑板业务后，便决定对严某明进行殴打。王某娜指使被告人冯某华、苑某旺对严某明实施跟踪，指使被告人贺某金和李某伟（在逃）殴打严某明。当日下午，在石家庄市金水湾工地外的公路上，贺某金、李某伟对严某明进行殴打致轻微伤，之后二人乘坐苑某旺、冯某华的车逃离现场。

被告人王某娜等人还实施了非法拘禁、敲诈勒索、故意毁坏财物、向非国家工作人员行贿等犯罪事实。

分歧意见

本案在处理过程中，对王某娜等人是否构成黑社会性质组织产生不同意见：

一种意见认为，本案已经形成了以王某娜为组织者、领导者，骨干成员较为固定的犯罪组织。该组织通过实施多起违法犯罪活动，牟取非法利益用于骨干成员和其他组织成员的犯罪支出，在石家庄保温材料行业内形成了重大影响，依法应当认定为黑社会性质组织。

另一种意见认为，王某娜等人组建公司从事保温材料经营活动，其公司员工多系自愿加入，王某娜等没有对成员实施控制或约束；该犯罪团伙仅实施故意伤害和寻衅滋事两类暴力犯罪，不符合黑社会性质组织行为特征的多样性要求；现有证据不能证明该团伙对石家庄的保温材料行业形成了非法控制或重大影响，不具备黑社会性质组织的非法控制特征，故依法不应认定为黑社会性质组织。

问题研讨

(一) 非法控制特征是黑社会性质组织的本质特征

根据《刑法》第 294 条的规定，黑社会性质组织必须具备组织特征、经济特征、行为特征及非法控制特征四个特征，这四个特征之间具有一定的逻辑关系，具体表现为：

第一，组织特征、经济特征和行为特征是黑社会性质组织的基本特征。

首先，人是黑社会性质组织最基本的元素，组织特征是将相当数量的组织成员按照一定的组织结构联系起来，进行分工合作，使独立的个人行为得以整合为黑社会性质组织的行为对外发生作用，以获取经济利益，从事违法犯罪活动。故黑社会性质组织不能欠缺组织特征。

其次，攫取经济利益，具备经济实力，不仅是黑社会性质组织实施具体违法犯罪行为的主要目的，也是其维持组织日常开销、从事违法犯罪活动，进而非法控制社会的物质基础。因此，经济特征是黑社会性质组织的基本特征。

再次，没有犯罪行为，就不可能形成黑社会性质组织，使用暴力、威胁或者其他手段，有组织地多次实施违法犯罪行为是黑社会性质组织的应有之义。行为特征之于黑社会性质组织，犹如树木之于森林，二者之间的关系不证自明，行为特征也是黑社会性质组织的基本特征。

最后，组织特征、经济特征与行为特征，相互依存，共生共荣，共同构成黑社会性质组织的基本特征，三者“你中有我，我中有你”，相互交织、相互作用。多次有组织地实施违法犯罪活动能够增强组织的犯罪能力、扩大影响力、增强非法控制能力，以便更多地攫取经济利益；而扩充经济实力反过来又能够使组织招募、纠集更多组织成员，扩大组织规模，巩固组织结构，为组织实施违法犯罪活动提供经济支持，强化组织的行为特征。

第二，非法控制特征是黑社会性质组织其他三个特征相互影响、相互作用形成的本质特征。

组织特征、经济特征及行为特征在相互交织、相互作用中，逐渐融合、发展，“迸发”出新的能量与破坏力，逐渐具备与合法社会相对抗的能力，形成非法控制特征。可见，非法控制特征是其他特征相互作用时逐渐生成的“新元素”。非法控制特征居于支配地位，对其他特征具有制约作用。无论犯罪组织的结构如何复杂、严密，无论其经济实力如何雄厚，亦无论其实施了多么严重的犯罪，只要该组织未能对特定区域或行业形成非法控制、重大影响，就绝不能认定其为黑社会性质组织。因此，非法控制特征是黑社会性质组织区别于普通犯罪集团和其他犯罪组织的唯一特征，是黑社会性质组织的本质特征。

由此可见，黑社会性质组织本就是有机统一的整体，其各个特征之间、各个特征与黑社会性质组织这个整体之间具有不可分割的紧密联系。根据系统论的基本观点，任何系统是由各要素组成的有机整体，而非各要素机械组合或简单相加而成，整体具有各要素在孤立状态下所没有的性质、功能，正所谓“整体大于部分之和”。系统各要素之间相互依存，相互关联，构成不可分割的整体。要素一旦脱离整体，就会失去作为要素的功能。组织特征、经济特征、行为特征及非法控制特征与黑社会性质组织之间是要素与整体的关系，四个特征相辅相成，缺一不可。

（二）王某娜犯罪团伙不具备黑社会性质组织的非法控制特征

1. 王某娜犯罪团伙不具备形成非法控制特征的基础条件

如前所述，在黑社会性质组织的四个特征中，组织特征、经济特征和行为特征是基本特征，非法控制特征是本质特征。组织特征是非法控制特征的物质载体，犯罪组织成员人数过少，不仅无力与合法社会相对抗，也不可能形成组织层级和组织分工；经济特征是非法控制特征的保障条件，非法控制特征的本质在于公开或半公开地与合法社会相对抗，在这一较量过程中，需要物质保障用于笼络、招募组织成员，扩大组织规模，提升组织实力，增强违法犯罪能力；行为特征是非法控制特征的行为基础，对特定区域或行业的非法控制、重大影响正是犯罪组织借助一系列多样化的有组织的违法犯罪活动所实现的，因此行为特征是非法控制特征的外在表现形式。组织特征、经济特征及行为特征在犯罪组织的日常管理或实施违法犯罪活动的过程中必然会相互作用，出现渗透和融合，犯罪组织招募、纠集多人，形成较稳定的组织层级和组织分工，共同实施违法犯罪活动的根本目的不局限于实现组织成员个人利益，更是维护组织稳定、发展，最终实现对特定区域或行业的非法控制。犯罪组织攫取经济利益、扩充经济实力，以及实施违法犯罪活动的终极目标都是非法控制社会。

本案中，王某娜犯罪团伙不具备黑社会性质组织的组织特征、行为特征和经济特征。首先，该团伙虽然人数较多，但存在时间过短，没有形成明确的组织分工和组织层级。王某娜等人组建公司从事保温材料生产和销售，其存续时间尚不足一年，亦无证据证实王某娜公司的员工对实施违法犯罪行为进行了分工，因此该犯罪团伙没有形成固定的犯罪组织，不具备黑社会性质组织的组织特征。其次，该团伙主要实施了故意伤害和寻衅滋事两类暴力性犯罪行为，行为类型相对单一，且犯罪对象主要针对保温材料行业的竞争对手，不具备黑社会性质组织的行为特征。最后，该团伙虽然通过从事保温材料的生产经营活动获取了一定的经济利益，但并未用于谋求组织发展壮大，增强犯罪能力，不具备黑社会性质组织的经济特征。故王某娜犯罪团伙不具备形成非法控制特征的基础条件。

2. 王某娜犯罪团伙不符合非法控制特征的基本表现形式

在审判实践经验及理论研究成果的基础上，我们认为，黑社会性质组织犯罪的非法控制特征主要表现为以下几种情形：

（1）涉案犯罪组织对在一定区域内生活或者在一定行业内从事生产、经营的群众形成心理强制、威慑，致使多名合法利益遭受侵害的群众不敢通过正当途径维护权益。例如，涉案犯罪组织针对特定乡镇的普通居民，实施了一系列故意伤害、强迫交易或者敲诈勒索等违法犯罪行为，严重侵犯了人民群众的合法利益，但由于该犯罪组织已经在该区域内确立了强势地位，树立起了淫威，致使合法权益遭受侵犯的群众不敢通过报警、诉讼等合法手段维护自己的合法权益。

（2）涉案犯罪组织对一定行业的生产、经营形成垄断。例如，有的涉案犯罪组织以非法手段垄断或控制特定的客货营运线路，作为其聚敛非法经济利益的主要手段。在这一过程中，黑社会性质组织以暴力为后盾，不容许其他合法经营者从事该特定线路客货运输业务。若其他合法经营者不听“劝阻”，黑社会性质组织便以暴力、威胁或滋扰等方式妨害他人的合法经营活动，最终形成由黑社会性质组织决定谁能参与该特定线路营运活动的结果。

（3）涉案犯罪组织插手民间纠纷、经济纠纷。有的黑社会性质组织随着自身经济实力增强，在一定的区域或者行业内逐步确立强势地位，使用暴力的频率也随之降低，于是便以“第三人”的身份“居中”对他人因土地使用权、水资源使用权发生的民间纠纷，或者在日常经营活动中发生的经济纠纷进行所谓“调停”或“调解”，但往往是以从中牟利为目的，不具有公正性，大多偏袒其中一方，而致使另一方蒙受损失。为了维护非法权威，涉案犯罪组织一旦“调解”、“调停”不成，就会露出本来面目，对他人暴力相向，甚至引发恶性刑事案件，造成严重后果。

（4）涉案犯罪组织多次干扰、破坏国家机关、行业管理部门以及村委会、居委会等基层群众自治组织的工作秩序，或者致使上述单位、组织的职能不能正常行使。具体行为方式多种多样，包括通过拉拢、收买、威胁等手段得到国家工作人员包庇或纵容，或者对前述单位、组织中正常履行职务的工作人员进行打击、报复等情形。我们认为，随着黑社会性质组织的组织结构日臻严密、经济实力日益壮大、违法犯罪能力不断增强，必然向公权力提出挑战。例如，有的黑社会性质组织以公司结构形式为掩护，对一定的行业进行垄断经营，在相关行业管理部门正常履行管理职责时，以行业管理部门侵犯其合法经营权、侵害公司员工利益为借口，组织多人围堵行业管理部门的办公地点，严重扰乱工作秩序。

（5）涉案犯罪组织利用组织的势力、影响，使组织成员获取政治地位。如当选各级人大代表、政协委员，在各级党政机关及其职能部门、基层群众自治组织中担任具有组织、领导、监督、管理职权的职务。黑社会性质组织发展、壮大到一定程度后，为了更好地维护其非法利益，便会寻求政治地位上的突破，往往以合法的政治外衣庇护非法行为，从而严重危及正常的社会秩序。这也是其非法控制特征的常见表现。

实务训练

从实务中找一个类似本主题的真实案例，根据该案的事实、既有证据及争议焦点，写一份辩护词或判决书。要求格式规范、条理清晰、层次分明、说理透彻。

延伸阅读

石经海. 黑恶犯罪治理研究. 北京：人民出版社，2023.

案 134. 入境发展黑社会组织罪的认定

——邓某等人入境发展黑社会组织案

要点提示

黑社会组织与黑社会性质组织是两个不同的法律概念。其中，黑社会性质组织只是黑社会组织的不成熟形态，它们区别的关键点在于是否有表明其公开立足于主流社会的“名号”（黑帮名称）及立帮和入帮“帮规”及仪式等。基于我国的社会综合治理和“打早打小”的政策，我国内地尚未有真正成熟的黑社会组织。

案情摘要

被告人邓某等8人，均是香港黑社会组织“新义安”成员。2000年4月初，香港黑社会组织“新义安”的“426级”成员邓某、黄某辉接受该组织的指令，为该组织的低职级成员，即“49级”的梁某、麦某、汤某、钟某以及在逃的关某、黄某敬等六人举行升职仪式（该组织称为“扎职”）。经二人商定，为了躲避香港警方的打击，于4月14日下午在黄某辉深圳的暂住处举行仪式。4月14日晚7时许，以上人员经电话联络先后到达邓某预先安排好的聚会地点深圳市福田区福星街南菲苑酒楼“上林苑”房。之后，邓某、黄某辉将陈某、梁某、麦某、汤某、钟某及关某、黄某敬先后分两批带至福祥街福中楼413房举行仪式。仪式由邓某主持，黄某辉、陈某协助、见证。仪式内容包括：邓某拿出准备好的“金花”6朵、“红绸带”12条、红色塑料胶棍一根等道具，在黄某辉、陈某协助下，升职的梁某、麦某、汤某、钟某及关某、黄某敬6人佩戴、握住上述道具，用牙签按手表示滴血；六人跪拜，在邓某领读下共同宣读誓词；之后，6名升职人员亲笔写下自己的名字，并向黄某辉、邓某献上6个红包，每个红包内有港币2 600元。黄某辉告知6人升职后组织内的个人辨别密码。仪式结束后，当8名成员饭后准备离开时，被公安人员抓获。①

分歧意见

一审依照《刑法》第294条第2款规定，以入境发展黑社会组织罪分别给8名被告人处5至8年有期徒刑。8名被告人均否认构成犯罪而提起上诉，二审除对苏某因没有直接参与此次升职活动而改判较轻刑罚外，对其他人均维持了原判。

问题研讨

根据我国《刑法》第294条第2款的规定，所谓入境发展黑社会组织罪，是指境外

---

① 《×××发展黑社会组织上诉案》(（2000）粤高法刑经终字第302号)。

的黑社会组织的人员到中华人民共和国境内发展组织成员的行为。又根据《最高人民法院关于审理黑社会性质组织犯罪的案件具体应用法律若干问题的解释》的规定，“发展组织成员”是指将境内、外人员吸收为黑社会组织成员的行为；对黑社会组织成员进行内部调整等行为，可视为“发展组织成员”；港、澳、台黑社会组织到内地发展组织成员的，适用《刑法》第294条第2款的规定定罪处罚。

黑社会组织与黑社会性质组织是不同的两个法律概念。根据《刑法》第294条的规定，所谓黑社会性质组织是以暴力、威胁或者其他手段，有组织地多次进行违法犯罪活动，称霸一方、为非作恶，欺压、残害群众，严重破坏经济、社会生活秩序的犯罪组织。根据相关立法规定，黑社会性质组织同时具备以下四个基本特征：（1）形成较稳定的犯罪组织，人数较多，有明确的组织者、领导者，骨干成员基本固定；（2）有组织地通过违法犯罪活动或者其他手段获取经济利益，具有一定的经济实力，以支持该组织的活动；（3）以暴力、威胁或者其他手段，有组织地多次进行违法犯罪活动，为非作恶，欺压、残害群众；（4）通过实施违法犯罪活动，或者利用国家工作人员的包庇或者纵容，称霸一方，在一定区域或者行业内，形成非法控制或者重大影响，严重破坏经济、社会生活秩序。据此，它们的不同主要表现在：成熟的黑社会组织不同于黑社会性质组织的核心标志，是有表明其公开立足于主流社会的“名号”（黑帮名称）及立帮和入帮“帮规”及仪式等。我国一直坚持社会综合治理和“打早打小”的政策，并有针对性地开展“严打”和“打黑除恶”专项斗争，这使得成熟的黑社会组织难以在我国内地形成和发展。在现实中，虽然有我国香港、台湾地区成熟黑社会组织到内地发展成员和势力范围的情况，但它们同样因社会综合治理等对策而难以以成熟的黑社会组织形态在内地存在。

通过以上分析，结合我国司法实践与我国刑法以及相关的立法解释、司法解释，与黑社会性质组织有关的犯罪具体包括以下几项：

（1）《刑法》第294条第1款规定的组织、领导、参加黑社会性质组织罪，即组织、领导和积极参加以暴力、威胁或者其他手段，有组织地多次进行违法犯罪活动，称霸一方，为非作恶，欺压、残害群众，严重破坏经济、社会生活秩序的黑社会性质组织的行为。只要行为人有组织、领导或积极参加依法可以认定为黑社会性质组织的行为，就可以认定成立该罪。

（2）《刑法》第294条第2款规定的入境发展黑社会组织罪，即境外的黑社会组织的人员到中华人民共和国境内发展组织成员的行为。该罪的主体必须是境外的黑社会组织的人员。

（3）《刑法》第294条第3款规定的包庇、纵容黑社会性质组织罪，即国家机关工作人员包庇黑社会性质的组织，或者纵容黑社会性质的组织进行违法犯罪活动的行为。其中的“包庇”，是指国家机关工作人员为使黑社会性质组织及其成员逃避查禁，而通风报信，隐匿、毁灭、伪造证据，阻止他人作证、检举揭发，指使他人作伪证，帮助逃匿，或者阻挠其他国家机关工作人员依法查禁等行为。其中的“纵容”，是指国家机关工作人员不依法履行职责，放纵黑社会性质组织进行违法犯罪活动的行为。

（4）黑社会性质组织中的成员实施的具体的犯罪，比如抢劫罪、故意杀人罪、故意伤害罪、敲诈勒索罪等。《刑法》第 294 条第 1 款规定的组织、领导、参加黑社会性质组织罪评价的仅仅是行为人组织、领导、参加的黑社会性质组织的行为，对行为人在组织中所实施的具体的犯罪则没有作出评价，这是与罪刑相适应的基本原则相违背的。对此，2000 年《最高人民法院关于审理黑社会性质组织犯罪的案件具体应用法律若干问题的解释》第 3 条规定，组织、领导、参加黑社会性质的组织又有其他犯罪行为的，依照数罪并罚的规定处罚；对于其组织者、领导者，应当按照其所组织、领导的黑社会性质组织所犯的全部罪行处罚；对于其参加者，应当按照其所参与的犯罪处罚。由此可以得出，涉黑犯罪作为一个笼统的概念，也应该包括黑社会性质组织中成员所实施的具体的犯罪。

本案中，被告人作为香港黑社会组织成员，潜入内地秘密实施组织内部的升职活动，其行为符合入境发展黑社会组织罪的规定。一、二审法院以入境发展黑社会组织罪分别对各被告人定罪处刑，应当是符合法律规定的。

实务训练

从实务中找一个类似本主题的真实案例，根据该案的事实、既有证据及争议焦点，写一份辩护词或判决书。要求格式规范、条理清晰、层次分明、说理透彻。

延伸阅读

石经海. 黑恶犯罪治理研究. 北京：人民出版社，2023.

案 135. 伪造行政机关下属事业单位印章的定性

——刘某某伪造婚姻登记专用章案

要点提示

以印章直接使用主体是事业单位而认为伪造其所使用的所有印章都构成伪造事业单位印章罪的观点，是机械、孤立和片面的，应当从伪造印章直接侵犯的客体区分是构成伪造国家机关印章罪还是伪造事业单位印章罪。伪造行政机关下属事业单位使用的履行该行政机关管理职能的印章的行为，侵犯了该行政机关的正常管理活动和信誉，构成伪造国家机关印章罪。

案情摘要

被告人刘某某，男，个体工商户，57 岁，汉族，高中文化程度，个体经营户，从事广告、印章刻制等工作。2010 年 6 月 30 日，被告人刘某某摆摊刻章时与吴某某约定，以 80 元的价格为吴某某制作“重庆市某区民政局婚姻登记专用章”。次日，刘某某将制作好的“重庆市某区民政局婚姻登记专用章”交给吴某某后被民警抓获，缴获上述印章。经鉴定，缴获的“重庆市某区民政局婚姻登记专用章”与重庆市某区民政局婚姻登记处使用的“重庆市某区民政局婚姻登记专用章”不符。某区民政局婚姻登记处系某区民政局下属事业单位。某区人民法院认为，被告人刘某某伪造事业单位印章，其行为已构成伪造事业单位印章罪。

分歧意见

一种意见认为，重庆市某区民政局婚姻登记处是重庆市某区民政局下属的事业单位，取得了事业单位法人证书，具有独立法人资格。因此，其所使用印章的性质与该单位的性质应作同一认定，伪造婚姻登记专用章的行为，应认定为伪造事业单位印章罪。

另一种意见认为，婚姻登记专用章虽然由婚姻登记处使用，但其实质上是民政局履行特定职能的专用章，伪造婚姻登记专用章，侵犯了民政局作为国家机关的正常管理活动和信誉，构成伪造国家机关印章罪。

问题研讨

《刑法》第 280 条第 1 款规定了伪造、变造、买卖国家机关公文、证件、印章罪，犯本款之罪的，有两档法定刑：即判处 3 年以下有期徒刑、拘役、管制或者剥夺政治权利，并处罚金；情节严重的，判处 3 年以上 10 年以下有期徒刑，并处罚金。第 2 款规定了伪造公司、企业、事业单位、人民团体印章罪，只有前款第一个量刑幅度。这种立法上的区别对待，既突出了刑法对行使国家管理职权的国家机关予以特别保护的立法本意，同时将侵犯国家机关以外的公司、企业、事业单位、人民团体的印章犯罪的范围仅限定为伪造这一种行为，并限定为印章这一个对象。

任何一个单位在社会活动中，都必须使用一定的印章，这是其参与社会的一定领域、一定方面的符号。伪造事业单位印章罪中的事业单位，没有所有制的限制，既包括国家机关举办或者其他组织利用国有资产举办的国有事业单位，也包括非国有事业单位。行政机关下属事业单位的印章，其名称中经常包含该行政机关的名称，如上述案例中的重庆市某区民政局婚姻登记处。当这些事业单位使用冠有行政机关名称且表明该行政机关特定职能的印章时，是以伪造事业单位印章罪还是伪造国家机关印章罪定罪处罚，在司法实践中存在着一定的争议和认识误区。

（一）印章中是否包含国家机关名称不是国家机关印章和事业单位印章的区分标准

1. 国家机关印章与事业单位印章的区别

国家机关印章，是指“国家机关刻制的以文字与图记表明主体同一性的公章或专用章，它们是国家机关行使职权的符号和标记。”[①] 国家机关印章，“包括刻有国家机关名称的公章和国家机关使用的具有特殊用途的专用章和一些具有公务用途和效力的印章。”[②]“国家机关的印章既包括表示国家机关名称的印章，也包括国家机关用以表示某种特殊用途的专用章。印章包括印形与印影。印形，是指固定了国家机关名称等内容并可以通过一定方式表示在其他物体上的图章；印影，是指印形加盖在纸张等物体上所呈现的形象[③]。

事业单位印章，是由事业单位刻制的，代表本单位的公章以及本单位各部门所使用的专用章[④]。它是事业单位行使管理本单位事务、对外承担法律规定的权利义务和法律后果的符号和标记。

由上述关于国家机关印章和事业单位印章的几种观点，我们可以从以下几个方面区分国家机关印章和事业单位印章：第一，从刻制印章的主体加以区分。国家机关印章的刻制主体是国家机关，事业单位印章的刻制主体是事业单位。第二，从印章的名称来看，国家机关印章一般直接表明国家机关的名称、性质，即一般情况下我们可以通过该印章直接判断该印章是否属于国家机关印章。第三，国家机关印章具有表征国家机关职权的特性。

2. 犯罪客体是区别伪造国家机关印章罪和伪造事业单位印章罪的本质标准

虽然国家机关印章罪和伪造事业单位印章罪规定在同一个刑法条文里，但两罪之间界限清楚。由于设立国家机关和事业单位的目的不同，刑法规定了伪造国家机关印章罪和伪造事业单位印章罪，其所保护的客体有着明显的区别。前者的目的是保护国家机关印章的公共信用，伪造国家机关印章罪侵害的客体除了国家机关的信誉和正常活动之外，还包括国家对社会的正常管理秩序，而伪造事业单位印章罪侵害的直接客体是事业单位正常活动的声誉，同时构成对社会公共秩序的侵犯。

伪造虚构的国家机关印章或事业单位印章的行为，在是否构成相应的犯罪上存在区别。对于伪造虚构的国家机关印章的行为，虽然有观点认为因为客观上不存在这些国家机关，自然谈不上侵犯它们的信誉和正常活动[⑤]，但多数意见认为，我国国家机关数量众多，一般群众难以区分某个具体地区、具体种类的国家机关是真实的还是虚构的。国家机关是一个整体概念，伪造国家机关印章的行为会对真实的国家机关的信誉和正常活动造成侵害，使国家以及代表国家行使管理职能的国家机关在人民群众中的威信降低，甚至有可能造成国家机关的正常活动因社会成员怀疑其真伪而受到影响的后果[⑥]。因此，由于国家机关的设立具有体现国家整体意志的特点，刑法设立伪造、变造、买卖国家机关公文、证件、印章罪，维护的是抽象意义上的国家机关的形象、声誉，而非局限于对某具体国家机关的形象、声誉的维护。因此，无论伪造的印章上体现的国家机关是否真实存在，都会对

---

① 张军，等. 刑法（分则）及配套规定新释新解：下. 北京：人民法院出版社，2009：1130.

② 曾斌，等. 立案定罪量刑标准与适用. 北京：法律出版社，2003：336.

③ 张明楷. 刑法学. 2 版. 北京：法律出版社，2003：801.

④ 曾斌，等. 立案定罪量刑标准与适用. 北京：法律出版社，2003：338.

⑤ 赵秉志，等. 扰乱公共秩序罪. 北京：中国人民公安大学出版社，2003：93.

⑥ 王作富. 刑法分则实务研究：下册. 2 版. 北京：中国方正出版社，2003：1384－1385.

国家机关的整体形象、声誉造成严重损害[①]。伪造印章的行为客观上侵犯了国家机关印章的公共信用，故宜认定为伪造国家机关印章罪[②]。而事业单位与国家机关在设立目的、具有的职能、运作方式、活动范围等方面都有不同，它们的影响不会像国家一样覆盖一国之内社会政治、经济、文体等各个方面，因而制作原本不存在的公司、企业、事业单位、人民团体印章的行为，不会对真实的公司、企业、事业单位、人民团体的声誉和正常活动造成危害，一般不构成伪造公司、企业、事业单位、人民团体印章罪[③]。

（二）印章使用主体的性质与印章的性质不必然具有同一性

1. 行政机关印章可由下属承担社会管理职能的事业单位使用

事业单位根据其社会职能、经费来源的不同，分为行政支持类、社会公益类、经营开发服务类三种类型。行政支持类事业单位，是指依据法律法规授权，完全从事具体行政执法、监督检查的事业单位。社会公益类事业单位，指为实现社会公共利益和国家长远利益举办的，面向社会提供公益产品和公共服务的事业单位。经营开发服务类事业单位，是指从事生产经营、技术开发和中介服务等活动，已经或经过调整后可以通过市场配置资源的事业单位。经营开发服务类事业单位，不论其所使用的印章中是否包含国家机关的名称，因其不表征国家机关职能，不会被认为是国家机关印章。如某市国税局机关招待所、某区劳动局劳动技能培训中心。行政机关将管理特定社会事务的某些职责交由下属承担社会事务管理职责的事业单位具体行使时，国家机关印章实际由该事业单位使用，即形成了国家机关与国家机关印章分离的情形。因此，不能单纯从印章使用主体的性质推断印章的性质。

2. 婚姻登记专用章是民政局履行特定职能的符号，属于国家机关印章

国家机关为了有效履行对国家政治、经济、社会和文化等领域的各项行政事务的组织、管理、监督和指导等行政职能，制发特定用途的专用章和一些具有公务用途的印章，不论印章的直接使用主体是谁，其都代表着该国家机关对相关行政事务的管理，使用该印章产生的法律效果，都只能由该国家机关承担。行政确认是国家机关管理社会事务的一项具体行政行为。所谓行政确认，是行政主体依法对相对方的法律地位、法律关系和法律事实进行甄别，给予确定、认可、证明并予以宣告的具体行政行为[④]。登记是行政确认的表现形式之一，表现为行政主体应申请人的申请，在政府有关登记簿册中记载相对方的某种情况或事实，并依法予以正式确认的行为。例如，工商企业登记、房屋产权登记、户口登记、社团登记、婚姻登记等。行政确认权只能由行政主体行使，而不可能由其下属事业单位行使。婚姻登记专用章是民政局履行婚姻登记管理职能的特定用途的印章，是民政局行使行政确认权的体现，婚姻登记处并非以自己的名义行使婚姻登记管理职能，婚姻登记处实际使用婚姻登记专用章的表象，改变不了婚姻登记专用章是

---

① 高铭暄，马克昌. 中国刑法解释下卷. 北京：中国社会科学出版社，2005：1981.

② 张明楷. 刑法学. 2版. 北京：法律出版社，2003：801.

③ 同①.

④ 罗豪才. 行政法学. 北京：北京大学出版社，2000：202-203.

国家机关印章的本质。伪造婚姻登记专用章，侵犯了民政局这一国家机关的正常管理活动和信誉，构成伪造国家机关印章罪。

国家机关的印章可能由其他主体使用。类似于上述案例中体现了行政机关履行特定职能的专用章，虽然由下属事业单位使用，但该类印章与特定行政机关存在着密切的、有机的联系，对其进行伪造的行为，实质侵害了特定行政机关的正常管理活动和信誉，而非其下属事业单位的信誉，应以伪造国家机关印章罪定罪处罚。简单地、一刀切地将行政机关下属事业单位使用的印章视为该事业单位的印章，认为伪造事业单位使用的印章，当然属于伪造事业单位印章罪的意见，是简单地从使用主体上区分印章的性质，具有片面性。应当以印章的使用是否是行政管理职能的表征正确界分行政机关下属事业单位所使用的印章的性质，这也是以不同的犯罪客体作为区分标准的直接运用。

综上，我们认为，上述案例中刘某某的行为构成伪造国家机关印章罪。

实务训练

（1）根据本案事实和相关法理、法律规定，以刘某某的行为应以伪造国家机关印章罪定罪处罚拟写判决书。

（2）假设本案公诉机关指控刘某某的行为构成伪造国家机关印章罪，请你持伪造事业单位印章罪观点为刘某某写一份辩护词。

延伸阅读

1. 罗豪才. 行政法学. 北京：北京大学出版社，2000.

2. 谢望原，郭立锋. 论伪造公司、企业、事业单位、人民团体印章罪的立法完善. 人民检察，2004（11）：64-68.

3. 孙道萃. 国家机关公文、证件、印章的司法认定. 天津法学，2013，29（1）：76-81.

4. 杜文俊，陈洪兵. 文书伪造犯罪的构成要件解释论. 国家检察官学院学报，2011，19（5）：104-110.

案136. 组织卖淫罪及其犯罪形态的认定

——王某等人组织卖淫案

要点提示

诱骗数名卖淫女并强迫其卖淫的行为是构成强迫卖淫罪还是组织卖淫罪？在已经控制卖淫女但尚未开始实施卖淫行为的情况下，是既遂还是未遂？行为人为了迫使被害人A就范而当面强行与被害人B发生性关系，是成立《刑法》（2006年修正）第358条第

1款第4项规定的“强奸后迫使卖淫的”，还是与强奸罪数罪并罚？

案情摘要

被告人王某、王某某、丙、丁。2007年9月至10月，王某与王某某共谋，决定从某区找几个“小姐”到本区某镇卖淫。之后，二人一起到某镇谷草人山庄看了卖淫的场所。为此，王某在某镇租赁了房屋，并准备了藏刀和伸缩棍等凶器，还专门购买了从事运输的车辆。王某某也邀约了丙、丁参与。经共谋，同年10月20日晚，四人以找“小姐”做业务为名在某区先后将A、B、C等三名被害人骗出后，带至某镇的租赁屋内。因被害人A醉酒昏睡，王某等人先采取威胁的方法逼迫被害人B、C二人答应留在某镇为其卖淫，并将二人的手机卡取出扔掉。21日上午，被害人A酒醒后，王某为了逼迫A就范，当着A的面强行与被害人B发生了性关系。之后，上述四人将三名被害人继续控制在租赁房内。22日晚，被害人A趁四人不备，翻厕所窗户逃走，并于23日13时到公安机关报案。公安机关接警后即前往某镇将已转移至谷草人山庄的王某、丙、丁抓获，同时解救出被害人B、C。24日凌晨，王某协助公安机关将王某某抓获。

分歧意见

关于本案，主要对如下方面存在分歧意见：

（1）关于案件的定性，第一种观点认为，四被告人通过限制人身自由、胁迫、强奸等手段强迫三名被害人卖淫，构成强迫卖淫罪；第二种观点认为，应当认定王某为组织卖淫罪，王某某、丙、丁为协助组织卖淫罪。

（2）关于本案犯罪状态的认定，第一种观点认为，四被告人已经实际控制了被害人，即将实施卖淫，应当认定为既遂；第二种观点认为，本案中卖淫行为尚未实施，是犯罪未遂。

（3）关于本案中强奸行为的认定，第一种观点认为，本案中王某强奸B从而逼迫A就范的行为应当单独构成强奸罪，实行数罪并罚；第二种观点认为，应对王某定性为组织卖淫罪或者强迫卖淫罪一罪，并按照加重情节论处。

问题研讨

强迫卖淫是逼良为娼行为，而组织卖淫是在他人自愿基础上的组织行为。两者在犯罪对象和犯罪客观方面上有显著区别，在行为上也是相互独立、互不兼容。协助组织卖淫者都处于被组织者的地位，只是以非常间接的方式对组织卖淫活动起到协助作用，直接参与卖淫人的诱骗、运输和控制的，应当构成组织卖淫罪。组织卖淫罪应当以使被组织者可以向不特定客人提供性服务为既遂，对于已经控制卖淫女但尚未正式卖淫的，应按犯罪未遂处理。以强奸他人的方式胁迫卖淫的，应当数罪并罚。

（一）组织卖淫罪与强迫卖淫罪的关系

《刑法》（2006年修正）第358条第1款规定，“组织他人卖淫或者强迫他人卖淫的，处五年以上十年以下有期徒刑，并处罚金；有下列情形之一的，处十年以上有期徒刑或者无期徒刑，并处罚金或者没收财产：（一）组织他人卖淫，情节严重的；（二）强迫不满十四周岁的幼女卖淫的；（三）强迫多人卖淫或者多次强迫他人卖淫的；（四）强奸后迫使卖淫的；（五）造成被强迫卖淫的人重伤、死亡或者其他严重后果的。”第2款规定：“有前款所列情形之一，情节特别严重的，处无期徒刑或者死刑，并处没收财产。”组织卖淫罪和强迫卖淫罪规定在同一个条文中，法定刑、加重情节完全一致。在实践中，组织卖淫罪与强迫卖淫罪往往相互交织，如何区分两罪往往引发争议。

我们认为，任何犯罪行为都必须指向一定的对象，而所有的行为都可以从对象的角度进行解释。关于组织卖淫和强迫卖淫行为的关系，完全可以从行为对象出发加以探讨，从而获得更简洁、明了和实用的结论：（1）根据“组织”的一般语义，构成组织卖淫罪，其对象应在三人以上。如果对象不足三人，则不可能构成组织卖淫罪，但可能构成强迫卖淫罪。（2）立法设置强迫卖淫罪的本意在于惩罚“逼良为娼”的行为，不宜将自愿从事卖淫的人纳入此罪的对象范围。（3）尽管组织卖淫罪和强迫卖淫罪规定在一个法条中，但是“组织”与“强迫”不是一种犯罪并列的两种行为方式，而属于两个独立罪名。所以，如果同一行为人同时“组织”他人卖淫和“强迫”他人卖淫，那么就分别构成组织卖淫罪和强迫卖淫罪，依法数罪并罚。（4）组织卖淫罪侵犯的客体是社会风尚，强迫卖淫罪侵犯的客体是公民的人身权利、性自由权利和社会风尚。前者是单一客体，后者是复杂客体，外延大于前者。如果组织他人卖淫，被组织卖淫的人后来打算“从良”不愿再从事卖淫活动，则行为人采取暴力、胁迫等手段使其继续卖淫的行为应当认定为强迫卖淫罪，与组织卖淫罪实行并罚。（5）被害人在行为人的逼迫之下就范，渐而“自愿”卖淫，行为人又组织继续卖淫的，则只追究其强迫行为，认定为强迫卖淫罪。

本案中，王某等四人将A、B、C三人骗至事先选好的租赁屋内，采取威胁方法逼迫B、C答应留下为其卖淫。王某为了逼迫A就范，当着A的面强行与B发生性关系。该四人的行为虽然是“强迫”他人卖淫，但因强迫对象A、B、C三人都愿意出来卖淫，因此不符合强迫卖淫罪的对象条件，四人应当认定为组织卖淫罪。

（二）对“强奸后迫使卖淫”的理解

（1）此情节只能适用于强迫卖淫罪的场合。《刑法》（2006年修正）第358条第1款明文规定了五种法定加重情节，“强奸后迫使卖淫的”是其中之一。从表面上看，这几个情节是组织卖淫罪与强迫卖淫罪共同的加重情节，实际上这几个法定情节各有归属。其中“组织他人卖淫，情节严重的”是组织卖淫罪的加重情节，而包括“强奸后迫使卖淫的”在内的其余几项都与“强迫”有关，因而只在构成强迫卖淫罪的情况下才适用。

（2）作为强迫卖淫罪的加重情节时，强奸与迫使卖淫的对象应为同一被害人。强奸行为是强迫卖淫的暴力手段之一，但强奸行为又与殴打等一般暴力手段有所不同。对于被害人而言，遭受强奸与被迫卖淫在结果上并无二致，行为人之所以采取强奸的手段迫使被害人卖淫，无非在于摧毁其对贞操观念的坚守，使被害人“破罐子破摔”，从而达到迫使其卖淫的目的。从常理上讲，强奸与迫使卖淫的对象应为同一被害人。如果强奸与迫使卖淫的对象是不同的人，就不能认定为《刑法》(2006 年修正第 358 条第 1 款第 4 项规定的“强奸后迫使卖淫的”，不能将强奸行为作为强迫卖淫罪的一个加重情节进行评价，而应当认定为强奸罪。

本案中，王某为了逼迫 A 同意卖淫而强行与 B 发生性关系。因强奸的对象与迫使的对象不为同一人，所以，王某的该行为不属于《刑法》(2006 年修正第 358 第 1 款第 4 项规定的“强奸后迫使卖淫的”，不能作为组织卖淫罪的法定加重情节予以认定。虽然 B 愿意从事卖淫，但其性自由依然受法律保护。王某强行与之发生性行为，依法构成强奸罪。对王某应按组织卖淫罪与强奸罪数罪并罚。

(三) 组织卖淫罪与强迫卖淫罪的既遂标准

关于犯罪既遂的标准，主要有结果发生说、犯罪目的实现说和犯罪构成要件齐备说三种，其中犯罪构成要件齐备说是我国刑法理论中的主流观点。这些学说的共同之处在于把犯罪既遂看作一个时间点，即认为犯罪既遂瞬间完成便永久定格，成为犯罪的“终局”形态。而实际上，从刑法所规定的危害结果出现，一直到该危害结果不再继续扩大的整个过程都是犯罪既遂。我们经常讨论的犯罪既遂标准问题，实质上是刑法所规定的危害结果出现与否的问题。出现了这个结果，就是犯罪既遂，没有出现这个结果，犯罪就没有既遂。

刑法所规定的不同犯罪，其危害结果也不同。“当行为人利用的条件在客观上作用于犯罪对象，并使犯罪对象特征发生了刑法所欲防止的变化时，犯罪行为就达到了犯罪实行阶段的完成状态——犯罪结果”。前文已经提到，组织卖淫罪侵害的客体是社会风尚。那么，被组织卖淫的人员的特征发生怎样的变化才能使社会风尚受到侵害呢？我们认为，组织卖淫达到使被组织者可以向不特定客人提供性服务的程度，该罪即为既遂。通俗地说，组织卖淫的既遂标准是：卖淫组织（场所）对内有管理，人员基本到位；对外可营业，公众基本知晓。认定组织卖淫罪的既遂必须考虑其社会影响，单纯用组织行为是否实行完毕作为组织卖淫罪的既遂标准是不可行的，也是不正确的。本案中，王某等人组织卖淫的犯罪行为尚未达到使被组织者可以向不特定客人提供性服务的程度，即未达到组织卖淫罪的既遂标准，应认定为犯罪未遂。

(四) 对协助组织他人卖淫罪中“协助”行为的理解

与组织卖淫罪相比，协助组织他人卖淫罪的法定刑明显较轻。有学者认为，组织卖淫罪是指以招募、雇用、强迫、引诱、容留等手段，控制多人从事卖淫活动的行为，协助组织卖淫是行为人为他人实施上述犯罪行为提供帮助的行为。认定协助组织卖淫罪应当考虑以下几点：(1) 从主体地位看，协助者只能是一般雇员。他们不是组织行为的主体，并不参与组织行为，只是以非常间接的方式对组织卖淫活动起到协助作用。协助者往往领取固定工资，而不参与卖淫活动的利润“分红”。(2) 从工作性质看，协助行为在表面上具有合法性。一般来说，许多组织卖淫的场所，都打着某种合法的幌子开张营业，暗地里从事肮脏的交易。与合法经营一样，这些非法场所也需要特定的职员，比如司机、迎宾员、保安、服务生等。这既是卖淫组织伪装为合法场所的需要，同时也为组织卖淫的活动起到了协助作用。这些表面上从事合法工作的人员对其工作场所的非法性具有明确认识，但仍然自愿为组织卖淫的犯罪分子打工，其主观方面是故意，依法构成协助组织卖淫罪。

本案中，丙、丁二人直接参与诱骗、运送和控制 A、B、C 三人的犯罪活动，属于组织卖淫的行为，而不是协助组织卖淫的行为。王某等四人的行为均构成组织卖淫罪，但根据其分工和在案件中的作用不同，王某是主犯，王某某与丙、丁可按从犯论处。

实务训练

从实务中找一个类似本主题的真实案例，根据该案的事实、既有证据及争议焦点，写一份辩护词或判决书。要求格式规范、条理清晰、层次分明、说理透彻。

延伸阅读

1. 茹士春. 论帮助行为单独定罪：以协助组织卖淫罪与组织卖淫罪的切分为例. 中国刑事法杂志，2011 (1)：26－31.

2. 郑伟. 就这样动摇了共同犯罪的根基：论组织卖淫罪与协助组织卖淫罪的怪异切分. 法学，2009 (12)：82－91.

案 137. 传播淫秽物品牟利罪与聚众淫乱罪的区分

——方某利用网络裸聊传播淫秽物品牟利案

要点提示

与不特定多人进行一对一有偿视频裸聊，可能会严重损害社会公众良好的性道德观念及未成年人身心健康。妇女的裸体本身不是淫秽物品，但在裸聊案件中，行为人的身体经过电子信号的转换，已经变成一个个视频图像，属于具体描绘或者露骨宣扬色情的淫秽电子信息，裸聊的过程即是动态传播淫秽物品的过程，故将有偿裸聊解释为传播淫秽物品并非类推解释，符合罪刑法定原则。视频有偿裸聊者之间没有真实物理空间的统一性，也缺乏真实性行为，且点对点的裸聊既不属于“聚众”，更不符合聚众淫乱之“群奸群宿”的特征，故不构成聚众淫乱罪。

案情摘要

被告人方某，A县无业妇女。2006年下半年，方某受到网络真人演绎激情视频启发，萌生以裸聊赚钱之意。方某先分别以不同网名注册两个QQ号，后将号码挂于QQ聊天室大厅的“E网情深”聊天室下的“E夜激情”室内，以发信息方式招揽网友进行裸聊，并订立一套收费标准。在和聊天对象谈妥裸聊后，方某将银行账号或支付宝账号告知对方汇款，在核实对方已经付款后，根据对方要求及汇入资金的多少，通过视频提供不同的裸聊服务。从2006年11月至2007年5月，方某裸聊对象遍及全国22个省区市，仅从电脑上聊天记录发现的就有300多名观众，网上银行汇款记录达千余次，获利2.4万元。后经人民法院审理，以传播淫秽物品牟利罪对方某定罪处罚。

分歧意见

第一种观点认为，网络裸聊纯属具有私密性的个人行为，且在虚拟空间进行，对社会的危害性不大，故网络裸聊应由道德进行调整和规范。第二种观点认为，网络裸聊虽然败坏社会风气，但妇女的身体并非淫秽物品，妇女与他人视频裸聊并非传播淫秽物品，刑法并未明文规定裸聊为犯罪，故只需对其进行罚款、拘留等行政处罚即可。第三种观点认为，有偿网络裸聊行为属于以牟利为目的的传播淫秽物品的行为，构成传播淫秽物品牟利罪。第四种观点认为，网络裸聊构成聚众淫乱罪。

问题研讨

随着网络技术的发展和视频聊天的迅速普及，裸聊行为悄然涌现。所谓“裸聊”，是指聊天者将自己身体的全部或部分裸露在摄像头下，通过网络视频将其声音、图像同步传给聊天对象的聊天方式。由于裸聊者在进行视频聊天时裸露了被公认不该裸露的身体私密部分，可能涉及淫秽色情行为，故对利用网络进行有偿裸聊的行为如何定性，成为理论和司法实务界颇有争议的一个新课题。

（一）刑法介入网络裸聊行为的立场

理论界、实务界对此有两种意见：其一为刑法干预不必要说，认为网络裸聊属于公民个人的隐私行为，是裸聊者行使其通信自由的一种方式，国家刑罚权无权干涉，否则就会重蹈“夫妻在家看黄碟被抓”闹剧的覆辙。其二为刑法可适度介入说，认为某些网络裸聊可能会严重损害社会公众良好的性道德观念及未成年人身心健康，刑法可在考察行为整体有害社会风化并符合风化犯罪的行为类型后适度介入，否则不宜随意干预。我们赞同第二种观点，主要理由在于：

1. 法律中的自由是相对的自由

一般情况下，公民有选择以何种方式、与何人在何时何地进行通信联络的自由，而且根据一般的法律原则，法无禁止皆自由。但是，公民的自由又是有限度的，应以不损害他人的、社会公共的或者国家的利益为限度。一旦超过该限度，就进入不自由的领域。

2. 网络裸聊可能妨害社会风化

裸聊是行使通信自由的一种方式，但当裸聊与色情、淫秽物品关联时，不仅可能损害公众正常的性道德观念，损害青少年身心健康，而且容易成为多种犯罪的诱因。刑法在介入裸聊行为时，总体应把握风化犯罪的立法机理及犯罪构成特征的内涵，对那些明显不符合风化犯罪行为类型的裸聊行为，要本着限缩刑罚功能的观念将其排除在外。比如夫妻之间、恋人之间、朋友之间等私密的一对一裸聊行为，影响范围十分有限，不会损害公众对性的良好道德观念，缺乏对刑法所保护犯罪客体的侵害性，没有动刑的必要性和正当性，可借助非刑事法律规范或道德规范进行调整。但在淫秽色情信息充斥网络的严峻形势下，与多人动态裸聊具有比静态观看淫秽图片、电影等更大的刺激性和挑逗性，更容易诱惑青少年沉溺其中，毒害其身心健康，甚至促使其违法犯罪，以刑罚手段处罚裸聊行为具有现实的必要性。

（二）将裸聊行为解释为“传播淫秽物品”是否违背罪刑法定原则

理论界、实务界有两种观点：其一为违背说，认为该种解释系类推解释，有违罪刑法定原则。妇女的裸体不属于淫秽物品，物品是指一种无生命属性的东西，但裸聊活动中，聊天双方用有生命的身体现场表演，不是对淫秽物品的传播。因为人的身体不是物品，所以裸聊只是一种身体的展示，不属于《刑法》第 367 条及《最高人民法院、最高人民检察院关于办理利用互联网、移动通讯终端、声讯台制作、复制、出版、贩卖、传播淫秽电子信息刑事案件具体应用法律若干问题的解释》（以下简称《解释》）第 9 条规定的“其他淫秽物品”。如果展示的是裸体照片或者事先录制的裸体视频，则属于“淫秽物品”范畴。按照一般人的理解，“传播”意指向不特定社会公众“广泛散布”，若裸聊对象具有针对性或特定性，即不属于“传播”。其二为符合说，认为裸聊视频属于《解释》第 9 条中的“其他淫秽物品”，裸聊的过程即是动态传播淫秽物品的过程。我们认同第二种观点，具体理由如下：

1. 罪刑法定原则的法有“明文”规定不等于法有“明确”规定

罪刑法定原则禁止类推解释，系因类推解释超出法条用语可能的含义范围，导致人们不能合理预测自己的行为性质后果，有损公民的行动自由。判断某行为是否属于法有明文规定，不能仅根据法条文字的字面含义机械地对号入座，亦不能笼统地从整体直观判断行为的危害程度。而且，某种解释是否违背罪刑法定原则，并非单纯的法条用语含义问题，而是要通过权衡刑法条文的目的、行为入罪处罚的必要性、国民的预测可能性、刑法条文的协调性、解释结论与法条用语核心含义的距离远近等诸多方面方能得出结论。

2. 妇女与他人视频裸聊，属于传播淫秽物品

根据《刑法》第 367 条及《解释》第 9 条规定，淫秽物品不仅包括传统意义上具体描绘性行为或者露骨宣扬色情的诲淫性的书刊、影片、录像带、录音带、图片，也包括视频文件、音频文件、电子刊物、图片、文章、短信息等互联网、移动通信终端电子信

息和声讯台语音信息。妇女的裸体本身不是淫秽物品，但在裸聊案件中，行为人的身体经过电子信号的转换，已经变成一个个视频图像，该视频信息属于具体描绘性行为或者露骨宣扬色情的淫秽电子信息。与普通视频文件略有不同的是，裸聊视频是由相关技术及设备即时、自动生成，并与聊天者互动同步传输的电子信息，如当时没有固定下来，该视频事后就不能重现。但是这一特点不能成为否定裸聊视频属于淫秽电子信息的理由。

传播淫秽物品属《刑法》第 363 条及第 364 条禁止的行为。“传播”之“播”多半是指“散布”，而“传”则有“递、送、交、运、给、表达”等多种动态含义。具体到刑法规定，传播通常是指通过播放，陈列，在互联网上建立淫秽网站、网页等方式使淫秽物品让不特定或者多人感知以及通过出借、赠送等方式散布、流传淫秽物品的行为。如果大量发布个人裸照及裸体表演录像供他人免费点击、下载属于传播淫秽物品，那么有偿裸聊在程度上显然不亚于传播淫秽照片、录像的行为，将其解释为“传播淫秽物品”，符合“举轻以明重”的解释机理。以一对一方式向特定的多人多次散布淫秽物品，同样会造成淫秽物品的流传及扩散，损害人们正常的性道德观念及未成年人身心健康。

(三) 传播淫秽物品牟利罪与聚众淫乱罪的区别

两罪区分的关键在于对各自核心构成特征的理解。根据刑法的规定，聚众淫乱是指在首要分子的组织、纠集下，三人以上聚集在一起在现实空间中进行真实的群奸群宿活动或多次参与群奸群宿活动，参与者之间具有肉体实际接触的特点。以视频方式有偿裸聊，裸聊者之间没有真实物理空间的统一性，也缺乏真实的性行为，且每次都是一对一裸聊，既不属“聚众”，更遑论“聚众淫乱”。把视频裸聊解释为聚众淫乱，明显超出“聚众淫乱”的本义，违反罪刑法定原则。

传播淫秽物品牟利罪的核心构成特征在于：其一，主观上具有牟利目的。其二，客观上具有传播行为。其三，传播内容是淫秽物品。

本案中，方某以赚钱牟利为目的与他人一对一视频裸聊，裸聊对象遍及全国 22 个省区市，涉及不特定多数人，明显超出特定个体之间的私人裸聊范围，客观上使裸聊的淫秽视频在大面积地域范围内得以传递、扩散，损害一般人的正常性道德观念，具有刑法介入的必要性。妇女的裸体表演通过摄像头转化为视频文件并同步上传至聊天对象，等同于上传淫秽视频文件。裸聊视频在性质上属于淫秽电子信息，是《刑法》第 367 条所指的“其他淫秽物品”。与他人同步互动视频裸聊，属于即时播放淫秽物品。方某以牟利为目的与多人视频裸聊，客观上造成了淫秽电子信息的大范围传播，并且利用淫秽电子信息收取服务费用，实际获利 2.4 万元，达到了传播淫秽物品牟利罪的定罪标准。

实务训练

从实务中找一个类似本主题的真实案例，根据该案的事实、既有证据及争议焦点，写一份辩护词或判决书。要求格式规范、条理清晰、层次分明、说理透彻。

延伸阅读

1. 陈东升. 浙江女子因网络裸聊被定罪量刑全国首例 [N]. 法制日报，2008-04-03.

2. 高巍. 论“网络裸聊”的司法认定：以罪刑法定原则为边界. 中国刑事法杂志，2007 (5)：58-64.

3. 郑华伟. 从“裸聊入罪”看刑法适用之艰. 检察日报，2010-04-10.

4. 最高人民法院、最高人民检察院关于办理利用互联网、移动通讯终端、声讯台制作、复制、出版、贩卖、传播淫秽电子信息刑事案件具体应用法律若干问题的解释. 北京：法律出版社，2004.

案 138. 制造数量巨大的毒品半成品的死刑适用

——殷某鹏制造毒品案

要点提示

制造毒品虽然已经达到数量巨大，依法可以适用死刑，但如果制造的毒品均系不能直接交易的半成品，则最终可能制成的毒品成品数量受诸多客观因素限制，根据罪刑相适应的刑法基本原则，遵循宽严相济的基本刑事政策和严格控制并慎重适用的死刑政策，对此类案件判处死刑应当极其慎重，一般情况下不应判处死刑立即执行。

案情摘要

2016 年底，殷某鹏为制造毒品牟利，将制毒原料和制毒工具运输至 C 市 y 区其亲戚陈某家中。其后，殷某鹏谎称借用陈某住所加工火锅底料油，请求陈某帮忙，并允诺给予好处。2017 年初至同年 7 月，殷某鹏在陈某住处采用化学合成方法制造甲基苯丙胺，并将制成的毒品半成品带至其位于 y 区某小区的住所，藏匿于冰箱内等待结晶。同年 7 月 18 日，公安民警抓获殷某鹏后，从其住所冰箱冷藏室内查获含有甲基苯丙胺成分的液体 17 052.46 克。其后，公安民警在陈某住所内查获 15 瓶含有甲基苯丙胺成分的液体、1 袋含甲基苯丙胺成分的黑色颗粒状物品、1 袋含麻黄碱成分的灰白色粉末状物品及其他制毒工具。

分歧意见

殷某鹏所制造的甲基苯丙胺处于尚未结晶的液体状态，属半成品。殷某鹏制造毒品数量巨大，在对其是否适用死刑的问题上产生了分歧：

一种意见认为，殷某鹏制造出的毒品虽系液体，但其中已经含有甲基苯丙胺成分，且含量较高，其制造毒品的犯罪行为已经既遂，根据相关法律规定应当依法计入犯罪毒品数量。殷某鹏制造毒品 1.7 万余克，犯罪数量巨大，依法应当判处其死刑，立即执行。

另一种意见认为，本案查获的毒品均系半成品，不能直接上市交易。行为人最终能够制成的毒品数量受诸多因素影响，其社会危害性较毒品成品存在一定差异，故在量刑上应留有余地，对其判处死刑，缓期二年执行。

问题研讨

制造毒品，是指非法使用毒品原植物直接提炼或者采用物理化学方法加工、配置毒品的行为。实践中，制造毒品大致可以分为原植物提炼方法、物理方法和化学方法三大类。从罂粟中提炼海洛因就是原植物提炼方法。将甲基苯丙胺和咖啡因混合加工后压制成片剂，制成甲基苯丙胺片剂（俗称“麻古”），就是物理方法。将麻黄碱等物质进行加工、提炼，改变其化学成分，形成新的物质，便是化学方法。近年来，随着苯丙胺类毒品犯罪日益增多，制造毒品案件也随之增加，由此产生了毒品半成品的量刑问题。

（一）毒品半成品概念的由来

毒品半成品这一概念最初见于《全国部分法院审理毒品犯罪案件工作座谈会纪要》（以下简称《大连会议纪要》）。《大连会议纪要》在制造毒品罪既未遂问题中提出了毒品半成品的概念，认为已经制造出半成品的，即应当以制造毒品罪的既遂论处；仅购进制毒设备和原材料，开始着手制造毒品，但尚未制造出半成品的，则以制造毒品罪的未遂论处。我们认为，毒品半成品是已经含有毒品成分，但尚未形成最终可交易样态的特殊毒品形态。鉴于毒品半成品已经具有了相应的毒品成分，因此不论其处于液态、固态，还是固液混合状态，均应当认定为毒品。其后，《全国法院毒品犯罪审判工作座谈会纪要》（以下简称《武汉会议纪要》）重申行为人只要制造出毒品半成品即构成制造毒品罪的既遂这一基本立场，但明确了例外情况，即对于无法再加工出成品、半成品的废液、废料不再计入制造毒品的数量。

（二）毒品半成品案件在量刑时应遵循以下基本要求

1. 遵循罪刑相适应原则

《刑法》第 5 条规定，“刑罚的轻重，应当与犯罪分子所犯罪行和承担的刑事责任相适应”，这是罪刑相适应原则在我国法律中的具体规定。该原则要求刑罚应当与犯罪性质、犯罪情节及犯罪人的人身危险性相适应，针对具体案件的不同行为人应当区别对待，判处适当的刑罚。罪刑相适应原则是与罪刑法定原则、法律面前人人平等原则并列的刑法三大原则，贯穿于刑事立法和刑事司法的始终，在刑事司法中应当尤其注意行为人的犯罪性质、情节、后果等要素。

本案中，殷某鹏虽然制造出了含有甲基苯丙胺成分的液体状毒品，但市面上交易的毒品均系可供直接吸食的固体，可见殷某鹏制造的毒品尚未达到可以直接交易或流通的状态，距离毒品成品尚有一段距离。另外，殷某鹏最终能够制出的毒品成品数量受诸多客观因素制约，不能查清其最终将得到多少数量的毒品成品。这表明殷某鹏的犯罪情节较制成大量毒品成品的行为人要轻，也反映出殷某鹏因犯罪能力有限，其人身危险性较制造毒品成品的行为人要小。故根据罪刑相适应原则，在量刑时应当对殷某鹏区别对待。

2. 遵循宽严相济刑事政策

宽严相济刑事政策是我国刑事立法与刑事司法的基本刑事政策，要求根据犯罪的具体情况，实行区别对待，做到该宽则宽，当严则严，宽严相济，罚当其罪，打击和孤立极少数，教育、感化和挽救大多数，最大限度地减少社会对立面，促进社会和谐稳定，维护国家长治久安。最初，在《全国法院审理毒品犯罪案件工作座谈会纪要》（以下简称《南宁会议纪要》）中坚持全面"严打""一律从严"的刑事政策，要求严厉打击毒品犯罪。对毒枭、职业毒犯、累犯、惯犯、再犯等主观恶性大、危害严重，以及那些具有将毒品走私入境，多次、大量贩出，向多人贩出，诱使多人吸毒，武装押运毒品，暴力拒捕等情节的毒品犯罪分子，要重点打击。对依法应当判处死刑的，必须坚决判处死刑，狠狠打击毒品犯罪分子的嚣张气焰，始终保持对毒品犯罪严打的高压态势。其后，《大连会议纪要》对《南宁会议纪要》的高压政策进行了调整，提出了以宽严相济的刑事政策指导毒品犯罪案件的审判工作，要求贯彻宽严相济的刑事政策，充分发挥刑事审判职能，严厉打击严重毒品犯罪，积极参与禁毒人民战争和综合治理工作，有效遏制毒品犯罪发展蔓延的势头。《武汉会议纪要》则进一步落实了宽严相济刑事政策的具体内容，对毒品犯罪提出分类规范处理的思路，在明确从严打击处理对象、突出打击重点的同时，提出对于罪行较轻，或者具有从犯、自首、立功、初犯等法定、酌定从宽处罚情节的毒品犯罪分子，根据罪刑相适应原则，依法给予从宽处罚，以分化瓦解毒品犯罪分子，预防和减少毒品犯罪。

本案中，殷某鹏的行为构成制造毒品罪，属毒品源头性犯罪，依法属于从严打击的对象。其犯罪数量巨大，本应予以严惩。然而，殷某鹏所制造的毒品属于不能直接供人吸食的半成品状态，也不能直接进入市场交易流通，因此在客观上其行为的社会危害性较之于已经制成成品毒品的被告人要小，根据宽严相济的刑事政策，在量刑时应留有余地。

3. 遵循严格控制并慎重适用死刑政策

"严格控制并慎重适用死刑"是我国基本的死刑政策。《刑法》第 48 条也规定，死刑只适用于罪行极其严重的犯罪分子。"罪行极其严重"涉及犯罪性质、犯罪手段及危害后果等客观要素，也涉及犯罪动机、行为人日常表现等主观要素。具体到毒品案件中毒品的种类、数量及纯度，行为人的行为方式，在共同犯罪中的地位与作用，在毒品犯罪链条中的层级，是否系累犯以及到案后的认罪态度等。其中毒品所处的状态直接决定着行为人犯罪行为的社会危害性大小，因此也是审判实践中考察是否适用死刑的重要因素之一。

本案中，尚未结晶的甲基苯丙胺液体最终是否能够制成毒品成品、能够制成多少数量的毒品成品均处于不确定状态，即被告人殷某鹏的行为虽然具有较大的社会危害性，但其社会危害性的实际大小仍处于待定状态。因此，为贯彻"严格控制并慎重适用"的基本死刑政策，在对未制成毒品成品的被告人判处死刑时应当特别慎重，一般情况下不应判处死刑立即执行。

（三）毒品半成品具有特殊的自然属性和法律属性

本案中，公安机关虽然从殷某鹏的住处查获了共计1.7万余克毒品，属犯罪数量巨大，但查获的毒品均处于液体状态，属于典型的毒品半成品。毒品半成品，尤其是液态毒品的转化率受诸多因素的影响，包括制毒原料的质量、制毒工艺的优劣等因素，其中还可能存在不同程度的耗损，因此最终能够制造出的成品数量不能根据半成品的含量直接推算或折算。另外，毒品最终须流向终端消费市场才能实现价值交换，行为人也才能从中牟取非法利益，但毒品半成品无法直接吸食消费，故与毒品成品相比，在社会危害性上有所差别。

综上所述，我们认为殷某鹏制造毒品数量巨大，依法应予严惩，但鉴于其所制造的毒品均系半成品，应在量刑时有所考量，对其判处死刑，可不立即执行。

实务训练

从实务中找一个类似本主题的真实案例，根据案件的事实、既有证据及争议焦点，写一份辩护词或判决书。要求格式规范、条理清晰、层次分明、说理透彻。

延伸阅读

1. 方文军，何鑫．当前毒品犯罪适用死刑的若干问题．法律适用，2021（9）：160-166.

2. 赵戈．毒品犯罪死刑限制适用研究．云南警官学院学报，2020（1）：15-23.

3. 何荣功．我国“重刑治毒”刑事政策之法社会学思考．法商研究，2015，32（5）：83-91.

案139. 毒品犯罪“犯意引诱”和“数量引诱”的界分与量刑

——包某龙贩卖毒品案

要点提示

行为人在没有实施毒品犯罪主观意图的情况下，因特情人员诱惑形成犯意，进而实施毒品犯罪的，称之为“犯意引诱”。行为人本来只有实施数量较小毒品犯罪的故意，但在特情人员的引诱下实施了数量较大的毒品犯罪，称之为“数量引诱”。对因“犯意引诱”实施毒品犯罪的被告人，根据罪刑相适应原则，应当依法从轻处罚，无论涉案毒品数量多大，都不应判处死刑立即执行。对因“数量引诱”实施毒品犯罪的被告人，应当依法从轻处罚，即使毒品数量超过实际掌握的死刑数量标准，一般也不判处死刑立即执行。

案情摘要

被告人包某龙曾因毒品犯罪被判处有期徒刑，系毒品犯罪的累犯。2007 年 11 月 9 日 10 时 30 分许，翟某军因其他违法犯罪行为被公安机关抓获后，为争取宽大处理，同意协助公安机关侦破其他毒品犯罪案件。其后，翟某军在公安机关的安排下，打电话向包某龙求购大量毒品（越多越好、尽可能多的毒品），二人随机约定包某龙将 300 克毒品送到翟某军住处交易。12 时许，包某龙携带毒品赶至翟某军楼下即被抓获。公安民警当场从包某龙驾驶的摩托车脚踏板上查获 300.7 克海洛因。其后，公安民警在包某龙的住处查获 0.7 克海洛因。另查明，此前翟某军曾多次向包某龙购买毒品，但每次购买的数量均未超过 50 克。

分歧意见

本案在处理过程中，针对是否存在诱惑侦查问题存在争议：

一种意见认为，包某龙在接到翟某军求购毒品的电话后即将毒品送至，其后公安民警又在包某龙住处查获少量用于贩卖的毒品，表明包某龙主观上具有贩卖毒品的故意，系持毒待售行为，依法不应认定为犯意引诱或数量引诱。

另一种意见认为，翟某军在公安机关的安排下向包某龙求购毒品，但其求购毒品的数量远远超过其日常购买的数量，因此存在数量引诱，在量刑时应酌情予以考虑。

问题研讨

毒品犯罪具有隐蔽性和复杂性的特点，导致此类案件的取证难度较大。因此公安机关在实践中常常利用特情手段参与毒品犯罪案件的侦查工作，但特情介入破获的毒品案件也存在一定的法律适用问题。

（一）诱惑侦查的种类及其区别

诱惑侦查分为三种：

第一，行为人已持有毒品待售或者有证据证明其已准备实施大宗毒品犯罪，公安机关采取特情贴靠、接洽而破获的案件，称之为“机会引诱”。

第二，行为人本没有实施毒品犯罪的主观意图，但在特情人员的诱惑和促成下形成犯意，进而实施毒品犯罪的，称之为“犯意引诱”。

第三，行为人本来只有实施数量较小的毒品犯罪的故意，但在特情人员的引诱下实施了数量较大的毒品犯罪，称之为“数量引诱”。

“犯意引诱”与“机会引诱”“数量引诱”的区别在于特情介入前行为人是否就已经具有实施毒品犯罪的故意，行为人在特情介入之前没有毒品犯罪故意的是“犯意引诱”；反之则为“机会引诱”或“数量引诱”。“数量引诱”与“机会引诱”的区别在于，“机会引诱”是公安机关仅提供毒品交易机会，对毒品种类、数量等关键要素没有实质性引诱，但

“数量引诱”中公安机关不仅提供交易机会，还对毒品数量进行了从少到多的实质性引诱。

由于“机会引诱”不是特情人员促使行为人产生了毒品犯罪的故意，不属于“犯意引诱”，故应当依法处理。“犯意引诱”在司法实践中曾长期采取“量刑减让”的方式进行处理，但近年来随着刑事诉讼法的修改，对“犯意引诱”所获得的证据需接受证据合法性审查，对通过“犯意引诱”所获的证据不能作为定案依据。“数量引诱”的行为人主观上本就具有实施毒品犯罪的故意，因此在司法实践中始终坚持“量刑减让+严格控制死刑”的处理原则。

不同的特情介入模式能够充分反映出行为人的主观罪过内容和客观行为方式，司法机关应据此确定行为人的刑事责任。“机会引诱”实质上并不存在犯罪引诱，公安机关仅通过特情贴靠等方式为行为人提供一个实施毒品犯罪的机会，因此原则上应当依法处理，不应从宽处罚。对因“犯意引诱”而实施犯罪的被告人，原本没有涉毒犯罪的故意，主观恶性和人身危险性较小，根据罪刑相适应原则，应当依法从轻处罚，且无论涉案毒品数量多大，都不应判处死刑立即执行。尤其对“双套引诱”下实施毒品犯罪的行为人，处刑时可予以更大幅度的从宽处罚或者依法免予刑事处罚。而对于因“数量引诱”实施犯罪的行为人，也应当依法从轻处罚。

（二）本案系“数量引诱”，依法应对包某龙从轻处罚

本案中，侦查机关利用翟某军作为特情介入破获案件，并抓获被告人包某龙。经审查，包某龙主观上具有贩卖毒品的故意，客观上实施了持毒待售的行为，明显不属于“机会引诱”或“犯意引诱”。具体理由如下：第一，被告人包某龙此前因犯贩卖毒品罪于1999年3月17日被判处有期徒刑9年，具有毒品犯罪前科，系毒品再犯，具有毒品交易的倾向性。第二，根据翟某军的供述，其之前曾从包某龙处多次购买毒品，且供应非常稳定，由此证明包某龙之前曾有贩卖毒品的行为。第三，包某龙在接到翟某军电话约1.5小时后，携带大量毒品至约定地点进行交易。在这么短的时间内提供大量毒品进行交易，说明包某龙有毒品待售或者有毒品来源渠道，其贩卖毒品的行为是十分积极的。第四，包某龙被抓获后，侦查人员在包某龙家中搜出0.7克小包海洛因及64万元现金等物。根据审判实践经验，无论包某龙是持毒待售还是临时从第三人处购得毒品进行贩卖，均可以由此认定包某龙本来就有贩卖毒品的故意。

案发前翟某军曾多次向包某龙购买毒品，但均未超过50克。翟某军在侦查机关控制下打电话向包某龙求购300克海洛因，求购的数量远超平常购买的数量。在接到翟某军电话约1.5小时后，包某龙携带大量毒品赶至约定地点准备贩卖毒品，但被蹲守的侦查人员抓获。可以认定包某龙是在翟某军的要求下才贩卖了数量巨大的毒品，属于“数量引诱”。

对被告人是否判处死刑立即执行，应当充分考虑“数量引诱”的因素。毒品数量是毒品犯罪案件量刑的重要情节，但不是唯一情节。对被告人量刑时，特别是在考虑是否适用死刑时，应当综合考虑毒品数量、犯罪情节、危害后果、被告人的主观恶性、人身危险性以及当地禁毒形势等各种因素，做到区别对待。“数量引诱”使行为人超出原本意图实施的毒品犯罪数量，本质上并不是行为人主观恶性、人身危险性及客观危害后果的真实反映。如若坚持以行为人被引诱后的毒品数量裁量刑罚，无异于变相增加了对被告

人的处罚力度，难免会导致罪刑失衡。因此，对因数量引诱实施毒品犯罪的被告人，一般都应当从轻处罚，特别是对于因受“数量引诱”而实施了对应更高量刑幅度或刑种的毒品犯罪的被告人，量刑时更应充分体现从宽，综合考虑“严格限制并慎重适用”的死刑政策，对因“犯意引诱”导致毒品数量超过实际掌握的死刑数量标准，原则上也不应判处死刑立即执行。本案中，被告人包某龙贩卖毒品数量已达到判处死刑的数量标准，且包某龙系累犯，依法应从重处罚，可判处死刑立即执行。考虑本案由于特情介入，存在“数量引诱”的因素，且毒品交易系在侦查机关控制下进行的，毒品尚未流入社会，社会危害性相对较低，故可以从轻处罚，对被告人包某龙判处死刑，可不立即执行。

实务训练

参照本主题的探讨，找一个真实案例，并根据该案的事实、既有证据及争议焦点，写一份辩护词或判决书。要求格式规范、条理清晰、层次分明、说理透彻。

延伸阅读

1. 周彦. 犯意引诱和数量引诱的识别. 人民司法，2019（17）：29－31.

2. 艾明. 犯意引诱型侦查的认定与证明：实务观察与理论反思. 法律科学（西北政法大学学报），2016，34（2）：191－200.

案 140. 受雇以“体内藏毒”方式运输毒品的共犯认定

——袁某芳、张某容、周某崇走私、运输毒品案

要点提示

受雇于同一雇主，采取“体内藏毒”方式同行运输毒品，但受雇者之间没有共同犯罪故意或者各自运输行为相对独立，没有实施相互配合、掩护他人运输毒品等实质性帮助行为的，不构成共同犯罪，各行为人应当仅对其本人运输的毒品承担刑事责任。

案情摘要

2013 年 2 月底，被告人袁某芳邀约被告人张某容帮助他人运输毒品。同年 3 月 1 日，袁某芳在缅甸小勐拉将 5 包甲基苯丙胺片剂藏匿于体内，张某容则在体内藏匿了 3 包甲基苯丙胺片剂。随后，二人同行乘车返回我国云南省境内，后一同前往重庆市南川区，在旅馆内排出毒品并交给他人。其后，张某容从袁某芳处获得 6 000 元报酬。

2013 年 3 月，被告人袁某芳邀约被告人张某容，二人又邀约被告人周某崇帮助他人从境外运输甲基苯丙胺片剂至重庆。3 月 15 日，张某容、周某崇在缅甸小勐拉暂住

的旅馆内分别将4包、3包甲基苯丙胺片剂藏匿于体内。随后，二人乘坐袁某芳联系的摩托车从缅甸返回我国云南省境内，后乘飞机前往重庆江北机场。次日1时许，张某容、周某崇在江北国际机场国内到达出口被抓获归案。公安民警分别从张某容、周某崇处查获从体内排出的甲基苯丙胺片剂183.9克、139.4克。

分歧意见

袁某芳、张某容及周某崇的行为均构成运输毒品罪，其中袁某芳邀约张某容参与犯罪、二人又共同邀约周某崇运输毒品，袁某芳应对其邀约张某容运输毒品的数量承担刑事责任，袁某芳、张某容应对其共同邀约周某崇运输毒品的数量承担刑事责任。但就张某容是否应当对袁某芳所运输毒品、周某崇是否应当对张某容所运输的毒品承担刑事责任存在分歧意见。

一种意见认为，张某容明知袁某芳携带毒品，仍与袁某芳同行将毒品从境外走私入境并运输至重庆市；周某崇明知张某容体内藏有毒品，仍与张某容搭乘共同交通工具运输毒品，张某容与袁某芳构成共同犯罪，应当对袁某芳运输的毒品承担刑事责任；周某崇亦与袁某芳、张某容构成共犯，应当对张某容运输的毒品承担刑事责任。

另一种意见认为，张某容受袁某芳邀约参与运输毒品的犯罪活动，其主观上虽然明知袁某芳也采用体内藏毒的方式运输毒品，但并未对袁某芳运输毒品的行为起到配合或帮助作用，客观上没有形成共同犯罪行为，故不应对袁某芳运输的毒品承担刑事责任。同理，周某崇也不应对张某容运输的毒品承担刑事责任。

问题研讨

走私、运输毒品犯罪是司法实践中常见、多发的犯罪类型，其中不乏“人体藏毒”形式的走私、运输毒品行为。所谓“人体藏毒”是指以人的身体作为藏匿毒品的工具。“人体藏毒”有广义和狭义之分。广义的“人体藏毒”有“体表藏毒”和“体内藏毒”两种形式，而狭义的“人体藏毒”则仅指“体内藏毒”，即藏毒者将包装好的毒品吞进胃肠，或放进肛门、阴道，待运输至目的地后再将毒品排出的行为。采取“体内藏毒”方式运输毒品的行为涉及复杂的法律关系，其中也包括共同犯罪的认定问题。

（一）共同犯罪的基本概念

根据《刑法》第25条规定，共同犯罪是指二人以上共同故意犯罪。因此，过失犯罪不能成立共同犯罪。共同犯罪需要同时具备共同故意与共同犯罪行为。其中，共同故意指共同犯罪人之间通过意思联络，认识他们的共同犯罪行为会发生危害社会的结果，并决意参与共同犯罪，希望或者放任这种结果发生的心理态度。共同犯罪行为指共同犯罪人的行为彼此联系、相互配合，与犯罪结果之间均有因果关系。

（二）共同犯罪成立的范围

关于共同犯罪成立的范围向来是刑法学理论研究争议的焦点问题，其中包括犯罪共同说、行为共同说、部分犯罪共同说等观点。

犯罪共同说认为，犯罪的本质是侵害法益，而共同犯罪是二人以上共同对同一法益实施的侵害。因此，共同犯罪是指二人以上共同实行一个特定的犯罪①。可见，犯罪共同说是客观主义刑法观的体现。

行为共同说则基于主观主义的刑法观认为，二人以上通过共同行为以实现各自企图的犯罪人，就是共同犯罪。共同犯罪的行为不能与法律规定的构成要件混为一谈，二人以上的行为人是否构成共同犯罪，应以自然行为本身是否共犯而论②。

部分犯罪共同说则是指二人以上虽然共同实施了不同的犯罪，但当这些不同的犯罪之间具有重合的性质时，则在重合的限度内成立共同犯罪③。

我们认为，犯罪共同说和行为共同说均存在一定的缺陷和不足，部分犯罪共同说更具有合理性。实践中，对二人以上就部分犯罪具有共同故意和共同行为的就可以认定为共同犯罪。

(三) 同行运输毒品的主要形式及其刑事责任

二人以上受雇采取“体内藏毒”方式共同运输毒品，在实践中存在各种不同的表现形式，这会直接影响是否认定共同犯罪以及共犯的范围问题。常见的受雇采取“体内藏毒”方式共同运输毒品，主要有以下几种表现形式：

第一，二人以上分别受同一“上级”安排，同行运输毒品，但彼此并不知情，或者虽然知情，但各自的运输行为相互独立，彼此之间没有提供帮助行为。就该情形而言，因为行为人之间缺乏共同故意或者共同犯罪行为，显然不能成立共同犯罪，二人应当对各自运输的毒品承担刑事责任。

第二，二人以上共同受同一“上级”安排，同行运输毒品，彼此知情且相互帮助实施运输毒品活动。就这一情形而言，行为人之间既有共同故意，也实施了共同的犯罪行为，依法应当认定为共同犯罪。但是“体内藏毒”的运输方式极具特殊性，行为人将自己的身体作为运毒工具，毒品则完全处于行为人的控制之下，同行人员只能起帮助作用，故在量刑时应予以充分考量。

第三，二人以上同行运输毒品，行为人之间系邀约与被邀约、雇用与被雇用关系。对此，我们认为，邀约者、雇用者属于典型的教唆犯。因此应当对被邀约者、被雇用者运输的毒品承担刑事责任，但被邀约者与被雇用者是否应当对邀约者、雇用者所运输的毒品承担刑事责任则应当区别对待。如果被邀约者或者被雇用者没有向邀约者、雇用者提供帮助，则不应对邀约者或雇用者所运输的毒品负责，仅对其自身运输的毒品承担责任；反之，则应当对邀约者或者雇用者运输的毒品承担相应的刑事责任。

(四) 采取“人体藏毒”方式同行运输毒品的共犯认定

采取“人体藏毒”方式运输毒品极具特殊性，因为行为人系利用其身体作为藏匿、

① 高铭暄. 刑法学原理：第2卷. 北京：中国人民大学出版社，2005：413.

② 同①414.

③ 张明楷. 部分犯罪共同说之提倡. 清华大学学报（哲学社会科学版），2001（1）：37-43.

运输毒品的工具，将毒品从甲地运至乙地。行为人处于整个毒品犯罪链条的末端，获取的报酬亦不能与贩卖、制造毒品的行为人相提并论。本案中，各被告人均系以该方式运输毒品，其中袁某芳先邀约张某容运输毒品，其后又与张某容共同邀约周某崇参与犯罪，故袁某芳应当对本案查获的全部毒品承担刑事责任，张某容应当对其本人运输及邀约周某崇运输的毒品承担刑事责任。但张某容是否应当对袁某芳实际运输的毒品以及周某崇是否应当对张某容在第二次犯罪中实际运输的毒品承担刑事责任呢？我们认为，答案是否定的。理由在于：根据“部分犯罪共同说”的基本观点，各行为人之间除了主观上的意思联络，还应当具备共同的犯罪行为，且共同行为与犯罪结果之间均具有因果关系。本案中，受邀约者虽然主观上明知邀约者也运输了部分毒品，但鉴于“人体藏毒”运输毒品的特殊性，被邀约者在同行运输毒品过程中并没有提供不可或缺的实质性帮助，对邀约者携带的毒品从甲地转移至乙地这一犯罪结果的发生并无因果力，故被邀约者与邀约者仅在被邀约者运输毒品的范围内成立共同犯罪。所谓实质性帮助是指向同行的其他行为人提供了与运输毒品直接相关的帮助行为，如藏匿毒品、提供交通工具、帮助逃避检查等。袁某芳邀约张某容运输毒品，又与张某容共同邀约周某崇运输毒品，周某崇与张某容、袁某芳在周某崇运输毒品范围内成立共同犯罪；张某容与袁某芳在张某容和周某崇运输毒品范围内成立共同犯罪；袁某芳自己运输的部分与张某容、周某崇无关。

实务训练

请根据本案的事实，就张某容、周某崇行为的性质认定撰写一份法律意见书。

延伸阅读

1. 梅传强，张嘉艺. 论毒品犯罪的共犯认定思路. 西南政法大学学报，2019，21（3）：130－141.

2. 包涵. 运输毒品罪的立法扩张与司法限制. 中国刑事法杂志，2021（1）：163－176.

3. 何荣功. 运输毒品罪与非法持有毒品罪的区分. 中国刑事法杂志，2021（4）：160－176.

案 141. 受人指使、雇用运输大量毒品行为的量刑

——封某云运输毒品案

要点提示

单纯运输毒品行为是整个毒品流通环节的中间环节，其社会危害性远小于走私、贩卖或制造毒品的行为。受雇用或受指使运输毒品的行为在毒品犯罪中处于从属、辅助和被支配的地位。单纯实施运输毒品的人员在共同犯罪中所起作用和主观恶性相对较小，

社会危害性也相对较小，故在量刑上应区别对待，不应单纯以涉案毒品数量的大小决定刑罚的轻重。

案情摘要

2016 年 9 月 15 日 9 时许，被告人封某云购买手套、纸箱、透明胶等物，在其位于四川省金堂县某小区的租赁房中封装涉案毒品后即租车将毒品运往重庆市。同日 14 时 30 分许，封某云携带毒品乘车到达重庆市璧山区大路镇停留至同日 18 时许，又携带毒品乘车返回金堂县，当其行至四川省遂宁市书房坝收费站时被公安机关抓获。公安机关当场从封某云乘坐的轿车后备厢中查获 8 536.73 克甲基苯丙胺。封某云到案后供述其受谢某指使、雇用运输毒品。具体是，谢某驾车在前探路，他则另驾车在后运输毒品，待谢某安全通过收费站并电话通知他后，他方能继续前行。另查明，案发前公安机关通过摸排工作掌握谢某将于近期大量运输毒品至重庆市的线索，其后在高速公路出口处布控抓获谢某，但却未能从谢某处查获毒品。公安机关在搜查谢某随身物品时发现，封某云曾多次拨打谢某的手机，怀疑封某云系实际运毒人，遂将其纳入侦查视线，经后续侦查方才抓获封某云并查获毒品。

分歧意见

本案在讨论时一致认为封某云的行为构成运输毒品罪，但对封某云的量刑形成不同意见：

一种意见认为，封某云运输毒品数量已达到判处死刑的标准，且系独立完成包装毒品、租赁车辆及驾车将毒品从四川省运输至重庆市的全过程，系运输毒品的主犯，依法应判处其死刑，立即执行。

另一种意见认为，现有证据不能排除封某云系受他人雇用运输毒品，而运输毒品犯罪在整个毒品犯罪链条中处于从属、辅助及被支配的地位。因此，在量刑时应留有余地，对其判处死刑，可不立即执行。

问题研讨

(一) 运输毒品罪的罪质及其对量刑的影响

虽然《刑法》第 347 条将运输毒品行为与走私、贩卖、制造毒品的行为并列在一起并设置了相同的法定刑，但是单纯运输毒品的行为与走私、贩卖、制造毒品行为之间存在巨大差别。因为走私、制造毒品属源头性犯罪，贩卖毒品则是毒品流入市场的关键环节，单纯运输毒品的行为仅仅是整个毒品流通环节的中间环节，其社会危害性远远小于走私、贩卖或制造毒品的行为。另一方面，单纯运输毒品的行为人大多仅收取少量的运输费用，较之于走私、贩卖或制造毒品的行为人而言，其主观恶性及人身危险性存在显著差别。在具体案件的办理过程中，对此应当有清醒、明确的认识。鉴于单纯运输毒品行为的社会危害性及行为人的主观恶性、人身危险性不同于走私、贩卖、制造毒品罪，所以即便刑法将其作为选择性罪名并列，但在量刑时应当对运输毒品罪区别对待，尤其是适用死刑时应特别谨慎。受雇用或受指使运输毒品的行为在整个毒品犯罪中处于从属、辅助和被支配的地位，单纯实施运输毒品的人员在犯罪中所起作用和主观恶性相对较小，社会危害性也相对较小，故在量刑上应区别对待，不应单纯以涉案毒品数量的多少决定刑罚适用的轻重。

本案中，公安机关在掌握谢某将于案发当日运输毒品到重庆市的线索后，即布控将其抓获，但却未能从谢某处查获毒品。直至搜查谢某随身物品时，公安机关才发现封某云曾多次拨打谢某的手机，因此怀疑封某云系实际运毒人，方才将其纳入侦查视线，经后续侦查抓获封某云并查获毒品。可见，封某云进入侦查视线的时间具有滞后性，进入方式也具有被动性，结合其供述，不能排除其受谢某指使、雇用初次运输毒品的可能，在量刑时应充分予以考虑。

（二）运输毒品罪的死刑适用问题

基于我国现阶段较严重的毒品犯罪形势，死刑制度的存在仍具有有限的正当性，完全废除死刑是不可取的做法，因此刑法将死刑的适用范围限制于“罪行极其严重的犯罪分子”之列。然而，单纯运输毒品的行为并不符合“罪行极其严重”的死刑适用标准，主要体现在以下几个方面：

第一，毒品犯罪不是暴力性犯罪，也不会直接严重威胁国家安全。毒品犯罪属于无直接被害人犯罪，即毒品犯罪并非如故意杀人罪、抢劫罪等犯罪存在直接的被害人，不会直接威胁人民群众生命健康安全，也不会直接威胁国家整体安全，其社会危害性主要是表现为损害人体健康、引发次生违法犯罪、导致家庭经济崩溃等。运输毒品罪在整个毒品犯罪链条中仅起到促进毒品流通、消费的作用，具有明显的辅助性和从属性特征，不符合适用死刑的实质性条件。

第二，对运输毒品犯罪适用死刑并不能有效遏制毒品犯罪。运输毒品不是毒品犯罪链条上的关键环节，也不是获取非法利益最多的环节，对运输毒品犯罪适用死刑并不能有效遏制毒品犯罪势头。根据宽严相济的刑事政策，《大连会议纪要》和《武汉会议纪要》均未将运输毒品犯罪纳入严惩对象，《武汉会议纪要》更是进一步要求对受人指使、雇用参与运输毒品的被告人，应当综合考虑各种量刑情节区别对待，慎重适用死刑。对于有证据证明确属或不能排除受人指使、雇用运输毒品，又系初犯、偶犯的被告人，一般不判处死刑。

本案中，封某云进入侦查视线的时间具有滞后性，进入方式也具有被动性，结合其供述，不能排除其受谢某指使、雇用初次运输毒品的可能。因其在整个毒品犯罪中处于从属、辅助和被支配地位，在犯罪中所起作用和主观恶性相对较小，社会危害性也相对较小，故在量刑时不应单纯以涉案毒品数量的多少决定刑罚适用的轻重。根据本地禁毒形势及审判实践，封某云运输 8 500 余克甲基苯丙胺，尚不属于数量巨大，不应对其判处死刑立即执行。

实务训练

请根据本案的事实，就封某云运输毒品的刑罚裁量撰写一份法律意见书。

延伸阅读

1. 赵秉志，张伟珂. 论运输毒品罪死刑废止的可行性. 河北法学，2020，38（11）：15－31.

2. 江溯. 律师对毒品犯罪死刑态度的实证研究. 清华法学，2020，14（5）：59－80.

3. 胡江，严迪斯. 刑罚民粹主义视角下毒品犯罪的死刑存废问题研究. 山西警察学院学报，2020，28（1）：5－14.

4. 莫洪宪，薛文超. “厉行禁毒”刑事政策下运输毒品罪的死刑废止. 广西大学学报（哲学社会科学版），2016，38（2）：48－54.

案 142. 走私毒品罪与非法持有毒品罪的区分

——宋某某走私毒品案

要点提示

从现实来看，走私毒品罪一般都非法持有毒品，也即走私毒品的行为同时触犯走私毒品罪和非法持有毒品罪，属于想象竞合犯，应按重罪即走私毒品罪定罪处罚。二罪相区别的关键在于行为人走私的毒品是否完全以自己吸食为目的。如果行为人走私毒品的目的仅仅为自己吸食，没有打算将毒品向吸毒者本人以外的人员贩卖或者扩散出去的，就可以认定为较轻的非法持有毒品罪。否则，如果行为人有贩卖或者将毒品扩散出去的打算，就应该考虑其行为方式来认定相应的罪名。

案情摘要

被告人宋某某，男，1975 年 6 月 26 日生，傣族，云南沧源人，农民。

2009 年 10 月 4 日，被告人宋某某逃避海关监管，携带毒品由缅甸进入我国云南省，从芒卡乘客车前往沧源，途经勐角乡控角水库路段时，其发现有公安干警设卡检查便下车逃窜。公安干警即进行追捕，在水库附近的山上将宋某某抓获，从其身上查获海洛因 5 瓶，净重 3.4 克，甲基苯丙胺 3 包，净重 59 克。

分歧意见

对于宋某某构成何罪，有不同观点。第一种观点认为，宋某某是吸毒人员，是在运输毒品过程中被抓获的，而指控其构成走私毒品罪的证据不足，同时非法持有毒品数量较大，毒品数量超过《刑法》第 348 条规定数量最低标准，因此，构成非法持有毒品罪。另一种观点认为，被告人宋某某为牟取非法利益而从境外携带毒品入境，其行为已经触犯刑法的规定，已经有足够的证据证明其构成走私毒品罪，只能对其认定为走私毒品罪而不是非法持有毒品罪。

问题研讨

本案的焦点是被告人宋某某是构成走私毒品罪还是非法持有毒品罪。

我们认为，本案中被告人宋某某的行为构成走私毒品罪。理由如下：

最高人民法院《关于执行〈全国人民代表大会常务委员会关于禁毒的决定〉的若干问题的解释》第 2 条规定："走私毒品，是指明知是毒品而非法将其运输、携带、邮寄进出国（边）境的行为；直接向走私人非法收购走私进口的毒品，或者在内海、领海运输、收购、贩卖毒品的，以走私毒品论处。"因此，刑法理论界对走私毒品罪的定义为违反毒品管理法规和海关法规，逃避海关监管，非法运输、携带、邮寄国家禁止进出口的毒品进出国（边）境，破坏国家毒品管制的行为。

判断行为人的行为构成什么犯罪，须从犯罪构成要件来分析。首先，要看行为人的行为所侵犯的客体。走私毒品罪的犯罪客体在刑法理论界争议很大。我们认为，走私毒品的犯罪所侵犯的客体是复杂客体，即它不仅侵犯了国家对毒品的管制，同时也侵犯了国家的对外贸易管制，但侵犯的主要客体是国家对毒品的管制，这也是走私毒品罪区别于普通走私罪的主要标志。因此，判断是否构成走私毒品罪的关键就是看行为人的行为是否侵犯了国家对毒品的管制和国家的对外贸易的管制。相对于一般的走私罪来说，判断是否构成走私毒品罪的关键是判断行为人的行为是否侵犯了国家对毒品的管制，即犯罪的对象是否是毒品。相对于其他毒品犯罪来说，如贩卖毒品罪、运输毒品罪、制造毒品罪、非法持有毒品罪等，判断行为人的行为是否构成走私毒品罪的关键就是看行为人的行为是否侵犯了国家的对外贸易管制。如果行为人的行为侵犯了国家的对外贸易管制的话，那么，行为人的行为就构成的是走私毒品罪而非其他毒品犯罪。

其次，要看犯罪的客观要件，既然走私毒品罪的犯罪客体是国家对毒品的管制和国家的对外贸易管制，那么在具体的犯罪客观要件中必然体现为相应的违反国家对毒品的管制和国家的对外贸易管制的行为。因此，从具体的犯罪行为来看，判断行为人是否构成走私毒品罪就是看行为人是否同时违反了毒品管理法规和海关法规。如果行为人仅仅违反了毒品管理法规而没有违反海关法规，则构成相应的毒品犯罪而非走私毒品罪；如果行为人仅仅违反了海关法规而没有违反毒品管理法规，即走私的物品不是毒品，则只能成立相应的走私犯罪而不是走私毒品罪。因此，行为人的行为是否违反毒品管理法规和海关法规，逃避海关监管，非法运输、携带、邮寄国家禁止进出口的毒品进出国（边）境，就成为判断是否构成走私毒品罪的客观要件。

最后，从犯罪的主观要件来看，行为人在走私毒品的时候必须是出于故意，即行为人必须明知是毒品而非法运输、携带、邮寄该毒品进出境。如果行为人不知道是毒品，受他人之托，以为是其他物品而帮助其携带进出境，则携带人不构成本罪，而物主构成本罪。对于本罪的主观要件来说，争议较大的是走私毒品的犯罪人主观上是否要求以牟利为目的。法律上对此没有明文规定，理论界有肯定与否定两种见解。我们认为，走私毒品，通常是以牟利为目的，即大多数犯罪分子都是为了牟利（获得非法利润）而走私毒品，但对于走私毒品罪的构成来说，则并不以牟利之目的为限。在个别情况下，即使行为人走私毒品主观上不具有牟利的目的，也同样构成本罪。因为，走私毒品罪的社会危害性及其危害程度，主要反映在对国家毒品管理秩序和国家对外贸易制度的侵犯、对社会风尚的毒化和对人民身心健康的危害上，而并不在于行为人主观上是否具有牟利的目的，以及牟利的目的是否实现等方面。因此，即使是为了自己吸食、注射毒品而走私毒品，虽不具有牟利的目的，但仍应以走私毒品罪论处。

本案中，被告人宋某某在明知是毒品的情况下，实施了逃避海关监管的行为，非法将毒品运输、携带进出我国边境，这不仅违反了国家对毒品管制的管理法规，同时也违反了国家的海关法规，构成走私毒品罪。

虽然被告人宋某某供述毒品是准备自己吸一点、卖一点，但是，这并不能成为免除被告人宋某某构成走私毒品罪的理由。因为走私毒品罪既侵犯了国家对毒品的管制，也侵犯了国家的对外贸易管制。

本案中，被告人宋某某的行为应按照《刑法》第 347 条第 2 款第 1 项的规定，以走私毒品罪定罪处罚。

实务训练

从实务中找一个类似本主题的真实案例，根据该案的事实、既有证据及争议焦点，写一份辩护词或判决书。要求格式规范、条理清晰、层次分明、说理透彻。

延伸阅读

1. 李世清．毒品犯罪刑罚问题研究．北京：中国检察出版社，2011.
2. 高巍．贩卖毒品罪研究．北京：中国人民公安大学出版社，2007.
3. 石经海．黑恶犯罪治理研究．北京：人民出版社，2023.

第十二章　贪污贿赂渎职类犯罪的重点问题

案 143. 贿赂犯罪的对象包括财产性利益

——赵某受贿案

要点提示

赌赂犯罪中的“财物”，包括货币、物品和财产性利益。财产性利益包括可以折算为货币的物质利益（如房屋装修、债务免除等），以及需要支付货币的其他利益（如会员服务、旅游等）。后者的犯罪数额，以实际支付或者应当支付的数额计算。

案情摘要

2004 年至 2018 年期间，被告人赵某利用担任某省公安厅办公室主任、交警总队队长、副厅长等职务上的便利，非法收受他人财物，为相关单位和个人在信息化建设及维护、设备采购、车牌号办理、贷款催要等方面谋取利益；利用职权或地位形成的便利条件，通过其他国家工作人员职务上的行为，为请托人在医疗设备采购等方面谋取不正当利益，收受请托人财物，共计折合人民币 499.585 8 万元。其中包括请托人黄某经赵某同意，为赵某的儿子支付 1.368 万元上海新东方学校强化走读班培训费用，为赵某的妻子到英国旅游支付费用 20 万元，为赵某的儿子支付英国伦敦至上海的往返国际航班机票费用 4.552 5 万元；为赵某的儿子支付在北京的租房费用 18.12 万元。

分歧意见

对于请托人经被告人赵某同意，为其儿子支付的培训费用、旅游费用、机票费用、租房费用等共计约 44 万元人民币，是否认定为赵某受贿的金额，在理论上和实践中存在不同的观点。

（1）不应当认定为受贿金额。理由是：1）贿赂犯罪是指国家工作人员利用职务上的便利，索取或者非法收受他人财物，为他人谋取利益，以及请托人为获取不正当利益而给予国家工作人员财物的行为之总和。2）对刑法进行严格解释，是罪刑法定原则的基本要求。为此，对于贿赂犯罪对象“财物”的解释，应当忠实于其标准的文字含义[①]。根据严格的文意解释，财物是指货币和物品。3）被告人赵某收受请托人为其儿子接受培训、出国旅游、乘坐飞机、租赁房屋等提供的服务或者方便，并没有直接收受请托人给予的货币或物品，依照罪刑法定原则不能认定为受贿金额。

（2）应当认定为受贿金额。理由是：1）贿赂犯罪的本质是权钱交易。对受贿人而言，是权力寻租，通过行使国家公权力谋取个人经济利益；对于行贿人而言，则是以钱谋权，通过向国家工作人员输送经济利益，换取国家公权力为我所用，谋取不正当利益。2）被告人赵某利用职务上的便利或者职权和地位形成的便利条件，为请托人谋取不正当利益，请托人为赵某的儿子支付培训费用、机票费用、租房费用，为赵某的妻子支付旅游费用，双方实现了权钱交易。赵某通过权力寻租获取了经济利益，请托人通过经济利益输送，实现了不正当利益，符合行受贿犯罪的本质特征。

问题研讨

对本案问题的解决，应当基于对党和国家反腐败政策和职务犯罪立法价值取向的正确理解。无论是立足于贿赂犯罪的立法沿革、反腐败政策、职务犯罪立法宗旨和法律解释的技术要求，还是根据反腐败斗争的实践需要，作为贿赂犯罪对象的“财物”，都应当包括货币、物品和财产性利益。

从我国1979年制定第一部刑法开始，贿赂犯罪的对象就一直是刑法理论界关注的焦点，也是司法实践中争论的热点。1979年刑法规定受贿罪的对象是“贿赂”，实体内容是“款”和“物”，也就是货币和物品[②]。1988年《全国人民代表大会常务委员会关于惩治贪污贿赂犯罪的补充规定》（以下简称《补充规定》）（已失效）将贿赂犯罪的对象明确规定为包括各种名义的回扣、手续费在内的“财物”，核心仍然是货币和物品[③]。1997年刑法没有对贿赂犯罪的对象进行实质性调整，而是完全沿袭了1988年《补充规定》的内容，将贿赂犯罪的对象限定为“财物”，即包括回扣、手续费在内的货币、物品。改革开放前期，与经济社会发展的水平相适应，实践中的受贿犯罪大多表现为收受金钱和实物等财物，在司法实践中，将贿赂犯罪的对象“财物”理解为货币和物品，是大体适应反腐败斗争实际需要和职务犯罪审判的实际情况的。

随着改革开放的深入以及经济社会的快速发展，行贿受贿的行为方式逐渐改头换面、上档升级，更具隐蔽性。除直接输送货币和实物以外，越来越多的财产性利益输送

① 《现代汉语词典》（第七版）将财物解释为“钱财和物资”。

② 1979年《刑法》第185条规定：“国家工作人员利用职务上的便利，收受贿赂的，处五年以下有期徒刑或者拘役，赃款、赃物没收，公款、公物追还。犯前款罪，致使国家或者公民利益遭受严重损失的，处五年以上有期徒刑。”

③ 《全国人民代表大会常务委员会关于惩治贪污贿赂犯罪的补充规定》第4条规定：“国家工作人员、集体经济组织工作人员或者其他从事公务的人员，利用职务上的便利，索取他人财物的，或者非法收受他人财物为他人谋取利益的，是受贿罪……在经济往来中，违反国家规定收受各种名义的回扣、手续费，归个人所有的，以受贿论处。”

成为权钱交易的重要形式。例如，请托人代为国家工作人员装修房屋、支付旅游费用、承担机票费用、赠送会员卡、免除债务等逐渐成为贿赂犯罪的重要表现。在这种情形下，受贿人形式上直接接受了请托人提供的服务或者方便，并且这些利益都可用金钱衡量，请托人必须为此支付相应货币，受贿人收受请托人输送的对象本质上仍然是金钱，这只是收受"货币或者财物"的一种变通形式，在本质上仍然是权钱交易，依法应当予以制裁。

法律既生长于社会生活，也随着社会生活的发展而发展。财产性利益输送逐渐成为权钱交易的主要形式，危害着国家和社会利益，损害公权力的廉洁性和公信力，应当受到刑法规制。正因为如此，2003 年 11 月最高人民法院印发的《全国法院审理经济犯罪案件工作座谈会纪要》对涉及股票的受贿案件的性质作出了认定，2007 年 7 月最高人民法院、最高人民检察院出台《关于办理受贿刑事案件适用法律若干问题的意见》，2008 年 11 月最高人民法院、最高人民检察院下发《关于办理商业贿赂刑事案件适用法律若干问题的意见》，规定商业贿赂中的财物，既包括金钱和实物，也包括可以用金钱计算数额的财产性利益，如提供房屋装修、含有金额的会员卡、代币卡（券）、旅游费用等。具体数额以实际支付的资费为准；收受银行卡的，不论受贿人是否实际取出或者消费，卡内的存款数额一般应全额认定为受贿数额。使用银行信用卡透支的，如果由给予信用卡的一方承担还款责任，透支数额也应当认定为受贿数额。从此，一些司法机关也将可以计算价值的财产性利益视同"财物"处理。

由于 2008 年最高人民法院、最高人民检察院《关于办理商业贿赂刑事案件适用法律若干问题的意见》仅将适用范围明确限定为商业贿赂案件，故理论和实务界对于这种定义能否适用于所有贿赂犯罪仍然存有争议。实务中，不同地方的法院在认定贿赂犯罪的"财物"时，采用的标准也不尽相同，惩治贿赂犯罪的法律标准仍需要进一步明确和统一。

2014 年 10 月，《中共中央关于全面推进依法治国若干重大问题的决定》明确提出，完善惩治贪污贿赂的法律制度，把贿赂犯罪的对象由财物扩大到财物和其他财产性利益。此后，最高人民法院、最高人民检察院于 2016 年 4 月发布的《关于办理贪污贿赂刑事案件适用法律若干问题的解释》第 12 条规定："贿赂犯罪中的'财物'，包括货币、物品和财产性利益。财产性利益包括可以折算为货币的物质利益如房屋装修、债务免除等，以及需要支付货币的其他利益如会员服务、旅游等。后者的犯罪数额，以实际支付或者应当支付的数额计算。"由此，财产性利益成为贿赂犯罪对象的原则得以正式确立。

因应经济社会的发展和反腐败斗争的现实需要，对贿赂犯罪的对象"财物"作出扩大解释，认为其内涵包括货币、物品和其他财产性利益，并不违背罪刑法定原则。一方面，法律需要解释，也必须经过解释才能成为司法裁判的规范依据。法律的价值追求或者政策目标，在立法之初就已经确定并应当得到持续、坚定的遵守。另一方面，法律用语的含义不可能一成不变，因为社会生活始终处于不断发展变化之中，在特定历史条件下制定的刑法要适用于客观条件经历重大变化之后的社会需要，必须根据立法的政策目标和价值追求，与时俱进地对法律条文作出新的解释，赋予其鲜活的时代特征。

以贿赂犯罪的立法而言，根据《刑法》第 385 条规定，贿赂犯罪的对象是"财物"，根据立法时的经济社会条件、绝大多数贿赂犯罪的客观行为方式的实际情况，将"财物"解释为货币和物品，符合当时治理贿赂犯罪的客观需要，能够实现依法从严惩治贿赂犯罪的价值追求和政策目标，因而是科学的。随着经济社会的迅速发展，财产性利益输送已然成为权钱交易的重要形式和受贿犯罪的重要特征，此时若仍然固守“财物”的原有含义，就脱离了法律存在的社会现实，落后于时代要求，与党和国家依法从严惩治腐败犯罪的政策方针相背离，是一种反科学、反规律的做法。与之相反，因应经济社会发展和依法从严惩治腐败犯罪的实际需要，对于贿赂犯罪的对象作出实事求是的解释，契合当前及今后一个时期惩治贿赂犯罪的现实需要，进一步严密了惩治腐败犯罪的法网，既是对我国贿赂犯罪法律体系的发展和完善，也是加快推进反腐败国家立法，完善惩治和预防腐败体系，形成不敢腐、不能腐、不想腐的有效机制，坚决遏制和预防腐败现象的必然要求，体现了从严惩治腐败犯罪的政策需要。

随着国家的快速发展与进步，人们的社会生活条件不断完善，生活水平不断提高，人们的需要日益多元化。精神的、物质的、政治的利益都可以成为利益交换的筹码。帮助升学、就业、职务晋升以及权色交易等都成为腐败领域的表现形式。理论界一直有学者建议将贿赂犯罪对象扩大到非财产性利益。然而，从我国职务犯罪立法的总体框架看，把非财产性利益解释为贿赂犯罪的对象范围，由于非财产性利益一般不能量化，难以将其与具体的定罪量刑标准作相对应的处理，在立法上无法确定定罪量刑的数额标准，司法上也无法把握裁量标准，不具有可操作性。不过，应当需要特别指出，如果某种利益可以适用既定的规则对应为一定的货币数额，那就不再是非财产性利益，而应当直接认定为财产性利益了。

结合到本案进行具体分析，被告人赵某利用职权为请托人黄某谋取利益，黄某为感谢赵某的帮助，为其儿子支付培训费用、旅游费用、机票费用、租房费用等，虽然不是直接将金钱给予赵某本人，但是黄某实实在在支付了相应数额的金钱为赵某提供服务。在整个过程中，被告人赵某利用职权为黄某谋取利益。在本质上，赵某用权换取了钱，黄某用钱购买了权，二人完成了权钱交易，符合贿赂犯罪的本质。

实务训练

请结合贿赂犯罪对象的理论和相关法律、司法解释规定，分析下列案件被告人的犯罪数额认定问题。

2006 年 4 月至 2007 年 12 月，被告人晏某军在担任中国共产主义青年团某市委员会副书记期间，利用职务便利，非法占有公共财物合计人民币 24 万元。2009 年至 2015 年，晏某军先后在担任某市某区宣传部部长、副区长、区长、某市政府副秘书长期间，利用职务便利，多次非法收受他人财物，并多次索取他人财物，为他人谋取利益，数额合计人民币 33.7 万元、美元 1 万元、英镑 2 000 元。此外，被告人晏某军为他人获得某市一停车场经营权提供帮助，请托人为晏某军长期在广州、成都等地酒店嫖娼并支付房费和嫖资共计人民币 60 万元。

延伸阅读

1. 徐岱，刘银龙. 中国受贿罪的立法历程考察. 河南警察学院学报，2016，25

(1)：85－93.

2. 张绍谦，郑列. “财产性利益”型贿赂相关问题探讨. 法学，2009（3）：49－55.

3. 戴玉忠. 我国贿赂犯罪刑法制度的演变与发展完善. 法学杂志，2016，37（4）：9－18.

案 144. “为他人谋取利益”的主客观认定

——徐某某受贿案

要点提示

“为他人谋取利益”在收受型受贿罪构成要件中的体系性地位，经历了由客观要件向主观要件的发展和变化，在不同的发展阶段，具有不同的要件性质。不宜一概而论地将“为他人谋取利益”认定为受贿罪的客观要件或主观要件，而要历史地、辩证地、具体地进行分析。

案情摘要

2004 年五六月间，某县城市建设综合开发公司某分公司负责人刘某某欲购买某县农机公司的土地搞房地产开发，找到时任某县国土资源局分管人事、土地利用和土地交易工作的副局长，即被告人徐某某，询问了土地出让有关政策及农机公司土地的价值情况，徐某某作了详细的答复。同年七八月份，刘某某再次找到徐某某，要求徐某某在土地评估之后，提供土地分类、用地性质及基准价格的有关情况。

因某县农机公司经法院依法查封，便委托江西某评估咨询有限公司评估。2004 年 9 月，刘某某通过竞买购得某县农机公司的土地，十余天后，刘某某打电话叫被告人徐某某到鄱阳镇饶州大酒店刘某某住处，刘某某将事先用牛皮纸袋装好的 4 万元现金送给了徐某某，并说感谢徐在其购地过程中帮的忙，还要求徐在土地过户及日后土地开发过程中给予关照。2005 年 11 月、2006 年 3 月，刘某某在办理某县农机公司土地使用证变更手续时，被告人徐某某在审查土地登记审批表上，签署了同意初审和报请领导审定的意见。

2006 年上半年，被告人徐某某为掩盖其收受刘某某 4 万元现金的事实，叫刘某某在其事先写好的刘某某租王某某（徐某某岳父）房屋的协议上签了字，租金 4 万元，并跟刘某某说将给的 4 万元当作房屋租金。但事实上，刘某某从未租用王某某的房屋。

分歧意见

根据《刑法》第 385 条规定，国家工作人员利用职务上的便利，索取他人财物的，或者非法收受他人财物，为他人谋取利益的，是受贿罪。据此，理论上一般把受贿罪分为索取型和收受型两类情形。“为他人谋取利益”在收受型受贿犯罪构成中的体系性地位，即其到底属于客观要件还是主观要件，在理论界和实务界存在客观要件说、主观要件说、构成要件取消说之间的分歧。

（1）客观要件说主张，“为他人谋取利益”是收受型受贿罪的客观要件。旧客观要件说认为，“为他人谋取利益”应当是一种行为，受托人必须实施了为他人谋取利益的行为，才构成受贿罪，是否为他人实际谋取到了利益，不影响定罪。反之，如果受托人客观上没有实施为他人谋取利益的行为，即便收受了他人财物，也不构成受贿罪。新客观要件说认为，“为他人谋取利益”是受贿人的一种承诺，并不要求其实际实施了为他人谋取利益的行为，但是为他人谋取利益的主观态度必须通过承诺或者许诺的方式表示出来，才可供把握和认知。

（2）主观要件说认为，“为他人谋取利益”是受贿人收受他人财物行为过程中的一种主观心理态度，表现为一种接受答谢、报偿的心理，属于主观要件。这种“你给钱，我办事”的心理态度，充分反映了受贿犯罪权钱交易的本质。根据主观要件说，行为人只要在收受他人财物时主观上有为他人谋取利益的意思，就构成受贿罪。至于是否作出了为他人谋利的承诺以及是否实际为他人谋取了利益，都不影响受贿罪的构成。

（3）构成要件取消说认为，受贿犯罪的本质特征在于“权钱交易”，侵害的客体是国家工作人员职务行为的廉洁性。国家工作人员只要接受他人请托并收受他人的财物，其职务行为的廉洁性就受到侵害，受贿罪就已经成立。收受了他人财物的国家工作人员是否实施了为他人谋利的行为、所谋取的利益是否实现，对于其行为性质并无影响，至多只能影响对行为危害程度的判断。因此，应当将“为他人谋取利益”从受贿罪构成要件中移除。

问题研讨

关于“为他人谋取利益”在收受型受贿罪的构成要件中的体系性地位问题，理论界的上述三种观点，都各有道理。但是，我们认为，对于“为他人谋取利益”究竟是客观要件还是主观要件，或者是否应当取消其要件性地位，不能一概而论。事实上，“为他人谋取利益”并非天然就属于受贿罪的客观要件或者主观要件。自我国1979年制定、实施第一部刑法以来，受贿罪的犯罪构成随着时代变迁和惩治贿赂犯罪的实践需要经历了一个不断发展变化的过程。与此相适应，“为他人谋取利益”在受贿罪构成要件中的位置也经历了一个发展变化的过程。

“为他人谋取利益”这一构成要件并不是受贿罪自始就存在的。1979年刑法规定，国家工作人员利用职务上的便利，收受贿赂的，构成受贿罪。据此，只要国家工作人员利用职务之便，收受了他人贿赂，就构成受贿罪，至于是否实施了为他人谋取利益的行为、所欲为他人谋取的利益是否实现：不影响受贿罪的成立。

1988年《补充规定》第4条规定：“国家工作人员、集体经济组织工作人员或者其他从事公务的人员，利用职务上的便利，索取他人财物的，或者非法收受他人财物为他人谋取利益的，是受贿罪。”从此，“为他人谋取利益”成为受贿罪的构成要件。而后

1989年最高人民法院、最高人民检察院印发《关于执行〈关于惩治贪污罪贿赂罪的补充规定〉若干问题的解答》的通知（已失效），明确规定非法收受他人财物，同时具备“为他人谋取利益”的，才构成受贿罪，进一步明确了在收受型受贿罪中“为他人谋取利益”要件的必要性。1997年刑法正式将“为他人谋取利益”作为收受型受贿罪的构成要件在刑法中明确下来①。至此，收受型受贿犯罪的成立，就以为他人谋取利益为必要条件。这里的为他人谋取利益，可以是违背职务为他人谋取利益，即受财枉法，也可以是不违背职务为他人谋取利益，即受财不枉法②。

“为他人谋取利益”在受贿罪的构成中属于主观要件还是客观要件，从一开始就存在截然不同的看法。尽管有学者坚持认为“为他人谋取利益”是受贿罪的主观要件，但实事求是地说，从“非法收受他人财物为他人谋取利益的，是受贿罪”这一法律条文的语法结构表达的内容来看，收受型受贿罪就是“非法收受他人财物”同“为他人谋取利益”这两个行为相结合，是一种复合行为。“为他人谋取利益”自然容易被解读为受贿罪的客观行为，因而倾向于被认为是客观要件。自1988年《补充规定》将“为他人谋取利益”规定为收受型受贿罪的构成要件开始，刑法理论界的主流在相当长的时间内将其解释为受贿罪的客观要件。1997年刑法施行以来相当长的一个时期内，在惩治贿赂犯罪的司法实践中，司法人员以“为他人谋取利益”为受贿罪的客观要件的做法更为普遍。具体表现为：法官在认定受贿罪时，在行为人收受他人财物的事实以外，非常关注是否为他人谋取了利益。也就是说认定行为人构成收受型受贿罪，应当同时具备“收钱”和“办事”两种行为。一般而言，行为人只是收受了他人钱财，但并没有为他人谋利的，不能认定构成受贿罪。因此，办理受贿案件，既要审理查明被告人收受他人财物的事实，还要查明被告人利用职权为请托人“办事”的事实。这种做法限缩了受贿罪的犯罪圈，缩小了受贿罪的处罚范围，在“为他人谋取利益”通过立法进入受贿罪构成要件之后的一个时期，是契合反腐败斗争和职务犯罪审判实践需要的。

随着经济社会快速发展，权钱交易手段越来越复杂，形态越来越多样，行受贿犯罪分子规避法律的现象越来越普遍。主张行为人收受贿赂并实施了“为他人谋取利益”的客观行为才构成受贿罪的客观要件说逐渐陷入困境。这种理论在实践中合乎逻辑地陷入这样一个悖论：“拿钱办事”才构成受贿罪，“拿钱不办事”反而不构成犯罪。显然，这样的现象违背生活常识和事理逻辑，背离社会公众的法感情，同党和国家依法从严惩治腐败犯罪的方针政策和受贿罪入罪的立法宗旨相违背。法律作为国家上层建筑，建立在经济社会基础之上，也必然随着经济社会的发展而发展。当“为他人谋取利益”客观要件说落后于经济社会发展和惩治贿赂犯罪实践需要的时候，司法实践一定会为自己开辟道路，并推动刑法理论的发展。

为了破解客观要件说给司法实践带来的困难和窘境，2003年《全国法院审理经济犯罪案件工作座谈会纪要》（以下简称《座谈会纪要》）规定：“为他人谋取利益包括承

---

① 1997年《刑法》第385条第1款规定：“国家工作人员利用职务上的便利，索取他人财物的，或者非法收受他人财物，为他人谋取利益的，是受贿罪。”

② 陈兴良．刑法疏议．北京：中国人民公安大学，1997.

诺、实施和实现三个阶段的行为。只要具有其中一个阶段的行为，如国家工作人员收受他人财物时，根据他人提出的具体请托事项，承诺为他人谋取利益的，就具备了为他人谋取利益的要件。明知他人有具体请托事项而收受其财物的，视为承诺为他人谋取利益。”由此，“为他人谋取利益”，实现了由受贿罪客观要件向主观要件的转变，主观要件说应运而生。在《座谈会纪要》基础上，2016 年“两高”《关于办理贪污贿赂刑事案件适用法律若干问题的解释》（以下简称《解释》）更是直接、具体地确立了主观要件说的观点[①]，《座谈会纪要》和《解释》的规定，宣告了“为他人谋取利益”客观要件说的破产和主观要件说的正式确立。根据主观要件说，认定收受他人财物的行为构成受贿罪的关键在于，行为人在收受贿赂时是否有为他人谋取利益的意思，只要行为人收受贿赂时与行贿人达成一种权钱交易的默契，而不需要考究行为人是否实施了为他人谋利益的行为。应该说，贿赂犯罪现象发展和职务犯罪审判实践发展所催生出的主观要件说，相比客观要件说，更能完整深刻体现贿赂犯罪的本质，为依法从严惩治贿赂犯罪提供了理论支撑，是贿赂犯罪理论和实践与时俱进的结果。

尽管“为他人谋取利益”主观要件说适应了贿赂犯罪治理的实际需要，较客观要件说是一个很大的进步。但是，学术界也有观点认为，将“为他人谋取利益”作为收受型受贿罪的主观要件，在受贿罪极具隐蔽性的现实难题之下，受贿人是否具有为他人谋取利益的意思，成为很难证明的一个要件。在司法实践中，“为他人谋取利益”要件的存在已经最大限度弱化。实际上，从非法收受他人财物就可以推定出行为人具有为他人谋取利益的主观意思。因此，“为他人谋取利益”完全可以从受贿罪构成要件中移除，使 1979 年刑法关于国家工作人员利用职务上的便利，收受贿赂的，构成受贿罪的规定，通过否定之否定获得新生。我们不赞同这样的观点。理由在于，一方面，我国是成文法国家，现行刑法明确规定“为他人谋取利益”是受贿罪构成要件，在刑法没有作出修改的情况下，直接废除其明文规定的犯罪构成要件，是对法治原则的直接违背。另一方面，在司法实践中，国家工作人员根本没有为他人谋取利益的意思，但利用职务之便，骗取他人财物的案件时有发生，这种情形依法成立诈骗罪。如果将“为他人谋取利益”移出收受型受贿罪构成要件，那么，在前述情形下，必将消弭受贿罪与诈骗罪的界限，造成实践的混乱。

结合到本案，在前期，刘某某向被告人徐某某询问土地出让有关政策及农机公司土地的价值情况，徐某某作了详细的答复，属于正常的业务咨询和解答，仅此不能认定其有为他人谋取利益的行为。刘某某通过竞买获得农机公司土地后，徐某某在刘某某办理土地使用证变更手续时，在土地登记审批表上签署了同意初审和报请领导审定的意见，也属于正常履行职责。尽管徐某某也一直否认其承诺过要对刘某某进行房地产开发提供帮助，事实也没有对刘某某提供帮助，但我们认为，徐某某的行为仍然构成受贿罪。关键理由就在于：刘某某欲购买农机公司的土地向徐某某进行过咨询，刘某某在送钱时明确

① 《关于办理贪污贿赂刑事案件适用法律若干问题的解释》第 13 条规定，“为他人谋取利益”包括以下情形：实际或者承诺为他人谋取利益的；明知他人有具体请托事项的；履职时未被请托，但事后基于该履职事由收受他人财物的；国家工作人员索取、收受具有上下级关系的下属或者具有行政管理关系的被管理人员的财物价值 3 万元以上，可能影响职权行使的，视为承诺为他人谋取利益。

表示感谢徐在其购地过程中帮的忙，还请求徐在土地过户及日后土地开发过程中给予关照，徐某某明知刘某某对自己有请托事项，仍然接受其财物，默认了对刘某某的承诺，利用职务便利收受他人财物，侵犯了国家工作人员公务行为的廉洁性，依法构成受贿罪。

实务训练

请根据本案的事实，就徐某某行为的性质认定撰写一份法律意见书。

延伸阅读

1. 陈兴良. 为他人谋取利益的性质与认定：以两高贪污贿赂司法解释为中心. 法学评论，2016，34（4）：1－9.

2. 张明楷. 论受贿罪中的“为他人谋取利益”. 政法论坛，2004（5）：145－157.

3. 张伟. 受贿罪构成要件涵摄下的“为他人谋取利益”. 现代法学，2018，40（3）：129－140.

案145. 以合法形式掩盖权钱交易本质的行为定性

——潘某某、陈某受贿案

要点提示

国家工作人员利用职务上的便利为请托人谋取利益，并与请托人以“合办”公司的名义获取“利润”，没有实际出资和参与经营管理的，以受贿论处。国家工作人员利用职务上的便利为请托人谋取利益，以明显低于市场的价格向请托人购买房屋等物品的，以受贿论处，受贿数额按照交易时当地市场价格与实际支付价格的差额计算。

案情摘要

2003年八九月间，被告人潘某某、陈某分别利用担任江苏省南京市栖霞区某街道工委书记、某街道办事处主任的职务便利，为南京某房地产开发有限公司总经理陈某某在创业园区低价获取100亩土地等提供帮助。9月3日，潘某某、陈某分别以亲属名义与陈某某共同注册成立南京多贺工贸有限责任公司（简称多贺公司），以“开发”上述土地。潘某某、陈某既未实际出资，也未参与该公司经营管理。2004年6月，陈某以多贺公司的名义将该公司及其土地转让给南京某体育用品有限公司，潘某某、陈某以参与利润分配的名义，分别收受陈某某给予的480万元。

2004年上半年，南京某发展有限公司总经理许某某请托潘某某为该公司受让金桥大厦项目减免100万元费用提供帮助，该100万元费用最终并未实际得到减免。在此期间，潘某某以60万元的价格购买了许某某公司开发的一处市场价格（含税费）共计为121万余元的房产。

分歧意见

（1）陈某某以多贺公司名义将该公司及其土地转让他人时，被告人潘某某、陈某以参与利润分配名义分别获取480万元的行为是否构成受贿罪?

一种观点认为潘某某、陈某不构成受贿罪。理由在于：陈某某在创业园区获取100亩土地时，被告人潘某某、陈某并没有收受陈某的财物。之后，陈某某同潘某某、陈某共同成立多贺公司“开发”经营前述土地，属于商业行为。在多贺公司连土地一并转让给他人以后，潘某某、陈某以股东身份分取利润，不构成受贿罪。

另一种观点认为潘某某、陈某构成受贿罪。理由在于：潘某某、陈某在陈某某取得土地时分别任街道工委书记、街道办事处主任，各自利用职务便利，为陈某某提供了帮助，在此期间，潘某某、陈某与陈某某商议合作成立多贺公司用于“开发”上述土地，潘某某、陈某既未实际出资，也未参与公司的经营管理，二人分别获取的480万元，是利用职务便利使陈某某低价获取土地并转卖获利的一部分，体现了受贿罪权钱交易的本质，应以受贿论处。

（2）潘某某以低于市场价61万元的价格购买许某某公司的房产是否构成受贿罪?

一种观点认为，潘某某没有为许某某实际谋取到利益，开发商基于各种商业策略，在房产销售过程中采取不同策略，给业主以各种不同程度的优惠价格是一种市场惯例，潘某某为购买房产支付了对价，且在案发前支付了实际房价与市场价格之间的差价，不构成受贿罪。

另一种观点认为，潘某某受许某某请托为其在受让金桥大厦项目中谋取利益，用60万元的价格购买许某某公司市场价格为121万元的房产的行为，是以形式上支付一定数额的价款来掩盖其与许某某之间权钱交易本质的一种手段，应以受贿罪论处，犯罪数额应按照涉案房产交易时市场价格与实际支付价格的差额计算，即61万元。

问题研讨

本案问题的解决，关键在于对受贿犯罪本质及其与民事经济法律行为界限的正确理解和适用。我们认为，根据我国关于受贿罪的政策、法律规定以及关于合伙经商办企业以及房地产交易的政策、法律规定，无论潘某某、陈某与陈某某合伙开办公司，还是潘某某向许某某公司购买房产都属于以合法形式掩盖权钱交易本质的行为，依法应当认定构成受贿罪。

国家公权力姓“公”，来源于国家、社会和人民，其目的和宗旨就是服务于国家、社会和人民。公权力的性质决定了国家工作人员行使公权力必须受到限制。一方面，任何人通过法律规定的程序成为国家工作人员，承担一定职务，行使一定职权，其宗旨就是为国家、社会和公众服务。另一方面，凡国家工作人员履行职务，必须以国家、社会和公共利益为归依，任何背离公权力性质的行为都属于滥用权力，应当受到制裁。严格依法并适当履行职责，廉洁从政，奉公守法，是国家工作人员的本分。反之，背离职权、职责要求，公权私用、损公肥私，无疑是对国家工作人员职务廉洁性要求的违背。

行贿罪的本质就是以“权钱交易”为内容的权力寻租、权力滥用，表现为国家工作人员利用职务上的便利，索取或者收受他人财物，为他人谋取利益的行为。对于受贿人而言，是将手中的公权力作为个人谋取私利的工具，为他人谋取利益，收受他人财物，“以权谋财”，“卖权谋钱”。对于行贿人来说，则是利用钱财购买国家公权力为谋取个人私利服务，“用财谋权”、“以钱换权”。行受贿人之间是一种“权”与“钱”的交易。在“权钱交易”的背后，国家工作人员职务行为的廉洁性受到玷污，公权力的运行受到异化，国家、社会和公众的利益受到侵害。这种行为应当受到刑法制裁。根据我国刑法规定，构成受贿罪，需要具备三个条件。

第一个条件是利用职务之便。

利用职务之便，是指利用国家工作人员职务范围内的权力。如果行为人不是基于其职权或者职权的影响而接受他人财物的，不能认定为受贿。根据法律、司法解释和司法实践经验，“利用职务上的便利”主要包括两种形式：

一是利用本人职务范围内的便利。根据《刑法》第 385 条的规定，认定（直接）受贿罪，要求行为人必须利用本人职务上的便利。在一般情况下，利用行为人本人职务上的便利，是指行为人直接利用本人职务范围内对某项公共事务的主管、管理、负责、监督、承办、协办等权力。在这种情况下，行为人往往直接利用职权亲自办理相关事项，或者命令、安排下属为他人谋取利益，此种行为当然构成受贿罪。2003 年《全国法院审理经济犯罪案件工作座谈会纪要》对于“利用职务上的便利”作出了扩大解释[①]，据此，国家工作人员通过职务上有隶属、制约关系的其他国家工作人员的职权为请托人谋取利益的，应当直接适用《刑法》第 385 条，以受贿罪定罪处罚。

应当特别作出说明的是，是否具有职务上的隶属、制约关系，需要结合国家工作人员任职单位的性质、职能、职务等进行实质判断，不以主管直接下属为限。

二是利用本人职权或地位形成的便利条件。《刑法》第 388 条规定，国家工作人员利用本人职权或者地位形成的便利条件，通过其他国家工作人员职务上的行为，为请托人谋取不正当利益，索取请托人财物或者收受请托人财物的，以受贿论处。在这种情形下，行为人间接地利用了本人的职权或地位形成的便利条件，要求其他国家工作人员给予请托人利益。“本人职权”是指在行为人职务范围内，并能对其他国家工作人员形成制约或者施加影响的权力，其中不包括直接利用本人掌握的职权。“地位”，是指行为人所具有的领导地位，在领导身边工作或者从事特殊性质的工作，对其他国家工作人员所形成的影响力。利用职权、地位形成的便利条件，实质上是指职权或地位所表现的国家工作人员身份的影响，而不是利用职权本身。这种影响作用是基于行为人职权和地位而

---

① 《全国法院审理经济犯罪案件工作座谈会纪要》指出，《刑法》第 385 条第 1 款规定的“利用职务上的便利”，既包括利用本人职务上主管、负责、承办某项公共事务的职权，也包括利用职务上有隶属、制约关系的其他国家工作人员的职权。担任单位领导职务的国家工作人员通过不属自己主管的下级部门的国家工作人员的职务为他人谋取利益的，应当认定为“利用职务上的便利”为他人谋取利益。

形成的，同时并不表现为直接在请托事项上的干预权力，而是在其他事项上对其他国家工作人员的制约和影响，诸如在请托事项以外的管理关系、监督关系、工作协作关系、争优的评定关系、人事调动关系等。如果某种影响不是源自行为人职务或者身份，与国家公权力无关，就不能反映出受贿罪的本质，不会对职务行为廉洁性造成侵害。就此而言，利用职权、地位形成的便利条件，可以定义为利用本人的权力影响，对其他国家工作人员的正常职务活动能够产生意志性的干扰，而后者如果不接受这种干扰，就会为本人带来某种不利后果的情形。

认定利用职权、地位形成的便利条件，应当主要考虑以下几个方面的因素：其一，行为人是否具有一定的职务，如果是利用以前的职务所形成的影响，应当直接认定为利用职务上的便利。其二，行为人接受请托时是否表示要通过自己的职权或者地位形成的便利条件为请托人谋取不正当利益。其三，行为人在委托、要求第三人时是否以自己所拥有的职权或地位影响第三人。其四，第三人在承诺、接受、完成行为人的委托事项，为他人谋取不正当利益时，是基于行为人的职权或者地位影响，还是基于一种纯自然人的关系。

第二个条件是索取或者非法收受他人财物。

一是索取他人财物。根据《刑法》第385、第386条规定，国家工作人员利用职务上的便利，向他人索取财物的，直接构成受贿罪，不需要具有为他人谋取利益这一要件。对于索贿的，应当从重处罚。索取他人财物，是指行为人利用职务上的便利，违背请托人意愿，主动向请托人提出明确的财物要求并收受他人财物的情形。应当指出的是，索取财物通常都表现为受贿人主动向请托人提出财物要求，但并不意味着受贿人主动提出财物要求的都应认定为索取财物。索取财物的本质特征是，受贿人在请托人内心并不情愿或者抵触、反对的情形下提出财物请求并收受财物。在司法实践中，一些请托人同受贿人之间建立了比较固定的利益关系，双方都有行受贿故意，无论是行受贿的哪一方主动提出财物要求的，都不能认定为“索取财物”，而只能认定为“非法收受财物”。

二是非法收受他人财物，即国家工作人员以为他人谋取利益为条件，被动地接受对方给付自己的财物。“非法收受财物”的基本特征在于行贿人给付财物的主动性、自愿性和受贿人接受他人财物的被动性。就行贿人而言，主观上是为了通过给予受贿人财物从而获取某种利益。就受贿人而言，是在他人主动给付的前提下接受财物的。

应当说明的是，受贿罪是一种兼具职权滥用和非法占有特征的复合型犯罪。国家工作人员收受了他人财物，但没有据为己有的故意，而是出于某种原因没有及时返还请托人，通过相关的证据可以证明行为人主观上没有非法占有他人财物意图的，行为人本身并没有利用职务便利换取他人财物的意思，不具备权钱交易的本质特征，不能认定为受贿罪。

第三个条件是为他人谋取利益。

“为他人谋取利益”在受贿罪构成中是客观要件还是主观要件在理论上存在很大争议。但是，从最高人民法院、最高人民检察院司法政策的演变来看，在1997年刑法制定以来很长的时期内，“为他人谋取利益”被认为是客观要件。2003年《全国法院审理经济犯罪案件工作座谈会纪要》规定：为他人谋取利益包括承诺、实施和实现三个阶段的行为，只要具有其中一个阶段的行为就成立“为他人谋取利益”。理论界及实务界普遍认为这一规定开启了“为他人谋取利益”由客观要件向主观要件的转变。2016 年“两高”《关于办理贪污贿赂刑事案件适用法律若干问题的解释》规定，“为他人谋取利益”包括下列情形：实际或者承诺为他人谋取利益的；明知他人有具体请托事项的；履职时未被请托，但事后基于该履职事由收受他人财物的。这明确昭示着“为他人谋取利益”主观要件地位的确立。

在受贿罪司法认定中，国家工作人员利用职务便利收受了他人财物，只要其具有为他人谋取利益的主观故意，就应当认定具备了“为他人谋取利益”的要件。至于意图谋取的利益是合法利益还是不合法利益，该利益是否实际实现，对于行为人构成受贿罪都没有影响。同样，在国家工作人员实际为请托人谋取了利益的情况下，其实施的是枉法行为还是不枉法的行为，也不影响受贿罪的成立。受贿犯罪侵害的客体是国家工作人员职务行为的廉洁性。受贿枉法者无疑既侵犯了职务行为的廉洁性，损害了公权力的公信力，也侵犯了国家机关的正常活动或者企业事业单位和集体经济组织的正常发展；受贿不枉法者虽然并不必然侵犯国家机关及相关单位的正常活动和发展，但却同样背离了其廉洁义务，危害公权力的公信力。因此，在司法实践中，一些被告人及辩护人以收受他人的财物，但并未实际为请托人谋取利益、为请托人谋取的利益并不违反法律规定、被告人只是正常履行职务而没有违反规定等理由提出的被告人无罪的辩解、辩护意见，都是不能成立的。

具体到本案，一方面，被告人潘某某、陈某分别利用担任街道工委书记、街道办事处主任的职务便利，为陈某某的公司低价获取 100 亩土地提供帮助，各自获取了陈某某给予的 480 万元。潘某某还利用职务便利，接受许某某为其公司受让金桥大厦项目减免 100 万元费用提供帮助的请托，以 60 万元购买了许某某公司价值 121 万余元的房产，变相收受了许某某 61 万元。二人的行为完全符合利用职务便利、收受他人财物、为他人谋取利益三个构成要件，构成受贿罪。另一方面，潘某某、陈某关于自己的行为分别是合伙开办公司、正常房屋交易行为的辩解不成立。民事交易行为应当符合交易双方地位平等、意思自治、公平合理、等价有偿等基本原则。在本案中无论是潘某某、陈某与陈某某合伙开公司，还是潘某某向许某某购买房屋，都依托于潘某某、陈某的职务行为而存在。二人手中的公权力决定了交易双方地位不平等，进而决定他们与陈某某、许某某之间的所谓交易不具有真实性。潘某某、陈某不出资、不经营，获取巨额利益，既不是陈某某的真实意思，也毫无公平合理可言。潘某某以 60 万元购买许某某价值 121 万元的房产，同样也是如此。透过事物的现象探究本质，潘某某、陈某同陈某某、许某某根本没有真实的交易发生，他们在所谓“交易”中获取的利益纯粹是利用职务便利为他人谋取利益的对价，属于典型的以合法形式掩盖非法目的。

实务训练

请结合贿赂犯罪的本质特征，分析以下案例中被告人行为的性质。

2017 年 7 月，江南市某区个体工商户王某、谢某得知该区有 3 家典当公司的经营指标将投放市场，但竞争激烈，二人商量以后决定参与竞争，合伙开办一家典当公司。

由于典当公司指标紧俏，王某、谢某通过他人介绍认识了该区公安局局长商某某，请托商某某协调区商委领导予以支持，并表示事成之后将对商某某表示感谢。此后，商某某专门找到区商委主任邓某，表达了王某、谢某申办典当公司的意愿，请求邓某某予以关照。之后，王某、谢某顺利拿到了开办典当公司的指标，二人商定该公司总投资金额600万元，二人各投入300万元。此时，商某某找到王某、谢某表示有意加入合伙，但资金紧张无力出资，要求王某、谢某分别为其垫资100万元，三人共同经营，各占1/3的份额。王某、谢某虽不情愿，但考虑到商某某在申请指标过程中的帮助，勉强答应，并各自为商某某出资100万元。之后，商某某没有实际参与公司经营和管理。两年以后，公司分红，商某某按照份额分得200万元利润，他将这200万元作为出资交给了王某、谢某。2020年8月，王某、谢某将典当公司转让给他人，三人连本带利各自分得人民币400万元。

延伸阅读

1. 孙国祥. 受贿罪“利用职务上的便利”新论. 法学论坛，2011，26（6）：102-108.

2. 周光权. 论受贿罪的情节：基于最新司法解释的分析. 政治与法律，2016（8）：32-46.

3. 高铭暄，张慧. 论受贿犯罪的几个问题. 法学论坛，2015，30（1）：79-85.

案146. 受贿罪既遂应以财物处分权交付为判断标准

——李某某受贿案

要点提示

受贿犯罪的本质是权钱交易，行贿人向受贿人交付财物是交易完成的标志。司法实践中，受贿人往往并不直接从行贿人手里接收财物，而是越来越多地采用更加隐蔽的手段以规避法律制裁，这给受贿罪的司法认定带来一定争议。认定权钱交易应当透过表象把握本质，只要行贿人以行贿为目的，就特定数量财物向受贿人进行了处分权的交付，受贿人出于受贿目的，事实上对财物进行了支配和管理，即可以认定行贿人向受贿人交付了财物，受贿人收受了财物，受贿罪成立。

案情摘要

2004年至2014年，被告人李某某先后担任重庆市某县交通局局长、某县人民政府副县长、中共某县县委常委等职务。在担任前述职务期间，李某某利用职务便利为他人谋取利益，非法收受他人人民币共计337万元，其中收受他人财物211万元的事实清楚，证据确实充分。

在性质认定上存在争议的事实如下：李某甲在李某某的帮助下中标工程后，提出将前述工程合同总价8%，即120万元作为好处费送给李某某。李某某同意，并提出将这120万元存放于李某甲处，自己需要时再行提取。2009年底，李某某在李某甲处提取15万元用于偿还向他人的借款，提取40万元用于退还陈某某向其行贿的贿赂款。2011年，李某某安排其妻交给李某甲35万元现金，要求李某甲将该35万元连同自己尚未提取的65万元好处费共100万元，投资到重庆市某某县某煤厂。

分歧意见

对受贿数额如何认定，本案在处理过程中形成了如下两种不同意见：

（1）尚未提取的65万元不能认定为受贿数额。理由是：李某某实际只提取了55万元，并未实际取得与李某甲约定用于投资煤厂的65万元财产性利益，故未提取的65万元不应认定为受贿数额。

（2）尚未提取的65万元应该认定为受贿数额。理由是：无论是李某某已从李某甲处实际支取使用的55万元，还是暂存李某甲处后用于投资煤厂的65万元，均已为李某某实际控制和支配，依法应当认定为李某某收受财物的数额。

问题研讨

在司法实践中，如何认定索取或者非法收受他人财物的行为已经完成是一个复杂而又充满争议的问题。深入研究受贿人索取或者收受他人财物行为完成的认定标准，有利于正确认定受贿行为，依法惩治腐败犯罪。

首先，财物交付是受贿犯罪被告人索取或者非法收受他人财物行为成立的外在标志。受贿犯罪的本质是权钱交易。被告人无论是索取他人财物，还是非法收受他人财物，都必须通过财物交付才得以最终完成。所谓财物交付，就是财物在行贿人和受贿人之间的转移。行贿人通过财物交付失去财物，受贿人通过财产交付取得财物。要认定行贿人、受贿人之间发生财物交付，必须坚持主客观相一致的原则，注意把握以下三点：

第一，行、受贿人之间具有发生财产交付的主观意愿。如果财物在客观上发生了占有的转移，但是行贿人没有行贿的意愿，或接受财物者没有收受该财物的主观故意，则不能认定在行、受贿之间发生了财物交付，当然也不能认定受贿人收受了他人财物。

第二，行、受贿人之间发生了财物交付的客观行为。如果行、受贿人之间达成了将一套住房登记在行贿人名下的合意，行贿人购买一套房屋，将钥匙拿到受贿人家中，受贿人没有实际接受，称以后时机成熟时再说。双方达成了行、受贿合意，行贿人购买了房屋，实施了向受贿人交付的行为，但是受贿人没有接受，此时财物交付并未完成。

第三，认定财物交付的范围应以行、受贿人之间的意思联络为限度。例如，行贿人张某请托公务员李某利用职务之便提供帮助，获取了某产品代理权后，同李某约定：张某替李某装修新购买的房屋，以50万元为上限的基础装修费用由张某承担，其余费用由李某自己承担。后经结算，整个装修耗费了110万元。装修结束后案发。张某供述自己最初只想承担基础装修产生的费用，后来考虑到既然钱都花了，不如将人情进一步做到位，全部费用都由自己承担。于是产生了不再同李某结算，将该110万元全部送给李某的念头。但李某坚持认为，双方约定非常清楚，张某在50万元以内承担装修费用，自己没有收受张某超出50万元以外的装修费用的故意。如果没有证据证实张某就自己承担李某全部装修费用同李某达成了意思联络，张某主动表示替李某承担的50万元装修费之外的60万元性质就难以确定，只能认定李某受贿50万元。

其次，财物交付的本质并不在于财物本身的物理交付，而是一种基于行、受贿故意的处分权的交付，这是认定受贿犯罪索取或者非法收受他人财物的判断标准。

第一，受贿犯罪索取或者收受他人财物最传统的形式是贿赂财物实体的物理交付。人对财物的占有是一种事实上的支配、管理关系。这种关系最传统的表现形式就是，占有人、财物权利归属、占有时间和空间高度集中，权利主体实际上直接支配财物。与此相适应，作为一种具有占有型财产犯罪特征的受贿犯罪，受贿人收受他人财物最传统的表现形式就是，行贿人将财物直接交付给受贿人，通常表现为将现金送到受贿人家里、存入受贿人账户，将车辆、房屋等物品的权属直接登记到受贿人名下，将钥匙交给受贿人。这种形式的财物交付简单明了，易于判定，一般不会发生争议。

第二，处分权的交付是认定财物交付完成的最终标准。人对财物的占有在本质上是一种支配和管理关系，在形式上可以有多种多样的表现形式。这种权利主体对财物的占有关系既可以表现得非常紧密，也可以表现得相对松散。反映占有关系的各种要素既可以高度集中，也可以相对分离。正是基于此，在审理受贿犯罪中，对于行、受贿人之间的财物交付，并不一定要求行、受贿人之间进行财物的实体性交割，只要实现了对财物的处分权由行贿人向受贿人的转移，就可以认定为完成了财物交付，受贿人实际取得了财物。

最后，在没有完成处分权交付的情形下，不能认定行贿人索取或收受了财物。财物交付的本质是处分权交付，财物归属改变。如果行、受贿人之间没有完成财物的处分权交付，就没有事实上改变财物的归属，不能认定受贿人完成了索取或者收受他人财物的行为。例如，一名煤矿老板拟以送干股的名义向某县煤管局局长行贿，双方达成了局长不出资占有煤矿6%股份的合意，行贿人草拟了投资入股协议交给了局长，并代为准备了等值于煤矿6%股份的出资款欲代为缴纳。在办理工商登记之前，局长改变主意，决意拒绝行贿人，于是撕掉了入股协议，并告知行贿人此事作罢。行贿人有行贿干股的意愿，局长也有收受干股的故意，行贿人草拟协议交给局长签字，替局长准备了入股资金，但是局长撕掉了协议，在实际以股东身份介入煤矿进行管理并获取利益之前拒绝了行贿人，干股的处分权交付尚未完成，股权的归属并没有发生转移，便不能认定该局长收受了煤矿6%的干股。

在本案中，首先，李某甲表示要送给李某某120万元好处费，李某某同意收受，二人分别具有行贿、受贿的故意。其次，李某甲欲给付120万元，是一种启动财物交付的行为，李某某同意后表示存放于李某甲处，自己有需要时再行提取，就意味着其接受该120万元并作出了处置和安排。这同他将这笔钱放在家里、存在银行、借给他人、投资理财等具有同等的法律意义。第三，如果说李某某同意接受120万元并表示存放在李某甲处是一种抽象的处置，甚至不排除在特定情况下还可以作为一种拒绝或者推却的托词，那么，李某某先后两次在李某甲处支取 15 万元、40 万元，则意味着李某某对该 120 万元进行了具体的、实在的管理，这些钱按照他的意志进行处置和流转。从李某某首次支取 15 万元开始，就可以认定 120 万元的权属在李某甲同李某某之间发生了交付，李某某事实上进行了支配和管理，李某甲只是代为保管。即使李某某之后没有再次支取 40 万元，没有再对余下 65 万元进行投资煤矿的处置，也不影响认定其受贿 120 万元。第四，李某甲将余下 65 万元用于投资煤矿，执行的是李某某的意志，投资的本金和收益都属于李某某，同李某某之前支取 15 万元、40 万元，在法律性质上没有差别。

认定权钱交易应当透过表象把握本质，只要行为人以行贿为目的，就特定数量的财物向受贿人进行了处分权交付，即可认定行贿人向受贿人交付了财物，受贿人收受了财物，可以认定受贿罪成立。就本案而言，若机械地认为受贿人索取或者非法收受他人财物只能是财物本身在行、受贿人之间发生物理交割，只有在受贿人实际掌握和控制了财物物理形态的情形下，才能认定其取得了财物，片面理解财物交付的内涵，就会导致对李某某受贿犯罪数额认定的不当。

实务训练

国家工作人员利用职务便利为他人谋利，收受他人银行卡并修改密码，但未支取过卡中存款，该行为是否构成受贿罪？若构成，为何种犯罪形态？请说明理由。

延伸阅读

1. 陈兴良. 受贿罪的未遂与既遂之区分. 中国审判，2010 (2)：97－98.
2. 周光权. 论商业受贿犯罪的既遂. 中国检察官，2009 (2)：15－18.
3. 高海燕. 不能机械、片面地以客观结果认定受贿未遂. 中国检察官，2010 (4)：49.

案 147. “谋取不正当利益”属于贿赂犯罪构成中的主观要件

——陈某行贿案

要点提示

“谋取不正当利益”包括：谋取的利益本身具有不正当性，谋取利益的手段具有不正当性，违背公平公正原则谋取竞争优势。对于“谋取不正当利益”这一构成要件，应当与受贿罪中“为他人谋取利益”的理解秉持同一逻辑，作为犯罪的主观要件予以把握。

案件摘要

王某，某省A国有招标采购公司（简称A公司）业务处处长。陈某，某私营企业老板。2019年7月，陈某得知某工程建设项目通过A公司进行公开招投标，王某所在的业务处具体负责此次招投标事宜。陈某所属企业在该领域具有一定竞争力，但为确保中标，陈某通过朋友介绍认识王某，在招标前自行前往王某办公室，表达自己的企业想承建上述工程的意愿，希望王某予以关照，并表示事后将予以感谢。王某当场答应帮忙，并将具体负责此事的工作人员张某介绍给陈某认识，请陈某与张某具体沟通。评标前，张某将陈某所属企业名称告诉了评审专家。后陈某所属企业中标，陈某如约送予王某30万元。本案调查中，评审专家均称未受张某影响，系按照招标文件的要求作出的评判。

分歧意见

本案中，王某构成受贿罪没有争议。问题在于，陈某是否为了谋取不正当利益而构成行贿罪？

（1）陈某不构成行贿罪。理由是：陈某企业本身具有一定竞争优势，虽然张某在评标前将该企业名称告知评审专家，但评审专家否认受其影响，陈某企业之所以中标，是凭企业自身实力，客观上未谋取不正当利益。

（2）陈某构成行贿罪。理由是：即便陈某企业具有一定竞争优势，但该竞争优势并非确定的利益。陈某为确保中标，向国家工作人员行贿，事实上就是谋取不正当利益。

问题研讨

本案问题的关键在于对“谋取不正当利益”的理解和司法运用。

根据我国刑法的规定，国家工作人员收受他人财物，以“为他人谋取利益”为成立受贿罪的必要条件。国家工作人员利用职权或者地位形成的便利条件斡旋受贿以及国家工作人员“身边人”利用其影响力受贿，则以“为请托人谋取不正当利益”作为成立犯罪的必要条件。而所有的行贿类犯罪，包括对非国家工作人员行贿罪、行贿罪、对有影响力的人行贿罪、对单位行贿罪、单位行贿罪（《刑法》第164条、第389条、第390条、第391条、第393条）均以“为谋取不正当利益”为必要条件。

同样是贿赂犯罪，有的以“为他人谋取利益”为要件，有的却以“为他人（请托人）谋取不正当利益”为要件，而行贿类的犯罪则全部以“为谋取不正当利益”为要件，为什么会出现这种构成要件上的明显差别呢？我们认为，只有从行、受贿犯罪的本质出发，才能正确理解这种差异。

行贿、受贿犯罪的本质是权钱交易，作为受贿一方的国家公职人员权力寻租，以权谋钱，作为行贿一方的个体以钱谋权、租权谋私。国家公权力来自人民，必然也只能为民所用，秉公用权、为民用权、廉洁用权是公权力运行的必然要求。这既是公职人员履职的道德要求，也是法律义务。国家工作人员一旦在行使职权中为他人谋取利益，无论谋取的是正当利益还是不正当利益，其履职行为都背离了秉公用权、为民用权的基本准则，丧失了合法性和正当性，应当给予否定性评价。如果行为人还收受了请托人的财物，侵害了国家公权力行使的廉洁性，应当以受贿罪定罪处罚。

要从根本上理解构成行贿类犯罪以及斡旋受贿罪、利用影响力受贿罪为什么以“谋取不正当利益”为必要条件，首先应当明确不正当利益的内涵。

对于“谋取不正当利益”的理解，在刑法理论和司法实践中都有较大争议，主要有“谋取非法利益”“用不正当手段谋取利益”“谋取违背职务要求提供的利益”“谋取不确定的利益”“谋取不应获取的利益”等多种观点。为了解决争议，统一法律适用，“两高”先后三次对“谋取不正当利益”作出解释。

1999 年最高人民法院、最高人民检察院《关于在办理受贿犯罪大要案的同时要严肃查处严重行贿犯罪分子的通知》（以下简称《通知》）规定，“谋取不正当利益”是指谋取违反法律、法规、国家政策和国务院各部门规章规定的利益，以及要求国家工作人员或者有关单位提供违反法律、法规、国家政策和国务院各部门规章规定的帮助或者方便条件。据此，不正当利益主要包括两类：一是利益本身不正当，即违反法律、法规、国家政策及国务院各部门规章规定等的利益。二是获取利益的途径不正当，即国家工作人员违反法律、法规、国家政策及国务院各部门规章提供的利益。

2008 年最高人民法院、最高人民检察院《关于办理商业贿赂刑事案件适用法律若干问题的意见》进一步规定，“谋取不正当利益”是指行贿人谋取违反法律、法规、规章或者政策规定的利益，或者要求对方违反法律、法规、规章、政策、行业规范的规定提供帮助或者方便条件。该解释将前述 1999 年《通知》规定中的“国家政策和国务院各部门规章”扩大为规章、政策，包括了党的政策、党内法规、地方政府规章；将谋利手段的不正当扩大到要求对方提供违反行业规范的帮助或者便利条件。行业规范应当是由全国性行业协会根据法律授权或者职责制定的规范行业行为的准则。

2012 年最高人民法院、最高人民检察院《关于办理行贿刑事案件具体应用法律若干问题的解释》再次作出扩张解释，规定“谋取不正当利益”是指行贿人谋取的利益违反法律、法规、规章、政策规定，或者要求国家工作人员违反法律、法规、规章、政策、行业规范的规定，为自己提供帮助或者方便条件。违背公平、公正原则，在经济、组织人事管理等活动中，谋取竞争优势的，应当认定为“谋取不正当利益”。由此，“谋取不正当利益”包括三种情形：一是谋取利益本身具有不正当性；二是谋取利益的手段不正当；三是违背公平公正原则谋取竞争优势。对于“谋取竞争优势”的认定，要注意结合有无违反相关条件、程序规定，是否对其他市场主体公平竞争造成实际影响等具体认定，不能直接根据行贿事实认定谋取竞争优势。否则，逻辑上将会陷入循环论证的误区，在司法实践中也会是有害的，将从实质上架空“谋取不正当利益”这一法定定罪要件。对于企业在办理符合条件和规定的贷款、按照约定或者规定办理合同款项结算、按照规定参加“招拍挂”等经营活动中，因被勒索给予国家工作人员财物，未谋取竞争优势，没有获得不正当利益的依法不能认定为行贿犯罪。

关于“谋取不正当利益”在相关犯罪构成中的体系性地位，也就是其属于构成犯罪的客观要件还是主观要件的问题，我国《刑法》第 389 条规定：“为谋取不正当利益，给予国家工作人员以财物的，是行贿罪。”据此，一种意见认为，谋取不正当利益是行贿罪的主观要件，获取不正当利益后给予国家工作人员财物的，不构成行贿。另一种意见认为，我国《刑法》第 389 条同时规定了“因被勒索给予国家工作人员以财物，没有获得不正当利益的，不是行贿”。所以“谋取不正当利益”是客观要件，只有实际取得了不正当利益，才构成行贿。

我们认为，随着经济社会的不断发展，行、受贿犯罪现象越来越复杂，犯罪手段越来越隐蔽。在办理贿赂案件的实践中发现，行、受贿相互对应的关系不断弱化，对于正确理解法律、准确惩治贿赂犯罪提出了更高的要求。行贿犯罪的认定，应当同受贿犯罪的认定保持同一政策，秉持同一逻辑。因此，“谋取不正当利益”应当参照受贿罪中“为他人谋取利益”相关司法解释的规定进行理解。“谋取不正当利益”既包括提议给予、允诺给予，也包括实际给予。从根本上讲，“谋取不正当利益”应当理解为行贿犯罪的主观要件。只要行为人以谋取不正当利益的意图，向国家工作人员给予了财物，即应当认定为行贿罪。至于刑法关于“因被勒索给予国家工作人员以财物，没有获得不正当利益的，不是行贿”，我们认为其关键在于行为人因被勒索被迫给予财物，缺乏行贿的主观意愿，没有通过利益输送的方式收买国家公权力为其谋取不正当利益的犯罪故意，而不在于没有获得不正当利益。与此相关联的是，行贿人为了谋取不正当利益给予国家工作人员财物，但国家工作人员并未向其提供实质帮助，行为人也没有基于对方的行为实际获得不正当利益，是否应当认定构成行贿罪，我们认为答案是肯定的。

关于行贿类犯罪为什么以“谋取不正当利益”为构成要件的问题，我们认为，行为人要实现的利益，如果本身不具有不正当性，符合法律、法规、规章、政策规定，实现该利益的方式也不违背法律、法规、规章、政策规定，行为人获取这种利益还不违背公平、公正原则，那么这种利益本身就应当受到法律的保护，依法维护和保障这种利益应当是国家工作人员的职责和义务。行为人无需行贿就完全能实现这种利益，从人的本性出发，没有人愿意为实现这种利益支付代价。事实上，在现实社会中，不为谋取不正当利益而向国家工作人员给予财物的，基本都不是出于自身的意愿，而是基于被索取或者基于相应的国家工作人员履职服务不合规定、不到位，行为人实现利益遭遇困难而违背意愿所为。在这种情况下，行为人实现利益本身不违法、不违规，其主观上也缺乏以钱谋权、以钱谋私的故意，不认定为犯罪是符合法律规定和法律精神的。

斡旋受贿和利用影响力受贿，在谋取或者意图谋取不正当利益的情况下，由于谋取的利益本身和实现利益的手段都违反法律、法规、规章、政策规定，危害社会公平正义，依法应当认定为犯罪并处以刑罚。在缺乏“为请托人谋取不正当利益”这一要件的情况下，尽管行为人依托国家工作人员的职务行为收受了他人的财物，间接损害了国家公权力的权威性和公信力，但是由于为请托人谋取的利益不具有不正当性，决定了受贿行为的社会危害性相对减弱。此外，在这种情形下，国家工作人员没有谋取私利，其促进实现的利益不具有不正当性，履职行为也不违背法律规定，对职务行为的廉洁性和公信力造成的损害也相对较小，立足于刑法谦抑的立场，将此种行为不作为犯罪处理，符合法律精神。

结合到本案进行具体分析，私营企业老板陈某找到国有招标采购公司具体负责招投标事宜的业务处处长王某，明确表示自己的企业想中标涉案工程，请托王某予以关照，并表示事后将予以感谢。工程项目招投标，是市场竞争行为。陈某请托王某在招投标过程中予以关照，以此谋取竞争优势排挤竞争对手，违背公平、公正原则，属于典型的谋取不正当利益。在所属企业中标后，陈某如约送予王某 30 万元，依法应当认定为行贿罪。至于王某为陈某提供了什么样的帮助，对其企业中标是否起到实际促进作用，起到多大的作用，并不影响陈某行为的性质。

实务训练

请认真阅读以下材料，对被告人张某某的行为性质提出法律意见。

张某某系某私营企业总经理。2020 年 7 月，张某某的母亲刘某在家中浴室不慎跌倒在地，疼痛不已。经送某市第二人民医院诊断，刘某关节严重损伤，需要进行关节置换手术。由于该医院病房紧张，不能及时安排手术，院长华某某建议张某某将其母亲转至其他医院及时手术。张某某考虑到其母亲已 85 岁高龄，经不住转展折腾带来的痛苦，决意还是在该医院继续就医，并专门找到华某某说明情况，请华某某务必安排技术过硬的专家为其母亲做手术，并在两天内完成手术。为此，张某某向华某某表示，事成之后，将予以重谢。此后，华某某安排该医院骨科权威专家按照张某某提出的时间要求，亲自为刘某实施了关节置换手术，并取得良好治疗效果。张某某按照承诺，送给华某某人民币 15 万元。

延伸阅读

1. 车浩. 行贿罪之“谋取不正当利益”的法理内涵. 法学研究，2017，39（2）：132－148.

2. 孙国祥.“加速费”、“通融费”与行贿罪的认定：以对“为谋取不正当利益”的实质解释为切入. 政治与法律，2017（3）：50－59.

3. 王政勋. 贿赂犯罪中“谋取不正当利益”的法教义学分析：基于语义解释方法的考察. 法学家，2018（5）：144－155＋195－196.

案 148. 将自己的领导职责交由下属履行的行为定性

——郑某玩忽职守、受贿案

要点提示

玩忽职守罪与滥用职权罪的区别不在于主观罪过形式，而在于客观方面，玩忽职守罪是不作为犯罪，而滥用职权罪是作为犯罪。国家机关工作人员将本应由自己全面负责的领导责任交由下属履行的行为是否属于严重不负责任的玩忽职守行为？玩忽职守与滥用职权的区别是什么？

案情摘要

1997年6月至2006年12月，被告人郑某利用任国家医药管理局局长、国家药品监督管理局局长、国家食品药品监督管理局局长的职务便利，接受他人请托，为8家制药企业在药品、医疗器械的审批等方面谋取利益，先后多次直接或间接通过其妻、子非法收受上述单位负责人给予的款物共计折合人民币649万余元。2001年至2003年，郑某在先后担任国家药品监督管理局、国家食品药品监督管理局局长期间，在全国范围统一换发药品生产文号专项工作中，违背重大事项请示报告制度和民主决策程序，草率启动专项工作。郑某严重不负责任，对这一事关国计民生的药品生产监管工作未做认真部署，任由下属实施，并且擅自批准降低换发文号的审批标准。郑某玩忽职守造成严重后果，后经抽查发现，包括部分药品生产企业使用虚假申报资料获得了药品生产文号的换发，其中6种药品竟然是假药。

分歧意见

关于郑某是否属于玩忽职守，分歧意见如下：一种观点认为，郑某作为国家药监局的负责人，他负责的是全面工作，而不可能是每一项具体工作。因此，郑某将专项工作交由下属具体贯彻实施并非玩忽职守，其应当承担的是领导责任，而具体贯彻实施的人员应当承担与其职责相应的责任。另一种观点认为，郑某作为长期从事国家药品监管工作的主要领导，明知专项工作涉及对全国范围内药品标准的审查，与人民群众生命健康关系密切，关乎民生和社会稳定及政府管理能力，应当将专项工作列为国家药监局的一项重要工作，应当预见一旦专项工作处置失当将会造成严重后果，但其却将这一重要工作交由下属具体贯彻实施。郑某的玩忽职守行为，导致国家药品管理失序，增大了人民群众的用药风险，损害了国家机关依法行政的形象，致使国家和人民的利益遭受重大损失，造成了恶劣的社会影响。

问题研讨

渎职犯罪在司法实践中常有发生，往往造成重大损失。但是，人们对此普遍关注不多，并且司法实践中渎职行为被实际追究刑事责任的并不多。来自最高人民检察院的数据显示，2005年至2009年6月，被判决有罪的17 671名渎职侵权被告人中，宣告免予刑事处罚和宣告缓刑的合计占到85.4%，此数据中尚不包括检察机关未立案查处或立案查处而未提起公诉的。造成渎职行为但未被严厉打击的原因是多方面的，其中一个重要原因就在于对渎职行为认识不清，对玩忽职守罪和滥用职权罪的构成要件争议极大。

(一)玩忽职守罪的客观要件

根据我国《刑法》第397条规定，玩忽职守罪在客观方面表现为，国家机关工作人员严重不负责任，不履行或不正确履行自己的工作职责，致使公共财产、国家和人民利益遭受重大损失的行为。其行为构造包括三个层次的内容：一是行为人具有法定的工作职责；二是行为人不履行或不正确履行自己的工作职责；三是行为人不履行或不正确履行工作职责是基于自己的严重不负责任；四是行为人放弃职责造成了重大损失，也就是说放弃职责与重大损失之间具有因果关系。

1. 行为人具有法定的工作职责

所谓职责，是指在工作范围内应尽的责任。负有职责是玩忽职守罪成立的前提条件。职权是职务的权能或者职务所产生的权力，与职责是一个事物的两个方面。就权力角度而言，注重的是职权范围，有了职权，才能从事公务活动。就责任角度而言，注重的是职责，有了职责就应当承担责任。一般而言，职权与职责其实是统一的。但由于两者角度不同，使得人们对事物关注的方向也不同，这样就导致一事物与另一事物存在质的区别。玩忽职守行为中的职守更应当理解为职责。玩忽职守行为是应履行职责而未履行。国家机关工作人员的工作职责源自法律、法规和有关单位的规章制度等的规范性文件。国务院办公厅国办发〔1994〕66号《关于印发国家医药管理局职能配置、内设机构和人员编制方案的通知》、国务院办公厅国办发〔1998〕35号《关于印发国家药品监督管理局职能配置内设机构和人员编制规定的通知》、国务院办公厅国办发〔2003〕31号《关于印发国家食品药品监督管理局主要职责内设机构和人员编制规定的通知》等文件规定，国家医药管理局、国家药监局和国家食品药品监督管理局负有全国药品、医疗器械等方面的行业管理、拟定、修订和颁布药品法定标准，注册新药，拟定和修订药品研究、生产、流通、使用方面的质量管理规范并监督实施，监管麻醉药品等方面的职责。郑某在担任国家药监局局长职务期间负责国家药监局的全面工作，并重点分管药品注册司。这是郑某工作职责之合法来源。1999年，国家药监局颁布了《国家药品监督管理局工作规则（试行）》，其中明确规定国家药监局工作中的重大问题，须经局党组会议、局务会议研究讨论决定；工作中的重要情况或重大问题，及时向党中央、国务院请示、报告；对重要工作和重大问题，必须在深入调查研究、认真听取和充分尊重有关部门和地方意见的基础上，提出切实可行的意见和建议，经国务院批准后部署实施，并加强监督检查。本案中，郑某作为国家药监局主要负责人，负有对药品安全监管专项工作这一重大问题的工作职责。

2. 行为人不履行或不正确履行自己的工作职责

不履行或者不正确履行职责，从行为方式上来看，属于不作为。不履行职责包括擅离职守和在岗不履行职责两种表现形式。擅离职守是指未经许可即离开自己的工作岗位。在岗不履行职责是指行为人虽然在岗，但是不履行自己应该履行的工作职责。二者都表现为完全没有履行其应当履行的职责。当然，没有履行的前提是行为人能够履行职责。不正确履行职责是指行为人不是完全不履行自己职责，而是形式上具有履行职责的行动，但却没有完全按照职责要求作出履责行为。本案中郑某放弃了本应亲自履行的领导责任而交由下属履行，即属于不履行自己的工作职责，故理应承担玩忽职守之责。

3. 行为人不履行或不正确履行工作职责是基于自己的严重不负责任

司法实践中，对“严重不负责任”的认定直接影响到许多渎职犯罪是否成立，玩忽职守亦不例外。如何认定“严重不负责任”，在实践中争议很大。对“严重不负责任”性质的理解，理论上有三种观点：第一种观点认为，“严重不负责任”属于主观要件，认为“行为人本来能够正确地认识一定行为与危害结果之间的客观联系，并进而正确选择自己的行为，避免危害社会结果的发生。但他却在自己的主观意志支配下，对社会利益和公民大众的安危采取了严重不负责任的态度，从而使自己的行为造成了严重危害社会的结果”。第二种观点认为，“严重不负责任”属于客观要件。有学者在论及《刑法》第 229 条第 3 款中介组织人员出具证明文件重大失实时认为，“本罪在客观上必须具有严重不负责任，出具的证明文件有重大失实，造成严重后果的行为”。赞成“严重不负责任”是客观要件的学者在理论界为数不少。第三种观点认为，“严重不负责任”应该是主客观表现的统一体。严重不负责任不仅能视为犯罪构成要件中的客观要件，而且也可理解为过失心理的主观要件。我们认为从法条规定[①]来看，“严重不负责任”应属于规范要素和客观要件的内容，如果作为主观要件，该类犯罪即应属于故意犯罪的范畴。从法律内涵上讲，“严重不负责任”就是指行为人极端的没有尽到某种特别的注意义务，“不负责任”是指行为人有能力履行职责而不履行或者不正确履行职责，“严重”表明行为人不负责任的程度，以区别于一般的工作失误。

4. 行为人的放弃职责造成了重大损失

根据《最高人民检察院关于渎职侵权犯罪案件立案标准的规定》，重大损失包括下列情形：（1）造成死亡 1 人以上，或者重伤 2 人以上，或者重伤 1 人、轻伤 3 人以上，或者轻伤 5 人以上；（2）导致 10 人以上严重中毒；（3）造成个人财产直接经济损失 10 万元以上，或者直接经济损失不满 10 万元，但间接经济损失 50 万元以上；（4）造成公共财产或者法人、其他组织财产直接经济损失 20 万元以上，或者直接经济损失不满 20 万元，但间接经济损失 100 万元以上的；（5）虽未达到（3）、（4）两项数额标准，但（3）、（4）两项合计直接经济损失 20 万元以上，或者合计直接经济损失不满 20 万元，但合计间接经济损失 100 万元以上；（6）造成公司、企业等单位停业、停产 6 个月以上，或者破产；（7）弄虚作假，不报、缓报、谎报或者授意、指使、强令他人不报、缓报、谎报情况，导致重特大事故危害结果继续、扩大，或者致使抢救、调查、处理工作延误；（8）严重损害国家声誉，或者造成恶劣社会影响；（9）其他致使公共财产、国家和人民利益遭受重大损失的情形。并且，此类重大损失是由行为人的放弃职责所造成的。

---

① 作为刑法用语的“严重不负责任”出现在包括渎职罪在内的 11 个条款中，分别是：《刑法》第 167 条签订、履行合同失职被骗罪，第 229 条第 3 款中介组织人员出具证明文件重大失实罪，第 304 条故意延误投递邮件罪，第 335 条医疗事故罪，第 400 条第 2 款失职致使在押人员脱逃罪，第 406 条国家机关工作人员签订、履行合同失职被骗罪，第 408 条环境监管失职罪，第 409 条传染病防治失职罪，第 412 条第 2 款商检失职罪，第 413 条第 2 款动植物检疫失职罪，第 419 条失职造成珍贵文物损毁、流失罪。

本案中，被告人郑某身为国家药品监管部门的主要负责人，本应认真行使国家和人民赋予的权力，廉洁从政，但其置国家和人民的重要利益于不顾，为有关企业在获得相关许可证、药品进口、注册、审批等方面谋取利益，直接或者间接通过其妻、子多次收受贿赂，严重侵害了国家工作人员的职务廉洁性，严重破坏了国家药品监管的正常工作秩序，危害人民群众的生命、健康安全，造成了极其恶劣的社会影响，应符合刑法关于玩忽职守罪的规定，构成玩忽职守罪。

（二）玩忽职守罪与滥用职权罪的区别

郑某渎职案与上海陈某渎职案①有一个共同的特点，即在起诉阶段二人均被以玩忽职守罪和滥用职权罪同时起诉，但是法院都最终只认定了一项罪名，郑某最后被认定为玩忽职守罪，而陈某被认定为滥用职权罪。这两起具有重大影响案件的最终判决反映了司法实践中的一个巨大困惑：玩忽职守罪和滥用职权罪的界限何在？

1. 理论分歧

玩忽职守罪与滥用职权罪规定在同一法条中，法定刑完全一样。而且，从立法沿革来看，滥用职权罪脱胎于玩忽职守，所以关于二者的区别，理论上争议颇多，主要有三种观点。第一种观点认为，二罪主要在主观方面和客观方面不同。对此，这种观点又有两种主张，其一认为在主观方面滥用职权罪表现为故意或过失，玩忽职守为过失，但也可以表现为故意，在客观方面滥用职权罪表现为作为且只能为作为，而玩忽职守表现为不作为；其二认为在主观方面滥用职权罪表现为过失或间接故意，而玩忽职守罪表现为过失，在客观方面，滥用职权罪表现为滥用手中职权或者超越职权，而玩忽职守则表现为不履行或不正确履行职责。第二种观点认为二罪在主体、主观方面和客体等构成要件上完全相同，只是在客观方面有所不同，即滥用职权罪是作为，玩忽职守罪是不作为。第三种观点认为二罪在主体、客体和客观方面均相同，不同之处在于主观方面，即滥用职权罪是故意，玩忽职守罪是过失。

2. 初步结论

我们同意第二种观点，认为二罪的区别不在于主观罪过形式，而在于客观要件上，主要理由如下：

第一，从《刑法》第 397 条的规定来看，国家机关工作人员滥用职权或者玩忽职守，致使公共财产、国家和人民利益遭受重大损失的……，“致使”的表述说明行为人对结果的态度并非故意。而从《刑法》第 14 条、第 15 条和第 16 条的规定来看，我国刑法对行为人的罪过形式判断的落脚点在于行为人对结果的态度，即国家机关工作人员对“重大损失”的态度。因此，二罪的区别不在于罪过形式。

第二，从法定刑的配置来看，二罪的法定刑为 3 年以下有期徒刑或者拘役；情节特别严重的，处 3 年以上 7 年以下有期徒刑。此种刑罚的配置是刑法中较为典型的过失犯罪的法定刑配置，如果滥用职权罪系故意犯罪的话，则显属罪刑不均衡，有悖罪刑相适

① 被告人陈某，原系某市委书记。侦查部门以涉嫌受贿罪、滥用职权罪对陈某执行逮捕。公诉机关以受贿罪、滥用职权罪对其提起公诉。法院以受贿罪、滥用职权罪对其实行数罪并罚。

应原则。

第三，从《刑法修正案（八）》的修订来看，二罪的区别亦不应在主观上。《刑法修正案（八）》增设了食品监管渎职罪，即“负有食品安全监督管理职责的国家机关工作人员，滥用职权或者玩忽职守，导致发生重大食品安全事故或者造成其他严重后果的，处五年以下有期徒刑或者拘役；造成特别严重后果的，处五年以上十年以下有期徒刑”。《最高人民法院、最高人民检察院关于执行〈中华人民共和国刑法〉确定罪名的补充规定（五）》将之确定为食品监管渎职罪一个罪名，而不是食品监管玩忽职守罪和食品监管滥用职权罪。“两高”确定这一罪名的司法解释是刑法修改以来长期实施经验的总结，也是为解决司法实践遇到的问题而作出的不得已的选择。

第四，二罪的区别只能是客观要件上，即玩忽职守是不作为，无论是不履行抑或不正确履行职责，均是应该履行且能够履行职责的情形下放弃履行职责，属于违背命令性规范，显然系不作为犯罪；而滥用职权则是不当为而为，即行为人不当用权而用权，违背的是禁止性规范，属于作为犯罪。

当然，从司法实践来看，将玩忽职守罪和滥用职权罪分设，不是一个最好的立法选择，玩忽职守行为和滥用职权行为在实践中往往交织在一起。因此，将二罪合设一罪更为恰当。

实务训练

从实务中找一个类似本主题的真实案例，根据该案的事实、既有证据及争议焦点，写一份辩护词或判决书。要求格式规范、条理清晰、层次分明、说理透彻。

延伸阅读

熊选国．中国刑事审判指导案例．北京：法律出版社，2009.

案 149．村干部侵吞土地补偿费行为的定性

——曹某亮等职务侵占案

要点提示

根据《刑法》第 93 条和 2000 年 4 月 29 日第九届全国人民代表大会常务委员会第十五次会议通过的《关于〈中华人民共和国刑法〉第九十三条第二款的解释》（2009 年修正）（以下简称《立法解释》），村民委员会等村基层组织人员协助人民政府从事土地征收、征用补偿费用的管理等的行政管理工作时，属于《刑法》第 93 条第 2 款规定的“其他依照法律从事公务的人员”，以国家工作人员论。但是，我们必须正确解读和运用该条规定及立法解释。首先，协助政府从事行政管理工作，是指与国家事务和政府事务有关的公务，而不是指村民自治范围内的村集体事务。其次，土地征收、征用补偿费包

括两种情形：土地征用补偿款与土地征地款。前者是占用村上便道、生产路、公用地的补偿款，属于政府给集体的分配款，属于村集体财产；后者属于村民小组代镇政府发给村民的土地征地款，可视为公共财物。利用职务便利侵占土地征用补偿款属于侵占村集体的财物，构成职务侵占罪。

案情摘要

2005 年，因修筑福银高速公路，某县某公村部分土地被征用，其中征用村便道和公用地拨付的青苗补偿款为 19 592 元，2007 年旱原地按水浇地补偿标准为村便道和公用地追加补偿款 73 602 元，以上两项补偿款均未计入村委会的账务。2007 年 3 月 10 日，镇政府向县民政局书面报告，建议某公、某北两村并为一村，但至 2007 年 12 月县民政局一直未予批复。2007 年 6 月，五被告人在某公村村委会开会，因两村准备合并，曹某民不再担任村出纳职务，村会计曹某亮向村主任曹某甲请示未入账的 19 592 元、73 602 元如何处理。另外，经计算高速公路赔偿专用现金账户上还剩村便道和公用地征用补偿款 104 426.60 元。曹某亮提出把款分了，其他四被告人均同意。后村出纳曹某民以现金、存折、票据等抵顶的形式分发给各被告人 39 500 元。从 2007 年年初曹某亮就陆续接管出纳工作，至 2007 年 12 月 5 日，曹某民将出纳手续全部交清。2009 年，某县纪委、某县检察院检查某公村账务时，曹某亮用村里的其他已支出票据将有关账目平账。案发后，五被告人于 2010 年 5 月 27 日各自向县人民检察院退赃 39 500 元。

分歧意见

对于本案五被告人的主体身份和被私分款项的性质，对五被告人的行为应如何定性，在处理过程中形成了如下两种不同意见：

（1）五被告人的行为构成贪污罪。主要理由是，根据《立法解释》规定，村民委员会等村基层组织人员协助人民政府从事土地征收、征用补偿费用的管理等行政管理工作时，属于《刑法》第 93 条第 2 款规定的“其他依照法律从事公务的人员”。土地征用补偿费用的管理，包括对国家征用土地后所发土地补偿费、安置补助费以及地上附着物和青苗补偿费等费用的管理。本案所涉及的款项属于《立法解释》规定的土地征用补偿费用，五被告人在管理土地征用补偿费用的过程中，侵吞公共财物，其行为构成贪污罪。

（2）五被告人的行为构成职务侵占罪。主要理由是，首先，协助政府从事行政管理工作，是指与国家事务和政府事务有关的公务，而不是指村民自治范围内的村集体事务。《立法解释》规定的侵占土地征用补偿费用以贪污罪定性的情形，应当包括两种情形：一种情形是征用公用地、生产路等土地后，发放给集体的土地补偿费用；另一种情形是征用村民土地，国家将土地征用款发放给村民时，由村委会协助将款项分发给村民个人。本案分配款项虽然属于土地征用补偿款，但这部分分配款是占用村上便道、生产路、公用地的补偿款，属于政府给集体的分配款。这部分补偿款一旦由镇政府支付给村民小组后就属于集体财产，而不是村民小组代镇政府发给村民的土地征地款。其次，这部分补偿款已存于村民小组账户上，五被告人不是履行代发征地款，而是保管村民小组补偿土地款，是行使村干部职权的行为。故五被告人利用担任村干部的职务便利，侵占村集体的财物，符合职务侵占罪的构成要件。

问题研讨

对于本案，五被告人的行为是成立贪污罪还是职务侵占罪，关键是对被告人主体身份和案涉财产性质的理解和认定。

对本案正确定性，必须先对《立法解释》的规定有一个正确的理解。《立法解释》规定："村民委员会等村基层组织人员协助人民政府从事下列行政管理工作时，属于刑法第九十三条第二款规定的'其他依照法律从事公务的人员'：（一）救灾、抢险、防汛、优抚、扶贫、移民、救济款物的管理；（二）社会捐助公益事业款物的管理；（三）国有土地的经营和管理；（四）土地征收、征用补偿费用的管理；（五）代征、代缴税款；（六）有关计划生育、户籍、征兵工作；（七）协助人民政府从事的其他行政管理工作。"根据《立法解释》的规定，有关村基层组织人员只有在协助政府从事上述七项行政管理工作时才属于从事公务，才能以国家工作人员论。值得强调的是，在具体案件中，在认定村基层组织人员是否属于国家工作人员时，不能机械适用上述《立法解释》的规定，必须在实质上判断其行为是否体现政府的管理意志。我们认为，村民委员会等村基层组织人员利用职务便利非法占有土地征用补偿费用以贪污罪论处，必须符合以下条件：一是该人员系村基层组织人员；二是系在从事公务，即协助人民政府进行特定行政管理工作；三是利用职务便利侵吞了公共财产。本案五被告人均系某公村村委会干部，其所侵吞的款项来源于土地征用补偿费用，因而对其能否以贪污罪定罪的关键在于其行为是否符合上述后两个要件，即是否从事公务和利用职务便利侵吞了公共财物。

五被告人实施犯罪行为时不属于依法协助人民政府从事行政管理工作。实践中，村民委员会等村基层组织人员侵吞土地征用补偿费用的行为并非都被认定为贪污行为。由于土地征用补偿费用在拨付和分配阶段性质不同，故准确认定协助人民政府进行土地征收补偿费用的管理阶段，是准确认定案件性质的前提。如果村干部是在协助人民政府进行土地征收补偿费用的管理阶段侵吞了土地征收补偿费用，那么就符合《立法解释》的相关规定，构成犯罪的，应当以贪污罪论处。如果村干部并非在协助人民政府对土地征收补偿费用进行管理，此时村干部并不具有从事协助政府进行行政管理的职权，并非从事公务，意味着其没有侵犯国家工作人员的职务廉洁性。在这个阶段，即使侵吞了土地征收补偿费用，也不能以贪污罪论处。土地征用补偿费用本质上是土地所有权由集体所有转为国家所有的利益补偿，一旦被征用方的损失依法得到填补，所有权转移的法律效果便已实现，针对土地征用补偿费进行管理的国家公权力的行使即告终止。因此，《立法解释》第 4 项所列的协助人民政府从事"土地征用补偿费用的管理"的公务，应当限于协助政府核准、测算以及向因土地征用受损方发放补偿费用的环节。一旦补偿到位，来源于政府的补偿费用就转变为因出让集体土地所有权和个人土地使用权而获得的集体财产和个人财产，之后对该款项的处理属于村自治事务和个人财产处置。此时，村干部协助政府管理土地征用补偿费用的公务职责也就相应终结。

对此，2000 年《最高人民检察院关于贯彻执行全国人民代表大会常务委员会关于〈中华人民共和国刑法〉第九十三条第二款的解释的通知》明确规定："各级检察机关在依法查处村民委员会等村基层组织人员贪污、受贿、挪用公款犯罪案件过程中，要根据《解释》和其他有关法律的规定，严格把握界限，准确认定村民委员会等村基层组织人员的职务活动是否属于协助人民政府从事《解释》所规定的行政管理工作，并正确把握刑法第三百八十二条、第三百八十三条贪污罪、第三百八十四条挪用公款罪和第三百八十五条、第三百八十六条受贿罪的构成要件。对村民委员会等村基层组织人员从事属于村民自治范围的经营、管理活动不能适用《解释》的规定。"本案五被告人私分的197 500 元款项均来自福银高速路征用某公村土地期间，是县国土局拨付给镇政府，再由镇政府下拨给某公村的土地补偿费用，此点无异议。在案证据证实，2005 年镇政府拨付给某公村征地款 1 026 607 元和青苗补偿费 19 592 元，某公村村委会在已经足额分配给村民相应征地补偿款和青苗补偿费之后，由于分配方式的原因，有 19 592 元结余下来，此时土地征用补偿费用已经按照某公村人口发放完毕，也即所谓的协助政府的"管理"该款项的职权已经终止。而 2007 年第二次补偿款，受让方是某公村，即意味着该款已补偿到位。至于该款入账后如何处理，是作为集体财产由村委会安排使用还是在全体村民中进行分配，则是属于某公村自治管理的范畴。五被告人所私分的款项虽然来源于政府拨付的土地补偿费用，但是鉴于相应费用均已依法发放和补偿到村集体账户，因而五被告人私分的有关款项不具有公款的性质。贪污罪与职务侵占罪在构成要件上的一个主要区别就是侵犯的财产性法益不同。贪污罪侵害的财产性法益是公共财产所有权。根据《刑法》第 91 条的规定，在国家机关、国有公司、企业、集体企业和人民团体管理、使用或者运输中的私人财产，以公共财产论。这一规定扩大了贪污罪的对象，但同时也作了严格限定，不但强调了利用职权，而且强调该财产在国家机关、国有公司、企业、集体企业和人民团体的监管之下。而职务侵占罪侵犯的只能是单位集体财产权。如果村干部在协助政府管理土地征用补偿费用过程中，采用虚报冒领的手段，套取超额土地补偿费用的，因这种情况实质上是利用公务便利侵吞了国家财产，故构成贪污罪。而如果村干部在土地征用补偿费用补偿到位后，没有利用公务便利，侵吞的只是属于村民集体所有的财产，由于侵犯的是集体财产权，故只能构成职务侵占罪。本案五被告人的行为侵犯的是集体财产权而非国有财产权，所以从该行为侵犯的财产性法益看，不符合贪污罪的对象特征。

综上，在认定是否属于《立法解释》所规定的协助人民政府从事土地征用补偿费用的管理时，应当准确理解立法本意，注意把握"协助"的时间点，避免对"从事公务"的范围作过于宽泛的认定。具体到本案中，五被告人在实施犯罪行为时，其协助政府管理土地征用补偿费用的工作已经完成，不属于"其他依照法律从事公务的人员"，其实施犯罪利用的是村干部的职务便利，共同私分的是村集体财产，侵犯的是村集体财产权，应当以职务侵占罪定罪处罚。

实务训练

请从实务中找一个关于贪污罪与职务侵占罪争议的真实案例，并根据案件事实、既有证据及争议焦点，写一份辩护词。要求格式规范、条理清晰、层次分明、有理有据、入情入理。

延伸阅读

1. 刘艳红. 保护民营企业视角下职务侵占罪的司法适用研究. 现代法学，2023，45（3）：185－197.

2. 张明楷. 论刑法中的利用职务上的便利. 法治社会，2022（5）：1－18.

3. 陈洪兵. 体系性诠释“利用职务上的便利”. 法治研究，2015（4）：59－71.

案150. 国家出资企业中国家工作人员的身份认定

——李某光贪污、挪用公款案

要点提示

根据《刑法》第93条和2000年4月29日第九届全国人民代表大会常务委员会第十五次会议通过的《关于〈中华人民共和国刑法〉第九十三条第二款的解释》（2009年修正），国有公司、企业、事业单位、人民团体中从事公务的人员和国家机关、国有公司、企业、事业单位委派到非国有公司、企业、事业单位、社会团体从事公务的人员，以及其他依照法律从事公务的人员，以国家工作人员论。但司法实践中，对于国家出资企业中国家工作人员的认定，非常复杂。本案中，正是因为对被告人李某光是否属于国家工作人员的认识不同，对被告人的定罪量刑就有着重大的区别。

案情摘要

被告人李某光，又名李某华，原系中铁三局集团有限公司第四工程有限公司（以下简称中铁三局四公司）南广铁路某项目部一分部财务主任。（1）贪污事实。2009年5月至9月间，被告人李某光利用担任中铁三局四公司南广铁路某项目部一分部财务主任的职务便利，多次到贵港市港北区国家税务局虚开收款人为林某顺、谢某全，总金额为人民币（以下币种同）1 247 040元的发票4张，在单位报账后将1 247 040元据为己有。（2）挪用公款事实。2010年3月间，被告人李某光利用担任中铁三局四公司南广铁路某项目部一分部财务部主任的职务便利，挪用公款共计860 000元归个人使用，进行营利活动。

分歧意见

对于本案被告人李某光的主体身份问题，对李某光的行为应如何定性，在处理过程中形成了如下两种不同意见：

（1）李某光属于在国有控股公司中受委托从事公务的人员，具有国家工作人员的身份，符合贪污罪、挪用公款罪的主体特征。理由是：1）李某光所在的中铁三局四公司原为国有企业性质，李某光参加工作时其身份是国有企业工作人员。2007 年公司改制后，中铁三局四公司属于国有资本控股公司。李某光长期在公司担任会计职务，公司改制后仍然担任该职务，公司改制后无身份置换有关材料，故李某光在公司里仍然属于国有股份的代表。2）虽然从形式要件看李某光未经公司的党委、党政联席会批准或者研究决定其任职，但李某光是由公司总经理聘任的，总经理证言里也提到他在任命前向公司党委书记汇报，得到同意后才下的任命。且在国家出资企业中，对企业中负有管理、监督国有资产职责的国家工作人员的任命形式不应仅限于“党委、党政联席会”，总经理任命也应该是其中一种形式，重要的是看李某光是否代表国有单位意志从事公务的实质要件。

（2）李某光不具有国家工作人员的身份，不符合贪污罪、挪用公款罪的主体特征。主要理由是，中铁三局四公司原为国有企业性质，李某光参加工作时其身份是国有企业工作人员。2007 年公司改制后，中铁三局四公司属于国家出资企业。李某光 2005 年和公司签订的劳动合同是长期技术服务合同，案发前为国有资本控股公司中铁三局四公司聘任的某项目部一分部财务部主任。根据现有证据，李某光是由公司人力资源部根据岗位缺员情况提名，经主管领导总会计师同意，报公司总经理决定并签发聘任书，没有经国家出资企业中负有管理、监督国有资产职责的组织批准或者研究决定，即没有经国有资产监督、管理机构，国有公司、企业、事业单位和上级或者本级国有出资企业内部的党委、党政联席会议批准或者研究决定其任职。目前亦无证据证实李某光属于“受国家机关、国有公司、企业、事业单位委派到非国有公司、企业、事业单位、社会团体从事公务”的情况。综上，不应认定李某光具有国家工作人员的身份。

问题研讨

对于本案，被告人的行为是成立贪污罪、挪用公款罪还是职务侵占罪、挪用资金罪，关键点是对被告人是否具有国家工作人员这一主体身份的理解和认定。

本案中之所以认定被告人李某光不属于国家工作人员，具体理由如下：

（1）从形式要件分析，认定国家出资企业中的国家工作人员一般要求行为人的职务系经党政联席会等形式批准、任命。2007 年 9 月，中国铁路工程总公司改制注册为中国中铁股份有限公司，主管机构为国务院国有资产监督管理委员会。2007 年 12 月，中国中铁股份有限公司上市后，成为国有控股公司，亦即国家出资企业。2007 年 3 月，中铁三局成为中国中铁股份有限公司的全资子公司，中铁三局四公司系中铁三局的全资子公司。由上可见，被告人李某光所在中铁三局四公司系上市公司中国中铁股份有限公司的三级全资子公司，因中国中铁股份有限公司已经上市，该公司性质上属于国家出资企业，并非国有公司。李某光在实施相关犯罪行为时，担任中铁三局四公司南广铁路某项目部一分部财务部主任，直接负责经手、管理所在单位财务，从其岗位职责来讲，属于关键岗位，具有“从事监督、经营、管理工作”的特点。但其是否属于国家工作人员，根据“两高”发布的《关于办理国家出资企业中职务犯罪案件具体应用法律若干问题的意见》的相关规定，首先要考察其是否具有“经国家出资企业中负有管理、监督国有资产职责的组织批准或者研究决定，代表其在国有控股、参股公司及其分支机构中从事组织、领导、监督、经营、管理工作”的情况。从现有证据看，中铁三局四公司改制后，全体员工全部重新签订劳动合同，2005 年李某光重新签订劳动合同，成为一名劳动合同制员工。李某光在该公司系一名普通工作人员，无任何行政级别，只有技术职称，其工作调动不需要经过公司的任何会议研究决定，其工作调动程序是公司人力资源部根据项目设置和项目需要进行人员调配的。李某光担任中铁三局四公司南广铁路某项目部一分部财务部主任一职，是经过公司人力资源部提名、主管领导总会计师同意，报公司总经理任命的，因为财务人员不是领导班子成员，故一般无须公司领导层或党政联席会讨论、批准、任命，事实上也没有经过有关会议讨论、批准、任命。因此，李某光担任该职务并非属于“经国家出资企业中负有管理、监督国有资产职责的组织批准或者研究决定”。

（2）从实质要件分析，国家出资企业中的国家工作人员代表负有管理、监督国有资产职责的组织在国有控股、参股公司及其分支机构中从事组织、领导、监督、经营、管理工作。国有控股、参股公司中国家工作人员身份的认定，除了需要审查行为人的任命程序，还需要审查其是否“代表负有管理、监督国有资产职责的组织”，从事“组织、领导、监督、经营、管理工作”。这一审查主要围绕以下三个特征进行：1）代表性。负有管理、监督国有资产职责的组织作为授权方，与作为被授权方的国家工作人员，通过批准、研究决定等政治授权行为方式，产生一种法律关系，并将这种法律关系归属于国家。在国有出资企业中，国家工作人员系代表国有资产的监督、管理组织从事工作，这种代表性是认定国家工作人员身份的首要特征。2）公务性。公务首先是管理性的事务，而不是一般的技术性、业务性的活动，与劳务相比其具有明显的管理属性。公务与职权具有紧密的关联。3）与国有资产的紧密关联性。对于经党政联席会议等形式批准、任命的人员，实践中把握的原则是只要从事的是公务，一般都认定为国家工作人员。但对于未经党政联席会等形式批准、任命的人员，还要区分其是代表公司，还是代表国有资产管理、监督部门从事公务。只有代表国有投资主体行使监督、管理国有资产的职权，才能认定为国家工作人员。

本案中，无证据证实被告人李某光属于受国家机关、国有公司、企业、事业单位委派从事公务的情形。综合案情和各种证据分析，难以认定其是代表国有投资主体行使监督、管理国有资产的职权。因此，从实质层面分析，不应认定李某光具有国家工作人员的身份。综上，本案被告人李某光职权的变动并未经负有管理、监督国有资产职责的组织批准或者研究决定，其也并非代表国有投资主体在国有出资企业中从事公务。因此，李某光并非国家工作人员，其利用职务便利，将本单位资金非法占为已有的行为，构成职务侵占罪；同时，其挪用本单位资金归个人使用的行为，构成挪用资金罪。

实务训练

请从实务中找一个关于类似的真实案例，并根据案件事实、既有证据及争议焦点，写一份辩护词。要求格式规范、条理清晰、层次分明、有理有据、入情入理。

延伸阅读

1. 陈兴良. 国家出资企业国家工作人员的范围及其认定. 法学评论，2015，33（4）：10－18.

2. 李春鹏. 国家出资企业中“国有公司、企业的工作人员”的认定. 法律适用，2023（2）：69－78.

案 151. 以假贷款合同掩盖挪用公款的行为定性

——陈某龙挪用公款案

要点提示

贪污罪与挪用公款罪都是侵犯公共财产的犯罪，二罪在犯罪构成要件上有诸多相同之处，但在细微方面却存在很大不同。贪污罪侵犯的是公共财产的所有权，而挪用公款罪侵犯的是公共财产的使用权。贪污罪客观上表现为利用职务上的便利，以侵吞、窃取或骗取等手段非法占有公共财物，而挪用公款罪则表现为利用职务之便非法将公款挪作他用。贪污罪的主体除了国家工作人员外，还包括受委托管理、经营国有财产的准国家工作人员等，而挪用公款的主体则仅限于国家工作人员。贪污罪的主观目的是非法取得公共财物的所有权，而挪用公款罪则是非法占用公款，目的在于非法取得对公款的使用权。在很多案件中，因二者存在诸多相同点而容易混淆，必须通过抽丝剥茧的方式认真分析案件事实，透过现象看本质，准确认定行为的根本性质。

案情摘要

被告人陈某龙，男，30 岁，原系中国建设银行广东省某市支行某办事处负责人。1994 年 4 月至 12 月，陈某龙先后收到某市城南经济发展公司、某市交通局养征站、某市罗城镇某居委会、某市居民谭某等单位和个人储户存入其办事处的委托贷款共计人民币 75.5 万元，全部不入账，归其个人使用。为掩盖犯罪，又采用偷支储户存款等方法，用公款归还了其中的 73 万元，到案发时止，尚有储户谭某存入的委托贷款 2.5 万元未归还。由于陈某龙偷支储户存款，致办事处的库存现金与账面不符。陈某龙为了达到账款相符，隐瞒其罪行，于1995年11月至12月，指使梁甲、梁乙、陈某三人于办事处签订了共计55万元的虚假贷款合同并入账。1994年10月18日，陈某龙收到贷款户范某归还办事处的贷款10万元后，既不交回单位也没有入账，私自将10万元投入股市买卖股票，占为己有。综上所述，陈某龙挪用公款73万元，贪污公款67.5万元，将公款用于赌博、经营客车营运、投入股市买卖股票、购买家具以及装修住房等非法、营利、享乐活动。破案后，陈某龙退还赃款110 200.42元，尚有564 799.58元无法归还。

分歧意见

对于本案中被告人陈某龙通过签订虚假贷款合同并入账，从而侵占公款55万元行为的性质是贪污还是挪用，在处理过程中形成了如下不同意见：

（1）被告人陈某龙涉案55万元的行为构成贪污罪。主要理由是，陈某龙在任中国建设银行某市支行某办事处负责人期间，利用职务和工作上的便利，采取签订虚假贷款合同的手段，侵吞委托贷款户交来的委托贷款、贷款户归还的贷款及库存现金达55万元，数额特别巨大，其行为构成贪污罪。

（2）被告人陈某龙涉案55万元的行为构成挪用公款罪。主要理由是，陈某龙签订55万元的假贷款合同以冲减库存现金的行为，实际是其挪用公款行为的一部分。其签订假贷款合同的目的，是在年终财务检查时掩盖挪用公款的事实，最终无法使账面平衡，不能实现侵吞的目的。因此，被告人陈某龙涉案55万元的行为构成挪用公款罪。

问题研讨

贪污罪与挪用公款罪的犯罪主体相同，主观方面都是出于故意，客观方面均是利用了职务上的便利，在客体上都是对公共财产权的侵犯，两罪在很大程度上有相似之处。正确处理本案的关键是对以假贷款合同将银行贷款账面平衡，以应付检查的行为性质的认定，即其行为侵犯的是公共财产权的哪一部分。

贪污罪与挪用公款罪的区别在于：首先，二者对犯罪客体，即公共财产权的侵犯程度不同。贪污罪侵犯的是公共财产所有权中的四种权能，即占有、使用、收益、处分。而挪用公款罪只侵犯占有、使用和收益。其次，二者主观故意的具体内容不同。贪污罪的主观故意是非法占有公共财物，不准备归还。而挪用公款罪的主观故意是暂时占有并使用公款，以后要予以归还。这是区别两罪的主要所在。最后，二者的行为方式不同。贪污罪在客观上表现为使用侵吞、盗窃、骗取等方法将公共财物据为己有。由于行为人往往采取销毁、涂改、伪造单据、账目等手段，因此实际生活中很难发现公共财产已被非法侵占。而挪用公款罪中的行为人总会在账面留下痕迹，甚至会留下借条，没有平账，通过查账能够发现公款被挪用的事实。

从本案的情况看，陈某龙为了掩盖亏空现金55万元的事实，让梁甲、梁乙、陈某办理假贷款55万元，以平办事处的账。表面上看，行为人把账搞平了。但是，梁甲等人却欠下了银行 55 万元的贷款，银行终究是要按贷款协议收回贷款的。范某归还的贷款 10 万元，陈某龙没有入账，用去炒股。

从被告人陈某龙的作案手段看，其行为是较典型的挪用公款行为。同时，本案赃款的去向也能从侧面表明挪用公款的性质。被告人陈某龙挪用公款以后主要用于搞汽车运输、炒股、购买房子等，没有证据证明其没有归还的主观故意。陈某龙搞委托贷款没有入账，供自己使用，是一种用账外客户资金非法拆借的行为。在委托贷款到期无法归还时，他采用偷支储户存款的方式用银行的钱归还委托贷款，构成挪用公款。对于挪用公款不退还的，全国人大常委会《关于惩治贪污罪贿赂罪的补充规定》第 3 条第 1 款规定，“……挪用公款数额较大不退还的，以贪污论”。由于本案一审期间，1997 年刑法还未施行，因此一审法院按照当时的法律，认定被告人陈某龙挪用公款 75 万元中，2.5 万元未归还，加上收回贷款户范某的 10 万元未入账，以及以虚假贷款合同平账的 55 万元，共挪用公款 67.5 万元未退还，构成贪污罪，是有依据的。但将被告人陈某龙以虚假贷款合同入账，冲减库存现金的 55 万元，在认定挪用公款罪和贪污罪时，重复计算，是错误的。本案二审期间，1997 年刑法已公布实施。根据 1997 年刑法，挪用公款数额巨大且不退还的，不再以贪污罪论处。根据从旧兼从轻的原则，本案应适用 1997 年刑法。二审法院注意到了 1997 年刑法实施以后，挪用公款不能退还的不再以贪污论处的法律规定，未将陈某龙挪用公款未归还的 12.5 万元认定为贪污罪，但对陈某龙以虚假贷款合同入账，冲减库存现金，增加贷款余额，使得办事处的账面平衡的 55 万元的事实，仍认定为贪污，是不妥的，属于重复计算。我们认为，以假贷款 55 万元的合同掩盖挪用同样数额公款的行为，并未增加挪用或者贪污的数额。被告人陈某龙只是为了应付支行的检查，找到梁甲、梁乙、陈某等人，让他们签订了假贷款合同，办理了假贷款 55 万元，以冲减现金的亏空，使账面平衡。即使这样，银行账上仍存在应收回的贷款 55 万元，这 55 万元应纳入未归还的数额，即原已挪用的公款数额，实际并未增加或者减少。

综上，从该案被告人陈某龙的主观故意、作案手段、赃款去向等方面看，陈某龙以虚假贷款合同掩盖 55 万元的行为属于挪用公款的性质。

实务训练

请从实务中找一个关于挪用公款与贪污混淆的真实案例，并根据案件事实、既有证据及争议焦点，写一份辩护词。要求格式规范、条理清晰、层次分明、有理有据、入情入理。

延伸阅读

1. 陈小雄. 贪污贿赂犯罪理论与实践. 北京：中国政法大学出版社，2020.

2. 陈兴良. 贪污贿赂犯罪司法解释：刑法教义学的阐释. 法学，2016 (5)：65 - 78.

3. 陈洪兵. 贪污罪与挪用公款罪的界限与竞合. 中国海洋大学学报（社会科学版），2015 (3)：102 - 111.

案 152. 快递公司分拣员私拆包裹占有财物的行为定性

——杨某职务侵占案

要点提示

盗窃罪与职务侵占罪的区分主要体现在犯罪主体、行为方式及犯罪对象三个方面，其中行为方式上主要是指行为人是否利用了职务上的便利。而如何界定利用职务上的便利，就成了区分盗窃罪与职务侵占罪的关键。职务侵占罪中的“利用职务上的便利”，是指公司、企业或者其他单位的人员利用自己在单位担任的职务所形成的主管、保管或者经手本单位财物的权力。具体包括主管财物的权力、保管财物的权力、经手财物的权力三种情况。职务侵占罪中的“将本单位财物非法占为己有”的行为，可以分为侵吞型非法占有、窃取型非法占有、骗取型非法占有三种。行为人利用其经手财物的权力这一职务上的便利，采用秘密窃取的方式将涉案财物占为已有，按职务侵占罪定性处罚。

案情摘要

被告人杨某于 2013 年 8 月 27 日到某快递公司位于四川省成都市双流县（现成都市双流区）公兴镇的“成都中转场”上班，担任运作员。同年 11 月 15 日凌晨，杨某在某快递公司的“成都中转场”上夜班，负责快递包裹的分拣工作。凌晨 3 时许，杨某在分拣快递包裹的过程中，将自己经手分拣的一个外有“M”标志、内有一部小米手机的快递包裹窃走。同月 20 日，快递公司发现托运的包裹丢失，经调取、查看“成都中转场”的监控录像，发现被本单位人员杨某窃取，遂于同月 26 日向公安机关报案。当日下午，杨某被抓获，公安人员从杨某身上搜出被盗的手机，后带杨某前往其暂住地四川省某县空港 4 期房，从房内查获被盗手机的充电器和发票。经鉴定，被盗手机价值 1 999 元。杨某归案后如实供述了自己在分拣时窃取手机包裹的事实，并赔偿快递公司 1 999 元。

分歧意见

对于本案被告人的主体身份和涉案手机的性质，对被告人的行为应如何定性，在处理过程中形成了两种不同意见：

（1）杨某的行为构成盗窃罪。主要理由是，被告人杨某以非法占有为目的，秘密窃取他人财物，数额较大，其行为已构成盗窃罪。

（2）杨某的行为不构成犯罪。主要理由是，被告人杨某作为某快递公司的工作人员，利用经手本单位财物的职务之便，采用盗窃方法侵占本单位价值 1 999 元的财物，其行为应属职务侵占性质，但因侵占财物的价值未达到职务侵占罪数额较大的定罪起点 1 万元，依法不应以犯罪论处。

问题研讨

区分盗窃罪与职务侵占罪的关键在于被告人是否利用了职务之便。对本案被告人杨某如何定性，关键在于其是否具有“利用职务上的便利”的构成要件。

认为杨某窃取手机的行为没有利用职务上的便利，应构成盗窃罪的主要理由如下：第一，在职务侵占罪中，“利用职务上的便利”是指行为人利用自己在本单位所具有的一定职务、职权，即主管、管理、经营、经手本单位财物的便利条件。本案中被告人杨某作为某快递公司的运作员，除了须谨慎注意避免货物破损、按运单指定发货地点分拣货物外，对货物并没有管理、监督的职责。运作员仅负责在运输传送带上分拣货物，码货归类，对货物的接触时间相当短暂，且有监控摄像头负责监督货物分拣工作，这使得杨某的工作是在监控之下进行的，其对货物不可能产生实际控制的权力。第二，利用仅因工作关系熟悉作案环境或易于接近作案目标等方便条件侵吞单位财物的，不属于利用“职务便利”。被告人杨某作为运作员，对货物处理无选择权和决定权，对货物也不具有看管职责。因此，其对货物的接触仅仅是其工作岗位的要求，而没有任何实际的控制权。杨某仅利用因工作关系熟悉作案环境、易于接近作案目标等方便条件窃取单位财物，不属于利用“职务便利”，而属于“因工作关系产生的作案地点、作案机会便利”。第三，职务侵占罪与盗窃罪的客体存在重大差别。被告人杨某利用自己能够接触到货物的“工作便利”，采取用大件遮挡小件的方式躲避扫描，秘密将货物转移并藏匿，并未侵犯职务的廉洁性，而系利用不为监管人员（监控）知悉、发觉的方式窃取财物，其行为应构成盗窃罪。第四，被告人杨某系某快递公司内部员工，其利用工作便利窃取单位承接的快递货物，对某快递公司乃至快递行业声誉造成较大影响，其社会危害性比普通盗窃犯罪更大。综上所述，被告人杨某的行为构成盗窃罪，应当依法对其惩处。

认为杨某的行为利用了职务上的便利，应以职务侵占罪予以处罚的主要理由是：职务侵占罪中的“利用职务上的便利”，是指公司、企业或者其他单位的人员利用自己在单位担任的职务所形成的主管、保管或者经手本单位财物的权力。具体包括以下三种情况：一是主管财物的权力。这类人一般不直接接触本单位的财物，但有权对本单位的财物进行审批、安排、调拨等。二是保管财物的权力。这类人直接接触财物，虽无权决定财物的使用、调拨，但享有对财物的直接保护、看管权力；三是经手财物的权力。这类人由于工作的职责要求，不可避免地经手本单位财物，但不享有对财物管理与支配的长期职责。

职务侵占罪中的“将本单位财物非法占为己有”的行为，可以分为三种类型：第一，侵吞型非法占有。指行为人利用职务上的便利，将自己管理、经手、使用的本单位财物直接据为己有。第二，窃取型非法占有。指行为人利用职务上的便利，采取秘密窃取的方式，非法占有本单位财物的行为。第三，骗取型非法占有。指行为人利用职务上的便利，采取虚构事实、隐瞒真相的欺骗方法，非法占有本单位财物的行为。在司法实践中，窃取型非法占有与侵吞型非法占有易于混淆。一般情况下，窃取型非法占有以行为人合法管理本单位财物为前提，侵吞型非法占有以行为人事先合法持有本单位财物为前提。二者有所区别，具体为：合法持有财物的行为人直接接触财物本身，甚至在一定的时间内还可以移动、支配该财物。而合法管理财物的行为人一般不直接接触财物，且行为人也往往无权移动、支配所保管财物。但无论是窃取型非法占有还是侵吞型非法占有，职务侵占罪在客观方面同样可以表现为秘密窃取行为。因此，被告人杨某在犯罪过程中所采取的秘密窃取行为，符合侵吞型非法占有的行为特征。

结合本案，被告人杨某的行为符合利用职务上的便利，将本单位财物非法占为己有的构成要件。首先，杨某受某人力公司派遣到用工单位某快递公司工作，其工作岗位由某快递公司提供、安排，受某快递公司的管理，在工作期间的行为对某快递公司负责，劳动报酬亦由某快递公司给付。因此，杨某在劳务派遣期间的身份应属于用工单位某快递公司的工作人员，而对其所经手的托运包裹丢失、被盗等后果产生的责任由某快递公司对外承担。杨某作为某快递公司的工作人员以及具有经手某快递公司财物的职务便利这一客观事实，符合职务侵占罪的主体要求。其次，某快递公司基于快递合同而合法占有、控制托运人交付的涉案财物并对财物的丢失承担赔偿责任，涉案财物应视为某快递公司财物。最后，杨某作为某快递公司的工作人员，受某快递公司安排，负责公司快递包裹的分拣工作，具体经手涉案财物，对本单位财物具有临时的实际控制权。其利用这一职务上的便利，将财物非法占为己有，其行为符合职务侵占罪的犯罪行为特征，但因侵占的财物价值1 999元，并未达到职务侵占罪的定罪起点，故依法对其不以犯罪论处。

实务训练

请从实务中找一个关于职务侵占罪与盗窃罪交织的真实案例，并根据案件事实、既有证据及争议焦点，写一份辩护词。要求格式规范、条理清晰、层次分明、有理有据、入情入理。

延伸阅读

1. 付立庆. 交叉式法条竞合关系下的职务侵占罪与盗窃罪：基于刑事实体法与程序法一体化视角的思考. 政治与法律，2016（2）：42－50.

2. 魏东. 职务侵占的刑法解释及其法理. 法学家，2018（6）：81－95＋193－194.

3. 周光权. 职务侵占罪客观要件争议问题研究. 政治与法律，2018（7）：49－56.

案 153. 实际行使国家行政管理职权的非国家工作人员渎职行为的定性

——崔某某环境监管失职案

要点提示

一些国有公司、企业和事业单位经合法授权拥有一定管理公共事务和社会事务的职权，从事具体的管理市场经济和社会生活的工作。这些实际行使国家行政管理职权的公司、企业和事业单位的工作人员，符合渎职罪主体要求，对其实施渎职行为构成犯罪的，应当依照刑法关于渎职罪的规定追究刑事责任。

案情摘要

江苏省某市某化工有限公司（以下简称“某公司”）位于该市二级饮用水保护区内的饮用水取水河蟒蛇河上游，系重点污染源、“零排污”企业。某公司于2002年经审批建设年产500吨氯代醚酮项目。2006年9月，某公司未经批准在原有氯代醚酮生产车间建成套产甘宝素的专用车间，含11台生产反应釜。氯代醚酮的生产过程中所产生的废水有钾盐水、母液、酸性废水、间接冷却水及生活污水。根据验收报告要求，母液应外售，钾盐水、酸性废水、间接冷却水均应经过中和、吸附后回用（钾盐水也可收集后出售给有资质的单位）。某公司自生产以来，从未使用有关排污的技术处理设施。除在2006年至2007年将部分钾盐废水（共50吨左右）外售至阜宁助剂厂外，某公司生产产生的钾盐废水及其他废水直接排放至厂区北侧或者东侧的河流中，导致2009年2月发生饮用水源严重污染事件，某市城西水厂、越河水厂水源遭受严重污染，所生产的自来水中酚类物质严重超标，近20万居民生活饮用水和部分单位供水被迫中断66小时40分钟，造成直接经济损失543万余元，并在社会上造成恶劣影响。

某市环保局饮用水源保护区环境监察支队负责市区饮用水源保护区的环境保护、污染防治工作，某公司位于市饮用水源二级保护区范围内，属该支队二大队管辖。被告人崔某某作为二大队大队长，对某公司环境保护监察工作负有直接领导责任。崔某某不认真履行环境保护监管职责，并于2006年到2008年间多次收受某公司法定代表人胡某某小额财物。崔某某在日常检查中多次发现某公司有冷却水和废水外排行为，但未按规定要求某公司提供母液台账、合同、发票等材料，只是填写现场监察记录，也未向某市饮用水源保护区环境监察支队汇报某公司违法排污情况。2008年12月，某市饮用水源保护区环境监察支队对保护区内重点化工企业进行专项整治活动，并对某公司发出整改通知，但崔某某未组织二大队监察人员对某公司进行跟踪检查，未监督某公司整改。直至2009年2月18日，崔某某对某公司进行检查时，只在该公司办公室填写了一份现场监察记录，未对排污情况进行现场检查，没能及时发现和阻止某公司向厂区外河流排放大量废液，以致发生饮用水源严重污染的事件。在水污染事件发生后，崔某某为掩盖其工作严重不负责任的事实，于2009年2月21日伪造了日期为2008年12月10日和2009年2月16日的两份虚假监察记录，以逃避有关部门的查处。

分歧意见

对于被告人崔某某作为国有事业单位江苏省某市饮用水源保护区环境监察支队的工作人员，是否能认定为国家机关工作人员，从而构成环境监管失职罪，有两种不同意见。

（1）崔某某不能认定为国家机关工作人员。理由在于：根据刑法规定，环境监管失职罪的主体只能是国家机关工作人员。崔某某作为国有事业单位某市饮用水源保护区环境监察支队的工作人员，只有督查职责，没有监管职责，不符合该罪的主体条件，按照罪刑法定原则，不构成环境监管失职罪。

（2）崔某某应当认定为国家机关工作人员。理由在于：崔某某虽为国有事业单位的工作人员，但其符合全国人民代表大会常务委员会《关于〈中华人民共和国刑法〉第九章渎职罪主体适用问题的解释》规定的“在受国家机关委托代表国家机关行使职权的组织中从事公务的人员，在代表国家机关行使职权时，有渎职行为，构成犯罪的，依照刑法关于渎职罪的规定追究刑事责任”的情形，应当认定为国家机关工作人员。其在受国家机关的委托代表国家机关履行环境监督管理职责过程中，严重不负责任，导致发生重大环境污染事故，致使公私财产遭受重大损失，构成环境监管失职罪。

问题研讨

由于渎职犯罪主体演变的多态性、司法实践的复杂性，渎职犯罪主体范围的认定一直都是具有争议的问题。为正确处理被告人崔某某的主体身份问题，有必要梳理刑法关于渎职犯罪主体的立法演进过程，深入理解关于渎职犯罪主体的现行法律、司法解释的规定，全面了解相关法律、司法解释的实践状况。

1979 年我国制定刑法时，尚处于计划经济体制下，国家干部不仅包括国家机关干部，还包括国有企事业单位的干部。因此，刑法将渎职犯罪的主体规定为“国家工作人员”，不仅包括国家机关干部，还包括国有企事业单位的干部。随着改革开放的推进，市场经济体制得以建立和完善，逐渐实现政企分开、政事分开，渎职犯罪主体逐渐由宽变窄。

1997 年刑法将渎职犯罪主体明确变更为“国家机关工作人员”，目的在于突出国家机关工作人员在管理国家事务、社会事务中的重大责任，限缩了打击半径，突出打击的针对性。同时，将国有公司、企业、事业单位的工作人员的渎职犯罪放在妨害公司、企业的管理秩序罪中，体现了政企分开、政事分开的改革方向。

但 1997 年刑法在第一编第五章的其他规定中，仍只规定了国家工作人员的范围，并未明确划定国家机关工作人员的范围。在我国宪法语境下，社会生活中还存在各种具有公权力职能的单位和部门，在这些部门和单位中从事公务的人员是否应当认定为国家机关工作人员仍然存在很大争议。为解决司法实践的急迫需要，在《刑法修正案（四）》《刑法修正案（六）》《刑法修正案（八）》中，最高人民检察院、最高人民法院分别就主体适用作出扩大解释，适度放宽了渎职犯罪主体，既保留了国家机关工作人员的范畴，又比照增加了特殊犯罪主体范围。为了明确和规范渎职犯罪主体的认定标准，2002 年全国人大常委会通过了《关于〈中华人民共和国刑法〉第九章渎职罪主体适用问题的解释》[①]，由此，可以成为渎职犯罪主体的人员包括四类：一是国家机关工作人员；二是在依照法律、法规规定行使国家行政管理职权的组织中从事公务的人员；三是在受国

① 全国人大常委会通过的《关于〈中华人民共和国刑法〉第九章渎职罪主体适用问题的解释》指出：在依照法律、法规规定行使国家行政管理职权的组织中从事公务的人员，或者在受国家机关委托代表国家机关行使职权的组织中从事公务的人员，或者虽未列入国家机关人员编制但在国家机关中从事公务的人员，在代表国家机关行使职权时，有渎职行为，构成犯罪的，依照刑法关于渎职罪的规定追究刑事责任。

家机关委托代表国家机关行使职权的组织中从事公务的人员；四是虽未列入国家机关人员编制但在国家机关中从事公务的人员。应当注意的是，前述二、三、四类人员，只有在代表国家机关行使职权时，才能成为渎职犯罪主体。这些人员在其他工作中有渎职行为的，不能认定为渎职犯罪，只能以国有公司、企业、事业单位人员渎职犯罪等其他罪名定罪处罚。

在渎职犯罪理论研究和司法实务中，对渎职犯罪主体的理解有身份说、公务说以及身份公务兼具说三种不同的观点。一是身份说，强调渎职犯罪是一种职务犯罪，其主体应当严格限定为具有国家机关编制和干部身份并在国家机关工作的人员，办案人员应注重收集组织人事部门的任命状，强调身份的重要性。这种观点显然同上述立法解释的规定相悖，也不符合国家权力分布和运行的实际情况，不能适应惩治渎职犯罪的客观需要。二是公务说，认为渎职犯罪的本质在于对公务活动秩序的侵害，其主体本质上在于从事公务行为，无论什么身份的人，在依法或受委托、受指派从事公务活动中有渎职行为的，均应构成渎职犯罪主体。这种观点不符合关于渎职犯罪主体立法解释的精神，扩大了渎职犯罪主体范围，有违罪刑法定原则的要求。三是身份与公务兼具说，主张对于渎职犯罪主体范围的界定，应将“身份”和“公务”二者统一起来，避免偏重身份资格或公务行为一方因素，避免犯罪主体认定时因含糊不清导致入罪面过宽或过窄。

我们认为，前述第三种观点，即身份与公务兼具说，严格依照立法解释的具体规定，将身份与公务行为两个要素结合起来，兼顾了形式理性和实质理性的要求，精准地明确了渎职犯罪主体的范围标准。

结合本案的实际情况来分析，一方面，江苏省某市环保局是依照法律规定成立、负责环境保护监督管理职责的国家机关，虽然被告人崔某某只具有国有事业单位工作人员身份，但其所在的饮用水源保护区环境监察支队负责某市区饮用水源保护区的环境保护、污染防治工作，其执行职务具有管理国家公共事务性质，因而崔某某属于关于渎职犯罪的立法解释规定的“虽未列入国家机关人员编制但在国家机关中从事公务的人员”，“代表国家机关行使职权”。另一方面，崔某某在履行环境监管职责过程中，严重不负责任，导致了重大环境污染事故发生，致使公私财产遭受重大损失。崔某某的渎职行为，符合环境监管失职罪的构成要件。

实务训练

（1）请研读以下案例，分析说明被告人张某某的行为所触犯的罪名。

某县供销合作社联合社自成立以来，经工商登记，先后成立了全资子公司某县供销合作社联合社社有资产经营管理有限责任公司（以下简称“资产公司”）、某湖投资有限公司（以下简称“投资公司”）。2012年以来，被告人张某某担任某县丰乐街道党工委书记、某县供销合作社联合社党组书记、主任。

2012年3月至2016年8月，被告人张某某在担任供销合作社联合社党组书记、主任期间，明知投资公司、资产公司没有经营对外贷款业务的资格，通过向个人借款以及向银行抵押贷款的方式筹集资金，用于对外放贷并收取利息。其中，以月息1.5%的利息向县供销合作社联合社系统职工和部分系统外人员集资，共计借款11 592.9 万元；经张某某审批同意，县供销合作社联合社用社有资产向哈尔滨银行作抵押担保，以下属公司和专业合作社的名义共计向哈尔滨银行贷款 8 090 万元。后经张某某同意，将筹集的资金通过下属的投资公司、资产公司用于放贷，赚取利息。截止到 2018 年 8 月，投入放贷的资金有 2 725 万元本金未能收回。截止到 2019 年 4 月 25 日，县供销合作社联合社向哈尔滨银行的贷款已归还本金 4 455.22 万元，尚欠贷款本金3 274.78 万元。

（2）请研读以下案例，分析说明被告人陈某明、林某娟、李某权的行为触犯的罪名。

2004 年 1 月至 2006 年 6 月期间，被告人陈某明利用担任上海市奉贤区某镇推进镇保工作领导小组办公室负责人的职务便利，被告人林某娟（上海市奉贤区某镇杨某某村党支部书记、村民委员会主任）、李某权（杨某某村党支部委员、村民委员会副主任）利用受上海市奉贤区某镇人民政府委托分别担任杨某某村镇保工作负责人、经办人的职务便利，在从事被征用农民集体所有土地农业人员就业和社会保障工作过程中，违反相关规定，采用虚增被征用土地面积等方法徇私舞弊，共同或者单独将杨某某村、良某村、横某村 114 名不符合镇保条件的人员纳入镇保范围，致使镇人民政府为上述人员缴纳镇保费用共计人民币 600 余万元、上海市社会保险事业基金结算管理中心（以下简称“市社保中心”）为上述人员实际发放镇保资金共计人民币 178 万余元，造成了恶劣的社会影响。其中，被告人陈某明共同或单独将 71 名不符合镇保条件人员纳入镇保范围，致使镇政府缴纳镇保费用共计人民币 400 余万元、市社保中心实际发放镇保资金共计人民币 114 万余元；被告人林某娟共同或单独将 79 名不符合镇保条件人员纳入镇保范围，致使镇政府缴纳镇保费用共计人民币 400 余万元、市社保中心实际发放镇保资金共计人民币 124 万余元；被告人李某权共同或单独将 60 名不符合镇保条件人员纳入镇保范围，致使镇政府缴纳镇保费用共计人民币 300 余万元，市社保中心实际发放镇保资金共计人民币 95 万余元。

延伸阅读

1. 余书金. 对渎职犯罪主体认定的逻辑思考. 学习与实践，2018（12）：67－73.
2. 吴健勇. 渎职犯罪主体刑事政策的审视与完善. 河北法学，2016，34（3）：155－163.
3. 李忠诚. 渎职罪主体问题研究. 河南社会科学，2010，18（3）：8－16.

案 154. 未履行职责致未能有效防止结果发生的因果关系认定

——杨某玩忽职守案

要点提示

如果负有监管职责的国家机关工作人员没有认真履行其监管职责，从而未能有效防止危害结果发生，那么，这些对危害结果具有“原因力”的渎职行为，应认定与危害结果之间具有刑法意义上的因果关系。

案情摘要

2006 年，王某（另案处理）经营的深圳市龙岗区舞王歌舞厅被依法吊销营业执照。2007 年 9 月 8 日，王某未经相关部门审批，在龙岗街道龙东社区三和村经营舞王俱乐部。开业前几天，王某为取得舞王俱乐部所属辖区派出所的关照，在时任派出所所长的被告人杨某的妻子何某经营的酒家宴请了杨某等人。此后，派出所三和责任区民警在对舞王俱乐部采集信息建档和日常检查中，发现王某无法提供消防许可证、娱乐经营许可证等必需证件，所提供的营业执照复印件上的名称和地址与实际不符，且已过有效期。杨某得知情况后没有督促责任区民警依法及时取缔舞王俱乐部。责任区民警还发现舞王俱乐部经营过程中存在超时超员、涉黄涉毒、未配备专业保安人员、发生多起治安案件等治安隐患，杨某既没有依法责令俱乐部停业整顿，也没有责令责任区民警跟踪监督俱乐部进行整改。

2008 年 3 月，根据龙岗区“扫雷”行动的安排和部署，派出所成立“扫雷”专项行动小组，杨某担任组长。2008 年 3 月 12 日，有关部门将舞王俱乐部存在治安隐患和消防隐患等的情况通报派出所，但杨某没有督促责任区民警跟踪落实整改措施，导致舞王俱乐部的安全隐患没有得到及时排除。

2008 年 6 月至 8 月，广东省公安厅组织开展“百日信息会战”，杨某没有督促责任区民警如实上报舞王俱乐部无证无照经营情况，没有对该俱乐部采取相应处理措施。2008 年 9 月 20 日晚，舞王俱乐部发生特大火灾，造成 44 人死亡、64 人受伤的严重后果。在这起特大火灾事故中，杨某及其他有关单位的人员负有重要责任。

经查，2007 年 9 月至 2008 年 9 月，杨某利用职务便利，为舞王俱乐部负责人王某谋取好处，单独收受或者通过妻子何某收受王某好处费，共计人民币 30 万元。

分歧意见

被告人杨某的渎职行为同舞王俱乐部发生特大火灾，造成 44 人死亡、64 人重伤的严重后果之间是否存在因果关系？对此，有两种不同意见。

（1）舞王俱乐部之所以发生火灾，直接原因在于俱乐部消防管理不到位、消防设施不健全、装饰材料易燃烧产生有毒烟气、俱乐部表演节目的演员使用道具枪发射烟花弹等。派出所的职责主要是对俱乐部进行治安管理，即便被告人杨某恪尽职守，也不能避免火灾发生。本案属于多因一果的情形，杨某的行为只是间接、次要原因，不能认定同危害后果之间存在因果关系。

（2）杨某作为派出所所长，对辖区内的娱乐场所负有监督管理职责。其明知舞王俱乐部未取得合法的营业执照擅自经营，且存在众多消防、治安隐患，但严重不负责任，不认真履行职责，使本应停业整顿或被取缔的舞王俱乐部持续违法经营。杨某玩忽职守的行为同最终发生 44 人死亡、64 人受伤的特大火灾事故之间具有因果关系。

问题研讨

本案问题的解决，关键取决于对不作为犯因果关系认定规则的正确理解和适用。我们认为，根据我国刑法关于玩忽职守罪的规定和本案的具体事实，足以认定被告人杨某玩忽职守的行为同舞王俱乐部特大消防事故之间存在因果关系。

因果关系是哲学上的一个重要范畴，它是指一种现象在一定条件下引起另一种现象。引起其他现象的现象是原因，被引起的现象是结果，前者与后者的联系，就是因果关系。辩证唯物主义认为，因果关系是客观的、普遍的和必然的。

刑法上的因果关系，是指刑法所规定的危害行为与危害结果之间引起与被引起的关系，或者说危害行为与危害结果之间具有合乎规律的联系。危害行为同危害结果之间的引起与被引起的关系，是对行为人追究刑事责任的客观基础。任何一个人只能对自己造成的后果承担责任。要追究一个人的刑事责任，首先必须证明这个人实施的危害行为同刑法所规定的危害后果之间存在因果关系。

刑法中的危害行为分为作为与不作为两种。作为是指行为人违反刑法所规定的禁止性规范的行为，即以积极的身体活动实施的刑法所禁止的危害行为，也就是通常说的“不当为而为之”。如刑法规范禁止杀人，行为人却故意用刀将人杀死，在他人食用的饭菜中投放毒物致被害人中毒死亡等。不作为是与作为相对的一种行为形式，指行为人违反刑法所规定的命令性规范的行为，也就是负有实施某种积极行为的特定法律义务，并且能够履行而不履行这种法律义务的行为，即通常所说的“当为而不为”。例如，刑法规范要求国家机关工作人员恪尽职守，维护国家和社会公共利益，行为人却放弃职守，失职渎职，给国家和人民造成重大损失的行为。又如，行政执法人员在工作中发现犯罪行为，依法应当移交司法机关追究刑事责任，却因私情不予移交的行为。再如，父母对自己的未成年子女应当抚养却放弃抚养的遗弃行为。

对于作为犯罪的因果关系，学者们的观点没有太大分歧。关于不作为犯罪的因果关系，境外的刑法理论有否定说和肯定说两种观点：

一是不作为因果关系否定说，或称“消极说”，认为不作为犯罪中不存在因果关系，其理由是：从物理上说，不作为是“无”，“无中不能生有”；从人体运动上看不作为是消极的静止，对外界事物不起任何变更或者影响的作用。

二是不作为因果关系肯定说，或称“积极说”，主张不作为本身对于结果的发生具有原因力。这种观点认为，作为之所以成为结果的原因，是因为作为是结果发生的积极条件，而不作为成为结果的原因，则是由行为人具有防止结果发生的义务，如果其履行了义务，结果就不会发生。反之，有防止结果发生义务的人违反义务不作为时，不作为就与结果有因果关系①。

目前刑法理论界和实务界的通说肯定不作为与危害结果之间有因果关系，我们赞同这种主张。理由在于：第一，不作为不是什么都不做，而是没有做什么。它是具有社会意义的存在，即不作为是没有为法所期待的一定行为，在法律上当然包括一种规范意

① 马克昌. 比较刑法原理. 武汉：武汉大学出版社，2002：204-205.

义。因而，也必须从这一点理解其因果性。既然刑法中的因果关系本来应根据刑法的目的来处理，那么论述不作为的因果关系，就不存在特别的困难。在可以认为如果按照作为义务实施被预期的行为，犯罪结果就不会发生时，就不妨承认其因果关系①。第二，刑法设定的行为规范主要有禁止性规范和命令性规范。作为违反禁止性规范，是“不应为而为”，不作为违反命令性规范，是“应为而不为”。无论作为还是不作为都违反刑法规范，都属于危害行为，在行为性质上没有区别。第三，禁止性规范是为了禁止人们实施侵犯合法权益的行为，而命令性规范是命令人们实施保护合法权益的行为。违反禁止性规范与违反命令性规范，都意味着使合法权益受到损害，都会产生危害后果，二者在实质上相同。第四，无论是作为还是不作为，如果都违反了刑法规范，都是危害社会的行为、都导致了危害后果，当然都应当受到刑法制裁。如果认为不作为与危害结果之间没有因果关系，实际上就是否定了不作为犯罪人对一定的损害结果负刑事责任的理论基础。

尽管肯定不作为因果关系的主张已经成为通说，但由于同作为违反的规范内容不一样，行为的具体方式在结构上也有明显不同，在认定因果关系上遵循的规则也有较大差异。对于作为这种行为形式而言，因果关系的认定历来不成问题。当行为人的行为在事实上合乎逻辑地引起了刑法规定的危害后果，即可认定行为与危害后果之间具有因果关系，这是一种可以通过证据证明的实体关系。例如，在某甲持尖刀故意伤害某乙致重伤的案件中，某甲的行为同某乙重伤之间的因果关系，可以通过行为人供述、目击证人证言、提取的作案工具尖刀、被害人的伤情鉴定、伤口同作案工具的比对、被害人陈述等一系列证据证明：某甲持尖刀刺中某乙胸腹部，造成某乙脾破裂，属重伤。在作为的情况下，行为同危害后果之间的联系模式是“行为人事实上制造了危害后果”，可以说作为犯的因果关系是一种事实因果关系。

相对于作为而言，不作为的因果关系的认定就比较复杂。在不作为的情形下，行为人的不作为并不直接产生危害后果，这种后果的产生有着另外的、直接的原因。之所以认定不作为的因果关系，是因为行为人具有通过作为的方式去防止这种危害结果产生的义务和能力，却放弃了作为。也就是说，不作为的原因力来自行为人客观上的不作为和行为人所具有的特定义务。由此，判定不作为因果关系，应当注重从以下几个方面进行把握：

一是行为人是否具有作为的义务，这是判断行为人不作为是否违反了命令性规范的依据，也是认定不作为因果关系的最基础条件。例如，在消防事故发生时，负有消防管理职责的人员有扑救防止的义务，而普通公民没有。前者不作为应当肯定因果关系存在，对于后者的不作为，则不能认定因果关系。

二是行为人是否实施了放弃履行义务的行为。不作为并不是什么都不做，不是“无”，而是没有实施一定的所期待的作为。相对于法律义务的要求而言，这就是一种背离和违反，可以进一步理解为实施了违背法律义务要求的行为。就此而言，“若无行为则无结果”这一公式，仍然适用于不作为的场合。

---

① 大塚仁. 刑法概说（总论）. 冯军，译. 北京：中国人民大学出版社，2003：175.

三是行为人是否具有防止或者避免危害结果发生的能力。法律不强人所难，不要求人对超出自己能力范围内的后果承担责任。如果实施了被期待的行为，结果本应得以避免，在这种具有高度盖然性的场合，可以认定其间存在因果关系①。可以通过“没有不作为的话，也就是说如果实施了所期待的作为的话，那么就能够回避结果”这样的判断来认定。这是一种假定的判断、盖然性的判断。判例对于回避结果的可能性可以用“十之八九”这样的表述②。从这个意义上理解，不作为因果关系成立的条件可以表述为“一旦履行了一定作为的义务的话，该结果就不会发生”这样的“假定条件关系”，也称之为假定的因果关系③。由此，不作为的因果关系并不是物理的、自然科学上的概念，不是力学上的因果关系，而只是取决于，不作为人的可能的行为是否能够避免结果的发生。因此，如果实施被要求的行为能够避免结果发生，不作为与已发生的结果之间，就成立因果关系④。

结合深圳舞王俱乐部特大火灾事故案分析，俱乐部消防管理不到位、消防设施不健全、装饰材料易燃烧产生有毒烟气、俱乐部表演节目的演员使用道具枪发射烟花弹等，无疑是导致44人死亡、66人受伤的危害后果的直接原因，对相关人员应当予以刑事追究。就被告人派出所所长杨某而言，其对辖区内的娱乐场所负有监督管理职责，明知舞王俱乐部未取得合法的营业执照擅自经营，且存在众多消防、治安隐患，依法应当对俱乐部采取停业整顿或予以取缔等行政管理措施，但其放弃职责，最终导致危害结果发生。杨某的不作为同危害后果之间具有因果关系，应依法追究其玩忽职守的刑事责任。

实务训练

请认真阅读以下材料，对被告人陈某某的行为与危害结果之间的关系进行法律分析。

雷某某因涉嫌毒品犯罪被羁押于某区看守所，本属二级风险人员，但误着三级风险人员之绿色识别服。羁押期间，雷某某决意自杀，事先用睡衣制成属于违禁品的绳索，该绳索在看守所多次检查中均未被发现，未被收缴。2020年1月4日22时36分，雷某某趁同监室人员均上床休息，监室内值班的在押人员未上岗之机，假装上厕所，寻机自杀，因时机不当，又折返床上。22时47分，其又至厕所，用绳索一端套于洗漱台上的水龙头，另一端套于自己颈脖上吊自杀，但因绳子断裂未果，遂不得已放弃自杀，折返床上休息。而此情形未被当日值班的看守所监控民警察觉。同年1月6日22时36分许，雷某某又假装上厕所。22时38分，其脱下绿色识别服，用一塑料盆遮挡洗漱台上的水龙头，用前次同样之方式上吊自杀。23时许，同监舍周某某起床值班，发现雷某某上吊，遂于23时02分报告值班民警。23时08分，民警和医务人员赶到现场，抢救

① 西田典之. 日本刑法总论. 刘明祥，王昭武，译. 北京：中国人民大学出版社，2007：87-88.
② 山口厚. 刑法总论. 2版. 付立庆，译. 北京：中国人民大学出版社，2011：77.
③ 松宫孝明. 刑法总论讲义. 第4版补正版. 钱叶六，译. 北京：中国人民大学出版社，2013：53.
④ 耶赛克，魏根特. 德国刑法教科书. 徐久生，译. 北京：中国法制出版社，2001：740-743.

雷某某未果。经鉴定：雷某某系因压迫颈部导致机械性窒息死亡（缢死）。后经查看案发时监控录像，发现雷某某自杀期间及前后一段时间，在看守所监控室值班的民警陈某某等四人，均存在不同程度违反监控岗位职责的行为。其中，被告人陈某某没有通过监控显示终端开展巡视，观察在押人员动态，而是利用便利，违反规定长时间回放观看与监控岗位职责无关的女监舍洗澡视频。案发当日监控雷某某监舍之屏幕视频清晰，多次显示雷某某自杀之相关行为。

延伸阅读

1. 李志军，杨剑. 玩忽职守罪中因果关系、经济损失的审查判定. 中国检察官，2017（4）：64－66.

2. 杨志国. 玩忽职守罪因果关系司法认定模式研究. 人民检察，2007（19）：19－22.

3. 董兆玲. 玩忽职守罪因果关系初探. 政法学刊，2008（1）：86－89.

案155. 滥用职权罪“造成恶劣社会影响的”认定

——罗某某、罗某渣、朱某某、罗某滥用职权案

要点提示

滥用职权罪是指国家机关工作人员滥用职权，致使“公共财产、国家和人民利益遭受重大损失”的行为。滥用职权“造成恶劣社会影响的”，依法应当认定为“致使公共财产、国家和人民利益遭受重大损失”的行为。认定“造成恶劣影响”应当坚持客观判断与主观判断相结合。

案情摘要

2008年8月至2009年12月，被告人罗某某、罗某渣、朱某某、罗某先后被某市某区人民政府某街道办事处招聘为某市城市管理综合执法局某分局某街执法队（以下简称“执法队”）协管员，工作职责是街道城市管理协管工作，包括：动态巡查；参与街道、社区日常性的城管工作；劝阻和制止并督促改正违反城市管理法规的行为；配合综合执法部门，开展集中统一整治行动等。工作任务包括坚持巡查与守点相结合，及时劝导中心城区的乱摆卖行为等。罗某某、罗某渣从2009年8月至2011年5月担任协管员队长和副队长，此后由罗某渣担任队长，罗某某担任副队长。协管员队长职责是负责协管员人员召集，上班路段分配和日常考勤工作；副队长职责是协助队长开展日常工作，队长不在时履行队长职责。前述4名被告人上班时，身着统一发放的迷彩服，臂上戴着写有“某街城市管理督导员”的红袖章，手持一根木棍。

2010年8月至2011年9月，罗某某、罗某渣、朱某某、罗某利用职务便利，先后

多次向多名无照商贩索要 12 元、10 元、5 元不等的少量现金、香烟或直接在该路段的“士多店”拿烟再让部分无照商贩结账。后 4 人放弃履行职责，允许给予其好处的无照商贩在严禁乱摆卖的地段非法占道经营，导致该地段的无照商贩非法占道经营十分严重，几百档流动商贩恣意乱摆卖，严重影响了市容市貌和环境卫生，给周边商铺和住户的经营、生活、出行造成极大不便。由于执法不公，对给予其钱财的商贩放任占道经营，对其他没给好处费的无照商贩则进行驱赶或通知城管部门到场处罚，引起了群众强烈不满。城市管理执法部门执法人员在依法执行公务过程中遭遇多次暴力抗法，数名执法人员受伤住院。前述 4 名被告人的行为严重危害和影响了该地区的社会秩序、经济秩序、城市管理和治安管理，造成了恶劣的社会影响。

分歧意见

被告人罗某某、罗某渣、朱某某、罗某长期不正确履行职权、勒索辖区无照商贩钱财，造成无照商贩非法占道经营严重，暴力抗法事件不断发生，社会影响相当恶劣。对于该 4 名被告人的行为是否应当认定为“致使公共财产、国家和人民利益遭受重大损失”，从而以滥用职权罪追究刑事责任，有以下两种不同意见：

（1）不应当认定 4 名被告人的行为“致使公共财产、国家和人民利益遭受重大损失”。理由在于：根据《刑法》第 397 条规定，滥用职权只有致使公共财产、国家和人民利益遭受重大损失的，才构成犯罪。本案 4 名被告人利用职务便利，多次向多名无照商贩索要 12 元、10 元、5 元不等的少量现金、放任给予了其好处的商贩违规经营，滥权行为轻微，不足以导致大量无照商贩非法占道经营，大量流动商贩恣意乱摆卖乃至暴力抗法。

（2）应当认定 4 名被告人的行为“致使公共财产、国家和人民利益遭受重大损失”。理由在于：4 名被告人的滥权行为，导致无照商贩非法占道经营严重，大量流动商贩恣意乱摆卖，严重影响了市容市貌和环境卫生，给周边群众出行造成极大不便，4 名被告人执法不公，引起了群众强烈不满，多次暴力抗法，导致数名执法人员受伤住院，严重危害和影响了该地区的社会秩序、经济秩序、城市管理和治安管理，造成了恶劣的社会影响。

问题研讨

本案问题的解决，关键取决于正确理解和适用“致使公共财产、国家和人民利益遭受重大损失”的认定。

根据《刑法》第 397 条规定，国家机关工作人员滥用职权或者玩忽职守，致使公共财产、国家和人民利益遭受重大损失的，构成滥用职权罪或者玩忽职守罪。根据 2012 年《关于办理渎职刑事案件适用法律若干问题的解释（一）》第 1 条的规定，前述渎职犯罪具有以下情形之一，可以认定为“致使公共财产、国家和人民利益遭受重大损失”：（1）造成死亡 1 人以上，或者重伤 3 人以上，或者轻伤 9 人以上，或者重伤 2 人、轻伤

3 人以上，或者重伤 1 人、轻伤 6 人以上的；（2）造成经济损失 30 万元以上的；（3）造成恶劣社会影响的；（4）其他致使公共财产、国家和人民利益遭受重大损失的情形。

1979 年刑法制定以来，不同时期最高人民检察院关于渎职犯罪立案标准的司法解释和各类司法文件都规定，“致使公共财产、国家和人民利益遭受重大损失”，除包括造成能够用具体的金钱和伤亡人数确定的物质损失、人身伤亡后果外，还包括“严重损害国家声誉”、“造成严重政治影响”（如有损于我国的信誉、形象、威望和地位等）、“造成恶劣社会影响”、“具有其他严重情节”等情形。最高人民检察院历来强调，渎职犯罪造成损失的情况比较复杂，往往既有经济损失、人身伤亡，又有政治上、社会上的不良影响。其中，有些损失不能仅仅用金钱数额、伤亡人数来衡量。审理渎职犯罪案件，应当根据每个案件的情况作具体分析，认定是否构成犯罪。直接经济损失、人员伤亡虽然不满足规定的数额或者数量标准，但造成恶劣社会影响的，也应当认定为“致使公共财产、国家和人民利益遭受重大损失”。

事实上，在司法实践中办理的绝大多数渎职犯罪案件，认定渎职行为“致使公共财产、国家和人民利益遭受重大损失”，都是基于物质损失的数额和人身伤亡的数量作出判断的。包括“严重损害国家声誉”“造成严重政治影响”在内的“造成恶劣社会影响”，由于具有很强的抽象性，在事实证据上往往难以把握，缺乏明确的客观标准。同时由于上述情形具有较强的价值判断属性和主观色彩，又容易引起争议，因而在司法实践中的适用并不普遍。我们认为，在理论上和实践中正确理解和适用“造成恶劣社会影响”，并据此对被告人定罪量刑，应当特别注意以下几个方面：

一是认定“造成恶劣社会影响”首先应当进行基础的事实判断。一个行为是否产生了社会影响、这种影响的性质是正面还是负面、影响的范围和程度如何，都必须以具体的事实和情节为基础，有充分的证据予以证明。这里的“事实”不是滥用职权行为的事实，而是指产生影响的事实。也就是说，认定滥用职权应当有行为人滥用职权的事实和证据，认定造成恶劣影响，也应当有证明恶劣影响存在的事实和证据。例如，某国家工作人员滥用职权为他人出具虚假证明材料，帮助性侵未成年罪犯减轻罪责的行为，经媒体披露后，引起社会广泛关注，被全国 20 余家省级平面媒体报道和转载，在互联网上有上百万人跟帖评论，该国家工作人员所在单位及领导遭到大规模的网上围攻和谩骂。认定该国家工作人员滥用职权造成恶劣社会影响，其事实基础就是：20 余家省级平面媒体报道和转载、上百万人跟帖评论、所在单位及领导遭到大规模的网上围攻谩骂。没有证明恶劣影响存在的具体事实和证据，不能主观臆断、凭空推测某一行为造成了恶劣社会影响。

二是认定“造成恶劣社会影响”从根本上而言是一种价值判断，是构成渎职犯罪的核心要素。恶劣社会影响首先意味着这种影响是负面的，对国家、社会和公众有危害性。渎职行为造成影响的社会危害性范围和程度，也是对渎职行为人追究刑事责任的基础和关键。相比行为人渎职的具体行为而言，该行为造成的“恶劣社会影响”才是决定其社会危害性的根本，离开“恶劣社会影响”，前端的渎职行为本身并不足以构成犯罪。正是因为产生了“恶劣社会影响”，才提升了前端渎职行为的社会危害性，也就有了对渎职行为追究刑事责任的内在依据。

三是渎职行为同恶劣社会影响之间存在着因果关系。要认定渎职行为造成恶劣社会影响，必须证明二者之间具有内在的、必然联系——恶劣社会影响就是渎职行为所造成的危害后果。如果某种恶劣社会影响并不是由渎职行为引起的，而是由于他人恶意操弄的结果，就不应当认定渎职行为同恶劣社会影响之间有因果关系，进而追究行为人的刑事责任。

结合本案，罗某某、罗某渣、朱某某、罗某利用职务便利，多次向多名无照商贩索要 12 元、10 元、5 元不等的少量现金、香烟，直接在该路段的烟店拿烟让无照商贩结账，对给予其钱财的商贩放任占道经营，这些行为本身的社会危害性并不足以导致对行为人追究刑事责任。关键是 4 名被告人放弃履行职责，导致无照商贩非法占道经营严重，几百档流动商贩恣意乱摆卖，严重影响了市容市貌和环境卫生，给周边商铺和住户的经营、生活、出行造成极大不便。由于执法不公，对没给好处费的无照商贩进行驱赶或通知城管部门到场处罚，引起了群众强烈不满，多次暴力抗法，数名执法人员受伤住院。4 名被告人的渎职行为直接导致该地区的社会秩序、经济秩序、城市管理和治安管理受到严重破坏，二者之间具有因果关系，应当认定为“造成恶劣社会影响”，对其追究刑事责任符合法律规定。

实务训练

请认真研读以下案例，对被告人陈某的行为性质作出分析。

2017 年至 2018 年，被告人陈某为谋取私利，违反国家监狱管理规定，利用其担任某省第二监狱二监区分队长、司法警察的工作便利，违规为服刑人员从事违法违规活动提供便利，造成监管秩序混乱，其中：

（1）2017 年开始，被告人陈某为了在上班期间通信和娱乐方便，通过随身夹带、躲避安检等方式将自己的一部手机违规带入监区。2017 年 6 月开始，被告人陈某将前述手机提供给罪犯赵某、赵某某、李某某等人，帮助罪犯在配电房、楼梯间等监控盲区，通过该手机登录“新葡京”网站进行百家乐赌博。同时，陈某还将自己的建设银行卡和自己实际控制的农业银行卡绑定赵某某等人的“新葡京”账号，为赵某某等提供账号充值、返利提取、垫付赌资、转账过账等帮助。2017 年 6 月至 2018 年 8 月，陈某共计接受赵某某关系人转账 200 万余元，共计为赵某某垫资 19 万余元，累计为赵某某充值到百家乐赌博账户 448 万余元。2018 年 2 月至 8 月，陈某共计接受李某某关系人转账 70 万余元，累计为李某某充值百家乐赌博账户 64 万余元，陈某共计接受赵某关系人转账 3.5 万元。陈某帮助赵某某接受监狱涉黑服刑罪犯罗某某的关系人转账 18 万元。

（2）罪犯赵某长期在该监狱民警黄某（另案处理）处参与赌球，陈某不仅提供手机给赵某等查看球赛信息，还帮助赵某与黄某之间传递下注消息、进行赌资转账与结算。2017 年 9 月至 2018 年 7 月，被告人陈某根据赵某安排，与黄某之间资金来往共计 100 万余元。

延伸阅读

1. 蒋熙辉. 滥用职权罪相关问题之思考. 中国刑事法杂志，2000（5）：45－48.

2. 陈忠林. 滥用职权罪的罪过形态新论. 人民检察，2011（23）：16－19.

3. 吴飞飞. 滥用职权罪中的“重大损失”及其认定. 法学评论，2012，30（4）：129－133.

图书在版编目（CIP）数据

刑法重点问题案例实务教程 / 石经海，张波主编.
北京 ：中国人民大学出版社，2025. 6. --（法律硕士精品系列教材）. --ISBN 978-7-300-33801-9

Ⅰ. D924. 05

中国国家版本馆 CIP 数据核字第 2025N9B020 号

法律硕士精品系列教材

刑法重点问题案例实务教程

主　编　石经海　张　波

副主编　陈　伟　贾　健　蔡　英

出版发行	中国人民大学出版社		
社　　址	北京中关村大街 31 号	**邮政编码**	100080
电　　话	010－62511242（总编室）		010－62511770（质管部）
	010－82501766（邮购部）		010－62514148（门市部）
	010－62511173（发行公司）		010－62515275（盗版举报）
网　　址	http://www. crup. com. cn		
经　　销	新华书店		
印　　刷	天津鑫丰华印务有限公司		
开　　本	787 mm×1092 mm　1/16	**版　　次**	2025 年 6 月第 1 版
印　　张	34. 75 插页 1	**印　　次**	2025 年 6 月第 1 次印刷
字　　数	794 000	**定　　价**	88. 00 元

《　　　　　　　》※任课教师调查问卷

为了能更好地为您提供优秀的教材及良好的服务，也为了进一步提高我社法学教材出版的质量，希望您能协助我们完成本次小问卷，完成后您可以在我社网站中选择与您教学相关的1本教材作为今后的备选教材，我们会及时为您邮寄送达！如果您不方便邮寄，也可以申请加入我社的**法学教师QQ群：436438859（申请时请注明法学教师）**，然后下载本问卷填写，并发往我们指定的邮箱（cruplaw@163.com）。

邮寄地址：北京市海淀区中关村大街59号文化大厦中国人民大学出版社1202室收

邮　　编：100872

再次感谢您在百忙中抽出时间为我们填写这份调查问卷，您的举手之劳，将使我们获益匪浅！

基本信息及联系方式：※

姓名：＿＿＿＿＿＿　性别：＿＿＿＿＿＿　课程：＿＿＿＿＿＿＿＿＿＿

任教学校：＿＿＿＿＿＿＿＿＿＿＿＿＿＿　院系（所）：＿＿＿＿＿＿＿＿

邮寄地址：＿＿＿＿＿＿＿＿＿＿＿＿＿＿　邮编：＿＿＿＿＿＿＿＿＿＿

电话（办公）：＿＿＿＿＿＿　手机：＿＿＿＿＿＿　电子邮件：＿＿＿＿＿＿

调查问卷：※

1. 您认为图书的哪类特性对您选用教材最有影响力？（　　）（可多选，按重要性排序）

   A. 各级规划教材、获奖教材　　B. 知名作者教材

   C. 完善的配套资源　　D. 自编教材

   E. 行政命令

2. 在教材配套资源中，您最需要哪些？（　　）（可多选，按重要性排序）

   A. 电子教案　　B. 教学案例

   C. 教学视频　　D. 配套习题、模拟试卷

3. 您对于本书的评价如何？（　　）

   A. 该书目前仍符合教学要求，表现不错将继续采用

   B. 该书的配套资源需要改进，才会继续使用

   C. 该书需要在内容或实例更新再版后才能满足我的教学，才会继续使用

   D. 该书与同类教材差距很大，不准备继续采用了

4. 从您的教学出发，谈谈对本书的改进建议：＿＿＿＿＿＿＿＿＿＿＿＿

＿＿＿＿＿＿＿＿＿＿＿＿＿＿＿＿＿＿＿＿＿＿＿＿＿＿＿＿＿＿＿＿

＿＿＿＿＿＿＿＿＿＿＿＿＿＿＿＿＿＿＿＿＿＿＿＿＿＿＿＿＿＿＿＿

选题征集：如果您有好的选题或出版需求，欢迎您联系我们：

联系人：黄　强　联系电话：010-62515955

索取样书：书名：＿＿＿＿＿＿＿＿＿＿＿＿＿＿＿＿＿＿＿＿＿＿＿

书号：＿＿＿＿＿＿＿＿＿＿＿＿＿＿＿＿＿＿＿＿＿＿＿＿＿＿＿＿

备注：※ 为必填项。